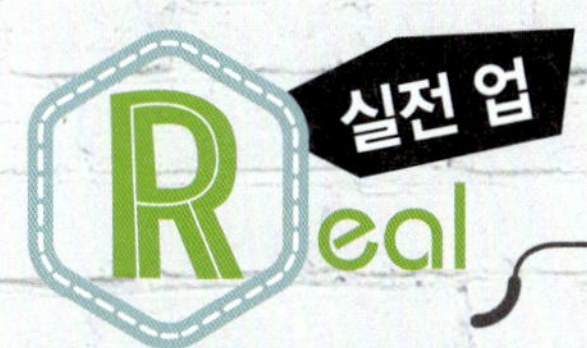

완벽한 실전 대비 문제

- 두 가지 이상의 개념을 사용하여 해결하는 문제, 고난도 문제 등을 제공하여 문제 해결 능력 및 실전 감각을 키울 수 있도록 하였습니다.
- 문항별로 해당 유형을 링크하여 어떤 유형의 문제인지 알 수 있도록 하였습니다.

창의력 + 문제

각 강당 한 문제씩 **창의력+** 문제를 제공하여 학생들의 사고력 및 창의력을 극대화 시키고, 다각화된 수학 문제를 접하여 문제 해결 능력을 강화할 수 있도록 하였습니다.

서술형 문제

서술형 답안지 작성 시 꼭 써야 하는 개념 및 공식을 '핵심 개념 및 공식'으로 제시하여 서술형 답안 작성에 도움을 줄 수 있도록 하였습니다.

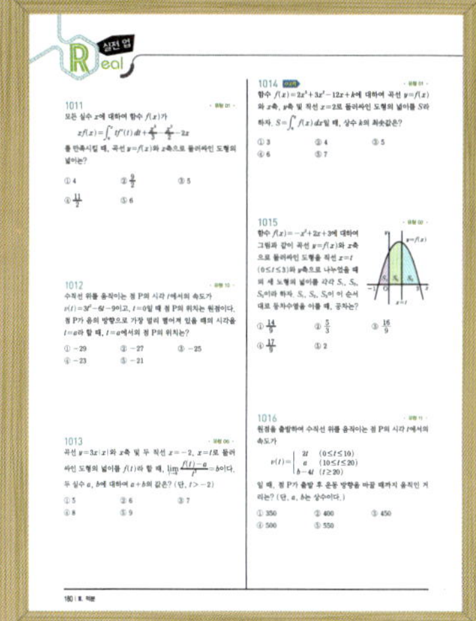

정답 및 해설

첨삭 풀이

선생님의 첨삭을 추가하여 한층 더 자세하고 친절한 풀이를 제공하였습니다.

● 다른 풀이 ●

일반적인 풀이 방법 이외에 서로 다른 아이디어를 이용한 풀이를 제공하여 문제를 다각도에서 볼 수 있게 하였습니다.

해설 속 칠판

실제 수업 시 선생님이 다루는 추가적인 내용을 '해설 속 칠판'으로 제공하여 학교 수업과 같은 친숙함을 더했습니다.

선생님 톡톡

선생님이 직접 전하는 실전에서 유용한 팁 또는 주의 사항 등을 제시하였습니다.

One Point Lesson

'Real 실전 업' 문제 풀이는 'One Point Lesson'을 제공함으로써 문제 풀이의 핵심 전략을 짚어 주었습니다.

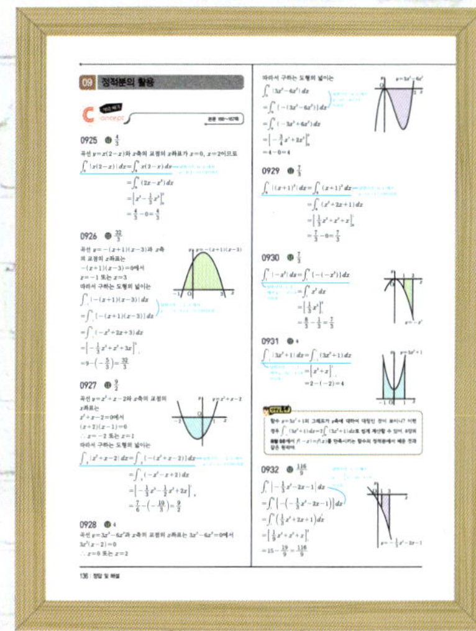

차례

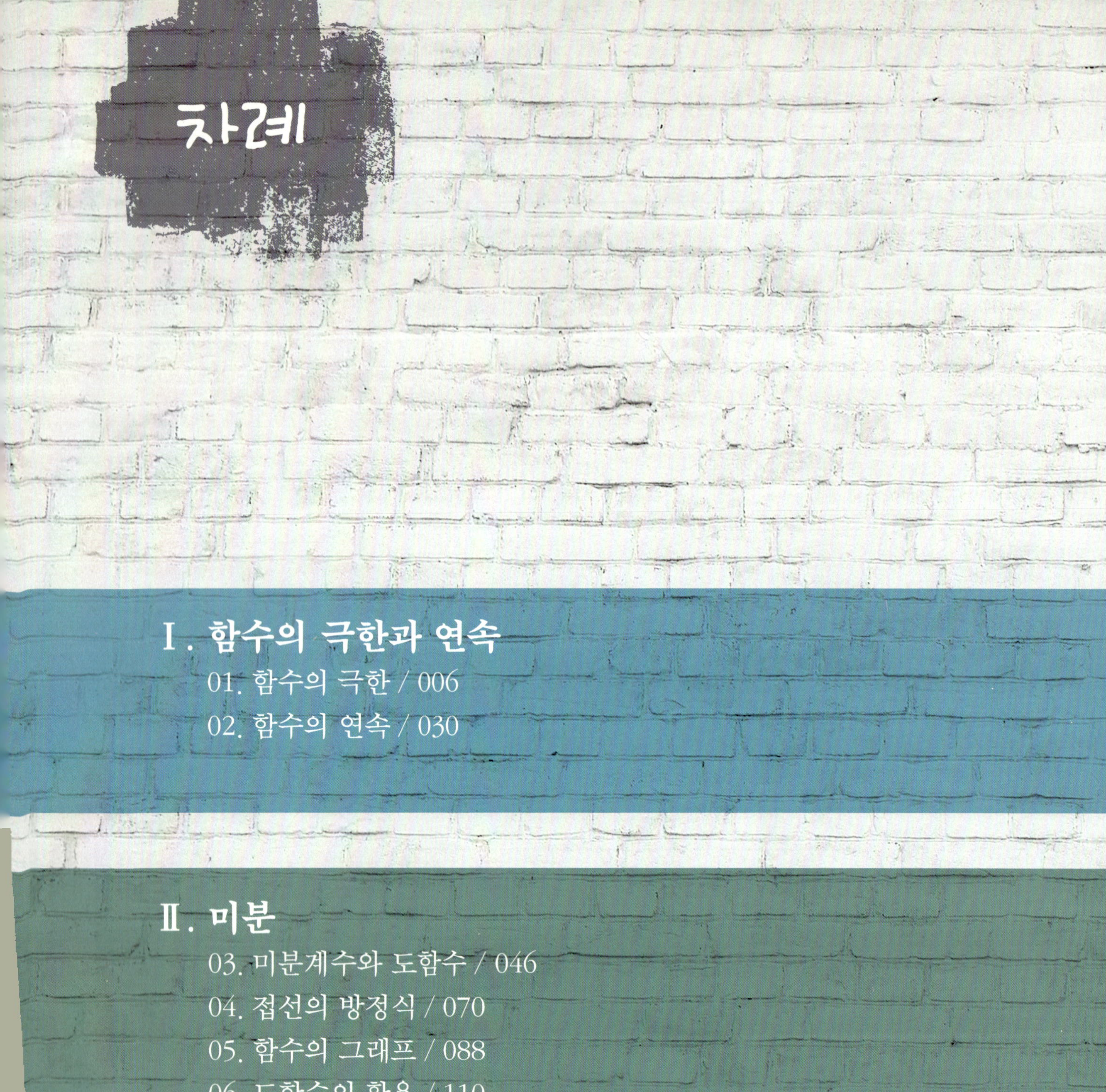

메가스터디
문제기본서

수학 Ⅱ

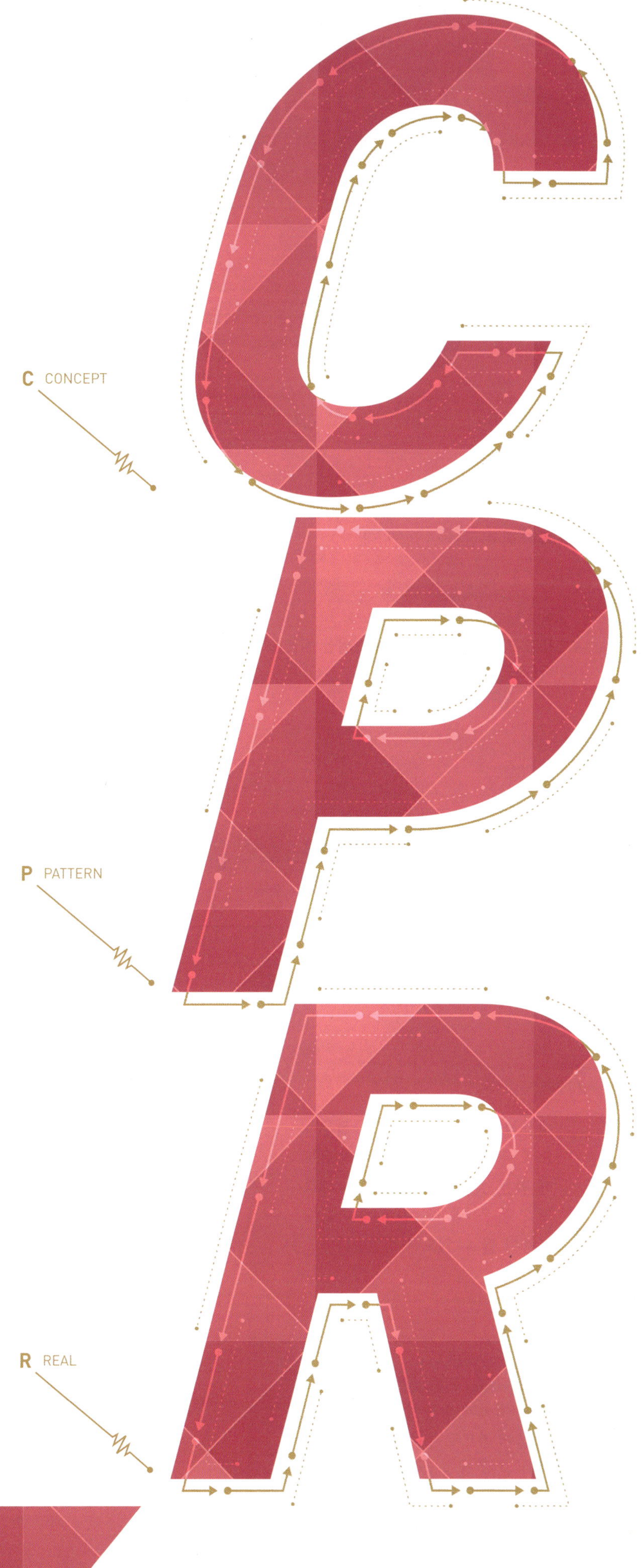

이 책의 구성 및 특장

핵심 개념 정리

교과서의 핵심 개념을 분석하여 한 번에 학습할 수 있는 분량으로 나누어 제공함으로써 학습량에 대한 부담을 줄였습니다.

개념 확인 문제

개념 바로 아래에 각각의 개념을 적용하여 해결할 수 있는 확인 문제를 제공하여 개념에 대한 이해를 확인할 수 있도록 하였습니다.

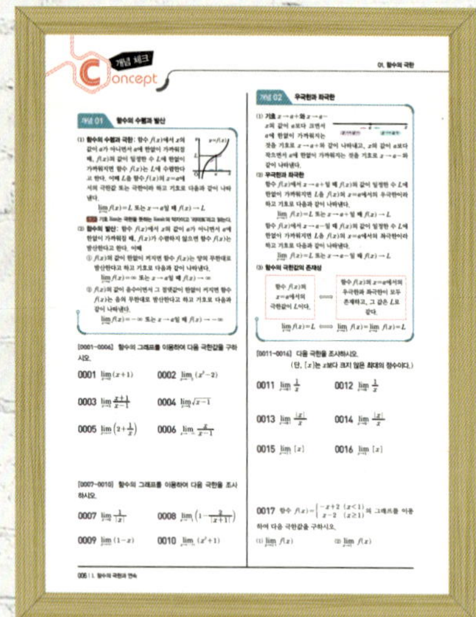

교과서를 분석한 3단계 시스템

현재 교과서 흐름인 '예제 – 유제 – 변형 문제'의 3단계 체제를 도입하여 각각의 유형을 1쪽 5문제 '대표 예제 – 유제 – 변형 – 활용1 – 활용2'로 구성함으로써 각각의 유형을 완벽하게 마스터할 수 있도록 하였습니다.

CPR만의 유형명 및 해결 전략

내용적으로 같은 개념 또는 접근성으로 유형을 분류하고, 각각의 유형에 따른 실전 풀이 방법 또는 해결 전략 등을 제시하여 유형 학습에 도움이 될 수 있도록 하였습니다.

대표 예제 한 번 더

대표 예제의 쌍둥이 문제를 한 번 더 풀어 봄으로써 유형에 대한 이해력과 문제 해결 능력을 높일 수 있도록 하였습니다.

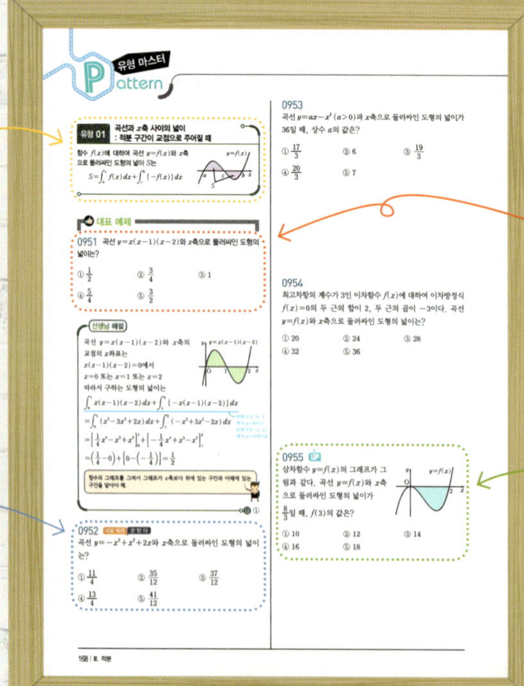

선생님과 함께 푸는 대표 예제

현직 선생님의 첨삭과 코멘트를 포함한 대표 예제 해설을 제공하여 대표 예제의 중요성 및 출제 의도를 파악할 수 있도록 하였습니다.

UP

다소 어렵지만 자주 나오는 문제를 UP으로 나타내었습니다.

I. 함수의 극한과 연속

개념 01 함수의 수렴과 발산

(1) **함수의 수렴과 극한**: 함수 $f(x)$에서 x의 값이 a가 아니면서 a에 한없이 가까워질 때, $f(x)$의 값이 일정한 수 L에 한없이 가까워지면 함수 $f(x)$는 L에 수렴한다고 한다. 이때 L을 함수 $f(x)$의 $x=a$에서의 극한값 또는 극한이라 하고 기호로 다음과 같이 나타낸다.

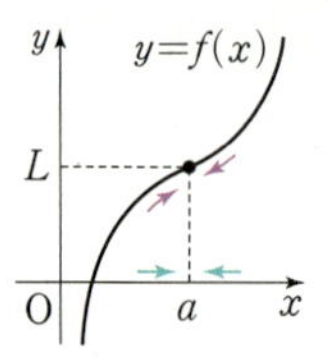

$$\lim_{x \to a} f(x) = L \text{ 또는 } x \to a \text{일 때 } f(x) \to L$$

<u>참고</u> 기호 lim는 극한을 뜻하는 limit의 약자이고 '리미트'라고 읽는다.

(2) **함수의 발산**: 함수 $f(x)$에서 x의 값이 a가 아니면서 a에 한없이 가까워질 때, $f(x)$가 수렴하지 않으면 함수 $f(x)$는 발산한다고 한다. 이때

① $f(x)$의 값이 한없이 커지면 함수 $f(x)$는 양의 무한대로 발산한다고 하고 기호로 다음과 같이 나타낸다.

$$\lim_{x \to a} f(x) = \infty \text{ 또는 } x \to a \text{일 때 } f(x) \to \infty$$

② $f(x)$의 값이 음수이면서 그 절댓값이 한없이 커지면 함수 $f(x)$는 음의 무한대로 발산한다고 하고 기호로 다음과 같이 나타낸다.

$$\lim_{x \to a} f(x) = -\infty \text{ 또는 } x \to a \text{일 때 } f(x) \to -\infty$$

개념 02 우극한과 좌극한

(1) **기호 $x \to a+$와 $x \to a-$**
x의 값이 a보다 크면서 a에 한없이 가까워지는

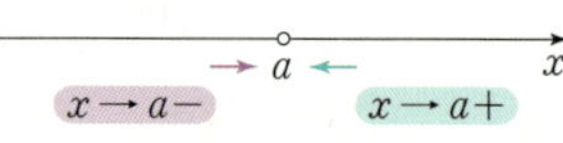

것을 기호로 $x \to a+$와 같이 나타내고, x의 값이 a보다 작으면서 a에 한없이 가까워지는 것을 기호로 $x \to a-$와 같이 나타낸다.

(2) **우극한과 좌극한**
함수 $f(x)$에서 $x \to a+$일 때 $f(x)$의 값이 일정한 수 L에 한없이 가까워지면 L을 $f(x)$의 $x=a$에서의 우극한이라 하고 기호로 다음과 같이 나타낸다.

$$\lim_{x \to a+} f(x) = L \text{ 또는 } x \to a+ \text{일 때 } f(x) \to L$$

함수 $f(x)$에서 $x \to a-$일 때 $f(x)$의 값이 일정한 수 L에 한없이 가까워지면 L을 $f(x)$의 $x=a$에서의 좌극한이라 하고 기호로 다음과 같이 나타낸다.

$$\lim_{x \to a-} f(x) = L \text{ 또는 } x \to a- \text{일 때 } f(x) \to L$$

(3) **함수의 극한값의 존재성**

함수 $f(x)$의 $x=a$에서의 극한값이 L이다.	$\iff$	함수 $f(x)$의 $x=a$에서의 우극한과 좌극한이 모두 존재하고, 그 값은 L로 같다.

$$\lim_{x \to a} f(x) = L \iff \lim_{x \to a+} f(x) = \lim_{x \to a-} f(x) = L$$

[0001~0006] 함수의 그래프를 이용하여 다음 극한값을 구하시오.

0001 $\displaystyle\lim_{x \to 2} (x+1)$

0002 $\displaystyle\lim_{x \to -2} (x^2-2)$

0003 $\displaystyle\lim_{x \to 3} \frac{x+1}{x-1}$

0004 $\displaystyle\lim_{x \to 5} \sqrt{x-1}$

0005 $\displaystyle\lim_{x \to \infty} \left(2+\frac{1}{x}\right)$

0006 $\displaystyle\lim_{x \to -\infty} \frac{x}{x-1}$

[0007~0010] 함수의 그래프를 이용하여 다음 극한을 조사하시오.

0007 $\displaystyle\lim_{x \to 0} \frac{1}{|x|}$

0008 $\displaystyle\lim_{x \to -1} \left(1-\frac{2}{|x+1|}\right)$

0009 $\displaystyle\lim_{x \to \infty} (1-x)$

0010 $\displaystyle\lim_{x \to -\infty} (x^2+1)$

[0011~0016] 다음 극한을 조사하시오.
(단, $[x]$는 x보다 크지 않은 최대의 정수이다.)

0011 $\displaystyle\lim_{x \to 0+} \frac{1}{x}$

0012 $\displaystyle\lim_{x \to 0-} \frac{1}{x}$

0013 $\displaystyle\lim_{x \to 0+} \frac{|x|}{x}$

0014 $\displaystyle\lim_{x \to 0-} \frac{|x|}{x}$

0015 $\displaystyle\lim_{x \to 1+} [x]$

0016 $\displaystyle\lim_{x \to 1-} [x]$

0017 함수 $f(x) = \begin{cases} -x+2 & (x<1) \\ x-2 & (x \geq 1) \end{cases}$ 의 그래프를 이용하여 다음 극한값을 구하시오.

(1) $\displaystyle\lim_{x \to 1+} f(x)$

(2) $\displaystyle\lim_{x \to 1-} f(x)$

0018 함수 $y=f(x)$의 그래프가 그림과 같을 때, 다음 극한을 조사하시오.

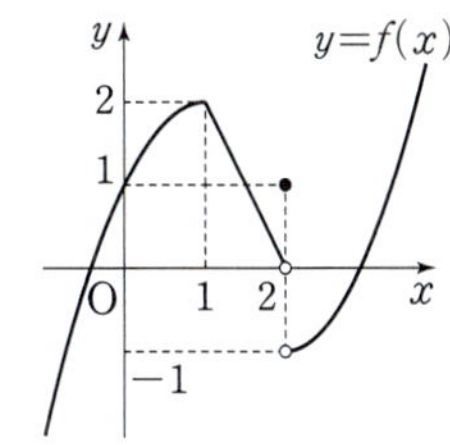

(1) $\lim\limits_{x\to 1+} f(x)$

(2) $\lim\limits_{x\to 1-} f(x)$

(3) $\lim\limits_{x\to 1} f(x)$

(4) $\lim\limits_{x\to 2+} f(x)$

(5) $\lim\limits_{x\to 2-} f(x)$

(6) $\lim\limits_{x\to 2} f(x)$

$x\to a+$, $x\to a-$, $x\to \infty$, $x\to -\infty$일 때도 성립한다.

두 함수 $f(x)$, $g(x)$에 대하여
$\lim\limits_{x\to a} f(x)=\alpha$, $\lim\limits_{x\to a} g(x)=\beta$ (α, β는 실수)일 때

(1) $\lim\limits_{x\to a} cf(x)=c\lim\limits_{x\to a} f(x)=c\alpha$ (단, c는 상수)

(2) $\lim\limits_{x\to a} \{f(x)+g(x)\}=\lim\limits_{x\to a} f(x)+\lim\limits_{x\to a} g(x)=\alpha+\beta$

(3) $\lim\limits_{x\to a} \{f(x)-g(x)\}=\lim\limits_{x\to a} f(x)-\lim\limits_{x\to a} g(x)=\alpha-\beta$

(4) $\lim\limits_{x\to a} f(x)g(x)=\lim\limits_{x\to a} f(x)\cdot\lim\limits_{x\to a} g(x)=\alpha\beta$

(5) $\lim\limits_{x\to a} \dfrac{f(x)}{g(x)}=\dfrac{\lim\limits_{x\to a} f(x)}{\lim\limits_{x\to a} g(x)}=\dfrac{\alpha}{\beta}$ (단, $\beta\neq 0$)

[0019~0024] 다음 극한값을 구하시오.

0019 $\lim\limits_{x\to 1} (3x+1)$

0020 $\lim\limits_{x\to 2} (2x^2-x)$

0021 $\lim\limits_{x\to -1} (x-1)(x+3)$

0022 $\lim\limits_{x\to -2} \dfrac{3-x}{x^2+1}$

0023 $\lim\limits_{x\to 3} \dfrac{\sqrt{x+6}}{x-2}$

0024 $\lim\limits_{x\to -3} \dfrac{x^2-x+2}{x+5}$

0025 두 함수 $f(x)$, $g(x)$에 대하여
$$\lim\limits_{x\to 2} f(x)=2, \quad \lim\limits_{x\to 2} g(x)=-3$$
일 때, 다음 극한값을 구하시오.

(1) $\lim\limits_{x\to 2} \{2f(x)+g(x)\}$

(2) $\lim\limits_{x\to 2} \{f(x)-3g(x)\}$

(3) $\lim\limits_{x\to 2} f(x)\{g(x)\}^2$

(4) $\lim\limits_{x\to 2} \dfrac{3f(x)-g(x)}{\{g(x)\}^2}$

(5) $\lim\limits_{x\to 2} \{xf(x)+g(x)\}$

(6) $\lim\limits_{x\to 2} x\{f(x)-g(x)\}$

---

(1) $\lim\limits_{x\to a} \dfrac{f(x)}{g(x)}$가 $\dfrac{0}{0}$ 꼴일 때

  ① $f(x)$, $g(x)$가 모두 다항식이면 분자, 분모를 각각 인수분해하여 공통인수를 약분한다.

  ② $f(x)$, $g(x)$ 중 무리식이 있으면 근호를 포함한 쪽을 유리화하여 공통인수를 약분한다.

(2) $\lim\limits_{x\to \infty} \dfrac{f(x)}{g(x)}$가 $\dfrac{\infty}{\infty}$ 꼴일 때

  분모의 최고차항으로 분자, 분모를 각각 나눈다.

  ① (분자의 차수)=(분모의 차수)이면 최고차항의 계수의 비로 수렴한다.

  ② (분자의 차수)<(분모의 차수)이면 0으로 수렴한다.

  ③ (분자의 차수)>(분모의 차수)이면 분자의 최고차항의 계수의 부호에 따라 ∞ 또는 $-\infty$로 발산한다.

(3) $\lim\limits_{x\to \infty} \{f(x)-g(x)\}$가 $\infty-\infty$ 꼴일 때

  ① $f(x)$, $g(x)$가 모두 다항식이면 최고차항으로 묶는다.

  ② $f(x)$, $g(x)$ 중 무리식이 있으면 근호를 포함한 쪽을 유리화한다.

(4) $\lim\limits_{x\to a} f(x)g(x)$, $\lim\limits_{x\to \infty} f(x)g(x)$가 $\infty\times 0$ 꼴일 때

  통분 또는 유리화하여 $\infty\times c$, $\dfrac{c}{\infty}$, $\dfrac{0}{0}$, $\dfrac{\infty}{\infty}$ 꼴로 변형한다.
  (단, c는 상수이다.)

[0026~0029] 다음 극한값을 구하시오.

0026 $\lim\limits_{x\to 0} \dfrac{x^2+x}{x}$

0027 $\lim\limits_{x\to 2} \dfrac{x-2}{x^2-2x}$

0028 $\lim\limits_{x\to 0} \dfrac{x}{\sqrt{x^2+2x}}$

0029 $\lim\limits_{x\to 1} \dfrac{x-1}{\sqrt{x}-1}$

[0030~0037] 다음 극한을 조사하시오.

0030 $\displaystyle\lim_{x\to\infty}\dfrac{x}{2x+1}$

0031 $\displaystyle\lim_{x\to\infty}\dfrac{2x-1}{x^2}$

0032 $\displaystyle\lim_{x\to\infty}\dfrac{x^2-1}{3x}$

0033 $\displaystyle\lim_{x\to-\infty}\dfrac{1-x}{x+1}$

0034 $\displaystyle\lim_{x\to-\infty}\dfrac{3x-1}{x^2}$

0035 $\displaystyle\lim_{x\to-\infty}\dfrac{x^3-1}{2x^2+1}$

0036 $\displaystyle\lim_{x\to\infty}\dfrac{\sqrt{x+1}}{2x}$

0037 $\displaystyle\lim_{x\to\infty}\dfrac{2x-1}{\sqrt{x^2+1}}$

[0038~0040] 다음 극한을 조사하시오.

0038 $\displaystyle\lim_{x\to-\infty}(x^3+x^2-2x+1)$

0039 $\displaystyle\lim_{x\to\infty}(\sqrt{x^2+1}-x)$

0040 $\displaystyle\lim_{x\to\infty}(\sqrt{x^2+x}-\sqrt{x^2-x})$

[0041~0042] 다음 극한값을 구하시오.

0041 $\displaystyle\lim_{x\to0}\dfrac{1}{x}\left(1-\dfrac{1}{x+1}\right)$

0042 $\displaystyle\lim_{x\to\infty}x\left(\dfrac{1}{x}-\dfrac{1}{x+1}\right)$

개념 05　　**수렴하는 분수함수의 극한**

두 함수 $f(x)$, $g(x)$에 대하여

(1) $\displaystyle\lim_{x\to a}\dfrac{f(x)}{g(x)}=\alpha$이고 $\displaystyle\lim_{x\to a}g(x)=0$이면 $\displaystyle\lim_{x\to a}f(x)=0$이다.

　　　　　　　　　　　　　(단, α는 실수이다.)

(2) $\displaystyle\lim_{x\to a}\dfrac{f(x)}{g(x)}=\alpha$이고 $\displaystyle\lim_{x\to a}f(x)=0$이면 $\displaystyle\lim_{x\to a}g(x)=0$이다.

　　　　　　　　　　　　　(단, α는 0이 아닌 실수이다.)

[0043~0044] 다음 등식이 성립하도록 하는 상수 a의 값을 구하시오.

0043 $\displaystyle\lim_{x\to-1}\dfrac{ax+3}{x+1}=3$

0044 $\displaystyle\lim_{x\to2}\dfrac{x^2-2x}{ax^2-5x+2}=\dfrac{2}{3}$

[0045~0046] 다음 등식이 성립하도록 하는 두 상수 a, b의 값을 각각 구하시오. (단, $b\neq0$)

0045 $\displaystyle\lim_{x\to-3}\dfrac{x+3}{3x+a}=b$

0046 $\displaystyle\lim_{x\to2}\dfrac{ax^2-x-6}{x-2}=b$

개념 06　　**함수의 극한의 대소 관계**

$x\to a+,\ x\to a-,$
$x\to\infty,\ x\to-\infty$일 때도
성립한다.

두 함수 $f(x)$, $g(x)$에 대하여 $\displaystyle\lim_{x\to a}f(x)=\alpha$, $\displaystyle\lim_{x\to a}g(x)=\beta$
(α, β는 실수)일 때, a가 아니면서 a에 가까운 모든 실수 x에서

(1) $f(x)\leq g(x)$이면 $\alpha\leq\beta$이다.

(2) 함수 $h(x)$에 대하여 $f(x)\leq h(x)\leq g(x)$이고 $\alpha=\beta$이면 $\displaystyle\lim_{x\to a}h(x)=\alpha$이다.

참고 $f(x)<g(x)$이면 반드시 $\displaystyle\lim_{x\to a}f(x)<\lim_{x\to a}g(x)$인 것은 아니다.

예를 들어, $f(x)=0$, $g(x)=\dfrac{1}{x}$이면 모든 양수 x에서 $f(x)<g(x)$ 이지만 $\displaystyle\lim_{x\to\infty}f(x)=0$, $\displaystyle\lim_{x\to\infty}g(x)=0$이므로 $\displaystyle\lim_{x\to\infty}f(x)=\lim_{x\to\infty}g(x)$이다.

$x\to\infty$일 때의 예시이다.

0047 함수 $f(x)$가 모든 실수 x에 대하여
$$3x-1\leq f(x)\leq x^2+x$$
를 만족시킬 때, 다음 극한값을 구하시오.

(1) $\displaystyle\lim_{x\to1}(3x-1)$　　　　　(2) $\displaystyle\lim_{x\to1}(x^2+x)$

(3) $\displaystyle\lim_{x\to1}f(x)$

0048 함수 $f(x)$가 $x>1$인 실수 x에 대하여
$$\dfrac{4x+1}{2x+1}<f(x)<\dfrac{2x-1}{x-1}$$
을 만족시킬 때, $\displaystyle\lim_{x\to\infty}f(x)$의 값을 구하시오.

유형 01 함수의 극한값의 존재성

함수 $f(x)$의 $x=a$에서의 우극한 $\lim\limits_{x \to a+} f(x)$와 좌극한 $\lim\limits_{x \to a-} f(x)$가

① 모두 존재하고, 그 값이 서로 같으면 극한값 $\lim\limits_{x \to a} f(x)$가 존재한다.

② 두 값이 서로 다르거나 수렴하지 않으면 극한값이 존재하지 않는다.

🖐 대표 예제

0049 극한값이 존재하는 것만을 **ㅣ보기ㅣ**에서 있는 대로 고른 것은?

> ㅣ보기ㅣ
>
> ㄱ. $\lim\limits_{x \to 1} (x+2)$ ㄴ. $\lim\limits_{x \to -1} \dfrac{|x+1|}{x+1}$ ㄷ. $\lim\limits_{x \to \infty} \dfrac{2}{x-1}$

① ㄱ ② ㄴ ③ ㄱ, ㄷ

④ ㄴ, ㄷ ⑤ ㄱ, ㄴ, ㄷ

선생님 해설

ㄱ. $\lim\limits_{x \to 1} (x+2) = 1+2 = 3$

ㄴ. $\lim\limits_{x \to -1+} \dfrac{|x+1|}{x+1} = \lim\limits_{x \to -1+} \dfrac{x+1}{x+1} = \lim\limits_{x \to -1+} 1 = 1,$

$\lim\limits_{x \to -1-} \dfrac{|x+1|}{x+1} = \lim\limits_{x \to -1-} \dfrac{-(x+1)}{x+1} = \lim\limits_{x \to -1-} (-1) = -1$

이므로 $\lim\limits_{x \to -1+} \dfrac{|x+1|}{x+1} \neq \lim\limits_{x \to -1-} \dfrac{|x+1|}{x+1}$

즉, $\lim\limits_{x \to -1} \dfrac{|x+1|}{x+1}$의 값은 존재하지 않는다.

ㄷ. $f(x) = \dfrac{2}{x-1}$ 라 하면 함수 $y=f(x)$의 그래프는 오른쪽 그림과 같으므로

$\lim\limits_{x \to \infty} \dfrac{2}{x-1} = 0$

따라서 극한값이 존재하는 것은 ㄱ, ㄷ이다.

답 ③

0050 대표 예제 | 한 번 더

다음 중 극한값이 존재하는 것은?

① $\lim\limits_{x \to -\infty} 2x$ ② $\lim\limits_{x \to 1} \dfrac{1}{x-1}$

③ $\lim\limits_{x \to \infty} \dfrac{x}{x-1}$ ④ $\lim\limits_{x \to -1} \dfrac{1}{|x+1|}$

⑤ $\lim\limits_{x \to 1} \dfrac{|x^2-1|}{x-1}$

0051

함수 $y=f(x)$의 그래프가 그림과 같을 때, 함수 $f(x)$의 $x=0$에서의 극한값이 존재하는 것은?

① 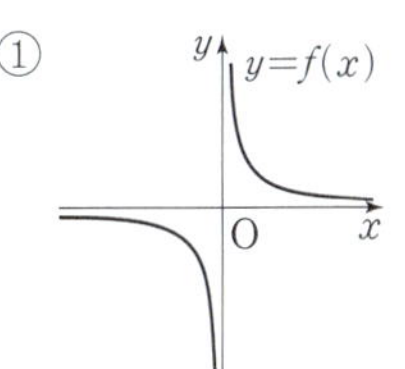 ② 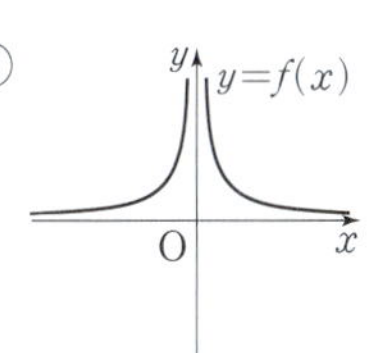

③ 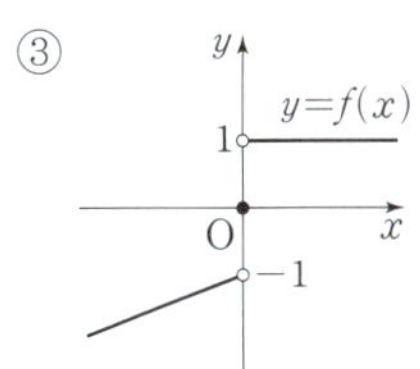 ④ 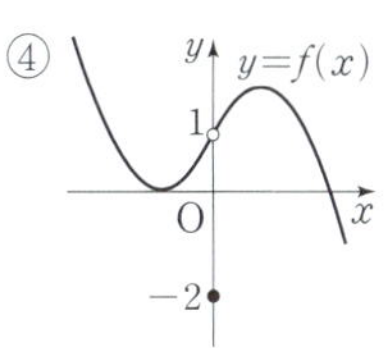

⑤ 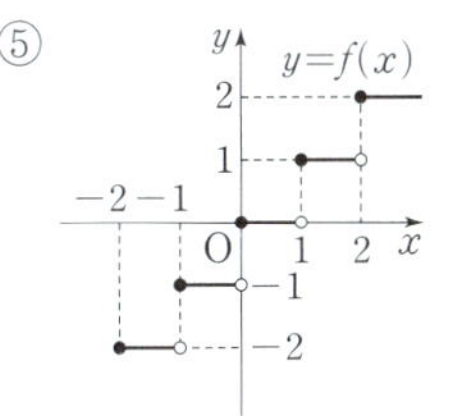

0052

함수

$$f(x) = \begin{cases} x^2 + 4x - 3 & (x < 1) \\ ax - 1 & (x \geq 1) \end{cases}$$

에 대하여 $\lim\limits_{x \to 1} f(x)$의 값이 존재하도록 하는 상수 a의 값은?

① 1 ② 2 ③ 3

④ 4 ⑤ 5

0053

두 함수

$$f(x) = \begin{cases} x+3 & (x < 1) \\ x^2 - 2 & (x \geq 1) \end{cases}, \quad g(x) = \begin{cases} x^2 - 4x + 2 & (x < 1) \\ x + k & (x \geq 1) \end{cases}$$

가 있다. 함수 $h(x) = f(x) + g(x)$에 대하여 $\lim\limits_{x \to 1} h(x)$의 값이 존재하도록 하는 상수 k의 값을 구하시오.

유형 02 함수의 극한값 구하기

① 함수 $f(x)$가 다항함수이면
  ➡ $\lim\limits_{x \to a} f(x) = f(a)$
② 함수 $f(x)$가 절댓값 기호를 포함한 함수이면
  ➡ 절댓값 기호 안의 식의 값이 0이 되는 x의 값을 기준으로 범위를 나누어 함수식을 구한다.

 대표 예제

0054 함수 $y=f(x)$의 그래프가 그림과 같을 때, $\lim\limits_{x \to 0-} f(x) + \lim\limits_{x \to 1+} f(x)$의 값은?

① 0　　② 1
③ 2　　④ 3
⑤ 4

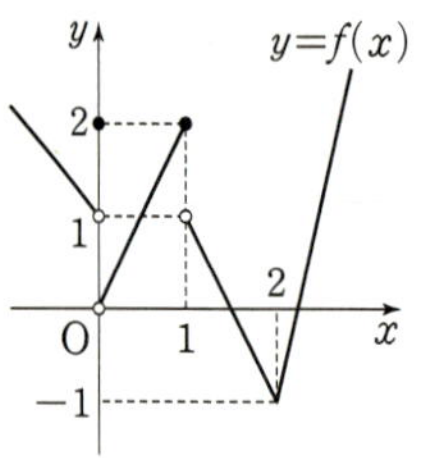

 **선생님 해설**

주어진 함수 $y=f(x)$의 그래프에서
$\lim\limits_{x \to 0-} f(x) = 1$, $\lim\limits_{x \to 1+} f(x) = 1$이므로
$\lim\limits_{x \to 0-} f(x) + \lim\limits_{x \to 1+} f(x) = 1+1 = 2$

답 ③

0055 대표 예제 | 한 번 더

함수 $y=f(x)$의 그래프가 그림과 같을 때,
$$f(1) + \lim\limits_{x \to 1-} f(x) + \lim\limits_{x \to 2+} f(x)$$
의 값은?

① -2　　② -1
③ 0　　④ 1
⑤ 2

0056

함수 $f(x) = \dfrac{x^2-4}{|x-2|}$에 대하여
$\lim\limits_{x \to 2+} f(x) - \lim\limits_{x \to 2-} f(x)$의 값은?

① 2　　② 4　　③ 6
④ 8　　⑤ 10

0057

함수
$$f(x) = \begin{cases} x^2+2x+a & (x<1) \\ -3x+b & (x\geq 1) \end{cases}$$
에 대하여 $\lim\limits_{x \to 1+} f(x) = 1$, $\lim\limits_{x \to 1-} f(x) = 0$일 때, $a+b$의 값을 구하시오. (단, a, b는 상수이다.)

0058

함수 $y=f(x)$의 그래프가 그림과 같다.

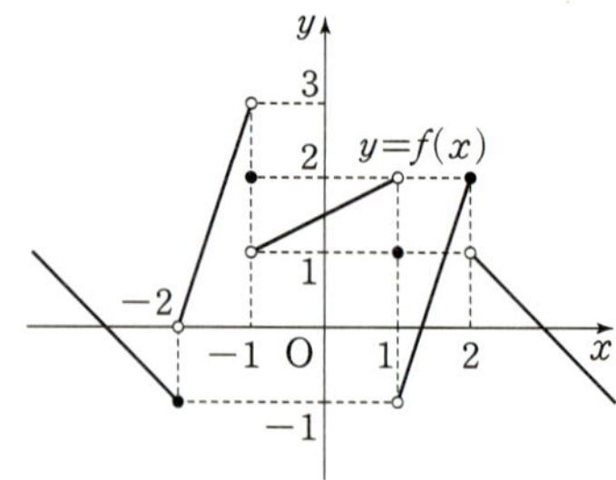

이때 $\lim\limits_{x \to 1+} f(x) + \lim\limits_{x \to 2-} f(x-1) + \lim\limits_{x \to -2+} f(-x)$의 값은?

① -1　　② 0　　③ 1
④ 2　　⑤ 3

유형 03 가우스 기호를 포함한 함수의 극한

$[x]$를 x보다 크지 않은 최대의 정수라 하면
① 정수 n에 대하여
- $x \to n+$일 때 $n \leq x < n+1$이므로 $\lim\limits_{x \to n+} [x] = n$
- $x \to n-$일 때 $n-1 \leq x < n$이므로 $\lim\limits_{x \to n-} [x] = n-1$

② $[x] \leq x < [x]+1 \Longleftrightarrow x-1 < [x] \leq x$
③ $0 \leq \alpha < 1$인 실수 α에 대하여
$$x = [x] + \alpha, \ [x] = x - \alpha$$

👍 대표 예제

0059 함수 $f(x) = [x]$에 대하여 $\lim\limits_{x \to 2-} f(x) + \lim\limits_{x \to 3+} f(x)$의 값은? (단, $[x]$는 x보다 크지 않은 최대의 정수이다.)

① 1   ② 2   ③ 3
④ 4   ⑤ 5

선생님 해설

$x<2$이므로 $1 \leq x < 2$에서 $[x]=1$

$\lim\limits_{x \to 2-} f(x) = \lim\limits_{x \to 2-} [x] = 1$, $\lim\limits_{x \to 3+} f(x) = \lim\limits_{x \to 3+} [x] = 3$이므로

$\lim\limits_{x \to 2-} f(x) + \lim\limits_{x \to 3+} f(x) = 1 + 3 = 4$

$x>3$이므로 $3<x<4$에서 $[x]=3$

답 ④

0060 [대표 예제] [한 번 더]

함수 $f(x) = \dfrac{[x]}{x}$에 대하여 $\lim\limits_{x \to 2-} f(x) + \lim\limits_{x \to 2+} f(x)$의 값은? (단, $[x]$는 x보다 크지 않은 최대의 정수이다.)

① $\dfrac{1}{2}$ ② 1   ③ $\dfrac{3}{2}$

④ 2   ⑤ $\dfrac{5}{2}$

0061

$\lim\limits_{x \to n} (3[x] - [x]^2)$의 값이 존재하도록 하는 정수 n의 값은? (단, $[x]$는 x보다 크지 않은 최대의 정수이다.)

① -1 ② 0   ③ 1
④ 2   ⑤ 3

0062

극한값이 존재하는 것만을 | 보기 |에서 있는 대로 고른 것은? (단, $[x]$는 x보다 크지 않은 최대의 정수이다.)

| 보기 |

ㄱ. $\lim\limits_{x \to 2} \left[x + \dfrac{1}{2} \right]$

ㄴ. $\lim\limits_{x \to 1} ([2x] - [x])$

ㄷ. $\lim\limits_{x \to 0} [x] \times [-x]$

① ㄱ   ② ㄴ   ③ ㄱ, ㄷ
④ ㄴ, ㄷ   ⑤ ㄱ, ㄴ, ㄷ

0063

함수 $f(x) = 3 - |2-x|$에 대하여 $\lim\limits_{x \to 2} [f(x)]$의 값을 구하시오. (단, $[x]$는 x보다 크지 않은 최대의 정수이다.)

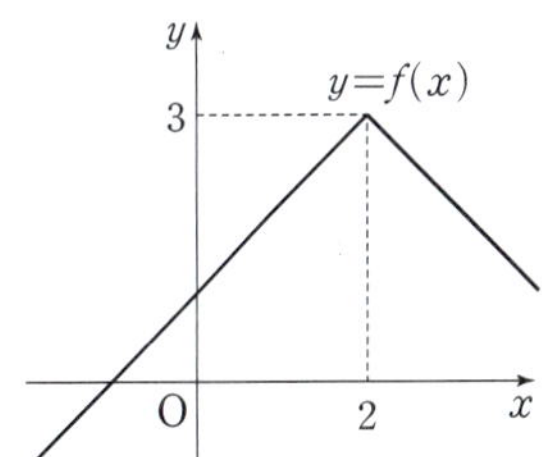

유형 04 합성함수의 극한

$\lim\limits_{x \to a+} g(f(x))$의 값은 $f(x)=t$라 한 후 다음을 이용하여 구한다.

① $x \to a+$일 때 $t \to b+$이면
　　$\Rightarrow \lim\limits_{x \to a+} g(f(x)) = \lim\limits_{t \to b+} g(t)$

② $x \to a+$일 때 $t \to b-$이면
　　$\Rightarrow \lim\limits_{x \to a+} g(f(x)) = \lim\limits_{t \to b-} g(t)$

③ $x \to a+$일 때 $t=b$이면 ⟶ $x \to a+$일 때, t의 값이 b보다 큰 값
　　$\Rightarrow \lim\limits_{x \to a+} g(f(x)) = g(b)$ 또는 작은 값에서 b에 가까워지지 않고 b의 값 그 자체인 경우

👍 대표 예제

0064 두 함수

$$f(x) = \begin{cases} x+4 & (x<0) \\ -3x+2 & (x \geq 0) \end{cases}, \quad g(x) = |x|$$

에 대하여 $\lim\limits_{x \to 0-} g(f(x)) + \lim\limits_{x \to 0+} f(g(x))$의 값은?

① 2　　　　　② 3　　　　　③ 4

④ 5　　　　　⑤ 6

선생님 해설

⟶ $x<0$일 때, $f(x)=t=x+4$이므로

$f(x)=t$라 하면 $x \to 0-$일 때 $t \to 4-$이므로

$\lim\limits_{x \to 0-} g(f(x)) = \lim\limits_{t \to 4-} g(t) = \lim\limits_{t \to 4-} |t| = 4$

⟶ $x>0$일 때, $g(x)=s=x$이므로

$g(x)=s$라 하면 $x \to 0+$일 때 $s \to 0+$이므로

$\lim\limits_{x \to 0+} f(g(x)) = \lim\limits_{s \to 0+} f(s) = \lim\limits_{s \to 0+} (-3s+2) = 2$

$\therefore \lim\limits_{x \to 0-} g(f(x)) + \lim\limits_{x \to 0+} f(g(x)) = 4+2 = 6$

답 ⑤

0065

함수 $y=f(x)$의 그래프가 그림과 같을 때, 함수 $g(x)=(x-1)^2+1$에 대하여

$$\lim_{x \to -1+} g(f(x)) + \lim_{x \to 1-} f(g(x))$$

의 값은?

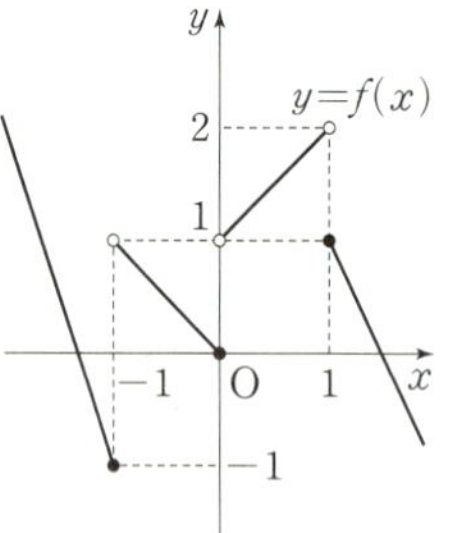

① -1　　　　② 0

③ 1　　　　④ 2

⑤ 3

0066

함수 $y=f(x)$의 그래프가 그림과 같을 때,

$$\lim_{x \to 2+} f(f(x)) + \lim_{x \to 2-} f(f(x))$$

의 값을 구하시오.

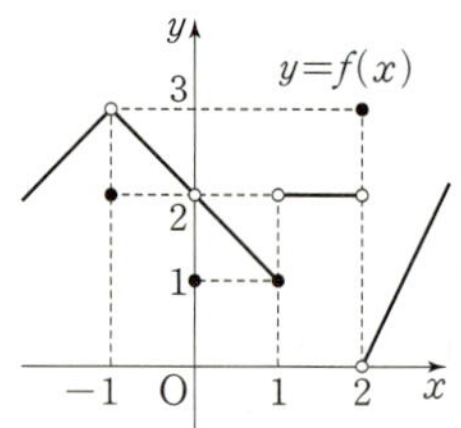

0067

두 함수 $y=f(x)$, $y=g(x)$의 그래프가 각각 그림과 같다.

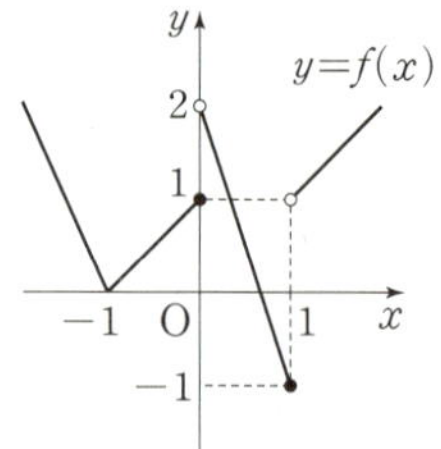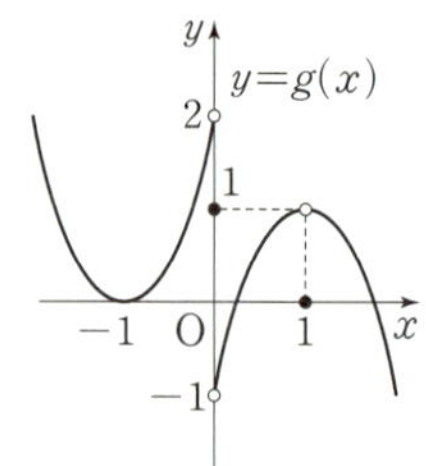

이때 $\lim\limits_{x \to -1-} g(f(x)) + \lim\limits_{x \to 1} f(g(x))$의 값을 구하시오.

0068

두 함수 $y=f(x)$, $y=g(x)$의 그래프가 각각 그림과 같다.

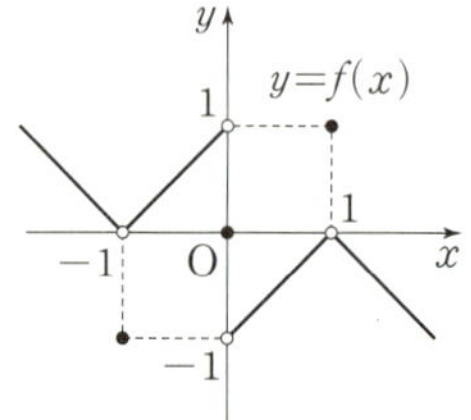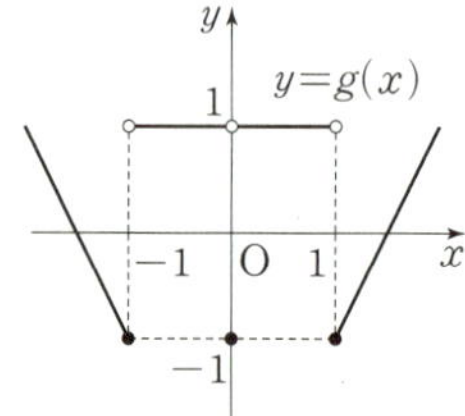

┃ 보기 ┃에서 옳은 것만을 있는 대로 고른 것은?

┃ 보기 ┃

ㄱ. $\lim\limits_{x \to 0} f(f(x)) = 1$

ㄴ. $\lim\limits_{x \to 0} g(f(x)) = 1$

ㄷ. $\lim\limits_{x \to 0} f(g(x)) = 1$

① ㄱ　　　　② ㄷ　　　　③ ㄱ, ㄴ

④ ㄴ, ㄷ　　　⑤ ㄱ, ㄴ, ㄷ

유형 05 함수의 극한에 대한 성질

합답형 문제는 다음과 같이 해결한다.
① 반례를 찾아본다.
➡ $x \to a$일 때의 극한값이 존재하지 않는 함수를 예로 들 때,
$x=a$에서의 우극한과 좌극한이 다른 함수를 찾아본다.
② 반례를 찾기 어려운 경우 증명한다.

👍 대표 예제

0069 함수의 극한에 대한 설명 중 **| 보기 |** 에서 옳은 것만을
있는 대로 고른 것은?

| 보기 |

ㄱ. $\lim\limits_{x \to \infty} f(x) = \infty$, $\lim\limits_{x \to \infty} g(x) = \infty$이면

$\lim\limits_{x \to \infty} \{f(x) - g(x)\} = 0$이다.

ㄴ. $\lim\limits_{x \to a} f(x) = 0$, $\lim\limits_{x \to a} g(x) = \infty$이면

$\lim\limits_{x \to a} f(x)g(x) = 0$이다. (단, a는 실수이다.)

ㄷ. $\lim\limits_{x \to \infty} f(x) = \infty$, $\lim\limits_{x \to \infty} g(x) = a$ (a는 실수)이면

$\lim\limits_{x \to \infty} \dfrac{g(x)}{f(x)} = 0$이다.

① ㄱ   ② ㄷ   ③ ㄱ, ㄴ
④ ㄴ, ㄷ   ⑤ ㄱ, ㄴ, ㄷ

선생님 해설

이 반례를 통해 $\infty - \infty$가 항상 0인 것은 아님을 기억하자.

ㄱ. [반례] $f(x) = 2x$, $g(x) = x$이면

$\lim\limits_{x \to \infty} f(x) = \infty$, $\lim\limits_{x \to \infty} g(x) = \infty$이지만

$\lim\limits_{x \to \infty} \{f(x) - g(x)\} = \lim\limits_{x \to \infty} (2x - x) = \lim\limits_{x \to \infty} x = \infty$ (거짓)

ㄴ. [반례] $f(x) = x^2$, $g(x) = \dfrac{1}{x^2}$이면

$\lim\limits_{x \to 0} f(x) = 0$, $\lim\limits_{x \to 0} g(x) = \infty$이지만

$\lim\limits_{x \to 0} f(x)g(x) = \lim\limits_{x \to 0} x^2 \cdot \dfrac{1}{x^2} = \lim\limits_{x \to 0} 1 = 1$ (거짓)

ㄷ. $\lim\limits_{x \to \infty} f(x) = \infty$, $\lim\limits_{x \to \infty} g(x) = a$ (a는 실수)이면

$\lim\limits_{x \to \infty} \dfrac{g(x)}{f(x)} = 0$이다. (참)

따라서 옳은 것은 ㄷ이다.

답 ②

$\dfrac{(상수)}{\infty}$ 꼴이므로 $\lim\limits_{x \to \infty} \dfrac{g(x)}{f(x)} = 0$이다.

0070 함수의 극한에 대한 설명 중 **| 보기 |** 에서 옳은 것만을 있는
대로 고른 것은? (단, a는 실수이다.)

| 보기 |

ㄱ. $\lim\limits_{x \to \infty} f(x)$와 $\lim\limits_{x \to \infty} \{f(x) + g(x)\}$의 값이 모두 존재

하면 $\lim\limits_{x \to \infty} g(x)$의 값도 존재한다.

ㄴ. $\lim\limits_{x \to a} f(x)$와 $\lim\limits_{x \to a} \dfrac{f(x)}{g(x)}$의 값이 모두 존재하면

$\lim\limits_{x \to a} g(x)$의 값도 존재한다. (단, $g(x) \neq 0$)

ㄷ. $\lim\limits_{x \to a} g(x)$와 $\lim\limits_{x \to a} \dfrac{f(x)}{g(x)}$의 값이 모두 존재하면

$\lim\limits_{x \to a} f(x)$의 값도 존재한다. (단, $g(x) \neq 0$)

① ㄱ   ② ㄴ   ③ ㄱ, ㄷ
④ ㄴ, ㄷ   ⑤ ㄱ, ㄴ, ㄷ

0071 함수의 극한에 대한 설명 중 **| 보기 |** 에서 옳은 것만을 있는
대로 고른 것은? (단, a는 실수이다.)

| 보기 |

ㄱ. $\lim\limits_{x \to a} \{f(x) + g(x)\}$와 $\lim\limits_{x \to a} \{f(x) - g(x)\}$가 모두

수렴하면 $\lim\limits_{x \to a} f(x)$와 $\lim\limits_{x \to a} g(x)$도 모두 수렴한다.

ㄴ. $\lim\limits_{x \to a} f(x)$가 발산하고 $\lim\limits_{x \to a} g(x)$가 수렴하면

$\lim\limits_{x \to a} \dfrac{g(x)}{f(x)}$가 수렴한다.

ㄷ. $\lim\limits_{x \to \infty} f(x)$와 $\lim\limits_{x \to \infty} \dfrac{f(x)}{g(x)}$가 모두 수렴하면

$\lim\limits_{x \to \infty} g(x)$도 수렴한다. $\left(\text{단, } \lim\limits_{x \to \infty} \dfrac{f(x)}{g(x)} \neq 0\right)$

① ㄱ   ② ㄷ   ③ ㄱ, ㄴ
④ ㄱ, ㄷ   ⑤ ㄱ, ㄴ, ㄷ

유형 06 함수의 극한에 대한 성질을 이용한 계산

극한값을 구하려는 함수식을 수렴하는 두 함수에 대한 식으로 나타낸 후 함수의 극한에 대한 성질을 이용한다.

🧑 대표 예제

0072 두 함수 $f(x)$, $g(x)$에 대하여

$$\lim_{x \to \infty} f(x) = \infty, \quad \lim_{x \to \infty} \{f(x) + g(x)\} = 1$$

일 때, $\displaystyle\lim_{x \to \infty} \frac{4f(x) - 3g(x)}{2f(x) - g(x)}$ 의 값은?

① 2　　　　② $\dfrac{7}{3}$　　　　③ $\dfrac{8}{3}$

④ 3　　　　⑤ $\dfrac{10}{3}$

선생님 해설

$f(x) + g(x) = h(x)$라 하면 $g(x) = h(x) - f(x)$이고
$\displaystyle\lim_{x \to \infty} h(x) = 1$이므로

$$\lim_{x \to \infty} \frac{4f(x) - 3g(x)}{2f(x) - g(x)} = \lim_{x \to \infty} \frac{4f(x) - 3\{h(x) - f(x)\}}{2f(x) - \{h(x) - f(x)\}}$$

$$= \lim_{x \to \infty} \frac{7f(x) - 3h(x)}{3f(x) - h(x)}$$

$$= \lim_{x \to \infty} \frac{7 - 3 \cdot \dfrac{h(x)}{f(x)}}{3 - \dfrac{h(x)}{f(x)}}$$

수렴하는 함수 꼴로 바꾼다.

$$= \frac{7 - 3 \displaystyle\lim_{x \to \infty} \dfrac{h(x)}{f(x)}}{3 - \displaystyle\lim_{x \to \infty} \dfrac{h(x)}{f(x)}}$$

$$= \frac{7}{3} \left(\because \lim_{x \to \infty} \frac{h(x)}{f(x)} = 0 \right)$$

답 ②

0073 [대표 예제] [한 번 더]

두 함수 $f(x)$, $g(x)$에 대하여

$$\lim_{x \to 1} \frac{f(x)}{x+1} = 3, \quad \lim_{x \to 1} \frac{g(x)}{f(x) - 2x} = 1$$

일 때, $\displaystyle\lim_{x \to 1} \frac{f(x) + g(x)}{f(x) - g(x)}$ 의 값은?

① 1　　　　② 2　　　　③ 3

④ 4　　　　⑤ 5

0074

함수 $f(x)$가 $\displaystyle\lim_{x \to 1} \frac{f(x-1)}{x-1} = 2$를 만족시킬 때,

$\displaystyle\lim_{x \to 0} \frac{2f(x) + x}{f(x) - x^2}$ 의 값은?

① $\dfrac{1}{2}$　　　　② $\dfrac{3}{2}$　　　　③ $\dfrac{5}{2}$

④ $\dfrac{7}{2}$　　　　⑤ $\dfrac{9}{2}$

0075

함수 $f(x)$가 $\displaystyle\lim_{x \to \infty} \frac{1}{x}\{f(x) - x\} = 0$을 만족시킬 때,

$\displaystyle\lim_{x \to \infty} \frac{3f(x) + 2x}{2f(x) - x}$ 의 값은?

① 1　　　　② 3　　　　③ 5

④ 7　　　　⑤ 9

0076 🔼

함수 $f(x)$에 대하여

$$\lim_{x \to 0+} \frac{x^2 f\left(\dfrac{1}{x}\right) + 1}{x^2 + 2x + 3} = 2$$

일 때, $\displaystyle\lim_{x \to \infty} \frac{f(x)}{x^2}$ 의 값을 구하시오.

유형 07 유리식의 $\frac{0}{0}$ 꼴의 극한

분자, 분모가 모두 다항식이고 주어진 식의 분자, 분모에 극한을 취한 결과가 $\frac{0}{0}$ 꼴일 때, 분자, 분모를 각각 인수분해하여 공통인수를 약분한다.

🖒 대표 예제

0077 $\lim\limits_{x \to 1} \dfrac{x^2 + 2x - 3}{x^2 - 1}$ 의 값은?

① $\dfrac{1}{2}$　　　　② 1　　　　③ $\dfrac{3}{2}$

④ 2　　　　⑤ $\dfrac{5}{2}$

선생님 해설

$\lim\limits_{x \to 1}$ (분자)$=0$, $\lim\limits_{x \to 1}$ (분모)$=0$이므로 $\frac{0}{0}$ 꼴이다.

$$\lim_{x \to 1} \frac{x^2 + 2x - 3}{x^2 - 1} = \lim_{x \to 1} \frac{(x+3)(x-1)}{(x+1)(x-1)}$$

$x \to 1$이면 $x \ne 1$, 즉 $x-1 \ne 0$이므로 분자, 분모의 공통인수인 $x-1$을 약분할 수 있다.

$$= \lim_{x \to 1} \frac{x+3}{x+1}$$

$$= \frac{1+3}{1+1} = 2$$

답 ④

0078 대표 예제 | 한 번 더

$\lim\limits_{x \to 2} \dfrac{x^3 - 4x^2 - 4x + 16}{x^2 - 5x + 6}$ 의 값은?

① 2　　　　② 4　　　　③ 6

④ 8　　　　⑤ 10

0079

$\lim\limits_{x \to a} \dfrac{x^2 - a^2}{x - a} = 6$일 때, $\lim\limits_{x \to a} \dfrac{x^3 - a^3}{x^2 - a^2}$ 의 값은?

(단, a는 실수이다.)

① $\dfrac{3}{2}$　　　　② $\dfrac{5}{2}$　　　　③ $\dfrac{7}{2}$

④ $\dfrac{9}{2}$　　　　⑤ $\dfrac{11}{2}$

0080

다항함수 $f(x)$에 대하여 $\lim\limits_{x \to 3} \dfrac{x^4 - 9x^2}{(x^2 - 3x)f(x)} = 1$일 때, $f(3)$의 값은?

① 15　　　　② 18　　　　③ 21

④ 24　　　　⑤ 27

0081

두 함수 $f(x)$, $g(x)$에 대하여

$$\lim_{x \to 5} \frac{f(x)}{x^2 - 5x} = 4, \quad \lim_{x \to 5} \frac{g(x)}{x^2 - 25} = 6$$

일 때, $\lim\limits_{x \to 5} \dfrac{g(x)}{f(x)}$ 의 값을 구하시오.

유형 08 무리식의 $\dfrac{0}{0}$ 꼴의 극한

분자 또는 분모가 무리식이고 주어진 식의 분자, 분모에 극한을 취한 결과가 $\dfrac{0}{0}$ 꼴일 때, 근호를 포함한 쪽을 유리화하여 공통인수를 약분한다.

👍 대표 예제

0082 $\displaystyle\lim_{x\to -1}\dfrac{\sqrt{x^2+3}-2}{x+1}$ 의 값은?

① $-\dfrac{5}{2}$ 　　② -2 　　③ $-\dfrac{3}{2}$

④ -1 　　⑤ $-\dfrac{1}{2}$

선생님 해설

$$\lim_{x\to -1}\frac{\sqrt{x^2+3}-2}{x+1}=\lim_{x\to -1}\frac{(\sqrt{x^2+3}-2)(\sqrt{x^2+3}+2)}{(x+1)(\sqrt{x^2+3}+2)}$$

$\displaystyle\lim$ (분자)$=0$, $\displaystyle\lim$ (분모)$=0$ 이므로 $\dfrac{0}{0}$ 꼴이다.

$$=\lim_{x\to -1}\frac{x^2-1}{(x+1)(\sqrt{x^2+3}+2)}$$

$$=\lim_{x\to -1}\frac{(x+1)(x-1)}{(x+1)(\sqrt{x^2+3}+2)}$$

분자를 유리화하여 인수분해하면 분자, 분모의 공통인수를 약분할 수 있다.

유형 07과의 차이점은 유리화 뿐이야.

$$=\lim_{x\to -1}\frac{x-1}{\sqrt{x^2+3}+2}$$

$$=\frac{-1-1}{\sqrt{(-1)^2+3}+2}=-\frac{1}{2}$$

답 ⑤

0083 대표 예제 한 번 더

$\displaystyle\lim_{x\to 1}\dfrac{x^2-x}{\sqrt{x^2+3x}-2}$ 의 값은?

① $\dfrac{1}{5}$ 　　② $\dfrac{2}{5}$ 　　③ $\dfrac{3}{5}$

④ $\dfrac{4}{5}$ 　　⑤ 1

0084

$\displaystyle\lim_{x\to 0}\dfrac{\sqrt{a+x}-\sqrt{a-x}}{x}=\dfrac{1}{2}$ 일 때, 상수 a의 값은?

① $\dfrac{1}{9}$ 　　② $\dfrac{1}{4}$ 　　③ 1

④ 4 　　⑤ 9

0085

$\displaystyle\lim_{x\to 1}\dfrac{\sqrt{2-x}-\sqrt{x}}{\sqrt{5-x}-\sqrt{3+x}}$ 의 값은?

① $\dfrac{3}{2}$ 　　② $\dfrac{7}{4}$ 　　③ 2

④ $\dfrac{9}{4}$ 　　⑤ $\dfrac{5}{2}$

0086

$\displaystyle\lim_{x\to 9}\dfrac{x-9}{\sqrt[3]{x-1}-2}$ 의 값은?

① 9 　　② 10 　　③ 11

④ 12 　　⑤ 13

유형 09 $\dfrac{\infty}{\infty}$ 꼴의 극한

주어진 식의 분자, 분모에 극한을 취한 결과가 $\dfrac{\infty}{\infty}$ 꼴일 때, 분모의 최고차항으로 분자, 분모를 각각 나눈 후 $\displaystyle\lim_{x\to\infty}\dfrac{k}{x^n}=0$임을 이용한다.

(단, n은 자연수이고 k는 상수이다.)

👍 대표 예제

0087 $\displaystyle\lim_{x\to-\infty}\dfrac{\sqrt{x^2+2x}-3x}{\sqrt{4x^2-1}+x+2}$의 값은?

① -4 ② -2 ③ 2

④ 4 ⑤ 6

선생님 해설

$-\infty$로 발산하는 경우, 치환을 통해 ∞로 발산할 때의 극한값을 구하도록 바꾼다.

$x=-t$라 하면 $x\to-\infty$일 때 $t\to\infty$이므로

$$\lim_{x\to-\infty}\dfrac{\sqrt{x^2+2x}-3x}{\sqrt{4x^2-1}+x+2}=\lim_{t\to\infty}\dfrac{\sqrt{t^2-2t}+3t}{\sqrt{4t^2-1}-t+2}$$

분모의 최고차항 t로 분자, 분모를 각각 나눈다.

분모의 최고차항으로 분자, 분모를 나눌 때 항의 계수는 무시하고, 다항식 $f(x)$의 차수가 $2n$일 때 무리식 $\sqrt{f(x)}$의 차수는 n임에 유의하자.

$$=\lim_{t\to\infty}\dfrac{\sqrt{1-\dfrac{2}{t}}+3}{\sqrt{4-\dfrac{1}{t^2}}-1+\dfrac{2}{t}}$$

$$=\dfrac{\sqrt{1-0}+3}{\sqrt{4-0}-1+0}=4$$

답 ④

0088 대표 예제 한 번 더

$\displaystyle\lim_{x\to\infty}\dfrac{2x-\sqrt{x^2-1}}{\sqrt{9x^2-2x}+4}$의 값은?

① $\dfrac{1}{6}$ ② $\dfrac{1}{3}$ ③ $\dfrac{1}{2}$

④ $\dfrac{2}{3}$ ⑤ $\dfrac{5}{6}$

0089

$\displaystyle\lim_{x\to\infty}\dfrac{ax^3+bx^2+x-1}{3x^2+5}=3$일 때, 두 상수 a, b에 대하여 $a+b$의 값은?

① 1 ② 3 ③ 5

④ 7 ⑤ 9

0090

$\displaystyle\lim_{x\to-\infty}\dfrac{ax+2}{\sqrt{4x^2+3x}-x}=-1$을 만족시키는 상수 a의 값은?

① 1 ② 2 ③ 3

④ 4 ⑤ 5

0091

$\displaystyle\lim_{x\to\infty}\dfrac{f(x)-2x}{x}=0$일 때, $\displaystyle\lim_{x\to\infty}\dfrac{6x^2+xf(x)}{2x^2+\{f(x)\}^2}$의 값은?

① 1 ② $\dfrac{7}{6}$ ③ $\dfrac{4}{3}$

④ $\dfrac{3}{2}$ ⑤ $\dfrac{5}{3}$

유형 10 $\infty-\infty$ 꼴의 극한

주어진 식의 분자, 분모에 극한을 취한 결과가 $\infty-\infty$ 꼴 또는 $\dfrac{1}{\infty-\infty}$ 꼴일 때

① 분자, 분모가 모두 다항식이면 최고차항으로 묶는다.
② 분자, 분모 중 무리식이 있으면 근호를 포함한 쪽을 유리화한다.

🖐 대표 예제

0092 $\displaystyle\lim_{x\to\infty}(2x-\sqrt{4x^2-6x+8}\,)$의 값은?

① $\dfrac{1}{2}$　　　② 1　　　③ $\dfrac{3}{2}$

④ 2　　　⑤ $\dfrac{5}{2}$

선생님 해설

$$\lim_{x\to\infty}(2x-\sqrt{4x^2-6x+8}\,)$$

분자를 유리화한다.

$$=\lim_{x\to\infty}\frac{(2x-\sqrt{4x^2-6x+8}\,)(2x+\sqrt{4x^2-6x+8}\,)}{2x+\sqrt{4x^2-6x+8}}$$

$$=\lim_{x\to\infty}\frac{6x-8}{2x+\sqrt{4x^2-6x+8}}$$

$$=\lim_{x\to\infty}\frac{6-\dfrac{8}{x}}{2+\sqrt{4-\dfrac{6}{x}+\dfrac{8}{x^2}}}$$

$$=\frac{6-0}{2+\sqrt{4-0+0}}=\frac{3}{2}$$

유리화하고 나면 **유형 09**인 $\dfrac{\infty}{\infty}$ 꼴과 같아져.

답 ③

0093 대표 예제 한 번 더

$\displaystyle\lim_{x\to\infty}\{\sqrt{(x+1)^2+1}-\sqrt{(x-1)^2+1}\,\}$의 값은?

① 1　　　② 2　　　③ 3
④ 4　　　⑤ 5

0094

$\displaystyle\lim_{x\to-\infty}(2x+\sqrt{4x^2+3x+2}\,)$의 값은?

① $-\dfrac{5}{4}$　　　② -1　　　③ $-\dfrac{3}{4}$

④ $-\dfrac{1}{2}$　　　⑤ $-\dfrac{1}{4}$

0095

$\displaystyle\lim_{x\to\infty}\frac{1}{\sqrt{4x^2+ax}-\sqrt{4x^2-ax}}=3$을 만족시키는 상수 a의 값은?

① $\dfrac{1}{6}$　　　② $\dfrac{1}{3}$　　　③ $\dfrac{1}{2}$

④ $\dfrac{2}{3}$　　　⑤ $\dfrac{5}{6}$

0096

$\displaystyle\lim_{x\to-\infty}\{\sqrt{(x+a)(x+1)}+x\}=2$일 때, 상수 a의 값은?

① -5　　　② -3　　　③ -1
④ 1　　　⑤ 3

유형 11 ∞×0 꼴의 극한

주어진 식의 분자, 분모에 극한을 취한 결과가 ∞×0 꼴일 때, 통분 또는 유리화하여 $\infty \times c$, $\dfrac{c}{\infty}$, $\dfrac{0}{0}$, $\dfrac{\infty}{\infty}$ 꼴로 변형한다. (단, c는 상수)

👍 대표 예제

0097 $\displaystyle\lim_{x \to 0} \dfrac{1}{x}\left(\dfrac{x^2-1}{x+2}+\dfrac{1}{2}\right)$의 값은?

① $\dfrac{1}{4}$ 　　② $\dfrac{1}{2}$ 　　③ $\dfrac{3}{4}$

④ 1 　　⑤ $\dfrac{5}{4}$

선생님 해설

$\displaystyle\lim_{x \to 0}\dfrac{1}{x}=\pm\infty$, $\displaystyle\lim_{x \to 0}\left(\dfrac{x^2-1}{x+2}+\dfrac{1}{2}\right)=0$이므로 ∞×0 꼴이다.

$$\begin{aligned}
\lim_{x \to 0}\frac{1}{x}\left(\frac{x^2-1}{x+2}+\frac{1}{2}\right)&=\lim_{x \to 0}\frac{1}{x}\cdot\frac{2(x^2-1)+x+2}{2(x+2)}\\
&=\lim_{x \to 0}\frac{1}{x}\cdot\frac{2x^2+x}{2(x+2)}\\
&=\lim_{x \to 0}\frac{1}{x}\cdot\frac{x(2x+1)}{2(x+2)}\\
&=\lim_{x \to 0}\frac{2x+1}{2(x+2)}\\
&=\frac{2\cdot 0+1}{2\cdot(0+2)}=\frac{1}{4}
\end{aligned}$$

통분하여 $\dfrac{0}{0}$ 꼴로 변형한다.

답 ①

0098 대표 예제 한 번 더

$\displaystyle\lim_{x \to 1}\dfrac{1}{\sqrt{x}-1}\left(\dfrac{1}{2}-\dfrac{1}{x+1}\right)$의 값은?

① $\dfrac{1}{2}$ 　　② $\dfrac{1}{3}$ 　　③ $\dfrac{1}{4}$

④ $\dfrac{1}{5}$ 　　⑤ $\dfrac{1}{6}$

0099

$\displaystyle\lim_{x \to a}\dfrac{1}{x-a}\left(\dfrac{a}{2}-\dfrac{x}{x-a+2}\right)=2$일 때, 상수 a의 값은?

① 2 　　② 4 　　③ 6

④ 8 　　⑤ 10

0100

$\displaystyle\lim_{x \to -1}\dfrac{2}{x+1}\left(\dfrac{x^2+3}{x-1}+\dfrac{4}{x+3}\right)$의 값은?

① -2 　　② -1 　　③ 0

④ 1 　　⑤ 2

0101

$\displaystyle\lim_{x \to -\infty}\dfrac{x}{2}\left(\dfrac{1}{2}+\dfrac{x}{\sqrt{4x^2+x}}\right)$의 값은?

① $\dfrac{1}{32}$ 　　② $\dfrac{1}{16}$ 　　③ $\dfrac{1}{8}$

④ $\dfrac{1}{4}$ 　　⑤ $\dfrac{1}{2}$

유형 12 분자에 미정계수가 포함된 유리함수의 극한

분자에 미정계수가 포함된 유리함수에서 $x \to a$일 때 (분모) $\to 0$이고 극한값이 존재하면 (분자) $\to 0$이다.

$x \to a$일 때 (분모) $\to 0$인데 (분자) $\to k$ (k는 0이 아닌 상수) 또는 (분자) $\to \pm\infty$이면 유리함수는 $\pm\infty$로 발산하므로 모순이다.

👍 대표 예제

0102 $\displaystyle\lim_{x \to -1} \frac{x^2+ax+b}{x+1}=3$일 때, $a+b$의 값은?

(단, a, b는 상수이다.)

① 6   ② 7   ③ 8
④ 9   ⑤ 10

선생님 해설

$\displaystyle\lim_{x \to -1} \frac{x^2+ax+b}{x+1}=3$ …… ㉠

㉠에서 $x \to -1$일 때 (분모) $\to 0$이고 극한값이 존재하므로 (분자) $\to 0$이다.

즉, $\displaystyle\lim_{x \to -1}(x^2+ax+b)=0$에서 $1-a+b=0$

$\therefore b=a-1$ …… ㉡

㉡을 ㉠에 대입하면

$\displaystyle\lim_{x \to -1} \frac{x^2+ax+b}{x+1}=\lim_{x \to -1} \frac{x^2+ax+a-1}{x+1}$

유리식의 $\frac{0}{0}$ 꼴

$\displaystyle =\lim_{x \to -1} \frac{(x+1)(x+a-1)}{x+1}$

$\displaystyle =\lim_{x \to -1}(x+a-1)$

$=a-2=3$

이므로 $a=5$

$a=5$를 ㉡에 대입하면 $b=4$

$\therefore a+b=5+4=9$

유형 12, **13**, **14** 모두 시험에 자주 출제되는 유형이니 잘 기억해둬.

답 ④

0103 대표 예제 한 번 더

$\displaystyle\lim_{x \to 2} \frac{x^2+ax+b}{x^2-6x+8}=-2$일 때, $a-b$의 값은?

(단, a, b는 상수이다.)

① 2   ② 3   ③ 4
④ 5   ⑤ 6

0104

$\displaystyle\lim_{x \to 3} \frac{ax^2+6x+b}{x^2-9}=-1$일 때, $a+b$의 값은?

(단, a, b는 상수이다.)

① -5 ② -4 ③ -3
④ -2 ⑤ -1

0105

$\displaystyle\lim_{x \to -3} \frac{ax^2+bx+6}{x^2+8x+15}=4$일 때, $a-b$의 값은?

(단, a, b는 상수이다.)

① 1   ② 2   ③ 3
④ 4   ⑤ 5

0106

$\displaystyle\lim_{x \to 1} \frac{ax^3+bx^2-4}{x^3-1}=2$일 때, $b-a$의 값을 구하시오.

(단, a, b는 상수이다.)

유형 13 분모에 미정계수가 포함된 유리함수의 극한

분모에 미정계수가 포함된 유리함수에서 $x \to a$일 때 (분자) $\to$ 0이고 0이 아닌 극한값이 존재하면 (분모) $\to$ 0이다.

$x \to a$일 때 (분자) $\to$ 0인데 (분모) $\to k$ (k는 0이 아닌 상수) 또는 (분모) $\to \pm\infty$이면 유리함수는 0으로 수렴하므로 모순이다.

대표 예제

0107 $\lim\limits_{x \to 1} \dfrac{x-1}{x^2+ax+b} = -1$일 때, $b-a$의 값은?

(단, a, b는 상수이다.)

① 1   ② 2   ③ 3
④ 4   ⑤ 5

선생님 해설

$\lim\limits_{x \to 1} \dfrac{x-1}{x^2+ax+b} = -1$ ······ ㉠

㉠에서 $x \to 1$일 때 (분자) $\to$ 0이고 0이 아닌 극한값이 존재하므로 (분모) $\to$ 0이다.

즉, $\lim\limits_{x \to 1}(x^2+ax+b) = 0$에서 $1+a+b = 0$

$\therefore b = -a-1$ ······ ㉡

㉡을 ㉠에 대입하면

$$\lim\limits_{x \to 1} \dfrac{x-1}{x^2+ax+b} = \lim\limits_{x \to 1} \dfrac{x-1}{x^2+ax-a-1}$$

$$= \lim\limits_{x \to 1} \dfrac{x-1}{(x-1)(x+a+1)}$$

$$= \lim\limits_{x \to 1} \dfrac{1}{x+a+1}$$

$$= \dfrac{1}{a+2} = -1$$

이므로 $a+2 = -1$ $\therefore a = -3$

$a = -3$을 ㉡에 대입하면 $b = 2$

$\therefore b-a = 2-(-3) = 5$

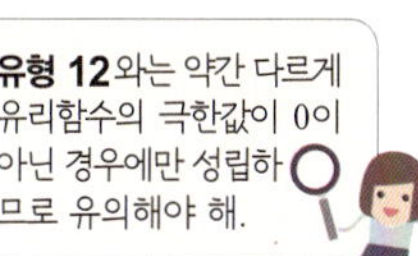

● 답 ⑤

0108 대표 예제 한 번 더

$\lim\limits_{x \to -1} \dfrac{x^2+3x+2}{x^2+ax+b} = \dfrac{1}{2}$일 때, $a+b$의 값은?

(단, a, b는 상수이다.)

① 6   ② 7   ③ 8
④ 9   ⑤ 10

0109

$\lim\limits_{x \to 2} \dfrac{2x-4}{ax^2+6x+b} = 1$일 때, $a-b$의 값은?

(단, a, b는 상수이다.)

① 1   ② 3   ③ 5
④ 7   ⑤ 9

0110

$\lim\limits_{x \to -2} \dfrac{x^2+x-2}{ax^2+bx+1} = 2$일 때, $a+2b$의 값은?

(단, a, b는 상수이다.)

① 2   ② 4   ③ 6
④ 8   ⑤ 10

0111

$\lim\limits_{x \to -1} \dfrac{x^2-1}{ax^3+bx+6} = 1$일 때, $b-a$의 값을 구하시오.

(단, a, b는 상수이다.)

유형 14 미정계수가 포함된 무리함수의 극한

① 미정계수가 포함된 무리함수에서 $x \to a$일 때
  • (분모) $\to 0$이고 극한값이 존재하면 (분자) $\to 0$이다.
  • (분자) $\to 0$이고 0이 아닌 극한값이 존재하면 (분모) $\to 0$이다.
② 근호를 포함한 쪽을 유리화하여 공통인수를 약분한다.

대표 예제

0112 $\lim\limits_{x \to 1} \dfrac{a\sqrt{x+3}-1}{x-1}=b$일 때, $a+b$의 값은?

(단, a, b는 상수이다.)

① $\dfrac{1}{8}$ ② $\dfrac{1}{4}$ ③ $\dfrac{3}{8}$

④ $\dfrac{1}{2}$ ⑤ $\dfrac{5}{8}$

선생님 해설

$\lim\limits_{x \to 1} \dfrac{a\sqrt{x+3}-1}{x-1}=b$ ……㉠

㉠에서 $x \to 1$일 때 (분모) $\to 0$이고 극한값이 존재하므로 (분자) $\to 0$이다.

즉, $\lim\limits_{x \to 1}(a\sqrt{x+3}-1)=0$에서

$2a-1=0$, $2a=1$ $\therefore a=\dfrac{1}{2}$

$a=\dfrac{1}{2}$ 을 ㉠의 좌변에 대입하면

$$\lim\limits_{x \to 1} \dfrac{a\sqrt{x+3}-1}{x-1}=\lim\limits_{x \to 1} \dfrac{\frac{1}{2}\sqrt{x+3}-1}{x-1}$$

(무리식의 $\frac{0}{0}$ 꼴)

$$=\lim\limits_{x \to 1} \dfrac{\sqrt{x+3}-2}{2(x-1)}$$

$$=\lim\limits_{x \to 1} \dfrac{(\sqrt{x+3}-2)(\sqrt{x+3}+2)}{2(x-1)(\sqrt{x+3}+2)}$$

$$=\lim\limits_{x \to 1} \dfrac{x-1}{2(x-1)(\sqrt{x+3}+2)}$$

$$=\lim\limits_{x \to 1} \dfrac{1}{2(\sqrt{x+3}+2)}$$

$$=\dfrac{1}{2 \cdot (\sqrt{4}+2)}=\dfrac{1}{8}$$

이므로 $b=\dfrac{1}{8}$

$\therefore a+b=\dfrac{1}{2}+\dfrac{1}{8}=\dfrac{5}{8}$

> $\frac{0}{0}$ 꼴의 극한에 있어서 **유형 07**은 유리식, **유형 08**은 무리식인 것처럼 미정계수가 포함된 함수에 있어서 **유형 12**, **13**은 유리함수, **유형 14**는 무리함수야.

답 ⑤

0113

$\lim\limits_{x \to 3} \dfrac{x-3}{a\sqrt{x+1}+b}=4$일 때, $a-b$의 값은?

(단, a, b는 상수이다.)

① 1   ② 2   ③ 3

④ 4   ⑤ 5

0114

$\lim\limits_{x \to 2} \dfrac{\sqrt{x^2+5}-3}{ax+b}=\dfrac{1}{3}$일 때, $a+b$의 값은?

(단, a, b는 상수이다.)

① -2 ② -1 ③ 0

④ 1   ⑤ 2

0115

$\lim\limits_{x \to 1} \dfrac{\sqrt{ax^2+bx}-2}{x^2-1}=1$일 때, $a-b$의 값은?

(단, a, b는 상수이다.)

① 2   ② 4   ③ 6

④ 8   ⑤ 10

0116

$\lim\limits_{x \to -1} \dfrac{\sqrt{x+a}+b}{x^3+1}=\dfrac{1}{12}$일 때, $a-b$의 값을 구하시오.

(단, a, b는 상수이다.)

유형 15　다항함수의 결정

① 두 다항함수 $f(x)$, $g(x)$에 대하여 $\lim\limits_{x \to \infty} \dfrac{f(x)}{g(x)} = k$

　(k는 0이 아닌 실수)이면 $f(x)$와 $g(x)$의 차수가 같다.

② **유형 12**, **유형 13**, **유형 14**에서의 분수함수의 극한의 성질을 이용하여 공통인수를 약분하거나 다항함수의 인수를 찾는다.

👍 대표 예제

0117 다항함수 $f(x)$가

$$\lim_{x \to \infty} \frac{f(x)}{x^2 - x} = 2, \quad \lim_{x \to 1} \frac{f(x)}{x^2 - x} = 3$$

을 만족시킬 때, $f(2)$의 값은?

① 1　　　　② 3　　　　③ 5

④ 7　　　　⑤ 9

선생님 해설

분모의 차수가 2이므로

$\lim\limits_{x \to \infty} \dfrac{f(x)}{x^2 - x} = 2$이므로 $f(x)$는 (2로 수렴하므로) 최고차항의 계수가 2인 이차함수이다. 즉,

$$f(x) = 2x^2 + ax + b \ (a,\ b\text{는 상수}) \quad \cdots\cdots \ \text{㉠}$$

$\dfrac{\infty}{\infty}$ 꼴과 $\dfrac{0}{0}$ 꼴의 조건이 동시에 주어질 때, $\dfrac{\infty}{\infty}$ 꼴의 조건을 먼저 이용해야 해.

라 할 수 있다.

$$\lim_{x \to 1} \frac{f(x)}{x^2 - x} = 3 \quad \cdots\cdots \ \text{㉡}$$

㉡에서 $x \to 1$일 때 (분모) $\to 0$이고 극한값이 존재하므로 (분자) $\to 0$이다.

즉, $\lim\limits_{x \to 1} f(x) = \lim\limits_{x \to 1} (2x^2 + ax + b) = 0$에서

$$2 + a + b = 0 \quad \therefore \ b = -a - 2 \quad \cdots\cdots \ \text{㉢}$$

㉠, ㉢을 ㉡에 대입하면

$$\lim_{x \to 1} \frac{f(x)}{x^2 - x} = \lim_{x \to 1} \frac{2x^2 + ax - a - 2}{x^2 - x} \quad \left(\frac{0}{0} \text{ 꼴}\right)$$

$$= \lim_{x \to 1} \frac{(x-1)(2x + a + 2)}{x(x-1)}$$

$$= \lim_{x \to 1} \frac{2x + a + 2}{x}$$

$$= a + 4 = 3$$

이므로 $a = -1$

$a = -1$을 ㉢에 대입하면 $b = -1$

따라서 ㉠에서 $f(x) = 2x^2 - x - 1$이므로

$$f(2) = 2 \cdot 2^2 - 2 - 1 = 5$$

답 ③

0118 〔대표 예제〕〔한 번 더〕

다항함수 $f(x)$와 함수 $g(x) = x^2 - x - 2$에 대하여

$$\lim_{x \to \infty} \frac{g(x)}{f(x)} = 2, \quad \lim_{x \to 2} \frac{g(x)}{f(x)} = 1$$

일 때, $f(3)$의 값은?

① $\dfrac{3}{2}$　　　　② 2　　　　③ $\dfrac{5}{2}$

④ 3　　　　⑤ $\dfrac{7}{2}$

0119 다항함수 $f(x)$가

$$\lim_{x \to \infty} \frac{f(x) + x^3}{x^2} = -2, \quad \lim_{x \to 0} \frac{f(x)}{x} = 5$$

를 만족시킬 때, $f(1)$의 값은?

① 1　　　　② 2　　　　③ 3

④ 4　　　　⑤ 5

0120 최고차항의 계수가 1인 이차함수 $f(x)$에 대하여

$$\lim_{x \to 2} \frac{f(x) - f(2)}{f(x) - 3(x - 2)} = \frac{1}{2}$$

일 때, $f(1)$의 값을 구하시오.

0121 🔼

삼차함수 $f(x)$가

$$\lim_{x \to -1} \frac{f(x)}{x + 1} = -1, \quad \lim_{x \to 1} \frac{f(x)}{x - 1} = 2$$

를 만족시킬 때, $f(x)$를 $x - 3$으로 나누었을 때의 나머지를 구하시오.

유형 16 함수의 극한의 대소 관계

세 함수 $f(x)$, $g(x)$, $h(x)$에 대하여 $\lim\limits_{x \to a} f(x) = \alpha$, $\lim\limits_{x \to a} g(x) = \beta$
(α, β는 실수)일 때
① $f(x) \leq h(x) \leq g(x)$이고 $\alpha = \beta$이면
  $\Rightarrow \lim\limits_{x \to a} h(x) = \alpha$
② $f(x) < h(x) < g(x)$이고 $\alpha = \beta$이면
  $\Rightarrow \lim\limits_{x \to a} h(x) = \alpha$

👍 대표 예제

0122 함수 $f(x)$가 $x \neq 1$인 모든 실수 x에 대하여
$$4x^2 - 1 \leq (x-1)^2 f(x) \leq 4x^2 + 1$$
을 만족시킬 때, $\lim\limits_{x \to \infty} f(x)$의 값은?

① 1　　　　② 2　　　　③ 3
④ 4　　　　⑤ 5

선생님 해설

$x \neq 1$인 모든 실수 x에 대하여 $(x-1)^2 > 0$이므로
$4x^2 - 1 \leq (x-1)^2 f(x) \leq 4x^2 + 1$의 각 변을 $(x-1)^2$으로
나누면
$$\frac{4x^2 - 1}{(x-1)^2} \leq f(x) \leq \frac{4x^2 + 1}{(x-1)^2}$$
이때 $\lim\limits_{x \to \infty} \dfrac{4x^2 - 1}{(x-1)^2} = \lim\limits_{x \to \infty} \dfrac{4x^2 + 1}{(x-1)^2} = 4$이므로
함수의 극한의 대소 관계에 의하여
$$\lim\limits_{x \to \infty} f(x) = 4$$

답 ④

0123 [대표 예제] [한 번 더]

함수 $f(x)$가 모든 실수 x에 대하여
$$2x + 1 < f(x) < 2x + 5$$
를 만족시킬 때, $\lim\limits_{x \to \infty} \dfrac{\{f(x)\}^3}{2x^3 + 1}$의 값은?

① 3　　　　② $\dfrac{7}{2}$　　　　③ 4
④ $\dfrac{9}{2}$　　　　⑤ 5

0124

함수 $f(x)$가 모든 실수 x에 대하여
$$x^2 + 2x - 3 \leq f(x) \leq 2x^2 - 2$$
를 만족시킬 때, $\lim\limits_{x \to 1} \dfrac{f(x)}{x-1}$의 값은?

① 3　　　　② 4　　　　③ 5
④ 6　　　　⑤ 7

0125

$x > 2$에서 정의된 함수 $f(x)$가
$$\frac{x^2 - 1}{3x} < f(x) < \frac{x^2 + 1}{3x - 1}$$
을 만족시킬 때, $\lim\limits_{x \to \infty} \dfrac{f(2x)}{x}$의 값은?

① $\dfrac{1}{6}$　　　　② $\dfrac{1}{3}$　　　　③ $\dfrac{1}{2}$
④ $\dfrac{2}{3}$　　　　⑤ $\dfrac{5}{6}$

0126

기울기가 m $(m > 0)$이고 y절편이 n인 직선 $y = g(x)$와
함수 $f(x)$에 대하여 부등식
$$g(x-1) < f(x) < g(x+1)$$
이 항상 성립한다. $\lim\limits_{x \to \infty} \dfrac{f(x)}{2x+1} = 3$일 때, m의 값을 구하
시오.

유형 17 함수의 극한의 활용

함수의 극한의 활용 문제는 다음과 같은 순서로 푼다.
❶ 구하는 선분의 길이, 도형의 넓이, 점의 좌표 등을 식으로 나타낸다.
❷ 함수의 극한의 성질을 이용하여 극한값을 구한다.

👍 대표 예제

0127 그림과 같이 곡선 $y=x^2$ 위의 점 $P(a,\,a^2)$ $(a>0)$과 원점 O를 지나고 y축 위의 점 C를 중심으로 하는 원 C가 있다. 이때 $\lim\limits_{a\to 0+}\overline{\mathrm{OC}}$의 값은?

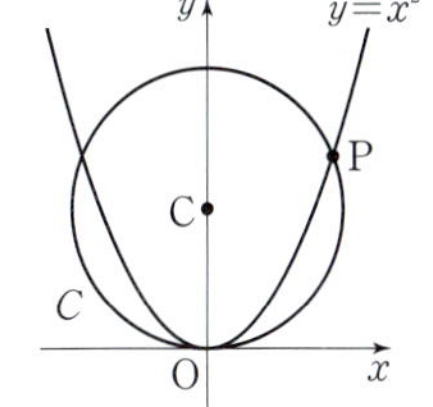

① $\dfrac{1}{6}$ ② $\dfrac{1}{3}$

③ $\dfrac{1}{2}$ ④ $\dfrac{2}{3}$

⑤ $\dfrac{5}{6}$

선생님 해설

점 C를 중심으로 하는 원 C가 두 점 O, P를 지나므로
$$\overline{\mathrm{CO}}=\overline{\mathrm{CP}}$$
점 C의 좌표를 $(0,\,c)$ $(c>0)$라 하면
$$c=\sqrt{(a-0)^2+(a^2-c)^2},\ c^2=a^2+a^4-2a^2c+c^2$$
$$a^4+a^2=2a^2c,\ 2a^2c=a^2(a^2+1)\qquad \therefore\ c=\frac{a^2+1}{2}$$
이때 $\overline{\mathrm{OC}}=c$이므로
$$\lim_{a\to 0+}\overline{\mathrm{OC}}=\lim_{a\to 0+}c=\lim_{a\to 0+}\frac{a^2+1}{2}=\frac{1}{2}$$

답 ③

0128 그림과 같이 원 $x^2+y^2=r^2$ $(r>0)$과 곡선 $y=\sqrt{2x}$가 만나는 점 $P(t,\,\sqrt{2t})$에 대하여 점 P에서 원 $x^2+y^2=r^2$에 접하는 직선이 x축과 만나는 점을 Q라 하자. 점 Q의 좌표가 $(q,\,0)$ $(q>0)$일 때, $\lim\limits_{r\to 0+} q$의 값은?

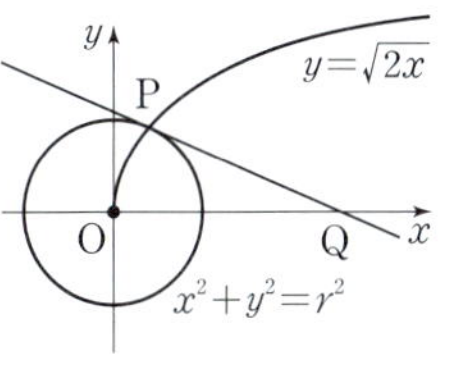

① $\dfrac{1}{2}$ ② $\dfrac{\sqrt{2}}{2}$ ③ 1

④ $\sqrt{2}$ ⑤ 2

0129 그림과 같이 이차함수 $f(x)=\dfrac{1}{3}x^2$의 그래프 위의 점 $P(t,\,f(t))$ $(t>0)$에 대하여 점 P를 지나고 직선 OP에 수직인 직선이 y축과 만나는 점을 Q라 하자. 이때 $\lim\limits_{t\to\infty}(\overline{\mathrm{OQ}}-\overline{\mathrm{OP}})$의 값은? (단, O는 원점이다.)

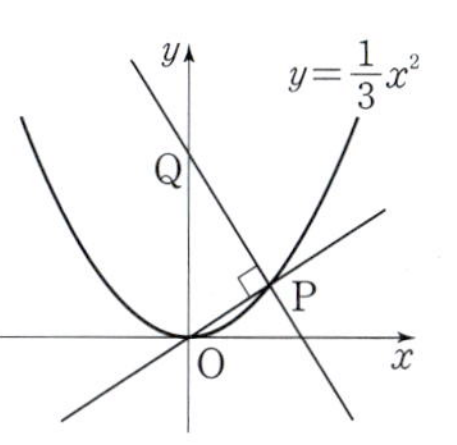

① 1 ② $\dfrac{7}{6}$ ③ $\dfrac{4}{3}$

④ $\dfrac{3}{2}$ ⑤ $\dfrac{5}{3}$

0130 그림과 같이 함수 $y=2\sqrt{x+1}$의 그래프 위의 점 $P(a,\,2\sqrt{a+1})$ $(a>0)$에서 x축에 내린 수선의 발을 H라 하고, 점 H에서 직선 OP에 내린 수선의 발을 I라 하자. 삼각형 PIH의 넓이를 $S(a)$라 할 때, $\lim\limits_{a\to\infty}\dfrac{S(a)}{\sqrt{a}}$의 값을 구하시오. (단, O는 원점이다.)

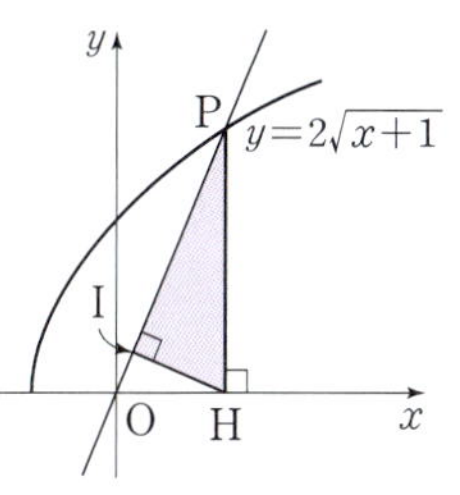

0131 그림과 같이 좌표평면 위의 두 점 $A(a,\,0)$, $B\left(0,\,\dfrac{1}{a}\right)$ $(a>0)$에 대하여 $\angle\mathrm{BAO}$를 이등분하는 직선이 y축과 만나는 점을 P라 하자. $\overline{\mathrm{OP}}=L(a)$라 할 때, $\lim\limits_{a\to\infty} a\times L(a)$의 값을 구하시오. (단, O는 원점이다.)

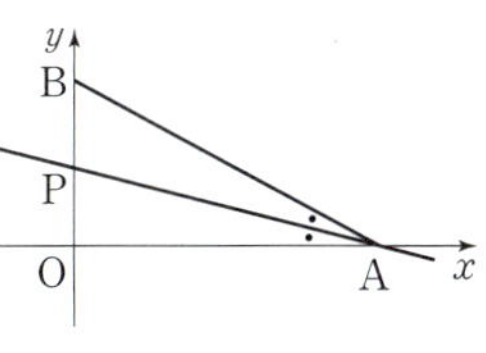

0132

$\lim\limits_{x \to \infty} \dfrac{\sqrt{x+4}-\sqrt{x-4}}{\sqrt{4x+1}-\sqrt{4x-1}}$ 의 값은?

① $\dfrac{1}{2}$ ② 1 ③ 2

④ 4 ⑤ 8

0133

$x=1$에서 수렴하는 두 함수 $f(x)$, $g(x)$에 대하여

$$\lim_{x \to 1}\{f(x)+g(x)\}=4, \quad \lim_{x \to 1}f(x)g(x)=3$$

일 때, $\lim\limits_{x \to 1} \dfrac{f(x)+4}{2g(x)-1}$ 의 값은?

(단, 모든 실수 x에 대하여 $f(x)>g(x)$이다.)

① 5 ② 6 ③ 7

④ 8 ⑤ 9

0134

$\lim\limits_{x \to \infty} (\sqrt{4x^2+[x]}-2x)$의 값은?

(단, $[x]$는 x보다 크지 않은 최대의 정수이다.)

① $\dfrac{1}{4}$ ② $\dfrac{1}{2}$ ③ $\dfrac{3}{4}$

④ 1 ⑤ $\dfrac{5}{4}$

0135

$\lim\limits_{x \to 1} \dfrac{x^2-(a+1)x+a}{x^2+bx+3}=2$를 만족시키는 두 상수 a, b에 대하여 $a+b$의 값을 구하시오.

0136

$\lim\limits_{x \to \infty} \dfrac{9}{x}\left[\dfrac{x}{6}\right]$의 값은?

(단, $[x]$는 x보다 크지 않은 최대의 정수이다.)

① 1 ② $\dfrac{7}{6}$ ③ $\dfrac{4}{3}$

④ $\dfrac{3}{2}$ ⑤ $\dfrac{5}{3}$

0137

실수 전체의 집합에서 정의된 함수 $f(x)$가 있다. $x \geq 0$에서 함수 $y=f(x)$의 그래프가 그림과 같고, 모든 실수 x에 대하여 $f(-x)=-f(x)$를 만족시킬 때,

$$\lim_{x \to -1+}f(x)f(1-x)+\lim_{x \to 2+}f(x)f(1-x)$$의 값은?

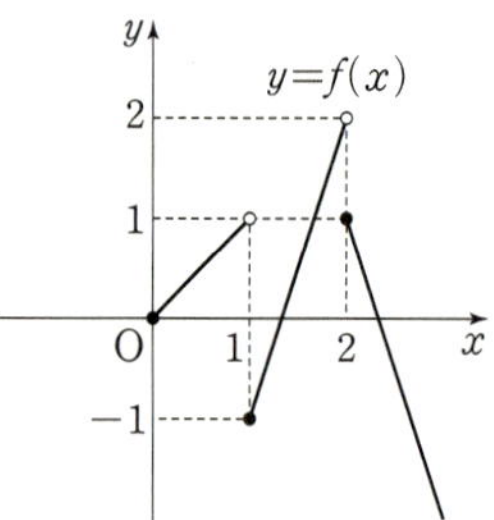

① -2 ② -1 ③ 0

④ 1 ⑤ 2

0138

• 유형 17 •

좌표평면 위의 두 곡선 $y=\sqrt{x}$, $y=2\sqrt{x+1}$과 직선 $x=t$ $(t>1)$의 교점을 각각 A, B라 하자. 점 C(1, 0)에 대하여 $\lim\limits_{t\to\infty}(\overline{\text{BC}}-\overline{\text{AC}})$의 값은?

① $\dfrac{3}{2}$ ② $\dfrac{7}{4}$ ③ 2

④ $\dfrac{9}{4}$ ⑤ $\dfrac{5}{2}$

0139

• 유형 06 •

두 함수 $f(x)$, $g(x)$가 다음 조건을 만족시킨다.

> (가) $f(x)-xg(x)=(x^2-6)g(x)$
> (나) $\lim\limits_{x\to 2}\dfrac{f(x)}{x-2}=20$

이때 $\lim\limits_{x\to 2}g(x)$의 값을 구하시오.

0140

• 유형 10 •

양수 a와 실수 b에 대하여
$$\lim_{x\to\infty}(\sqrt{ax^2+x}-bx)=1$$
일 때, $a+b$의 값은?

① $\dfrac{1}{4}$ ② $\dfrac{1}{2}$ ③ $\dfrac{3}{4}$

④ 1   ⑤ $\dfrac{5}{4}$

0141

• 유형 15 •

다항함수 $f(x)$가 $\lim\limits_{x\to -1}\dfrac{f(x)-x^3}{x+1}=3$을 만족시킬 때,

$\lim\limits_{x\to -1}\dfrac{f(x)\{f(x)+1\}}{x^2-1}$의 값은?

① 1   ② 2   ③ 3

④ 4   ⑤ 5

0142

• 유형 06 •

두 함수 $f(x)$, $g(x)$가
$$\lim_{x\to 1}\frac{f(x)}{x^2+4}=\frac{1}{3},\quad \lim_{x\to -1}\frac{(x+2)g(x+1)}{(x+4)f(x+2)}=1$$
을 만족시킬 때, $\lim\limits_{x\to 0}g(x)$의 값을 구하시오.

0143

• 유형 04 •

함수 $y=f(x)$의 그래프가 그림과 같을 때,

$$\lim_{t\to\infty}f\left(\frac{t+1}{t}\right)+\lim_{t\to\infty}f\left(\frac{1-t}{t+1}\right)$$의 값을 구하시오.

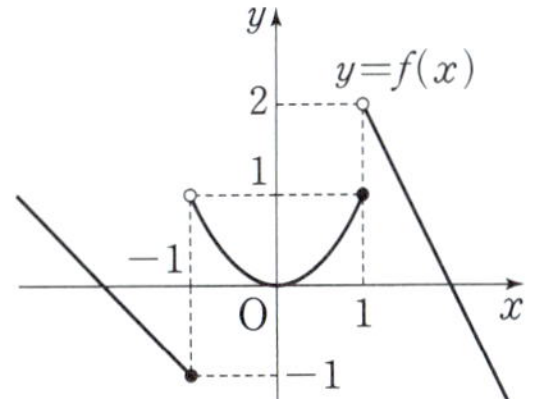

0144
· 유형 15 ·

다항함수 $g(x)$에 대하여 함수 $f(x)=\dfrac{x^2-x}{g(x)}$가 다음 조건을 만족시킨다.

> (가) $\displaystyle\lim_{x\to\infty} f(x)=-1$
> (나) $\displaystyle\lim_{x\to 4} |f(x)|=\infty$

$\displaystyle\lim_{x\to 1} f(x)=k$일 때, 상수 k의 값은? (단, $k\neq 0$)

① $\dfrac{1}{6}$ ② $\dfrac{1}{3}$ ③ $\dfrac{1}{2}$

④ $\dfrac{2}{3}$ ⑤ $\dfrac{5}{6}$

0145
· 유형 09 ·

최솟값이 양수인 이차함수 $f(x)$에 대하여
$$\lim_{x\to-\infty} \frac{3f(x)-4x^2}{\sqrt{\{f(x)\}^2+4}-2f(x)}=-2$$
일 때, $f(x)$의 이차항의 계수를 구하시오.

0146
· 유형 17 ·

그림과 같이 곡선 $y=\dfrac{1}{4}x^2$과 직선 $y=t^2\ (t>1)$이 만나는 점 중 제1사분면 위의 점을 A, 제2사분면 위의 점을 B라 하고, 곡선 $y=\dfrac{1}{4}x^2$과 직선 $y=1$이 만나는 점 중 제1사분면 위의 점을 C라 하자. 두 선분 AB, BC와 y축이 만나는 점을 각각 D, E라 할 때, $\displaystyle\lim_{t\to 1+} \dfrac{\overline{AB}-\overline{BC}}{\overline{DE}}$의 값을 구하시오.

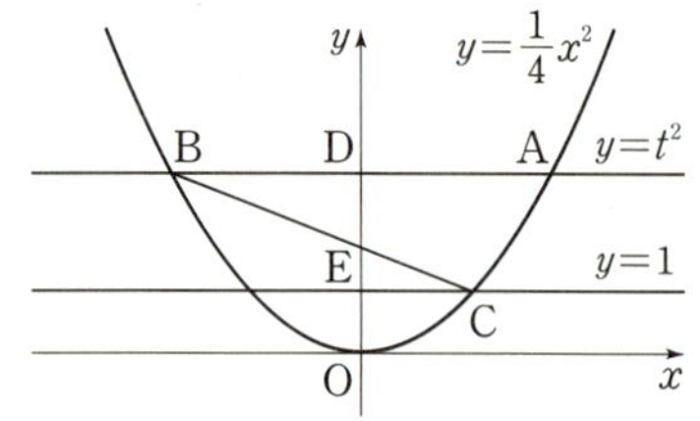

0147
사고력
· 유형 17 ·

함수 $f(x)=\dfrac{3-x}{x-2}$에 대하여 x에 대한 방정식 $|f(x)|=t$의 서로 다른 실근의 개수를 $g(t)$라 할 때,
$\displaystyle\lim_{t\to 0+} g(t)+\lim_{t\to 1+} g(t)g(2-t)$의 값을 구하시오.

0148
· 유형 16 ·

$x>0$에서 정의된 다항함수 $f(x)$에 대하여 집합 A를
$$A=\{(a,\ f(a))\,|\,a는 실수\}$$
라 정의하자. 집합
$$B=\{(x,\ f(x))\,|\,3x<f(x)<3x+7\}$$
에 대하여 $A\subset B$가 성립할 때, $\displaystyle\lim_{x\to\infty} \dfrac{f(x)}{f(x)+5x+1}$의 값은?

① $\dfrac{1}{8}$ ② $\dfrac{1}{4}$ ③ $\dfrac{3}{8}$

④ $\dfrac{1}{2}$ ⑤ $\dfrac{5}{8}$

0149
창의력
· 유형 07 ·

함수 $f(x)=x^2+(1-k)x-2k+1$에 대하여 이차방정식 $f(x)=0$의 서로 다른 두 실근 α, β가 다음 조건을 만족시킨다.

> $$\lim_{x\to\alpha} \frac{f(x)f(3x)}{x-\alpha}+\lim_{x\to\beta} \frac{f(x)f(3x)}{x-\beta}=78$$

k가 정수일 때, $f(4)$의 값을 구하시오.

서술형 문제

0150
• 유형 14 •

$\lim\limits_{x\to 1}\dfrac{\sqrt{ax^2+2x-4}-2x}{x^2-x}=b$일 때, 두 상수 a, b의 값을 각각 구하시오.

☑ **필요 개념 및 공식**
☐ 수렴하는 분수함수의 극한　　　☐ 무리식의 $\frac{0}{0}$ 꼴의 극한

0151
• 유형 07 •

$\lim\limits_{x\to 1}\dfrac{(x^2+2x-3)^3}{(x^2-1)^m}=n$을 만족시키는 두 자연수 m, n의 값을 각각 구하시오.

☑ **필요 개념 및 공식**
☐ $\frac{0}{0}$ 꼴의 0이 아닌 극한이 존재할 조건

0152
• 유형 05 + 유형 13 •

두 함수 $f(x)$, $g(x)$에 대하여 명제

　'$\lim\limits_{x\to a}\dfrac{f(x)}{g(x)}=\alpha\ (\alpha\neq 0)$이고 $\lim\limits_{x\to a}f(x)=0$이면

　$\lim\limits_{x\to a}g(x)=0$이다.'

가 참임을 증명하시오.

0153
• 유형 06 •

두 함수 $f(x)$, $g(x)$에 대하여

$$\lim_{x\to\infty}\{2f(x)+g(x)\}=3,\ \lim_{x\to\infty}\{f(x)-2g(x)\}=4$$

일 때, $\lim\limits_{x\to\infty}\{f(x)+g(x)\}$의 값을 구하시오.

0154
• 유형 11 + 유형 12 •

$\lim\limits_{x\to 1}\dfrac{1}{x-1}\left(\dfrac{1}{x+a}-\dfrac{1}{2x+b}\right)=1$을 만족시키는 두 상수 a, b의 값을 각각 구하시오. (단, $a\neq 0$)

☑ **필요 개념 및 공식**
☐ $\infty\times 0$ 꼴의 극한　　　☐ 수렴하는 분수함수의 극한

0155
• 유형 17 •

그림과 같이 원 $x^2+y^2=1$과 직선 $y=mx$가 만나는 점 중 제1사분면 위의 점을 P라 하고, 점 P에서의 접선이 x축, y축과 만나는 점을 각각 Q, R라 하자. 두 점 $\mathrm{A}(1,\ 0)$, $\mathrm{B}(0,\ 1)$에 대하여 삼각형 PAQ의 넓이를 $S_1(m)$, 삼각형 PRB의 넓이를 $S_2(m)$이라 할 때, $\lim\limits_{m\to 0+}\dfrac{S_1(m)\times S_2(m)}{m^2}$의 값을 구하시오. (단, $m>0$)

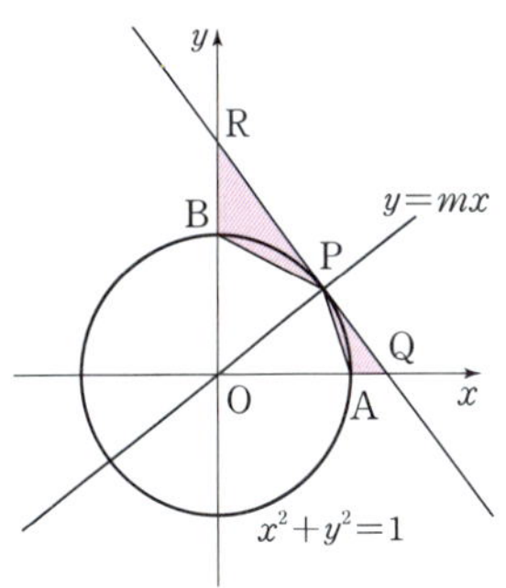

☑ **필요 개념 및 공식**
☐ 기울기가 주어진 원의 접선의 방정식　　　☐ 무리식의 $\frac{0}{0}$ 꼴의 극한

개념 01 　함수의 연속과 불연속

(1) 함수의 연속

함수 $f(x)$가 실수 a에 대하여 다음 조건을 모두 만족시킬 때, $f(x)$는 $x=a$에서 연속이라 한다.
(ⅰ) 함수 $f(x)$가 $x=a$에서 정의되어 있다.
(ⅱ) 극한값 $\lim\limits_{x \to a} f(x)$가 존재한다.
(ⅲ) $\lim\limits_{x \to a} f(x)=f(a)$

(2) 함수의 불연속

함수 $f(x)$가 $x=a$에서 연속이 아닐 때, $f(x)$는 $x=a$에서 불연속이라 한다.

　참고 다음과 같이 함수 $f(x)$가 함수의 연속의 세 가지 조건 중 어느 한 가지라도 만족시키지 않으면 $f(x)$는 $x=a$에서 불연속이다.
　(ⅰ) $f(a)$가 정의되어　(ⅱ) 극한값 $\lim\limits_{x \to a} f(x)$가　(ⅲ) $\lim\limits_{x \to a} f(x) \neq f(a)$
　　있지 않다.　　　　　　存재하지 않는다.

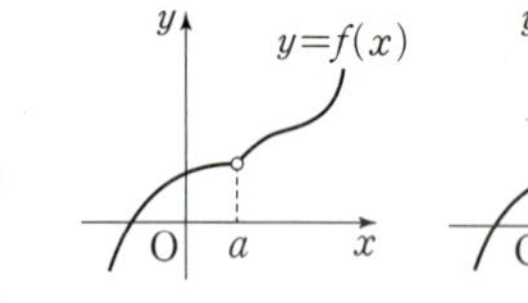 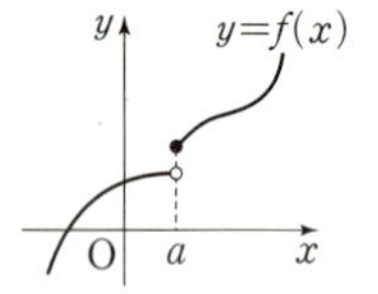 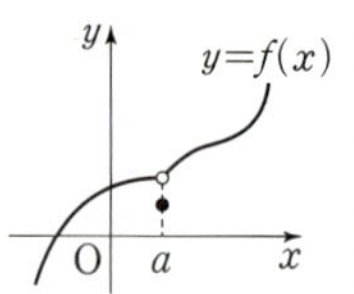

0156 다음 함수가 $x=1$에서 불연속인 이유를 **│보기│**에서 고르시오.

┤ 보기 ├

ㄱ. $f(1)$이 정의되어 있지 않다.
ㄴ. 극한값 $\lim\limits_{x \to 1} f(x)$가 존재하지 않는다.
ㄷ. $\lim\limits_{x \to 1} f(x) \neq f(1)$

(1) 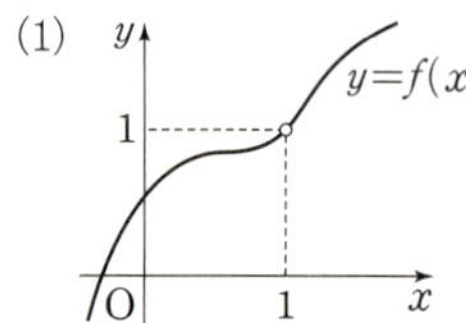

(2) 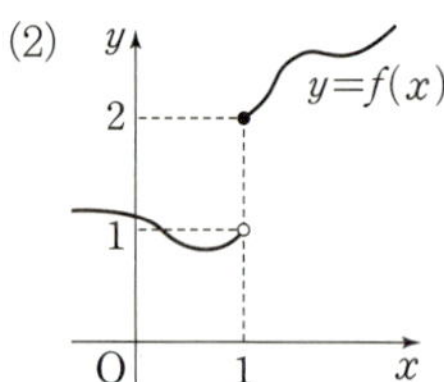

(3) 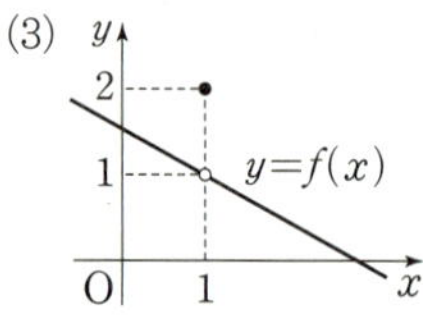

[0157~0160] 다음 함수가 $x=0$에서 연속인지 불연속인지 조사하시오.

0157 $f(x)=x^2+1$

0158 $f(x)=\dfrac{1}{x}$

0159 $f(x)=|x|$

0160 $f(x)=\begin{cases} \dfrac{x^2+x}{x} & (x \neq 0) \\ 3 & (x=0) \end{cases}$

개념 02 　연속함수

(1) 구간

두 실수 a, b $(a<b)$에 대하여 집합 $\{x|a \leq x \leq b\}$, $\{x|a \leq x < b\}$, $\{x|a < x \leq b\}$, $\{x|a < x < b\}$를 각각 구간이라 하고, 기호로 각각 $[a, b]$, $[a, b)$, $(a, b]$, (a, b)와 같이 나타낸다.
이때 $[a, b]$를 닫힌구간, (a, b)를 열린구간, $[a, b)$, $(a, b]$를 반닫힌 구간 또는 반열린 구간이라 한다.
또한, 실수 a에 대하여 집합 $\{x|x \leq a\}$, $\{x|x < a\}$, $\{x|x \geq a\}$, $\{x|x > a\}$도 각각 구간이라 하고, 기호로 각각 $(-\infty, a]$, $(-\infty, a)$, $[a, \infty)$, (a, ∞)와 같이 나타낸다.

　참고 실수 전체의 집합도 하나의 구간으로 보고, 기호로 $(-\infty, \infty)$와 같이 나타낸다.

(2) 연속함수

함수 $f(x)$가 어떤 구간에 속하는 모든 실수에서 연속일 때 $f(x)$는 그 구간에서 연속이라 하고, 어떤 구간에서 연속인 함수를 연속함수라 한다.

　참고 함수 $f(x)$가 다음 조건을 모두 만족시킬 때, $f(x)$는 닫힌구간 $[a, b]$에서 연속이라 한다.
　(ⅰ) 함수 $f(x)$가 열린구간 (a, b)에서 연속이다.
　(ⅱ) $\lim\limits_{x \to a+} f(x)=f(a)$, $\lim\limits_{x \to b-} f(x)=f(b)$

[0161~0166] 다음과 같은 실수의 집합을 구간의 기호로 나타내시오.

0161 $\{x|-1 \leq x \leq 2\}$　　　**0162** $\{x|3 \leq x < 4\}$

0163 $\{x|1 < x \leq 3\}$　　　**0164** $\{x|-5 < x < -3\}$

0165 $\{x|x < 6\}$　　　**0166** $\{x|x \geq -3\}$

[0167~0168] 다음 함수의 정의역을 구간의 기호로 나타내시오.

0167 $f(x)=x^2+2$ **0168** $f(x)=\sqrt{9-x^2}$

[0169~0172] 다음 함수가 연속인 구간을 구하시오.

0169 $f(x)=x^3+2x-3$ **0170** $f(x)=\sqrt{3-x}$

0171 $f(x)=\dfrac{4}{2x-3}$ **0172** $f(x)=\dfrac{x^2-x}{x+1}$

개념 03 연속함수의 성질

두 함수 $f(x)$, $g(x)$가 $x=a$에서 연속이면 다음 함수도 $x=a$에서 연속이다.

(1) $cf(x)$ (단, c는 상수) (2) $f(x)\pm g(x)$

(3) $f(x)g(x)$ (4) $\dfrac{f(x)}{g(x)}$ (단, $g(a)\neq0$)

> 참고 ① 다항함수 $f(x)=a_nx^n+a_{n-1}x^{n-1}+\cdots+a_1x+a_0$
> (단, a_n, a_{n-1}, $\cdots$, a_1, a_0은 상수)은 모든 실수 x에서 연속이다.
> ② 두 다항함수 $f(x)$, $g(x)$에 대하여 유리함수 $\dfrac{f(x)}{g(x)}$는 $g(x)\neq0$인 모든 실수 x에서 연속이다.

0173 두 함수 $f(x)$, $g(x)$가 모든 실수 x에서 연속일 때, 모든 실수 x에서 항상 연속인 함수인 것만을 | 보기 |에서 있는 대로 고르시오.

┤ 보기 ├

ㄱ. $f(x)+g(x)$ ㄴ. $\dfrac{f(x)}{g(x)}$

ㄷ. $f(x)g(x)$ ㄹ. $\dfrac{g(x)}{f(x)}$

[0174~0177] 두 함수 $f(x)=x-2$, $g(x)=x^2-2x-3$에 대하여 다음 함수가 연속인 구간을 구하시오.

0174 $3f(x)$ **0175** $2f(x)-g(x)$

0176 $-\dfrac{2g(x)}{f(x)}$ **0177** $\dfrac{f(x)}{g(x)}$

개념 04 최대·최소 정리

함수 $f(x)$가 닫힌구간 $[a, b]$에서 연속이면 $f(x)$는 이 구간에서 반드시 최댓값과 최솟값을 갖는다.

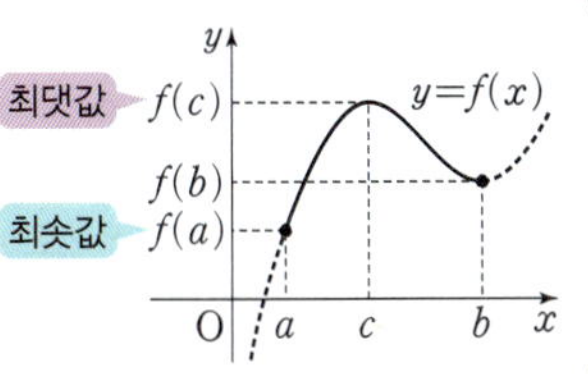

[0178~0180] 주어진 구간에서 다음 함수 $f(x)$의 최댓값과 최솟값을 구하시오.

0178 $f(x)=x^2-2x+3$ $[0, 3]$

0179 $f(x)=\dfrac{3}{x+1}$ $[1, 4]$

0180 $f(x)=\begin{cases} -\dfrac{1}{x} & (x\neq0) \\ 0 & (x=0) \end{cases}$ $[-3, -1]$

개념 05 사잇값의 정리

함수 $f(x)$가 닫힌구간 $[a, b]$에서 연속이고 $f(a)\neq f(b)$이면 $f(a)$와 $f(b)$ 사이의 임의의 값 k에 대하여 $f(c)=k$인 c가 열린구간 (a, b)에 적어도 하나 존재한다.

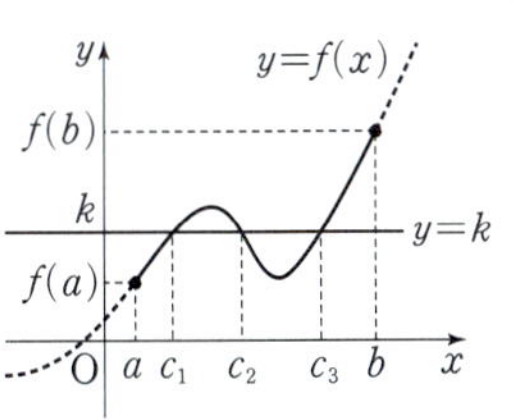

> 참고 사잇값의 정리를 활용하여 $f(x)$가 연속함수일 때, 주어진 구간에서 방정식 $f(x)=0$의 실근의 존재 여부를 판단할 수 있다.

0181 다음은 함수 $f(x)=x^2-2x+3$에 대하여 $f(c)=\sqrt{5}$를 만족시키는 c가 열린구간 $(1, 2)$에 적어도 하나 존재함을 증명하는 과정이다.

함수 $f(x)=x^2-2x+3$은 구간 $(-\infty, \infty)$에서 ⬚(가)⬚ 이므로 닫힌구간 $[1, 2]$에서 ⬚(가)⬚ 이다.
또한, $f(1)\neq f(2)$이고 $f(1)<\sqrt{5}<f(2)$, 즉 $2<\sqrt{5}<3$이므로 ⬚(나)⬚ 에 의하여 $f(c)=\sqrt{5}$를 만족시키는 c가 열린구간 $(1, 2)$에 적어도 하나 존재한다.

위의 과정에서 (가), (나)에 알맞은 것을 써넣으시오.

유형 01　함수의 연속

함수 $f(x)$가 다음 조건을 모두 만족시키면 $x=a$에서 연속이다.
(i) 함수 $f(x)$가 $x=a$에서 정의되어 있다.
(ii) 극한값 $\lim\limits_{x \to a} f(x)$가 존재한다. $\iff \lim\limits_{x \to a+} f(x) = \lim\limits_{x \to a-} f(x)$
(iii) $\lim\limits_{x \to a} f(x) = f(a)$

👍 대표 예제

0182 $x=2$에서 연속인 함수인 것만을 | 보기 |에서 있는 대로 고른 것은?

| 보기 |

ㄱ. $f(x) = \dfrac{1}{(x-2)^2}$　　ㄴ. $g(x) = \sqrt{x-2}$

ㄷ. $h(x) = \begin{cases} \dfrac{x^2-4}{x-2} & (x \neq 2) \\ 4 & (x=2) \end{cases}$

ㄹ. $i(x) = \begin{cases} \dfrac{x-2}{|x-2|} & (x \neq 2) \\ 2 & (x=2) \end{cases}$

① ㄱ, ㄴ　　　② ㄱ, ㄷ　　　③ ㄴ, ㄷ
④ ㄴ, ㄹ　　　⑤ ㄷ, ㄹ

선생님 해설

ㄱ. $f(2)$가 정의되지 않으므로 함수 $f(x)$는 $x=2$에서 불연속이다. → 조건 (i)을 만족시키지 않는다.

ㄴ. 함수 $g(x)$의 정의역은 $[2, \infty)$이고
　$\lim\limits_{x \to 2+} g(x) = 0$, $g(2) = 0$이므로 $\lim\limits_{x \to 2+} g(x) = g(2)$
　즉, 함수 $g(x)$는 $x=2$에서 연속이다.

ㄷ. $\lim\limits_{x \to 2} h(x) = \lim\limits_{x \to 2} \dfrac{x^2-4}{x-2} = \lim\limits_{x \to 2} \dfrac{(x+2)(x-2)}{x-2}$
　　　　$= \lim\limits_{x \to 2} (x+2) = 4$,
　$h(2) = 4$이므로 $\lim\limits_{x \to 2} h(x) = h(2)$
　즉, 함수 $h(x)$는 $x=2$에서 연속이다.

> 함수의 정의역에 따라 구간에서의 함수의 연속의 정의가 달라진다. 구간 $[a, \infty)$에서의 함수 $g(x)$의 연속의 정의는 $\lim\limits_{x \to a+} g(x) = g(a)$ 이고, 구간 $(-\infty, b]$에서의 함수 $g(x)$의 연속의 정의는 $\lim\limits_{x \to b-} g(x) = g(b)$이다.

ㄹ. $\lim\limits_{x \to 2+} i(x) = \lim\limits_{x \to 2+} \dfrac{x-2}{x-2} = 1$,
　$\lim\limits_{x \to 2-} i(x) = \lim\limits_{x \to 2-} \dfrac{x-2}{-(x-2)} = -1$이므로
　$\lim\limits_{x \to 2+} i(x) \neq \lim\limits_{x \to 2-} i(x)$
　즉, $\lim\limits_{x \to 2} i(x)$의 값이 존재하지 않으므로 함수 $i(x)$는
　$x=2$에서 불연속이다. → 조건 (ii)를 만족시키지 않는다.
따라서 $x=2$에서 연속인 함수는 ㄴ, ㄷ이다.

답 ③

0183 대표 예제　한 번 더

다음 중 모든 실수 x에서 연속인 함수는?
　　　　　　(단, $[x]$는 x보다 크지 않은 최대의 정수이다.)

① $f(x) = \sqrt{x+1} - 2$

② $f(x) = \begin{cases} x^2+x & (x \geq -1) \\ x+1 & (x < -1) \end{cases}$

③ $f(x) = \dfrac{3x}{2x-1}$

④ $f(x) = \begin{cases} \dfrac{x^2-2x}{x} & (x \neq 0) \\ 2 & (x=0) \end{cases}$

⑤ $f(x) = [x]$

0184 함수

$$f(x) = \dfrac{1}{1 + \dfrac{x}{x+1}}$$

이 불연속이 되는 x의 값의 개수는?

① 1　　　　　② 2　　　　　③ 3
④ 4　　　　　⑤ 5

0185 함수

$$f(x) = \begin{cases} \dfrac{x-1}{\left| \dfrac{1}{x} - 1 \right|} & (x \neq 0) \\ 0 & (x=0) \end{cases}$$

이 불연속이 되는 x의 값의 개수를 m, 불연속이 되는 모든 x의 값의 합을 n이라 할 때, $m+n$의 값을 구하시오.

유형 02 함수의 그래프와 연속

함수 $y=f(x)$의 그래프가 $x=a$인 점에서 끊어져 있으면 함수 $f(x)$는
$x=a$에서 불연속이다.

👍 대표 예제

0186 함수 $y=f(x)$의 그래프가
그림과 같다. 열린구간 $(-2,\ 2)$에서
함수 $f(x)$의 극한값이 존재하지 않는
x의 값의 개수를 a, $f(x)$가 불연속
이 되는 x의 값의 개수를 b라 할 때,
$a+b$의 값을 구하시오.

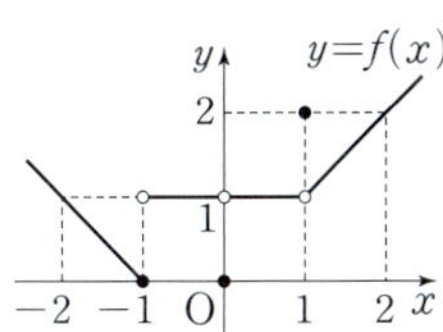

선생님 해설

(i) $\lim\limits_{x\to-1+} f(x)=1$, $\lim\limits_{x\to-1-} f(x)=0$이므로
$\quad \lim\limits_{x\to-1+} f(x) \neq \lim\limits_{x\to-1-} f(x)$
$\quad$ 즉, $\lim\limits_{x\to-1} f(x)$의 값이 존재하지 않으므로 함수 $f(x)$는
$\quad x=-1$에서 불연속이다.

(ii) $\lim\limits_{x\to0} f(x)=1$, $f(0)=0$이므로 $\lim\limits_{x\to0} f(x)\neq f(0)$
$\quad$ 즉, 함수 $f(x)$는 $x=0$에서 불연속이다.

(iii) $\lim\limits_{x\to1} f(x)=1$, $f(1)=2$이므로 $\lim\limits_{x\to1} f(x)\neq f(1)$
$\quad$ 즉, 함수 $f(x)$는 $x=1$에서 불연속이다.

(i), (ii), (iii)에서 함수 $f(x)$의 극한값이 존재하지 않는 x의 값의
개수는 -1의 1이고, $f(x)$가 불연속이 되는 x의 값의 개수는
$-1,\ 0,\ 1$의 3이다.

따라서 $a=1$, $b=3$이므로 $a+b=1+3=4$이다.

답 4

0187 대표 예제 한 번 더

열린구간 $(0,\ 3)$에서 정의된 함수
$y=f(x)$의 그래프가 그림과 같을
때, **|보기|** 에서 옳은 것만을 있는
대로 고른 것은?

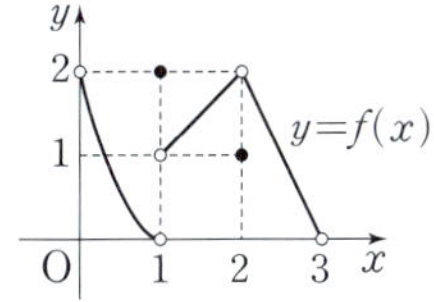

| 보기 |

ㄱ. $\lim\limits_{x\to2+} f(x)=2$

ㄴ. $x=1$에서 함수 $f(x)$의 극한값이 존재한다.

ㄷ. $f(x)$가 불연속이 되는 x의 값은 2개이다.

① ㄱ   ② ㄴ   ③ ㄱ, ㄷ

④ ㄴ, ㄷ   ⑤ ㄱ, ㄴ, ㄷ

0188 함수 $y=f(x)$의 그래프가 그림과
같다. 닫힌구간 $[-2,\ 2]$에서 다음
조건을 만족시키는 두 실수 a, b에
대하여 $a+b$의 값은?

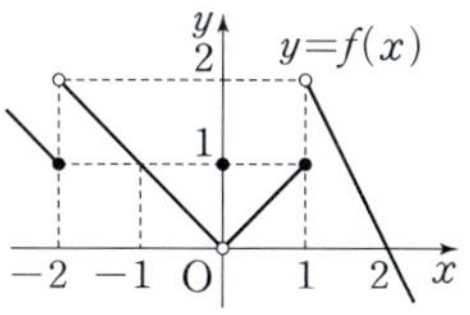

(가) 함수 $f(x)$는 $x=a$에서 불연속이다.

(나) $\lim\limits_{x\to a} f(x)$의 값이 존재한다.

(다) $f(a+1)+f(a-1)=b$

① 1   ② 2   ③ 3

④ 4   ⑤ 5

0189 두 함수 $y=f(x)$, $y=g(x)$의 그래프가 각각 그림과 같을
때, **|보기|** 에서 옳은 것만을 있는 대로 고른 것은?

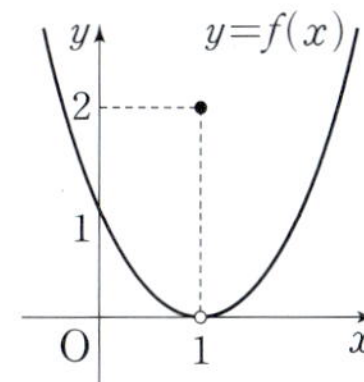 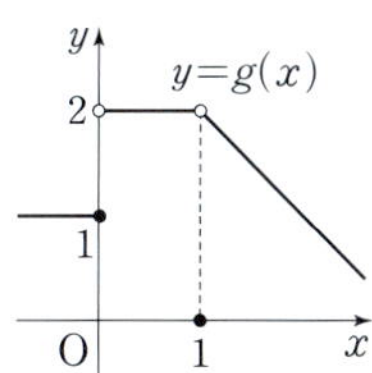

| 보기 |

ㄱ. 함수 $f(x)$는 $x=1$에서 불연속이다.

ㄴ. 함수 $f(x)+g(x)$는 $x=1$에서 연속이다.

ㄷ. 함수 $f(x)+g(x)$는 $x=0$에서 연속이다.

① ㄱ   ② ㄴ   ③ ㄱ, ㄴ

④ ㄱ, ㄷ   ⑤ ㄱ, ㄴ, ㄷ

0190 닫힌구간 $[-2,\ 2]$에서 정의된 함수
$y=f(x)$의 그래프가 그림과 같다.
함수 $f(x)f(x+1)$이 $x=0$에서 연속
일 때, 실수 a의 값을 구하시오.

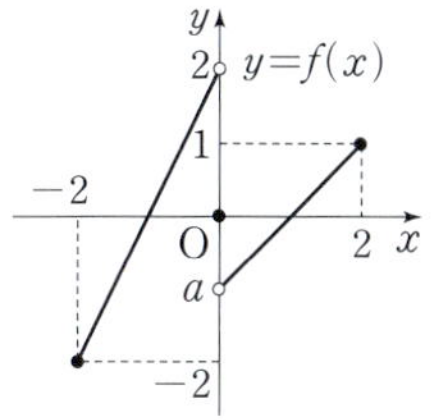

유형 03 합성함수의 연속

실수 전체의 집합에서 정의된 두 함수 $f(x)$, $g(x)$에 대하여 합성함수 $(g \circ f)(x)=g(f(x))$가 $x=a$에서 연속이려면
$$\lim_{x \to a+} g(f(x))=\lim_{x \to a-} g(f(x))=g(f(a))$$

👍 대표 예제

0191 함수 $y=f(x)$의 그래프가 그림과 같을 때, **┃보기┃**에서 옳은 것만을 있는 대로 고른 것은?

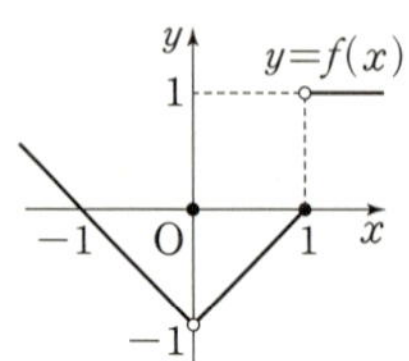

┃ 보기 ┃

ㄱ. $\lim_{x \to 1} f(x)$의 값은 존재하지 않는다.

ㄴ. $\lim_{x \to 0} f(f(x))=0$

ㄷ. 함수 $f(f(x))$는 $x=1$에서 연속이다.

① ㄴ　　　② ㄷ　　　③ ㄱ, ㄴ
④ ㄱ, ㄷ　　⑤ ㄱ, ㄴ, ㄷ

선생님 해설

ㄱ. $\lim_{x \to 1+} f(x)=1$, $\lim_{x \to 1-} f(x)=0$이므로
$\lim_{x \to 1+} f(x) \neq \lim_{x \to 1-} f(x)$
즉, $\lim_{x \to 1} f(x)$의 값은 존재하지 않는다. (참)

ㄴ. $f(x)=t$라 하면 $x \to 0$일 때 $t \to -1+$이므로
$\lim_{x \to 0} f(f(x))=\lim_{t \to -1+} f(t)=0$ (참)

ㄷ. $f(x)=t$에서 $x \to 1+$일 때 $t=1$,
$x \to 1-$일 때 $t \to 0-$이므로
$\lim_{x \to 1+} f(f(x))=f(1)=0$,
$\lim_{x \to 1-} f(f(x))=\lim_{t \to 0-} f(t)=-1$
$\therefore \lim_{x \to 1+} f(f(x)) \neq \lim_{x \to 1-} f(f(x))$
즉, $\lim_{x \to 1} f(f(x))$의 값이 존재하지 않으므로 함수
$f(f(x))$는 $x=1$에서 불연속이다. (거짓)

따라서 옳은 것은 ㄱ, ㄴ이다.

> 합성함수 $g(f(x))$에 대한 문제는 $f(x)=t$로 치환하면 더욱 편리하게 계산할 수 있어.

 답 ③

0192 대표 예제 | 한 번 더

함수 $y=f(x)$의 그래프가 그림과 같을 때, **┃보기┃**에서 옳은 것만을 있는 대로 고르시오.

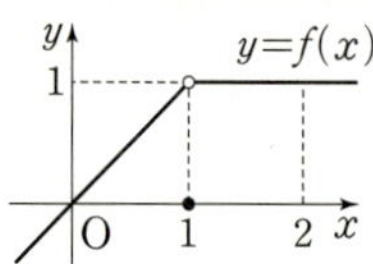

┃ 보기 ┃

ㄱ. $\lim_{x \to 0} f(f(x))=1$

ㄴ. $\lim_{x \to 2} f(f(x))$의 값이 존재한다.

ㄷ. 함수 $f(f(x))$는 $x=1$에서 연속이다.

0193

두 함수 $y=f(x)$, $y=g(x)$의 그래프가 각각 그림과 같을 때, $x=0$에서 연속인 함수인 것만을 **┃보기┃**에서 있는 대로 고른 것은?

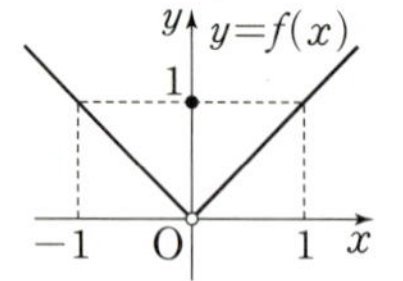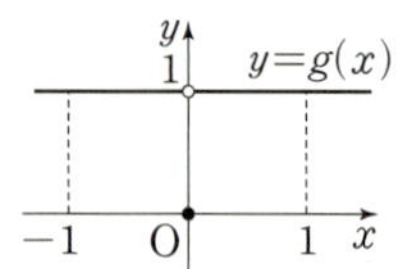

┃ 보기 ┃

ㄱ. $f(x)+g(x)$　　ㄴ. $f(g(x))$　　ㄷ. $g(f(x))$

① ㄱ　　　② ㄴ　　　③ ㄱ, ㄷ
④ ㄴ, ㄷ　　⑤ ㄱ, ㄴ, ㄷ

0194

두 함수
$$f(x)=\begin{cases} 3x+1 & (x \geq 0) \\ \dfrac{1}{2}x-1 & (x<0) \end{cases}, \quad g(x)=x^2+x-2$$

에 대하여 함수 $f(g(x))$가 $x=a$, $x=b$에서 불연속일 때, $f(a)+f(b)$의 값을 구하시오.

0195 ⬆ UP

실수 전체의 집합에서 정의된 두 함수
$$f(x)=\begin{cases} x^2-1 & (x \neq 0) \\ 1 & (x=0) \end{cases}, \quad g(x)=\begin{cases} \dfrac{|x|}{x} & (x \neq 0) \\ 0 & (x=0) \end{cases}$$

에 대하여 함수 $g(f(x))$가 불연속이 되는 모든 x의 값의 합을 구하시오.

유형 04 구간에 따라 다르게 정의된 함수의 연속

함수 $f(x)=\begin{cases} g(x) & (x \geq a) \\ h(x) & (x < a) \end{cases}$ 가 모든 실수 x에서 연속이려면

$$\lim_{x \to a+} g(x) = \lim_{x \to a-} h(x) = f(a)$$

(단, 함수 $g(x)$는 $x \geq a$인 모든 실수 x에서 연속이고, 함수 $h(x)$는 $x < a$인 모든 실수 x에서 연속이다.)

👍 대표 예제

0196 함수

$$f(x)=\begin{cases} x^2-2x+a & (x \geq 1) \\ 3x-2 & (x < 1) \end{cases}$$

가 $x=1$에서 연속일 때, 상수 a의 값은?

① -2 ② -1 ③ 0

④ 1 ⑤ 2

선생님 해설

함수 $f(x)$가 $x=1$에서 연속이므로
$\lim\limits_{x \to 1+} f(x) = \lim\limits_{x \to 1-} f(x) = f(1)$이어야 한다. 즉,
$\lim\limits_{x \to 1+} f(x) = \lim\limits_{x \to 1+} (x^2-2x+a) = -1+a$,
$\lim\limits_{x \to 1-} f(x) = \lim\limits_{x \to 1-} (3x-2) = 1$,
$f(1) = -1+a$
에서 $-1+a=1$ $\therefore a=2$

답 ⑤

0197 대표 예제 · 한 번 더

함수

$$f(x)=\begin{cases} x^2+2x+4a & (x \leq -1) \\ 3x^2-ax+1 & (x > -1) \end{cases}$$

이 실수 전체의 집합에서 연속일 때, 상수 a의 값은?

① $\dfrac{4}{3}$ ② $\dfrac{5}{3}$ ③ 2

④ $\dfrac{7}{3}$ ⑤ $\dfrac{8}{3}$

0198 함수

$$f(x)=\begin{cases} 2x+3 & (x \geq a) \\ x^2-x+3 & (x < a) \end{cases}$$

이 모든 실수 x에서 연속이 되도록 하는 양수 a의 값은?

① 1 ② 2 ③ 3

④ 4 ⑤ 5

0199 함수

$$f(x)=\begin{cases} x^2-3 & (x < 0) \\ x^2+ax+b & (0 \leq x < 2) \\ 4x-3 & (x \geq 2) \end{cases}$$

이 실수 전체의 집합에서 연속일 때, $f(1)$의 값은?

(단, a, b는 상수이다.)

① 0 ② 2 ③ 4

④ 6 ⑤ 8

0200 두 함수

$$f(x)=\begin{cases} 2x-1 & (x \geq 3) \\ -x^2+2x-1 & (x < 3) \end{cases}, \quad g(x)=2x-k$$

에 대하여 함수 $f(x)g(x)$가 $x=3$에서 연속일 때, $g(1)$의 값은? (단, k는 상수이다.)

① -5 ② -4 ③ -3

④ -2 ⑤ -1

유형 05 한 점에서만 다르게 정의된 함수의 연속

함수 $f(x)=\begin{cases} g(x) & (x\neq a) \\ k & (x=a) \end{cases}$ 가 모든 실수 x에서 연속이려면

$$\lim_{x\to a} g(x)=k$$

(단, 함수 $g(x)$는 $x\neq a$인 모든 실수 x에서 연속이다.)

👍 대표 예제

0201 함수

$$f(x)=\begin{cases} \dfrac{x^2-2x-3}{x+1} & (x\neq -1) \\ k & (x=-1) \end{cases}$$

가 $x=-1$에서 연속일 때, 상수 k의 값은?

① -1 ② -2 ③ -3
④ -4 ⑤ -5

선생님 해설

함수 $f(x)$가 $x=-1$에서 연속이므로 $\lim\limits_{x\to -1} f(x)=f(-1)$이
어야 한다. 즉,

$$\begin{aligned} \lim_{x\to -1} f(x) &=\lim_{x\to -1}\frac{x^2-2x-3}{x+1} \\ &=\lim_{x\to -1}\frac{(x+1)(x-3)}{x+1} \\ &=\lim_{x\to -1}(x-3)=-4, \end{aligned}$$

$f(-1)=k$
에서 $k=-4$

답 ④

0202 대표 예제 | 한 번 더
함수

$$f(x)=\begin{cases} x^3+2x-k^2 & (x\neq 2) \\ k & (x=2) \end{cases}$$

가 실수 전체의 집합에서 연속일 때, 양수 k의 값은?

① 1   ② 2   ③ 3
④ 4   ⑤ 5

0203
함수

$$f(x)=\begin{cases} \dfrac{x^2-(a+3)x+3a}{x-a} & (x\neq a) \\ 4 & (x=a) \end{cases}$$

가 $x=a$에서 연속일 때, 실수 a의 값은?

① 3   ② 4   ③ 5
④ 6   ⑤ 7

0204
$x\neq 0$인 실수 x에서 함수 $f(x)$를

$$f(x)=\frac{\sqrt{x^2+a}-4}{x^2}$$

로 정의하자. 함수 $f(x)$가 모든 실수 x에서 연속일 때,
$a\times f(0)$의 값은? (단, a는 상수이다.)

① -4 ② -2 ③ 0
④ 2   ⑤ 4

0205
함수

$$f(x)=\begin{cases} \dfrac{\sqrt{2x^2+a}+bx}{x-1} & (x\neq 1) \\ 1 & (x=1) \end{cases}$$

이 구간 $(-\infty,\ \infty)$에서 연속일 때, ab의 값을 구하시오.
(단, a, b는 상수이다.)

유형 06 $(x-a)f(x)$ 꼴의 함수의 연속

함수 $f(x)$가 $(x-a)f(x)=g(x)$를 만족시킬 때, $f(x)$가 모든 실수 x에서 연속이려면

$$f(a)=\lim_{x\to a}\frac{g(x)}{x-a}$$

(단, 함수 $g(x)$는 모든 실수 x에서 연속이다.)

🖐 대표 예제

0206 모든 실수 x에서 연속인 함수 $f(x)$가

$$(x-1)f(x)=x^2-4x+3$$

을 만족시킬 때, $f(1)$의 값은?

① -1 ② -2 ③ -3

④ -4 ⑤ -5

선생님 해설

$x\neq1$일 때, $f(x)=\dfrac{x^2-4x+3}{x-1}$

함수 $f(x)$가 모든 실수 x에서 연속이므로 $x=1$에서도 연속이다.

즉, $\lim\limits_{x\to1}f(x)=f(1)$이어야 하므로

$$\lim_{x\to1}\frac{x^2-4x+3}{x-1}=\lim_{x\to1}\frac{(x-1)(x-3)}{x-1}$$
$$=\lim_{x\to1}(x-3)=-2$$

에서 $f(1)=-2$

주어진 항등식을 $f(x)=\dfrac{(분자)}{(분모)}$ 꼴로 정리하여 연속일 조건을 적용시키면 01강의 **유형 07 유리식의 $\frac{0}{0}$ 꼴의 극한**을 구하는 문제와 비슷해져.

●답 ②

0207 대표 예제 | 한 번 더

함수 $f(x)$가 모든 실수 x에서 연속이고

$$(x+2)f(x)=x^3+8$$

을 만족시킬 때, $f(-2)$의 값은?

① 3   ② 6   ③ 9

④ 12   ⑤ 15

0208

모든 실수 x에서 연속인 함수 $f(x)$가

$$(x-3)f(x)=x^2-ax+6$$

을 만족시킬 때, $f(3)+f(a)$의 값은? (단, a는 실수이다.)

① 0   ② 2   ③ 4

④ 6   ⑤ 8

0209

모든 실수 x에서 연속인 함수 $f(x)$가

$$(x+1)f(x)=x^2+ax+b$$

를 만족시킨다. $f(-1)=6$일 때, $a+b$의 값은?

(단, a, b는 상수이다.)

① 11   ② 12   ③ 13

④ 14   ⑤ 15

0210

$x\geq2$인 모든 실수 x에서 연속인 함수 $f(x)$가

$$(x-3)f(x)=a\sqrt{x-2}+b$$

를 만족시킨다. $f(6)=2$일 때, $f(3)$의 값을 구하시오.

(단, a, b는 상수이다.)

유형 07 · 가우스 기호를 포함한 함수의 연속

$[x]$를 x보다 크지 않은 최대의 정수라 하고 정수 n에 대하여
① $x \to a$일 때
- $f(x) \to n+$이면 $\lim\limits_{x \to a}[f(x)]=n$
- $f(x) \to n-$이면 $\lim\limits_{x \to a}[f(x)]=n-1$

② 함수 $[f(x)]$의 연속 또는 불연속을 판단하려면 $f(x)=n$을 만족시키는 x의 값에서 연속성을 조사한다.

👍 대표 예제

0211 $0<x<2$일 때, 함수 $f(x)=[x^2]$이 불연속이 되는 x의 값의 개수는? (단, $[x]$는 x보다 크지 않은 최대의 정수이다.)

① 1   ② 2   ③ 3

④ 4   ⑤ 5

선생님 해설

(i) $0<x<1$일 때
 $0<x^2<1$이므로 $f(x)=0$

(ii) $1 \le x < \sqrt{2}$일 때
 $1 \le x^2 < 2$이므로 $f(x)=1$

(iii) $\sqrt{2} \le x < \sqrt{3}$일 때
 $2 \le x^2 < 3$이므로 $f(x)=2$

(iv) $\sqrt{3} \le x < 2$일 때
 $3 \le x^2 < 4$이므로 $f(x)=3$

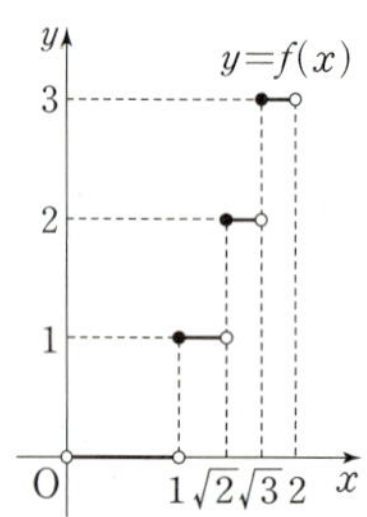

(i)~(iv)에서 함수 $y=f(x)$의 그래프는 오른쪽 그림과 같으므로 함수 $f(x)$가 불연속이 되는 x의 값의 개수는 $1, \sqrt{2}, \sqrt{3}$의 3이다.

답 ③

0212 대표 예제 | 한 번 더

$-1<x<1$일 때, 함수 $f(x)=[2x-1]$이 불연속이 되는 x의 값의 개수는?
(단, $[x]$는 x보다 크지 않은 최대의 정수이다.)

① 3   ② 4   ③ 5

④ 6   ⑤ 7

0213

함수 $f(x)=-(x-1)^2+k$에 대하여
$$g(x)=\begin{cases}[f(x)] & (x\neq1) \\ 1 & (x=1)\end{cases}$$
로 정의하자. 함수 $g(x)$가 $x=1$에서 연속일 때, 정수 k의 값은? (단, $[x]$는 x보다 크지 않은 최대의 정수이다.)

① -2 ② -1 ③ 1

④ 2   ⑤ 4

0214

정수 n에 대하여 함수 $f(x)=2[x]^2+2[x]+5$가 $x=n$에서 연속일 때, $f(n)$의 값은?
(단, $[x]$는 x보다 크지 않은 최대의 정수이다.)

① 3   ② 5   ③ 7

④ 9   ⑤ 11

0215

두 함수 $f(x)=[x+1]$, $g(x)=[x]$에 대하여 함수 $h(x)$를 $h(x)=f(x)g(x)$라 할 때, **| 보기 |**에서 옳은 것만을 있는 대로 고른 것은?
(단, $[x]$는 x보다 크지 않은 최대의 정수이다.)

| 보기 |

ㄱ. $h(0)=0$
ㄴ. $\lim\limits_{x \to 0}h(x)$의 값이 존재한다.
ㄷ. 함수 $h(x)$는 모든 정수 x에서 불연속이다.

① ㄴ   ② ㄷ   ③ ㄱ, ㄴ

④ ㄱ, ㄷ   ⑤ ㄱ, ㄴ, ㄷ

유형 08   연속함수의 성질

① 두 함수 $f(x)$, $g(x)$가 $x=a$에서 연속이면
$$cf(x)\ (단,\ c는\ 상수),\ f(x)\pm g(x),$$
$$f(x)g(x),\ \frac{f(x)}{g(x)}\ (단,\ g(a)\neq 0)$$
도 $x=a$에서 연속이다.

② 함수 $y=f(x)$가 $x=a$에서 연속이고 함수 $y=g(x)$가 $x=f(a)$에서 연속이면 합성함수 $y=g(f(x))$는 $x=a$에서 연속이다.

👍 대표 예제

0216 실수 전체의 집합에서 정의된 두 함수 $f(x)$, $g(x)$에 대하여 ❘ 보기 ❘에서 옳은 것만을 있는 대로 고른 것은?

┤ 보기 ├

ㄱ. $f(x)$와 $f(x)-g(x)$가 $x=a$에서 연속이면 $g(x)$도 $x=a$에서 연속이다.

ㄴ. $f(x)$와 $\dfrac{g(x)}{f(x)}$가 $x=a$에서 연속이면 $g(x)$도 $x=a$에서 연속이다. (단, $f(a)\neq 0$)

ㄷ. $f(x)$와 $g(x)$가 $x=a$에서 연속이면 $f(g(x))$도 $x=a$에서 연속이다.

① ㄱ   ② ㄷ   ③ ㄱ, ㄴ
④ ㄴ, ㄷ   ⑤ ㄱ, ㄴ, ㄷ

선생님 해설

ㄱ. $f(x)-g(x)=h(x)$라 하면 $g(x)=f(x)-h(x)$이고, $f(x)$, $h(x)$가 $x=a$에서 연속이므로 $g(x)$도 $x=a$에서 연속이다. (참)

ㄴ. $\dfrac{g(x)}{f(x)}=h(x)$라 하면 $g(x)=f(x)h(x)$이고, $f(x)$, $h(x)$가 $x=a$에서 연속이므로 $g(x)$도 $x=a$에서 연속이다. (참)

ㄷ. [반례] $f(x)=\begin{cases}\dfrac{1}{x-1} & (x\neq 1)\\ 1 & (x=1)\end{cases}$, $g(x)=x+1$이면

$f(x)$, $g(x)$는 $x=0$에서 연속이지만

$f(g(x))=\begin{cases}\dfrac{1}{x} & (x\neq 0)\\ 1 & (x=0)\end{cases}$ 은 $x=0$에서 불연속이다. (거짓)

따라서 옳은 것은 ㄱ, ㄴ이다.

◯ 답 ③

• 두 함수 $y=f(x)$, $y=g(x)$의 그래프와 함수 $y=f(g(x))$의 그래프는 각각 다음 그림과 같다.

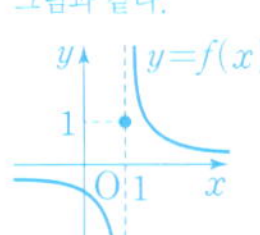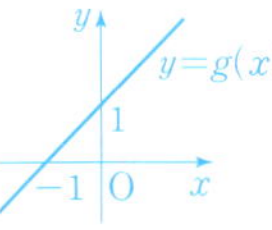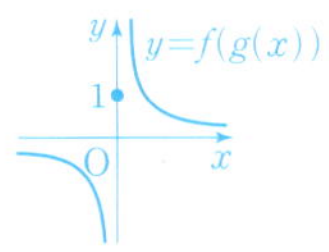

0217 대표 예제 한 번 더

실수 전체의 집합에서 정의된 두 함수 $f(x)$, $g(x)$가 연속함수일 때, ❘ 보기 ❘ 중 연속함수인 것만을 있는 대로 고른 것은?

┤ 보기 ├

ㄱ. $2f(x)+g(x)$ ㄴ. $\{f(x)\}^2$

ㄷ. $\dfrac{f(x)}{g(x)+1}$ ㄹ. $f(g(x))$

① ㄱ, ㄴ   ② ㄴ, ㄷ   ③ ㄱ, ㄴ, ㄹ
④ ㄱ, ㄷ, ㄹ   ⑤ ㄴ, ㄷ, ㄹ

0218

두 함수
$$f(x)=\begin{cases}x+2 & (x\geq a)\\ 2x+1 & (x<a)\end{cases},\ g(x)=x-5$$

에 대하여 함수 $f(x)g(x)$가 실수 전체의 집합에서 연속이 되도록 하는 모든 실수 a의 값의 합은?

① 4   ② 5   ③ 6
④ 7   ⑤ 8

0219

두 함수
$$f(x)=\begin{cases}x^2-2x+2 & (x\geq 1)\\ -1 & (x<1)\end{cases},\ g(x)=x+a$$

에 대하여 함수 $\dfrac{g(x)}{f(x)}$가 모든 실수 x에서 연속일 때, $g(3)$의 값을 구하시오. (단, a는 상수이다.)

유형 09 최대·최소 정리

① 함수 $f(x)$가 닫힌구간 $[a, b]$에서 연속일 때, $f(x)$는 $[a, b]$에서 반드시 최댓값과 최솟값을 갖는다.
② 함수 $f(x)$가 닫힌구간 $[a, b]$에서 연속이 아닐 때, 함수 $y=f(x)$의 그래프를 그려서 최댓값과 최솟값의 존재 유무를 확인한다.

🖒 대표 예제

0220 열린구간 $(0, 5)$에서 정의된 함수 $y=f(x)$의 그래프가 그림과 같을 때, 다음 중 옳지 <u>않은</u> 것은?

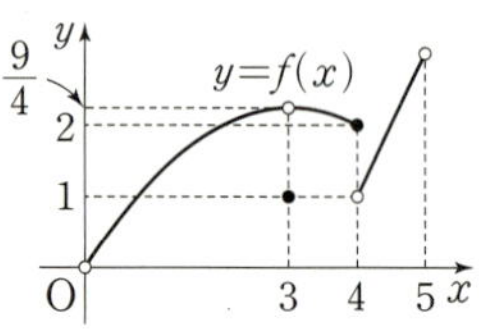

① $\lim\limits_{x \to 4} f(x)$의 값은 존재하지 않는다.
② 함수 $f(x)$가 불연속이 되는 x의 값은 2개이다.
③ 함수 $f(x)$는 구간 $[1, 2]$에서 최댓값을 갖는다.
④ 함수 $f(x)$는 구간 $[4, 5)$에서 최솟값을 갖는다.
⑤ 함수 $f(x)$는 구간 $[3, 4]$에서 최솟값을 갖는다.

선생님 해설

① $\lim\limits_{x \to 4+} f(x)=1$, $\lim\limits_{x \to 4-} f(x)=2$이므로 $\lim\limits_{x \to 4+} f(x) \neq \lim\limits_{x \to 4-} f(x)$
   즉, $\lim\limits_{x \to 4} f(x)$의 값은 존재하지 않는다.
② 함수 $f(x)$가 불연속이 되는 x의 값은 3, 4의 2개이다.
③ 함수 $f(x)$가 구간 $[1, 2]$에서 연속이므로 최대·최소 정리에 의하여 최댓값을 갖는다.
④ 함수 $f(x)$는 구간 $[4, 5)$에서 최솟값을 갖지 않는다.
⑤ 함수 $f(x)$는 구간 $[3, 4]$에서 $x=3$일 때 최솟값 1을 갖는다.
따라서 옳지 않은 것은 ④이다.

답 ④

0221 대표 예제 한 번 더

열린구간 $(-2, 2)$에서 정의된 함수 $y=f(x)$의 그래프가 그림과 같을 때, **보기**에서 옳은 것만을 있는 대로 고르시오.

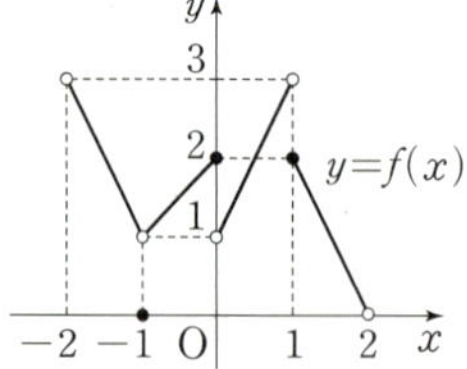

보기

ㄱ. 함수 $f(x)$가 불연속이 되는 x의 값은 3개이다.
ㄴ. 함수 $f(x)$는 닫힌구간 $[0, 1]$에서 최댓값을 갖는다.
ㄷ. 함수 $f(x)$는 열린구간 $(-2, 2)$에서 최솟값을 갖는다.

0222

닫힌구간 $[-1, 3]$에서 정의된 함수

$$f(x)=\begin{cases} x^2-4x+2 & (x \neq 2) \\ 1 & (x=2) \end{cases}$$

이 최댓값 또는 최솟값을 가지면 그 값을 구하시오.

0223

두 함수 $f(x)=\dfrac{1}{x-3}$, $g(x)=x^2+2$에 대하여 **보기** 중 닫힌구간 $[0, 2]$에서 최댓값과 최솟값을 모두 갖는 함수인 것만을 있는 대로 고른 것은?

보기

ㄱ. $f(x)g(x)$ ㄴ. $f(g(x))$
ㄷ. $g(f(x))$

① ㄱ   ② ㄴ   ③ ㄱ, ㄷ
④ ㄴ, ㄷ   ⑤ ㄱ, ㄴ, ㄷ

0224

닫힌구간 $[-3, 3]$에서 정의된 함수 $y=f(x)$의 그래프가 그림과 같다. 함수 $f(x)$가 닫힌구간 $[a, a+1]$에서 최댓값 또는 최솟값을 갖지 않을 때, 모든 정수 a의 값의 합은?

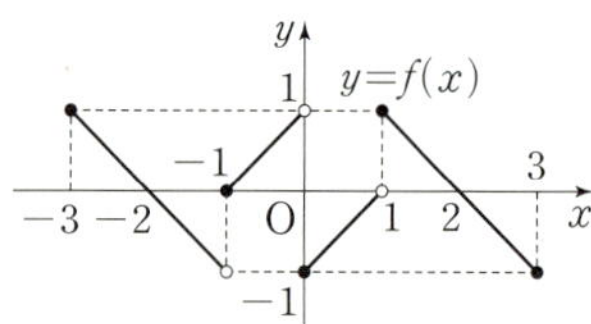

① -5 ② -4 ③ -3
④ -2 ⑤ -1

유형 10 사잇값의 정리

함수 $f(x)$가 닫힌구간 $[a, b]$에서 연속이고 $f(a)f(b)<0$이면
① $f(c)=0$인 c가 열린구간 (a, b)에 적어도 하나 존재한다.
② 방정식 $f(x)=0$은 열린구간 (a, b)에서 적어도 하나의 실근을
   갖는다.

👍 대표 예제

0225 방정식 $x^3-x^2+2x-3=0$이 오직 하나의 실근을 가질
때, 다음 중 이 방정식의 실근이 존재하는 구간은?

① $(-2, -1)$ ② $(-1, 0)$ ③ $(0, 1)$
④ $(1, 2)$ ⑤ $(2, 3)$

선생님 해설

$f(x)=x^3-x^2+2x-3$이라 하면 함수 $f(x)$는 모든 실수 x에
서 연속이고 선택지에 주어진 구간의 x의 값에서의 함숫값을 구해 본다.
$f(-2)=-19<0$, $f(-1)=-7<0$, $f(0)=-3<0$,
$f(1)=-1<0$, $f(2)=5>0$, $f(3)=21>0$
따라서 $f(1)f(2)<0$이므로 사잇값의 정리에 의하여 주어진
방정식의 실근이 존재하는 구간은 $(1, 2)$이다.

답 ④

0226 대표 예제 한 번 더
방정식 $x^2-\sqrt{x}-1=0$이 오직 하나의 실근을 가질 때, 다음
중 이 방정식의 실근이 존재하는 구간은?

① $(0, 1)$ ② $(1, 2)$ ③ $(2, 3)$
④ $(3, 4)$ ⑤ $(4, 5)$

0227
다항함수 $f(x)$에 대하여
$$f(-1)=a-4, \quad f(2)=3a+8$$
이다. 방정식 $f(x)=0$이 중근이 아닌 오직 하나의 실근을
가질 때, 이 실근이 열린구간 $(-1, 2)$에 존재하도록 하는
모든 정수 a의 값의 합은?

① 3   ② 4   ③ 5
④ 6   ⑤ 7

0228
연속함수 $f(x)$에 대하여
$$f(-3)=-1, \ f(-2)=2, \ f(-1)=1,$$
$$f(0)=0, \ f(1)=2, \ f(2)=-4$$
일 때, 방정식 $f(x)=0$은 적어도 n개의 실근을 갖는다.
이때 n의 값은?

① 1   ② 2   ③ 3
④ 4   ⑤ 5

0229
연속함수 $f(x)$가 다음 조건을 만족시킨다.

> (가) $f(-x)=f(x)$
> (나) $f(1)f(2)<0$, $f(4)f(5)<0$

이때 방정식 $f(x)=0$은 적어도 몇 개의 실근을 갖는지 구하
시오.

0230
· 유형 06 ·

닫힌구간 $[-2, 2]$에서 연속인 함수 $f(x)$가
$$(\sqrt{2+x}-\sqrt{2-x})f(x)=x^2+4x$$
를 만족시킬 때, $f(0)$의 값은?

① $2\sqrt{2}$ ② $3\sqrt{2}$ ③ $4\sqrt{2}$
④ $5\sqrt{2}$ ⑤ $6\sqrt{2}$

0231
· 유형 01 ·

함수 $f(x)=\dfrac{x(x-1)^2(x-2)^3}{|x(x-1)^2(x-2)^3|}$의 극한값이 존재하지 않는 x의 값의 개수를 m, $f(x)$가 불연속이 되는 x의 값의 개수를 n이라 할 때, $m+n$의 값을 구하시오.

0232
· 유형 03 ·

함수 $y=f(x)$의 그래프가 그림과 같을 때, 합성함수 $g(f(x))$가 $x=0$에서 연속이 되도록 하는 함수 $y=g(x)$의 그래프인 것만을 | 보기 |에서 있는 대로 고르시오.

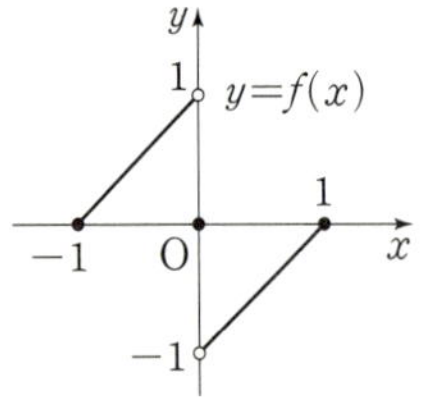

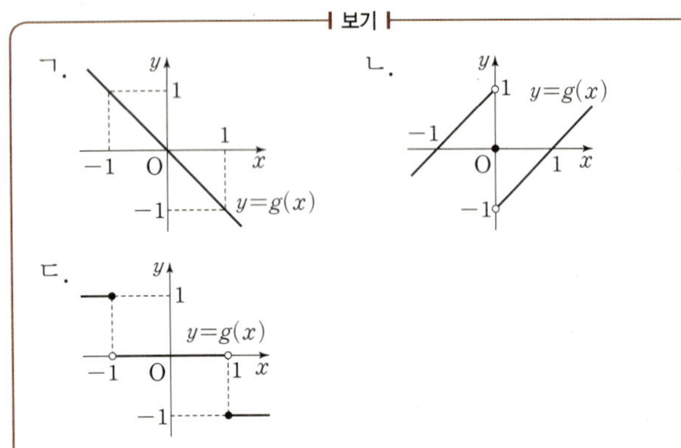

0233
· 유형 01 ·

함수 $f(x)=\dfrac{2x-1}{x^2-2(a+1)x+3a+7}$이 실수 전체의 집합에서 연속이 되도록 하는 모든 정수 a의 값의 합은?

① 0 ② 1 ③ 2
④ 3 ⑤ 4

0234
· 유형 10 ·

어느 지하철이 A역을 출발하여 B역, C역을 거쳐 D역에 도착하였다. 이 지하철이 A역에서 B역까지 갈 때의 최고 속력이 60 km/h, B역에서 C역까지 갈 때의 최고 속력이 70 km/h, C역에서 D역까지 갈 때의 최고 속력이 80 km/h였다고 할 때, A역에서 D역으로 갈 때까지 속력이 65 km/h인 순간은 적어도 n번 있다. 이때 n의 값을 구하시오. (단, 지하철은 각 역에서 반드시 정차한다.)

0235
· 유형 04 ·

실수 전체의 집합에서 연속인 함수 $f(x)$를 닫힌구간 $[-1, 1]$에서 다음과 같이 정의하자.
$$f(x)=\begin{cases} x^2-x-2 & (-1\le x<0) \\ ax+b & (0\le x\le 1) \end{cases}$$
함수 $f(x)$가 모든 실수 x에 대하여 $f(x)=f(x+2)$를 만족시킬 때, $f\left(\dfrac{9}{2}\right)$의 값은? (단, a, b는 상수이다.)

① -3 ② -2 ③ -1
④ 0 ⑤ 1

0236

• 유형 07 •

함수 $f(x)=[\sqrt{20-x^2}]$이 연속이 되는 정수 x의 값의 개수는? (단, $[x]$는 x보다 크지 않은 최대의 정수이다.)

① 4   ② 5   ③ 6
④ 7   ⑤ 8

0237 사고력

• 유형 05 •

다항함수 $f(x)$에 대하여 실수 전체의 집합에서 연속인 함수 $g(x)$를

$$g(x)=\begin{cases} \dfrac{xf(x)-7}{x^4-1} & (|x|\neq 1) \\ 4 & (|x|=1) \end{cases}$$

로 정의하자. $\lim\limits_{x\to\infty} g(x)=1$일 때, $f(2)$의 값은?

① 17   ② 18   ③ 19
④ 20   ⑤ 21

0238 창의력 ➕

• 유형 10 •

다항함수 $f(x)$가 $mn>0$인 두 실수 m, n에 대하여

$$\lim_{x\to-2}\frac{f(x)}{x+2}=m,\quad \lim_{x\to 2}\frac{f(x)}{x-2}=n$$

을 만족시킬 때, 방정식 $f(x)=0$은 닫힌구간 $[-2, 2]$에서 적어도 몇 개의 실근을 갖는지 구하시오.

서술형 문제

0239

• 유형 03 + 유형 04 •

두 함수

$$f(x)=\begin{cases} x+2 & (x\geq 0) \\ 2x-1 & (x<0) \end{cases},\quad g(x)=ax^2-2x$$

에 대하여 함수 $g(f(x))$가 실수 전체의 집합에서 연속일 때, 상수 a의 값을 구하시오.

☑ **필요 개념 및 공식**
☐ 합성함수의 연속   ☐ 함수가 연속이 될 조건

0240

• 유형 02 + 유형 08 •

닫힌구간 $[-1, 3]$에서 정의된 함수 $y=f(x)$의 그래프가 그림과 같다. 이차함수 $g(x)=ax^2-4x+b$에 대하여 함수 $f(x)g(x)$가 닫힌구간 $[-1, 3]$에서 연속이 되도록 하는 두 상수 a, b의 값을 각각 구하시오.

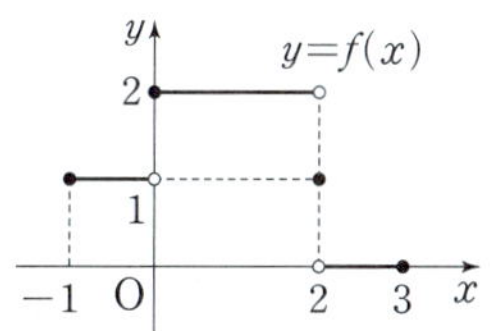

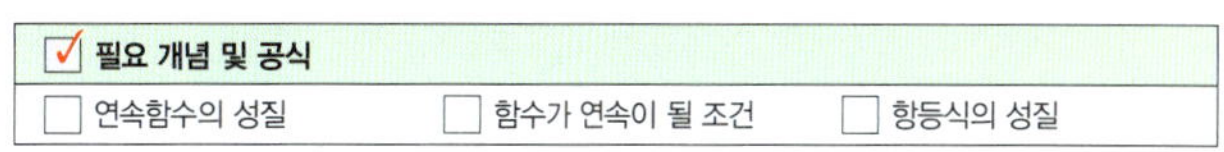

☑ **필요 개념 및 공식**
☐ 연속함수의 성질   ☐ 함수가 연속이 될 조건   ☐ 항등식의 성질

0241

• 유형 09 •

실수 전체의 집합에서 정의된 함수

$$f(x)=\begin{cases} \dfrac{x^3-6x^2+11x-6}{x-2} & (x\neq 2) \\ k & (x=2) \end{cases}$$

가 닫힌구간 $[0, 4]$에서 최댓값과 최솟값을 모두 가질 때, 실수 k의 최댓값을 구하시오.

안녕 여러분~ 서지완 쌤이에요ㅎㅎ
함수의 극한과 연속, 잘 공부했어요?
우리는 지금까지 함수를 배우고 그 함수의 그래프를 다룬 적이 많았어요.
특히, 다항함수와 같은 연속인 함수들을 주로 다뤘죠.
그런데 이번 단원은 이전에 배운 함수와 달라 많이 생소했을 거예요.
쌤도 고등학교 때 공부해봐서 잘 알아요ㅎㅎ 어찌나 헷갈리던지ㅠㅠ
쌤의 글을 보고 있을 지금까지 열심히 해줘서 고마워요^^
개념이 아직도 헷갈리는 친구들,
문제는 풀 수 있는데 개념을 잘 모르겠는 친구들,
모두 모두 교과서의 내용을 천천히 읽어 보고 다시 한번 풀어 보아요.
그러면 개념이 머릿속에 더더욱 쏙쏙 들어올 거예요^^
그럼 오늘도 내일도 우리 CPR과 함께 파이팅해요~
아자! 아자! ^o^)//

안녕^^ 함수의 극한과 연속 단원을 집필한 김한결 선생님이야.
수학(상)을 배운 지가 엊그제 같은데 벌써 수학Ⅱ를 공부하게 되었네.
함수의 극한과 연속은 미분과 적분을 시작하기 전의 기초 단원으로
매우 중요한 의미를 담고 있어. 나름 최신 학문이기도 하지.
기하와 관련된 학문들은 기원전에 많은 부분이 완성되었지만 극한의 개념은
뉴턴과 라이프니츠의 미적분학 이후 체계적으로 정립되었거든.
이번에 우리가 배운 함수의 극한과 연속의 개념은 그 일부이지만
다소 생소하고 어렵게 느꼈을 거야.
이때 함수의 극한과 연속을 이해하기 쉽게 해주는 도구가 있어!
그것은 바로~~~~ 그래프야!
머릿속으로 이해할 수 없는 내용을 그래프로 나타내면 고민했던 문제들이
생각보다 쉽게 해결돼. 특히, 함수의 합성과 관련된 문제를 해결할 때에는
그래프를 그리는 것이 필수야.
다음 단원인 미분도 함수의 극한과 연속 못지않게 흥미로운 단원이니까
즐겁게 배워 보자. 파이팅!

Ⅱ. 미분

개념 01　평균변화율과 미분계수

(1) **증분**

함수 $y=f(x)$에서 x의 값이 a에서 b까지 변할 때, y의 값은 $f(a)$에서 $f(b)$까지 변한다.

x의 값의 변화량 $b-a$를 x의 증분, y의 값의 변화량 $f(b)-f(a)$를 y의 증분이라 하고, 이것을 기호로 각각 Δx, Δy와 같이 나타낸다.

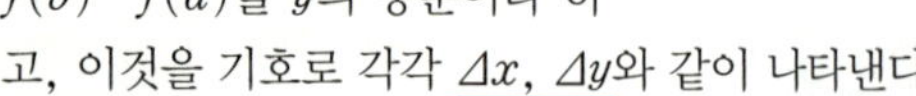
→ Δ는 차이를 뜻하는 Difference의 첫 글자 D에 해당하는 그리스 문자로 'delta'라 읽는다.

(2) **평균변화율**

함수 $y=f(x)$에서 x의 값이 a에서 b까지 변할 때의 평균변화율은

→ $\Delta x=b-a$에서 $b=a+\Delta x$이므로 $f(b)=f(a+\Delta x)$

$$\frac{\Delta y}{\Delta x}=\frac{f(b)-f(a)}{b-a}=\frac{f(a+\Delta x)-f(a)}{\Delta x}$$

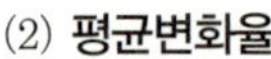
→ 함수 $y=f(x)$의 그래프 위의 두 점 $(a, f(a))$, $(b, f(b))$를 지나는 직선의 기울기와 같다.

(3) **미분계수**

① 함수 $y=f(x)$의 $x=a$에서의 순간변화율 또는 미분계수는

$$f'(a)=\lim_{\Delta x \to 0}\frac{f(a+\Delta x)-f(a)}{\Delta x}=\lim_{x \to a}\frac{f(x)-f(a)}{x-a}$$

② 미분계수의 기하적 의미

함수 $f(x)$의 $x=a$에서의 미분계수 $f'(a)$는 곡선 $y=f(x)$ 위의 점 $(a, f(a))$에서의 접선의 기울기와 같다.

[0242~0244] 다음 함수에서 x의 값이 -2에서 3까지 변할 때의 평균변화율을 구하시오.

0242 $f(x)=x-4$

0243 $f(x)=-x^2+3$

0244 $f(x)=2x^3+1$

[0245~0248] 주어진 구간에서 다음 함수의 평균변화율을 구하시오.

0245 $f(x)=-x+2$ 　　　$[0, 2]$

0246 $f(x)=3x+4$ 　　　$[2, 5]$

0247 $f(x)=x^2+2x$ 　　　$[1, 3]$

0248 $f(x)=-2x^2+x-4$ 　$[-4, -2]$

[0249~0251] 다음 함수의 $x=2$에서의 미분계수를 구하시오.

0249 $f(x)=x+5$

0250 $f(x)=3x^2+x-1$

0251 $f(x)=x^3+2x-3$

[0252~0254] 다음 함수 $f(x)$에 대하여 곡선 $y=f(x)$ 위의 주어진 점에서의 접선의 기울기를 구하시오.

0252 $f(x)=2x-3$ 　　　$(1, -1)$

0253 $f(x)=x^2-x+2$ 　　$(2, 4)$

0254 $f(x)=x^3+2x-1$ 　$(-1, -4)$

개념 02　미분가능성과 연속성

(1) 함수 $f(x)$의 $x=a$에서의 미분계수 $f'(a)$가 존재할 때, 함수 $f(x)$는 $x=a$에서 미분가능하다.

(2) 함수 $f(x)$가 $x=a$에서 미분가능하면 $f(x)$는 $x=a$에서 연속이다.

0255 다음은 함수 $f(x)=|x|$의 $x=0$에서의 연속성과 미분가능성을 조사하는 과정이다. (가)~(라)에 알맞은 것을 써넣으시오.

(ⅰ) $f(0)=0$이고 $\lim_{x \to 0} f(x)=\lim_{x \to 0}|x|=0$이므로

$$\lim_{x \to 0} f(x)=f(0)$$

따라서 함수 $f(x)$는 $x=0$에서 　(가)　 이다.

(ⅱ) $f'(0)=\lim_{x \to 0}\frac{f(x)-f(0)}{x-0}=\lim_{x \to 0}\frac{|x|}{x}$ 에서

$$\lim_{x \to 0+}\frac{|x|}{x}=\lim_{x \to 0+}\frac{x}{x}=\boxed{(나)},$$

$$\lim_{x \to 0-}\frac{|x|}{x}=\lim_{x \to 0-}\frac{-x}{x}=\boxed{(다)}$$

이므로 $f'(0)$이 존재하지 않는다.

따라서 함수 $f(x)$는 $x=0$에서 　(라)　.

0256 함수 $f(x)=\begin{cases} -2x+3 & (x\geq1) \\ x^2 & (x<1) \end{cases}$ 의 $x=1$에서의 연속성과 미분가능성을 조사하시오.

개념 03   도함수

(1) 도함수

미분가능한 함수 $y=f(x)$의 정의역의 각 원소 x에 미분계수 $f'(x)$를 대응시켜 만든 새로운 함수를 함수 $y=f(x)$의 도함수라 한다.

$\dfrac{dy}{dx}$는 y를 x에 대하여 미분한다는 뜻으로 '디와이(dy) 디엑스(dx)'라 읽는다.

기호로 $f'(x)$, y', $\dfrac{dy}{dx}$, $\dfrac{d}{dx}f(x)$와 같이 나타낸다.

$$f'(x)=\lim_{\Delta x\to0}\frac{f(x+\Delta x)-f(x)}{\Delta x}$$
$$=\lim_{h\to0}\frac{f(x+h)-f(x)}{h}$$

참고 도함수 $y=f'(x)$는 함수 $y=f(x)$의 그래프 위의 임의의 점 $(x, f(x))$에서의 접선의 기울기와 같다.

(2) 미분법

함수 $f(x)$에서 도함수 $f'(x)$를 구하는 것을 $f(x)$를 x에 대하여 미분한다고 하고, 그 계산법을 미분법이라 한다.

(3) 함수 $y=x^n$과 상수함수의 도함수

① $y=x^n$ (n은 양의 정수)이면 $y'=nx^{n-1}$
② $y=c$ (c는 상수)이면 $y'=0$

[0257~0260] 도함수의 정의를 이용하여 다음 함수의 도함수를 구하시오.

0257 $f(x)=-1$ **0258** $f(x)=x+1$

0259 $f(x)=x^2+2$ **0260** $f(x)=-x^3-1$

[0261~0266] 다음 함수를 미분하시오.

0261 $y=1$ **0262** $y=-50$

0263 $y=1000$ **0264** $y=x^3$

0265 $y=x^5$ **0266** $y=x^{10}$

개념 04   미분법의 공식

(1) 함수의 실수배, 합, 차의 미분법

함수의 합, 차의 미분법은 세 개 이상의 함수에 대해서도 성립한다.

두 함수 $f(x)$, $g(x)$가 미분가능할 때
① $y=cf(x)$ (c는 실수)이면 $y'=cf'(x)$
② $y=f(x)+g(x)$이면 $y'=f'(x)+g'(x)$
③ $y=f(x)-g(x)$이면 $y'=f'(x)-g'(x)$

(2) 함수의 곱의 미분법

세 함수 $f(x)$, $g(x)$, $h(x)$가 미분가능할 때
① $y=f(x)g(x)$이면 $y'=f'(x)g(x)+f(x)g'(x)$
② $y=f(x)g(x)h(x)$이면

$$y'=f'(x)g(x)h(x)+f(x)g'(x)h(x)$$
$$+f(x)g(x)h'(x)$$

참고 함수 $f(x)$가 미분가능할 때
$$y=\{f(x)\}^n \ (n은 \ 자연수)이면 \ y'=n\{f(x)\}^{n-1}f'(x)$$

[0267~0269] 다음 함수를 미분하시오.

0267 $y=-3x+8$ **0268** $y=3x^4+2x^3$

0269 $y=\dfrac{1}{3}x^6+\dfrac{1}{2}x^4-\dfrac{1}{4}x^2$

[0270~0272] 다음 함수를 미분하시오.

0270 $y=(x+1)(3x-4)$

0271 $y=3x(-2x^2+1)$

0272 $y=(x^2+x+1)(2x^2-3)$

[0273~0274] 다음 함수를 미분하시오.

0273 $y=x(x-1)(x+1)$

0274 $y=(x+1)(2x-2)(3x+4)$

[0275~0277] 다음 함수를 미분하시오.

0275 $y=(x-4)^3$ **0276** $y=(x^2+2x-3)^5$

0277 $y=(x+1)^3(x^2+1)$

유형 01 평균변화율

함수 $y=f(x)$에서 x의 값이 a에서 b까지 변할 때의 평균변화율은
$$\frac{\Delta y}{\Delta x}=\frac{f(b)-f(a)}{b-a}=\frac{f(a+\Delta x)-f(a)}{\Delta x}$$

대표 예제

0278 함수 $f(x)=x^2+ax+3$에 대하여 x의 값이 -1에서 2까지 변할 때의 평균변화율이 6일 때, 상수 a의 값은?

① -3 ② -1 ③ 1

④ 3 ⑤ 5

선생님 해설

함수 $f(x)$에 대하여 x의 값이 -1에서 2까지 변할 때의 평균변화율은
$$\frac{f(2)-f(-1)}{2-(-1)}=\frac{(4+2a+3)-(1-a+3)}{3}$$
$$=\frac{3a+3}{3}$$
$$=a+1$$
따라서 $a+1=6$이므로
$a=5$

답 ⑤

0279 대표 예제 한 번 더

함수 $f(x)=x^2-2x-4$에 대하여 x의 값이 2에서 p까지 변할 때의 평균변화율이 4일 때, 상수 p의 값은?

① 1 ② 2 ③ 3

④ 4 ⑤ 5

0280

함수 $f(x)=x^2-3x$에 대하여 x의 값이 -1에서 5까지 변할 때의 평균변화율과 x의 값이 0에서 k까지 변할 때의 평균변화율이 같을 때, 상수 k의 값은?

① 3 ② $\dfrac{7}{2}$ ③ 4

④ $\dfrac{9}{2}$ ⑤ 5

0281

함수 $f(x)=(x-2)(x^2+2x+2)$에서 x의 값이 k에서 $k+2$까지 변할 때의 평균변화율이 4가 되도록 하는 모든 실수 k의 값의 합은?

① -2 ② -1 ③ 0

④ 1 ⑤ 2

0282

원점에 대하여 대칭인 함수 $y=f(x)$의 그래프가
점 $P(-3, 2)$를 지나고, 점 $(1, f(1))$에서 직선 OP에 접한다. x의 값이 1에서 3까지 변할 때의 함수 $f(x)$의 평균변화율은? (단, O는 원점이다.)

① -2 ② $-\dfrac{5}{3}$ ③ $-\dfrac{4}{3}$

④ -1 ⑤ $-\dfrac{2}{3}$

유형 02 평균변화율의 기하적 의미

함수 $y=f(x)$에서 x의 값이 a에서 b까지 변할 때의 평균변화율은 곡선 $y=f(x)$ 위의 두 점 $P(a, f(a))$, $Q(b, f(b))$를 잇는 직선 PQ의 기울기를 나타낸다.

🔲 대표 예제

0283 이차함수 $y=f(x)$의 그래프와 직선 $y=3x+1$이 서로 다른 두 점 A, B에서 만난다. 점 A의 x좌표가 0이고 점 B의 x좌표가 5일 때, x의 값이 0에서 5까지 변할 때의 함수 $f(x)$의 평균변화율을 구하시오.

선생님 해설

함수 $y=f(x)$의 그래프와 직선 $y=3x+1$이 서로 다른 두 점 A, B에서 만나므로 x의 값이 0에서 5까지 변할 때의 함수 $f(x)$의 평균변화율은 직선 $y=3x+1$의 기울기인 3과 같다.

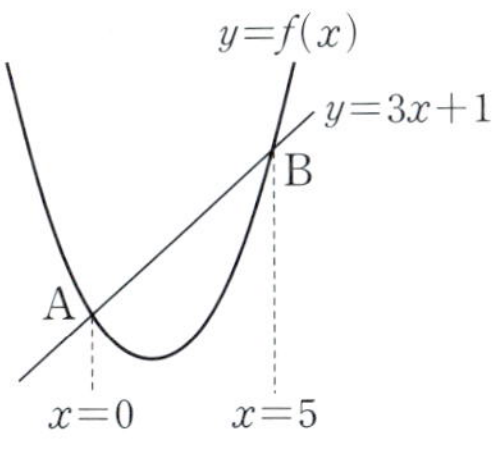

함수 $y=f(x)$에서 x의 값이 a에서 b까지 변할 때의 평균변화율이 $\dfrac{f(b)-f(a)}{b-a}$이므로 두 점 $(a, f(a))$, $(b, f(b))$를 잇는 직선의 기울기와 같아.

답 **3**

0284 [대표 예제] [한 번 더]

그림과 같이 이차함수 $y=f(x)$의 그래프의 꼭짓점 A의 좌표가 $(0, a)$이고, x축과 만나는 한 점을 $B(-b, 0)$이라 하자. 직선 AB의 기울기가 3일 때, x의 값이 0에서 b까지 변할 때의 함수 $f(x)$의 평균변화율은?

(단, a, b는 양의 실수이다.)

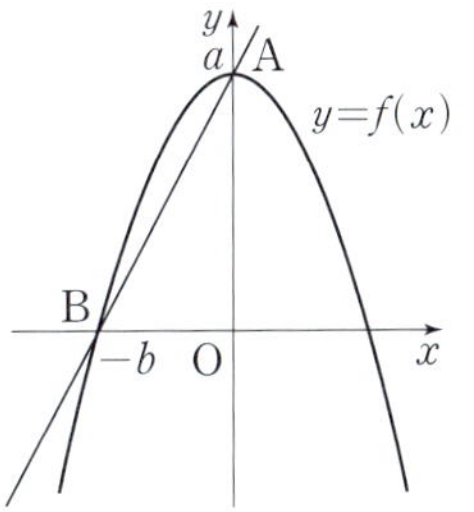

① -1 ② -2 ③ -3
④ -4 ⑤ -5

0285

함수 $f(x)=x^2+4x+1$의 그래프와 직선 $y=mx$가 만나는 두 점의 x좌표를 각각 α, β $(\alpha<\beta)$라 하자. x의 값이 α에서 β까지 변할 때의 함수 $f(x)$의 평균변화율이 -1일 때, x의 값이 $\alpha+\beta$에서 0까지 변할 때의 함수 $f(x)$의 평균변화율은?

① -2 ② -1 ③ 0
④ 1 ⑤ 2

0286

함수 $y=f(x)$의 그래프가 그림과 같다. x의 값이 p에서 q까지, p에서 r까지, p에서 s까지 변할 때의 함수 $f(x)$의 평균변화율을 각각 α, β, γ라 할 때, α, β, γ의 대소 관계는?

$$(\text{단, } p<q<r<s, \ f(p)=f(r)<f(s)<f(q))$$

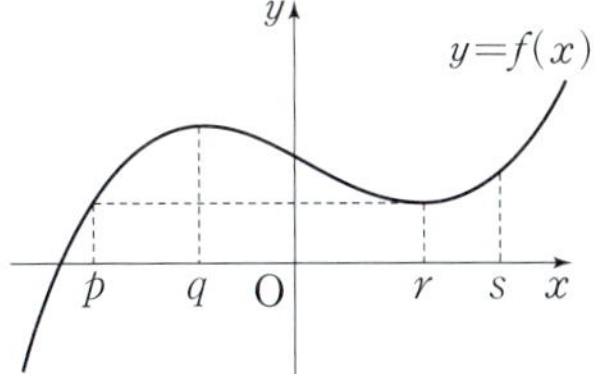

① $\alpha<\beta<\gamma$ ② $\alpha=\beta<\gamma$ ③ $\beta<\gamma<\alpha$
④ $\beta=\gamma<\alpha$ ⑤ $\gamma<\beta<\alpha$

0287

함수 $y=f(x)$의 그래프와 직선 $y=x$가 그림과 같다. $f(x)$의 역함수를 $g(x)$라 할 때, x의 값이 b에서 c까지 변할 때의 함수 $g(x)$의 평균변화율은?

(단, 점선은 x축 또는 y축에 평행하다.)

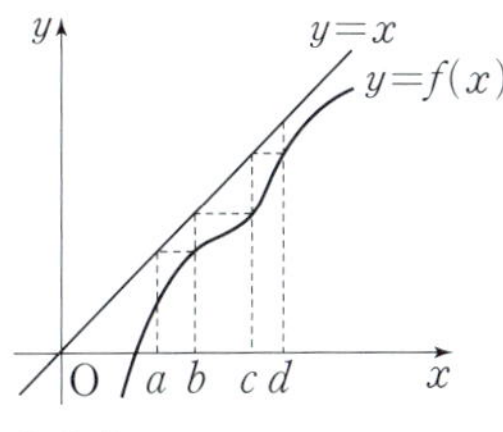

① $\dfrac{b-c}{b-a}$ ② $\dfrac{c-b}{b-a}$ ③ 1
④ $\dfrac{d-c}{c-b}$ ⑤ $\dfrac{c-d}{d-b}$

유형 03 $\lim\limits_{h\to0}\dfrac{f(a+h)-f(a)}{h}=f'(a)$를 이용한 극한의 계산

함수 $y=f(x)$의 $x=a$에서의 미분계수는

$$f'(a)=\lim_{h\to0}\frac{f(a+h)-f(a)}{h}$$

👍 대표 예제

0288 다항함수 $f(x)$에 대하여 $f'(1)=2$일 때,

$\lim\limits_{h\to0}\dfrac{f(1+3h)-f(1)}{2h}$ 의 값은?

① $\dfrac{3}{2}$　　　　② 2　　　　③ $\dfrac{5}{2}$

④ 3　　　　⑤ $\dfrac{7}{2}$

선생님 해설

$\lim\limits_{h\to0}\dfrac{f(1+3h)-f(1)}{2h}$ ← 두 계수가 같아지도록 분모를 변형한다.

$=\lim\limits_{h\to0}\dfrac{f(1+3h)-f(1)}{3h}\cdot\dfrac{3}{2}$

$=\dfrac{3}{2}f'(1)$

$=\dfrac{3}{2}\cdot2$

$=3$

주어진 식을 $\lim\limits_{\square\to0}\dfrac{f(\triangle+\square)-f(\triangle)}{\square}$ 꼴을 포함한 식으로 변형하여 미분계수를 구하면 돼.

답 ④

0289 대표 예제 한 번 더

다항함수 $f(x)$에 대하여 $f'(2)=-1$일 때,

$\lim\limits_{h\to0}\dfrac{f(2+h)-f(2-2h)}{h}$ 의 값은?

① -3　　　　② -1　　　　③ 1

④ 3　　　　⑤ 5

0290

다항함수 $f(x)$에 대하여 $f'(-1)=2$이고

$$\lim_{h\to0}\frac{f(ah-1)-f(bh-1)}{h}=10$$

일 때, $a-b$의 값은? (단, a, b는 상수이다.)

① 2　　　　② 4　　　　③ 5

④ 10　　　　⑤ 20

0291

다항함수 $f(x)$에 대하여 $f(0)=f'(0)=3$일 때,

$\lim\limits_{h\to0}\dfrac{f(3h)-3}{h}$ 의 값은?

① 3　　　　② 6　　　　③ 9

④ 12　　　　⑤ 15

0292

다항함수 $f(x)$에 대하여 $\lim\limits_{h\to0}\dfrac{f(a)}{h}\left\{\dfrac{1}{f(a)}-\dfrac{1}{f(a+h)}\right\}$ 을

$f(a)$와 $f'(a)$를 이용하여 나타내면?

$$(\text{단, } f(a)\neq0,\ f(a+h)\neq0)$$

① $f(a)$　　　　② $f'(a)$　　　　③ $f(a)f'(a)$

④ $\dfrac{f(a)}{f'(a)}$　　　　⑤ $\dfrac{f'(a)}{f(a)}$

유형 04 $\lim\limits_{x \to a} \dfrac{f(x)-f(a)}{x-a}=f'(a)$를 이용한 극한의 계산

함수 $y=f(x)$의 $x=a$에서의 미분계수는

$$f'(a)=\lim_{x \to a} \frac{f(x)-f(a)}{x-a}$$

 대표 예제

0293 다항함수 $f(x)$에 대하여 $f'(2)=2$일 때,

$\lim\limits_{x \to 2} \dfrac{f(x)-f(2)}{x^2-4}$의 값은?

① $\dfrac{1}{4}$　　　　② $\dfrac{1}{2}$　　　　③ 1

④ 2　　　　⑤ 4

선생님 해설

$$\lim_{x \to 2} \frac{f(x)-f(2)}{x^2-4}$$

■는 ■끼리, ▲는 ▲끼리
같아지도록 분모를 변형한다.

$$=\lim_{x \to 2} \frac{f(x)-f(2)}{(x+2)(x-2)}$$

$$=\lim_{x \to 2} \frac{f(x)-f(2)}{x-2} \cdot \lim_{x \to 2} \frac{1}{x+2}$$

$$=\frac{1}{4}f'(2)$$

$$=\frac{1}{4} \cdot 2 = \frac{1}{2}$$

주어진 식을 $\lim\limits_{\square \to \triangle} \dfrac{f(\square)-f(\triangle)}{\square - \triangle}$ 꼴을 포함한 식으로 변형하여 미분계수를 구하면 돼.

답 ②

0294 대표 예제 한 번 더

다항함수 $f(x)$에 대하여 $f'(9)=1$일 때,

$\lim\limits_{x \to 3} \dfrac{f(x^2)-f(9)}{x-3}$의 값은?

① 1　　　　② 3　　　　③ 6

④ 9　　　　⑤ 12

0295

다항함수 $f(x)$에 대하여 $f'(-1)=5$일 때,

$\lim\limits_{x \to -1} \dfrac{f(3x^2+4x)-f(-1)}{x+1}$의 값은?

① -10　　　　② -5　　　　③ 5

④ 10　　　　⑤ 20

0296

다항함수 $f(x)$에 대하여 $2f(1)=f'(1)$이고

$\lim\limits_{x \to 1} \dfrac{f(x)-xf(1)}{x-1}=5$일 때, $f'(1)$의 값은?

① $\dfrac{1}{5}$　　　　② 4　　　　③ 5

④ 10　　　　⑤ 20

0297

다항함수 $f(x)$에 대하여 $\lim\limits_{x \to -1} \dfrac{f(x)-4}{x^2-1}=-4$일 때,

$f(-1)+f'(-1)$의 값은?

① -8　　　　② -4　　　　③ 4

④ 8　　　　⑤ 12

유형 05 관계식이 주어진 함수의 미분계수 구하기

미분가능한 함수 $f(x)$에 대하여 $f(x+y)$에 대한 항등식이 주어졌을 때, $f'(a)=\lim\limits_{h\to 0}\dfrac{f(a+h)-f(a)}{h}$의 $f(a+h)$에 주어진 항등식을 대입하여 $f'(a)$를 구한다.

👍 대표 예제

0298 미분가능한 함수 $f(x)$가 모든 실수 x, y에 대하여
$$f(x+y)=f(x)+f(y)$$
를 만족시키고 $f'(0)=3$일 때, $f'(3)$의 값은?

① 1 ② 2 ③ 3

④ 4 ⑤ 5

선생님 해설

$f(x+y)=f(x)+f(y)$에 $x=0$, $y=0$을 대입하면
$f(0)=f(0)+f(0)$
$\therefore f(0)=0$

$$\therefore f'(3)=\lim_{h\to 0}\frac{f(3+h)-f(3)}{h}$$
$$=\lim_{h\to 0}\frac{f(3)+f(h)-f(3)}{h}$$
$$=\lim_{h\to 0}\frac{f(h)}{h}$$
$$=\lim_{h\to 0}\frac{f(h)-f(0)}{h}$$
$$=f'(0)=3$$

$\cdot$ $f(0)=0$이므로
$\lim\limits_{h\to 0}\dfrac{f(0+h)-f(0)}{h}$의 꼴로 만든 것이다.

모든 실수 x, y에 대한 관계식이 주어졌을 때에는 일반적으로 x, y에 모두 0을 대입하여 함숫값을 먼저 구해야 해.

답 ③

0299 대표 예제 한 번 더

미분가능한 함수 $f(x)$가 모든 실수 x, y에 대하여
$$f(x+y)=f(x)+f(y)+3xy$$
를 만족시키고 $f'(1)=5$일 때, $f'(4)$의 값은?

① 6 ② 8 ③ 10

④ 12 ⑤ 14

0300 미분가능한 함수 $f(x)$가 모든 실수 x, y에 대하여
$$f(x+y)=f(x)+f(y)+kxy$$
를 만족시키고 $f'(0)=2$, $f'(1)=3$일 때, 상수 k의 값은?

① 1 ② 2 ③ 3

④ 4 ⑤ 5

0301 미분가능한 함수 $f(x)$가 모든 실수 x, y에 대하여
$$f(x+y)=f(x)+f(y)-xy+2$$
를 만족시키고 $f'(3)=5$일 때, $f'(k)=0$이 되도록 하는 자연수 k의 값은?

① 4 ② 6 ③ 8

④ 10 ⑤ 12

0302 다항함수 $f(x)$가 모든 실수 x, y에 대하여
$$f(x+y)=f(x)+f(y)+2xy(x+y)$$
를 만족시킨다. $f'(0)=-3$일 때, $\sum\limits_{k=1}^{5}f'(k)$의 값을 구하시오.

유형 06 미분계수의 기하적 의미

곡선 $y=f(x)$ 위의 점 $(a, f(a))$에서의 접선의 기울기는 함수 $f(x)$의 $x=a$에서의 미분계수 $f'(a)$와 같다.

참고 미분계수(순간변화율)는 평균변화율의 극한이므로 **유형 02**의 평균변화율의 기하적 의미(두 점 P, Q를 잇는 직선 PQ의 기울기)와 극한의 개념을 적용하면 접선의 기울기가 됨을 이해할 수 있다.

👍 대표 예제

0303 그림과 같이 함수 $y=f(x)$의 그래프 위의 $x=3$인 점에서의 접선이 점 $(1, 0)$을 지날 때, $\lim\limits_{h \to 0} \dfrac{f(3+h)-f(3-2h)}{h}$의 값을 구하시오.

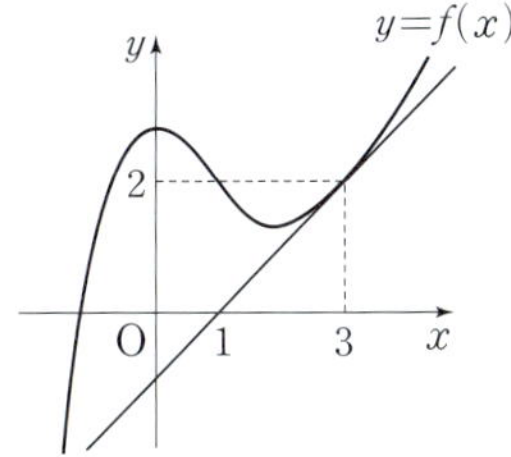

선생님 해설

함수 $y=f(x)$의 그래프 위의 $x=3$인 점에서의 접선의 기울기는 $f'(3)$과 같고, 이 접선이 두 점 $(1, 0)$, $(3, 2)$를 지나므로
$$f'(3)=\frac{2-0}{3-1}=1$$

$$\therefore \lim_{h \to 0} \frac{f(3+h)-f(3-2h)}{h}$$
$$=\lim_{h \to 0} \frac{\{f(3+h)-f(3)\}-\{f(3-2h)-f(3)\}}{h}$$
$$=\lim_{h \to 0} \frac{f(3+h)-f(3)}{h}+\lim_{h \to 0} \frac{f(3-2h)-f(3)}{-2h} \cdot 2$$
$$=f'(3)+2f'(3)=3f'(3)=3$$

답 3

0304 대표 예제 한 번 더

그림과 같이 곡선 $y=f(x)$ 위의 점 $(-2, 0)$에서의 접선의 y절편이 -4일 때, $\lim\limits_{x \to -2} \dfrac{f(x)}{x^2+x-2}$의 값은?

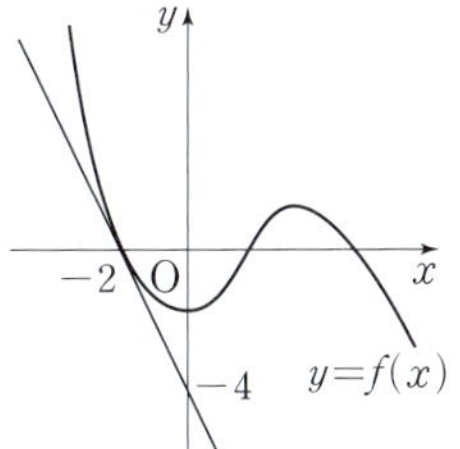

① $\dfrac{1}{3}$ ② $\dfrac{2}{3}$

③ 1 ④ $\dfrac{4}{3}$ ⑤ $\dfrac{5}{3}$

0305

함수 $f(x)=x^2+5x+3$에 대하여 곡선 $y=f(x)$ 위의 점 $(-2, -3)$에서의 접선이 x축의 양의 방향과 이루는 각의 크기를 θ라 할 때, $\tan \theta$의 값을 구하시오.

0306

그림과 같이 함수 $y=f(x)$의 그래프와 직선 $y=k$가 서로 다른 세 점 P, Q, R에서 만난다. 세 점 P, Q, R의 x좌표를 각각 p, q, r라 할 때, **보기**에서 옳은 것만을 있는 대로 고른 것은?

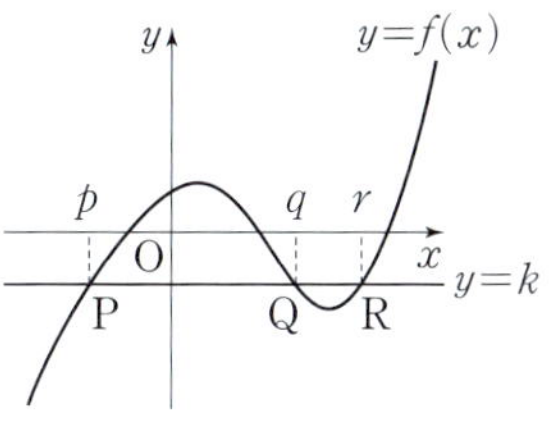

$$(단, k<0, \ p<q<r)$$

보기

ㄱ. $f'(q)<0$
ㄴ. $f'(p)f'(q)f'(r)<0$
ㄷ. $f(p)f'(p)-f(q)f'(q)+f(r)f'(r)<0$

① ㄱ   ② ㄴ   ③ ㄱ, ㄴ
④ ㄱ, ㄷ   ⑤ ㄱ, ㄴ, ㄷ

0307

그림과 같이 함수 $y=f(x)$의 그래프에 대하여 $0<a<b$일 때, 옳은 것만을 **보기**에서 있는 대로 고른 것은?

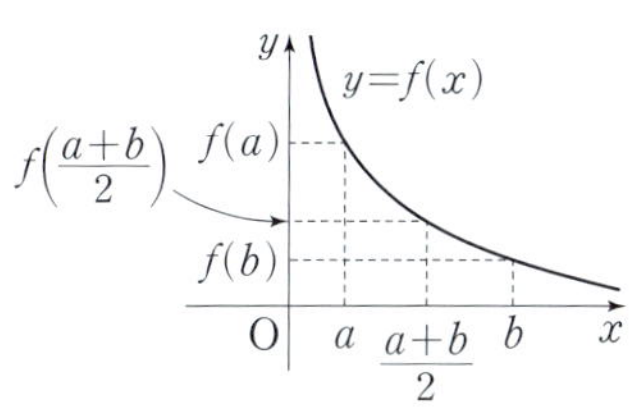

보기

ㄱ. $f\left(\dfrac{a+b}{2}\right)<\dfrac{f(a)+f(b)}{2}$
ㄴ. $f'(a)<f'(b)$
ㄷ. $\dfrac{f(b)-f(a)}{b-a}<f'(b)$

① ㄱ   ② ㄴ   ③ ㄱ, ㄴ
④ ㄴ, ㄷ   ⑤ ㄱ, ㄴ, ㄷ

유형 07 미분가능성과 연속성

① 함수 $f(x)$가 $x=a$에서 연속
$$\iff \lim_{x \to a} f(x)=f(a)$$

② 함수 $f(x)$가 $x=a$에서 미분가능
$$\iff \lim_{x \to a} \frac{f(x)-f(a)}{x-a}$$ 가 존재

참고 함수 $f(x)$가 $x=a$에서 미분가능하면 $x=a$에서 연속이다.
함수 $f(x)$가 $x=a$에서 불연속이면 $x=a$에서 미분가능하지 않다.

대표 예제

0308 다음 중 $x=0$에서 연속이지만 미분가능하지 <u>않은</u> 함수는?

① $f(x)=1$ ② $f(x)=x^2$ ③ $f(x)=\sqrt{x^2}$

④ $f(x)=\dfrac{|x|}{x}$ ⑤ $f(x)=x|x|$

선생님 해설

① $\lim\limits_{x \to 0} f(x)=f(0)=1$이므로 함수 $f(x)$는 $x=0$에서 연속이다.

$$f'(0)=\lim_{h \to 0} \frac{f(0+h)-f(0)}{h}=\lim_{h \to 0}\frac{1-1}{h}=0$$

이므로 함수 $f(x)$는 $x=0$에서 미분가능하다.

② $\lim\limits_{x \to 0} f(x)=f(0)=0$이므로 함수 $f(x)$는 $x=0$에서 연속이다.

$$f'(0)=\lim_{h \to 0} \frac{f(0+h)-f(0)}{h}=\lim_{h \to 0}\frac{h^2-0}{h}=0$$

이므로 함수 $f(x)$는 $x=0$에서 미분가능하다.

③ $f(x)=\sqrt{x^2}=|x|$이므로 $f(x)=\begin{cases} x & (x \geq 0) \\ -x & (x < 0) \end{cases}$

$\lim\limits_{x \to 0} f(x)=f(0)=0$이므로 함수 $f(x)$는 $x=0$에서 연속이다.

$$\lim_{h \to 0+} \frac{f(0+h)-f(0)}{h}=\lim_{h \to 0+}\frac{h-0}{h}=1,$$
$$\lim_{h \to 0-} \frac{f(0+h)-f(0)}{h}=\lim_{h \to 0-}\frac{-h}{h}=-1$$

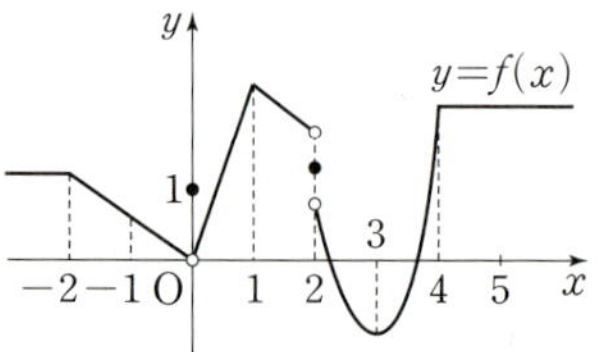

이므로 함수 $f(x)$는 $x=0$에서 미분가능하지 않다.

④ $f(0)$이 정의되지 않으므로 함수 $f(x)$는 $x=0$에서 불연속이고, 미분가능하지 않다.

⑤ $\lim\limits_{x \to 0} f(x)=f(0)=0$이므로 함수 $f(x)$는 $x=0$에서 연속이다.

$$\lim_{h \to 0+} \frac{f(0+h)-f(0)}{h}=\lim_{h \to 0+}\frac{h^2-0}{h}=0,$$
$$\lim_{h \to 0-} \frac{f(0+h)-f(0)}{h}=\lim_{h \to 0-}\frac{-h^2-0}{h}=0$$

이므로 함수 $f(x)$는 $x=0$에서 미분가능하다.

답 ③

0309 대표 예제 한 번 더

$x=2$에서 연속이지만 미분가능하지 않은 함수인 것만을 **|보기|**에서 있는 대로 고른 것은?

— 보기 —
ㄱ. $f(x)=|x-2|$
ㄴ. $g(x)=|x^2-4|$
ㄷ. $k(x)=(x-2)|x-2|$

① ㄱ ② ㄴ ③ ㄱ, ㄴ
④ ㄱ, ㄷ ⑤ ㄱ, ㄴ, ㄷ

0310

함수 $y=f(x)$의 그래프가 그림과 같을 때, 열린구간 $(-2, 5)$에서 함수 $f(x)$가 불연속인 점은 m개, 미분가능하지 않은 점은 n개이다. $m+n$의 값을 구하시오.

0311

열린구간 $(0, 6)$에서 정의된 함수 $y=f(x)$의 그래프가 그림과 같을 때, 다음 중 옳지 <u>않은</u> 것은?

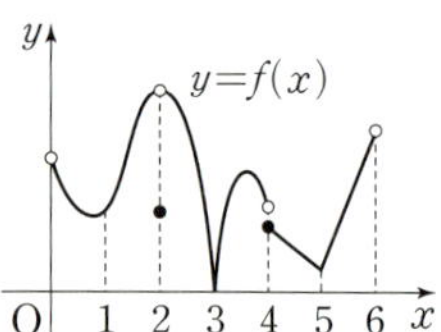

① $\lim\limits_{x \to 2} f(x)$의 값이 존재한다.
② 함수 $f(x)$의 극한값이 존재하지 않는 점은 1개이다.
③ 함수 $f(x)$가 불연속인 점은 2개이다.
④ 함수 $f(x)$가 미분가능하지 않은 점은 3개이다.
⑤ $f'(x)=0$인 x의 값은 2개이다.

유형 08 도함수의 정의를 이용하여 도함수 구하기

미분가능한 함수 $y=f(x)$의 도함수는
$$f'(x)=\lim_{h\to 0}\frac{f(x+h)-f(x)}{h}$$
도함수를 구할 때는 $f(x+h)-f(x)$를 인수분해하여 h를 공통인수로 묶어서 극한값을 구한다.

👍 대표 예제

0312 다음은 미분가능한 두 함수 $y=f(x)$, $y=g(x)$에 대하여 도함수의 정의를 이용하여 $y=f(x)g(x)$의 도함수를 구하는 과정이다.

$$\{f(x)g(x)\}'$$
$$=\lim_{h\to 0}\frac{f(x+h)g(x+h)-f(x)g(x)}{h}$$
$$=\lim_{h\to 0}\frac{\{f(x+h)-f(x)\}g(x+h)+\boxed{(가)}\{g(x+h)-g(x)\}}{h}$$
$$=\lim_{h\to 0}\left\{\frac{f(x+h)-f(x)}{h}\cdot\boxed{(나)}\right\}$$
$$\qquad\qquad+\lim_{h\to 0}\left\{\boxed{(가)}\cdot\frac{g(x+h)-g(x)}{h}\right\}$$
$$=\boxed{(다)}$$

위의 과정에서 (가), (나), (다)에 알맞은 것은?

	(가)	(나)	(다)
①	$f(x)$	$g(x)$	$f'(x)g'(x)$
②	$f(x)$	$g(x+h)$	$f'(x)g'(x)$
③	$f(x)$	$g(x+h)$	$f'(x)g(x)+f(x)g'(x)$
④	$g(x)$	$f(x)$	$f'(x)g(x)+f(x)g'(x)$
⑤	$g(x)$	$f(x+h)$	$f'(x)g'(x)$

선생님 해설

$$\{f(x)g(x)\}'$$
$$=\lim_{h\to 0}\frac{f(x+h)g(x+h)-f(x)g(x)}{h}$$
$$=\lim_{h\to 0}\frac{f(x+h)g(x+h)-f(x)g(x+h)+f(x)g(x+h)-f(x)g(x)}{h}$$
$$=\lim_{h\to 0}\frac{\{f(x+h)-f(x)\}g(x+h)+\boxed{f(x)}\{g(x+h)-g(x)\}}{h}$$
$$=\lim_{h\to 0}\left\{\frac{f(x+h)-f(x)}{h}\cdot\boxed{g(x+h)}\right\}$$
$$\qquad\qquad+\lim_{h\to 0}\left\{\boxed{f(x)}\cdot\frac{g(x+h)-g(x)}{h}\right\}$$
$$=\boxed{f'(x)g(x)+f(x)g'(x)}$$

답 ③

0313

다음은 다항함수 $f(x)=x^n$의 도함수를 구하는 과정이다. (단, n은 자연수이다.)

$f(x)=x^n$이라 하면
$$f(x+h)-f(x)$$
$$=(x+h)^n-x^n$$
$$=\{(x+h)^n-(x+h)^{n-1}x\}+\{(x+h)^{n-1}x-(x+h)^{n-2}x^2\}$$
$$\qquad\qquad+\cdots+\{(x+h)x^{n-1}-x^n\}$$
$$=\boxed{(가)}\{(x+h)^{n-1}+(x+h)^{n-2}x$$
$$\qquad\qquad+\cdots+(x+h)x^{n-2}+\boxed{(나)}\}$$
$$f'(x)$$
$$=\lim_{h\to 0}\frac{f(x+h)-f(x)}{h}$$
$$=\lim_{h\to 0}\frac{\boxed{(가)}\{(x+h)^{n-1}+(x+h)^{n-2}x+\cdots+(x+h)x^{n-2}+\boxed{(나)}\}}{h}$$
$$=x^{n-1}+x^{n-1}+\cdots+x^{n-1}=nx^{n-1}$$

위의 과정에서 (가), (나)에 알맞은 것을 구하시오.

0314

다음은 수학적 귀납법을 이용하여 함수 $y=\{f(x)\}^n$의 도함수가 $y'=n\{f(x)\}^{n-1}f'(x)$임을 구하는 과정이다. (단, n은 자연수이다.)

(i) $n=1$일 때, $y=f(x)$에서
$$y'=f'(x)=1\cdot\{f(x)\}^0 f'(x)$$
이므로 성립한다.

(ii) $n=k$일 때, $y'=k\{f(x)\}^{k-1}f'(x)$라 가정하면
$$y=\{f(x)\}^{k+1}=\{f(x)\}^k f(x)$$에서
$$y'=k\{f(x)\}^{k-1}\cdot\boxed{(가)}f(x)+\boxed{(나)}f'(x)$$
$$=(k+1)\{f(x)\}^k f'(x)$$
따라서 수학적 귀납법에 의하여 $y=\{f(x)\}^n$의 도함수는
$$y'=n\{f(x)\}^{n-1}f'(x)$$이다.

위의 과정에서 (가), (나)에 알맞은 것은?

	(가)	(나)		(가)	(나)
①	$f'(x)$	$\{f(x)\}^{k-1}$	②	$f'(x)$	$\{f(x)\}^k$
③	$f'(x)$	$k\{f(x)\}^{k-1}$	④	$f(x)$	$\{f(x)\}^k$
⑤	$f(x)$	$k\{f(x)\}^{k-1}$			

유형 09 관계식이 주어진 함수의 도함수 구하기

미분가능한 함수 $f(x)$에 대하여 $f(x+y)$에 대한 항등식이 주어졌을 때, $f'(x)=\lim\limits_{h\to 0}\dfrac{f(x+h)-f(x)}{h}$의 $f(x+h)$에 주어진 항등식을 대입하여 $f'(x)$를 구한다.

👍 대표 예제

0315 미분가능한 함수 $f(x)$가 모든 실수 x, y에 대하여
$$f(x+y)=f(x)+f(y)+xy$$
를 만족시키고 $f'(0)=-1$일 때, $f'(x)$는?

① $x-1$ ② $x+1$ ③ $2x-1$

④ $2x+1$ ⑤ $3x-1$

선생님 해설

$f(x+y)=f(x)+f(y)+xy$에 $x=0$, $y=0$을 대입하면
$f(0)=f(0)+f(0)$
$\therefore f(0)=0$

$\therefore f'(x)=\lim\limits_{h\to 0}\dfrac{f(x+h)-f(x)}{h}$

$\quad\quad=\lim\limits_{h\to 0}\dfrac{f(x)+f(h)+xh-f(x)}{h}$

$\quad\quad=\lim\limits_{h\to 0}\dfrac{f(h)+xh}{h}$

$\quad\quad=\lim\limits_{h\to 0}\dfrac{f(h)-f(0)}{h}+x$

$\quad\quad=f'(0)+x$

$\quad\quad=x-1$

주어진 식 $f(x+y)=f(x)+f(y)+xy$를 이용하여 함숫값 $f(0)=0$을 구하고, 미분계수의 정의를 이용하여 도함수를 구해야 해.

답 ①

0316 대표 예제 한 번 더
미분가능한 함수 $f(x)$가 모든 실수 x, y에 대하여
$$f(x+y)=f(x)+f(y)+4xy-2$$
를 만족시키고 $f'(2)=10$일 때, $f'(x)$는?

① $4x-2$ ② $4x+2$ ③ $8x-2$

④ $8x+2$ ⑤ $8x+4$

0317
다항함수 $f(x)$가 모든 실수 x, y에 대하여
$$f(x+y)=f(x)+f(y)-xy(x+y)$$
를 만족시킨다. $f'(0)=20$일 때, $f'(n)<0$을 만족시키는 자연수 n의 최솟값은?

① 4   ② 5   ③ 6

④ 7   ⑤ 8

0318
모든 실수 x에 대하여 $f(x)>0$인 미분가능한 함수 $f(x)$가
$$\sqrt{f(x+h)}-\sqrt{f(x)}=h^2+2h$$
를 만족시킬 때, 다음 중 도함수 $f'(x)$를 $f(x)$로 나타낸 것은?

① $\dfrac{1}{2\sqrt{f(x)}}$ ② $\dfrac{1}{\sqrt{f(x)}}$ ③ $\sqrt{f(x)}$

④ $2\sqrt{f(x)}$ ⑤ $4\sqrt{f(x)}$

0319 🔼
다항함수 $f(x)$에 대하여 함수 $g(x)$를
$$g(x)=f(x)+f(2-x)$$
라 하자. $g'(2)=5$일 때, $\lim\limits_{h\to 0}\dfrac{g(2+h)-g(h)}{h}$의 값은?

① -10 ② -5 ③ 0

④ 5   ⑤ 10

유형 10   다항함수의 미분법

두 함수 $f(x)$, $g(x)$가 미분가능할 때
① $y=x^n$ (n은 자연수) ➡ $y'=nx^{n-1}$
② $y=c$ (c는 상수) ➡ $y'=0$
③ $y=cf(x)$ (c는 실수) ➡ $y'=cf'(x)$
④ $y=f(x)\pm g(x)$ ➡ $y'=f'(x)\pm g'(x)$ (복부호동순)
[참고] 위의 성질 ①~④에 의하여 임의의 다항함수
$$y=a_n x^n+a_{n-1}x^{n-1}+\cdots+a_1 x+a_0$$
은 미분가능하다.

👍 대표 예제

0320 함수 $f(x)=x^3+ax^2+6x-1$에 대하여 $f'(2)=2$일 때, 상수 a의 값은?

① -5　　　② -4　　　③ -3
④ -2　　　⑤ -1

[선생님 해설]

$f'(x)=3x^2+2ax+6$이므로
$f'(2)=12+4a+6$
$\quad\quad=4a+18$
$f'(2)=2$이므로
$4a+18=2,\ 4a=-16$
$\therefore\ a=-4$

답 ②

0321 [대표 예제] [한 번 더]
함수 $f(x)=x^4+px^2+qx+3$의 그래프가 점 $(1,\ 5)$를 지나고 이 점에서의 접선의 기울기가 7일 때, $f(-1)$의 값은?
(단, p, q는 상수이다.)

① 1　　　② 3　　　③ 5
④ 7　　　⑤ 9

0322
함수 $f(x)=x^{20}+x^{19}+x^{18}+\cdots+x+1$에 대하여 $f'(1)$의 값을 구하시오.

0323
함수 $f(x)=2x^3+kx^2-kx+5$의 도함수 $f'(x)$의 최솟값이 $-\dfrac{9}{2}$일 때, 양수 k의 값은?

① 1　　　② 2　　　③ 3
④ 4　　　⑤ 5

0324
함수 $f(x)=\displaystyle\sum_{k=1}^{10} kx^{2k}$에 대하여 $f(1)+f'(1)$의 값은?

① 785　　　② 795　　　③ 805
④ 815　　　⑤ 825

세 함수 $f(x)$, $g(x)$, $h(x)$가 미분가능할 때
① $y=f(x)g(x)$이면
$y'=f'(x)g(x)+f(x)g'(x)$
② $y=f(x)g(x)h(x)$이면
$y'=f'(x)g(x)h(x)+f(x)g'(x)h(x)+f(x)g(x)h'(x)$

참고 함수 $f(x)$가 미분가능할 때, $y=\{f(x)\}^n$ (n은 자연수)이면
$y'=n\{f(x)\}^{n-1}f'(x)$

👍 대표 예제

0325 함수 $f(x)=(2x^3+x^2+1)(ax+1)$에 대하여 $f'(-1)=6$일 때, 상수 a의 값은?

① $-\dfrac{3}{2}$　　② $-\dfrac{1}{2}$　　③ $\dfrac{1}{2}$

④ $\dfrac{3}{2}$　　⑤ $\dfrac{5}{2}$

선생님 해설

$f(x)=(2x^3+x^2+1)(ax+1)$에서
$f'(x)$
$=(2x^3+x^2+1)'(ax+1)+(2x^3+x^2+1)(ax+1)'$
$=(6x^2+2x)(ax+1)+(2x^3+x^2+1)\cdot a$
$f'(-1)=4(-a+1)=-4a+4$이므로
$f'(-1)=6$에서
$-4a+4=6$
$\therefore a=-\dfrac{1}{2}$

답 ②

0326 대표 예제 한 번 더
함수 $f(x)=(2x+k)^4$에 대하여 $f'(1)=-8$일 때, 실수 k의 값은?

① -5　　② -4　　③ -3

④ -2　　⑤ -1

0327
두 다항함수 $f(x)$, $g(x)$에 대하여
$$f(1)=2,\ f'(1)=4,\ g'(1)=3$$
이고 함수 $h(x)=(x^2+2)f(x)-3g(x)$일 때, $h'(1)$의 값은?

① 1　　② 3　　③ 5

④ 7　　⑤ 9

0328
두 다항함수 $f(x)$, $g(x)$가
$$\lim_{x \to 0}\frac{f(x)-2}{x}=-1,\ \lim_{x \to 0}\frac{g(x)+3}{x}=2$$
를 만족시킬 때, $\displaystyle\lim_{x \to 0}\frac{f(x)g(x)+6}{x}$의 값은?

① 1　　② 3　　③ 5

④ 7　　⑤ 9

0329
최고차항의 계수가 1인 삼차함수 $f(x)$에 대하여 $f(1)=f(2)=f(3)$일 때, $f'(0)$의 값을 구하시오.

미분계수를 이용하여 다음과 같은 순서로 극한값을 구한다.
① 미분계수의 정의를 이용하여 주어진 식을 $f'(a)$를 포함한 식으로 고친다.
② 주어진 함수 $f(x)$의 도함수 $f'(x)$를 구한다.
③ 도함수 $f'(x)$로부터 $f'(a)$의 값을 구하여 ①에서 구한 식의 값을 구한다.

🖐 대표 예제

0330 함수 $f(x)=-x^3+2x^2+1$에 대하여

$$\lim_{x\to 2}\frac{f(x)-f(2)}{x^2-4}$$ 의 값은?

① $-\dfrac{5}{2}$ ② -2 ③ $-\dfrac{3}{2}$

④ -1 ⑤ $-\dfrac{1}{2}$

선생님 해설

$$\lim_{x\to 2}\frac{f(x)-f(2)}{x^2-4}=\lim_{x\to 2}\left\{\frac{f(x)-f(2)}{x-2}\cdot\frac{1}{x+2}\right\}$$
$$=\frac{1}{4}f'(2)$$

$f'(x)=-3x^2+4x$이므로
$f'(2)=-3\cdot 2^2+4\cdot 2$
$\qquad=-12+8=-4$

따라서 구하는 값은

$\dfrac{1}{4}\cdot(-4)=-1$

답 ④

0331 대표 예제 한 번 더

함수 $f(x)=x^2-4x+2$에 대하여

$$\lim_{h\to 0}\frac{f(3+h)-f(3-h)}{3h}$$ 의 값은?

① $\dfrac{1}{3}$ ② $\dfrac{2}{3}$ ③ 1

④ $\dfrac{4}{3}$ ⑤ $\dfrac{5}{3}$

0332 함수 $f(x)=x^3-2x+4$에 대하여

$$\lim_{h\to 0}\frac{f(1+ah)-f(1)}{h}=6$$

을 만족시키는 상수 a가 존재할 때, $f'(a)$의 값은?

① 88 ② 94 ③ 100

④ 106 ⑤ 112

0333 함수 $f(x)=x^3+x-5$에 대하여

$$\lim_{x\to -1}\frac{x^2 f(-1)-f(x)}{x+1}$$ 의 값은?

① 8 ② 10 ③ 12

④ 14 ⑤ 16

0334 함수 $f(x)=2x^3-3x^2+2$에 대하여

$$\lim_{h\to 0}\frac{f(2-2h+3h^2)-f(2)}{h}$$ 의 값은?

① -24 ② -20 ③ -16

④ -12 ⑤ -8

유형 13 치환을 이용한 극한값의 계산

주어진 극한이 $\dfrac{0}{0}$ 꼴일 때, 분모와 분자의 식 중에서 차수가 높은 식의 일부를 $f(x)$로 놓고 미분계수의 정의를 이용하여 극한값을 구한다. 즉, 분모가 일차식 $x+a$로 표현될 경우, 분자가 $f(x)-f(-a)$ 꼴이 되도록 $f(x)$를 치환한다.

👍 대표 예제

0335 $\displaystyle\lim_{x\to-1}\dfrac{x^8+2x+1}{x+1}$ 의 값은?

① -10 ② -8 ③ -6

④ -4 ⑤ -2

선생님 해설

$f(x)=x^8+2x$라 하면 $f(-1)=-1$이므로

$\displaystyle\lim_{x\to-1}\dfrac{x^8+2x+1}{x+1}=\lim_{x\to-1}\dfrac{f(x)-f(-1)}{x-(-1)}$
$=f'(-1)$

$f'(x)=8x^7+2$이므로
$f'(-1)=-8+2=-6$

분자의 식은 $x+1$을 인수로 갖고 인수분해가 돼. 하지만 8차식의 인수분해로 식이 복잡해지므로 치환을 이용하여 해결하는 것이 더 간단한 풀이야.

답 ③

0336 대표 예제 한 번 더

$\displaystyle\lim_{x\to1}\dfrac{x^{2n}+x-2}{x-1}=9$를 만족시키는 자연수 n의 값은?

① 3 ② 4 ③ 5

④ 6 ⑤ 7

0337

$\displaystyle\lim_{x\to1}\dfrac{x^{10}-3x^5+a}{x-1}=b$가 성립하도록 하는 두 상수 a, b에 대하여 ab의 값은?

① -10 ② -8 ③ -6

④ -4 ⑤ -2

0338

$\displaystyle\lim_{x\to-1}\dfrac{x+1}{x^{10}+x^9+x^8+x^7+x^6+x^5}$ 의 값은?

① $-\dfrac{1}{5}$ ② $-\dfrac{1}{4}$ ③ $-\dfrac{1}{3}$

④ $-\dfrac{1}{2}$ ⑤ -1

0339

자연수 n에 대하여 $f(n)=\displaystyle\lim_{x\to1}\dfrac{x^n+2x^{n-1}-3}{x-1}$ 이라 할 때, $\displaystyle\sum_{n=1}^{10}f(n)$의 값은?

① 140 ② 145 ③ 150

④ 155 ⑤ 160

유형 14 미분계수를 이용한 미정계수의 결정

미정계수를 포함한 다항함수 $f(x)$에 대하여 $\lim\limits_{x\to a}\dfrac{f(x)-b}{x-a}=c$이면 $f(a)=b$, $f'(a)=c$임을 이용하여 연립방정식을 세워 함수 $f(x)$의 미정계수를 결정한다.

👍 대표 예제

0340 함수 $f(x)=x^3+ax^2+3$에 대하여
$\lim\limits_{h\to 0}\dfrac{f(1-h)-f(1)}{4h}=\dfrac{1}{3}$을 만족시키는 상수 a의 값은?

① $-\dfrac{13}{6}$ 　 ② -2 　 ③ $-\dfrac{11}{6}$

④ $-\dfrac{5}{3}$ 　 ⑤ $-\dfrac{3}{2}$

선생님 해설

$\lim\limits_{h\to 0}\dfrac{f(1-h)-f(1)}{4h}=\lim\limits_{h\to 0}\dfrac{f(1-h)-f(1)}{-h}\cdot\left(-\dfrac{1}{4}\right)$

$\qquad\qquad\qquad\qquad\quad =-\dfrac{1}{4}f'(1)=\dfrac{1}{3}$

$\therefore f'(1)=-\dfrac{4}{3}$

$f'(x)=3x^2+2ax$이므로

$f'(1)=3+2a$

따라서 $3+2a=-\dfrac{4}{3}$이므로

$a=-\dfrac{13}{6}$

답 ①

0341 대표 예제 │ 한 번 더

함수 $f(x)=2x^3+ax+b$에 대하여 $\lim\limits_{x\to 1}\dfrac{f(x)-2}{x-1}=3$일 때, 두 상수 a, b에 대하여 a^2+b^2의 값은?

① 10 　 ② 13 　 ③ 18

④ 20 　 ⑤ 25

0342

함수 $f(x)=x^3+x+k$가 $\lim\limits_{x\to 2}\dfrac{xf(x)-2f(2)}{x-2}=50$을 만족시킬 때, 상수 k의 값을 구하시오.

0343

함수 $f(x)=(x^2+x-1)(ax+b)$에 대하여
$$\lim\limits_{h\to 0}\dfrac{f(2+h)-f(2)}{2h}=\dfrac{5}{2},\ \lim\limits_{x\to 1}\dfrac{x^3-1}{f(x)-f(1)}=3$$
일 때, $f(2)$의 값은? (단, a, b는 상수이다.)

① 1 　 ② 2 　 ③ 3

④ 4 　 ⑤ 5

0344

다항함수 $f(x)=x^3+px^2+qx+1$에 대하여
$$\lim\limits_{x\to -2}\dfrac{f(x+1)-5}{x^2-4}=1$$일 때, $f(1)$의 값은?

(단, p, q는 상수이다.)

① 1 　 ② 2 　 ③ 3

④ 4 　 ⑤ 5

유형 15 접선의 기울기를 이용한 미정계수의 결정

미정계수를 포함한 다항함수 $y=f(x)$의 그래프 위의 점 (a, b)에서의 접선의 기울기가 m이면 $f(a)=b$, $f'(a)=m$임을 이용하여 연립방정식을 세우고, 함수 $f(x)$의 미정계수를 결정한다.

👍 대표 예제

0345 함수 $f(x)=2x^2-ax-2$의 그래프 위의 점 $(1, -5)$에서의 접선의 기울기가 m일 때, 두 상수 a, m에 대하여 a^2+m^2의 값은?

① 20   ② 22   ③ 24
④ 26   ⑤ 28

선생님 해설

$f(1)=-5$에서
$2-a-2=-5$
$\therefore a=5$
즉, $f(x)=2x^2-5x-2$에서
$f'(x)=4x-5$
이때 $f'(1)=m$이므로 $m=-1$
$\therefore a^2+m^2=5^2+(-1)^2=26$

> $x=k$인 점에서의 접선의 기울기가 미분계수 $f'(k)$임을 잊지마.

답 ④

0346 대표 예제 한 번 더
곡선 $y=x^3+ax^2+bx+c$가 점 $(0, 3)$을 지나고 곡선 위의 점 $(1, 1)$에서의 접선의 기울기가 2일 때, 세 상수 a, b, c에 대하여 $a+2b+3c$의 값은?

① 0   ② 1   ③ 2
④ 3   ⑤ 4

0347
함수 $f(x)=2x^2+px$의 그래프 위의 점 $\left(\dfrac{1}{2}, f\left(\dfrac{1}{2}\right)\right)$에서 그은 접선과 점 $(2, f(2))$에서 그은 접선이 서로 수직이 되도록 하는 모든 실수 p의 값의 곱은?

① 9   ② 11   ③ 13
④ 15   ⑤ 17

0348
함수 $f(x)=x^3+2x^2+mx+1$의 그래프에서 접선의 기울기가 항상 1보다 크기 위한 정수 m의 최솟값은?

① 3   ② 4   ③ 5
④ 6   ⑤ 7

0349
최고차항의 계수가 1인 사차함수 $f(x)$가 다음 조건을 만족시킨다.

> (가) $f(-1)=f(1)$
> (나) 두 점 $(-1, f(-1))$, $(1, f(1))$에서의 접선의 기울기가 서로 같다.

$f'(0)=1$일 때, $f'(2)$의 값을 구하시오.

유형 16 미분가능성과 미정계수의 결정

두 다항함수 $g(x)$, $h(x)$에 대하여

함수 $f(x)=\begin{cases} g(x) & (x \geq a) \\ h(x) & (x < a) \end{cases}$가 $x=a$에서 미분가능하면

① 함수 $f(x)$가 $x=a$에서 연속이다.
➡ $\lim_{x \to a-} h(x) = g(a)$
∴ $h(a)=g(a)$ ($\because$ 다항함수는 모든 실수에서 연속이다.)

② 함수 $f(x)$가 $x=a$에서 미분가능하다.
➡ $\lim_{x \to a+} \dfrac{g(x)-g(a)}{x-a} = \lim_{x \to a-} \dfrac{h(x)-h(a)}{x-a}$
∴ $g'(a)=h'(a)$ ($\because$ 다항함수는 모든 실수에서 미분가능하다.)

👍 대표 예제

0350 함수 $f(x)=\begin{cases} x^2+a & (x \geq 1) \\ bx+2 & (x < 1) \end{cases}$가 $x=1$에서 미분가능

할 때, 두 상수 a, b에 대하여 $a+b$의 값을 구하시오.

선생님 해설

함수 $f(x)$가 $x=1$에서 미분가능하므로 $x=1$에서 연속이다.
즉, $\lim_{x \to 1-} f(x)=f(1)$에서 $b+2=1+a$
∴ $a-b=1$ ……㉠
또한, $f'(1)$이 존재하므로
$\lim_{x \to 1+} f'(x)=\lim_{x \to 1+} 2x=2$, $\lim_{x \to 1-} f'(x)=\lim_{x \to 1-} b=b$
에서 $b=2$ ……㉡
㉠, ㉡에서 $a=3$
∴ $a+b=3+2=5$

○ 답 5

0351 대표 예제 | 한 번 더

함수 $f(x)=\begin{cases} px+q & (x \geq -1) \\ x^3+2x & (x < -1) \end{cases}$가 모든 실수 x에서 미분

가능할 때, $f(2)$의 값은? (단, p, q는 상수이다.)

① 10 　　　② 12 　　　③ 14
④ 16 　　　⑤ 18

0352

함수 $f(x)=\begin{cases} 2x^2+x+1 & (x \geq a) \\ -x^2+b & (x < a) \end{cases}$가 모든 실수 x에서 미

분가능할 때, 두 상수 a, b에 대하여 $a+b$의 값은?

① $\dfrac{1}{2}$ 　　　② $\dfrac{7}{12}$ 　　　③ $\dfrac{2}{3}$
④ $\dfrac{3}{4}$ 　　　⑤ $\dfrac{5}{6}$

0353

함수 $f(x)=|x-1|(x+k)$가 $x=1$에서 미분가능할 때, $f'(1)$의 값은? (단, k는 상수이다.)

① -2 　　　② -1 　　　③ 0
④ 1 　　　⑤ 2

0354

함수 $f(x)=\begin{cases} 3-x & (x \geq 2) \\ x-2 & (x < 2) \end{cases}$에 대하여

함수 $g(x)=\begin{cases} (x+a)f(x) & (x \geq 2) \\ bx^2 f(x) & (x < 2) \end{cases}$가 $x=2$에서 미분가

능하다. 두 상수 a, b에 대하여 ab의 값은?

① -1 　　　② $-\dfrac{1}{2}$ 　　　③ 0
④ $\dfrac{1}{2}$ 　　　⑤ 1

유형 17 항등식과 미분

함수 $f(x)$와 그 도함수 $f'(x)$에 대한 항등식이 주어졌을 때,
$f(x)$와 $f'(x)$를 주어진 항등식에 대입하여 미정계수를 구한다.

대표 예제

0355 다항함수 $f(x)$가 모든 실수 x에 대하여
$f(x)=x^2+2xf'(2)$를 만족시킬 때, $f'(3)$의 값은?

① -2 ② -1 ③ 0

④ 1 ⑤ 2

선생님 해설

$f(x)=x^2+2xf'(2)$에서 $f'(2)$는 상수이므로
$f'(2)=a$ (a는 상수)라 하면
$f(x)=x^2+2ax$
$\therefore f'(x)=2x+2a$
$f'(2)=4+2a$이므로 $4+2a=a$에서
$a=-4$
$\therefore f'(x)=2x-8$
$\therefore f'(3)=2\cdot3-8=-2$

답 ①

0356 대표 예제 · 한 번 더

함수 $f(x)=3x^2+2x$가 모든 실수 x에 대하여
$xf'(x)+af(x)+2x=0$을 만족시킬 때, 상수 a의 값은?

① -5 ② -4 ③ -3

④ -2 ⑤ -1

0357

이차함수 $f(x)$가 모든 실수 x에 대하여 다음 조건을 만족시킨다.

> (가) $(x-1)f'(x)-2f(x)=-5x-13$
> (나) $f'(2)=7$

$f(3)$의 값은?

① 21 ② 23 ③ 25

④ 27 ⑤ 29

0358

이차함수 $f(x)$가 모든 실수 x에 대하여
$$f(f'(x))=f'(f(x))$$
를 만족시키고 $f(1)=\dfrac{3}{2}$일 때, $f(2)$의 값은?

① 1 ② 2 ③ 3

④ 4 ⑤ 5

0359 UP

다항함수 $f(x)$가 모든 실수 x에 대하여 다음 조건을 만족시킨다.

> (가) 다항함수 $f(x)$의 계수와 상수항은 모두 정수이다.
> (나) $f'(x)\{f'(x)+1\}=4f(x)+8x^2-8$

$f'(3)$의 값을 구하시오.

유형 18 다항식의 나눗셈에서의 미분법의 활용

① 다항식 $f(x)$가 $(x-a)^2$으로 나누어떨어질 때,
  $f(a)=0$, $f'(a)=0$
② 다항식 $f(x)$가 $(x-a)^2$으로 나누어떨어지지 않을 때,
  몫을 $Q(x)$, 나머지를 $R(x)$라 하면
  $f(x)=(x-a)^2Q(x)+R(x)$
  $\therefore f'(x)=2(x-a)Q(x)+(x-a)^2Q'(x)+R'(x)$

👍 대표 예제

0360 다항식 $x^3-27x+a$가 $(x-b)^2$으로 나누어떨어질 때, 두 양수 a, b에 대하여 $a-b$의 값은?

① 49   ② 50   ③ 51
④ 52   ⑤ 53

선생님 해설

$f(x)=x^3-27x+a$라 하면 $f(x)$가 $(x-b)^2$으로 나누어떨어지므로
$f(b)=0$, $f'(b)=0$
$f(b)=0$에서 $b^3-27b+a=0$ ……㉠
$f'(x)=3x^2-27$이므로 $f'(b)=0$에서
$3b^2-27=0$, $b^2=9$
$\therefore b=3$ $(\because b>0)$
$b=3$을 ㉠에 대입하면
$27-81+a=0$ $\therefore a=54$
$\therefore a-b=54-3=51$

답 ③

0361 대표 예제 | 한 번 더
다항식 x^9-ax+b가 $(x-1)^2$으로 나누어떨어질 때, 두 상수 a, b에 대하여 $a+b$의 값을 구하시오.

0362
다항식 $2x^{10}+4x$를 $(x-1)^2$으로 나누었을 때의 나머지를 $R(x)$라 할 때, $R(2)$의 값은?

① 30   ② 32   ③ 34
④ 36   ⑤ 38

0363
다항식 $f(x)$에 대하여 $f(-1)=-2$, $f'(-1)=1$이고 $f(x)$를 $(x+1)^2$으로 나누었을 때의 나머지를 $R(x)$라 할 때, $R(5)$의 값은?

① 2   ② 4   ③ 6
④ 8   ⑤ 10

0364
다항함수 $f(x)$에 대하여 $f(x)$를 $(x-2)^2$으로 나눈 나머지가 $2x+1$일 때, 함수 $y=xf(x)$의 $x=2$에서의 미분계수는?

① 7   ② 8   ③ 9
④ 10   ⑤ 11

0365

· 유형 05 ·

미분가능한 함수 $f(x)$가 모든 실수 x, y에 대하여 $f(x+y)=f(x)f(y)$를 만족시키고 $f'(0)=3$이다. 실수 p에 대하여 $f'(p)=2$일 때, $f'(4p)$의 값은?

① $\dfrac{16}{81}$ ② $\dfrac{32}{81}$ ③ $\dfrac{13}{27}$

④ $\dfrac{16}{27}$ ⑤ $\dfrac{32}{27}$

0366

· 유형 09 ·

다항함수 $f(x)$에 대하여 **보기**에서 옳은 것만을 있는 대로 고른 것은?

┤ 보기 ├

ㄱ. $f(2x)=2f(x)$이면 $f'(2x)=f'(x)$이다.
ㄴ. $f(x)=f(-x)$이면 $f'(-x)=-f'(x)$이다.
ㄷ. $f'(x)=f'(-x)$이면 $f(-x)=-f(x)$이다.

① ㄱ ② ㄴ ③ ㄱ, ㄴ

④ ㄱ, ㄷ ⑤ ㄱ, ㄴ, ㄷ

0367

· 유형 17 ·

이차함수 $f(x)=ax^2+bx+1\ (a\neq0)$에 대하여 등식 $f(f'(x))=f'(f(x))$가 x의 값에 관계없이 항상 성립하도록 하는 두 상수 a, b를 정할 때, $a+b$의 값은?

① $\dfrac{1}{4}$ ② $\dfrac{1}{2}$ ③ 1

④ 2 ⑤ 4

0368

· 유형 03 ·

다항함수 $f(x)$에 대하여

$$\lim_{n\to\infty}\frac{n}{3}\left\{f\left(2+\frac{1}{n}\right)-f\left(2-\frac{3}{n}\right)\right\}=12$$

일 때, $f'(2)$의 값을 구하시오.

0369

· 유형 03 + 유형 04 ·

다항함수 $f(x)$에 대하여 $f'(a)$와 항상 같은 것만을 **보기**에서 있는 대로 고른 것은?

┤ 보기 ├

ㄱ. $\displaystyle\lim_{h\to0}\frac{f(a)-f(a-h)}{h}$

ㄴ. $\displaystyle\lim_{x\to a}\frac{f(x^2)-f(a)}{x^2-a}$

ㄷ. $\displaystyle\lim_{x\to 2a}\frac{f(2x)-f(4a)}{2x-4a}$

① ㄱ ② ㄷ ③ ㄱ, ㄴ

④ ㄱ, ㄷ ⑤ ㄱ, ㄴ, ㄷ

0370

· 유형 01 ·

자연수 n에 대하여 닫힌구간 $[n,\ n+1]$에서 함수 $f(x)$의 평균변화율이 $n+1$일 때, 함수 $f(x)$의 닫힌구간 $[1,\ 10]$에서의 평균변화율을 구하시오.

0371
• 유형 08 •

다음은 임의의 실수 x, y에 대하여

$f\left(\dfrac{x+y}{2}\right)=\dfrac{f(x)+f(y)}{2}$ 를 만족시키는 미분가능한 함수

$f(x)$는 일차함수임을 증명하는 과정이다.

임의의 실수 x, 0이 아닌 실수 h에 대하여

$\boxed{(가)}=\dfrac{f(2x)+f(2h)}{2}$ $\quad\cdots\cdots$ ㉠

$\boxed{(나)}=\dfrac{f(2x)+f(0)}{2}$ $\quad\cdots\cdots$ ㉡

㉠, ㉡에서 $\boxed{(가)}-\boxed{(나)}=\dfrac{f(2h)-f(0)}{2}$

$\therefore\ f'(x)=\boxed{(다)}$

따라서 $f'(x)$는 상수함수이므로 $f(x)$는 일차함수이다.

위의 과정에서 (가), (나), (다)에 알맞은 것을 차례대로 나열한 것은?

① $f(x+h)$, $f(x)$, $f'(0)$

② $f(x+h)$, $f(x)$, $f'(1)$

③ $f(x+h)$, $f(2x)$, $f'(0)$

④ $f(2x+2h)$, $f(x)$, $f'(0)$

⑤ $f(2x+2h)$, $f(2x)$, $f'(1)$

0372
• 유형 12 •

함수 $f(x)=x^3+2x^2-3x$에 대하여

$$\lim_{h\to 0}\sum_{k=1}^{n}\dfrac{f(1+kh)-f(1)}{h}=480$$

일 때, 자연수 n의 값을 구하시오.

0373
• 유형 14 •

$f(x)=f(-x)$를 만족시키는 사차함수 $f(x)$에 대하여

$$\lim_{x\to\infty}\dfrac{f(x)}{x^4-1}=2,\ \lim_{x\to 1}\dfrac{f(x)-3}{x-1}=14$$

일 때, $f(2)$의 값을 구하시오.

0374
• 유형 10 + 유형 17 •

다항함수 $f(x)$가 모든 실수 x에 대하여 $\{f'(x)\}^2=f(x)$를 만족시킨다. $f'(0)=-3$일 때, $f(6)$의 값은?

① -2 ② -1 ③ 0

④ 1 ⑤ 2

0375
• 유형 12 •

두 함수 $f(x)=x^2+x-4$, $g(x)=x^3-2x^2-3$에 대하여

$$\lim_{n\to\infty}n\left\{2f\left(\dfrac{n+1}{n}\right)-g\left(\dfrac{n-1}{n}\right)\right\}$$의 값은?

① 1 ② 3 ③ 5

④ 7 ⑤ 9

0376
• 유형 18 •

최고차항의 계수가 1인 사차함수 $f(x)$가 임의의 실수 x에 대하여 다음 조건을 만족시킨다.

(가) $f(x)=f(-x)$

(나) $f(x)-1$은 $(x+1)^2$으로 나누어떨어진다.

$f(2)$의 값을 구하시오.

0377
· 유형 16 ·

함수 $f(x)=x(x-3)^2$에 대하여

함수 $g(x)=\begin{cases} f(x) & (x\geq 3) \\ -f(x+p)+q & (x<3) \end{cases}$ 라 하자.

함수 $g(x)$가 모든 실수 x에서 미분가능하도록 하는 두 상수 p, q에 대하여 p^2+q^2의 값을 구하시오. (단, $p\neq 0$)

0378
· 유형 17 ·

$x>-1$에서 정의된 미분가능한 함수 $f(x)$에 대하여 두 함수 $y=f(x)$, $y=g(x)$의 그래프는 직선 $y=x$에 대하여 대칭이다. $g(2-xf(x))=x$이고 $g(2)=0$일 때, $f'(0)$의 값은?

① -5 ② -4 ③ -3

④ -2 ⑤ -1

0379
· 유형 07 ·

닫힌구간 $[0, 3]$에서 정의된 두 함수 $y=f(x)$, $y=g(x)$의 그래프가 그림과 같을 때, 옳은 것만을 **│보기│**에서 있는 대로 고른 것은?

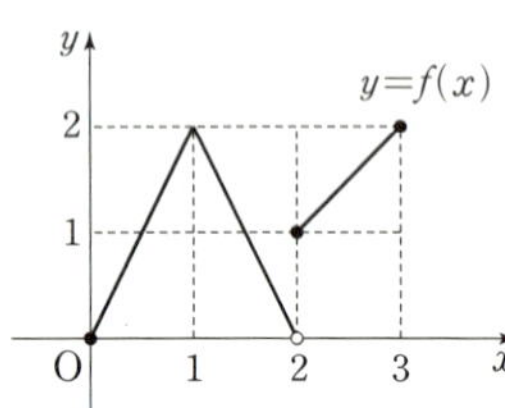
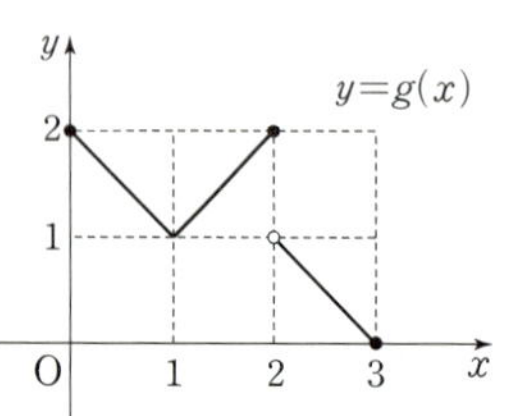

│보기│

ㄱ. 함수 $\{f(x)+g(x)\}$는 $x=2$에서 연속이다.

ㄴ. 함수 $f(x)g(x)$는 $x=1$에서 미분가능하다.

ㄷ. 함수 $(f\circ g)(x)$는 $x=2$에서 미분가능하다.

① ㄱ   ② ㄴ   ③ ㄷ

④ ㄱ, ㄴ   ⑤ ㄴ, ㄷ

0380
사고력
· 유형 06 ·

그림과 같이 함수 $y=f(x)$의 그래프 위의 점 A_1, A_2, A_3, A_4, A_5가 있다.

점 A_k $(k=1, 2, \cdots, 5)$의 x좌표를 x_k라 할 때,

$f(x_k)>x_kf'(x_k)$를 만족시키는 모든 k의 값의 합을 구하시오.

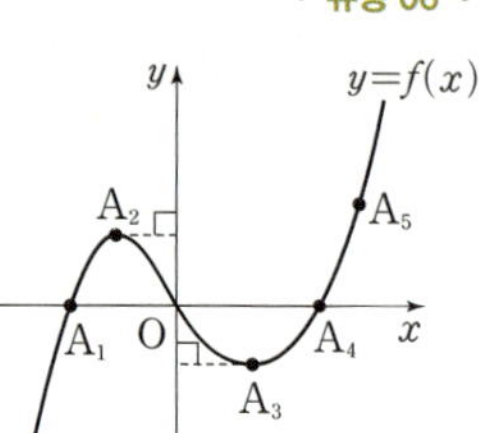

0381
· 유형 11 ·

최고차항의 계수가 1인 삼차함수 $f(x)$가 다음 조건을 만족시킨다.

> (가) 함수 $y=f(x)$의 그래프가 x축과 서로 다른 세 점에서 만나고, 각 점의 x좌표는 p, q, r이다.
>
> (나) $2f(1)+f'(1)=0$ (단, $f(1)\neq 0$)

$\dfrac{1}{p-1}+\dfrac{1}{q-1}+\dfrac{1}{r-1}$의 값을 구하시오.

0382
창의력＋
· 유형 01 ·

함수 $f(x)=9x^3-3(a+b)x^2+abx$에 대하여 닫힌구간 $[a, b]$에서의 평균변화율이 10보다 크지 않도록 하는 서로 다른 두 정수 a, b의 순서쌍 (a, b)의 개수를 구하시오.

(단, $a<b$)

0383
• 유형 03 •

다항함수 $f(x)$에 대하여 $f'(0)=1$일 때,

$\displaystyle\lim_{h \to 0} \frac{f(3h)-f(2h)}{h}$ 의 값을 구하시오.

☑ 필요 개념 및 공식
☐ 미분계수

0384
• 유형 02 + 유형 06 •

함수 $f(x)=x^2$에 대하여 x의 값이 α에서 β까지 변할 때의 평균변화율과 $x=\dfrac{\alpha+\beta}{2}$에서의 미분계수가 같음을 보이시오.

☑ 필요 개념 및 공식	
☐ 평균변화율	☐ 미분계수

0385
• 유형 10 •

함수 $f(x)=\displaystyle\sum_{k=0}^{n}(-x)^k$에 대하여 $f'(1)$의 값이 한 자리의 자연수가 되도록 하는 모든 자연수 n의 값의 합을 구하시오.

☑ 필요 개념 및 공식	
☐ $\sum$의 성질	☐ 함수 $y=x^n$의 도함수

0386
• 유형 13 •

자연수 n에 대하여

$$a_n=\lim_{x \to 1}\frac{(x-1)+2(x^2-1)+3(x^3-1)+\cdots+n(x^n-1)}{x-1}$$

일 때, a_{12}의 값을 구하시오.

☑ 필요 개념 및 공식	
☐ 함수 $y=x^n$의 도함수	☐ 자연수의 거듭제곱의 합

0387
• 유형 18 •

두 다항함수 $f(x)$, $g(x)$가 다음 조건을 만족시킨다.

> (가) $g(x)$를 $(x-2)^2$으로 나누었을 때의 나머지는 $3x+1$이다.
> (나) $f(x)+x^2g(x)$는 $(x-2)^3$으로 나누어떨어진다.

$f(x)$를 $(x-2)^2$으로 나누었을 때의 나머지를 $R(x)$라 할 때, $R(1)$의 값을 구하시오.

☑ 필요 개념 및 공식	
☐ 나머지정리	☐ 함수의 곱의 미분법

0388
• 유형 15 •

자연수 k에 대하여 함수

$f(x)=4x^3-(3k+14)x^2+14kx+1$의 그래프 위의 점 $(m,\ f(m))$에서의 접선의 기울기가 음수가 되도록 하는 모든 자연수 m의 값의 합을 $g(m)$이라 하자. $g(m)=18$일 때, 모든 자연수 k의 값의 합을 구하시오.

☑ 필요 개념 및 공식
☐ 미분계수의 기하적 의미

03. 미분계수와 도함수

개념 01   접선의 방정식

(1) 접선의 방정식
함수 $f(x)$가 $x=a$에서 미분가능
할 때, 곡선 $y=f(x)$ 위의 점
$(a, f(a))$에서의 접선의 방정식은
$$y-f(a)=f'(a)(x-a)$$

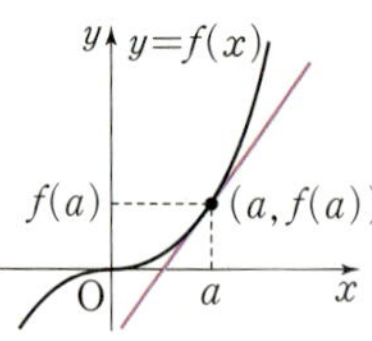

(2) 접선의 방정식 구하기
  ① 곡선 $y=f(x)$ 위의 점 $(a, f(a))$에서의 접선의 방정식
    ❶ 접선의 기울기 $f'(a)$를 구한다.
    ❷ $f'(a)$를 $y-f(a)=f'(a)(x-a)$에 대입한다.
  ② 곡선 $y=f(x)$에 접하고 기울기가 m인 접선의 방정식
    ❶ 접점의 좌표를 $(t, f(t))$라 한다.
    ❷ $f'(t)=m$임을 이용하여 t의 값을 구한다.
    ❸ t의 값을 $y-f(t)=m(x-t)$에 대입한다.
  ③ 곡선 $y=f(x)$ 밖의 한 점 (x_1, y_1)에서 곡선에 그은 접선
    의 방정식
    ❶ 접점의 좌표를 $(t, f(t))$라 한다.
    ❷ 접선의 기울기 $f'(t)$를 구한다.
    ❸ $y-f(t)=f'(t)(x-t)$에 점 (x_1, y_1)의 좌표를 대입
      하여 t의 값을 구한다. → 점 (x_1, y_1)이 접선 위에 있으므로
    ❹ t의 값을 $y-f(t)=f'(t)(x-t)$에 대입한다.

[0389~0390] 다음 곡선 위의 주어진 점에서의 접선의 기울
기를 구하시오.

0389 $y=2x^2-3x+2$　　　　　$(2, 4)$

0390 $y=-2x^3+4x^2+9x-4$　　　$(1, 7)$

[0391~0392] 다음 곡선 위의 주어진 점에서의 접선의 방정
식을 구하시오.

0391 $y=\dfrac{x^3-3x+1}{3}$　　　　　$(2, 1)$

0392 $y=x^4-3x^2+5$　　　　　$(1, 3)$

[0393~0394] 다음 곡선 $y=f(x)$에 접하고 기울기가 m인
접선의 방정식을 구하시오.

0393 $f(x)=x^2-6x+3$　　　　$m=2$

0394 $f(x)=x^3-2x+3$　　　　$m=10$

0395 점 $(0, -1)$에서 곡선 $y=x^2$에 그은 접선의 방정
식을 구하시오.

개념 02   롤의 정리

함수 $f(x)$가 닫힌구간 $[a, b]$
에서 연속이고 열린구간 (a, b)
에서 미분가능할 때,
$f(a)=f(b)$이면
$$f'(c)=0$$
인 c가 열린구간 (a, b)에 적어도 하나 존재한다.

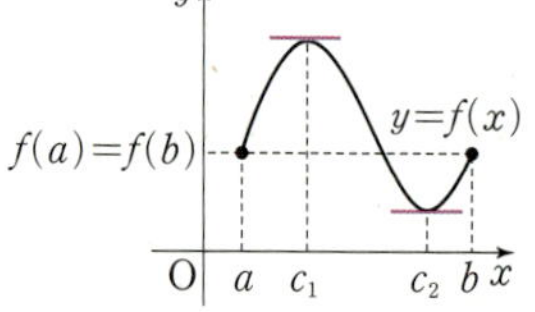

[0396~0397] 다음 함수에 대하여 주어진 구간에서 롤의 정
리를 만족시키는 상수 c의 값을 구하시오.

0396 $f(x)=x^2-2x+3$　　　　$[0, 2]$

0397 $f(x)=x^3+2x^2-4x-8$　　　$[-2, 2]$

개념 03   평균값 정리

함수 $f(x)$가 닫힌구간 $[a, b]$에서 연
속이고 열린구간 (a, b)에서 미분가
능하면
$$\dfrac{f(b)-f(a)}{b-a}=f'(c)$$
인 c가 열린구간 (a, b)에 적어도 하나
존재한다.

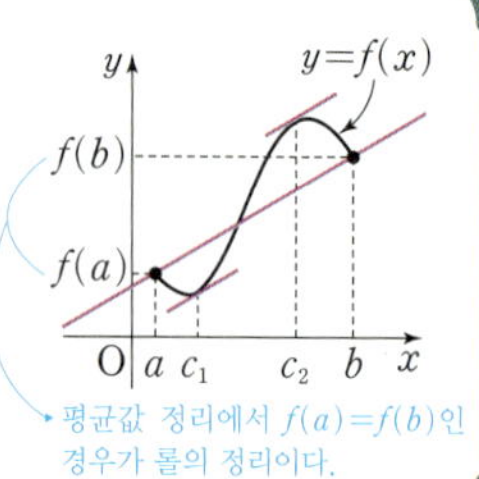

평균값 정리에서 $f(a)=f(b)$인 경우가 롤의 정리이다.

[0398~0399] 다음 함수에 대하여 주어진 구간에서 평균값
정리를 만족시키는 상수 c의 값을 구하시오.

0398 $f(x)=2x^2-5x+2$　　　　$[1, 4]$

0399 $f(x)=x^3-3x^2+2x+2$　　　$[0, 3]$

0400 다음은 함수 $f(x)$가 닫힌구간 $[a, b]$에서 연속이고
열린구간 (a, b)에서 미분가능하며 $f'(x)=0$일 때, $f(x)$는
닫힌구간 $[a, b]$에서 상수함수임을 보이는 과정이다.

> $a<x\leq b$인 x에 대하여 함수 $f(x)$는 닫힌구간 $[a, x]$에
> 서 연속이고 열린구간 (a, x)에서 미분가능하므로 평균
> 값 정리에 의하여
> $$\dfrac{f(x)-f(a)}{x-a}=f'(c)$$
> 인 c가 열린구간 　(가)　 에 적어도 하나 존재한다.
> 그런데 $f'(c)=$ 　(나)　 이므로
> $$f(x)-f(a)=0,\ f(x)=f(a)$$
> 따라서 $f(x)$는 닫힌구간 $[a, b]$에서 상수함수이다.

위의 (가), (나)에 알맞은 것을 쓰시오.

유형 01 접선의 기울기

① 곡선 $y=f(x)$ 위의 점 P$(a,\ b)$에서의 접선의 기울기는 $x=a$인 점에서의 미분계수 $f'(a)$와 같다. → 미분계수의 기하적 의미
② 곡선 $y=f(x)$ 위의 두 점 P$(a_1,\ b_1)$, Q$(a_2,\ b_2)$에서의 두 접선 l, m에 대하여
두 접선이 서로 평행하다.
⟺ 두 접선 l, m이 교점을 갖지 않는다.
⟺ $f'(a_1)=f'(a_2)$

👍 대표 예제

0401 곡선 $y=x^3+ax^2+3x+b$ 위의 점 $(2,\ 4)$에서의 접선의 기울기가 7일 때, 두 상수 a, b에 대하여 ab의 값은?

① 1　　　　② 2　　　　③ 3

④ 4　　　　⑤ 5

선생님 해설

$f(x)=x^3+ax^2+3x+b$라 하면
$f'(x)=3x^2+2ax+3$
점 $(2,\ 4)$가 곡선 $y=f(x)$ 위의 점이므로
$f(2)=2^3+a\cdot2^2+3\cdot2+b=4$
$\therefore\ 4a+b=-10$　……　㉠
또한, 점 $(2,\ 4)$에서의 접선의 기울기가 7이므로
$f'(2)=3\cdot2^2+2a\cdot2+3=7$
$4a=-8$　　$\therefore\ a=-2$
$a=-2$를 ㉠에 대입하여 풀면 $b=-2$
$\therefore\ ab=(-2)\cdot(-2)=4$

답 ④

0402 [대표 예제] [한 번 더]
곡선 $y=x^3-6x^2+ax+b$ 위의 점 $(1,\ 2)$에서의 접선이 직선 $y=\dfrac{1}{5}x+5$에 수직일 때, 두 상수 a, b에 대하여 $a-b$의 값은?

① -3　　　　② -1　　　　③ 1

④ 3　　　　⑤ 5

0403 곡선 $y=f(x)$와 직선 $y=2x-4$가 점 $(3,\ 2)$에서 접할 때, $\displaystyle\lim_{h\to0}\dfrac{f(3+h)-2}{2h}$의 값은?

① $\dfrac{1}{2}$　　　　② 1　　　　③ $\dfrac{3}{2}$

④ 2　　　　⑤ $\dfrac{5}{2}$

0404 함수 $f(x)=2x^2-4x+a$에 대하여 곡선 $y=f(x)$ 위의 점 $(a,\ f(a))$에서의 접선이 직선 $4x+(a-3)y-3=0$과 평행할 때, 상수 a의 값은? (단, $a\neq3$)

① 2　　　　② 4　　　　③ 6

④ 8　　　　⑤ 10

0405 점 $(2,\ a)$를 지나는 곡선 $y=3x^4+bx^2+c$ 위의 두 점 $(1,\ 3)$, $(-1,\ 3)$에서의 접선이 교점을 갖지 않을 때, 세 상수 a, b, c에 대하여 $a+b-c$의 값은?

① 16　　　　② 17　　　　③ 18

④ 19　　　　⑤ 20

유형 02　곡선 위의 점에서의 접선의 방정식

곡선 $y=f(x)$ 위의 점 $(a, f(a))$에서의 접선의 방정식은 다음과 같은 순서로 구한다.
❶ 접선의 기울기 $f'(a)$를 구한다.
❷ $f'(a)$를 $y-f(a)=f'(a)(x-a)$에 대입한다.

👍 대표 예제

0406 곡선 $y=x^3-2x^2+ax-b-4$ 위의 점 $(2, -2)$에서의 접선의 방정식이 $y=2x+b$일 때, 두 상수 a, b에 대하여 $a+b$의 값은?

① -8　　　　② -4　　　　③ 0
④ 4　　　　⑤ 8

선생님 해설

$f(x)=x^3-2x^2+ax-b-4$라 하면
$f'(x)=3x^2-4x+a$
점 $(2, -2)$가 곡선 $y=f(x)$ 위의 점이므로
$f(2)=2^3-2\cdot2^2+2a-b-4=-2$
$\therefore 2a-b=2$ ······ ㉠
또한, 점 $(2, -2)$에서의 접선의 기울기가 2이므로
$f'(2)=3\cdot2^2-4\cdot2+a=2$
$\therefore a=-2$
$a=-2$를 ㉠에 대입하여 풀면
$b=-6$
$\therefore a+b=-2+(-6)=-8$

답 ①

0407 ［대표 예제］［한 번 더］
곡선 $y=x^3+ax-3$ 위의 점 $(1, 0)$에서의 접선이
점 $(2, b)$를 지날 때, 두 상수 a, b에 대하여 $a-b$의 값은?

① -3　　　　② -1　　　　③ 1
④ 3　　　　⑤ 5

0408
곡선 $y=x^3+2x^2-4x-3$ 위의 점 $P(-1, 2)$에서의 접선이 이 곡선과 점 P가 아닌 점에서 다시 만나는 점의 좌표가 (a, b)일 때, $a-b$의 값은?

① 1　　　　② 2　　　　③ 3
④ 4　　　　⑤ 5

0409
두 다항식 $f(x)$, $g(x)$에 대하여 곡선 $y=f(x)+g(x)$ 위의 점 $(2, 4)$에서의 접선의 방정식이 $y=2x$, 곡선 $y=f(x)-g(x)$ 위의 점 $(2, -2)$에서의 접선의 방정식이 $y=-2x+2$이다. 곡선 $y=g(x)$ 위의 x좌표가 2인 점에서의 접선의 x절편은?

① $\dfrac{1}{2}$　　　　② 1　　　　③ $\dfrac{3}{2}$
④ 2　　　　⑤ $\dfrac{5}{2}$

0410
다항함수 $f(x)$가 다음 조건을 만족시킨다.

(가) $\displaystyle\lim_{h\to0}\dfrac{f(1-h)-f(1+h)}{h}=6$
(나) 곡선 $y=f(x)$ 위의 점 $(1, f(1))$에서의 접선의 방정식은 $y=ax+5$이다.

이때 $a+f(1)$의 값은? (단, a는 상수이다.)

① -3　　　　② -1　　　　③ 1
④ 3　　　　⑤ 5

유형 03 기울기가 주어진 접선의 방정식

곡선 $y=f(x)$에 접하고 기울기가 m인 접선의 방정식은 다음과 같은 순서로 구한다.
❶ 접점의 좌표를 $(t, f(t))$라 한다.
❷ $f'(t)=m$임을 이용하여 t의 값을 구한다.
❸ t의 값을 $y-f(t)=m(x-t)$에 대입한다.
이때 기울기가 m인 접선은 두 개 이상 존재할 수 있음에 주의한다.

👍 대표 예제

0411 곡선 $y=3x^2-16x-2a$에 접하고 기울기가 2인 직선의 방정식이 $y=2x+a$일 때, 상수 a의 값은?

① -11　　　② -9　　　③ -7
④ -5　　　⑤ -3

선생님 해설

$f(x)=3x^2-16x-2a$라 하면
$f'(x)=6x-16$
접점의 좌표를 $(t, 3t^2-16t-2a)$라 하면 접선의 기울기가 2이므로
$f'(t)=6t-16=2$　　∴ $t=3$
즉, 접선 $y=2x+a$가 접점 $(3, -2a-21)$을 지나므로
$-2a-21=2\cdot3+a$
$-3a=27$
∴ $a=-9$

접선의 방정식을 구하려면 접점의 좌표와 접선의 기울기를 알아야 해. 그런데 기울기가 주어졌다? 그럼, 접점의 좌표를 구하면 되겠지!

답 ②

0412 대표 예제 | 한 번 더
곡선 $y=x^3+3x^2-2x-11$에 접하고 직선 $y=-5x+4$와 평행한 직선이 점 $(a, 3)$을 지날 때, a의 값은?

① -3　　　② -1　　　③ 1
④ 3　　　⑤ 5

0413
곡선 $y=-x^3+2x$에 접하는 직선 중 x축의 양의 방향과 이루는 각의 크기가 $135°$이고 제1사분면을 지나지 않는 직선을 l이라 할 때, 직선 l의 y절편은?

① -4　　　② -3　　　③ -2
④ -1　　　⑤ 0

0414
곡선 $y=\dfrac{2}{3}x^3-4x^2+7x-1$ 위의 점 $(3, 2)$에서의 접선에 수직이고, 이 곡선에 접하는 직선의 방정식을
$$ax+by-13=0$$
이라 할 때, ab의 값은? (단, a, b는 상수이다.)

① 3　　　② 5　　　③ 7
④ 9　　　⑤ 11

0415
곡선 $y=x^3-3x^2+x+3$에 접하는 직선 중 x축의 방향으로 a만큼 평행이동했을 때 직선 $y=-2x+2$와 일치하는 직선을 l이라 하자. 직선 l을 y축의 방향으로 b만큼 평행이동한 직선이 직선 $y=-2x-2$와 일치한다고 할 때, ab의 값은?

① 3　　　② 4　　　③ 5
④ 6　　　⑤ 7

유형 04 · 곡선 밖의 한 점에서 곡선에 그은 접선의 방정식

곡선 $y=f(x)$ 밖의 한 점 (x_1, y_1)에서 곡선에 그은 접선의 방정식은 다음과 같은 순서로 구한다.
❶ 접점의 좌표를 $(t, f(t))$라 한다.
❷ 접선의 기울기 $f'(t)$를 구한다.
❸ $y-f(t)=f'(t)(x-t)$에 점 (x_1, y_1)의 좌표를 대입하여 t의 값을 구한다.
　　　　　→ $x=x_1$, $y=y_1$을 대입한다.
❹ t의 값을 $y-f(t)=f'(t)(x-t)$에 대입한다.
이때 곡선 밖의 한 점에서 그은 접선은 두 개 이상 존재할 수 있음에 주의한다.

👍 대표 예제

0416 점 $(0, 1)$에서 곡선 $y=x^3+3$에 그은 접선의 x절편은?

① $-\dfrac{2}{3}$　　　② $-\dfrac{1}{3}$　　　③ 0

④ $\dfrac{1}{3}$　　　⑤ $\dfrac{2}{3}$

선생님 해설

$f(x)=x^3+3$이라 하면 $f'(x)=3x^2$
접점의 좌표를 (t, t^3+3)이라 하면 이 점에서의 접선의 기울기는 $f'(t)=3t^2$이므로 접선의 방정식은
$y-(t^3+3)=3t^2(x-t)$ 　∴ $y=3t^2x-2t^3+3$ ······ ㉠
이 직선이 점 $(0, 1)$을 지나므로
$1=-2t^3+3$, $t^3-1=0$, $(t-1)(t^2+t+1)=0$
∴ $t=1$ $(∵ t^2+t+1>0)$　　→ $t^2+t+1=\left(t+\dfrac{1}{2}\right)^2+\dfrac{3}{4}>0$
$t=1$을 ㉠에 대입하면 구하는 접선의 방정식은
$y=3x+1$
따라서 접선의 x절편은 $-\dfrac{1}{3}$이다.

> 주어진 점이 곡선 위의 점인지 아닌지에 따라 접선의 방정식을 구하는 방법이 달라지니까 먼저 주어진 점의 좌표를 곡선의 방정식에 대입해서 곡선 위의 점인지 아닌지를 확인해 봐!

답 ②

0417 【대표 예제】【한 번 더】
점 $(1, -1)$에서 곡선 $y=x^3-3x^2+3x$에 그은 접선의 기울기는?

① -3　　　② -1　　　③ 1

④ 3　　　⑤ 5

0418
점 $(-1, 3)$에서 곡선 $y=x^3-3x$에 그은 두 개의 접선의 기울기를 각각 m_1, m_2라 할 때, $\dfrac{4m_2}{m_1}$의 값은?

(단, $m_1<m_2$)

① -5　　　② -3　　　③ -1

④ 1　　　⑤ 3

0419
점 $(0, -1)$에서 곡선 $y=x^4+2$에 그은 접선 중 기울기가 양수인 접선의 방정식이 $y=ax+b$일 때, 두 상수 a, b에 대하여 ab의 값은?

① -4　　　② -2　　　③ 1

④ 2　　　⑤ 4

0420 
점 $(2, 1)$에서 두 곡선 $y=f(x)$, $y=g(x)$에 그은 접선의 접점의 좌표는 각각 $(3, 4)$, $(3, -5)$이다. 점 $(2, 2)$에서 곡선 $y=f(x)+g(x)$에 그은 접선이 오직 한 개 존재할 때, 이 접선의 y절편은?

① 5　　　② 6　　　③ 7

④ 8　　　⑤ 9

유형 05 곡선 위의 점에서의 접선의 방정식의 활용

① 접선과 수직인 직선의 방정식

  곡선 $y=f(x)$ 위의 점 $(a, f(a))$를 지나고 이 점에서의 접선과 수직인 직선의 방정식은

  기울기가 각각 m, m'인 두 직선이 서로 수직이면 $mm'=-1$

$$y-f(a)=-\frac{1}{f'(a)}(x-a) \ (\text{단}, f'(a)\neq 0)$$

② 접점의 좌표가 미지수로 주어진 경우

  미지수 t에 대하여 접점의 좌표가 $(t, f(t))$로 주어진 경우 t를 상수처럼 생각하고 접선의 방정식

$$y-f(t)=f'(t)(x-t)$$

  를 세운 후 주어진 조건을 이용한다.

👍 대표 예제

0421 곡선 $y=x^3+2$ 위의 점 $(-1, 1)$을 지나고 이 점에서의 접선과 수직인 직선이 점 $(k, -2)$를 지날 때, k의 값은?

① 2 ② 4 ③ 6

④ 8 ⑤ 10

선생님 해설

$f(x)=x^3+2$라 하면 $f'(x)=3x^2$

점 $(-1, 1)$에서의 접선의 기울기가 $f'(-1)=3$이므로

이 점에서의 접선과 수직인 직선의 기울기는 $-\frac{1}{3}$이다.

따라서 점 $(-1, 1)$을 지나고 기울기가 $-\frac{1}{3}$인 직선의 방정식은

$$y-1=-\frac{1}{3}(x+1) \quad \therefore y=-\frac{1}{3}x+\frac{2}{3} \quad \cdots\cdots ㉠$$

직선 ㉠이 점 $(k, -2)$를 지나므로

$$-2=-\frac{k}{3}+\frac{2}{3}, \ \frac{k}{3}=\frac{8}{3}$$

$$\therefore k=8$$

답 ④

0422 대표 예제 한 번 더

곡선 $y=x^3-2x$ 위의 점 $P(1, -1)$에서의 접선을 l이라 하고, 직선 l에 수직이고 점 P를 지나는 직선을 m이라 하자. 두 직선 l, m이 x축과 만나는 점을 각각 A, B라 할 때, 선분 AB의 길이는?

① $\frac{1}{2}$ ② 1 ③ $\frac{3}{2}$

④ 2 ⑤ $\frac{5}{2}$

0423

곡선 $y=x^2-2x+2$ 위의 점 (t, t^2-2t+2)에서의 접선의 x절편을 $a(t)$라 할 때, $\lim\limits_{t\to\infty}\dfrac{a(t)}{t}$의 값은? (단, $t>1$)

① $\frac{1}{2}$ ② 1 ③ $\frac{3}{2}$

④ 2 ⑤ $\frac{5}{2}$

0424

두 점 $A(3, -2)$, $B(11, 10)$에 대하여 곡선 $y=x^3-3x^2+x$ 위의 점 $(2, -2)$에서의 접선이 선분 AB와 만나는 점을 P라 할 때, $\dfrac{\overline{BP}}{\overline{AP}}$의 값은?

① $\frac{1}{3}$ ② 1 ③ $\frac{5}{3}$

④ $\frac{7}{3}$ ⑤ 3

0425 🔼UP

곡선 $y=x^3$ 위의 점 $(1, 1)$에서의 접선과 x축이 만나는 점의 x좌표를 x_1, 점 (x_1, x_1^3)에서의 접선과 x축이 만나는 점의 x좌표를 x_2, 점 (x_2, x_2^3)에서의 접선과 x축이 만나는 점의 x좌표를 x_3이라 하자. 이와 같은 과정을 계속하여 얻은 수열을 $\{x_n\}$이라 할 때, $\dfrac{x_{100}}{x_{102}}$의 값은?

① 2 ② $\frac{9}{4}$ ③ $\frac{5}{2}$

④ $\frac{11}{4}$ ⑤ 3

유형 06 기울기가 주어진 접선의 방정식의 활용

① 접선의 기울기의 최대·최소
  곡선 $y=f(x)$에 접하는 직선의 기울기의 최대·최소는 $f'(x)$의 최대·최소를 이용하여 구한다.
② 곡선 $y=f(x)$에 접하는 기울기가 m인 직선의 개수는 방정식 $f'(x)=m$의 실근의 개수와 같다.
③ 접선의 기울기 m이 주어질 경우 **유형 03**에서와 같이 접선의 방정식을 세운 후 주어진 조건을 이용한다.

👍 대표 예제

0426 곡선 $y=-x^3+9x^2-24x+5$에 접하는 직선 중 기울기가 최대인 직선의 방정식을 $y=ax+b$라 할 때, 두 상수 a, b에 대하여 $a-b$의 값은?

① 21 ② 22 ③ 23
④ 24 ⑤ 25

선생님 해설

$f(x)=-x^3+9x^2-24x+5$라 하면
$f'(x)=-3x^2+18x-24=-3(x-3)^2+3$
이므로 $f'(x)$는 $x=3$에서 최댓값 3을 갖는다.
즉, 기울기가 최대인 접선의 접점의 좌표는 $(3, -13)$이고
접선의 기울기는 3이므로 구하는 접선의 방정식은
$y-(-13)=3(x-3)$ ∴ $y=3x-22$
따라서 $a=3$, $b=-22$이므로
$a-b=3-(-22)=25$

답 ⑤

0427 대표 예제 한 번 더

곡선 $y=x^3-3x^2+ax+2$에 접하는 직선 중 기울기가 최소인 직선의 방정식을 $y=2x+b$라 할 때, 두 상수 a, b에 대하여 ab의 값은?

① 15 ② 16 ③ 17
④ 18 ⑤ 19

0428

곡선 $y=x^3-6x^2+11x-3$에 접하고 직선 $y=2x$와 교점을 갖지 않는 접선은 2개이다. 이 두 접선 사이의 거리는?

① $\dfrac{\sqrt{5}}{5}$ ② $\dfrac{2\sqrt{5}}{5}$ ③ $\dfrac{3\sqrt{5}}{5}$
④ $\dfrac{4\sqrt{5}}{5}$ ⑤ $\sqrt{5}$

0429

곡선 $y=\dfrac{1}{3}x^3-ax^2+5x+3$에 접하는 모든 직선의 기울기가 1 이상이 되도록 하는 정수 a의 개수는?

① 1 ② 2 ③ 3
④ 4 ⑤ 5

0430

곡선 $y=\dfrac{1}{3}x^3-x^2+3x+a$에 접하고 기울기가 2인 직선이 직선 $y=-2x+4$와 제1사분면에서 만나도록 하는 정수 a의 개수는?

① 2 ② 4 ③ 6
④ 8 ⑤ 10

유형 07 곡선 밖의 한 점에서 곡선에 그은 접선의 방정식의 활용

① 곡선 $y=f(x)$ 밖의 한 점 (x_1, y_1)에서 곡선에 그은 접선에 대한 활용 문제는 접점의 좌표를 $(t, f(t))$라 하고, t에 대한 방정식
$$y_1-f(t)=f'(t)(x_1-t)$$
를 이용한다.

② $f(x)$가 이차 또는 삼차식인 경우 점 (x_1, y_1)에서 곡선 $y=f(x)$에 그은 접선의 개수는 방정식 $y_1-f(t)=f'(t)(x_1-t)$의 실근의 개수와 같다.

🖐 대표 예제

0431 점 $(-3, 4)$에서 곡선 $y=x^3+x^2-2x$에 그은 접선은 모두 m개이고, 각 접점의 x좌표의 합은 n일 때, $m+n$의 값은?

① -2 ② -1 ③ 0

④ 1 ⑤ 2

선생님 해설

$f(x)=x^3+x^2-2x$라 하면
$f'(x)=3x^2+2x-2$
접점의 좌표를 (t, t^3+t^2-2t)라 하면 이 점에서의 접선의 기울기는 $f'(t)=3t^2+2t-2$이므로 접선의 방정식은
$y-(t^3+t^2-2t)=(3t^2+2t-2)(x-t)$
$\therefore y=(3t^2+2t-2)x-2t^3-t^2$
이 직선이 점 $(-3, 4)$를 지나므로
$4=-2t^3-10t^2-6t+6,\ 2t^3+10t^2+6t-2=0$
$t^3+5t^2+3t-1=0,\ (t+1)(t^2+4t-1)=0$
$\therefore t=-1$ 또는 $t=-2-\sqrt{5}$ 또는 $t=-2+\sqrt{5}$
따라서 접선은 모두 3개이고, 세 접점의 x좌표의 합은
$-1+(-2-\sqrt{5})+(-2+\sqrt{5})=-5$
이므로 $m=3,\ n=-5$
$\therefore m+n=3+(-5)=-2$

답 ①

0432 대표 예제 | 한 번 더
점 $(a, a-1)$에서 곡선 $y=x^3-x^2$에 그은 접선이 2개가 되도록 하는 모든 실수 a의 값의 합은? (단, $a\neq 1$)

① $-\dfrac{2}{3}$ ② $-\dfrac{5}{9}$ ③ $-\dfrac{4}{9}$

④ $-\dfrac{1}{3}$ ⑤ $-\dfrac{2}{9}$

0433 점 $(0, k)$에서 곡선 $y=x^3-3x^2+x+3$에 그은 세 접선의 접점을 각각 P, Q, R라 하자. 점 Q가 선분 PR의 중점일 때, k의 값은?

① $\dfrac{7}{2}$ ② 4 ③ $\dfrac{9}{2}$

④ 5 ⑤ $\dfrac{11}{2}$

0434 점 $A(0, -10)$에서 곡선 $y=\dfrac{1}{4}x^4-\dfrac{1}{2}x^2$에 그은 두 접선의 접점을 각각 P, Q라 할 때, 삼각형 APQ의 넓이는?

① 20 ② 22 ③ 24

④ 26 ⑤ 28

0435 
점 $A(1, -1)$에서 곡선 $y=\dfrac{1}{4}x^2$에 그은 두 접선의 접점을 각각 P, Q라 할 때, 세 점 A, P, Q를 지나는 원의 중심의 x좌표는?

① 1 ② 2 ③ 3

④ 4 ⑤ 5

유형 08 곡선과 직선이 접할 때 미정계수의 결정

곡선 $y=f(x)$와 직선 $y=mx+n$이 접할 때, 접점의 좌표를 $(t, f(t))$라 하고
① 방정식 $f'(t)=m$을 만족시키는 t의 값을 구하여 미정계수를 결정한다.
② ①의 접근이 어려운 경우 접선과 직선의 방정식
$$y-f(t)=f'(t)(x-t),\ y=mx+n$$
을 비교하여 t의 값을 구한 후 미정계수를 결정한다.

🖐 대표 예제

0436 곡선 $y=x^3-3x^2+x+a$와 직선 $y=-2x+3$이 접할 때, 상수 a의 값은?

① 1　　　　② 2　　　　③ 3
④ 4　　　　⑤ 5

선생님 해설

$f(x)=x^3-3x^2+x+a$라 하면
$f'(x)=3x^2-6x+1$
접점의 좌표를 $(t,\ t^3-3t^2+t+a)$라 하면 접선의 기울기가 -2이므로
$f'(t)=3t^2-6t+1=-2$
$3t^2-6t+3=0,\ 3(t-1)^2=0$
$\therefore\ t=1$
따라서 접점의 좌표가 $(1,\ -1+a)$이고, 이 접점은 직선 $y=-2x+3$ 위의 점이므로
$-1+a=1$　　$\therefore\ a=2$

답 ②

0437　대표 예제　한 번 더

곡선 $y=x^3+ax^2-2ax+a+4$와 직선 $y=3x+b$가 점 $(3, c)$에서 접할 때, 세 상수 a, b, c에 대하여 $a+b+c$의 값은?

① -4　　　　② -3　　　　③ -2
④ -1　　　　⑤ 0

0438

곡선 $y=x^3-3x^2+ax+1$과 직선 $y=ax-3$이 a의 값에 관계없이 x좌표가 k인 점에서 접할 때, k의 값은?

(단, a는 상수이다.)

① $\dfrac{1}{2}$　　　　② 1　　　　③ $\dfrac{3}{2}$
④ 2　　　　⑤ $\dfrac{5}{2}$

0439

곡선 $y=x^3+ax+10$과 직선 $y=4x-6$이 접할 때, 접점의 x좌표를 b라 하자. 두 상수 a, b에 대하여 $a+b$의 값은?

① -10　　　　② -8　　　　③ -6
④ -4　　　　⑤ -2

0440

곡선 $y=x^3-4x^2+ax+2$를 x축의 방향으로 2만큼 평행이동한 곡선이 직선 $y=3x-4$에 접하도록 하는 모든 상수 a의 값의 합은?

① 2　　　　② 4　　　　③ 6
④ 8　　　　⑤ 10

유형 09 곡선 위의 점과 직선 사이의 거리의 최솟값

곡선 $y=f(x)$ 위의 점과 직선 $y=g(x)$ 사이의 거리의 최솟값은 다음과 같은 순서로 구한다.
❶ 곡선의 접선 중 직선 $y=g(x)$와 평행한 접선의 접점의 좌표를 구한다.
❷ ❶에서 구한 접점과 직선 $y=g(x)$ 사이의 거리를 구한다.

👍 대표 예제

0441 곡선 $y=x^2-3x$ 위의 점과 직선 $y=x-8$ 사이의 거리의 최솟값은?

① $\sqrt{5}$ ② $\sqrt{6}$ ③ $\sqrt{7}$
④ $2\sqrt{2}$ ⑤ 3

선생님 해설

$f(x)=x^2-3x$라 하면 $f'(x)=2x-3$
곡선 $y=f(x)$의 접선 중에서 직선 $y=x-8$과 평행한 접선의 접점의 좌표를 $(t,\ t^2-3t)$라 하면 이 점에서의 접선의 기울기가 1이므로
$f'(t)=2t-3=1$ $\therefore t=2$
즉, 접점의 좌표는 $(2,\ -2)$이고, 점 $(2,\ -2)$와 직선 $y=x-8$, 즉 $x-y-8=0$ 사이의 거리는
$$\frac{|2-(-2)-8|}{\sqrt{1^2+(-1)^2}}=2\sqrt{2}$$
따라서 구하는 거리의 최솟값은 $2\sqrt{2}$이다.

답 ④

0442 대표 예제 한 번 더

곡선 $y=\dfrac{1}{4}x^3+\dfrac{3}{4}$ $(x\geq0)$ 위를 움직이는 점과 직선 $3x-4y-9=0$ 사이의 거리의 최솟값은?

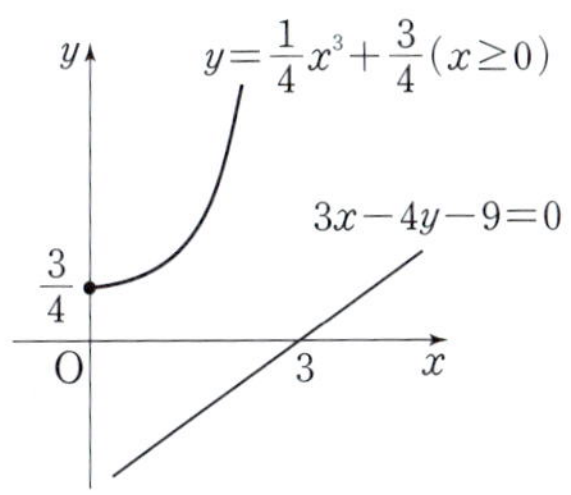

① 1 ② $\sqrt{2}$ ③ $\sqrt{3}$
④ 2 ⑤ $\sqrt{5}$

0443 곡선 $y=-2x^2+5x-1$ 위의 점과 이 곡선과 만나지 않는 직선 $y=-3x+a$ 사이의 거리의 최솟값이 $\sqrt{10}$일 때, 상수 a의 값은?

① 13 ② 15 ③ 17
④ 19 ⑤ 21

0444 곡선 $y=3x^4-4x^3+2x+1$ 위의 점과 직선 $2x-y-10=0$ 사이의 거리의 최솟값은?

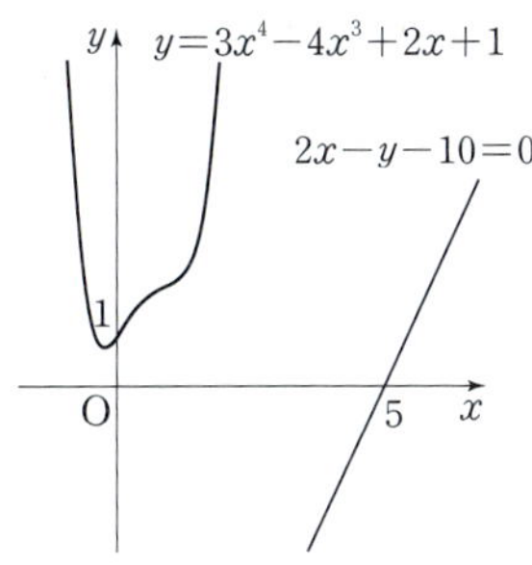

① $\sqrt{5}$ ② $2\sqrt{5}$ ③ $3\sqrt{5}$
④ $4\sqrt{5}$ ⑤ $5\sqrt{5}$

0445 곡선 $y=x^2-4x+3$ 위의 점 P와 두 점 A$(3,\ -5)$, B$(1,\ -9)$에 대하여 삼각형 PAB의 넓이의 최솟값은?

① 2 ② 3 ③ 4
④ 5 ⑤ 6

유형 10 두 곡선과 접선

① 두 곡선 $y=f(x)$, $y=g(x)$가 $x=t$인 점에서 공통인 접선을 가지면
　• $x=t$인 점에서 두 곡선이 만난다.
　　➡ $f(t)=g(t)$
　• $x=t$인 점에서의 두 곡선의 접선의 기울기가 같다.
　　➡ $f'(t)=g'(t)$
　이때 두 곡선이 $x=t$인 점에서 접한다고 한다.
② 두 곡선 $y=f(x)$, $y=g(x)$의 교점의 x좌표를 t라 하면 교점에서의 접선의 방정식은 각각
$$y-f(t)=f'(t)(x-t),\quad y-g(t)=g'(t)(x-t)$$

👍 대표 예제

0446 두 곡선 $y=x^3-3x^2+2x+1$, $y=x^2-2x+1$이 한 점에서 공통인 접선 $y=ax+b$를 가질 때, 두 상수 a, b에 대하여 ab의 값은?

① -6　　　② -4　　　③ -2
④ 0　　　⑤ 2

선생님 해설

$f(x)=x^3-3x^2+2x+1$, $g(x)=x^2-2x+1$이라 하면
$f'(x)=3x^2-6x+2$, $g'(x)=2x-2$
두 곡선이 $x=t$인 점에서 공통인 접선을 가진다고 하면
$f(t)=g(t)$에서 $t^3-3t^2+2t+1=t^2-2t+1$
$t^3-4t^2+4t=0$, $t(t-2)^2=0$
$\therefore\ t=0$ 또는 $t=2$　　……㉠
$f'(t)=g'(t)$에서 $3t^2-6t+2=2t-2$
$3t^2-8t+4=0$, $(3t-2)(t-2)=0$
$\therefore\ t=\dfrac{2}{3}$ 또는 $t=2$　　……㉡
㉠, ㉡에서 $t=2$
즉, 점 $(2,1)$에서 공통인 접선을 갖고, 접선의 기울기는
$f'(2)=g'(2)=2$이므로 공통인 접선의 방정식은
$y-1=2(x-2)$　　$\therefore\ y=2x-3$
따라서 $a=2$, $b=-3$이므로
$ab=2\cdot(-3)=-6$

답 ①

0447 대표 예제 한 번 더
두 곡선 $y=x^3+ax+b$, $y=-x^3+c$가 점 $(1,1)$에서 접할 때, 세 상수 a, b, c에 대하여 $a+bc$의 값은?

① 2　　　② 3　　　③ 4
④ 5　　　⑤ 6

0448 두 곡선 $y=x^2+ax+b$, $y=-x^2+ax+c$가 점 P에서 접한다. 점 P를 지나고 점 P에서의 접선에 수직인 직선의 방정식이 $x+2y-4=0$일 때, 세 상수 a, b, c에 대하여 abc의 값은?

① 0　　　② 2　　　③ 4
④ 6　　　⑤ 8

0449 두 곡선 $y=f(x)$, $y=x^2f(x)$가 점 $(1,1)$에서 만나고, 이 점에서의 접선이 서로 수직일 때, 두 접선이 각각 x축과 만나는 두 점 사이의 거리는?

① 2　　　② 3　　　③ 4
④ 5　　　⑤ 6

0450 UP
두 곡선 $y=2x^2-(a+3)x$, $y=-x^2+2ax-3a$의 서로 다른 두 교점 P, Q에 대하여 점 P에서 곡선 $y=2x^2-(a+3)x$에 그은 접선을 l, 점 Q에서 곡선 $y=-x^2+2ax-3a$에 그은 접선을 m이라 하자. 두 직선 l, m의 기울기의 곱이 6일 때, 상수 a의 값은? (단, $a>1$)

① 2　　　② 3　　　③ 4
④ 5　　　⑤ 6

유형 11 　접선과 좌표축으로 둘러싸인 도형의 넓이

접선과 좌표축으로 둘러싸인 도형의 넓이는 다음과 같은 순서로 구한다.
❶ 접선의 방정식을 구한다.
❷ 접선의 x절편과 y절편을 이용하여 도형의 넓이를 구한다.

👍 대표 예제

0451 곡선 $y=x^3-2x^2+4x-1$ 위의 점 $(1,\ 2)$에서의 접선과 x축, y축으로 둘러싸인 도형의 넓이는?

① $\dfrac{1}{6}$　　　　② $\dfrac{1}{3}$　　　　③ $\dfrac{1}{2}$

④ 1　　　　⑤ 2

선생님 해설

$f(x)=x^3-2x^2+4x-1$이라 하면
$f'(x)=3x^2-4x+4$
점 $(1,\ 2)$에서의 접선의 기울기는 $f'(1)=3$이므로
접선의 방정식은
$y-2=3(x-1)$　　∴ $y=3x-1$
따라서 접선의 x절편이 $\dfrac{1}{3}$, y절편이
-1이므로 구하는 도형의 넓이는
$\dfrac{1}{2}\cdot\dfrac{1}{3}\cdot1=\dfrac{1}{6}$

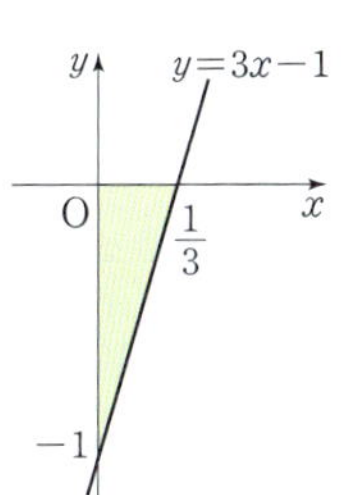

답 ①

0452 [대표 예제] [한 번 더]
곡선 $y=2x^2-3x+1$ 위의 점 $P(1,\ 0)$에서 그은 접선을 l, 점 P를 지나고 직선 l에 수직인 직선을 m이라 할 때, 두 직선 l, m과 y축으로 둘러싸인 도형의 넓이는?

① $\dfrac{1}{4}$　　　　② $\dfrac{1}{2}$　　　　③ 1

④ 2　　　　⑤ 4

0453
점 $A(2,\ -2)$에서 곡선 $y=x^2-4x+3$에 그은 두 접선이 x축과 만나는 점을 각각 B, C라 할 때, 삼각형 ABC의 넓이는?

① 2　　　　② 4　　　　③ 6

④ 8　　　　⑤ 10

0454
두 곡선 $y=x^3-x^2-x-1$, $y=x^2-3x+3$의 교점에서 두 곡선에 그은 접선과 x축으로 둘러싸인 도형의 넓이는?

① $\dfrac{3}{7}$　　　　② $\dfrac{5}{7}$　　　　③ 1

④ $\dfrac{9}{7}$　　　　⑤ $\dfrac{11}{7}$

0455
곡선 $y=x^3-6x^2+12x+1$에 접하는 기울기가 3인 두 직선과 x축, y축으로 둘러싸인 도형의 넓이는?

① 2　　　　② 3　　　　③ 4

④ 5　　　　⑤ 6

유형 12 곡선과 원의 접선

곡선 $y=f(x)$와 원 C가 접할 때
① 원 C의 반지름의 길이를 r, 원 C의 중심과 접점 사이의 거리를 d라 하면
$$r=d$$
② 원 C의 중심과 접점을 지나는 직선은 접점에서의 접선과 수직이다.

👍 대표 예제

0456 중심의 좌표가 $(3, 4)$인 원 C와 곡선 $y=-x^2+x+2$가 제1사분면에서 접할 때, 원 C의 넓이는?

① 5π ② 6π ③ 7π

④ 8π ⑤ 9π

선생님 해설

$f(x)=-x^2+x+2$라 하면 $f'(x)=-2x+1$

오른쪽 그림과 같이 원 C의 중심을 $C(3, 4)$, 원과 곡선의 접점을 $P(t, -t^2+t+2)$라 하면 점 P에서의 접선의 기울기는 $f'(t)=-2t+1$이고, 직선 CP의 기울기는

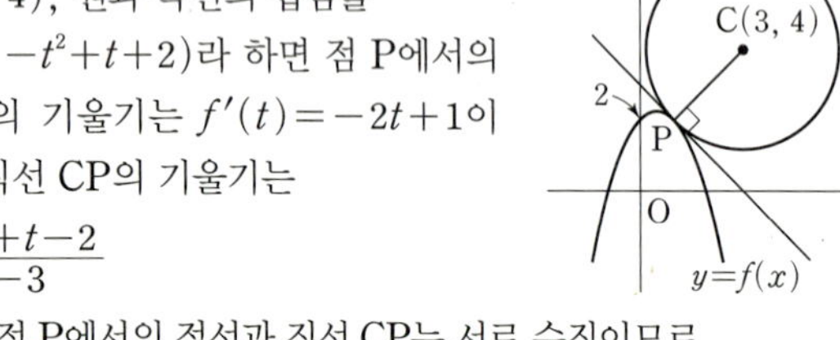

$$\frac{-t^2+t-2}{t-3}$$

이때 점 P에서의 접선과 직선 CP는 서로 수직이므로

$$(-2t+1)\cdot\frac{-t^2+t-2}{t-3}=-1, \ (t^2-t+2)(2t-1)=-t+3$$

$$2t^3-3t^2+6t-5=0, \ (t-1)(2t^2-t+5)=0$$

$\therefore t=1 \ (\because \underline{2t^2-t+5>0})$ $2t^2-t+5=2\left(t-\frac{1}{4}\right)^2+\frac{39}{8}>0$

즉, $P(1, 2)$이므로 원 C의 반지름의 길이는

$$\overline{CP}=\sqrt{(1-3)^2+(2-4)^2}=2\sqrt{2}$$

따라서 원 C의 넓이는

$$\pi\cdot(2\sqrt{2})^2=8\pi$$

답 ④

0457 대표 예제 한 번 더

곡선 $y=-x^2$ 위의 점과 점 $(-5, 1)$ 사이의 거리의 최솟값은?

① $3\sqrt{2}$ ② $\sqrt{19}$ ③ $2\sqrt{5}$

④ $\sqrt{21}$ ⑤ $\sqrt{22}$

0458

곡선 $y=x^2$과 점 $\left(0, \dfrac{5}{2}\right)$를 중심으로 하는 원이 서로 다른 두 점 A, B에서 만나고, 두 점 A, B에서의 원의 접선과 곡선 $y=x^2$의 접선이 서로 일치할 때, 선분 AB의 길이는?

① 1 ② $\sqrt{2}$ ③ 2

④ $2\sqrt{2}$ ⑤ 4

0459

원 $(x-a)^2+y^2=r^2$이 곡선 $y=x^3+2$와 점 $(1, 3)$에서 공통인 접선을 가질 때, 두 상수 a, r에 대하여 $\dfrac{r^2}{a}$의 값은? (단, $r>0$)

① 5 ② 7 ③ 9

④ 11 ⑤ 13

0460 🔼

원 $x^2+(y-3)^2=5$와 곡선 $y=\dfrac{1}{a}x^2$이 서로 다른 두 점에서 만날 때, 상수 a의 값은? (단, $0<a<6$)

① $\dfrac{1}{2}$ ② 1 ③ $\dfrac{3}{2}$

④ 2 ⑤ $\dfrac{5}{2}$

유형 13 롤의 정리

① 함수 $f(x)$가 닫힌구간 $[a, b]$에서 연속이고 열린구간 (a, b)에서 미분가능할 때, $f(a)=f(b)$이면
$$f'(c)=0$$
인 c가 열린구간 (a, b)에 적어도 하나 존재한다.
② 롤의 정리를 만족시키는 상수 c의 값을 구할 때에는 $f'(c)=0$인 c가 열린구간 (a, b)에 속하는지 반드시 확인해야 한다.

👍 대표 예제

0461 함수 $f(x)=(x-2)^2(x-5)$에 대하여 닫힌구간 $[1, 4]$에서 롤의 정리를 만족시키는 상수 c의 값은?

① $\dfrac{4}{3}$ ② $\dfrac{5}{3}$ ③ 2

④ $\dfrac{7}{3}$ ⑤ $\dfrac{8}{3}$

선생님 해설

함수 $f(x)=(x-2)^2(x-5)$는 닫힌구간 $[1, 4]$에서 연속이고 열린구간 $(1, 4)$에서 미분가능하며 $f(1)=f(4)=-4$이므로 $f'(c)=0$인 c가 열린구간 $(1, 4)$에 적어도 하나 존재한다.
이때

• 함수의 곱의 미분법
$\{g(x)h(x)\}'=g'(x)h(x)+g(x)h'(x)$

$f'(x)=2(x-2)(x-5)+(x-2)^2$
$\quad\quad=3(x-2)(x-4)$
이므로
$f'(c)=3(c-2)(c-4)=0$
$\therefore c=2\ (\because 1<c<4)$

> 롤의 정리는 열린구간 (a, b)에서 기울기가 0인 곡선 $y=f(x)$의 접선이 적어도 하나 존재함을 의미해.

답 ③

0462 대표 예제 한 번 더

함수 $f(x)=x^3-2x^2-3x+5$에 대하여 닫힌구간 $[-1, 3]$에서 롤의 정리를 만족시키는 모든 상수 c의 값의 합은?

① $\dfrac{1}{3}$ ② $\dfrac{2}{3}$ ③ 1

④ $\dfrac{4}{3}$ ⑤ $\dfrac{5}{3}$

0463

함수 $f(x)=4x^3+ax^2+bx+1$에 대하여 닫힌구간 $[-1, 1]$에서 롤의 정리를 만족시키는 상수가 $-\dfrac{1}{2}$일 때, ab의 값은? (단, a, b는 상수이다.)

① 2 ② 3 ③ 4

④ 5 ⑤ 6

0464

다음은 함수 $f(x)=|x|$가 닫힌구간 $[-1, 1]$에서 연속이지만 롤의 정리를 만족시키지 않음을 보이는 과정이다.

함수 $f(x)$는 닫힌구간 $[-1, 1]$에서 연속이고 $f(-1)=f(1)=1$이다.
$a>0$에 대하여
$$f'(a)=\lim_{x\to a}\frac{f(x)-f(a)}{x-a}=\lim_{x\to a}\frac{x-a}{x-a}$$
$$=\boxed{\ (가)\ }\neq 0$$
$a<0$에 대하여
$$f'(a)=\lim_{x\to a}\frac{f(x)-f(a)}{x-a}=\lim_{x\to a}\frac{-x-(-a)}{x-a}$$
$$=\boxed{\ (나)\ }\neq 0$$
또한,
$$\lim_{x\to 0+}\frac{f(x)-f(0)}{x}=\boxed{\ (다)\ },$$
$$\lim_{x\to 0-}\frac{f(x)-f(0)}{x}=-1$$
이므로 $f(x)$는 $x=0$에서 미분계수가 존재하지 않는다.
따라서 $f'(c)=0$인 c가 열린구간 $(-1, 1)$에 존재하지 않는다.
실제로 함수 $f(x)$는 열린구간 $(-1, 1)$에서 미분가능하지 않으므로 롤의 정리를 만족시키지 않는다.

위의 (가), (나), (다)에 알맞은 수를 각각 l, m, n이라 할 때, $l-2m+3n$의 값은?

① 2 ② 4 ③ 6

④ 8 ⑤ 10

유형 14 평균값 정리

① 함수 $f(x)$가 닫힌구간 $[a, b]$에서 연속이고 열린구간 (a, b)에서 미분가능하면
$$\frac{f(b)-f(a)}{b-a}=f'(c)$$
인 c가 열린구간 (a, b)에 적어도 하나 존재한다.
② 평균값 정리의 기하적 의미
곡선 $y=f(x)$ 위의 두 점 $(a, f(a))$, $(b, f(b))$를 잇는 직선과 평행한 접선을 갖는 점이 열린구간 (a, b)에 적어도 하나 존재한다.
③ 평균값 정리를 만족시키는 상수 c의 값을 구할 때에는
$$\frac{f(b)-f(a)}{b-a}=f'(c)$$
인 c가 열린구간 (a, b)에 속하는지 반드시 확인해야 한다.

👍 대표 예제

0465 함수 $f(x)=x^3-6x^2+12x-6$에 대하여 닫힌구간 $[1, 3]$에서 평균값 정리를 만족시키는 모든 상수 c의 값의 합은?

① 1 ② 2 ③ 3
④ 4 ⑤ 5

선생님 해설

함수 $f(x)=x^3-6x^2+12x-6$은 닫힌구간 $[1, 3]$에서 연속이고 열린구간 $(1, 3)$에서 미분가능하므로
$$\frac{f(3)-f(1)}{3-1}=f'(c)$$
인 c가 열린구간 $(1, 3)$에 적어도 하나 존재한다.
이때 $f'(x)=3x^2-12x+12$이므로
$$\frac{3-1}{3-1}=3c^2-12c+12, \quad 3c^2-12c+11=0$$
$$\therefore c=\frac{6\pm\sqrt{3}}{3} \quad \longrightarrow 1<\sqrt{3}<2이므로 1<\frac{6\pm\sqrt{3}}{3}<3$$
따라서 모든 상수 c의 값의 합은 4이다.

답 ④

0466 대표 예제 한 번 더

함수 $f(x)=x^3-4x^2+3x+6$에 대하여 닫힌구간 $[-1, 2]$에서 평균값 정리를 만족시키는 상수 c의 값이 $p+q\sqrt{13}$일 때, $\dfrac{p}{q}$의 값은? (단, p, q는 유리수이다.)

① -4 ② -1 ③ 2
④ 5 ⑤ 8

0467

함수 $f(x)=-4x^2+14x-6$에 대하여 닫힌구간 $[a, 1]$에서 평균값 정리를 만족시키는 상수가 $\dfrac{1}{2}$일 때, a의 값은?
$$\left(단, a<\frac{1}{2}\right)$$

① $-\dfrac{4}{3}$ ② -1 ③ $-\dfrac{2}{3}$
④ $-\dfrac{1}{3}$ ⑤ 0

0468

다항함수 $y=f(x)$의 그래프가 그림과 같을 때, 닫힌구간 $[-2, 5]$에서 평균값 정리를 만족시키는 상수 c의 개수를 구하시오.

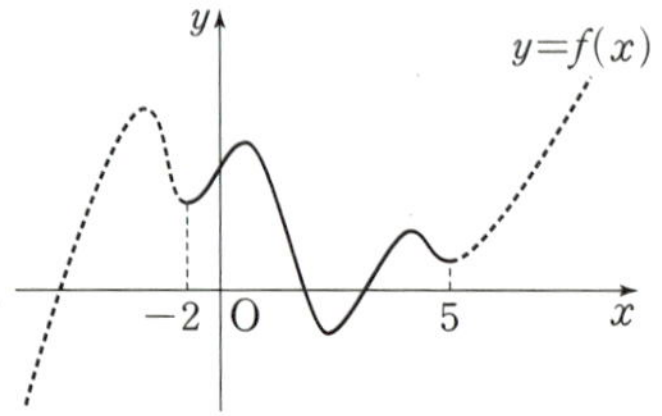

0469

실수 전체의 집합에서 미분가능한 함수 $f(x)$가 다음 조건을 만족시킬 때, $f(3)$의 최댓값은?

> (가) $f(1)=4$
> (나) $f'(x)\leq 3$

① 4 ② 6 ③ 8
④ 10 ⑤ 12

0470 · 유형 05 ·

곡선 $y=x^3+ax^2+x+b$ 위의 점 $P(1, 2)$에서 그은 접선이 이 곡선과 점 P를 유일한 교점으로 가질 때, 두 상수 a, b에 대하여 $b-a$의 값은?

① 2   ② 3   ③ 4

④ 5   ⑤ 6

0471 · 유형 13 ·

함수 $f(x)=x^3+x^2-x+3$에 대하여 닫힌구간 $[-a, a]$에서 롤의 정리를 만족시키는 상수 c의 값이 존재할 때, $\dfrac{a}{c}$의 값은? (단, $a>0$)

① 2   ② 3   ③ 4

④ 5   ⑤ 6

0472 · 유형 04 + 유형 07 ·

두 점 $P(-1, 0)$, $Q(a, b)$에서 각각 곡선 $y=x^3+x^2+8$에 그은 접선이 서로 일치할 때, a^2+b^2의 최솟값은?

① $\dfrac{23}{26}$ ② $\dfrac{12}{13}$ ③ $\dfrac{25}{26}$

④ 1   ⑤ $\dfrac{27}{26}$

0473 · 유형 02 ·

y축에 대하여 대칭인 곡선 $y=f(x)$ 위의 점 $(2, 1)$에서의 접선의 방정식이 $y=2x-3$일 때, 곡선 $y=(2x-1)f(x)$ 위의 $x=-2$인 점에서의 접선의 y절편은?

① 17   ② 19   ③ 21

④ 23   ⑤ 25

0474 사고력 · 유형 01 ·

곡선
$$y=(x-a)(x-b)+(x-b)(x-c)+(x-c)(x-a)$$
위의 점 $(1, 2)$에서의 접선의 기울기가 6일 때,
$$(1-a)^2+(1-b)^2+(1-c)^2$$
의 값은? (단, a, b, c는 상수이다.)

① 3   ② 5   ③ 7

④ 9   ⑤ 11

0475 · 유형 08 ·

서로 다른 두 직선 $y=x+8$, $y=x+a$가 곡선 $y=x^3-9x^2+16x+b$에 접할 때, 두 상수 a, b에 대하여 $|a-b|$의 최솟값은?

① 1   ② 3   ③ 5

④ 7   ⑤ 9

0476
· 유형 03 ·

좌표평면에서 두 점 A$(1, -1)$, B$(5, 3)$에 대하여 곡선 $y=x^2-x+3$ 위의 점 P(m, n)에서의 접선에 수직이고 점 P를 지나는 직선 위의 임의의 점 Q가 항상 $\overline{QA}=\overline{QB}$를 만족시킬 때, $m+n$의 값은?

① 1   ② 2   ③ 3
④ 4   ⑤ 5

0477 사고력
· 유형 06 ·

곡선 $f(x)=x^3+2x^2+ax+1$ 위의 점 $(t, f(t))$에서의 접선을 l_t라 하고, 두 집합 X, Y를

$$X=\{t \mid -1<t<1\},$$
$$Y=\{t \mid \text{직선 } l_t \text{는 직선 } y=x \text{에 수직이다.}\}$$

라 하자. 이때 $X \cap Y \neq \varnothing$이 성립하도록 하는 실수 a의 값의 범위는?

① $-10<a\leq-\dfrac{5}{3}$ ② $-9<a\leq-\dfrac{2}{3}$

③ $-8<a\leq\dfrac{1}{3}$ ④ $-7<a\leq\dfrac{4}{3}$

⑤ $-6<a\leq\dfrac{7}{3}$

0478
· 유형 09 ·

함수 $f(x)=\begin{cases} x+2 & (x\leq-1) \\ -x^2+3x+5 & (-1<x<3) \\ x+2 & (x\geq3) \end{cases}$ 의 그래프 위의 점 P$(t, f(t))$와 직선 $y=x-2$ 사이의 거리를 $g(t)$라 하자. 함수 $g(t)$의 최댓값을 M, 최솟값을 m이라 할 때, Mm의 값은?

① 15   ② 16   ③ 17
④ 18   ⑤ 19

0479
· 유형 10 ·

미분가능한 두 함수 $f(x)$, $g(x)$에 대하여

$$\lim_{x \to 1}\frac{f(x)-x+1}{g(x)+x-1}=\frac{1}{2}$$

이 성립한다. 두 곡선 $y=f(x)$, $y=g(x)$가 $x=1$인 점에서 공통인 접선 l을 가질 때, 접선 l의 y절편은?

① -3 ② -1 ③ 1
④ 3   ⑤ 5

0480
· 유형 12 ·

그림과 같이 제1사분면에서 곡선 $y=\dfrac{3}{64}x^2+6$과 x축에 동시에 접하는 원의 중심의 좌표를 (m, n)이라 하자. 원과 곡선의 접점의 좌표가 $(8, 9)$일 때, $m+n$의 값을 구하시오.

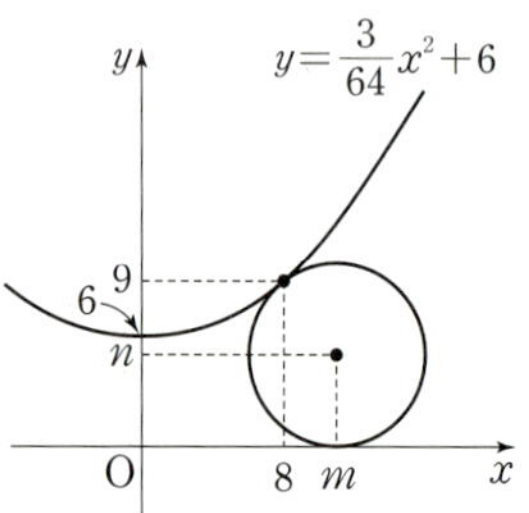

0481 창의력＋
· 유형 05 ·

곡선 $y=x^2$ 위의 서로 다른 두 점 P, Q에서의 두 접선의 교점 R에 대하여 삼각형 OPQ의 넓이를 S_1, 삼각형 PQR의 넓이를 S_2라 하자. $\angle POQ=90°$일 때, $\dfrac{S_1}{S_2}$의 최댓값은?
(단, O는 원점이다.)

① $\dfrac{1}{6}$ ② $\dfrac{1}{3}$ ③ $\dfrac{1}{2}$

④ $\dfrac{2}{3}$ ⑤ $\dfrac{5}{6}$

서술형 문제

0482
• 유형 01 •

다항함수 $f(x)$에 대하여 곡선 $y=f(x)$ 위의 점 $(3, 4)$에서의 접선의 기울기가 3이다. $f(x)$를 $(x-3)^2$으로 나누었을 때의 나머지를 $R(x)$라 할 때, $R(x)$를 구하시오.

✓ **필요 개념 및 공식**
☐ 다항식의 나눗셈 ☐ 미분계수의 기하적 의미

0483
• 유형 14 •

두 함수 $f(x)$, $g(x)$가 닫힌구간 $[a, b]$에서 연속이고 열린구간 (a, b)에서 미분가능하며 $f'(x)=g'(x)$일 때, 닫힌구간 $[a, b]$에서 $f(x)=g(x)+k$ (k는 상수)임을 보이시오.

✓ **필요 개념 및 공식**
☐ 함수의 실수배, 합, 차의 미분법 ☐ 평균값 정리

0484
• 유형 11 •

점 $(2, -2)$에서 곡선 $y=x^2-4x+3$에 그은 두 접선과 x축, y축으로 둘러싸인 사각형의 넓이를 구하시오.

✓ **필요 개념 및 공식**
☐ 곡선 밖의 한 점에서 곡선에 그은 접선의 방정식 ☐ 삼각형의 넓이

0485
• 유형 10 •

두 곡선 $y=f(x)$, $y=g(x)$가 점 $(2, 0)$에서 공통인 접선 $y=3x-6$을 갖는다. 최고차항의 계수가 1인 이차함수 $h(x)$가 모든 실수 x에 대하여

$$f(x) \leq h(x) \leq g(x)$$

를 만족시킬 때, $h(3)$의 값을 구하시오.

✓ **필요 개념 및 공식**
☐ 함수의 극한의 대소 관계 ☐ 미분계수의 정의 ☐ 접선의 방정식

0486
• 유형 01 + 유형 14 •

다항함수 $f(x)$에 대하여 곡선 $y=f(x)$ 위의 점 $(1, -3)$에서의 접선의 방정식이 $y=6x-9$일 때, 평균값 정리를 이용하여

$$\lim_{t \to \infty} \left\{ t \times f\left(1+\frac{1}{t}\right) - t \times f\left(1-\frac{3}{t}\right) \right\}$$

의 값을 구하시오.

✓ **필요 개념 및 공식**
☐ 미분계수의 기하적 의미 ☐ 평균값 정리

0487
• 유형 05 •

곡선 $y=x^3-3x^2+x+3$ 위의 점 $P(2, 1)$에서의 접선이 x축과 만나는 점을 Q, 이 곡선과 다시 만나는 점을 R라 하자. 직선 PQ 위에 있지 않은 점 A에 대하여 삼각형 APQ의 넓이가 2일 때, 삼각형 APR의 넓이를 구하시오.

✓ **필요 개념 및 공식**
☐ 곡선 위의 점에서의 접선의 방정식 ☐ 평행선과 삼각형의 넓이

개념 01　함수의 증가와 감소

함수 $f(x)$가 어떤 구간에 속하는 임의의 두 수 x_1, x_2에 대하여
(1) $x_1 < x_2$일 때 $f(x_1) < f(x_2)$이면 함수 $f(x)$는 이 구간에서 증가한다고 한다.
(2) $x_1 < x_2$일 때 $f(x_1) > f(x_2)$이면 함수 $f(x)$는 이 구간에서 감소한다고 한다.

[0488~0489] 함수의 그래프를 이용하여 주어진 구간에서 다음 함수의 증가와 감소를 조사하시오.

0488 $f(x) = 2x - 1$ 　　　　　$[0, 5]$

0489 $f(x) = x^2$ 　　　　　$(-\infty, 0)$

0490 다음은 구간 $(-\infty, \infty)$에서 함수 $f(x) = x^3$의 증가와 감소를 조사하는 과정이다.

$x_1 < x_2$인 임의의 두 실수 x_1, x_2에 대하여
$$x_1^2 + x_1 x_2 + x_2^2 = \left(x_1 + \frac{x_2}{2}\right)^2 + \boxed{\text{(가)}} > 0$$
이므로
$$f(x_1) - f(x_2) = x_1^3 - x_2^3$$
$$= (x_1 - x_2)(x_1^2 + x_1 x_2 + x_2^2) < 0$$
즉, $f(x_1) < f(x_2)$이다.
따라서 함수 $f(x)$는 구간 $(-\infty, \infty)$에서 $\boxed{\text{(나)}}$한다.

위의 과정에서 (가), (나)에 알맞은 것을 써넣으시오.

개념 02　함수의 증가와 감소의 판정

함수 $f(x)$가 어떤 열린구간에서 미분가능하고, 이 구간의 모든 x에 대하여
(1) $f'(x) > 0$이면 $f(x)$는 이 구간에서 증가한다.
(2) $f'(x) < 0$이면 $f(x)$는 이 구간에서 감소한다.

[0491~0492] 도함수의 부호를 이용하여 주어진 구간에서 다음 함수의 증가와 감소를 조사하시오.

0491 $f(x) = -x + 2$ 　　　　　$(-\infty, \infty)$

0492 $f(x) = -x^2 - 4x + 6$ 　　　$[-6, -3]$

개념 03　함수의 극대와 극소

(1) **함수의 극대와 극소**
　함수 $f(x)$에서 $x=a$를 포함하는 어떤 열린구간에 속하는 모든 x에 대하여
　① $f(x) \le f(a)$일 때, 함수 $f(x)$는 $x=a$에서 극대라 하고, $f(a)$를 극댓값이라 한다.
　② $f(x) \ge f(a)$일 때, 함수 $f(x)$는 $x=a$에서 극소라 하고, $f(a)$를 극솟값이라 한다.
　이때 극댓값과 극솟값을 통틀어 극값이라 한다.

> **참고** 함수 $f(x)$가 $x=a$에서 연속인 경우에는 다음이 성립한다.
> ・$x=a$의 좌우에서 $f(x)$가 증가하다가 감소하면 함수 $f(x)$는 $x=a$에서 극대이다.
> ・$x=a$의 좌우에서 $f(x)$가 감소하다가 증가하면 함수 $f(x)$는 $x=a$에서 극소이다.

> **참고** 상수함수 $f(x) = c$는 c를 극댓값이자 극솟값으로 갖는다.

(2) **극값과 미분계수**
　함수 $f(x)$가 $x=a$에서 미분가능하고 $x=a$에서 극값을 가지면 $f'(a) = 0$이다.

> **참고** 일반적으로 위의 역은 성립하지 않는다.
> 예를 들어, 함수 $f(x) = x^3$에서 $f'(x) = 3x^2$이므로 $f'(0) = 0$이지만 $x=0$에서 극값을 갖지 않는다.

0493 삼차함수 $f(x)$에 대하여 $y = f(x)$의 그래프가 그림과 같을 때, 함수 $f(x)$의 극댓값과 극솟값을 구하시오.

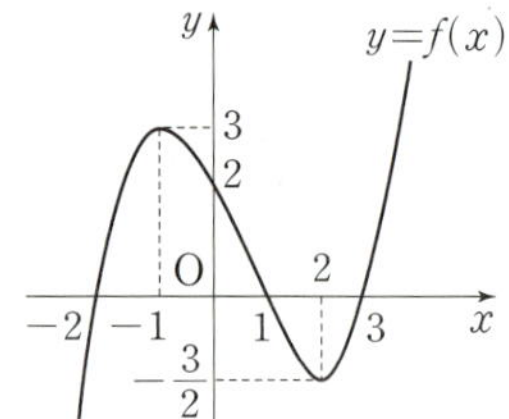

[0494~0495] 함수 $y = f(x)$의 그래프가 그림과 같을 때, 열린구간 (α, β)에서 다음을 구하시오.

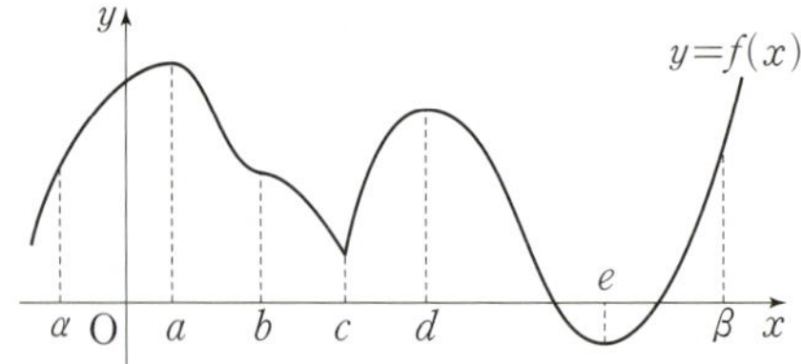

0494 함수 $f(x)$가 극댓값을 갖는 x의 값

0495 함수 $f(x)$가 극솟값을 갖는 x의 값

0496 미분가능한 함수 $f(x)$가 $x=1$에서 극댓값 3을 가질 때, $f(1) + f'(1)$의 값을 구하시오.

개념 04   함수의 극대와 극소의 판정

함수 $f(x)$가 미분가능하고 $f'(a)=0$일 때, $x=a$의 좌우에서
(1) $f'(x)$의 부호가 양에서 음으로 바뀌면 $f(x)$는 $x=a$에서
 극대이고, 극댓값 $f(a)$를 갖는다.
(2) $f'(x)$의 부호가 음에서 양으로 바뀌면 $f(x)$는 $x=a$에서
 극소이고, 극솟값 $f(a)$를 갖는다.
참고 $f'(a)=0$이어도 $x=a$의 좌우에서 $f'(x)$의 부호가 바뀌지 않으면
 $f(a)$는 극값이 아니다.

0497 함수 $f(x)=x^3-6x^2+9x+4$에 대하여 다음 물음
에 답하시오.

(1) $f'(x)$를 구하시오.

(2) $f'(x)=0$인 x의 값을 구하시오.

(3) 다음은 함수 $f(x)$의 증가와 감소를 표로 나타낸 것이다.
 (가), (나)에 알맞은 것을 써넣으시오.

x	$\cdots$	(가)	$\cdots$	3	$\cdots$
$f'(x)$		$+$	0	$-$	0	$+$
$f(x)$		$\nearrow$	8	$\searrow$	(나)	$\nearrow$

(4) 함수 $f(x)$의 극값을 구하시오.

[0498~0501] 도함수의 부호를 이용하여 다음 함수의 극값
을 구하시오.

0498 $f(x)=x^3-3x$

0499 $f(x)=-x^3+3x^2+12$

0500 $f(x)=x^4+3$

0501 $f(x)=x^4-2x^2-2$

개념 05   함수의 그래프

미분가능한 함수 $y=f(x)$의 그래프의 개형은 다음과 같은 순서
로 그린다.
❶ 도함수 $f'(x)$를 구한다.
❷ $f'(x)=0$인 x의 값을 구한다.
❸ ❷에서 구한 x의 값의 좌우에서 $f'(x)$의 부호를 조사하여
 $f(x)$의 증가와 감소를 표로 나타내고, 극값을 구한다.
❹ 함수의 증가와 감소, 극대와 극소, 좌표축과의 교점 등을
 이용하여 함수 $y=f(x)$의 그래프의 개형을 그린다.

[0502~0505] 다음 함수의 그래프의 개형을 그리시오.

0502 $f(x)=2x^3-9x^2+12x-3$

0503 $f(x)=-x^3-x+2$

0504 $f(x)=x^4-4x^3+4x^2-4$

0505 $f(x)=x^4-2x^3+3$

개념 06   함수의 최대·최소

함수 $f(x)$가 닫힌구간 $[a, b]$에서 연속일 때, 최댓값과 최솟값
은 다음과 같은 순서로 구한다.
❶ 주어진 구간에서 $f(x)$의 극댓값과 극솟값을 구한다.
❷ 주어진 구간의 양 끝 점에서의 함숫값 $f(a)$, $f(b)$를 구한다.
❸ ❶, ❷에서 구한 극댓값, 극솟값, $f(a)$, $f(b)$ 중에서 가장
 큰 값이 최댓값이고, 가장 작은 값이 최솟값이다.
참고 최대·최소 정리
 함수 $f(x)$가 닫힌구간 $[a, b]$에서 연속이면 함수 $f(x)$는 이 구간에서
 반드시 최댓값과 최솟값을 갖는다.
참고 닫힌구간 $[a, b]$에서 연속함수 $f(x)$의 극값이 오직 하나 존재할 때
 • 극값이 극댓값이면 (극댓값)＝(최댓값)
 • 극값이 극솟값이면 (극솟값)＝(최솟값)

[0506~0509] 주어진 구간에서 다음 함수의 최댓값과 최솟
값을 구하시오.

0506 $f(x)=x^3-3x+1$　　　　$[0, 3]$

0507 $f(x)=-x^3+3x^2+3$　　$[-1, 3]$

0508 $f(x)=x^4-8x^2+4$　　　$[-3, 0]$

0509 $f(x)=\dfrac{1}{4}x^4+\dfrac{1}{2}x^2-2x+4$　$[-2, 2]$

어떤 구간에서 미분가능한 함수 $f(x)$의 증가와 감소는 다음과 같은 순서로 조사한다.
❶ 도함수 $f'(x)$를 구한다.
❷ $f'(x)=0$인 x의 값을 구한다.
❸ ❷에서 구한 x의 값의 좌우에서 $f'(x)$의 부호를 조사하여 $f(x)$의 증가와 감소를 표로 나타낸다. 이때
$f'(x)>0$이면 $f(x)$는 이 구간에서 증가하고,
$f'(x)<0$이면 $f(x)$는 이 구간에서 감소한다.

대표 예제

0510　함수 $f(x)=x^3-3x^2-9x-3$이 감소하는 구간이 $[a,\ b]$일 때, $b-a$의 값을 구하시오.

선생님 해설

$f(x)=x^3-3x^2-9x-3$에서
$f'(x)=3x^2-6x-9=3(x+1)(x-3)$
$f'(x)=0$에서 $x=-1$ 또는 $x=3$
$f'(x)$의 부호를 조사하여 함수 $f(x)$의 증가와 감소를 표로 나타내면 다음과 같다.

x	$\cdots$	-1	$\cdots$	3	$\cdots$
$f'(x)$	$+$	0	$-$	0	$+$
$f(x)$	↗	2	↘	-30	↗

따라서 함수 $f(x)$가 감소하는 구간은 $[-1,\ 3]$이므로
$a=-1$, $b=3$　∴ $b-a=3-(-1)=4$

> 닫힌구간 $[a,\ b]$에서 연속인 함수 $f(x)$가 열린구간 $(a,\ b)$에서 증가(감소)하면 최대·최소 정리에 의하여 $f(a)$가 최솟값(최댓값), $f(b)$가 최댓값(최솟값)이므로 함수 $f(x)$는 닫힌구간 $[a,\ b]$에서도 증가(감소)해. 즉, $f'(x)=0$인 x의 값은 증가하는 구간과 감소하는 구간에 모두 포함될 수 있어!

답 4

0511

함수 $f(x)=-x^3+12x-1$의 증가, 감소에 대한 다음 설명 중 옳은 것은?

① 함수 $f(x)$는 구간 $(-\infty,\ -2]$에서 증가한다.
② 함수 $f(x)$는 구간 $[2,\ \infty)$에서 증가한다.
③ 함수 $f(x)$는 구간 $[-1,\ 3]$에서 감소한다.
④ 함수 $f(x)$는 구간 $[-2,\ 2)$에서 증가한다.
⑤ 함수 $f(x)$는 구간 $[1,\ 4)$에서 감소한다.

0512

함수 $f(x)=x^3-6x^2+ax+4$가 감소하는 구간이 $[b,\ 6]$일 때, 두 상수 a, b에 대하여 $a-b$의 값은?

① -40　　② -38　　③ -36
④ -34　　⑤ -32

0513

함수 $f(x)=-x^4+\dfrac{4}{3}(a+1)x^3-2ax^2+\dfrac{1}{3}$이 구간 $(-\infty,\ 0]$, $[1,\ 2]$에서 증가하고, 구간 $[0,\ 1]$, $[2,\ \infty)$에서 감소할 때, 상수 a의 값은?

① 1　　② 2　　③ 3
④ 4　　⑤ 5

0514

다음은 함수 $f(x)=2x^3-9x^2+ax+b$의 증가와 감소를 나타낸 표이다.

x	$\cdots$	1	$\cdots$	c	$\cdots$
$f'(x)$	$+$	0	$-$	0	$+$
$f(x)$	↗		↘	-2	↗

세 상수 a, b, c에 대하여 $a+b+c$의 값은?

① 4　　② 6　　③ 8
④ 10　　⑤ 12

유형 02 · 실수 전체의 집합에서 삼차함수가 증가 또는 감소하기 위한 조건

① 삼차함수 $f(x)$가 실수 전체의 집합에서 증가한다.
➡ 모든 실수 x에 대하여 $f'(x) \geq 0$
② 삼차함수 $f(x)$가 실수 전체의 집합에서 감소한다.
➡ 모든 실수 x에 대하여 $f'(x) \leq 0$
이때 **유형 01**과 비교하여 등호가 포함되는 조건에 유의한다.

대표 예제

0515 함수 $f(x) = x^3 - 3x^2 + ax + 4$가 실수 전체의 집합에서 증가하도록 하는 실수 a의 최솟값은?

① 2   ② 3   ③ 4
④ 5   ⑤ 6

선생님 해설

$f(x) = x^3 - 3x^2 + ax + 4$에서
$f'(x) = 3x^2 - 6x + a$
함수 $f(x)$가 실수 전체의 집합에서 증가하려면 모든 실수 x에 대하여 $f'(x) \geq 0$이어야 하므로 이차방정식 $f'(x) = 0$의 판별식을 D라 하면

$$\frac{D}{4} = (-3)^2 - 3a \leq 0,\quad 3a - 9 \geq 0$$

$\therefore a \geq 3$
따라서 실수 a의 최솟값은 3이다.

답 ②

0516 대표 예제 · 한 번 더

함수 $f(x) = -\dfrac{1}{3}x^3 + ax^2 + 4(1-a)x + 3$이 구간 $(-\infty, \infty)$에서 감소하도록 하는 실수 a의 값은?

① 2   ② 3   ③ 4
④ 5   ⑤ 6

0517

실수 전체의 집합에서 정의된 함수
$$f(x) = (x-2)(x^2 - ax + 4)$$
의 역함수가 존재하기 위한 정수 a의 개수는?

① 3   ② 4   ③ 5
④ 6   ⑤ 7

0518

함수 $f(x) = -x^3 + ax^2 + (a-6)x + 3$이 임의의 두 실수 x_1, x_2에 대하여
$$(x_1 - x_2)\{f(x_1) - f(x_2)\} < 0$$
을 만족시키도록 하는 실수 a의 최댓값을 M, 최솟값을 m이라 할 때, $M - m$의 값은?

① 3   ② 5   ③ 7
④ 9   ⑤ 11

0519 UP

실수 전체의 집합에서 정의된 함수
$$f(x) = ax^3 - (a^2 + 9)x^2 + 12ax + 81$$
이 임의의 두 실수 x_1, x_2에 대하여
$$f(x_1) = f(x_2)$$이면 $x_1 = x_2$
를 만족시키도록 하는 모든 실수 a의 값의 곱은?

(단, $a \neq 0$)

① -9 ② -7 ③ -5
④ -3 ⑤ -1

유형 03 주어진 구간에서 삼차함수가 증가 또는 감소하기 위한 조건

어떤 구간에서 삼차함수 $f(x)$가 증가 또는 감소하기 위한 조건은 다음과 같은 순서로 구한다.
❶ 도함수 $f'(x)$를 구한다.
❷ $y=f'(x)$의 그래프를 그린다.
❸ 어떤 구간에서 함수 $f(x)$가 증가하려면 $f'(x)\geq0$, 함수 $f(x)$가 감소하려면 $f'(x)\leq0$이어야 함을 이용한다.

👍 대표 예제

0520 함수 $f(x)=x^3-3x^2+ax-3$이 닫힌구간 $[-1,\ 3]$에서 감소하도록 하는 실수 a의 최댓값은?

① -10 ② -9 ③ -8
④ -7 ⑤ -6

선생님 해설

$f(x)=x^3-3x^2+ax-3$에서
$f'(x)=3x^2-6x+a=3(x-1)^2+a-3$
함수 $f(x)$가 닫힌구간 $[-1,\ 3]$에서 감소하려면 이 구간에서
$f'(x)\leq0$
이어야 하므로 오른쪽 그림에서
$f'(-1)=f'(3)=a+9\leq0$
$\therefore a\leq-9$  닫힌구간 $[-1,\ 3]$에서 함수 $f'(x)$의 최댓값이 후보이다.
따라서 실수 a의 최댓값은 -9이다.

> 삼차함수 $f(x)$의 도함수 $f'(x)$는 이차함수이고, 이차함수 $y=f'(x)$는 그래프의 꼭짓점에서 최댓값 또는 최솟값을 가지니까 $y=f'(x)$의 그래프의 축이 주어진 구간에 포함되는지 꼭 확인해야 해.

답 ②

0521 대표 예제 한 번 더
함수 $f(x)=-x^3-2x^2+ax-1$이 열린구간 $(-2,\ 1)$에서 증가하도록 하는 실수 a의 값의 범위는?

① $a\geq-4$ ② $a\geq-2$ ③ $0\leq a\leq3$
④ $a\geq5$ ⑤ $a\geq7$

0522
함수 $f(x)=\dfrac{2}{3}x^3-4x^2+(16-a^2)x-2$가 다음 조건을 만족시키도록 하는 정수 a의 개수는?

> 임의의 두 양수 $x_1,\ x_2$에 대하여 $x_1<x_2$이면 $f(x_1)<f(x_2)$이다.

① 3   ② 5   ③ 7
④ 9   ⑤ 11

0523
정의역이 $\{x\,|\,-1\leq x\leq0\}$인 함수
$$f(x)=-\dfrac{1}{3}x^3+2x^2+ax+1$$
이 일대일함수가 되도록 하는 양수 a의 최솟값은?

① 2   ② 3   ③ 4
④ 5   ⑤ 6

0524
두 실수 a, b에 대하여 삼차함수 $f(x)$가 다음 조건을 만족시킬 때, $a+b$의 최댓값은?

> (가) $f'(x)=3x^2-(a-b)x-b^2+a+b-4$
> (나) 함수 $f(x)$는 구간 $[-2,\ 0]$에서 감소하고, 구간 $[1,\ \infty)$에서 증가한다.

① -3 ② -1 ③ 1
④ 3   ⑤ 5

유형 04 함수의 그래프와 증가·감소

그래프를 이용한 함수 $f(x)$의 증가와 감소는
① 함수 $y=f(x)$의 그래프가 주어진 경우
  · 그래프의 개형이 ╱과 같으면 이 구간에서 $f(x)$는 증가한다.
  · 그래프의 개형이 ╲과 같으면 이 구간에서 $f(x)$는 감소한다.
② 도함수 $y=f'(x)$의 그래프가 주어진 경우
  · 그래프가 x축의 위쪽에 있으면 이 구간에서 $f(x)$는 증가한다.
  · 그래프가 x축의 아래쪽에 있으면 이 구간에서 $f(x)$는 감소한다.

👆 대표 예제

0525 구간 $[-4, \infty)$에서 정의된 미분가능한 함수 $y=f(x)$의 그래프가 그림과 같고, 함수 $f(x)$가 닫힌구간 $[a, b]$에서 감소한다고 할 때, $b-a$의 최댓값은?

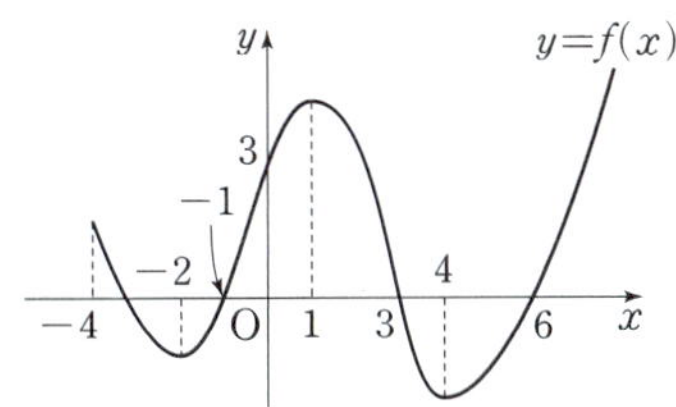

① 3 　　　② 5 　　　③ 7
④ 9 　　　⑤ 11

선생님 해설

함수 $f(x)$는 닫힌구간 $[-4, -2]$, $[1, 4]$에서 감소한다.
따라서 $b-a$의 최댓값은 $a=1$, $b=4$일 때
$4-1=3$

답 ①

0526 　대표 예제　한 번 더

닫힌구간 $[0, 6]$에서 정의된 미분 가능한 함수 $y=f(x)$의 그래프가 그림과 같을 때, 함수 $f(x)$가 닫힌 구간 $[n, n+1]$에서 증가하도록 하는 정수 n의 개수는?

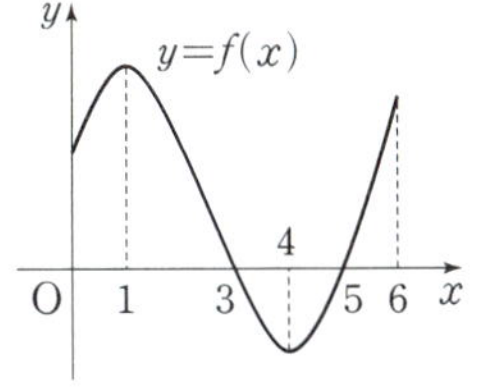

① 1 　　　② 2 　　　③ 3
④ 4 　　　⑤ 5

0527

삼차함수 $f(x)$의 도함수 $y=f'(x)$의 그래프가 그림과 같을 때, 함수 $f(x)$가 증가하는 구간은 $[a, b]$이다. 이때 ab의 값은?

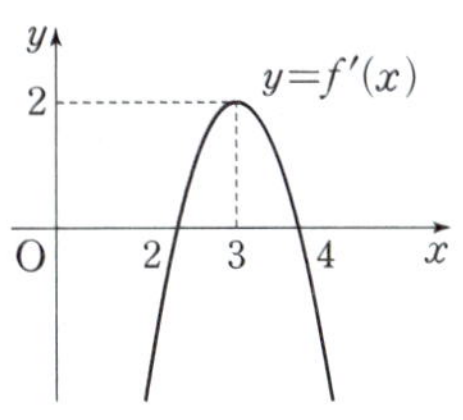

① 6 　　　② 7 　　　③ 8
④ 9 　　　⑤ 10

0528 UP

다항함수 $y=f(x)$의 그래프가 그림과 같다.

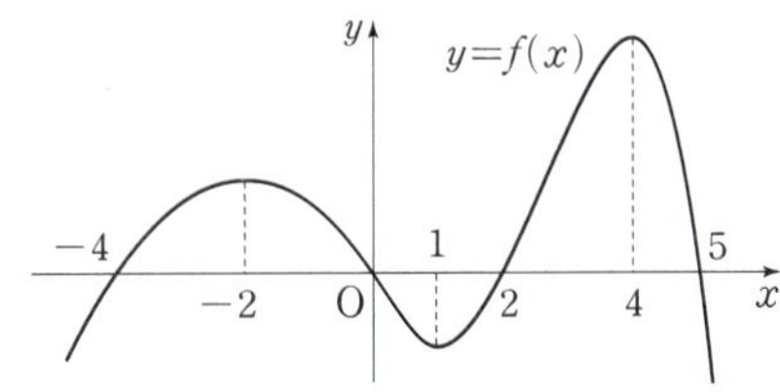

$g(x)=\{f(x)\}^2$이라 할 때, 함수 $g(x)$에 대하여 다음 중 옳은 것은?

① 함수 $g(x)$는 구간 $(-\infty, -4]$에서 증가한다.
② 함수 $g(x)$는 구간 $[-4, 0)$에서 증가한다.
③ 함수 $g(x)$는 구간 $(-2, 0)$에서 감소한다.
④ 함수 $g(x)$는 구간 $[1, 4]$에서 감소한다.
⑤ 함수 $g(x)$는 구간 $(2, 5)$에서 감소한다.

유형 05 함수의 극대와 극소

미분가능한 함수 $f(x)$의 극값은 다음과 같은 순서로 구한다.
❶ 도함수 $f'(x)$를 구한다.
❷ $f'(x)=0$인 x의 값 a를 구한다.
❸ $x=a$의 좌우에서 $f'(x)$의 부호를 조사하여 $f(x)$의 증가와 감소를 표로 나타내고, 극값을 구한다. 이때
$f'(x)$의 부호가 양에서 음으로 바뀌면 $f(x)$는 $x=a$에서 극대이고,
$f'(x)$의 부호가 음에서 양으로 바뀌면 $f(x)$는 $x=a$에서 극소이다.

참고 미분가능하지 않은 점이 있는 함수의 경우, 그래프를 이용하여 극값을 구한다.

👍 대표 예제

0529 함수 $f(x)=(x-1)(x^2-5x+4)$의 모든 극값의 합은?

① -4 ② -2 ③ 0
④ 2 ⑤ 4

선생님 해설

$f(x)=(x-1)(x^2-5x+4)$에서   함수의 곱의 미분법
$f'(x)=(x^2-5x+4)+(x-1)(2x-5)$ $\{g(x)h(x)\}'$
$\quad =3x^2-12x+9=3(x-1)(x-3)$ $=g'(x)h(x)+g(x)h'(x)$
$f'(x)=0$에서 $x=1$ 또는 $x=3$
함수 $f(x)$의 증가와 감소를 표로 나타내면 다음과 같다.

x	$\cdots$	1	$\cdots$	3	$\cdots$
$f'(x)$	$+$	0	$-$	0	$+$
$f(x)$	↗	0	↘	-4	↗

따라서 함수 $f(x)$는 $x=1$에서 극댓값 $f(1)=0$, $x=3$에서 극솟값 $f(3)=-4$를 가지므로 모든 극값의 합은
$0+(-4)=-4$

답 ①

0530 대표 예제 한 번 더

함수 $f(x)=3x^4-16x^3-6x^2+48x-24$가 극솟값을 갖는 모든 x의 값의 합은?

① 3 ② 5 ③ 7
④ 9 ⑤ 11

0531

함수 $f(x)=x^3+2x^2-4x+3$이 다음 조건을 만족시키도록 하는 상수 a에 대하여 $a+f(a)$의 값은?

> 함수 $f(x)$에서 $x=a$를 포함하는 어떤 열린구간에 속하는 모든 x에 대하여 $f(x)\leq f(a)$이다.

① 6 ② 7 ③ 8
④ 9 ⑤ 10

0532

함수 $f(x)=|x^2-4x-12|$가 $x=a$에서 극댓값 b를 갖고, $x=c$에서 극솟값을 가질 때, $a+b+c$의 최댓값은?

① 16 ② 18 ③ 20
④ 22 ⑤ 24

0533

자연수 n에 대하여 함수
$$f(x)=2x^3-3(n-1)x^2-6nx+3$$
의 극댓값을 a_n이라 할 때, $\displaystyle\sum_{n=1}^{10} a_n$의 값은?

① 201 ② 203 ③ 205
④ 207 ⑤ 209

유형 06 함수의 극대와 극소를 이용한 미정계수의 결정

미분가능한 함수 $f(x)$가
① $x=a$에서 극값을 갖는다. ➡ $f'(a)=0$
② $x=a$에서 극값 β를 갖는다. ➡ $f(a)=\beta,\ f'(a)=0$

👍 대표 예제

0534 함수 $f(x)=x^3-3x^2+a$의 극댓값이 7일 때, 함수 $f(x)$의 극솟값은? (단, a는 상수이다.)

① 1   ② 2   ③ 3
④ 4   ⑤ 5

[선생님 해설]

$f(x)=x^3-3x^2+a$에서
$f'(x)=3x^2-6x=3x(x-2)$
$f'(x)=0$에서 $x=0$ 또는 $x=2$
함수 $f(x)$의 증가와 감소를 표로 나타내면 다음과 같다.

x	$\cdots$	0	$\cdots$	2	$\cdots$
$f'(x)$	+	0	−	0	+
$f(x)$	↗	a	↘	$a-4$	↗

함수 $f(x)$는 $x=0$에서 극댓값 $f(0)=a$를 가지므로
$a=7$
또한, 함수 $f(x)$는 $x=2$에서 극솟값 $f(2)=a-4$를 가지므로 구하는 극솟값은
$7-4=3$

답 ③

0535 [대표 예제] [한 번 더]
함수 $f(x)=2x^3+ax^2+12x+b$가 $x=2$에서 극솟값 6을 가질 때, 함수 $f(x)$의 극댓값은? (단, a, b는 상수이다.)

① 6   ② 7   ③ 8
④ 9   ⑤ 10

0536
함수 $f(x)=-x^3+ax^2+bx+3$이 $x=3+\sqrt{2}$에서 극댓값을 갖고, $x=3-\sqrt{2}$에서 극솟값을 가질 때, $a-b$의 값은? (단, a, b는 상수이다.)

① 22   ② 24   ③ 26
④ 28   ⑤ 30

0537
함수 $f(x)=2x^3+ax^2+bx+c$가 $x=0$에서 극솟값 2를 갖고, 곡선 $y=f(x)$가 직선 $y=10$에 접할 때, $a+b+c$의 값은? (단, a, b, c는 상수이다.)

① 6   ② 8   ③ 10
④ 12   ⑤ 14

0538 🆙
사차함수 $f(x)=ax^4-abx^2+4a$가 $x=2$, $x=\alpha$에서 극솟값을 갖고, $x=\beta$에서 극댓값을 갖는다. 좌표평면에서 세 점 $A(2, f(2))$, $B(\alpha, f(\alpha))$, $C(\beta, f(\beta))$에 대하여 삼각형 ABC가 정삼각형일 때, ab의 값은? (단, a, b는 상수이고, $a>0$)

① $\dfrac{\sqrt{3}}{3}$ ② 1   ③ $\sqrt{3}$
④ 3   ⑤ $3\sqrt{3}$

유형 07 | 삼차함수의 그래프를 이용한 미정계수의 부호 결정

삼차함수 $f(x)=ax^3+bx^2+cx+d$에 대하여
① $x \longrightarrow \infty$일 때 $f(x) \longrightarrow \infty$이면 $a>0$
  $x \longrightarrow \infty$일 때 $f(x) \longrightarrow -\infty$이면 $a<0$
② $y=f(x)$의 그래프가 y축과 만나는 점의 y좌표가 양수이면 $d>0$
  $y=f(x)$의 그래프가 y축과 만나는 점의 y좌표가 음수이면 $d<0$
③ 함수 $f(x)$가 $x=\alpha$, $x=\beta$에서 극값을 가지면 이차방정식
  $f'(x)=0$의 두 실근이 α, β이다.

👍 대표 예제

0539 함수
$f(x)=ax^3+bx^2+cx+d$에 대하여
$y=f(x)$의 그래프가 그림과 같을 때,
다음 중 옳은 것은? (단, a, b, c, d는
상수이고, $|\alpha|<|\beta|$)

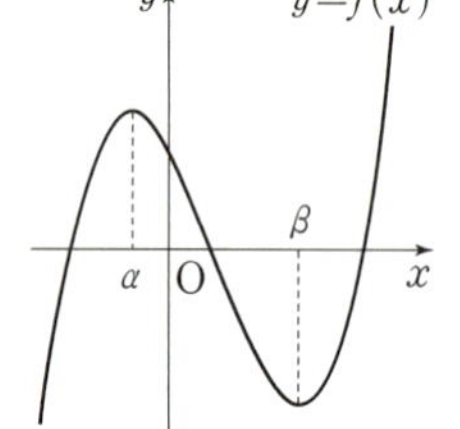

① $ab>0$ ② $ac<0$
③ $bc<0$ ④ $ad<0$ ⑤ $bd>0$

선생님 해설

함수 $y=f(x)$의 그래프에서 $x \longrightarrow \infty$일 때 $f(x) \longrightarrow \infty$이므로
$a>0$
또한, $y=f(x)$의 그래프가 y축과 만나는 점의 y좌표가 양수이
므로 $d>0$
$f'(x)=3ax^2+2bx+c$에서 이차방정식 $f'(x)=0$의 두 실근은
α, β이고, $\alpha<0$, $\beta>0$, $|\alpha|<|\beta|$이므로 이차방정식의 근과
계수의 관계에 의하여
$\alpha+\beta=-\dfrac{2b}{3a}>0$, $\alpha\beta=\dfrac{c}{3a}<0$
$\therefore b<0$, $c<0$ ($\because a>0$)
$\therefore ab<0$, $ac<0$, $bc>0$, $ad>0$, $bd<0$

답 ②

0540 대표 예제 | 한 번 더
함수 $f(x)=ax^3+bx^2+cx+d$에
대하여 $y=f(x)$의 그래프가 그림과
같을 때, 다음 중 항상 양수인 것은?
(단, a, b, c, d는 상수이다.)

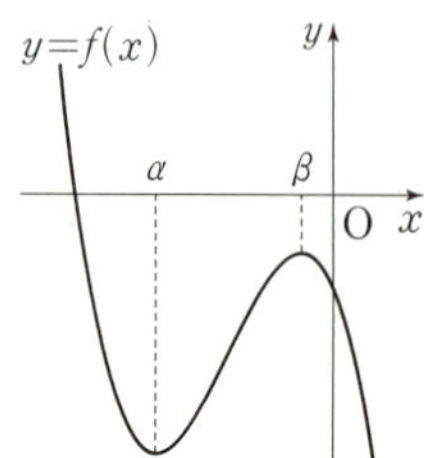

① $a-d$ ② $b+d$
③ $-\dfrac{a}{d}$ ④ bc
⑤ d^3

0541
함수 $f(x)=(x+a)(x^2+bx+c)$에 대하여 $y=f(x)$의
그래프가 그림과 같다. 함수 $f(x)$가 $x=0$에서 극솟값을
가질 때, $\dfrac{|a|}{a}+\dfrac{|b|}{b}+\dfrac{|c|}{c}$의 값은?

(단, a, b, c는 상수이다.)

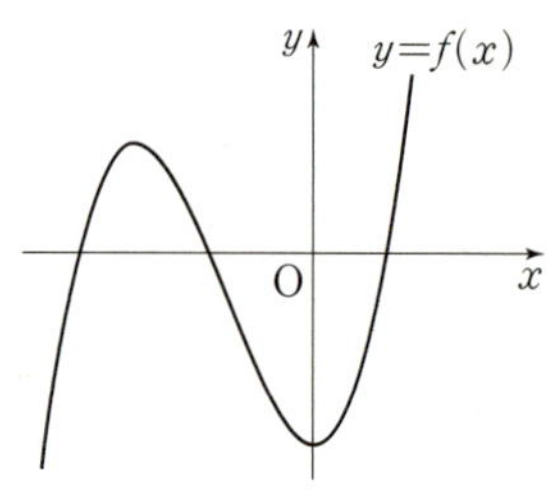

① -3 ② -1 ③ 0
④ 1 ⑤ 3

0542
함수 $f(x)=x^3+ax^2+bx+c$에
대하여 $y=f(x)$의 그래프가 그림
과 같을 때, 다음 중 함수
$y=cx^2+bx+a$의 그래프의 개형
으로 옳은 것은?
(단, a, b, c는 상수이다.)

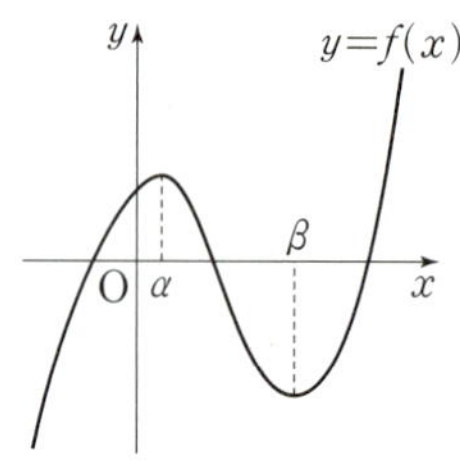

① 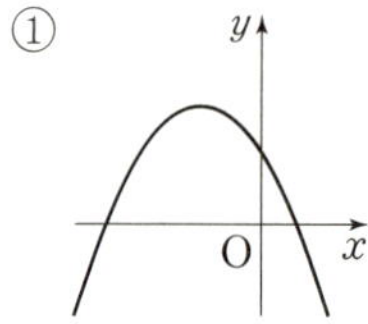   ② 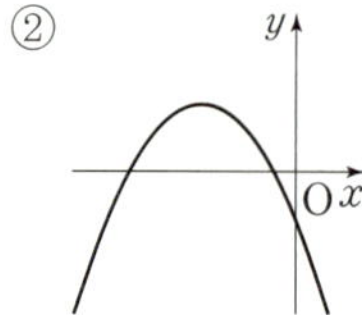

③ 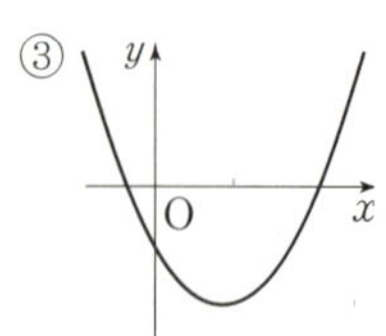   ④ 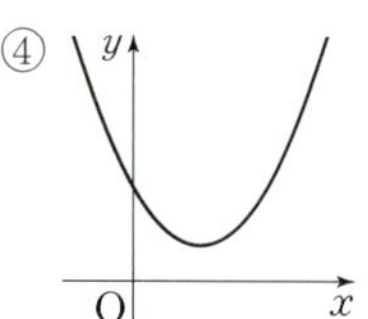

⑤ 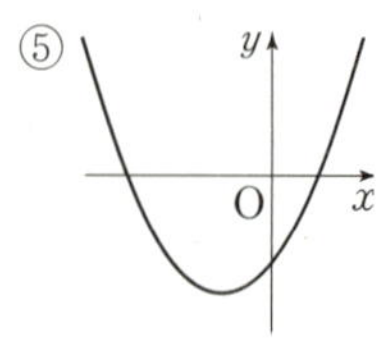

함수 $f(x)$의 도함수 $y=f'(x)$의 그래프에 대하여 오른쪽 그림과 같이 x축과 만나는 점의 좌우에서 $f'(x)$의 부호가

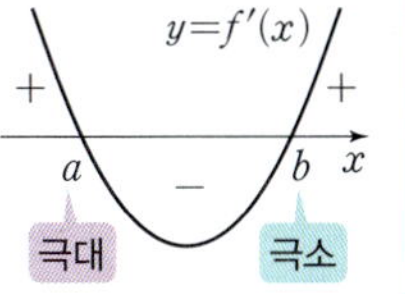

① 양 $\longrightarrow$ 음 $\Rightarrow$ $f(x)$는 $x=a$에서 극대
② 음 $\longrightarrow$ 양 $\Rightarrow$ $f(x)$는 $x=b$에서 극소

👍 대표 예제

0543 함수 $f(x)=\dfrac{1}{3}x^3+ax^2+bx+c$ 의 도함수 $y=f'(x)$의 그래프가 그림과 같다. 함수 $f(x)$의 극댓값이 $\dfrac{16}{3}$일 때, 함수 $f(x)$의 극솟값을 구하시오.

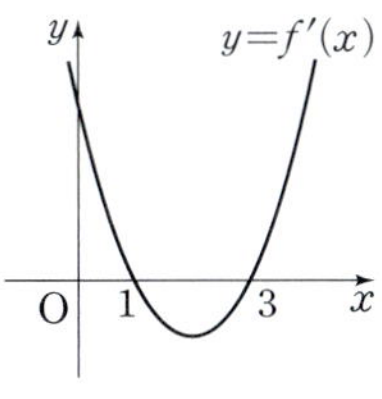

(단, a, b, c는 상수이다.)

선생님 해설

$f(x)=\dfrac{1}{3}x^3+ax^2+bx+c$에서 $f'(x)=x^2+2ax+b$

$y=f'(x)$의 그래프가 x축과 만나는 점의 x좌표가 1, 3이므로
$f'(x)=0$에서 $x=1$ 또는 $x=3$
즉, $f'(x)=(x-1)(x-3)=x^2-4x+3$에서
$a=-2$, $b=3$ $\therefore f(x)=\dfrac{1}{3}x^3-2x^2+3x+c$

함수 $f(x)$의 증가와 감소를 표로 나타내면 다음과 같다.

x	$\cdots$	1	$\cdots$	3	$\cdots$
$f'(x)$	$+$	0	$-$	0	$+$
$f(x)$	↗	극대	↘	극소	↗

함수 $f(x)$의 극댓값이 $\dfrac{16}{3}$이므로

$f(1)=\dfrac{1}{3}-2+3+c=\dfrac{16}{3}$ $\therefore c=4$

따라서 함수 $f(x)=\dfrac{1}{3}x^3-2x^2+3x+4$의 극솟값은

$f(3)=\dfrac{1}{3}\cdot3^3-2\cdot3^2+3\cdot3+4=4$

답 4

0544 대표 예제 한 번 더

함수 $f(x)=-x^3+ax^2+bx+c$의 도함수 $y=f'(x)$의 그래프가 그림과 같다. 함수 $f(x)$의 극댓값과 극솟값의 합이 4일 때, $a+b+c$의 값을 구하시오.

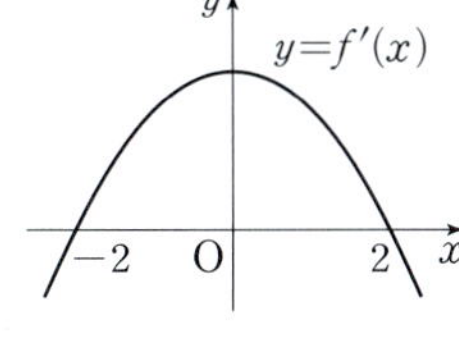

(단, a, b, c는 상수이다.)

0545

사차함수 $f(x)$와 삼차함수 $g(x)$의 도함수 $y=f'(x)$, $y=g'(x)$의 그래프가 각각 그림과 같다.
함수 $h(x)=f(x)-g(x)$가 $x=a$에서 극솟값을 가질 때, 모든 a의 값의 합은?

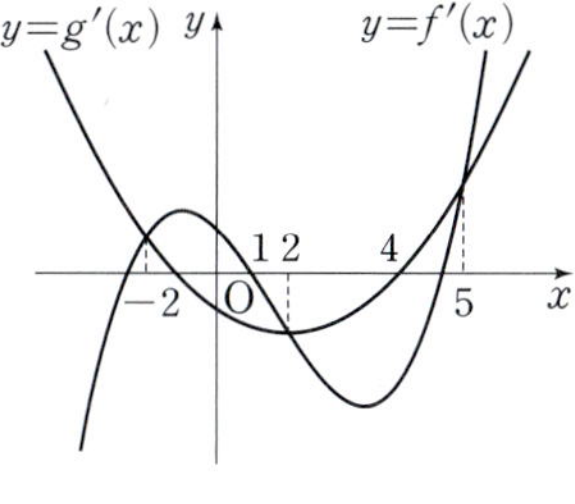

① -1 ② 0 ③ 1
④ 2 ⑤ 3

0546

함수 $f(x)=3x^4+ax^3+bx^2+c$의 도함수 $y=f'(x)$의 그래프가 그림과 같다. 함수 $f(x)$의 극댓값이 16일 때, 함수 $f(x)$의 모든 극솟값의 합은?

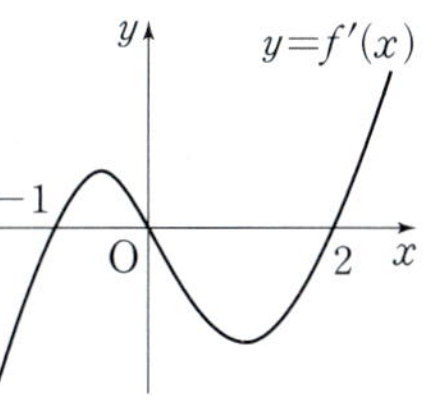

(단, a, b, c는 상수이다.)

① -5 ② -3 ③ -1
④ 1 ⑤ 3

0547

함수 $f(x)=ax^3+bx^2+cx+d$의 도함수 $y=f'(x)$의 그래프가 그림과 같고, 함수 $f(x)$의 극솟값이 -6이다. 함수 $f(x)$가 $x=a$에서 극댓값 M을 갖는다고 할 때, $3(M-a)$의 값은?

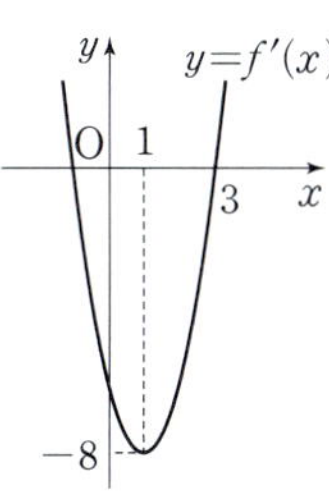

(단, a, b, c, d는 상수이고, $a\neq0$)

① 41 ② 43 ③ 45
④ 47 ⑤ 49

함수 $y=f(x)$의 그래프의 개형과 도함수 $y=f'(x)$의 그래프의 개형에서 각각
의미하는 개념이 헷갈리지 않도록 **유형 04**, **유형 08**과 함께 정리하자.

유형 09 도함수의 그래프를 이용한 함수의 추정

함수 $f(x)$의 도함수 $y=f'(x)$의 그래프가 주어지면 다음과 같은 순
서로 함수 $y=f(x)$의 그래프의 개형을 추론한다.

❶ $y=f'(x)$의 그래프가 x축과 만나는 점의 x좌표를 이용하여
 $f'(x)=0$인 x의 값을 구한다.

❷ $f(x)$가 증가(감소)하는 구간을 찾는다. ← 유형 04
 • x축의 위쪽, 즉 $f'(x)>0$인 구간에서 증가
 • x축의 아래쪽, 즉 $f'(x)<0$인 구간에서 감소

❸ $f(x)$의 증가와 감소를 표로 나타내고, 극값을 구한다. ← 유형 08

❹ 함수 $y=f(x)$의 그래프의 개형을 추론한다.

🍀 대표 예제

0548 함수 $f(x)$의 도함수 $y=f'(x)$의 그래프가 그림과 같
을 때, ┃보기┃에서 옳은 것만을 있는 대로 고른 것은?

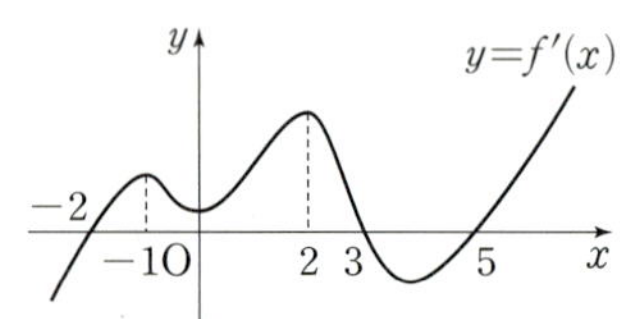

┤ 보기 ├

ㄱ. 함수 $f(x)$는 열린구간 $(-2, 2)$에서 증가한다.

ㄴ. 함수 $f(x)$는 닫힌구간 $[2, 3]$에서 감소한다.

ㄷ. 함수 $f(x)$는 $x=-1$에서 극댓값을 갖는다.

ㄹ. 함수 $f(x)$는 $x=3$에서 극댓값을 갖는다.

① ㄱ, ㄴ ② ㄱ, ㄷ ③ ㄱ, ㄹ
④ ㄴ, ㄷ ⑤ ㄴ, ㄹ

선생님 해설

$y=f'(x)$의 그래프가 x축과 만나는 점의 x좌표가 -2, 3, 5
이므로 $f'(x)=0$에서 $x=-2$ 또는 $x=3$ 또는 $x=5$
함수 $f(x)$의 증가와 감소를 표로 나타내면 다음과 같다.

x	$\cdots$	-2	$\cdots$	3	$\cdots$	5	$\cdots$
$f'(x)$	$-$	0	$+$	0	$-$	0	$+$
$f(x)$	$\searrow$	극소	$\nearrow$	극대	$\searrow$	극소	$\nearrow$

ㄱ. 열린구간 $(-2, 2)$에서 $f'(x)>0$이므로 함수 $f(x)$는 증가
 한다. (참)

ㄴ. 열린구간 $(2, 3)$에서 $f'(x)>0$이므로 함수 $f(x)$는 증가
 한다. (거짓)

ㄷ. $f'(-1)>0$이므로 함수 $f(x)$는 $x=-1$에서 극값을 갖지
 않는다. (거짓)

ㄹ. 함수 $f(x)$는 $x=3$에서 극댓값을 갖는다. (참)

따라서 옳은 것은 ㄱ, ㄹ이다.

답 ③

0549 대표 예제 한 번 더

함수 $f(x)$의 도함수 $y=f'(x)$의 그래프가 그림과 같을 때,
┃보기┃에서 옳은 것만을 있는 대로 고른 것은?

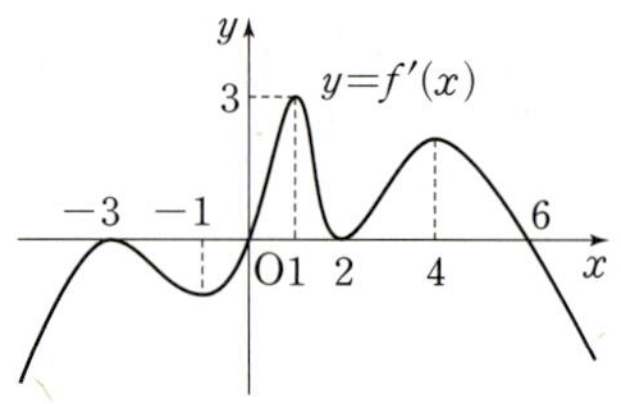

┤ 보기 ├

ㄱ. $f(1)-f(4)<0$

ㄴ. $\displaystyle\lim_{x\to-\infty} f(x)=-\infty$

ㄷ. 함수 $f(x)$가 극값을 갖는 x의 값은 4개이다.

① ㄱ ② ㄴ ③ ㄱ, ㄴ
④ ㄱ, ㄷ ⑤ ㄴ, ㄷ

0550

다항함수 $f(x)$의 도함수
$y=f'(x)$의 그래프가 그림과
같을 때, 다음 중 함수
$y=f(x)$의 그래프의 개형이
될 수 있는 것은?

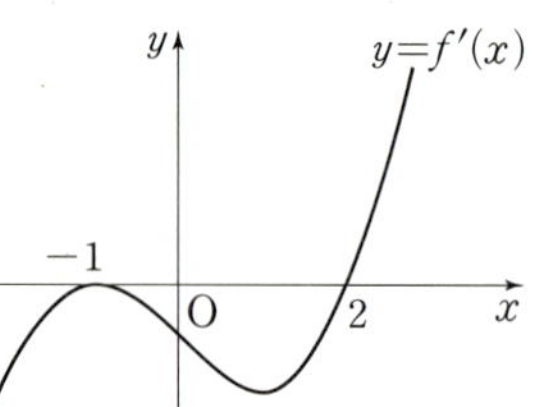

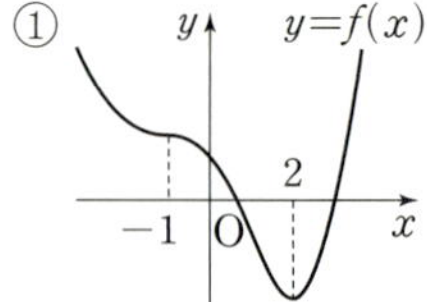

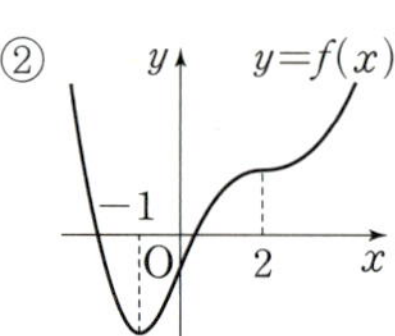

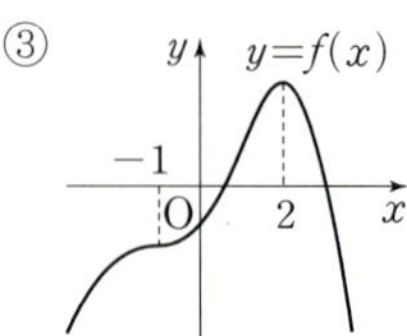

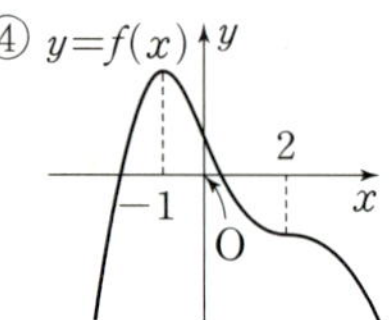

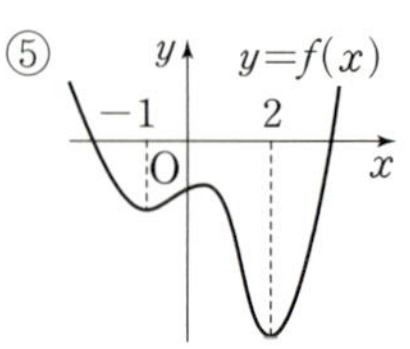

유형 10 **삼차함수가 극값을 가질 조건**

① 삼차함수 $f(x)$가 극값을 갖는다.
→ 이차방정식 $f'(x)=0$이 서로 다른 두 실근을 갖는다.
② 삼차함수 $f(x)$가 극값을 갖지 않는다.
→ 이차방정식 $f'(x)=0$이 중근 또는 허근을 갖는다.

🖐 대표 예제

0551 함수 $f(x)=x^3-8x^2+ax+3$이 극댓값과 극솟값을 모두 갖도록 하는 자연수 a의 최댓값은?

① 21   ② 22   ③ 23
④ 24   ⑤ 25

선생님 해설

$f(x)=x^3-8x^2+ax+3$에서
$f'(x)=3x^2-16x+a$
삼차함수 $f(x)$가 극댓값과 극솟값을 모두 가지려면 이차방정식 $f'(x)=0$이 서로 다른 두 실근을 가져야 한다.
이차방정식 $f'(x)=0$의 판별식을 D라 하면
$$\frac{D}{4}=(-8)^2-3a>0$$
$$\therefore a<\frac{64}{3}=21.\times\times\times$$

앞의 유형들에서 학습한 바와 같이 도함수를 분석하면 원래 함수의 여러 가지 특성들을 알 수 있어. 그중에서도 삼차함수의 도함수는 우리가 잘 알고 있는 이차함수이므로 확실히 이해할 수 있도록 공부해야 해.

따라서 자연수 a의 최댓값은 21이다.

답 ①

0552 대표 예제 한 번 더

함수 $f(x)=(x-1)(x^2+ax+7)$이 극값을 갖도록 하는 실수 a의 값의 범위가 $a<\alpha$ 또는 $a>\beta$일 때, $\beta-\alpha$의 값은?

① 1   ② 3   ③ 5
④ 7   ⑤ 9

0553

함수 $f(x)=2x^3-ax^2+6x+3$이 극값을 갖지 않도록 하는 정수 a의 개수는?

① 7   ② 9   ③ 11
④ 13   ⑤ 15

0554

함수 $f(x)=\frac{1}{3}x^3-\frac{(4+mn)}{2}x^2+4mnx+3$이 극값을 갖지 않도록 하는 두 정수 m, n의 순서쌍 (m, n)의 개수는?

① 4   ② 6   ③ 8
④ 10   ⑤ 12

0555

최고차항의 계수가 1인 삼차함수 $f(x)$의 도함수 $y=f'(x)$의 그래프가 그림과 같을 때, 함수 $h(x)=f(x)-kx$의 극값이 존재하기 위한 정수 k의 최솟값은?

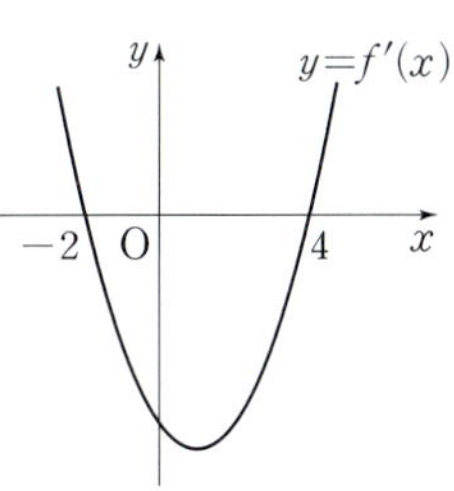

① -28 ② -26
③ -24 ④ -22 ⑤ -20

유형 11 삼차함수가 주어진 구간에서 극값을 가질 조건

삼차함수 $f(x)$가 주어진 구간에서 극댓값과 극솟값을 모두 갖는다.
➡ 이차방정식 $f'(x)=0$이 주어진 구간에서 서로 다른 두 실근을 가지므로 다음 세 가지를 확인한다.
　① 이차방정식 $f'(x)=0$의 판별식 D의 부호
　② 구간의 양 끝 점에서의 $f'(x)$의 함숫값의 부호
　③ $y=f'(x)$의 그래프의 축의 위치

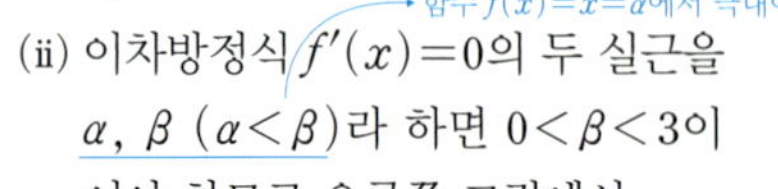 대표 예제

0556 함수 $f(x)=x^3-3x^2+ax-1$이 열린구간 $(0,\ 3)$에서 극솟값을 갖도록 하는 정수 a의 최솟값은?

① -12　　　② -11　　　③ -10
④ -9　　　⑤ -8

선생님 해설

$f(x)=x^3-3x^2+ax-1$에서 $f'(x)=3x^2-6x+a$　＝$3(x-1)^2-3+a$
함수 $f(x)$가 열린구간 $(0,\ 3)$에서 극솟값을 가지려면 이차방정식 $f'(x)=0$이 서로 다른 두 실근을 갖고, 두 근 중 큰 값이 열린구간 $(0,\ 3)$에 존재해야 한다.
(i) 이차방정식 $f'(x)=0$의 판별식을 D라 하면 　이차함수 $f'(x)$의 최고차항의 계수가 양수이므로
$$\frac{D}{4}=(-3)^2-3a>0 \qquad \therefore\ a<3$$
(ii) 이차방정식 $f'(x)=0$의 두 실근을 　함수 $f(x)=x=\alpha$에서 극대이고, $x=\beta$에서 극소이다.
$\alpha,\ \beta\ (\alpha<\beta)$라 하면 $0<\beta<3$이어야 하므로 오른쪽 그림에서
$$f'(3)=9+a>0 \qquad \therefore\ a>-9$$
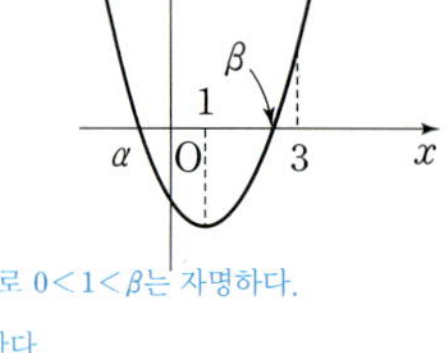
(iii) 이차함수 $y=f'(x)$의 그래프의 축의 방정식은 　직선 $x=1$에 대하여 대칭이므로 $0<1<\beta$는 자명하다.
$x=1$ → $0<1<3$이므로 열린구간 $(0,\ 3)$에 속한다.
(i), (ii), (iii)에서 $-9<a<3$
따라서 정수 a의 최솟값은 -8이다.

> 이 문제는 사실 $y=f'(x)$의 그래프의 축의 위치와 개형때문에 $f'(1)<0,\ f'(3)>0$만 확인해도 돼. 그렇지만 익숙하지 않은 처음에는 세 가지 조건을 모두 따져 보도록 연습하자.

답 ⑤

0557 대표 예제 | 한 번 더

함수 $f(x)=x^3-6x^2+ax+1$이 열린구간 $(0,\ 8)$에서 극댓값과 극솟값을 모두 갖도록 하는 실수 a의 값의 범위는?

① $-4<a<4$　　② $-2<a<8$　　③ $-2<a<12$
④ $0<a<12$　　⑤ $0<a<16$

0558

함수 $f(x)=\dfrac{1}{3}x^3+ax^2+(a-2)x-2$가 구간 $(-\infty,\ -1)$에서 극댓값을 갖고, 구간 $(1,\ \infty)$에서 극솟값을 갖도록 하는 실수 a의 값의 범위가 $\alpha<a<\beta$일 때, $\dfrac{\alpha}{\beta}$의 값은?

① -3　　　② -1　　　③ 0
④ 1　　　⑤ 3

0559

함수 $f(x)=\dfrac{2}{3}x^3-\dfrac{a}{2}x^2+(a-2)x+3$이 열린구간 $(-2,\ 2)$에서 극값을 하나만 갖도록 하는 실수 a의 값의 범위가 $a<\alpha$ 또는 $a>\beta$일 때, $\beta-\alpha$의 값은?

① 6　　　② 7　　　③ 8
④ 9　　　⑤ 10

0560

두 양수 $a,\ b$에 대하여 함수
$$f(x)=\dfrac{1}{3}x^3-kx^2+(12-k)x-3$$
이 $x=a$에서 극댓값을 갖고, $x=b$에서 극솟값을 가질 때, $|a-b|\le 6\sqrt{2}$를 만족시키는 모든 자연수 k의 값의 합은?
(단, $a\ne b$)

① 7　　　② 9　　　③ 11
④ 13　　　⑤ 15

유형 12 사차함수가 극댓값과 극솟값을 모두 가질 조건

> 사차함수는 반드시 극값을 갖고,
> 극값은 1개 또는 3개, 즉 홀수 개이다.

최고차항의 계수가 a인 사차함수 $f(x)$가 극댓값과 극솟값을 모두 가지려면

① $a>0$일 때, → 항상 극솟값을 갖는다.

하나의 극댓값과 두 개의 극솟값을 갖는다.

➡ 극댓값을 갖는다.

➡ 삼차방정식 $f'(x)=0$이 서로 다른 세 실근을 갖는다.

② $a<0$일 때, → 항상 극댓값을 갖는다.

두 개의 극댓값과 하나의 극솟값을 갖는다.

➡ 극솟값을 갖는다.

➡ 삼차방정식 $f'(x)=0$이 서로 다른 세 실근을 갖는다.

👍 대표 예제

0561 함수 $f(x)=x^4-\dfrac{4}{3}ax^3+8x^2$이 극댓값과 극솟값을 모두 갖도록 하는 실수 a의 값의 범위가 $a<\alpha$ 또는 $a>\beta$일 때, $\alpha\beta$의 값은?

① -16 ② -14 ③ -12

④ -10 ⑤ -8

선생님 해설

$f(x)=x^4-\dfrac{4}{3}ax^3+8x^2$에서

$f'(x)=4x^3-4ax^2+16x=4x(x^2-ax+4)$

사차함수 $f(x)$가 극댓값과 극솟값을 모두 가지려면 삼차방정식 $f'(x)=0$이 서로 다른 세 실근을 가져야 한다.

그런데 방정식 $f'(x)=0$의 한 실근이 $x=0$이므로 이차방정식 $x^2-ax+4=0$이 0이 아닌 서로 다른 두 실근을 가져야 한다.

이차방정식 $x^2-ax+4=0$의 판별식을 D라 하면

$D=(-a)^2-4\cdot4>0$, $(a+4)(a-4)>0$

$\therefore a<-4$ 또는 $a>4$

따라서 $\alpha=-4$, $\beta=4$이므로

$\alpha\beta=(-4)\cdot4=-16$

답 ①

0562 [대표 예제] [한 번 더]

함수 $f(x)=-\dfrac{1}{4}x^4+ax^3-9x^2$이 극솟값을 갖도록 하는 자연수 a의 최솟값은?

① 1 ② 2 ③ 3

④ 4 ⑤ 5

0563

함수 $f(x)=(x^2-4x+4)(x^2+2x+a)$가 두 개의 극솟값을 가질 때, 다음 중 실수 a의 값이 될 수 있는 것은?

① 2 ② 3 ③ 4

④ 5 ⑤ 6

0564

사차함수 $f(x)$의 도함수 $f'(x)$가

$$f'(x)=(x-1)(n^2x^2-12x+3)$$

일 때, 함수 $f(x)$가 극댓값을 갖도록 하는 정수 n의 개수는?

① 3 ② 4 ③ 5

④ 6 ⑤ 7

0565 [UP]

함수 $f(x)=-\dfrac{1}{4}x^4+\dfrac{2}{3}(a-1)x^3-\dfrac{a+11}{2}x^2$이 구간 $(0, \infty)$에서 극솟값을 갖도록 하는 실수 a의 값의 범위는?

① $a<-2$ ② $-2\le a<1$ ③ $a>1$

④ $1<a\le5$ ⑤ $a>5$

유형 13 사차함수가 극댓값 또는 극솟값을 갖지 않을 조건

최고차항의 계수가 a인 사차함수 $f(x)$가 극댓값 또는 극솟값을 갖지 않으려면
① $a>0$일 때, 극댓값을 갖지 않는다.
➡ 극솟값이 하나만 존재한다. — 극값이 하나만 존재한다.
➡ 삼차방정식 $f'(x)=0$이 한 실근과 두 허근 또는 한 실근과 중근 또는 삼중근을 갖는다.
② $a<0$일 때, 극솟값을 갖지 않는다.
➡ 극댓값이 하나만 존재한다. — 극값이 하나만 존재한다.
➡ 삼차방정식 $f'(x)=0$이 한 실근과 두 허근 또는 한 실근과 중근 또는 삼중근을 갖는다.

대표 예제

0566 함수 $f(x)=3x^4+4ax^3+6(a+3)x^2$이 극댓값을 갖지 않도록 하는 실수 a의 최댓값을 M, 최솟값을 m이라 할 때, $M+m$의 값은?

① 1   ② 2   ③ 3
④ 4   ⑤ 5

선생님 해설

$f(x)=3x^4+4ax^3+6(a+3)x^2$에서
$f'(x)=12x^3+12ax^2+12(a+3)x=12x(x^2+ax+a+3)$
사차함수 $f(x)$가 극댓값을 갖지 않으려면 삼차방정식
$f'(x)=0$이 한 실근과 두 허근 또는 한 실근과 중근 또는 삼중근
을 가져야 한다.
(i) 방정식 $f'(x)=0$이 한 실근과 두 허근을 갖는 경우 — $x=0$
　　이차방정식 $x^2+ax+a+3=0$이 허근을 가져야 하므로
　　판별식을 D라 하면
　　$D=a^2-4(a+3)<0$, $a^2-4a-12<0$
　　$(a+2)(a-6)<0$　∴ $-2<a<6$
(ii) 방정식 $f'(x)=0$이 한 실근과 중근을 갖는 경우
　　이차방정식 $x^2+ax+a+3=0$이 $x=0$을 근으로 갖거나 — $x=0$이 중근인 경우
　　0이 아닌 실수를 중근으로 가져야 한다.
　　$x=0$을 근으로 가질 때, $a+3=0$　∴ $a=-3$
　　0이 아닌 실수를 중근으로 가질 때, 판별식을 D라 하면
　　$D=a^2-4(a+3)=0$
　　$(a+2)(a-6)=0$
　　∴ $a=-2$ 또는 $a=6$

이차방정식 $x^2+ax+a+3=0$이 $x=0$을 중근으로 가질 수 없으니까 삼차방정식 $f'(x)=0$은 삼중근을 가질 수 없어.

(i), (ii)에서 — $a\neq-3$이므로 0이 아닌 실수가 중근인 경우
$a=-3$ 또는 $-2\leq a\leq6$
따라서 $M=6$, $m=-3$이므로
$M+m=6+(-3)=3$

답 ③

0567 대표 예제 한 번 더
함수 $f(x)=-x^4-4x^3-ax^2$이 극댓값을 하나만 갖도록 하는 양수 a의 최솟값은?

① 4   ② $\dfrac{9}{2}$ ③ 5
④ $\dfrac{11}{2}$ ⑤ 6

0568
함수 $f(x)=\dfrac{1}{4}x^4+\left(1-\dfrac{a}{3}\right)x^3-\left(2+\dfrac{3}{2}a\right)x^2+4ax-2$
가 극값을 하나만 갖도록 하는 모든 실수 a의 값의 합은?

① -3 ② -1 ③ 1
④ 3   ⑤ 5

0569
함수 $f(x)=-(x+1)^2(x^2-4x+a)$에 대하여 다음 조건을 만족시키는 실수 k가 단 하나만 존재하도록 하는 정수 a의 개수를 구하시오. (단, $-10\leq a\leq10$)

함수 $f(x)$에서 $x=k$를 포함하는 어떤 열린구간에 속하는 모든 x에 대하여 $f(x)\leq f(k)$이다.

0570 UP
열린구간 $(1, 3)$에서 정의된 함수 $f(x)$의 도함수 $f'(x)$가 $f'(x)=(x+2)(x^2-2x+a)$일 때, 함수 $f(x)$가 극값을 갖지 않도록 하는 실수 a의 값의 범위가 $a\leq\alpha$ 또는 $a\geq\beta$이다. 이때 $\alpha^2+\beta^2$의 값은?

① 8   ② 10   ③ 12
④ 14   ⑤ 16

유형 14 함수의 최대·최소

닫힌구간 $[a, b]$에서 연속인 함수 $f(x)$의 최댓값과 최솟값은 다음과 같은 순서로 구한다.

❶ 주어진 구간에서 $f(x)$의 극값을 구한다.
❷ $f(a)$, $f(b)$를 구한다.
❸ ❶, ❷에서 구한 극값, $f(a)$, $f(b)$ 중에서 가장 큰 값이 최댓값, 가장 작은 값이 최솟값이다.

↳ 극댓값과 극솟값이 반드시 최댓값과 최솟값이 되는 것은 아니다.

🖓 대표 예제

0571 닫힌구간 $[-1, 5]$에서 함수 $f(x)=x^3-6x^2+5$의 최댓값을 M, 최솟값을 m이라 할 때, $M+m$의 값은?

① -28 ② -26 ③ -24
④ -22 ⑤ -20

선생님 해설

$f(x)=x^3-6x^2+5$에서
$f'(x)=3x^2-12x=3x(x-4)$
$f'(x)=0$에서 $x=0$ 또는 $x=4$
닫힌구간 $[-1, 5]$에서 함수 $f(x)$의 증가와 감소를 표로 나타내면 다음과 같다.

x	-1	$\cdots$	0	$\cdots$	4	$\cdots$	5
$f'(x)$		$+$	0	$-$	0	$+$	
$f(x)$	-2	↗	5	↘	-27	↗	-20

따라서 함수 $f(x)$는 $x=0$에서 최댓값 5, $x=4$에서 최솟값 -27을 가지므로
$M=5$, $m=-27$
$\therefore M+m=5+(-27)=-22$

> 연속함수 $f(x)$의 최댓값과 최솟값을 구할 때에는 극댓값, 극솟값, 주어진 구간의 양 끝 점에서의 함숫값을 구해서 비교해야 하니까 $f(x)$의 증가와 감소를 표로 나타내는 것이 편리해~

답 ④

0572 대표 예제 한 번 더
닫힌구간 $[-4, 4]$에서 함수 $f(x)=-x^3+3x^2+9x+2$의 최댓값을 M, 최솟값을 m이라 할 때, $\dfrac{M}{m}$의 값은?

① -26 ② -24 ③ -22
④ -20 ⑤ -18

0573
닫힌구간 $[0, 3]$에서 함수 $f(x)=3x^4-4x^3-12x^2+13$은 $x=a$에서 최댓값 b를 가질 때, $a+b$의 값은?

① 41   ② 42   ③ 43
④ 44   ⑤ 45

0574
닫힌구간 $[1, 5]$에서 함수
$$f(x)=(x^2-6x+5)^3-3(x^2-6x+5)+2$$
의 최댓값을 M, 최솟값을 m이라 할 때, $M-m$의 값은?

① 54   ② 55   ③ 56
④ 57   ⑤ 58

0575 
구간 $(0, \infty)$에서 정의된 함수
$$f(x)=\frac{1}{4}\left(x+\frac{1}{4x}\right)^4-8\left(x+\frac{1}{4x}\right)+16$$
의 치역이 $\{y \mid y \geq a\}$일 때, 실수 a의 값은?

① 1   ② 2   ③ 3
④ 4   ⑤ 5

유형 15   함수의 최대·최소를 이용한 미정계수의 결정

닫힌구간 $[a, b]$에서 함수 $f(x)$의 최댓값 또는 최솟값이 주어졌을 때, 주어진 구간에서의 $f(x)$의 극값, $f(a)$, $f(b)$를 비교하여 미정계수를 결정한다.

🖐 대표 예제

0576 닫힌구간 $[-3, 2]$에서 함수 $f(x)=x^3+3x^2+k$의 최솟값이 3일 때, 함수 $f(x)$의 최댓값은? (단, k는 상수이다.)

① 17　　　② 19　　　③ 21
④ 23　　　⑤ 25

선생님 해설

$f(x)=x^3+3x^2+k$에서
$f'(x)=3x^2+6x=3x(x+2)$
$f'(x)=0$에서 $x=-2$ 또는 $x=0$
닫힌구간 $[-3, 2]$에서 함수 $f(x)$의 증가와 감소를 표로 나타내면 다음과 같다.

x	-3	$\cdots$	-2	$\cdots$	0	$\cdots$	2
$f'(x)$		$+$	0	$-$	0	$+$	
$f(x)$	k	↗	$k+4$	↘	k	↗	$k+20$

함수 $f(x)$는 $x=2$에서 최댓값 $k+20$, $x=-3$ 또는 $x=0$에서 최솟값 k를 갖는다.
이때 함수 $f(x)$의 최솟값이 3이므로
$k=3$
따라서 함수 $f(x)$의 최댓값은 23이다.

답 ④

0577 `대표 예제` `한 번 더`
닫힌구간 $[-2, 0]$에서 함수 $f(x)=-x^3+3x^2+9x+k$는 $x=a$에서 최댓값 8, $x=b$에서 최솟값 c를 갖는다. 이때 abc의 값은? (단, k는 상수이다.)

① 2　　　② 3　　　③ 4
④ 5　　　⑤ 6

0578
$0 \le x \le 4$에서 함수 $f(x)=(x+1)(x^2-7x+a)+b$는 $x=1$에서 최댓값 22를 갖는다. 이때 함수 $f(x)$의 최솟값은? (단, a, b는 상수이다.)

① 10　　　② 12　　　③ 14
④ 16　　　⑤ 18

0579
닫힌구간 $[-3, 0]$에서 함수 $f(x)=2ax^3+3ax^2+b$의 최댓값이 15, 최솟값이 -13일 때, $a-b$의 값은?
(단, a, b는 상수이고, $a<0$)

① 8　　　② 9　　　③ 10
④ 11　　　⑤ 12

0580
$0<a<2$인 실수 a에 대하여 닫힌구간 $[a, 2]$에서 함수
$$f(x)=x^4-4x^3+2(a+3)x^2+3$$
의 최댓값이 15이다. 함수 $f(x)$의 최솟값을 $\dfrac{q}{p}$라 할 때, $p+q$의 값은? (단, p와 q는 서로소인 자연수이다.)

① 81　　　② 83　　　③ 85
④ 87　　　⑤ 89

유형 16 최대·최소의 활용 

도형의 길이, 넓이, 부피의 최댓값 또는 최솟값은 다음과 같은 순서로 구한다.
❶ 다음을 이용하여 구하려는 것을 한 문자에 대한 함수로 나타낸다.
  • 두 점 사이의 거리
  • 평면도형의 길이와 넓이
  • 입체도형의 부피
❷ 도함수를 이용하여 함수의 최댓값 또는 최솟값을 구한다.
❸ 구한 답이 문제의 조건에 맞는지 확인한다.

> 변수의 제한 조건이 있으면 변수의 범위를 정한다.
> 예를 들어, x가 길이이면 $x>0$을 만족시켜야 한다.

👍 대표 예제

0581 곡선 $y=x^2$ 위를 움직이는 점 P와 점 $(5,\ -1)$ 사이의 거리의 최솟값은?

① $\sqrt{5}$ ② $2\sqrt{5}$ ③ $3\sqrt{5}$
④ $4\sqrt{5}$ ⑤ $5\sqrt{5}$

선생님 해설

점 P의 좌표를 $(t,\ t^2)$이라 하면 점 P와 점 $(5,\ -1)$ 사이의 거리는

$$\sqrt{(t-5)^2+(t^2+1)^2}=\sqrt{t^4+3t^2-10t+26}$$

$f(t)=t^4+3t^2-10t+26$이라 하면
$f'(t)=4t^3+6t-10=2(t-1)(2t^2+2t+5)$
$f'(t)=0$에서 $t=1$ $(\because\ 2t^2+2t+5>0)$ $\quad 2t^2+2t+5=2\left(t+\frac{1}{2}\right)^2+\frac{9}{2}>0$
함수 $f(t)$의 증가와 감소를 표로 나타내면 다음과 같다.

t	$\cdots$	1	$\cdots$
$f'(t)$	$-$	0	$+$
$f(t)$	↘	20	↗

따라서 함수 $f(t)$는 $t=1$에서 최솟값 20을 가지므로 구하는 거리의 최솟값은 $2\sqrt{5}$이다.

답 ②

0582 대표 예제 한 번 더

곡선 $y=-x^2+6x$ 위를 움직이는 점 P에서 x축에 내린 수선의 발을 H라 할 때, 삼각형 OPH의 넓이의 최댓값은?
(단, 점 P는 제1사분면에 있고, O는 원점이다.)

① 14 ② 16 ③ 18
④ 20 ⑤ 22

0583

그림과 같이 곡선 $y=9-x^2$과 x축으로 둘러싸인 도형에 내접하고 한 변이 x축 위에 있는 직사각형의 넓이의 최댓값은?

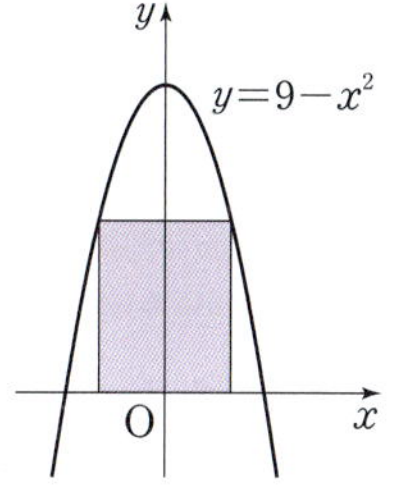

① $11\sqrt{3}$ ② $12\sqrt{3}$
③ $13\sqrt{3}$ ④ $14\sqrt{3}$
⑤ $15\sqrt{3}$

0584

그림과 같이 밑면의 반지름의 길이가 3, 높이가 9인 원뿔에 내접하는 원기둥의 부피의 최댓값은?

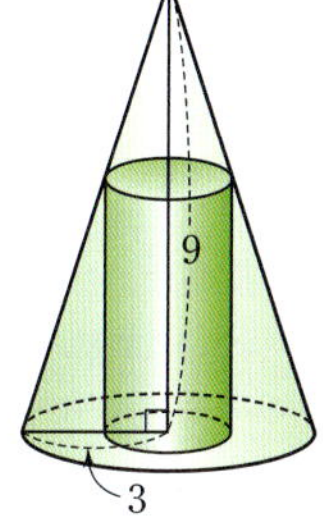

① 10π ② 11π
③ 12π ④ 13π
⑤ 14π

0585 UP

그림과 같이 한 변의 길이가 12인 정삼각형 모양의 종이의 세 귀퉁이에서 합동인 사각형을 잘라 내고 남은 부분을 접어서 뚜껑이 없는 삼각기둥 모양의 선물상자를 만들려고 한다. 이때 만들 수 있는 상자의 부피의 최댓값은?

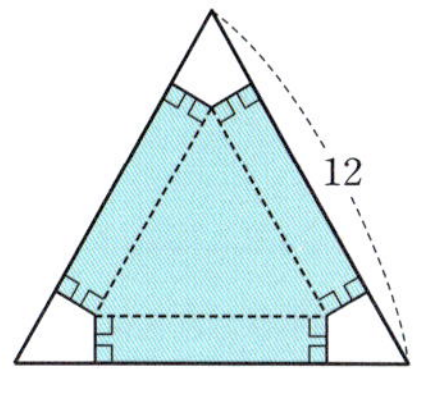

① 32 ② 34 ③ 36
④ 38 ⑤ 40

0586
· 유형 08 ·

최고차항의 계수가 $\dfrac{1}{n}$인 삼차함수 $f(x)$의 도함수 $y=f'(x)$의 그래프가 그림과 같을 때, 함수 $f(x)$의 극댓값과 극솟값의 차가 250 이하가 되도록 하는 자연수 n의 개수는?

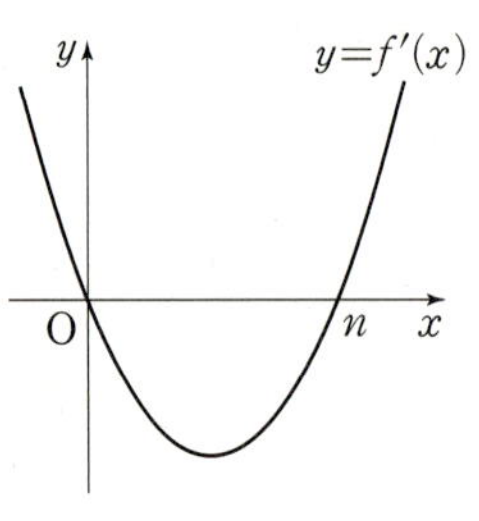

① 20   ② 22   ③ 24
④ 26   ⑤ 28

0587
· 유형 06 ·

함수 $f(x)=x^4+ax^3+6x^2+bx+1$이 $x=\alpha$, $x=\beta$에서 극솟값을 갖고, $x=2$에서 극댓값을 갖는다. 세 수 α, 2, β가 이 순서대로 등차수열을 이룰 때, $a+b$의 값은?

(단, a, b는 상수이다.)

① 30   ② 32   ③ 34
④ 36   ⑤ 38

0588
· 유형 02 ·

다음 조건을 만족시키는 두 정수 a, b의 순서쌍 $(a,\ b)$의 개수는?

> (가) $0 \le b \le 8$
> (나) 함수 $f(x)=\dfrac{1}{3}x^3-ax^2+bx+3$은 실수 전체의 집합에서 증가한다.

① 31   ② 32   ③ 33
④ 34   ⑤ 35

0589
· 유형 05 ·

최고차항의 계수가 1인 삼차함수 $f(x)$는 $x=-2$에서 극댓값, $x=5$에서 극솟값을 갖고, 최고차항의 계수가 3인 이차함수 $g(x)$는 $x=-2$에서 극솟값을 갖는다. 함수 $h(x)=f(x)+g(x)$에 대하여 함수 $h(x)$는 $x=a$에서 극댓값, $x=b$에서 극솟값을 가질 때, ab의 값은?

① -6 ② -4 ③ -2
④ 0   ⑤ 2

0590
· 유형 13 ·

최고차항의 계수가 각각 2, 1인 두 사차함수 $f(x)$, $g(x)$가 다음 조건을 만족시킨다.

> (가) 함수 $f(x)$는 $x=1$, $x=2$, $x=3$에서 극값을 갖는다.
> (나) 함수 $g(x)$는 $x=1$, $x=2$, $x=a$에서 극값을 갖는다.

함수 $h(x)=f(x)-g(x)$가 극댓값을 갖지 않도록 하는 실수 a의 최댓값은?

① 1   ② 3   ③ 5
④ 7   ⑤ 9

0591
· 유형 11 ·

함수 $f(x)=\dfrac{2}{3}x^3-nx^2+(n+4)x+12$가 열린구간 $(-6,\ 4)$에서 두 개의 극값을 갖도록 하는 정수 n의 개수는?

① 1   ② 2   ③ 3
④ 4   ⑤ 5

0592 사고력 · 유형 14 ·

실수 전체의 집합에서 정의된 함수 $f(x)$가 다음 조건을 만족시킨다.

> (가) $f(x)=x^3-9x+8$ $(-3\le x\le 3)$
> (나) 임의의 실수 x에 대하여 $f(x+6)=f(x)$

함수 $f(x)$가 $x=a$에서 최댓값, $x=b$에서 최솟값을 가질 때, $|b-a|$의 최솟값은?

① 3   ② $\sqrt{10}$ ③ $\sqrt{11}$
④ $2\sqrt{3}$ ⑤ $\sqrt{13}$

0593 · 유형 06 ·

함수 $f(x)=x^3-\dfrac{3a+1}{2}x^2+ax+15$의 극솟값이 6일 때, 정수 a의 값은?

① 1   ② 2   ③ 3
④ 4   ⑤ 5

0594 · 유형 15 ·

함수 $f(x)=x^3+ax^2+bx+c$가 다음 조건을 만족시킬 때, $a+b+c$의 값은? (단, a, b, c는 상수이다.)

> (가) 열린구간 $(-2, 2)$에서 함수 $f(x)$는 $x=-1$에서 최댓값, $x=1$에서 최솟값을 갖는다.
> (나) 닫힌구간 $[-3, 3]$에서 함수 $f(x)$의 최댓값과 최솟값의 합은 12이다.

① 1   ② 2   ③ 3
④ 4   ⑤ 5

0595 · 유형 09 ·

사차함수 $f(x)$의 도함수 $y=f'(x)$의 그래프가 그림과 같고 $f(-2)<0<f(0)$일 때, **보기**에서 옳은 것만을 있는 대로 고른 것은?

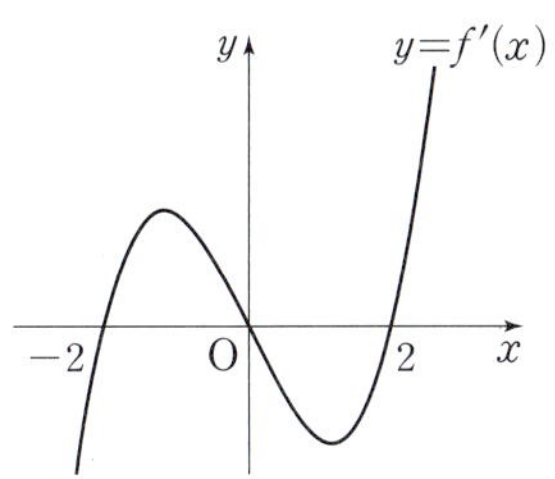

> | 보기 |
>
> ㄱ. $f(-1)>f(1)$
> ㄴ. 함수 $f(x)$는 $x=0$에서 극댓값을 갖는다.
> ㄷ. 함수 $y=f(x)$의 그래프는 x축과 서로 다른 네 점에서 만난다.

① ㄴ   ② ㄱ, ㄴ   ③ ㄱ, ㄷ
④ ㄴ, ㄷ   ⑤ ㄱ, ㄴ, ㄷ

0596 · 유형 03 ·

함수 $f(x)=(x+2)\{x^2+(a-2)x+28\}$이 닫힌구간 $[-5, 0]$에서 증가하도록 하는 실수 a의 최댓값을 M, 최솟값을 m이라 할 때, $M-m$의 값은?

① 22   ② 23   ③ 24
④ 25   ⑤ 26

0597
• 유형 10 •

함수 $f(x)=\dfrac{1}{3}x^3-\dfrac{1}{2}(n+3)x^2+3nx+2$가 다음 조건을 만족시킬 때, 자연수 n의 값은?

> 열린구간 $(a-1,\ a+1)$에 속하는 모든 x에 대하여 $f(x)\leq f(a)$인 실수 a가 존재하지 않는다.

① 3   ② 5   ③ 7
④ 9   ⑤ 11

0598 `사고력`
• 유형 07 + 유형 10 •

좌표평면에서 네 점 $(1, 1)$, $(1, 2)$, $(2, 1)$, $(2, 2)$로 이루어진 영역의 경계 및 내부에 점 P가 있다. 그림과 같이 함수 $f(x)=x^3+ax^2+bx+c$의 그래프가 점 P를 지나고 점 P에서의 접선이 x축에 평행할 때, **| 보기 |**에서 옳은 것만을 있는 대로 고른 것은? (단, a, b, c는 상수이다.)

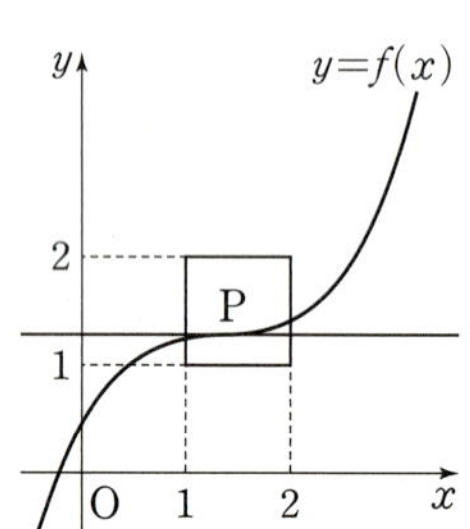

> **| 보기 |**
> ㄱ. $c^2<4$
> ㄴ. $a^2-b<0$
> ㄷ. $0<b\leq 6$

① ㄱ   ② ㄴ   ③ ㄱ, ㄷ
④ ㄴ, ㄷ   ⑤ ㄱ, ㄴ, ㄷ

0599
• 유형 16 •

좌표평면에서 곡선 $y=x^2-1$ 위를 움직이는 점 P와 곡선 $y=-x^2+4x-4$ 위를 움직이는 점 Q에 대하여 두 점 P, Q에서 x축에 내린 수선의 발을 각각 R, S라 하자. 점 P의 x좌표보다 점 Q의 x좌표가 크고, $\overline{RS}=1$일 때, 선분 PQ의 길이의 최솟값은?

① $\dfrac{\sqrt{5}}{4}$ ② $\dfrac{\sqrt{5}}{2}$ ③ 1
④ $\sqrt{5}$ ⑤ 5

0600
• 유형 05 •

함수 $f(x)=\dfrac{1}{4}x^4-\dfrac{3}{2}x^2-2x+\dfrac{5}{4}$에 대하여 함수 $g(x)$를 $g(x)=|f(x)-k|$라 할 때, 함수 $g(x)$가 오직 한 점에서만 미분가능하지 않다. 함수 $g(x)$의 극댓값을 M이라 할 때, $4kM$의 값은? (단, k는 상수이다.)

① 52   ② 54   ③ 56
④ 58   ⑤ 60

0601 `창의력 +`
• 유형 12 + 유형 13 •

두 함수
$$f(x)=-\dfrac{1}{4}x^4+\dfrac{8}{3}x^3-\dfrac{a}{2}x^2,$$
$$g(x)=(x-1)^2(x^2-4x+a)$$
에 대하여 두 집합 X, Y를
$$X=\{p\,|\,\text{함수 } f(x)\text{는 } x=p\text{에서 극대이다.}\},$$
$$Y=\{p\,|\,\text{함수 } g(x)\text{는 } x=p\text{에서 극소이다.}\}$$
라 하자. $n(X)-n(Y)>0$일 때, 모든 정수 a의 값의 합은?

① 113   ② 115   ③ 117
④ 119   ⑤ 121

서술형 문제

0602
· 유형 01 ·

함수 $f(x)=x^3-3x^2+3x+1$의 증가와 감소를 조사하시오.

0603
· 유형 14 ·

닫힌구간 $[0,\ 2]$에서 함수 $f(x)=x^3-3x-1$에 대하여 합성함수 $(f\circ f)(x)$의 최댓값과 최솟값을 구하시오.

> ☑ **필요 개념 및 공식**
> ☐ 합성함수   ☐ 함수의 최대·최소

0604
· 유형 16 ·

그림과 같이 점 P는 원점 O를 출발하여 x축을 따라 점 $(2,\ 0)$으로 움직이고, 점 Q는 점 $(1,\ 1)$을 출발하여 곡선 $y=2x-x^2$을 따라 점 $(2,\ 0)$으로 움직인다. 두 점 P, Q의 x좌표를 각각 $t,\ 1+\dfrac{t}{2}$라 할 때, 삼각형 OPQ의 넓이가 최대가 되는 t의 값을 구하시오. (단, $0<t<2$)

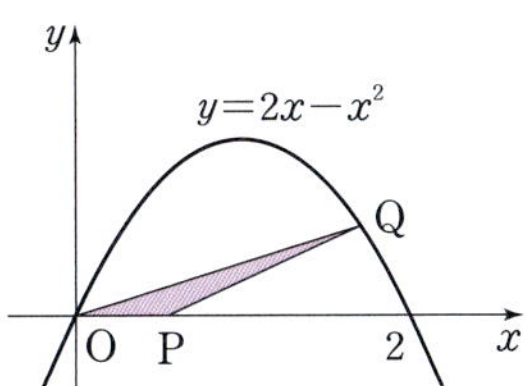

> ☑ **필요 개념 및 공식**
> ☐ 삼각형의 넓이   ☐ 함수의 최대·최소

0605
· 유형 06 + 유형 10 ·

두 자연수 $a,\ b$에 대하여 함수 $f(x)=x^3-ax^2+bx$는 극댓값 p, 극솟값 q를 갖는다. $f(1)=3$, $q>0$일 때, ab의 값을 구하시오.

> ☑ **필요 개념 및 공식**
> ☐ 이차방정식의 판별식   ☐ 함수의 극대와 극소

0606
· 유형 05 + 유형 15 ·

함수 $f(x)=\begin{cases} |x^2(x+a)| & (x<0) \\ a(x^3-3x) & (x\geq0) \end{cases}$의 최솟값이 -6일 때, 함수 $f(x)$의 극댓값을 구하시오. (단, a는 상수이다.)

> ☑ **필요 개념 및 공식**
> ☐ 함수의 극대와 극소   ☐ 함수의 그래프   ☐ 함수의 최대·최소

0607
· 유형 11 ·

실수 전체의 집합에서 정의된 다항함수 $f(x)$가
$$f(x+y)=f(x)+f(y)+xy(x+y+k)$$
를 만족시키고 $f'(0)=k+5$이다. 함수 $f(x)$가 열린구간 $(-1,\ 1)$, $(1,\ 5)$에서 극값을 각각 하나씩 가질 때, 실수 k의 값의 범위를 구하시오.

> ☑ **필요 개념 및 공식**
> ☐ 도함수의 정의   ☐ 함수의 극대와 극소

개념 01 방정식에의 활용

함수 $y=f(x)-g(x)$의 그래프와 x축의 교점의 개수와 같다.

(1) 방정식 $f(x)=0$의 서로 다른 실근의 개수는 함수 $y=f(x)$의 그래프와 x축의 교점의 개수와 같다.
(2) 방정식 $f(x)=g(x)$의 서로 다른 실근의 개수는 방정식 $f(x)-g(x)=0$의 서로 다른 실근의 개수 또는 두 함수 $y=f(x)$, $y=g(x)$의 그래프의 교점의 개수와 같다.
(3) 삼차함수 $f(x)$가 극값을 가질 때, 삼차방정식 $f(x)=0$의 근은 극값을 이용하여 다음과 같이 판별할 수 있다.
　① (극댓값)$\times$(극솟값)<0 $\Longleftrightarrow$ 서로 다른 세 실근
　② (극댓값)$\times$(극솟값)$=0$ $\Longleftrightarrow$ 한 실근과 중근
　③ (극댓값)$\times$(극솟값)>0 $\Longleftrightarrow$ 한 실근과 두 허근

서로 다른 두 실근

[0608~0613] 다음 방정식의 서로 다른 실근의 개수를 구하시오.

0608 $x^3-6x^2+15=0$

0609 $\dfrac{1}{4}x^4-\dfrac{1}{3}x^3-x^2=0$

0610 $x^3-3x=-2$

0611 $x^4-2x^2=1$

0612 $x^3-2=3x^2-3x$

0613 $3x^4+5x^3-8x^2=x^3+4x^2-1$

[0614~616] 방정식 $x^3+3x^2-9x+a=0$의 근이 다음 조건을 만족시키도록 하는 실수 a의 값 또는 범위를 구하시오.

0614 서로 다른 세 실근

0615 한 실근과 중근

0616 한 실근과 두 허근

개념 02 부등식에의 활용

(1) 어떤 구간에서 부등식 $f(x) \geq 0$이 성립함을 보이려면 그 구간에서 (함수 $f(x)$의 최솟값)≥ 0임을 보인다.
(2) 어떤 구간에서 부등식 $f(x) \geq g(x)$가 성립함을 보이려면 $h(x)=f(x)-g(x)$라 하고 그 구간에서 (함수 $h(x)$의 최솟값)≥ 0임을 보인다.

0617 $x \geq 0$일 때, 부등식 $x^3-3x^2+k \geq 0$이 성립하도록 하는 실수 k의 값의 범위를 구하시오.

0618 모든 실수 x에 대하여 부등식 $3x^4-4x^3+k \geq 0$이 성립하도록 하는 실수 k의 값의 범위를 구하시오.

개념 03 속도와 가속도

수직선 위를 움직이는 점 P의 시각 t에서의 위치 x가 $x=f(t)$일 때, 시각 t에서의 점 P의 속도 v와 가속도 a는

$$v=\dfrac{dx}{dt}=f'(t), \quad a=\dfrac{dv}{dt}$$

위치 → 속도 → 가속도

이때 시각 t에서의 점 P의 속력은 $|v|$이다.

참고 속도 $v=f'(t)$의 부호는 점 P의 운동 방향을 나타낸다. 즉, $v>0$이면 양의 방향으로 움직이고 $v<0$이면 음의 방향으로 움직인다.

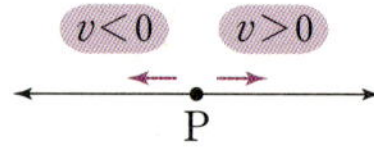

또한, $v=0$이면 점 P는 운동 방향이 바뀌거나 정지한다.

[0619~0621] 수직선 위를 움직이는 점 P의 시각 t에서의 위치 x가 다음과 같을 때, 시각 $t=2$에서의 점 P의 속도 v와 가속도 a를 구하시오.

0619 $x=t^2-3t+2$

0620 $x=-2t^2+8t+6$

0621 $x=t^3+2t^2-3t+4$

개념 04 시각에 대한 변화율

어떤 물체의 시각 t에서의 길이를 l, 넓이를 S, 부피를 V라 할 때, 시간이 Δt만큼 경과한 후 길이, 넓이, 부피가 각각 Δl, ΔS, ΔV만큼 변했다고 하면 시각 t에서의 각각의 변화율은

(1) 길이의 변화율 : $\displaystyle\lim_{\Delta t \to 0}\dfrac{\Delta l}{\Delta t}=\dfrac{dl}{dt}$

(2) 넓이의 변화율 : $\displaystyle\lim_{\Delta t \to 0}\dfrac{\Delta S}{\Delta t}=\dfrac{dS}{dt}$

(3) 부피의 변화율 : $\displaystyle\lim_{\Delta t \to 0}\dfrac{\Delta V}{\Delta t}=\dfrac{dV}{dt}$

0622 어떤 물체의 시각 t에서의 길이 l이 $l=3t^2+2t+1$일 때, $t=2$에서의 물체의 길이의 변화율을 구하시오.

0623 어떤 도형의 시각 t에서의 넓이 S가 $S=t^3+2t^2+t$일 때, $t=3$에서의 도형의 넓이의 변화율을 구하시오.

0624 어떤 도형의 시각 t에서의 부피 V가 $V=(2t^2+t+1)(t+1)$일 때, $t=1$에서의 도형의 부피의 변화율을 구하시오.

유형 01 방정식 $f(x)=k$의 실근의 개수

방정식 $f(x)=k$의 서로 다른 실근의 개수는 함수 $y=f(x)$의 그래프와 직선 $y=k$의 교점의 개수와 같다.

👍 대표 예제

0625 x에 대한 방정식 $x^3-5x^2+3x-k=0$이 서로 다른 세 실근을 갖도록 하는 정수 k의 개수는?

① 7   ② 8   ③ 9
④ 10   ⑤ 11

선생님 해설

$x^3-5x^2+3x-k=0$에서 $x^3-5x^2+3x=k$

즉, 방정식 $x^3-5x^2+3x=k$가 서로 다른 세 실근을 가지려면 곡선 $y=x^3-5x^2+3x$와 직선 $y=k$가 서로 다른 세 점에서 만나야 한다.

$f(x)=x^3-5x^2+3x$라 하면

$f'(x)=3x^2-10x+3=(3x-1)(x-3)$

$f'(x)=0$에서 $x=\dfrac{1}{3}$ 또는 $x=3$

함수 $f(x)$의 증가와 감소를 표로 나타내면 다음과 같다.

x	$\cdots$	$\dfrac{1}{3}$	$\cdots$	3	$\cdots$
$f'(x)$	$+$	0	$-$	0	$+$
$f(x)$	$\nearrow$	$\dfrac{13}{27}$	$\searrow$	-9	$\nearrow$

오른쪽 그림에서 곡선 $y=f(x)$와 직선 $y=k$가 서로 다른 세 점에서 만나도록 하는 실수 k의 값의 범위는

$-9<k<\dfrac{13}{27}$

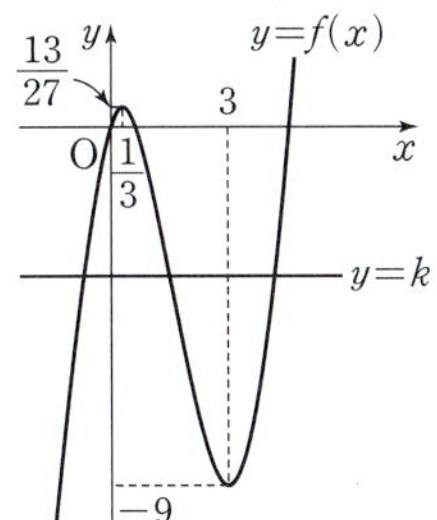

따라서 정수 k의 개수는 -8, -7, -6, $\cdots$, 0의 9이다.

답 ③

0626 [대표 예제] [한 번 더]

x에 대한 방정식 $2x^3-15x^2+24x+k=0$이 서로 다른 두 실근을 갖도록 하는 모든 실수 k의 값의 합은?

① 3   ② 5   ③ 7
④ 9   ⑤ 11

0627

x에 대한 방정식 $x^3-2x^2-3x=2x^2+k-2$가 오직 한 개의 실근을 갖도록 하는 자연수 k의 최솟값을 구하시오.

0628

x에 대한 방정식 $3x^4+4x^3-12x^2+2-k=0$이 서로 다른 네 실근을 갖도록 하는 실수 k의 값의 범위가 $a<k<b$일 때, ab의 값은?

① -10 ② -8 ③ -6
④ -4 ⑤ -2

0629

x에 대한 방정식 $\dfrac{3}{4}x^4-2x^3-\dfrac{3}{2}x^2+6x-10+k=0$이 서로 다른 두 실근을 갖도록 하는 모든 자연수 k의 값의 합을 구하시오.

유형 02 방정식 $f(x)=k$의 실근의 부호

방정식 $f(x)=k$의 실근은 함수 $y=f(x)$의 그래프와 직선 $y=k$의 교점의 x좌표와 같다.
① 방정식 $f(x)=k$가 양수인 근을 갖는 경우
 ➡ 교점의 x좌표가 양수
② 방정식 $f(x)=k$가 음수인 근을 갖는 경우
 ➡ 교점의 x좌표가 음수

🖊 대표 예제

0630 x에 대한 방정식 $x^3-3x^2-24x+k=0$이 서로 다른 두 개의 양수인 근과 한 개의 음수인 근을 갖도록 하는 실수 k의 값의 범위는?

① $-28<k<80$ ② $-28<k<0$
③ $-28\leq k<0$ ④ $0<k<80$
⑤ $0\leq k<80$

$x^3-3x^2-24x+k=0$에서 $x^3-3x^2-24x=-k$
즉, 방정식 $x^3-3x^2-24x=-k$가 서로 다른 두 개의 양수인 근과 한 개의 음수인 근을 가지려면 곡선 $y=x^3-3x^2-24x$와 직선 $y=-k$의 교점의 x좌표가 두 개는 양수이고 다른 한 개는 음수이어야 한다.
$f(x)=x^3-3x^2-24x$라 하면
$f'(x)=3x^2-6x-24=3(x+2)(x-4)$
$f'(x)=0$에서 $x=-2$ 또는 $x=4$
함수 $f(x)$의 증가와 감소를 표로 나타내면 다음과 같다.

x	$\cdots$	-2	$\cdots$	4	$\cdots$
$f'(x)$	$+$	0	$-$	0	$+$
$f(x)$	↗	28	↘	-80	↗

오른쪽 그림에서 곡선 $y=f(x)$와 직선 $y=-k$의 교점의 x좌표가 두 개는 양수, 다른 한 개는 음수가 되도록 하는 실수 k의 값의 범위는
$-80<-k<0$
$\therefore 0<k<80$

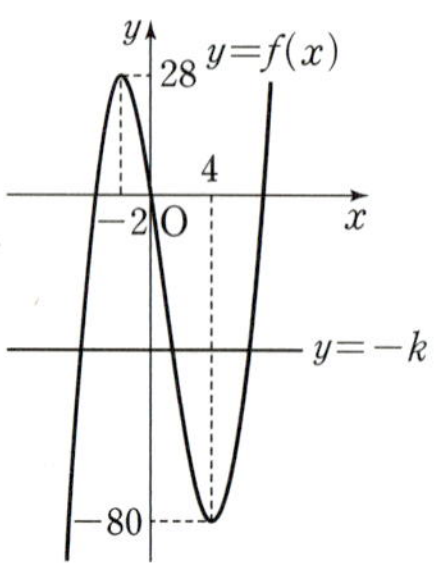

방정식 $f(x)=-k$가 양수인 근을 가질 때에는 곡선 $y=f(x)$와 직선 $y=-k$의 교점이 제1, 4사분면에 있고, 음수인 근을 가질 때에는 교점이 제2, 3사분면에 있어.

➡ **답** ④

0631 대표 예제 한 번 더

x에 대한 방정식 $\dfrac{4}{3}x^3+2x^2-3x+k=0$이 한 개의 양수인 근과 서로 다른 두 개의 음수인 근을 갖도록 하는 정수 k의 개수는?

① 3 ② 4 ③ 5
④ 6 ⑤ 7

0632

x에 대한 방정식 $x^3-2x^2-2x=\dfrac{1}{2}x^2+k$가 오직 한 개의 음수인 근을 갖도록 하는 정수 k의 최댓값은?

① -8 ② -7 ③ -6
④ -5 ⑤ -4

0633

x에 대한 방정식 $x^4+4x^3+20=2x^2+12x+k$가 서로 다른 두 개의 양수인 근과 서로 다른 두 개의 음수인 근을 갖도록 하는 모든 정수 k의 값의 합을 구하시오.

0634 🔼

자연수 k에 대하여 $f(-1)=k+8$, $f(0)=k+2$, $f(2)=k-46$을 만족시키는 사차함수 $f(x)$의 도함수 $f'(x)$를 $f'(x)=a(x+1)^2(x-2)$라 하자. 방정식 $f(x)=m$이 적어도 한 개의 음수인 근을 갖도록 하는 자연수 m의 최솟값이 10일 때, k의 최댓값은? (단, $a>0$)

① 6 ② 7 ③ 8
④ 9 ⑤ 10

유형 03 삼차방정식의 근의 판별

삼차함수 $f(x)$가 극값을 가질 때, 삼차방정식 $f(x)=0$의 근은 극값을 이용하여 다음과 같이 판별한다.
① (극댓값)×(극솟값)<0 ⟺ 서로 다른 세 실근
② (극댓값)×(극솟값)=0 ⟺ 한 실근과 중근 (서로 다른 두 실근)
③ (극댓값)×(극솟값)>0 ⟺ 한 실근과 두 허근

🖒 대표 예제

0635 x에 대한 방정식 $2x^3-3ax^2+8=0$이 한 실근과 두 허근을 갖도록 하는 정수 a의 최댓값은? (단, $a\neq0$)

① -2 ② -1 ③ 1
④ 2 ⑤ 3

선생님 해설

$f(x)=2x^3-3ax^2+8$이라 하면
$f'(x)=6x^2-6ax=6x(x-a)$
$f'(x)=0$에서 $x=0$ 또는 $x=a$
삼차방정식 $f(x)=0$이 한 실근과 두 허근을 가지려면
$f(0)f(a)>0$이어야 하므로
$8(-a^3+8)>0$, $a^3-8<0$
$(a-2)(a^2+2a+4)<0$
$a-2<0$ (∵ $a^2+2a+4>0$)
　　　　　↳ $a^2+2a+4=(a+1)^2+3>0$
∴ $a<2$
따라서 정수 a의 최댓값은 1이다.

> (극댓값)×(극솟값)의 부호에 따라 실근의 개수가 결정되므로 각각의 경우를 잘 기억하고 있어야 해.

답 ③

0636 대표 예제 한 번 더
x에 대한 방정식 $x^3+3ax^2+4=0$이 서로 다른 세 실근을 갖도록 하는 실수 a의 값의 범위는? (단, $a\neq0$)

① $a<-1$ ② $a<0$ ③ $a>0$
④ $a>1$ ⑤ $0<a<1$

0637
함수 $f(x)=x^3-\dfrac{3}{2}x^2-18x+2$에 대하여 함수 $y=f(x)$의 그래프를 y축의 방향으로 k만큼 평행이동시켰더니 함수 $y=g(x)$의 그래프와 일치하였다. 방정식 $g(x)=0$이 서로 다른 두 실근을 갖도록 하는 모든 k의 값의 합은?

① $\dfrac{21}{2}$ ② $\dfrac{23}{2}$ ③ $\dfrac{25}{2}$
④ $\dfrac{27}{2}$ ⑤ $\dfrac{29}{2}$

0638
함수 $f(x)=x^3-3ax+5a$가 극값을 갖고, 방정식 $f(x)=0$이 오직 한 개의 실근을 갖도록 하는 정수 a의 개수는?

① 3 ② 4 ③ 5
④ 6 ⑤ 7

0639 UP
x에 대한 방정식 $x^3+\dfrac{3}{2}x^2+2=\dfrac{3}{2}ax^2+3ax$가 서로 다른 두 실근을 갖도록 하는 모든 실수 a의 값의 합은?

① -4 ② $-\dfrac{10}{3}$ ③ $-\dfrac{8}{3}$
④ -2 ⑤ $-\dfrac{4}{3}$

유형 04 사차함수의 그래프의 개형을 통한 근의 판별

최고차항의 계수가 양수인 사차함수 $y=f(x)$의 그래프의 개형은 다음과 같다.

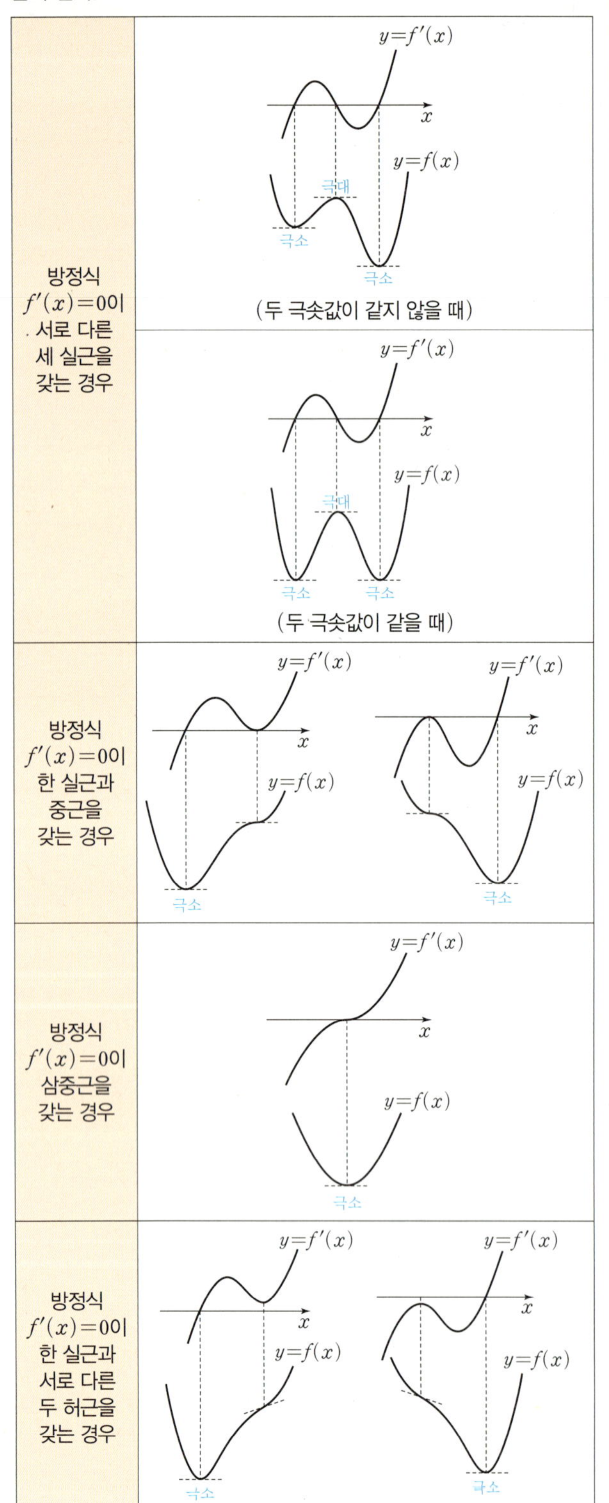

방정식 $f'(x)=0$이 서로 다른 세 실근을 갖는 경우	(두 극솟값이 같지 않을 때) / (두 극솟값이 같을 때)
방정식 $f'(x)=0$이 한 실근과 중근을 갖는 경우	
방정식 $f'(x)=0$이 삼중근을 갖는 경우	
방정식 $f'(x)=0$이 한 실근과 서로 다른 두 허근을 갖는 경우	

이때 사차방정식 $f(x)=k$의 실근의 개수는 곡선 $y=f(x)$와 직선 $y=k$의 교점의 개수와 같다.

대표 예제

0640 사차함수 $f(x)$의 도함수 $y=f'(x)$의 그래프가 그림과 같을 때, 사차방정식 $f(x)=0$이 서로 다른 네 실근을 가질 조건은? (단, $\alpha<\beta<\gamma$)

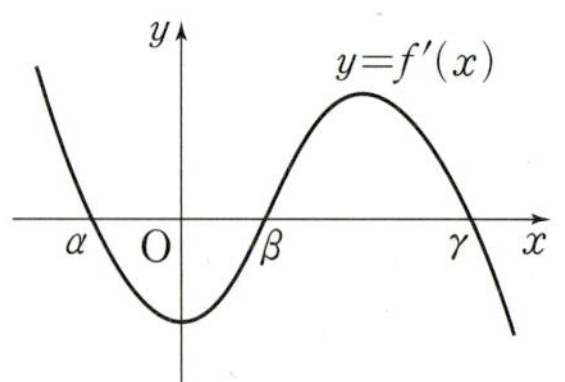

① $f(\alpha)>0$, $f(\beta)>0$, $f(\gamma)>0$
② $f(\alpha)>0$, $f(\beta)<0$, $f(\gamma)>0$
③ $f(\alpha)>0$, $f(\beta)<0$, $f(\gamma)<0$
④ $f(\alpha)<0$, $f(\beta)>0$, $f(\gamma)>0$
⑤ $f(\alpha)<0$, $f(\beta)<0$, $f(\gamma)<0$

선생님 해설

$y=f'(x)$의 그래프가 x축과 만나는 점의 x좌표가 각각 α, β, γ이므로 $f'(x)=0$에서
$x=\alpha$ 또는 $x=\beta$ 또는 $x=\gamma$
함수 $f(x)$의 증가와 감소를 표로 나타내면 다음과 같다.

x	$\cdots$	α	$\cdots$	β	$\cdots$	γ	$\cdots$
$f'(x)$	$+$	0	$-$	0	$+$	0	$-$
$f(x)$	$\nearrow$	극대	$\searrow$	극소	$\nearrow$	극대	$\searrow$

사차방정식 $f(x)=0$이 서로 다른 네 실근을 가지려면 함수 $y=f(x)$의 그래프와 x축이 서로 다른 네 점에서 만나야 하므로 함수 $y=f(x)$의 그래프의 개형은 다음 그림과 같아야 한다.

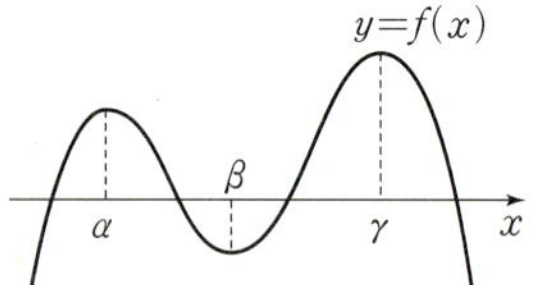

$\therefore f(\alpha)>0$, $f(\beta)<0$, $f(\gamma)>0$

함수 $f(x)$의 도함수 $y=f'(x)$의 그래프의 개형을 통해 방정식 $f'(x)=0$인 점의 좌우에서 도함수의 부호를 판별하면 함수 $y=f(x)$의 그래프의 개형을 알 수 있어.

답 ② 

0641 대표 예제 한 번 더

사차함수 $f(x)$의 도함수 $y=f'(x)$의 그래프가 그림과 같을 때, 사차방정식 $f(x)=0$이 서로 다른 두 실근을 가질 조건은? (단, $\alpha<\beta$)

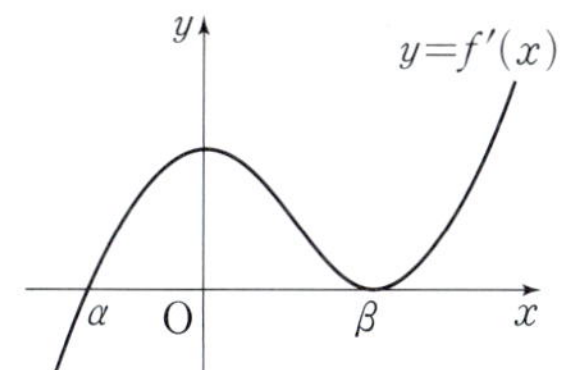

① $f(\alpha)<0$ ② $f(\alpha)=0$ ③ $f(\alpha)>0$
④ $f(\alpha)f(\beta)>0$ ⑤ $f(\beta)>0$

0642

최고차항의 계수가 1인 사차함수 $f(x)$의 도함수 $f'(x)$에 대하여 방정식 $f'(x)=0$의 서로 다른 세 실근을 각각 α, β, γ $(\alpha<\beta<\gamma)$라 하자. $f(\alpha)f(\beta)<0$, $f(\beta)f(\gamma)=0$일 때, 방정식 $f(x)=f\left(\dfrac{\beta+\gamma}{2}\right)$의 서로 다른 실근의 개수는?

① 0 ② 1 ③ 2
④ 3 ⑤ 4

0643

최고차항의 계수가 1인 사차함수 $f(x)$가 $f(0)=0$이고 모든 실수 x에 대하여 $f(x)=f(-x)$를 만족시킨다. 방정식 $|f(x)|=9$의 서로 다른 실근의 개수가 4일 때, $f(2)$의 값은?

① -10 ② -8 ③ -6
④ -4 ⑤ -2

0644 UP

세 실수 p, q, r에 대하여 사차함수 $f(x)$의 도함수 $f'(x)$가
$$f'(x)=(x-p)(x-q)(x-r)$$
일 때, **보기** 에서 옳은 것만을 있는 대로 고른 것은?

┤ 보기 ├

ㄱ. $p=q=r$이면 방정식 $f(x)=0$은 실근을 갖는다.

ㄴ. $p=q<r$이고 $f(r)<0$이면 방정식 $f(x)=0$은 서로 다른 두 실근을 갖는다.

ㄷ. $p<q<r$이고 $f(p)f(q)<0$이면 방정식 $f(x)=0$은 서로 다른 네 실근을 갖는다.

① ㄱ ② ㄴ ③ ㄷ
④ ㄱ, ㄴ ⑤ ㄴ, ㄷ

유형 05 두 그래프의 교점의 개수

두 함수 $y=f(x)$, $y=g(x)$의 그래프의 교점의 개수는 방정식 $f(x)=g(x)$의 서로 다른 실근의 개수와 같다.

🖒 대표 예제

0645 곡선 $y=x^3+x^2+x$와 직선 $y=2x+k$가 서로 다른 두 점에서 만나도록 하는 모든 실수 k의 값의 합은?

① $\dfrac{7}{9}$ ② $\dfrac{22}{27}$ ③ $\dfrac{23}{27}$

④ $\dfrac{8}{9}$ ⑤ $\dfrac{25}{27}$

선생님 해설

곡선 $y=x^3+x^2+x$와 직선 $y=2x+k$가 서로 다른 두 점에서 만나려면 방정식 $x^3+x^2+x=2x+k$, 즉 $x^3+x^2-x=k$가 서로 다른 두 실근을 가져야 한다.

$f(x)=x^3+x^2-x$라 하면

$f'(x)=3x^2+2x-1=(x+1)(3x-1)$

$f'(x)=0$에서 $x=-1$ 또는 $x=\dfrac{1}{3}$

함수 $f(x)$의 증가와 감소를 표로 나타내면 다음과 같다.

x	$\cdots$	-1	$\cdots$	$\dfrac{1}{3}$	$\cdots$
$f'(x)$	$+$	0	$-$	0	$+$
$f(x)$	↗	1	↘	$-\dfrac{5}{27}$	↗

오른쪽 그림에서 곡선 $y=f(x)$와 직선 $y=k$가 서로 다른 두 점에서 만나도록 하는 실수 k의 값은

$k=-\dfrac{5}{27}$ 또는 $k=1$

따라서 모든 실수 k의 값의 합은

$\left(-\dfrac{5}{27}\right)+1=\dfrac{22}{27}$

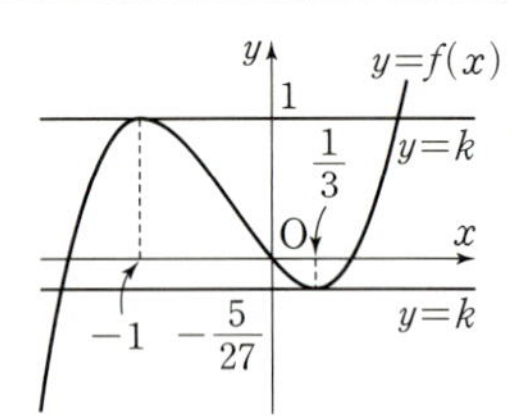

답 ②

0646 대표 예제 한 번 더

곡선 $y=x^4+2x^3-3x^2$과 직선 $y=4x+k$가 서로 다른 세 점에서 만나도록 하는 실수 k의 값은?

① $\dfrac{13}{16}$ ② $\dfrac{7}{8}$ ③ $\dfrac{15}{16}$

④ 1 ⑤ $\dfrac{17}{16}$

0647

두 곡선 $y=x^4+15x^2+6$, $y=7x^3+13x+2$가 만나는 서로 다른 점의 개수는?

① 0 ② 1 ③ 2

④ 3 ⑤ 4

0648

두 곡선 $y=-\dfrac{2}{3}x^3-\dfrac{1}{2}x^2+5$, $y=2x^2-3x+k$가 오직 한 점에서 만나도록 하는 자연수 k의 최솟값은?

① 5 ② 6 ③ 7

④ 8 ⑤ 9

0649

곡선 $y=\dfrac{3}{2}x^4+2x^3-6x^2+x-k$가 두 점 $\mathrm{A}(-2,\ -7)$, $\mathrm{B}(2,\ -3)$을 잇는 선분 AB와 서로 다른 세 점에서 만나도록 하는 실수 k의 값의 범위가 $a<k<b$일 때, $6ab$의 값을 구하시오.

유형 06 함수의 증가와 감소를 활용한 주어진 구간에서 부등식이 항상 성립할 조건

① 열린구간 (a, b)에서 함수 $f(x)$가 증가할 때
- 이 구간에서 $f(x) > k$가 항상 성립하려면 $f(a) \geq k$
- 이 구간에서 $f(x) < k$가 항상 성립하려면 $f(b) \leq k$

② 열린구간 (a, b)에서 함수 $f(x)$가 감소할 때
- 이 구간에서 $f(x) > k$가 항상 성립하려면 $f(b) \geq k$
- 이 구간에서 $f(x) < k$가 항상 성립하려면 $f(a) \leq k$

🖐 대표 예제

0650 $1 < x < 3$일 때, 부등식 $\dfrac{2}{3}x^3 - 5x^2 + 8x + k > 0$이 항상 성립하도록 하는 실수 k의 최솟값은?

① 2
② $\dfrac{5}{2}$
③ 3
④ $\dfrac{7}{2}$
⑤ 4

선생님 해설

$f(x) = \dfrac{2}{3}x^3 - 5x^2 + 8x + k$라 하면

$f'(x) = 2x^2 - 10x + 8 = 2(x-1)(x-4)$

$1 < x < 3$일 때, $f'(x) < 0$이므로 함수 $f(x)$는 열린구간 $(1, 3)$에서 감소한다.

즉, $1 < x < 3$에서 $f(x) > 0$이 항상 성립하려면 $f(3) \geq 0$이어야 하므로

$\dfrac{2}{3} \cdot 3^3 - 5 \cdot 3^2 + 8 \cdot 3 + k \geq 0$

$-3 + k \geq 0$ $\qquad \therefore k \geq 3$

따라서 실수 k의 최솟값은 3이다.

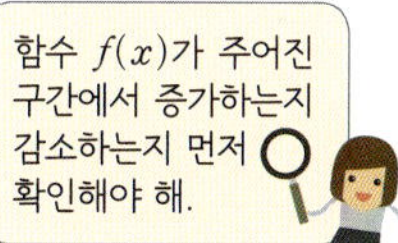

답 ③

0651 대표 예제 한 번 더

$0 < x < 2$일 때, 부등식 $x^3 - 3x^2 < 9x - a$가 항상 성립하도록 하는 실수 a의 값의 범위는?

① $a \leq 0$
② $a \leq 22$
③ $a \geq 0$
④ $a > 22$
⑤ $a \geq 22$

0652

$x > 2$일 때, 부등식 $x^3 - 3x + k > 0$이 항상 성립하도록 하는 실수 k의 최솟값은?

① -2
② -1
③ 0
④ 1
⑤ 2

0653

열린구간 $(3, 5)$에서 함수 $f(x) = 2x^3 - x^2 + k$의 그래프가 함수 $g(x) = 2x^2 + 12x$의 그래프보다 항상 위쪽에 있도록 하는 실수 k의 최솟값을 구하시오.

0654 UP

$x \geq 1$일 때, 부등식 $\dfrac{1}{3}x^3 + (1-a)x^2 - 4ax \geq \dfrac{1}{3}$이 항상 성립하도록 하는 실수 a의 최댓값을 M이라 하자. $10M$의 값을 구하시오.

유형 07	함수의 최대와 최소를 활용한 주어진 구간에서 부등식이 항상 성립할 조건

① 어떤 구간에서 부등식 $f(x) \geq k$가 항상 성립하려면 그 구간에서 (함수 $f(x)$의 최솟값)$\geq k$이어야 한다.
② 어떤 구간에서 부등식 $f(x) \leq k$가 항상 성립하려면 그 구간에서 (함수 $f(x)$의 최댓값)$\leq k$이어야 한다.

대표 예제

0655 $x > 1$일 때, 부등식 $x^3 - 3x^2 \geq k$가 항상 성립하도록 하는 실수 k의 최댓값은?

① -5 ② -4 ③ -3
④ -2 ⑤ -1

선생님 해설

$f(x) = x^3 - 3x^2$이라 하면
$f'(x) = 3x^2 - 6x = 3x(x-2)$
$f'(x) = 0$에서 $x = 2$ ($\because x > 1$)
$x > 1$에서 함수 $f(x)$의 증가와 감소를 표로 나타내면 다음과 같다.

x	(1)	$\cdots$	2	$\cdots$
$f'(x)$		$-$	0	$+$
$f(x)$		$\searrow$	-4	$\nearrow$

함수 $f(x)$는 $x = 2$에서 극소이면서 최소이므로 최솟값은 -4이다.
따라서 $x > 1$에서 $f(x) \geq k$가 항상 성립하려면
$-4 \geq k$
이어야 하므로 실수 k의 최댓값은 -4이다.

> **유형 06**과 달리 주어진 구간에서 함수 $f(x)$의 최댓값 또는 최솟값을 구한 후 문제를 해결해야 해.

답 ②

0656 대표 예제 | 한 번 더
$x \leq 0$일 때, 부등식 $x^4 + 6x^3 - x^2 + a \geq 2x^3 - 5x^2 + 2$가 항상 성립하도록 하는 실수 a의 값의 범위는?

① $a \leq 1$ ② $a \leq 2$ ③ $a \geq 0$
④ $a \geq 1$ ⑤ $a \geq 2$

0657
두 함수 $f(x) = x^3 + 2x^2 - x$, $g(x) = \dfrac{1}{2}x^2 + 5x + a$에 대하여 $-2 \leq x \leq 2$에서 부등식 $f(x) > g(x)$가 항상 성립하도록 하는 정수 a의 최댓값은?

① -5 ② -4 ③ -3
④ -2 ⑤ -1

0658
$x \geq 0$일 때, 부등식 $4x^3 - 3kx^2 + 16 \geq 0$이 항상 성립하도록 하는 모든 자연수 k의 값의 합을 구하시오.

0659
$x > 0$일 때, 부등식 $x^{n+1} - n^2 + 30 > (n+1)x$를 만족시키는 자연수 n의 개수를 구하시오.

유형 08 부등식이 항상 성립할 조건

모든 실수 x에 대하여 부등식 $f(x) \geq 0$이 성립하려면
(함수 $f(x)$의 최솟값) ≥ 0이어야 한다.

대표 예제

0660 모든 실수 x에 대하여 부등식 $x^4 - 4x^2 + k \geq 0$이 성립하도록 하는 실수 k의 값의 범위는?

① $k \leq 0$　　　② $k \leq 4$　　　③ $k \geq 0$
④ $k \geq 2$　　　⑤ $k \geq 4$

선생님 해설

$f(x) = x^4 - 4x^2 + k$라 하면
$f'(x) = 4x^3 - 8x = 4x(x+\sqrt{2})(x-\sqrt{2})$
$f'(x) = 0$에서 $x = -\sqrt{2}$ 또는 $x = 0$ 또는 $x = \sqrt{2}$
함수 $f(x)$의 증가와 감소를 표로 나타내면 다음과 같다.

x	$\cdots$	$-\sqrt{2}$	$\cdots$	0	$\cdots$	$\sqrt{2}$	$\cdots$
$f'(x)$	$-$	0	$+$	0	$-$	0	$+$
$f(x)$	$\searrow$	$k-4$	$\nearrow$	k	$\searrow$	$k-4$	$\nearrow$

함수 $f(x)$는 $x = -\sqrt{2}$ 또는 $x = \sqrt{2}$에서 극소이면서 최소이므로 최솟값은 $k-4$이다.
따라서 모든 실수 x에 대하여 $f(x) \geq 0$이 성립하려면 $k-4 \geq 0$이어야 하므로
$k \geq 4$

답 ⑤

0661 대표 예제 · 한 번 더
모든 실수 x에 대하여 부등식 $3x^4 - 4x^3 - 12x^2 + k \geq 0$이 성립하도록 하는 정수 k의 최솟값은?

① 31　　　② 32　　　③ 33
④ 34　　　⑤ 35

0662
두 함수 $f(x) = 3x^4 + 5x^3 + x + k$, $g(x) = -3x^3 + x$에 대하여 함수 $y = f(x)$의 그래프가 함수 $y = g(x)$의 그래프보다 항상 위쪽에 있도록 하는 정수 k의 최솟값을 구하시오.

0663
실수 전체의 집합에서 정의된 함수

$$f(x) = \begin{cases} x^4 - 4x^2 - 2 & (x \leq 1) \\ \dfrac{1}{3}x^3 + \dfrac{1}{2}x^2 - 6x + \dfrac{1}{6} & (x > 1) \end{cases}$$

에 대하여 부등식 $f(x) \geq k$가 성립하도록 하는 실수 k의 최댓값은?

① $-\dfrac{43}{6}$　　　② $-\dfrac{20}{3}$　　　③ -6
④ $-\dfrac{11}{2}$　　　⑤ -5

0664
모든 실수 x에 대하여 부등식
$$(x^2 + 2x)^3 - 6(x^2 + 2x)^2 \geq a - 60$$
이 성립하도록 하는 자연수 a의 개수를 구하시오.

유형 09 부등식의 증명

$x>a$일 때, 부등식 $f(x)>0$이 성립함을 보이려면
① $x>a$에서 함수 $f(x)$의 최솟값이 존재할 때
　　(함수 $f(x)$의 최솟값)>0
② $x>a$에서 함수 $f(x)$가 증가할 때, 즉 $f'(x)>0$일 때
　　$f(a)\geq0$

대표 예제

0665 다음은 $x\geq0$일 때, 부등식 $x^3+3x^2-9x+7>0$이 성립함을 증명하는 과정이다.

> $f(x)=x^3+3x^2-9x+7$이라 하면
> 　　$f'(x)=3x^2+6x-9=3(x+3)(x-1)$
> $f'(x)=0$에서 $x=1$ $(\because x\geq0)$
> $x\geq0$일 때, 함수 $f(x)$는 $x=$ (가) 에서 극소이면서 최소이므로 최솟값은 (나) 이다.
> $\therefore f(x)$ (다) 0
> 따라서 $x\geq0$일 때, 부등식 x^3+3x^2-9x+7 (다) 0이 성립한다.

위의 과정에서 (가), (나), (다)에 알맞은 것은?

	(가)	(나)	(다)
①	1	2	$>$
②	1	2	$<$
③	1	4	$>$
④	2	9	$>$
⑤	2	9	$<$

선생님 해설

$f(x)=x^3+3x^2-9x+7$이라 하면
　　$f'(x)=3x^2+6x-9=3(x+3)(x-1)$
$f'(x)=0$에서 $x=1$ $(\because x\geq0)$
$x\geq0$에서 함수 $f(x)$의 증가와 감소를 표로 나타내면 다음과 같다.

x	0	$\cdots$	1	$\cdots$
$f'(x)$		$-$	0	$+$
$f(x)$	7	$\searrow$	2	$\nearrow$

$x\geq0$일 때, 함수 $f(x)$는 $x=\boxed{1}$에서 극소이면서 최소이므로 최솟값은 $\boxed{2}$이다.　$\therefore f(x) \boxed{>} 0$ $_{f(x)\geq2>0}$
따라서 $x\geq0$일 때, 부등식 $x^3+3x^2-9x+7 \boxed{>} 0$이 성립한다.

답 ①

0666 다음은 두 함수 $f(x)=x^3+x^2+2x+3$, $g(x)=x^2+5x+1$에 대하여 $0\leq x\leq2$일 때, 부등식 $f(x)\geq g(x)$가 성립함을 증명하는 과정이다.

> $h(x)=f(x)-g(x)=x^3-3x+2$라 하면
> 　　$h'(x)=3x^2-3=3(x+1)(x-1)$
> $h'(x)=0$에서 $x=1$ $(\because 0\leq x\leq2)$
> $0\leq x\leq2$일 때, 함수 $h(x)$는 $x=$ (가) 에서 극소이면서 최소이므로 최솟값은 (나) 이다.
> $\therefore h(x)\geq0$
> 따라서 $0\leq x\leq2$일 때, 부등식 $f(x)\geq g(x)$가 성립한다.

위의 과정에서 (가), (나)에 알맞은 것은?

	(가)	(나)
①	0	0
②	1	0
③	1	1
④	2	0
⑤	2	4

0667 다음은 2 이상의 자연수 n에 대하여 $x>1$일 때, 부등식 $x^n+n>nx$가 성립함을 증명하는 과정이다.

> $f(x)=x^n-nx+n$이라 하면
> 　　$f'(x)=nx^{n-1}-n=n(x^{n-1}-1)$
> n은 2 이상의 자연수이고 $x>1$이므로 (가)
> 즉, $x>1$에서 함수 $f(x)$는 증가하므로
> 　　$f(x)>$ (나)
> 이때 (나) $=1$이므로 $f(x)>0$
> 따라서 2 이상의 자연수 n에 대하여 $x>1$일 때, 부등식 $x^n+n>nx$가 성립한다.

위의 과정에서 (가), (나)에 알맞은 것은?

	(가)	(나)
①	$f'(x)>0$	$f(0)$
②	$f'(x)>0$	$f(1)$
③	$f'(x)>0$	$f(2)$
④	$f'(x)>1$	$f(0)$
⑤	$f'(x)>1$	$f(1)$

유형 10 속도와 가속도

수직선 위를 움직이는 점 P의 시각 t에서의 위치 x가 $x=f(t)$일 때, 시각 t에서의 점 P의 속도 v와 가속도 a는

$$v=\frac{dx}{dt}=f'(t),\ a=\frac{dv}{dt}$$

이때 시각 t에서의 점 P의 속력은 $|v|$이다.

👍 대표 예제

0668 수직선 위를 움직이는 점 P의 시각 t에서의 위치 x가

$$x=t^3-6t^2+9t$$

일 때, 점 P가 출발 후 다시 원점을 지나는 순간의 속도는?

① -4 ② -2 ③ 0

④ 2 ⑤ 4

선생님 해설

점 P가 원점을 지나는 순간은 $x=0$일 때이므로
→ 원점에서의 위치는 0이다.

$t^3-6t^2+9t=t(t-3)^2=0$

$\therefore\ t=0$ 또는 $t=3$

즉, 점 P가 출발 후 다시 원점을 지나는 순간은 $t=3$일 때이다.

점 P의 시각 t에서의 속도를 v라 하면

$$v=\frac{dx}{dt}=3t^2-12t+9$$

따라서 $t=3$에서의 점 P의 속도는

$3\cdot3^2-12\cdot3+9=0$

시각 t에서의 위치 x를 t에 대하여 미분하면 속도를 알 수 있어.

답 ③

0669 대표 예제 한 번 더

수직선 위를 움직이는 점 P의 시각 t에서의 위치 x가

$$x=t^3-3t^2-15t$$

일 때, 속도가 30인 순간의 점 P의 가속도는?

① 24 ② 25 ③ 26

④ 27 ⑤ 28

0670

수직선 위를 움직이는 점 P의 시각 t에서의 위치 x가

$$x=t^3-t^2+4t+5$$

이다. 처음 출발할 때의 위치를 x_1, 속도가 12인 순간의 위치를 x_2, 가속도가 16인 순간의 위치를 x_3이라 할 때, $x_1+x_2+x_3$의 값은?

① 51 ② 53 ③ 55

④ 57 ⑤ 59

0671

수직선 위를 움직이는 점 P의 시각 t에서의 위치 x가

$$x=\frac{1}{3}t^3-4t^2+17t-1$$

일 때, 속도가 최소인 순간의 점 P의 가속도는?

① -2 ② -1 ③ 0

④ 1 ⑤ 2

0672

수직선 위를 움직이는 두 점 P, Q의 시각 t에서의 위치 x_P, x_Q가 각각

$$x_P=t^3-t^2+t,\ x_Q=3t^2+t$$

이다. 출발 후 두 점 P, Q의 위치가 같아지는 순간의 두 점의 속도의 합은?

① 58 ② 60 ③ 62

④ 64 ⑤ 66

유형 11   속도, 가속도와 운동 방향

① 수직선 위를 움직이는 점 P가 운동 방향을 바꾸는 순간의 속도는 0이다.
② 수직선 위를 움직이는 두 점 P, Q가 서로 반대 방향으로 움직일 때
➡ (점 P의 속도)×(점 Q의 속도)<0

> 같은 방향으로 움직이면 (점 P의 속도)×(점 Q의 속도)>0

👍 대표 예제

0673 수직선 위를 움직이는 점 P의 시각 t에서의 위치 x가 $x=2t^3-15t^2+36t$일 때, 점 P가 출발 후 처음으로 운동 방향을 바꾸는 순간의 위치는?

① 23   ② 28   ③ 33
④ 38   ⑤ 43

선생님 해설

점 P의 시각 t에서의 속도를 v라 하면
$$v=\frac{dx}{dt}=6t^2-30t+36=6(t-2)(t-3)$$
점 P가 운동 방향을 바꾸는 순간의 속도는 0이므로 $v=0$에서
$6(t-2)(t-3)=0$ ∴ $t=2$ 또는 $t=3$
따라서 점 P는 $t=2$에서 출발 후 처음으로 운동 방향을 바꾸고 그 순간의 위치는
$2\cdot2^3-15\cdot2^2+36\cdot2=28$

답 ②

0674 대표 예제 한 번 더
수직선 위를 움직이는 점 P의 시각 t에서의 위치 x가 $x=t^3-9t^2+15t$이고, 점 P는 출발 후 운동 방향을 두 번 바꾼다. 운동 방향을 바꾸는 순간의 위치를 각각 A, B라 할 때, 두 점 A, B 사이의 거리는?

① 2   ② 4   ③ 8
④ 16   ⑤ 32

0675
수직선 위를 움직이는 점 P의 시각 t에서의 위치 x가 $x=\frac{1}{4}t^4-2t^3+\frac{11}{2}t^2-6t$일 때, 점 P가 출발 후 세 번째로 운동 방향을 바꾸는 순간의 가속도는?

① 1   ② 2   ③ 3
④ 4   ⑤ 5

0676
수직선 위를 움직이는 점 P의 시각 t에서의 위치 x가 $x=-t^3+at^2+bt+1$이다. 점 P가 $t=3$에서 운동 방향을 바꾸고 그 순간의 위치가 10일 때, $t=5$에서의 점 P의 위치는? (단, a, b는 상수이다.)

① -14 ② -12 ③ -10
④ -8 ⑤ -6

0677
수직선 위를 움직이는 두 점 P, Q의 시각 t에서의 위치 x_P, x_Q가 각각 $x_P=t^2-4t-5$, $x_Q=t^2-8t+7$이다. 두 점 P, Q가 서로 반대 방향으로 움직이는 시각 t의 값의 범위가 $\alpha<t<\beta$일 때, $\alpha+\beta$의 값은?

① 4   ② 5   ③ 6
④ 7   ⑤ 8

유형 12 속도의 실생활에의 활용

① 움직이는 물체가 제동을 건 후 정지할 때까지 t초 동안 움직인 거리를 x m라 할 때
  - 제동을 건 지 t초 후의 속도: $\dfrac{dx}{dt}$
  - 물체가 정지할 때의 속도: 0

② 지면에서 똑바로 위로(지면과 수직으로) 던진 물체의 t초 후의 높이를 h m라 할 때
  - t초 후의 물체의 속도: $\dfrac{dh}{dt}$
  - 최고 지점에 도달했을 때의 속도: 0 ← 최고 지점에 도달하는 순간 물체는 정지한다.

🧭 대표 예제

0678 달리는 자동차가 브레이크를 밟은 후 t초 동안 움직인 거리를 x m라 하면 $x=10t-2.5t^2$이다. 이 자동차가 브레이크를 밟은 후 정지할 때까지 걸린 시간은?

① 1초 ② 2초 ③ 3초
④ 4초 ⑤ 5초

[선생님 해설]

자동차가 브레이크를 밟은 지 t초 후의 속도를 v라 하면
$$v=\frac{dx}{dt}=10-5t$$
자동차가 정지할 때의 속도는 0이므로 $v=0$에서
$$10-5t=0 \qquad \therefore t=2$$
따라서 자동차가 브레이크를 밟은 후 정지할 때까지 걸린 시간은 2초이다.

답 ②

0679 [대표 예제] [한 번 더]
어떤 자동차가 브레이크를 밟은 후 t초 동안 움직인 거리를 x m라 하면 $x=42t-3.5t^2$이다. 이 자동차가 브레이크를 밟은 후 정지할 때까지 움직인 거리는?

① 120 m ② 126 m ③ 132 m
④ 138 m ⑤ 144 m

0680
직선 철로를 달리는 기차가 제동을 건 후 t초 동안 움직인 거리를 x m라 하면 $x=16t-0.5t^2$이다. 이 기차가 승객을 태우기 위해 A역에 정확히 정지하려면 A역으로부터 전방 몇 m의 지점에서 제동을 걸어야 하는지 구하시오.

0681
지면에서 30 m/s의 속도로 똑바로 위로 던진 물체의 t초 후의 높이를 h m라 하면 $h=30t-5t^2$이다. 이 물체가 최고 지점에 도달했을 때 지면으로부터의 높이는?

① 30 m ② 35 m ③ 40 m
④ 45 m ⑤ 50 m

0682
지면으로부터 30 m의 높이에서 지면과 수직으로 위로 던진 공의 t초 후의 지면으로부터의 높이를 h m라 하면 $h=30+5t-5t^2$이다. 이 공이 지면에 떨어지는 순간의 속력은 몇 m/s인가?

① 17 m/s ② 19 m/s ③ 21 m/s
④ 23 m/s ⑤ 25 m/s

유형 13 속도 또는 위치에 대한 그래프의 해석

① 수직선 위를 움직이는 점 P의 시각 t에서의 속도 $v(t)$의 그래프에서
- $v(t)$의 그래프가 t축과 $t=a$에서 만나고 $t=a$의 좌우에서 $v(t)$의 부호가 바뀌면 점 P는 $t=a$에서 운동 방향을 바꾼다.
- $t=a$에서의 가속도는 $t=a$인 점에서의 접선의 기울기와 같다. 즉, $v(t)$가 증가(감소)하는 구간에서 점 P의 가속도는 양(음)의 값이다.

② 수직선 위를 움직이는 점 P의 시각 t에서의 위치 $x(t)$의 그래프에서
- $x'(t)>0$인 구간 ➡ (점 P의 속도)>0
- $x'(t)=0$일 때 ➡ (점 P의 속도)$=0$ ← 시각 t에서의 점 P의 속도는 $x'(t)$이다.
- $x'(t)<0$인 구간 ➡ (점 P의 속도)<0

👍 대표 예제

0683 원점을 출발하여 수직선 위를 움직이는 점 P의 시각 t에서의 속도 $v(t)$의 그래프가 그림과 같을 때, 다음 중 옳지 <u>않은</u> 것은?

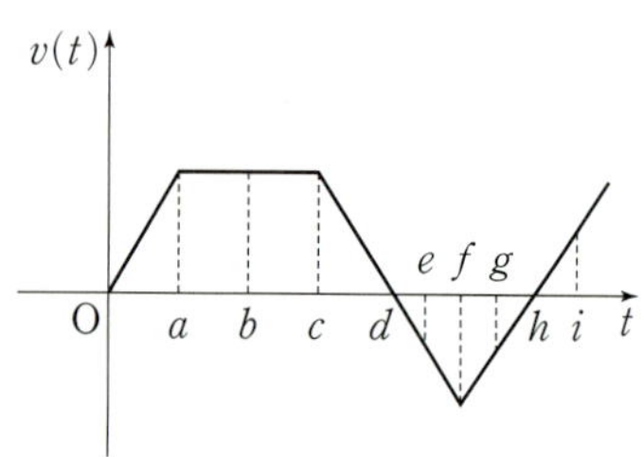

① $t=b$일 때, 가속도는 0이다.
② $c<t<d$일 때, 속도는 감소한다.
③ $c<t<f$일 때, 가속도는 일정하다.
④ $0<t<i$에서 점 P는 운동 방향을 2번 바꾼다.
⑤ $t=d$일 때, 점 P의 위치는 원점이다.

선생님 해설

① 점 P의 시각 t에서의 가속도는 $v'(t)$이고, $v'(b)=0$이므로 $t=b$일 때, 가속도는 0이다.
② $c<t<d$일 때, $v(t)$가 감소하므로 속도는 감소한다.
③ $c<t<f$일 때, $v(t)$의 그래프의 접선의 기울기가 일정하므로 가속도는 일정하다.
④ $t=d$와 $t=h$의 좌우에서 $v(t)$의 부호가 바뀌므로 점 P의 운동 방향이 바뀐다. ← $t=d$일 때 (양) → (음), $t=h$일 때 (음) → (양)
  즉, $0<t<i$에서 점 P는 운동 방향을 2번 바꾼다.
⑤ $0<t<d$에서 점 P는 양의 방향으로 움직이므로 $t=d$일 때 점 P의 위치는 원점이 아니다. ← $0<t<d$에서 $v(t)>0$이므로

답 ⑤

0684 <u>대표 예제</u> <u>한 번 더</u>
수직선 위를 움직이는 점 P의 시각 t에서의 속도 $v(t)$의 그래프가 그림과 같을 때, |보기|에서 옳은 것만을 있는 대로 고른 것은?

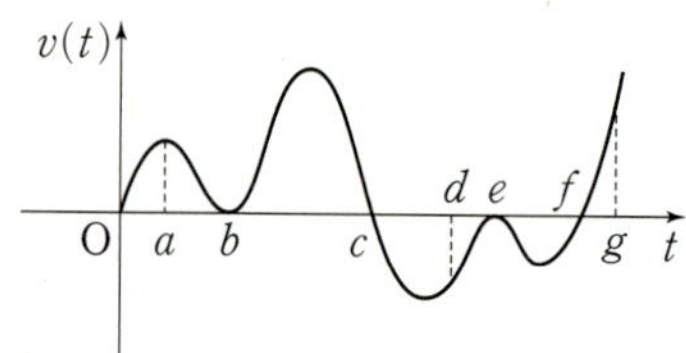

┤ 보기 ├
ㄱ. $t=a$일 때와 $t=d$일 때 점 P의 운동 방향은 서로 반대이다.
ㄴ. $t=d$일 때, 점 P의 가속도는 음의 값이다.
ㄷ. $0<t<g$에서 점 P는 운동 방향을 4번 바꾼다.

① ㄱ   ② ㄴ   ③ ㄱ, ㄴ
④ ㄴ, ㄷ   ⑤ ㄱ, ㄴ, ㄷ

0685
수직선 위를 움직이는 점 P의 시각 t에서의 위치 $x(t)$는 t에 대한 삼차식이고, 그 그래프는 그림과 같다. 점 P의 가속도가 0이 되는 시각은?

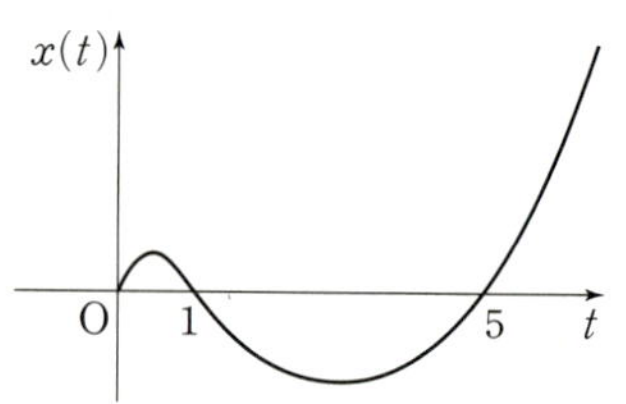

① 1   ② $\dfrac{4}{3}$ ③ $\dfrac{5}{3}$
④ 2   ⑤ $\dfrac{7}{3}$

0686

수직선 위를 움직이는 점 P의 시각 t에서의 위치 $x(t)$의 그래프가 그림과 같을 때, **┃보기┃**에서 옳은 것만을 있는 대로 고른 것은?

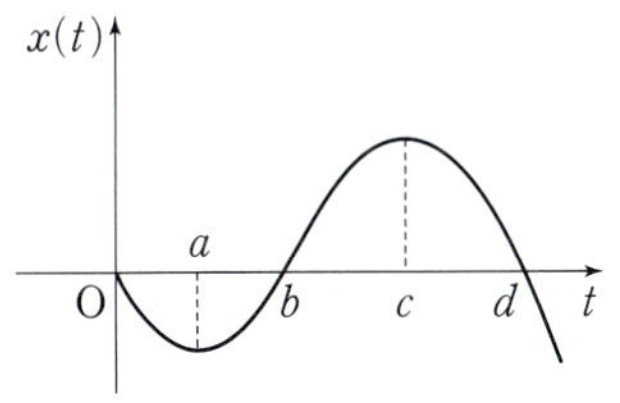

┃보기┃

ㄱ. $t=d$일 때, 점 P의 위치는 원점이다.

ㄴ. $t=a$일 때, 점 P의 속도는 0이다.

ㄷ. $t=b$일 때, 점 P는 운동 방향을 바꾼다.

① ㄱ   ② ㄴ   ③ ㄱ, ㄴ

④ ㄱ, ㄷ   ⑤ ㄴ, ㄷ

0687 ⬆️UP

수직선 위를 움직이는 두 점 P, Q의 시각 t에서의 위치 $f(t)$, $g(t)$의 그래프가 각각 그림과 같을 때, **┃보기┃**에서 옳은 것만을 있는 대로 고른 것은?

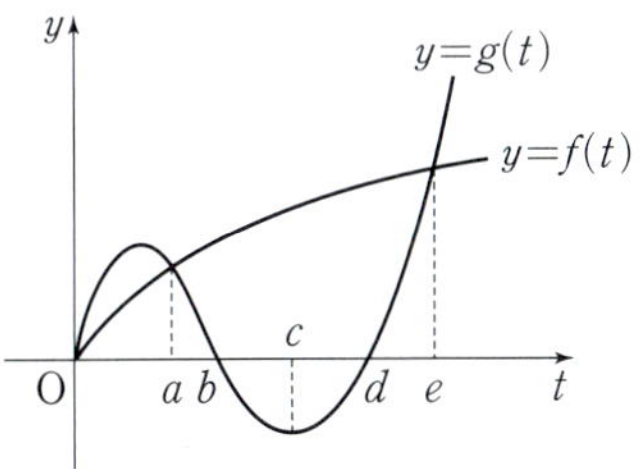

┃보기┃

ㄱ. $0<t\le e$일 때, 두 점 P, Q는 모두 두 번 만난다.

ㄴ. $t=a$일 때와 $t=d$일 때 점 Q의 운동 방향은 서로 반대이다.

ㄷ. $d\le t\le e$일 때, 점 P가 움직인 거리는 점 Q가 움직인 거리보다 길다.

① ㄱ   ② ㄴ   ③ ㄱ, ㄴ

④ ㄴ, ㄷ   ⑤ ㄱ, ㄴ, ㄷ

유형 14   **시각에 대한 변화율**

어떤 물체의 시각 t에서의 길이를 l, 넓이를 S, 부피를 V라 할 때, 시각 t에서의 변화율은 다음과 같은 순서로 구한다.

❶ t초 후의 길이 l, 넓이 S, 부피 V에 대한 관계식을 세운다.

❷ t에 대하여 미분한다.

- 길이의 변화율: $\dfrac{dl}{dt}$

- 넓이의 변화율: $\dfrac{dS}{dt}$

- 부피의 변화율: $\dfrac{dV}{dt}$

❸ ❷에서 구한 식에 주어진 조건을 만족시키는 t의 값을 대입한다.

👍 대표 예제

0688   그림과 같이 키가 1.8 m인 사람이 높이 5 m인 가로 등 바로 밑에서 출발하여 매초 2 m의 속도로 일직선으로 걸어갈 때, 이 사람의 그림자의 길이의 변화율은?

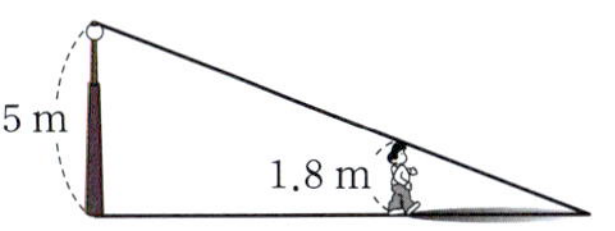

① $\dfrac{9}{16}$ m/s   ② $\dfrac{3}{4}$ m/s   ③ $\dfrac{15}{16}$ m/s

④ $\dfrac{9}{8}$ m/s   ⑤ $\dfrac{21}{16}$ m/s

선생님 해설

t초 동안 사람이 움직인 거리를 x m, 사람의 그림자의 길이를 y m라 하자.

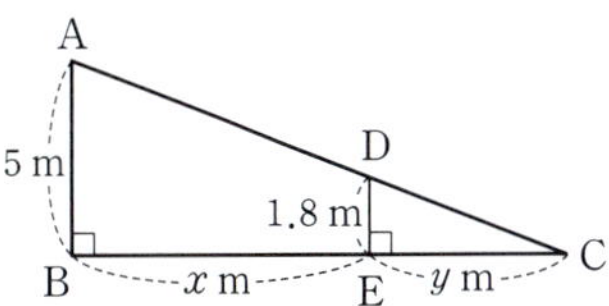

위의 그림에서 $\triangle ABC\backsim\triangle DEC$이므로

$5 : (x+y)=1.8 : y$ ← AA 닮음

$1.8x+1.8y=5y$, $3.2y=1.8x$

$\therefore y=\dfrac{9}{16}x$

이때 $x=2t$이므로

$y=\dfrac{9}{16}\cdot 2t=\dfrac{9}{8}t$ $\therefore \dfrac{dy}{dt}=\dfrac{9}{8}$

따라서 그림자의 길이의 변화율은 $\dfrac{9}{8}$ m/s이다.

답 ④

0689

그림과 같이 좌표평면 위의 점 $(0, 5)$를 출발하여 y축의 양의 방향으로 매초 1의 속력으로 움직이는 점 P가 있다. 점 $Q(5, 0)$에 대하여 선분 PQ와 직선 $x=1$이 만나는 점을 R, 점 R에서 x축에 내린 수선의 발을 H라 할 때, 선분 HR의 길이의 변화율은?

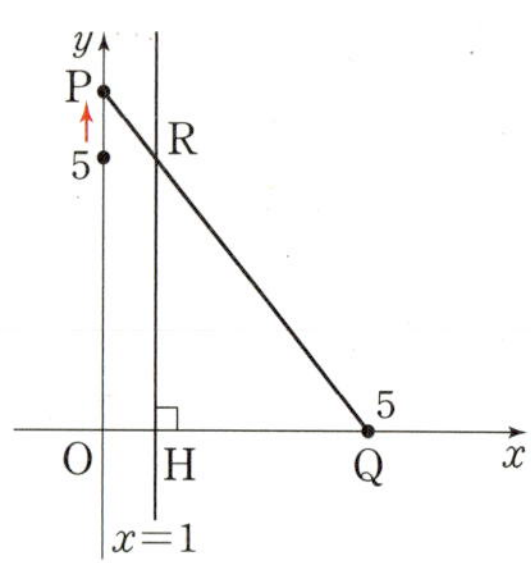

① $\dfrac{2}{5}$ ② $\dfrac{3}{5}$ ③ $\dfrac{4}{5}$

④ 1 ⑤ $\dfrac{6}{5}$

0690

한 변의 길이가 $5\,\text{cm}$인 정사각형의 가로와 세로의 길이가 각각 매초 $1\,\text{cm}$, $2\,\text{cm}$씩 길어지고 있다. 가로의 길이가 $8\,\text{cm}$가 되는 순간의 직사각형의 넓이의 변화율은?

① $25\,\text{cm}^2/\text{s}$ ② $27\,\text{cm}^2/\text{s}$ ③ $29\,\text{cm}^2/\text{s}$

④ $31\,\text{cm}^2/\text{s}$ ⑤ $33\,\text{cm}^2/\text{s}$

0691

그림과 같이 길이가 $8\,\text{cm}$인 선분 AB 위의 한 점 P가 점 A에서 출발하여 점 B를 향해 매초 $1\,\text{cm}$씩 움직인다. 점 A를 중심으로 하고 선분 AP를 반지름으로 하는 원을 O_1, 점 B를 중심으로 하고 선분 BP를 반지름으로 하는 원을 O_2라 할 때, 점 P가 출발한 지 5초 후의 두 원 O_1, O_2의 넓이의 합의 변화율은?

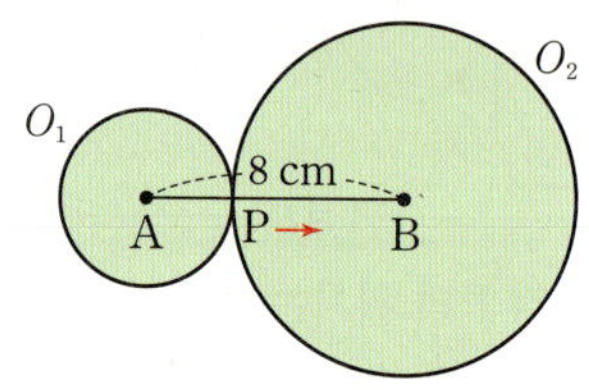

① $2\pi\,\text{cm}^2/\text{s}$ ② $\dfrac{5}{2}\pi\,\text{cm}^2/\text{s}$ ③ $3\pi\,\text{cm}^2/\text{s}$

④ $\dfrac{7}{2}\pi\,\text{cm}^2/\text{s}$ ⑤ $4\pi\,\text{cm}^2/\text{s}$

0692

그림과 같이 밑면의 반지름의 길이가 $4\,\text{cm}$, 높이가 $8\,\text{cm}$인 원뿔 모양의 그릇이 있다. 이 그릇에 수면의 높이가 매초 $\dfrac{4}{3}\,\text{cm}$씩 올라가도록 물을 채워 넣을 때, 수면의 높이가 $3\,\text{cm}$가 되는 순간의 물의 부피의 변화율은?

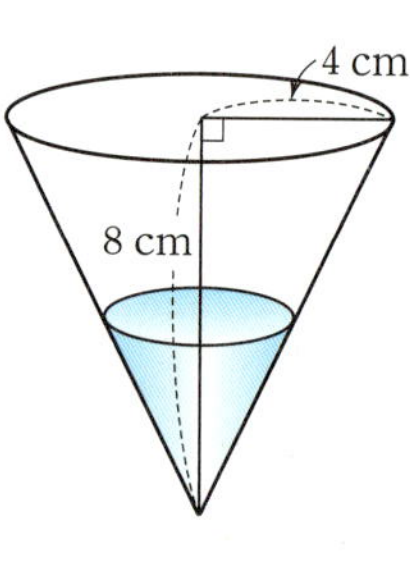

① $\pi\,\text{cm}^3/\text{s}$ ② $2\pi\,\text{cm}^3/\text{s}$ ③ $3\pi\,\text{cm}^3/\text{s}$

④ $4\pi\,\text{cm}^3/\text{s}$ ⑤ $5\pi\,\text{cm}^3/\text{s}$

0693

• 유형 12 •

지면으로부터 25 m의 높이에서 처음 속도 20 m/s로 지면과 수직으로 위로 던진 물체의 t초 후의 높이를 h m라 하면 $h=25+20t-5t^2$이다. 물체를 던져 올린 순간부터 지면에 떨어질 때까지 물체가 이동한 거리는?

① 65 m   ② 70 m   ③ 75 m
④ 80 m   ⑤ 85 m

0694 사고력

• 유형 01 •

삼차함수 $y=f(x)$의 그래프가 x축과 서로 다른 세 점 $(a,\,0)$, $(b,\,0)$, $(c,\,0)$에서 만난다. $a+b+c=12$일 때, 방정식 $f(x)=f(p)$가 서로 다른 두 실근을 갖도록 하는 모든 실수 p의 값의 합은?

(단, $a<b<c$이고, $a<p<c$이다.)

① 4   ② 6   ③ 8
④ 10   ⑤ 12

0695

• 유형 11 •

수직선 위를 움직이는 두 점 P, Q의 시각 t에서의 위치 x_{P}, x_{Q}가 각각 $x_{\mathrm{P}}=2t^3+3at^2+6t$, $x_{\mathrm{Q}}=-at^2+2t$이다. 선분 PQ의 중점을 M이라 할 때, 점 M이 운동 방향을 바꾸지 않도록 하는 정수 a의 최솟값은?

① -5 ② -4 ③ -3
④ -2 ⑤ -1

0696

• 유형 02 •

두 정수 a, b에 대하여 x에 대한 방정식 $x^4+a=6x^2+b$의 서로 다른 모든 실근의 곱이 양수가 되도록 하는 b의 최솟값이 2일 때, a의 값은?

① 4   ② 6   ③ 8
④ 10   ⑤ 12

0697

• 유형 14 •

반지름의 길이가 1 cm인 구의 반지름의 길이가 매초 a cm씩 길어진다. 반지름의 길이가 8 cm가 되는 순간의 구의 겉넓이의 변화율이 32π cm²/s일 때, 구의 부피의 변화율은 $k\pi$ cm³/s이다. 상수 k의 값을 구하시오.

0698

• 유형 07 •

두 함수 $f(x)=-\dfrac{1}{3}x^3+\dfrac{1}{2}x^2+2x$, $g(x)=-x^2+m$이 있다. 닫힌구간 $[1,\,3]$에 속하는 임의의 두 실수 x_1, x_2에 대하여 부등식 $f(x_1)\geq g(x_2)$가 성립하도록 하는 실수 m의 최댓값은?

① 1   ② $\dfrac{3}{2}$ ③ 2
④ $\dfrac{5}{2}$ ⑤ 3

0699
· 유형 01 ·

자연수 n에 대하여 방정식 $|2x^3-6x^2-18x|=n$의 서로 다른 실근의 개수를 a_n이라 할 때, $\sum\limits_{n=1}^{60} a_n$의 값을 구하시오.

0700
· 유형 13 ·

수직선 위를 움직이는 두 점 P, Q의 시각 t에서의 위치가 각각 $f(t)$, $g(t)$이다.
함수 $h(t)=f(t)-g(t)$에 대하여 도함수 $y=h'(t)$의 그래프가

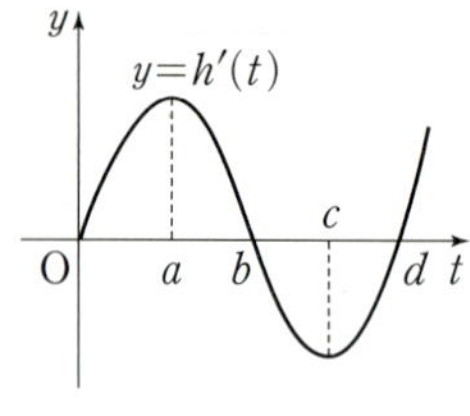

그림과 같을 때, |보기|에서 옳은 것만을 있는 대로 고른 것은? (단, $f(t)$, $g(t)$는 미분가능한 함수이다.)

―| 보기 |―

ㄱ. $0<t<a$일 때, 점 P의 속도가 점 Q의 속도보다 더 크다.
ㄴ. $t=b$일 때, 두 점 P, Q는 출발 이후 처음으로 다시 만난다.
ㄷ. $0<t<d$일 때, 두 점 P, Q의 가속도가 같아지는 순간은 2번이다.

① ㄱ ② ㄴ ③ ㄷ
④ ㄱ, ㄷ ⑤ ㄴ, ㄷ

0701 사고력
· 유형 03 ·

점 $(a, 1)$에서 곡선 $y=x^3+3ax^2-3a^3$에 그은 접선이 두 개만 존재하도록 하는 양의 실수 a의 값은?

① $\dfrac{1}{3}$ ② $\dfrac{2}{3}$ ③ 1
④ $\dfrac{4}{3}$ ⑤ $\dfrac{5}{3}$

0702
· 유형 04 ·

최고차항의 계수가 1인 사차함수 $f(x)$가 다음 조건을 만족시킬 때, 방정식 $|f(x)|=k$의 서로 다른 실근의 개수가 6이 되도록 하는 자연수 k의 값은?

(가) 모든 양의 실수 t에 대하여 함수 $y=f(x)$에서 x의 값이 $-t$에서 t까지 변할 때의 평균변화율은 0이다.
(나) 서로 다른 세 실수 p, q, r에 대하여
$$\{f'(p)\}^2+\{f'(q)\}^2+\{f'(r)\}^2=0,$$
$$f(p)+f(q)+f(r)=-6, \; f(p)f(q)f(r)=32$$
이다.

① 2 ② 3 ③ 4
④ 5 ⑤ 6

0703
· 유형 01 ·

최고차항의 계수가 1이고 $f(0)>f(2)>f(-2)=0$을 만족시키는 삼차함수 $f(x)$에 대하여 방정식 $|f(x)|=f(k)$의 서로 다른 실근의 개수를 $g(k)$라 할 때,
$$g(0)=g(2)=3g(-2)$$
이다. $f(1)$의 값을 구하시오. (단, k는 상수이다.)

0704 창의력 +
· 유형 07 ·

최고차항의 계수가 -1인 삼차함수 $f(x)$와 실수 t에 대하여 함수 $g(t)$를
$$g(t)=(\text{부등식 } f(k)\geq t를 \text{ 만족시키는 실수 } k의 \text{ 최댓값})$$
이라 정의할 때, 함수 $g(t)$는 $t=1$에서 불연속이다. 함수 $|g(t)|$가 실수 전체의 집합에서 연속일 때, $f(1)$의 최댓값은?

① $\dfrac{1}{2}$ ② 1 ③ $\dfrac{3}{2}$
④ 2 ⑤ $\dfrac{5}{2}$

서술형 문제

0705
• 유형 10 •

수직선 위를 움직이는 점 P의 시각 t에서의 위치 x가 $x=-t^3+6t^2-10t$이다. $1\leq t\leq 4$에서 점 P의 속력의 최댓값을 구하시오.

✓ 필요 개념 및 공식

□ $v=\dfrac{dx}{dt}$	□ (속력)$=|$(속도)$|$

0706
• 유형 09 •

모든 실수 x에 대하여 부등식

$x^4-2x^2+4\geq -4x^3+12x-5$가 성립함을 보이시오.

✓ 필요 개념 및 공식

□ 함수의 최대·최소	□ 부등식이 항상 성립할 조건

0707
• 유형 11 •

수직선 위를 움직이는 점 P의 시각 t에서의 위치 x가 $x=2t^3-10t^2+kt$이다. 점 P가 출발 후 운동 방향을 두 번 바꾸도록 하는 정수 k의 개수를 구하시오.

✓ 필요 개념 및 공식

□ $v=\dfrac{dx}{dt}$	□ 이차방정식과 이차함수의 관계

0708
• 유형 07 •

$-1\leq x\leq 3$일 때, 부등식 $|x^3-6x^2+9x+a|\leq 20$이 항상 성립하도록 하는 정수 a의 개수를 구하시오.

✓ 필요 개념 및 공식

□ 절댓값 기호를 포함한 함수	□ 함수의 최대·최소

0709
• 유형 01 •

함수 $f(x)=x^3-2x^2-4x+5$와 실수 t에 대하여 방정식 $f(|x|)=t$의 실근의 개수를 $g(t)$라 할 때,

$\lim\limits_{t\to -3+} g(g(t))+\lim\limits_{t\to 5-} g(g(t)-7)$의 값을 구하시오.

✓ 필요 개념 및 공식

□ 절댓값 기호를 포함한 함수의 그래프	□ 우극한과 좌극한

0710
• 유형 08 •

함수 $f(x)=\dfrac{1}{4}x^4-\dfrac{2}{3}x^3+x^2$의 그래프를 x축의 방향으로 a만큼 평행이동하였더니 함수 $y=g(x)$의 그래프와 일치하였다. 모든 실수 x에 대하여 부등식 $g(x)\geq x-5$가 성립하도록 하는 실수 a의 최댓값을 $\dfrac{q}{p}$라 할 때, $p+q$의 값을 구하시오. (단, p, q는 서로소인 자연수이다.)

✓ 필요 개념 및 공식

□ 도형의 평행이동	□ 함수의 최대·최소

안녕~ 얘들아~ 정주식 선생님이야.
고등학교 수학의 꽃인 미분과 적분 중 절반을 배웠구나.
이제는 다항함수의 미분법을 이용하여
주어진 함수의 증가와 감소, 극대와 극소, 최대와 최소 등을 구할 수 있고,
함수의 그래프도 그릴 수 있을 거야.
특히, 함수의 그래프를 그리고 해석하는 연습을 많이 해야 해.
왜냐하면 주어진 조건으로부터 함수의 그래프를 해석하여 해결하는 문제가
수능의 고난도 문제로 자주 출제되거든.
그래서 이러한 고난도 문제를 대비하기 위해서는 평상시에 자주 나오는
함수의 형태를 반드시 알아야 해.
특히, $y=x^3+ax^2+bx+c$ 꼴, $y=x^4+ax^3+bx^2+cx+d$ 꼴,
$y=(x-a)^2(x-b)$ 꼴, $y=x^4+ax^2+b$ 꼴 등의 함수의 그래프를
그려 보고 각각의 특징을 알아보는 연습을 많이 해두면 어려운 문제를
만나더라도 당황하지 않고 해결할 수 있을 거야.
이제 남은 고등학교 수학의 꽃인 적분으로 달려가 보자!

CPR 친구들, 안녕~!! 박윤근 선생님이야~
미분 단원을 다 배웠는데, 다항함수 $f(x)$의 $x=a$에서의 미분계수와
도함수 $f'(x)$를 극한을 이용하여 각각 나타낼 수 있고,
미분계수의 기하적 의미도 설명할 수 있겠죠?ㅎㅎ
우리는 CPR 수학Ⅱ의 미분 단원을 통해 미분의 기본 성질을
탐구하고 이해하여 함수의 성질을 분석하는 원리를 배웠어요^^
미분은 굉장히 중요한 단원이라 CPR에서 안내하는 개념, 유형, 실전
문제를 반복하여 풀면서 미분의 개념과 미분을 이용하는 방법을
완전히 숙지해야 합니다.
특히, 미분은 다음 단원인 적분뿐만 아니라 이학 또는 공학 계열로의 진로를
희망하는 학생들이 배우는 미적분 과목에서의 미분 개념의 초석이
된다는 것을 꼭 기억합시다^^
자, 그러면 도함수 $f'(x)$는 어떤 함수가 미분되어진 걸까요?
다음 단원으로 출발!!^^

Ⅲ. 적분

개념 01 부정적분

(1) **부정적분**
① 함수 $F(x)$의 도함수가 $f(x)$, 즉 $F'(x)=f(x)$일 때, $F(x)$를 $f(x)$의 부정적분이라 하고, 기호로 $\int f(x)\,dx$와 같이 나타낸다.
② 함수 $f(x)$의 부정적분 중 하나를 $F(x)$라 하면
$$\int \underbrace{f(x)\,dx}_{\text{미분}}=\overbrace{F(x)}+C$$
이때 C를 적분상수라 한다.

(2) **부정적분과 미분의 관계**
① $\dfrac{d}{dx}\left\{\int f(x)\,dx\right\}=f(x)$
② $\int\left\{\dfrac{d}{dx}f(x)\right\}dx=f(x)+C$ (단, C는 적분상수)

[0711~0713] 다음 등식을 만족시키는 함수 $f(x)$를 구하시오.
(단, C는 적분상수이다.)

0711 $\int f(x)\,dx=x^2-4x+C$

0712 $\int f(x)\,dx=-\dfrac{1}{2}x^2+5x+C$

0713 $\int f(x)\,dx=2x^3+x^2+C$

[0714~0715] 다음 등식을 만족시키는 다항함수 $f(x)$를 구하시오. (단, C는 적분상수이다.)

0714 $\int xf(x)\,dx=x^3-3x^2+C$

0715 $\int (x+1)f(x)\,dx=\dfrac{1}{4}x^4+x^3+x^2+C$

[0716~0717] 다음을 계산하시오.

0716 $\dfrac{d}{dx}\int (x^3+x)\,dx$

0717 $\int\left\{\dfrac{d}{dx}(x^3+x)\right\}dx$

개념 02 부정적분의 계산

(1) **함수 $y=x^n$의 부정적분**
n이 음이 아닌 정수일 때
$$\int x^n\,dx=\dfrac{1}{n+1}x^{n+1}+C \text{ (단, C는 적분상수)}$$
참고 k가 상수일 때, $\int k\,dx=kx+C$ (단, C는 적분상수)

(2) **부정적분의 성질**
두 함수 $f(x)$, $g(x)$에 대하여
① $\int kf(x)\,dx=k\int f(x)\,dx$ (단, k는 0이 아닌 상수)
② $\int\{f(x)+g(x)\}\,dx=\int f(x)\,dx+\int g(x)\,dx$
③ $\int\{f(x)-g(x)\}\,dx=\int f(x)\,dx-\int g(x)\,dx$
참고 ②, ③은 세 개 이상의 함수에 대해서도 성립한다.

[0718~0721] 다음 부정적분을 구하시오.

0718 $\int 2\,dx$

0719 $\int x^3\,dx$

0720 $\int x^8\,dx$

0721 $\int x^{50}\,dx$

[0722~0725] 다음 부정적분을 구하시오.

0722 $\int (2x+1)\,dx$

0723 $\int (x^2-3x+4)\,dx$

0724 $\int (x+2)^2\,dx$

0725 $\int (x-1)(x+1)(x^2+1)\,dx$

[0726~0728] 다음 부정적분을 구하시오.

0726 $\int (x-3)^2\,dx+\int (x+3)^2\,dx$

0727 $\int (x+1)^3\,dx \quad \int (x^3+1)\,dx$

0728 $\int \dfrac{x^2}{x-1}\,dx-\int \dfrac{1}{x-1}\,dx$

유형 01 · 부정적분의 뜻

$F(x)$는 $f(x)$의 부정적분이다.
$\Longleftrightarrow F'(x)=f(x)$
$\Longleftrightarrow \displaystyle\int f(x)\,dx=F(x)+C$ (단, C는 적분상수)
$\Longleftrightarrow$ 함수 $F(x)$의 도함수가 $f(x)$이다.

대표 예제

0729 등식 $\displaystyle\int (x-2)f(x)\,dx=2x^3-6x^2+C$를 만족시키는 다항함수 $f(x)$에 대하여 $f(1)$의 값은? (단, C는 적분상수이다.)

① 2 ② 4 ③ 6
④ 8 ⑤ 10

선생님 해설

$\displaystyle\int (x-2)f(x)\,dx=2x^3-6x^2+C$에서
$(x-2)f(x)=(2x^3-6x^2+C)'$
$\qquad\qquad\quad =6x^2-12x$
$\qquad\qquad\quad =6x(x-2)$
$\therefore f(x)=6x$ → 함수 $f(x)$가 다항함수이므로 $x-2$가 소거된다.
$\therefore f(1)=6$

적분 단원에서도 미분은 항상 쓰이니까 적분을 잘하려면 미분을 잘해야 해.

답 ③

0730 [대표 예제] [한 번 더]
다항함수 $f(x)$에 대하여 x^4+2x^2-8x+4는 $(x-1)f(x)$의 부정적분일 때, $f(2)$의 값은?

① 30 ② 32 ③ 34
④ 36 ⑤ 38

0731
두 다항함수 $f(x)$, $F(x)$에 대하여 $F'(x)=x^3+ax$이고, $\displaystyle\int f(x)\,dx=F(x)+C$이다. $f(1)=4$일 때, $f(-1)$의 값은? (단, a는 상수이고, C는 적분상수이다.)

① -4 ② -3 ③ -2
④ -1 ⑤ 0

0732
함수 $F(x)=x^4+ax^3+bx^2$은 함수 $f(x)$의 한 부정적분이다. $f(-1)=-4$, $f'(0)=6$일 때, $F(1)$의 값은?
(단, a, b는 상수이다.)

① 3 ② 4 ③ 5
④ 6 ⑤ 7

0733
두 다항함수 $f(x)=2x^2+1$, $g(x)=x^2-x+2$에 대하여 $f(x)g(x)=\displaystyle\int h(x)\,dx$일 때, $h(x)$의 차수를 m, $h(x)$의 이차항의 계수를 n이라 하자. $m-n$의 값은?

① 5 ② 6 ③ 7
④ 8 ⑤ 9

유형 02 $\dfrac{d}{dx}\left\{\displaystyle\int f(x)\,dx\right\}$ 꼴의 함수

함수 $f(x)$에 대하여

$\Rightarrow \dfrac{d}{dx}\left\{\displaystyle\int \underbrace{f(x)\,dx}_{\text{그대로}}\right\}=f(x)$

👍 대표 예제

0734 함수 $f(x)=4x^2+3x$에 대하여

$$g(x)=\frac{d}{dx}\left\{\int (x+1)f(x)\,dx\right\}$$

일 때, $g(1)$의 값은?

① 11 ② 12 ③ 13
④ 14 ⑤ 15

선생님 해설

$g(x)=\dfrac{d}{dx}\left\{\displaystyle\int (x+1)f(x)\,dx\right\}$ ①②
$\qquad =(x+1)f(x)$
$\qquad =(x+1)(4x^2+3x)$
$\therefore g(1)=(1+1)(4+3)=14$

$(x+1)f(x)$를 부정적분(①)했을 때 생기는 적분상수가 미분(②)을 할 때 0이 되므로 $\dfrac{d}{dx}\left\{\displaystyle\int (x+1)f(x)\,dx\right\}=(x+1)f(x)$가 되는 거야.

답 ④

0735 대표 예제 | 한 번 더

두 상수 a, b에 대하여

$$\frac{d}{dx}\left\{\int (ax^2+3x-7)\,dx\right\}=2x^2+3x+b$$

가 성립할 때, $a+b$의 값은?

① -10 ② -5 ③ 0
④ 5 ⑤ 10

0736

다항함수 $f(x)$에 대하여 $f(1)=3$이고

$$\frac{d}{dx}\left\{\int x^2 f(x)\,dx\right\}=4x^5+2x^3+ax^2$$

일 때, $f(2)$의 값은? (단, a는 상수이다.)

① 30 ② 33 ③ 36
④ 39 ⑤ 42

0737

함수 $f(x)=\dfrac{d}{dx}\left\{\displaystyle\int (x^2+ax+5)\,dx\right\}$는 $x=b$일 때 최솟값 c를 가지고, $f'(2)=-2$이다. 세 상수 a, b, c에 대하여 $a+b+c$의 값은?

① -7 ② -6 ③ -5
④ -4 ⑤ -3

0738

다항함수 $f(x)$에 대하여

$$\frac{d}{dx}\left\{\int f(x+1)\,dx\right\}=x^2+2x-4$$

일 때, 방정식 $f(x+1)=2f(x)$를 만족시키는 모든 실수 x의 값의 합은?

① 1 ② 2 ③ 3
④ 4 ⑤ 5

유형 03 $\int\left\{\dfrac{d}{dx}f(x)\right\}dx$ 꼴의 함수

함수 $f(x)$에 대하여

→ $\int\left\{\dfrac{d}{dx}f(x)\right\}dx=f(x)+C$ (단, C는 적분상수)

적분상수가 생긴다.

🖐 대표 예제

0739 함수 $F(x)=\int\left\{\dfrac{d}{dx}(x^3+3x^2-1)\right\}dx$에 대하여 $F(1)=2$일 때, $F(2)$의 값은?

① 14 ② 16 ③ 18
④ 20 ⑤ 22

선생님 해설

$F(x)=\int\left\{\dfrac{d}{dx}(x^3+3x^2-1)\right\}dx$

$\qquad =x^3+3x^2-1+C$

이때 $F(1)=2$이므로

$1+3-1+C=2$

$3+C=2 \qquad \therefore C=-1$

따라서 $F(x)=x^3+3x^2-2$이므로

$F(2)=2^3+3\cdot2^2-2=18$

> 유형 02와 차이를 알겠니?
> 유형 02는 적분한 후 미분하므로 적분상수 C가 생기지 않지만
> 유형 03은 미분한 후 적분하므로 적분상수 C가 생기게 돼.

답 ③

0740 대표 예제 한 번 더

모든 실수 x에 대하여

$$\int\left\{\dfrac{d}{dx}(3x^2+ax+5)\right\}dx=bx^2+3x+4$$

라 하자. 두 상수 a, b에 대하여 $a+b$의 값은?

① 0 ② 2 ③ 4
④ 6 ⑤ 8

0741

함수 $f(x)$에 대하여 두 함수 $g(x)$, $h(x)$를

$$g(x)=\dfrac{d}{dx}\left\{\int f(x)\,dx\right\}, \quad h(x)=\int\left\{\dfrac{d}{dx}f(x)\right\}dx$$

라 정의하자. $g(1)-h(1)=3$, $f(3)=5$일 때, $h(3)$의 값은?

① -2 ② -1 ③ 0
④ 1 ⑤ 2

0742

함수 $f(x)$에 대하여

$$f(x)=\int\left\{\dfrac{d}{dx}(x^3-2x^2-8x+3)\right\}dx$$

이고 $f(0)=0$일 때, 방정식 $f(x)=0$의 서로 다른 실근의 개수를 a, 모든 실근의 합을 b라 하자. $a+b$의 값은?

① 5 ② 6 ③ 7
④ 8 ⑤ 9

0743

다항함수 $f(x)$에 대하여

$$\int\{f(x)+xf'(x)\}dx=x^3-3x^2+2x$$

일 때, $f(3)$의 값은?

① 1 ② 2 ③ 3
④ 4 ⑤ 5

유형 04 부정적분의 계산

① n이 음이 아닌 정수일 때
$$\int x^n \, dx = \frac{1}{n+1}x^{n+1} + C \ (단, C는 적분상수)$$
② 두 함수 $f(x)$, $g(x)$에 대하여
- $\int kf(x) \, dx = k\int f(x) \, dx \ (단, k는 0이 아닌 상수)$
- $\int \{f(x) \pm g(x)\} \, dx = \int f(x) \, dx \pm \int g(x) \, dx \ (복부호동순)$

대표 예제

0744 함수 $f(x)$에 대하여
$$f(x) = \int (\sqrt{x}-1)^2 \, dx + \int (\sqrt{x}+1)^2 \, dx$$
이고 $f(2)=8$일 때, $f(1)$의 값을 구하시오.

선생님 해설

$$f(x) = \int (\sqrt{x}-1)^2 \, dx + \int (\sqrt{x}+1)^2 \, dx$$
$$= \int \{(\sqrt{x}-1)^2 + (\sqrt{x}+1)^2\} \, dx$$
$$= \int \{(x-2\sqrt{x}+1) + (x+2\sqrt{x}+1)\} \, dx$$
$$= \int (2x+2) \, dx$$
$$= x^2 + 2x + C$$

이때 $f(2)=8$이므로
$2^2 + 2 \cdot 2 + C = 8$, $8 + C = 8$ $\therefore C = 0$
따라서 $f(x) = x^2 + 2x$이므로
$f(1) = 1 + 2 = 3$

답 3

0745 대표 예제 한 번 더
함수 $f(x)$에 대하여
$$f(x) = \int (2-\sqrt{x})^3 \, dx + \int (2+\sqrt{x})^3 \, dx$$
이고 $f(0)=-10$일 때, $f(1)$의 값은?

① 8   ② 9   ③ 10
④ 11   ⑤ 12

0746
함수 $f(x) = 3x^2 - 2ax + 4$의 한 부정적분 $F(x)$에 대하여
$F(0)=3$, $F(1)=6$일 때, $F(a)$의 값은?

(단, a는 상수이다.)

① 11   ② 12   ③ 13
④ 14   ⑤ 15

0747
$$f(x) = \int \frac{x^2}{x-2} \, dx - \int \frac{4}{x-2} \, dx$$에 대하여 함수 $y = f(x)$의 그래프가 원점을 지나고 함수 $f(x)$는 $x=a$일 때, 최솟값 b를 갖는다. $a+b$의 값은?

① -4 ② -3 ③ -2
④ -1 ⑤ 0

0748
$f(x) = 1 + 2x + 3x^2 + \cdots + 10x^9$에 대하여
$F(x) = \int f(x) \, dx$라 하자. $F(1)=11$일 때, $F(2)$의 값은?

① $2^{10} - 1$ ② 2^{10} ③ $2^{11} - 1$
④ 2^{11} ⑤ $2^{11} + 1$

유형 05　도함수가 주어질 때 함수 구하기

함수 $f(x)$의 도함수 $f'(x)$가 주어지면 다음과 같은 순서로 함수 $f(x)$를 구한다.

❶ $f(x)=\int f'(x)\,dx$임을 이용하여 $f(x)$를 적분상수 C를 포함한 식으로 나타낸다.

❷ 주어진 함숫값을 이용하여 적분상수 C를 구한다.

❸ ❷에서 구한 적분상수 C를 ❶에서 구한 식에 대입하여 함수 $f(x)$를 구한다.

👍 대표 예제

0749 함수 $f(x)$에 대하여 $f'(x)=3x^2-8x+4$이고 $f(0)=-3$일 때, $f(2)$의 값은?

① -3　　　② -1　　　③ 1
④ 3　　　⑤ 5

선생님 해설

$$f(x)=\int f'(x)\,dx$$
$$=\int (3x^2-8x+4)\,dx$$
$$=x^3-4x^2+4x+C$$
이때 $f(0)=-3$이므로 $C=-3$
따라서 $f(x)=x^3-4x^2+4x-3$이므로
$$f(2)=2^3-4\cdot 2^2+4\cdot 2-3=-3$$

○ **답** ①

0750　대표 예제　한 번 더

다항함수 $f(x)$에 대하여 $x\neq\dfrac{1}{2}$일 때, $f'(x)=\dfrac{4x^2-1}{2x-1}$이고 $f(-2)=3$이다. $f(3)$의 값은?

① 13　　　② 14　　　③ 15
④ 16　　　⑤ 17

0751

함수 $f(x)$에 대하여 $f'(x)=6x^2+2x+3a$이고 $f(0)=-3$, $f(1)=3$일 때, $f(-1)$의 값은?

(단, a는 상수이다.)

① -10　　　② -9　　　③ -8
④ -7　　　⑤ -6

0752

미분가능한 함수 $f(x)$에 대하여 $F(x)$는 $f(x)$의 한 부정적분이고 $f'(x)=6x+4$이다. $f(1)=F(1)=3$일 때, $F(0)$의 값은?

① 1　　　② 2　　　③ 3
④ 4　　　⑤ 5

0753

함수 $f(x)$를 적분해야 할 것을 잘못하여 미분하였더니 $12x^2-6x$가 되었다. $f(1)=1$이고, $f(x)$의 부정적분 중 하나를 $F(x)$라 할 때, $F(0)=3$이다. $F(x)$를 $x-1$로 나눈 나머지는?

① -6　　　② -3　　　③ 0
④ 3　　　⑤ 6

유형 06 접선의 기울기가 주어진 함수 구하기

곡선 $y=f(x)$ 위의 점 $(x, f(x))$에서의 접선의 기울기는 $f'(x)$이므로

$$\rightarrow f(x)=\int f'(x)\,dx$$

👍 대표 예제

0754 점 $(0, 3)$을 지나는 곡선 $y=f(x)$ 위의 점 $(x, f(x))$에서의 접선의 기울기가 $4x-3$일 때, $f(2)$의 값은?

① 1 ② 2 ③ 3
④ 4 ⑤ 5

선생님 해설

곡선 $y=f(x)$ 위의 점 $(x, f(x))$에서의 접선의 기울기가 $4x-3$이므로
$f'(x)=4x-3$
$$\therefore f(x)=\int f'(x)\,dx$$
$$=\int (4x-3)\,dx$$
$$=2x^2-3x+C$$
이때 곡선 $y=f(x)$가 점 $(0, 3)$을 지나므로
$f(0)=3 \quad \therefore C=3$
따라서 $f(x)=2x^2-3x+3$이므로
$f(2)=2\cdot 2^2-3\cdot 2+3=5$

> 곡선 $y=f(x)$ 위의 점 $(x, f(x))$에서의 접선의 기울기가 $f'(x)$라는 것을 안다면 **유형 05**와 풀이 방법은 같아.

답 ⑤

0755 [대표 예제] [한 번 더]
원점을 지나는 곡선 $y=f(x)$ 위의 점 (x, y)에서의 접선의 기울기가 $-3x^2+2x+1$일 때, $f(1)$의 값은?

① -2 ② -1 ③ 0
④ 1 ⑤ 2

0756
함수 $f(x)=\int (ax^2+2x-2)\,dx$에 대하여 곡선 $y=f(x)$ 위의 점 $(-1, 4)$에서의 접선의 기울기가 -1일 때, $f(1)$의 값은? (단, a는 상수이다.)

① 1 ② $\dfrac{3}{2}$ ③ 2
④ $\dfrac{5}{2}$ ⑤ 3

0757
곡선 $y=f(x)$는 점 $(1, 0)$을 지나고 이 곡선 위의 점 (x, y)에서의 접선의 기울기는 $4x+k$이다. 방정식 $f(x)=0$이 중근을 가질 때, 상수 k의 값은?

① -4 ② -3 ③ -2
④ -1 ⑤ 0

0758
두 점 $(-1, -2)$, $(1, -8)$을 지나는 곡선 $y=f(x)$ 위의 점 $(x, f(x))$에서의 접선의 기울기가 ax^2-4일 때, $f(a)$의 값은? (단, a는 상수이다.)

① 6 ② 8 ③ 10
④ 12 ⑤ 14

유형 07 $f(x)$와 $\int f(x)\,dx$ 사이의 관계식

$f(x)$와 $\int f(x)\,dx$ 사이의 관계식이 주어질 때

➡ 양변을 x에 대하여 미분하여 $\left\{\int f(x)\,dx\right\}'=f(x)$임을 이용한다.

대표 예제

0759 다항함수 $f(x)$에 대하여

$$\int f(x)\,dx=xf(x)-3x^4+2x^3$$

이 성립한다. $f(1)=1$일 때, $f(2)$의 값은?

① 16   ② 20   ③ 24
④ 28   ⑤ 32

선생님 해설

주어진 식의 양변을 x에 대하여 미분하면
$f(x)=f(x)+xf'(x)-12x^3+6x^2$
$xf'(x)=12x^3-6x^2$
$\therefore f'(x)=12x^2-6x$
$\therefore f(x)=\int(12x^2-6x)\,dx \quad\rightarrow \int f'(x)\,dx$
$\qquad =4x^3-3x^2+C$
이때 $f(1)=1$이므로
$4-3+C=1 \qquad \therefore C=0$
따라서 $f(x)=4x^3-3x^2$이므로
$f(2)=4\cdot2^3-3\cdot2^2=20$

> $\int f(x)\,dx$와 $xf(x)$를 미분할 수 있다면 쉽게 풀 수 있는 유형이야.

답 ②

0760 [대표 예제] [한 번 더]
다항함수 $f(x)$에 대하여 $F(x)$를 $f(x)$의 부정적분이라 하면

$$F(x)-xf(x)=2x^3+4x^2$$

이 성립한다. $f(0)=1$일 때, $F(1)$의 값은?

① -5 ② -4 ③ -3
④ -2 ⑤ -1

0761
다항함수 $f(x)$에 대하여

$$\int xf'(x)\,dx=xf(x)-2x^2+3x$$

가 성립한다. $g(x)=\int f(x)\,dx$이고 $g(0)=0$일 때, $g(1)$의 값은?

① -2 ② -1 ③ 0
④ 1 ⑤ 2

0762
이차함수 $f(x)$에 대하여

$$2\int f(x)\,dx=xf(x)-\frac{1}{3}x^3+2x$$

가 성립하고 $f(1)=-1$일 때, 함수 $f(x)$의 최솟값은?

① -4 ② -2 ③ 0
④ 2 ⑤ 4

0763
다항함수 $f(x)$에 대하여

$$2f(x)+\int xf(x)\,dx=\frac{1}{2}x^4+\frac{1}{3}x^3+\frac{5}{2}x^2+2x$$

가 성립할 때, $f(1)$의 값은?

① 0 ② 1 ③ 2
④ 3 ⑤ 4

유형 08 구간별로 주어진 도함수의 부정적분

연속인 함수 $f(x)$에 대하여

$$f'(x)=\begin{cases} g_1(x) & (x>a) \\ g_2(x) & (x<a) \end{cases}$$ 이고, $x=a$에서 연속이면

① $f(x)=\begin{cases} \displaystyle\int g_1(x)\,dx & (x>a) \\ \displaystyle\int g_2(x)\,dx & (x<a) \end{cases}$

② $\displaystyle\lim_{x\to a+}\int g_1(x)\,dx=\lim_{x\to a-}\int g_2(x)\,dx=f(a)$

👍 대표 예제

0764 연속인 함수 $f(x)$의 도함수가

$$f'(x)=\begin{cases} 3 & (x>1) \\ 2x-1 & (x<1) \end{cases}$$

이고 $f(0)=2$일 때, $f(2)$의 값을 구하시오.

선생님 해설

$f'(x)=\begin{cases} 3 & (x>1) \\ 2x-1 & (x<1) \end{cases}$ 이므로

$f(x)=\begin{cases} 3x+C_1 & (x>1) \\ x^2-x+C_2 & (x<1) \end{cases}$ → $f'(x)$를 구간별로 각각 적분한다.

이때 $f(0)=2$이므로 $C_2=2$

또한, 함수 $f(x)$는 $x=1$에서 연속이므로

$\displaystyle\lim_{x\to 1+}f(x)=\lim_{x\to 1-}f(x)$에서 → 함수 $f(x)$는 연속이므로 $x=1$에서도 연속이다.

$\displaystyle\lim_{x\to 1+}(3x+C_1)=\lim_{x\to 1-}(x^2-x+2)$

$3+C_1=2 \qquad \therefore C_1=-1$

따라서 $f(x)=\begin{cases} 3x-1 & (x\geq 1) \\ x^2-x+2 & (x<1) \end{cases}$ 이므로

$f(2)=3\cdot 2-1=5$

답 5

0765 `대표 예제` `한 번 더`

연속인 함수 $f(x)$의 도함수가

$$f'(x)=\begin{cases} 2x-2 & (x>0) \\ 3x^2+4x+2 & (x<0) \end{cases}$$

이고 $f(1)=-1$일 때, $f(-2)$의 값은?

① -5 ② -4 ③ -3

④ -2 ⑤ -1

0766

실수 전체의 집합에서 연속인 함수 $f(x)$의 도함수가

$$f'(x)=\begin{cases} 4x-4 & (x>-1) \\ k & (x<-1) \end{cases}$$

이고 $f(1)=3$, $f(-2)=1$일 때, $f(-3)$의 값은?

(단, k는 상수이다.)

① -10 ② -9 ③ -8

④ -7 ⑤ -6

0767

모든 실수 x에 대하여 연속인 함수 $f(x)$의 도함수가 $f'(x)=x+|x+1|$이고 $f(0)=2$일 때, $f(2)+f(-2)$의 값은?

① 11   ② 12   ③ 13

④ 14   ⑤ 15

0768 `UP`

미분가능한 함수 $f(x)$의 도함수가 $x\neq 1$에서

$$f'(x)=\begin{cases} -2x+6 & (x>1) \\ 3x^2+k & (x<1) \end{cases}$$

이고 $f(1)=1$일 때, $f(2k)$의 값은? (단, k는 상수이다.)

① 1   ② 2   ③ 3

④ 4   ⑤ 5

유형 09 부정적분과 미분계수

함수 $f(x)$의 $x=a$에서의 미분계수 $f'(a)$는
$$\rightarrow f'(a)=\lim_{h\to 0}\frac{f(a+h)-f(a)}{h}=\lim_{x\to a}\frac{f(x)-f(a)}{x-a}$$

👍 대표 예제

0769 함수 $f(x)$에 대하여
$$f(x)=\int (x^2-5x+2)\,dx$$

일 때, $\displaystyle\lim_{h\to 0}\frac{f(2+h)-f(2-h)}{h}$의 값은?

① -10 ② -8 ③ -6

④ -4 ⑤ -2

선생님 해설

$$\lim_{h\to 0}\frac{f(2+h)-f(2-h)}{h}$$
$$=\lim_{h\to 0}\left\{\frac{f(2+h)-f(2)}{h}-\frac{f(2-h)-f(2)}{h}\right\}$$
$$=\lim_{h\to 0}\frac{f(2+h)-f(2)}{h}+\lim_{h\to 0}\frac{f(2-h)-f(2)}{-h}$$
$$=f'(2)+f'(2)$$
$$=2f'(2) \quad\cdots\cdots\ \text{㉠}$$

이때 $f(x)=\int (x^2-5x+2)\,dx$의 양변을 x에 대하여 미분하면
$$f'(x)=x^2-5x+2$$
$$\therefore\ f'(2)=2^2-5\cdot 2+2=-4$$

따라서 구하는 식의 값은 ㉠에서
$$2f'(2)=2\cdot(-4)=-8$$

답 ②

0770 대표 예제 한 번 더

함수 $f(x)$에 대하여
$$f(x)=\int (4x^3-4x+2)\,dx$$

일 때, $\displaystyle\lim_{x\to 1}\frac{f(x)-f(1)}{2x-2}$의 값은?

① 1 ② 2 ③ 3

④ 4 ⑤ 5

0771

미분가능한 함수 $f(x)$에 대하여
$$\lim_{h\to 0}\frac{f(x+2h)-f(x-h)}{4h}=3x^3-\frac{9}{2}x^2-3x+6$$

이고 $f'(0)=f(0)$일 때, $f(x)$를 $x-1$로 나눈 나머지는?

① 11 ② 12 ③ 13

④ 14 ⑤ 15

0772

미분가능한 함수 $f(x)$가 임의의 두 실수 x, y에 대하여
$$f(x+y)=f(x)+f(y)+xy$$

를 만족시킨다. $f'(0)=2$일 때, $f(-1)$의 값은?

① $-\dfrac{3}{2}$ ② $-\dfrac{1}{2}$ ③ 0

④ $\dfrac{1}{2}$ ⑤ $\dfrac{3}{2}$

0773

미분가능한 함수 $f(x)$가 임의의 두 실수 x, y에 대하여
$$f(x+y)=f(x)+f(y)+axy$$

를 만족시킨다. $f'(1)=1$, $f(1)=\dfrac{1}{2}$일 때, $f(4)$의 값은?

(단, a는 상수이다.)

① 4 ② 8 ③ 12

④ 16 ⑤ 20

유형 10 부정적분과 함수의 극대·극소

함수 $f(x)$의 도함수 $f'(x)$와 극값이 주어지면 다음과 같은 순서로 함수 $f(x)$를 구한다.

❶ $f'(x)$를 적분하여 $f(x)$를 적분상수 C를 포함한 식으로 나타낸다.

❷ 극대·극소의 조건을 이용하여 적분상수 C를 구한다.

❸ ❷에서 구한 적분상수 C를 ❶에서 구한 식에 대입하여 함수 $f(x)$를 구한다.

🖒 대표 예제

0774 함수 $f(x)$의 도함수 $f'(x)$는 이차함수이고, $y=f'(x)$의 그래프는 그림과 같다. 함수 $f(x)$의 극댓값이 8, 극솟값이 4일 때, $f(2)$의 값은?

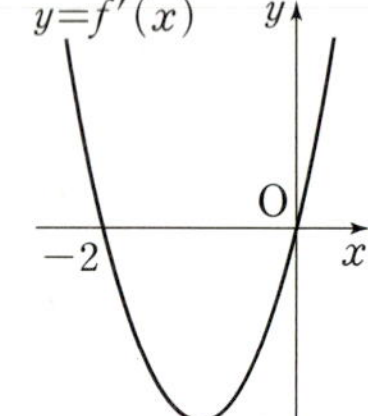

① 12 ② 15

③ 18 ④ 21

⑤ 24

선생님 해설

$f'(x)$는 이차함수이고 $f'(-2)=f'(0)=0$이므로 (주어진 그래프에서 알 수 있다.)
$f'(x)=ax(x+2)=ax^2+2ax\ (a>0)$라 하면

$$f(x)=\int (ax^2+2ax)\,dx$$
$$=\frac{a}{3}x^3+ax^2+C \quad \left(\int f'(x)\,dx\right)$$

(아래로 볼록)

이때 함수 $f(x)$의 증가와 감소를 표로 나타내면 다음과 같다.

x	$\cdots$	-2	$\cdots$	0	$\cdots$
$f'(x)$	$+$	0	$-$	0	$+$
$f(x)$	↗	극대	↘	극소	↗

함수 $f(x)$의 극댓값이 8이므로

$$f(-2)=\frac{a}{3}\cdot(-2)^3+a\cdot(-2)^2+C=8$$

$$\therefore \frac{4}{3}a+C=8 \quad \cdots\cdots ㉠$$

또한, 함수 $f(x)$의 극솟값이 4이므로

$$f(0)=C=4$$

$C=4$를 ㉠에 대입하면

$$\frac{4}{3}a+4=8 \quad \therefore a=3$$

따라서 $f(x)=x^3+3x^2+4$이므로

$$f(2)=2^3+3\cdot2^2+4=24$$

답 ⑤

0775 [대표 예제] [한 번 더]

함수 $f(x)=\int (-6x^2+6)\,dx$의 극솟값이 0일 때, 함수 $f(x)$의 극댓값을 구하시오.

0776

$x=0$에서 극값을 가지는 삼차함수 $f(x)$에 대하여 $f'(x)$는 $x=2$일 때 최솟값 -4를 가진다. 함수 $f(x)$의 극댓값과 극솟값의 차는?

① $\dfrac{26}{3}$ ② $\dfrac{28}{3}$ ③ 10

④ $\dfrac{32}{3}$ ⑤ $\dfrac{34}{3}$

0777

사차함수 $f(x)$의 도함수 $y=f'(x)$의 그래프가 그림과 같다. 함수 $f(x)$의 극댓값이 5이고, $f(-1)=13$일 때, 모든 극솟값의 합을 구하시오.

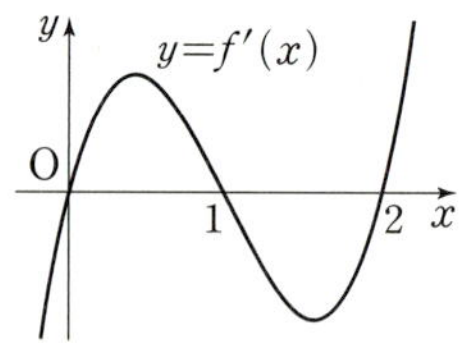

0778 🆙

최고차항의 계수가 $\dfrac{1}{3}$인 삼차함수 $f(x)$에 대하여 함수 $y=f'(x)$의 그래프와 직선 $y=x+3$의 교점의 x좌표는 -1, 3이다. 함수 $f(x)$의 극댓값이 2일 때, 함수 $f(x)$의 극솟값은?

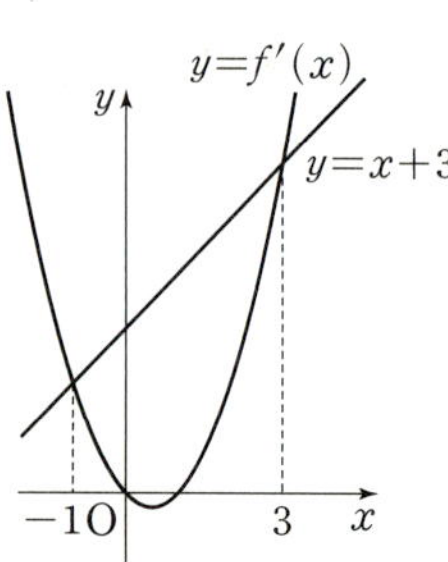

① $\dfrac{7}{6}$ ② $\dfrac{4}{3}$ ③ $\dfrac{3}{2}$

④ $\dfrac{5}{3}$ ⑤ $\dfrac{11}{6}$

0779
· 유형 01 ·

| 보기 |에서 옳은 것만을 있는 대로 고른 것은?

┤ 보기 ├

ㄱ. $\int 3\,dx=3x+C$ (단, C는 적분상수)

ㄴ. $4x$의 부정적분은 $2x^2$이다.

ㄷ. x^2-x+2는 $2x-1$의 부정적분 중 하나이다.

① ㄱ   ② ㄴ   ③ ㄱ, ㄴ

④ ㄱ, ㄷ   ⑤ ㄱ, ㄴ, ㄷ

0782
· 유형 05 ·

미분가능한 함수 $f(x)$가 다음 조건을 만족시킬 때, $f(1)$의 값은? (단, a는 상수이다.)

(가) $f'(x)=3x^2-2x+a$

(나) $\displaystyle\lim_{x\to 2}\frac{f(x)-1}{x-2}=6-a$

① -2 ② -1 ③ 0

④ 1 ⑤ 2

0780
· 유형 07 ·

다항함수 $f(x)$의 도함수 $f'(x)$에 대하여

$$\int (x-1)f'(x)\,dx=-\frac{2}{3}x^3+3x^2-4x-1$$

이 성립한다. $f(1)=-3$일 때, $f(x)$의 최댓값은?

① -5 ② -4 ③ -3

④ -2 ⑤ -1

0783
· 유형 03 + 유형 04 ·

두 다항함수 $f(x)$, $g(x)$에 대하여

$$\frac{d}{dx}\{f(x)+g(x)\}=5,\quad \frac{d}{dx}\{f(x)g(x)\}=12x+1$$

이고 $f(0)=-1$, $g(0)=2$일 때, $f(1)+g(2)$의 값은?

① 7 ② 9 ③ 11

④ 13 ⑤ 15

0781
· 유형 06 + 유형 10 ·

곡선 $y=f(x)$ 위의 임의의 점 $(x, f(x))$에서의 접선의 기울기가 $3(x-1)(x-3)$이고 닫힌구간 $[0, 4]$에서 함수 $f(x)$의 최댓값이 5일 때, 최솟값은?

① -3 ② -1 ③ 1

④ 3 ⑤ 5

0784
· 유형 05 ·

모든 실수 x에 대하여 $f(-x)=-f(x)$를 만족시키는 다항함수 $f(x)$가 있다. $f'(x)$가 삼차 이하의 다항함수이고, $f(1)=3$, $f'(0)=1$일 때, $f(2)$의 값은?

① 16 ② 17 ③ 18

④ 19 ⑤ 20

0785
· 유형 04 ·

함수 $f(x)=\sum\limits_{k=1}^{n}\dfrac{x^k}{k}$의 한 부정적분 $F(x)$에 대하여 $F(0)=0$일 때, $F(1)>0.99$를 만족시키는 자연수 n의 최솟값은?

① 97   ② 98   ③ 99
④ 100   ⑤ 101

0786
· 유형 07 ·

최고차항의 계수가 양수인 다항함수 $f(x)$에 대하여 함수 $g(x)$는

$$g(x)=\int f(x)\,dx,\quad f(x)g(x)=2x^3-3x^2-3x+2$$

를 만족시킨다. $f(2)+g(2)$의 값은?

① 3   ② 5   ③ 7
④ 9   ⑤ 11

0787 　사고력
· 유형 06 ·

다음 조건을 만족시키는 함수 $f(x)$에 대하여 $f(2)$의 최댓값은?

> (가) 곡선 $y=f(x)$ 위의 점 $(x,f(x))$에서의 기울기는 $3x^2+2ax+b$이다. (단, $a,\ b$는 상수이다.)
> (나) 함수 $f(x)$는 역함수 $f^{-1}(x)$가 존재하고 $f^{-1}(0)=0,\ f^{-1}(7)=1$

① 23   ② 24   ③ 25
④ 26   ⑤ 27

0788
· 유형 08 ·

모든 실수 x에 대하여 연속인 함수 $f(x)$가

$$f'(x)=\begin{cases} 2x & (|x|>2) \\ -3x^2+kx & (|x|<2) \end{cases}$$

를 만족시킨다. $f(0)=1,\ f(-3)+f(3)=100$일 때, 실수 k의 값은?

① 10   ② 14   ③ 18
④ 22   ⑤ 26

0789 　사고력
· 유형 09 ·

실수 전체의 집합에서 미분가능한 함수 $f(x)$가 0이 아닌 두 실수 $x,\ y$에 대하여

$$\frac{xy}{x+y}f(x+y)=yf(x)+xf(y)+x^3y^2+x^2y^3 \quad (x+y\neq0)$$

을 만족시킨다. $\lim\limits_{x\to0}\dfrac{f(x)}{x^2}=-3$일 때, $f(3)$의 값은?

① -2 ② -1 ③ 0
④ 1   ⑤ 2

0790 　창의력 ＋
· 유형 09 ·

최고차항의 계수가 1인 삼차함수 $f(x)$와 함수 $g(x)=\{f(x)\}^2$에 대하여 두 집합 $A,\ B$를

$$A=\left\{a\,\middle|\,\lim\limits_{x\to a}\frac{g(x)-f(x)}{x-a}=2,\ f(a)\neq0\right\},\quad B=\{1,\ b\}$$

라 정의하자. $A=B$가 성립하도록 하는 모든 실수 b의 값의 합은? (단, $n(A)=2$)

① 1   ② 2   ③ 3
④ 4   ⑤ 5

서술형 문제

0791 · 유형 02 ·

함수 $f(x)$에 대하여

$$f(x)=\int\left\{\frac{d}{dx}\left(\int 3x^2\,dx\right)\right\}dx$$

이고 $f(2)=3$일 때, $f(x)$를 구하시오.

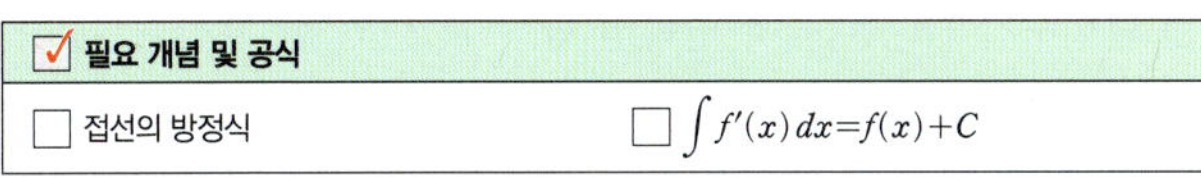

☑ 필요 개념 및 공식

☐ $\dfrac{d}{dx}\left\{\int f(x)\,dx\right\}=f(x)$

0792 · 유형 01 ·

두 함수 $F(x)$, $G(x)$는 각각 $f(x)$의 부정적분 중 하나이고, $F(1)=4$, $G(1)=2$이다. $F(3)-G(3)$의 값을 구하시오.

☑ 필요 개념 및 공식

☐ $\int f(x)\,dx=F(x)+C$

0793 · 유형 01 ·

이차함수 $f(x)=3x^2+2x+1$과 $f(x)$의 한 부정적분 $F(x)$에 대하여 함수 $g(x)=xF(x)$는 $x=0$에서 극값을 가진다. $F(1)$의 값을 구하시오.

☑ 필요 개념 및 공식

☐ 극값과 미분계수   ☐ 함수의 곱의 미분법   ☐ 부정적분의 뜻

0794 · 유형 06 ·

곡선 $y=f(x)$ 위의 점 $(t, f(t))$에서의 접선의 방정식이 $y=(4t+3)x+g(t)$이고 $g(0)=3$일 때, $f(1)+g(1)$의 값을 구하시오.

☑ 필요 개념 및 공식

☐ 접선의 방정식   ☐ $\int f'(x)\,dx=f(x)+C$

0795 · 유형 08 + 유형 10 ·

실수 전체의 집합에서 연속인 함수 $y=f(x)$의 도함수 $y=f'(x)$의 그래프가 그림과 같다. 함수 $f(x)$가 $x=a$에서 극댓값 3을 가질 때, $x=b$, $x=c$에서 극솟값 $f(b)$, $f(c)$를 가진다. $a+f(b)+f(c)$의 값을 구하시오. (단, $b<c$)

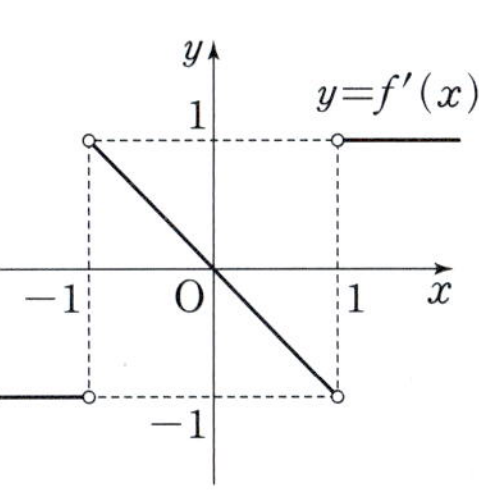

☑ 필요 개념 및 공식

☐ 부정적분의 뜻   ☐ 함수의 연속

0796 · 유형 05 ·

삼차함수 $y=f(x)$의 도함수 $y=f'(x)$의 그래프가 그림과 같다. $f(1)=1$일 때, x에 대한 방정식 $|f(x)|=k$가 서로 다른 5개의 실근을 갖도록 하는 실수 k의 값을 구하시오.

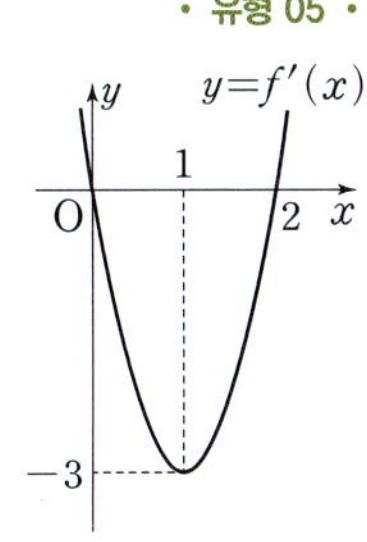

☑ 필요 개념 및 공식

☐ $\int f'(x)\,dx=f(x)+C$

개념 체크 Concept

개념 01   정적분의 뜻

(1) 닫힌구간 $[a,\ b]$에서 연속인 함수 $f(x)$의 한 부정적분을 $F(x)$라 하면 $F(b)-F(a)$를 함수 $f(x)$의 a에서 b까지의 정적분이라 하고, 기호로 다음과 같이 나타낸다.

$$\int_a^b f(x)\,dx=\Big[F(x)\Big]_a^b=F(b)-F(a)$$

참고 변수를 x 대신 다른 문자를 사용하여 나타내어도 그 값은 변하지 않는다.

$$\Rightarrow \int_a^b f(x)\,dx=\int_a^b f(y)\,dy=\int_a^b f(t)\,dt$$

(2) $a\geq b$일 때, 정적분 $\displaystyle\int_a^b f(x)\,dx$의 정의

① $\displaystyle\int_a^a f(x)\,dx=0$ → 적분 구간의 위끝과 아래끝이 서로 같으면 그 값은 0이다.

② $\displaystyle\int_a^b f(x)\,dx=-\int_b^a f(x)\,dx$ → 적분 구간의 위끝과 아래끝을 서로 바꾸면 부호가 바뀐다.

[0797~0802] 다음 정적분의 값을 구하시오.

0797 $\displaystyle\int_0^1 1\,dx$

0798 $\displaystyle\int_1^2 x^2\,dx$

0799 $\displaystyle\int_2^3 (4x-2)\,dx$

0800 $\displaystyle\int_{-1}^2 (x^2+6x)\,dx$

0801 $\displaystyle\int_{-1}^1 (x+1)(3x-1)\,dx$

0802 $\displaystyle\int_{-3}^0 (s^2+2)\,ds$

[0803~0804] 다음 정적분의 값을 구하시오.

0803 $\displaystyle\int_1^1 (x^3-2x+3)\,dx$

0804 $\displaystyle\int_1^2 (x^3-1)\,dx+\int_2^1 (x^3-1)\,dx$

개념 02   정적분의 성질

(1) 두 함수 $f(x)$, $g(x)$가 닫힌구간 $[a,\ b]$에서 연속일 때, 다음이 성립한다.

① $\displaystyle\int_a^b kf(x)\,dx=k\int_a^b f(x)\,dx$ (단, k는 상수)

② $\displaystyle\int_a^b \{f(x)+g(x)\}\,dx=\int_a^b f(x)\,dx+\int_a^b g(x)\,dx$

③ $\displaystyle\int_a^b \{f(x)-g(x)\}\,dx=\int_a^b f(x)\,dx-\int_a^b g(x)\,dx$

(2) 함수 $f(x)$가 임의의 세 실수 a, b, c를 포함하는 구간에서 연속일 때, 다음이 성립한다.

$$\int_a^c f(x)\,dx+\int_c^b f(x)\,dx=\int_a^b f(x)\,dx$$

참고 a, b, c의 대소에 관계없이 성립한다.

[0805~0809] 다음 정적분의 값을 구하시오.

0805 $\displaystyle\int_1^2 4(x+1)\,dx$

0806 $\displaystyle\int_0^2 6(x-1)(3x-1)\,dx$

0807 $\displaystyle\int_{-1}^2 (3x+1)\,dx+\int_{-1}^2 (3x-1)\,dx$

0808 $\displaystyle\int_0^3 (x^2+x+1)\,dx+\int_0^3 (x^2-x+1)\,dx$

0809 $\displaystyle\int_0^1 (6x-1)\,dx-\int_0^1 (4x-1)\,dx$

[0810~0813] 다음 정적분의 값을 구하시오.

0810 $\displaystyle\int_0^1 (x-1)\,dx+\int_1^2 (x-1)\,dx$

0811 $\displaystyle\int_{-1}^0 (4x+3)\,dx+\int_0^1 (4x+3)\,dx$

0812 $\displaystyle\int_0^5 (3x^2+1)\,dx+\int_5^1 (3x^2+1)\,dx$

0813 $\displaystyle\int_0^1 (x^2-4x)\,dx-\int_3^1 (x^2-4x)\,dx$

개념 03   정적분 $\int_{-a}^{a} f(x)\,dx$의 계산

(1) $f(-x)=f(x)$일 때, $\int_{-a}^{a} f(x)\,dx = 2\int_{0}^{a} f(x)\,dx$
   그래프가 y축에 대하여 대칭인 함수
(2) $f(-x)=-f(x)$일 때, $\int_{-a}^{a} f(x)\,dx = 0$
   그래프가 원점에 대하여 대칭인 함수

[0814~0816] 다음 정적분의 값을 구하시오.

0814 $\int_{-1}^{1} (x^4-3x^2+6)\,dx$

0815 $\int_{-2}^{2} (x^5-4x^3-2x)\,dx$

0816 $\int_{-3}^{3} (x^3+3x^2-4x-5)\,dx$

개념 04   주기함수의 정적분

주기가 k, 즉 $f(x+k)=f(x)$인 함수 $f(x)$에 대하여
$$\int_{a}^{b} f(x)\,dx = \int_{a+k}^{b+k} f(x)\,dx$$

0817 연속인 함수 $f(x)$에 대하여 주기가 3이고 $\int_{0}^{2} f(x)\,dx=5$일 때, $\int_{3}^{5} f(x)\,dx$의 값을 구하시오.

0818 연속인 함수 $f(x)$가 모든 실수 x에 대하여 $f(x+4)=f(x)$, $\int_{-2}^{2} f(x)\,dx=3$일 때, $\int_{2}^{6} f(x)\,dx$의 값을 구하시오.

개념 05   정적분으로 표현된 함수

(1) 정적분으로 표현된 함수의 미분
  ① $\dfrac{d}{dx}\int_{a}^{x} f(t)\,dt = f(x)$ (단, a는 실수)
     x의 계수가 1, 즉 $x+a$ 꼴에서만 성립한다.
  ② $\dfrac{d}{dx}\int_{x}^{x+a} f(t)\,dt = f(x+a)-f(x)$ (단, a는 실수)

(2) 정적분으로 표현된 함수의 극한
  ① $\displaystyle\lim_{x\to 0}\frac{1}{x}\int_{a}^{x+a} f(t)\,dt = f(a)$
  ② $\displaystyle\lim_{x\to a}\frac{1}{x-a}\int_{a}^{x} f(t)\,dt = f(a)$

[0819~0822] 다음을 x에 대하여 미분하시오.

0819 $\int_{0}^{x} (t^2+t)\,dt$

0820 $\int_{-1}^{x} (4-t^2)\,dt$

0821 $\int_{0}^{x} (1+s+s^2)\,ds + \int_{0}^{x} (1-t+t^2)\,dt$

0822 $\int_{x}^{x+1} (s^2-s)\,ds + \int_{x}^{x+1} (t^2+t)\,dt$

[0823~0826] 다음 함수 $f(x)$에 대하여 $f'(1)$의 값을 구하시오.

0823 $f(x)=\int_{3}^{x} (t+5)\,dt$

0824 $f(x)=\int_{1}^{x} (2t^2-3)\,dt$

0825 $f(x)=\int_{x}^{3} (s^2-3s-3)\,ds$

0826 $f(x)=\int_{x}^{x+1} (s-1)^2\,ds$

[0827~0830] 다음을 구하시오.

0827 $\displaystyle\lim_{x\to 0}\frac{1}{x}\int_{0}^{x} (t^3+3t-2)\,dt$

0828 $\displaystyle\lim_{x\to 0}\frac{1}{x}\int_{1}^{x+1} (4s+5)\,ds$

0829 $\displaystyle\lim_{x\to 1}\frac{1}{x-1}\int_{1}^{x} (t^2+1)\,dt$

0830 $\displaystyle\lim_{x\to -1}\frac{1}{x+1}\int_{-1}^{x} (5-s)\,ds$

유형 01 정적분의 뜻

① 닫힌구간 $[a, b]$에서 연속인 함수 $f(x)$의 한 부정적분을 $F(x)$라 하면

$$\Rightarrow \int_a^b f(x)\,dx=\Big[F(x)\Big]_a^b=F(b)-F(a)$$

② $\int_a^a f(x)\,dx=0,\ \int_b^a f(x)\,dx=-\int_a^b f(x)\,dx$

👍 대표 예제

0831 $\int_2^2 (x^2-x)\,dx+\int_{-1}^2 (3x^2-1)\,dx$의 값은?

① 2 　　② 4 　　③ 6

④ 8 　　⑤ 10

선생님 해설

적분 구간의 위끝과 아래끝이 서로 같으므로 이 값은 0이다.

$$\int_2^2 (x^2-x)\,dx+\int_{-1}^2 (3x^2-1)\,dx=0+\int_{-1}^2 (3x^2-1)\,dx$$
$$=\Big[x^3-x\Big]_{-1}^2$$
$$=6-0=6$$

정적분은 부정적분에 적분 구간이 추가된 것이므로 먼저 부정적분을 구할 수 있어야 해.

답 ③

0832　대표 예제　한 번 더

정적분 $\int_1^2 \left(\dfrac{2x^3+2x}{2x-1}-\dfrac{x^2+1}{2x-1}\right)dx$의 값은?

① 2 　　② $\dfrac{7}{3}$ 　　③ $\dfrac{8}{3}$

④ 3 　　⑤ $\dfrac{10}{3}$

0833

$\int_1^a (3x^2-7x+1)\,dx=0$일 때, 상수 a의 값은?

(단, $a>1$)

① $\dfrac{3}{2}$ 　　② 2 　　③ $\dfrac{5}{2}$

④ 3 　　⑤ $\dfrac{7}{2}$

0834

함수 $f(x)=3x^2+2ax$가 $\int_0^1 f(x)\,dx=f(1)$을 만족시킬 때, 상수 a의 값은?

① -2 　　② -1 　　③ 0

④ 1 　　⑤ 2

0835

부등식 $\int_0^2 (3x^2-4nx+5)\,dx>0$을 만족시키는 모든 자연수 n의 값의 합은?

① 1 　　② 2 　　③ 3

④ 4 　　⑤ 5

유형 02 정적분의 성질

두 함수 $f(x)$, $g(x)$가 세 실수 a, b, c를 포함하는 구간에서 연속일 때

① $\int_a^b kf(x)\,dx = k\int_a^b f(x)\,dx$ (단, k는 상수)

② $\int_a^b \{f(x)\pm g(x)\}\,dx = \int_a^b f(x)\,dx \pm \int_a^b g(x)\,dx$ (복부호동순)

③ $\int_a^c f(x)\,dx + \int_c^b f(x)\,dx = \int_a^b f(x)\,dx$

👍 대표 예제

0836 정적분 $\int_0^1 (x-1)^3\,dx - \int_1^0 (x+1)^3\,dx$의 값은?

① $\dfrac{5}{2}$ ② 3 ③ $\dfrac{7}{2}$

④ 4 ⑤ $\dfrac{9}{2}$

선생님 해설

$\int_0^1 (x-1)^3\,dx - \int_1^0 (x+1)^3\,dx$

$= \int_0^1 (x-1)^3\,dx + \int_0^1 (x+1)^3\,dx$ → 적분 구간이 서로 같다.

$= \int_0^1 \{(x-1)^3 + (x+1)^3\}\,dx$

$= \int_0^1 \{(x^3 - 3x^2 + 3x - 1) + (x^3 + 3x^2 + 3x + 1)\}\,dx$

$= \int_0^1 (2x^3 + 6x)\,dx$

$= \left[\dfrac{1}{2}x^4 + 3x^2\right]_0^1$

$= \dfrac{7}{2} - 0 = \dfrac{7}{2}$

답 ③

0837 대표 예제 한 번 더

정적분 $\int_1^2 \dfrac{x^4}{x^2+1}\,dx - \int_1^2 \dfrac{1}{x^2+1}\,dx$의 값은?

① $\dfrac{1}{3}$ ② $\dfrac{2}{3}$ ③ 1

④ $\dfrac{4}{3}$ ⑤ $\dfrac{5}{3}$

0838

정적분

$$\int_{-1}^{3} (x-1)(x^2+x+1)\,dx + \int_3^2 (x^3-1)\,dx$$

의 값은?

① $\dfrac{1}{4}$ ② $\dfrac{1}{2}$ ③ $\dfrac{3}{4}$

④ 1 ⑤ $\dfrac{5}{4}$

0839

함수 $f(x) = x^2 + 2x - 1$에 대하여 정적분

$$\int_{-1}^{1} f(x)\,dx + \int_1^2 f(x)\,dx - \int_{-1}^{0} f(x)\,dx$$

의 값은?

① 4 ② $\dfrac{13}{3}$ ③ $\dfrac{14}{3}$

④ 5 ⑤ $\dfrac{16}{3}$

0840

닫힌구간 $[-1, 3]$에서 연속인 함수 $f(x)$가

$$\int_0^1 3f(x)\,dx = \int_{-1}^1 2f(x)\,dx = \int_0^3 f(x)\,dx = 6$$

을 만족시킬 때, $\int_{-1}^{3} f(x)\,dx$의 값은?

① 5 ② 6 ③ 7

④ 8 ⑤ 9

유형 03 구간별로 주어진 함수의 정적분

함수 $f(x)=\begin{cases} g(x) & (x\geq c) \\ h(x) & (x\leq c) \end{cases}$가 닫힌구간 $[a,\,b]$에서 연속이고, $a<c<b$일 때

$$\Rightarrow \int_a^b f(x)\,dx=\int_a^c h(x)\,dx+\int_c^b g(x)\,dx$$

👍 대표 예제

0841 함수 $f(x)=\begin{cases} 3x-4 & (x\geq2) \\ 2 & (x\leq2) \end{cases}$에 대하여 정적분

$\int_{-1}^{4} f(x)\,dx$의 값은?

① 12   ② 14   ③ 16
④ 18   ⑤ 20

선생님 **해설**

$$\int_{-1}^{4} f(x)\,dx=\int_{-1}^{2} f(x)\,dx+\int_{2}^{4} f(x)\,dx$$

($x=2$를 기준으로 함수식이 다르다.)

$$=\int_{-1}^{2} 2\,dx+\int_{2}^{4} (3x-4)\,dx$$

$$=\Big[2x\Big]_{-1}^{2}+\Big[\frac{3}{2}x^2-4x\Big]_{2}^{4}$$

$$=\{4-(-2)\}+\{8-(-2)\}=16$$

적분 구간에 따라 함수를 정의할 수 있다면 쉽게 해결할 수 있는 유형이야.

답 ③

0842 〔대표 예제〕〔한 번 더〕

함수 $f(x)=\begin{cases} -4x+10 & (x\geq1) \\ 4x+2 & (x\leq1) \end{cases}$에 대하여 정적분

$\int_{0}^{3} f(x)\,dx$의 값은?

① 6   ② 8   ③ 10
④ 12   ⑤ 14

0843

실수 전체의 집합에서 정의된 함수 $y=f(x)$의 그래프가 그림과 같을 때, 정적분 $\int_{-2}^{3} xf(x)\,dx$의 값은?

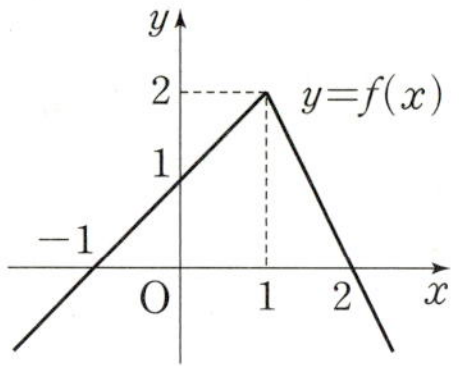

① $-\dfrac{1}{3}$ ② $-\dfrac{1}{6}$

③ 0 ④ $\dfrac{1}{6}$

⑤ $\dfrac{1}{3}$

0844

실수 전체의 집합에서 연속인 함수

$$f(x)=\begin{cases} x^2+ax+5 & (x\geq2) \\ 2x+1 & (x<2) \end{cases}$$

에 대하여 정적분 $\int_{-1}^{3} f(x)\,dx$의 값은? (단, a는 상수이다.)

① 12   ② $\dfrac{37}{3}$ ③ $\dfrac{38}{3}$

④ 13   ⑤ $\dfrac{40}{3}$

0845

실수 전체의 집합에서 연속인 함수

$$f(x)=\begin{cases} k & (x\geq a) \\ 4x & (x<a) \end{cases}$$

에 대하여 $\int_{1}^{3} f(x)\,dx=\dfrac{23}{2}$일 때, a의 값은?

(단, k는 상수이고, $1<a<3$)

① $\dfrac{5}{4}$ ② $\dfrac{3}{2}$ ③ $\dfrac{7}{4}$

④ 2 ⑤ $\dfrac{9}{4}$

유형 04　절댓값 기호를 포함한 함수의 정적분

절댓값 기호를 포함한 함수의 정적분은 다음과 같은 순서로 푼다.

❶ 절댓값 기호 안의 식의 값이 0이 되는 x의 값을 기준으로 함수를 나타낸다.

$$\Rightarrow |f(x)| = \begin{cases} f(x) & (f(x) \geq 0) \\ -f(x) & (f(x) \leq 0) \end{cases}$$

❷ ❶에서 구한 절댓값 기호 안의 식의 값이 0이 되는 x의 값을 기준으로 적분 구간을 나눈다.

$$\Rightarrow \int_a^b |f(x)|\,dx = \int_a^c \{-f(x)\}\,dx + \int_c^b f(x)\,dx$$

👍 대표 예제

0846 정적분 $\displaystyle\int_0^2 |x^2 - x|\,dx$의 값을 구하시오.

선생님 해설

$|x^2 - x| = \begin{cases} x^2 - x & (x \leq 0 \text{ 또는 } x \geq 1) \\ -x^2 + x & (0 \leq x \leq 1) \end{cases}$ 이므로

（$x=1$을 기준으로 함수식이 다르다.）

$$\int_0^2 |x^2 - x|\,dx = \int_0^1 (-x^2 + x)\,dx + \int_1^2 (x^2 - x)\,dx$$

$$= \left[-\frac{1}{3}x^3 + \frac{1}{2}x^2 \right]_0^1 + \left[\frac{1}{3}x^3 - \frac{1}{2}x^2 \right]_1^2$$

$$= \left(\frac{1}{6} - 0 \right) + \left\{ \frac{2}{3} - \left(-\frac{1}{6} \right) \right\} = 1$$

피적분함수를 구간별로 나눌 수 있다면 풀이 방법은 **유형 03**과 같아.

● 답 1

0847 대표 예제 | 한 번 더

정적분 $\displaystyle\int_{-1}^2 (x^2 + |x| + 1)\,dx$의 값은?

① 8　　　　② $\dfrac{17}{2}$　　　　③ 9

④ $\dfrac{19}{2}$　　　　⑤ 10

0848

$0 < a < 4$일 때, 정적분 $\displaystyle\int_0^4 |x - a|\,dx$의 최솟값은?

① 1　　　　② 2　　　　③ 3

④ 4　　　　⑤ 5

0849

등식 $\displaystyle\int_0^k |x^2 - x - 2|\,dx = 12$를 만족시키는 상수 k의 값은? (단, $k > 2$)

① 3　　　　② 4　　　　③ 5

④ 6　　　　⑤ 7

0850

실수 전체의 집합에서 미분가능한 함수 $f(x)$에 대하여 $f'(x) = |x^3 - 1|$이고 $f(0) = 0$일 때, $f(2)$의 값은?

① $\dfrac{3}{2}$　　　　② 2　　　　③ $\dfrac{5}{2}$

④ 3　　　　⑤ $\dfrac{7}{2}$

유형 05 $f(-x)=f(x)$를 만족시키는 함수의 정적분

닫힌구간 $[-a, a]$에서 피적분함수 $f(x)$가 $f(-x)=f(x)$이면

$$\Rightarrow \int_{-a}^{a} f(x)\,dx = 2\int_{0}^{a} f(x)\,dx$$

참고 $\int_{-a}^{a} x^n\,dx = 2\int_{0}^{a} x^n\,dx$ (단, n은 0 또는 짝수)

→ 함수 $f(x)$가 상수함수 또는 x^2, x^4, x^6, …인 경우

👍 대표 예제

0851 정적분 $\int_{-1}^{1} (1-x)(1+x)(1+x^2)\,dx$의 값은?

① $\dfrac{4}{5}$ ② $\dfrac{6}{5}$ ③ $\dfrac{8}{5}$

④ 2 ⑤ $\dfrac{12}{5}$

선생님 해설

먼저 식을 전개한다.

$$\int_{-1}^{1} (1-x)(1+x)(1+x^2)\,dx = \int_{-1}^{1} (1-x^2)(1+x^2)\,dx$$

피적분함수가 상수항 1과 짝수 차수의 항 $-x^4$으로 이루어져 있다.

$$= \int_{-1}^{1} (1-x^4)\,dx$$
$$= 2\int_{0}^{1} (1-x^4)\,dx$$
$$= 2\left[x - \frac{1}{5}x^5\right]_{0}^{1}$$
$$= 2\left(\frac{4}{5} - 0\right) = \frac{8}{5}$$

> **유형 05**와 **유형 06**은 적분 구간의 위끝과 아래끝의 절댓값은 같고 부호가 반대일 때, 쉽게 계산할 수 있는 방법이니까 이 방법으로 풀어 보도록!

답 ③

0852 대표 예제 한 번 더

함수 $f(x)=x^4-6x^2+5$에 대하여 정적분

$$\int_{-2}^{1} f(x)\,dx + \int_{1}^{2} f(x)\,dx$$

의 값은?

① $\dfrac{1}{5}$ ② $\dfrac{2}{5}$ ③ $\dfrac{3}{5}$

④ $\dfrac{4}{5}$ ⑤ 1

0853

등식 $\int_{-a}^{a} (3x^2-4)\,dx=0$을 만족시키는 양수 a의 값은?

① 1 ② 2 ③ 3

④ 4 ⑤ 5

0854

이차함수 $f(x)$가 다음 조건을 만족시킨다.

(가) $f(1)=5$
(나) 모든 실수 x에 대하여 $f(-x)=f(x)$이다.

$\int_{-1}^{1} f(x)\,dx=2$일 때, $f(2)$의 값은?

① 20 ② 21 ③ 22

④ 23 ⑤ 24

0855

다항함수 $f(x)$가 모든 실수 x에 대하여 $f(-x)=f(x)$를 만족시킨다. $\int_{-1}^{1} f(x)\,dx=3$, $\int_{-2}^{1} f(x)\,dx=6$일 때, $\int_{-2}^{2} f(x)\,dx$의 값은?

① 6 ② 7 ③ 8

④ 9 ⑤ 10

유형 06 $f(-x)=-f(x)$를 만족시키는 함수의 정적분

닫힌구간 $[-a,\ a]$에서 피적분함수 $f(x)$가 $f(-x)=-f(x)$이면

$\Rightarrow \displaystyle\int_{-a}^{a} f(x)\,dx=0$

참고 $\displaystyle\int_{-a}^{a} x^n\,dx=0$ (단, n은 홀수)

함수 $f(x)$가 $x,\ x^3,\ x^5,\ \cdots$인 경우

👍 대표 예제

0856 정적분 $\displaystyle\int_{-2}^{2} \{x(x+2)(x-2)+1\}\,dx$의 값은?

① -4 ② -2 ③ 0

④ 2 ⑤ 4

선생님 해설

먼저 식을 전개한다.

피적분함수를 홀수 차수의 항 x^3, $-4x$와 상수항 1로 나누어 계산한다.

$$\int_{-2}^{2} \{x(x+2)(x-2)+1\}\,dx = \int_{-2}^{2} (x^3-4x+1)\,dx$$
$$= \int_{-2}^{2} (x^3-4x)\,dx + \int_{-2}^{2} 1\,dx$$
$$= 0 + 2\int_{0}^{2} 1\,dx$$
$$= 2\Big[x\Big]_{0}^{2}$$
$$= 2(2-0)=4$$

이처럼 짝수 차수의 항, 홀수 차수의 항이 모두 있는 다항함수의 정적분 문제로 주로 출제 돼.

답 ⑤

0857 대표 예제 한 번 더

$$\int_{-2}^{3} x(x-1)(x+1)(x^2+2)\,dx$$
$$-\int_{2}^{3} x(x-1)(x+1)(x^2+2)\,dx$$

의 값은?

① 0 ② 1 ③ 2

④ 3 ⑤ 4

0858

일차함수 $f(x)$에 대하여

$$\int_{-1}^{1} xf(x)\,dx=6,\quad \int_{-1}^{1} x^2 f(x)\,dx=2$$

가 성립할 때, $f(1)$의 값은?

① 12 ② 14 ③ 16

④ 18 ⑤ 20

0859

함수 $f(x)=\displaystyle\sum_{k=1}^{n} \{(2k-1)x^{2(k-1)}+2kx^{2k-1}\}$에 대하여

등식 $\displaystyle\int_{-1}^{1} f(x)\,dx=50$을 만족시키는 자연수 n의 값은?

① 21 ② 22 ③ 23

④ 24 ⑤ 25

0860

다음 조건을 만족시키는 다항함수 $f(x)$에 대하여 정적분 $\displaystyle\int_{-2}^{4} f(x)\,dx$의 값은?

(가) $\displaystyle\int_{-1}^{2} f(x)\,dx=3,\quad \int_{-1}^{4} f(x)\,dx=15$

(나) 모든 실수 x에 대하여 $f(-x)=-f(x)$이다.

① 11 ② 12 ③ 13

④ 14 ⑤ 15

유형 07　$f(x+k)=f(x)$를 만족시키는 함수의 정적분

함수 $f(x)$가 정의되는 구간의 모든 실수 x에 대하여
$f(x+k)=f(x)$이면 (단, n은 정수)

① $\displaystyle\int_a^b f(x)\,dx=\int_{a+nk}^{b+nk} f(x)\,dx$

② $\displaystyle\int_a^{a+nk} f(x)\,dx=\int_b^{b+nk} f(x)\,dx$

대표 예제

0861 모든 실수 x에서 연속인 함수 $f(x)$가 다음 조건을 만족시킨다.

> (가) $\displaystyle\int_0^3 f(x)\,dx=4$
>
> (나) 모든 실수 x에 대하여 $f(x+3)=f(x)$이다.

정적분 $\displaystyle\int_{-3}^{15} f(x)\,dx$의 값을 구하시오.

선생님 해설

조건 (나)에서 $f(x+3)=f(x)$이므로　$\displaystyle\int_0^3 f(x)\,dx=\int_{0+3n}^{3+3n} f(x)\,dx$

$\cdots=\displaystyle\int_{-3}^0 f(x)\,dx=\int_0^3 f(x)\,dx=\int_3^6 f(x)\,dx=\cdots=4$

$\therefore \displaystyle\int_{-3}^{15} f(x)\,dx=\int_{-3}^0 f(x)\,dx+\int_0^3 f(x)\,dx+\int_3^6 f(x)\,dx$
$\qquad\qquad\qquad +\displaystyle\int_6^9 f(x)\,dx+\int_9^{12} f(x)\,dx+\int_{12}^{15} f(x)\,dx$
$\qquad\qquad =6\displaystyle\int_0^3 f(x)\,dx$
$\qquad\qquad =6\cdot4=24$

답 24

0862　대표 예제　한 번 더

실수 전체의 집합에서 정의된 함수 $f(x)$가 $0\leq x\leq 2$일 때 $f(x)=2x-x^2$이고, 모든 실수 x에 대하여 $f(x+2)=f(x)$를 만족시킨다. 정적분 $\displaystyle\int_1^7 f(x)\,dx$의 값은?

① 1　　　　② 2　　　　③ 3
④ 4　　　　⑤ 5

0863

연속함수 $f(x)$가 모든 실수 x에 대하여
$$f(x+2)=f(x)$$
를 만족시킨다. $\displaystyle\int_0^5 f(x)\,dx=7$, $\displaystyle\int_{-1}^3 f(x)\,dx=6$일 때,

정적분 $\displaystyle\int_{-2}^9 f(x)\,dx$의 값을 구하시오.

0864

실수 전체의 집합에서 연속인 함수
$$f(x)=|x^2-1|\quad(-2\leq x<2)$$
이 모든 실수 x에 대하여 $f(x+4)=f(x)$를 만족시킬 때,

정적분 $\displaystyle\int_{-1}^5 f(x)\,dx$의 값은?

① $\dfrac{16}{3}$　　　　② 6　　　　③ $\dfrac{20}{3}$

④ $\dfrac{22}{3}$　　　　⑤ 8

0865

함수 $f(x)$가 $-1\leq x\leq 2$에서
$$f(x)=\begin{cases} 4x-4 & (1\leq x\leq 2) \\ x^2-2x+1 & (-1\leq x\leq 1) \end{cases}$$
이고 모든 실수 x에 대하여 $f(x+2)=f(x-1)$을 만족시킬 때, 정적분 $\displaystyle\int_0^7 f(x)\,dx$의 값은?

① $\dfrac{25}{3}$　　　　② $\dfrac{26}{3}$　　　　③ 9

④ $\dfrac{28}{3}$　　　　⑤ $\dfrac{29}{3}$

유형 08 $\int_a^b f(t)\,dt$ 꼴을 포함한 함수 $f(x)$

함수 $f(x)$가 $f(x)=g(x)+\int_a^b f(t)\,dt$ $(a,\,b$는 상수) 꼴로 주어진 경우 다음과 같은 순서로 함수 $f(x)$를 구한다.

❶ $\int_a^b f(t)\,dt=k$ $(k$는 상수)로 놓는다.

❷ $f(x)=g(x)+k$에서 $\int_a^b f(t)\,dt=\int_a^b \{g(t)+k\}\,dt=k$를 이용하여 k의 값을 구한다.

❸ k의 값을 $f(x)=g(x)+k$에 대입하여 함수 $f(x)$를 구한다.

👍 대표 예제

0866 함수 $f(x)$가 모든 실수 x에 대하여

$$f(x)=3x^2+\int_0^2 f(t)\,dt$$

를 만족시킬 때, $f(2)$의 값을 구하시오.

선생님 해설

$\int_0^2 f(t)\,dt=k$ $(k$는 상수)라 하면

$f(x)=3x^2+k$이므로

$\int_0^2 f(t)\,dt=\int_0^2 (3t^2+k)\,dt$

$\qquad=\Big[t^3+kt\Big]_0^2$

$\qquad=(8+2k)-0=k$

에서 $k=-8$

따라서 $f(x)=3x^2-8$이므로

$f(2)=3\cdot 2^2-8=4$

> $\int_a^b f(t)\,dt$가 상수일 때 k로 치환하는 것을 잊지마! 만약, $\int_a^x f(t)\,dt$ 또는 $\int_a^b xf(t)\,dt$ 처럼 상수가 아닐 때에는 치환하면 안 돼!

답 4

0867 대표 예제 | 한 번 더

함수 $f(x)$가 $f(x)=2x+x\int_1^2 f(t)\,dt$일 때, $\int_{-2}^1 f(x)\,dx$의 값은?

① 2   ② 4   ③ 6
④ 8   ⑤ 10

0868

함수 $f(x)$에 대하여

$$f(x)=\frac{9}{16}+2x\int_0^2 f(t)\,dt+\left\{\int_0^2 f(t)\,dt\right\}^2$$

이 항상 성립할 때, $\int_0^4 f(x)\,dx$의 값은?

① $-\dfrac{15}{2}$ ② -7 ③ $-\dfrac{13}{2}$

④ -6 ⑤ $-\dfrac{11}{2}$

0869

함수 $f(x)$가 $f(x)=6x^2+\int_{-1}^2 (2x-1)f(t)\,dt$를 만족시킬 때, $f(1)$의 값은?

① 22   ② 24   ③ 26
④ 28   ⑤ 30

0870

함수 $f(x)$가 $f(x)=3x+\int_0^2 tf(t)\,dt$를 만족시킬 때, $\int_0^2 f(x)\,dx$의 값은?

① -10 ② -8 ③ -6
④ -4 ⑤ -2

유형 09 $\int_a^x f(t)\,dt$ 꼴을 포함한 함수 $f(x)$

$\int_a^x f(t)\,dt = g(x)$ (a는 상수) 꼴로 주어진 경우 다음과 같은 순서로 함수 $f(x)$를 구한다.

❶ 양변에 $x=a$를 대입하여 미정계수 또는 조건을 구한다.

$\Rightarrow \int_a^a f(t)\,dt = g(a)$ $\therefore g(a)=0$

❷ 양변을 x에 대하여 미분하여 함수 $f(x)$를 구한다.

$\Rightarrow f(x) = g'(x)$

👍 대표 예제

0871 함수 $f(x)$가 모든 실수 x에 대하여

$$\int_1^x f(t)\,dt = ax^2 + 2x - 3$$

을 만족시킬 때, $f(1)$의 값을 구하시오. (단, a는 상수이다.)

선생님 해설

주어진 식의 양변에 $x=1$을 대입하면 ⟶ 좌변이 0이 되므로

$0 = a + 2 - 3$ $\therefore a=1$

$\therefore \int_1^x f(t)\,dt = x^2 + 2x - 3$

위의 식의 양변을 x에 대하여 미분하면

$f(x) = 2x + 2$

$\therefore f(1) = 2 + 2 = 4$

> $\int_a^x f(t)\,dt$ 꼴은 x에 대한 함수이니까 x에 대하여 미분할 수 있어.
> 그리고 $x=a$일 때, 즉 적분 구간의 위끝과 아래끝이 서로 같을 때 이 값이 0이라는 것을 이용할 수 있어.

답 4

0872 〔대표 예제〕〔한 번 더〕

함수 $f(x)$가 모든 실수 x에 대하여

$$\int_a^x f(t)\,dt = x^3 - 2(a+1)x - 3$$

을 만족시킬 때, $f(2)$의 값은? (단, a는 실수이다.)

① 1   ② 2   ③ 3

④ 4   ⑤ 5

0873

임의의 실수 x에 대하여 등식

$$\int_a^x f(t)\,dt = x^2 - 2x - 3$$

을 만족시키는 함수 $f(x)$가 있다. $f(a)$의 값은?

(단, $a>0$)

① -4 ② -2 ③ 0

④ 2   ⑤ 4

0874

모든 실수 x에 대하여 함수 $f(x)$가 다음을 만족시킨다.

$$\int_a^x f(t)\,dt = x^2 + ax - 4a$$

정적분 $\int_{a-1}^{a+1} f(x)\,dx$의 값은? (단, $a>0$)

① 12   ② 14   ③ 16

④ 18   ⑤ 20

0875

다항함수 $f(x)$가 모든 실수 x에 대하여

$$2f(x) = 4x^3 - 2x + \int_1^x f'(t)\,dt$$

를 만족시킬 때, $\int_0^2 f(x)\,dx$의 값은?

① 6   ② 7   ③ 8

④ 9   ⑤ 10

유형 10 $\int_a^x (x-t)f(t)\,dt$ 꼴을 포함한 함수 $f(x)$

$\int_a^x (x-t)f(t)\,dt=g(x)$ (a는 상수) 꼴로 주어진 경우 다음과 같은 순서로 함수 $f(x)$를 구한다.

❶ 양변에 $x=a$를 대입하여 미정계수 또는 조건을 구한다.

$$\Rightarrow \int_a^a (a-t)f(t)\,dt=g(a) \qquad \therefore g(a)=0$$

❷ 등식의 좌변을 $\int_a^x (x-t)f(t)\,dt=x\int_a^x f(t)\,dt-\int_a^x tf(t)\,dt$로 변형한 후 양변을 x에 대하여 미분한다.

$$\Rightarrow \left\{\int_a^x f(t)\,dt+xf(x)\right\}-xf(x)=\int_a^x f(t)\,dt=g'(x)$$

❸ ❷에서 구한 식의 양변을 x에 대하여 미분하여 함수 $f(x)$를 구한다.

👍 대표 예제

0876 다항함수 $f(x)$가 모든 실수 x에 대하여

$$\int_1^x (x-t)f(t)\,dt=2x^3+ax+4$$

를 만족시킬 때, $\int_1^2 f(x)\,dx$의 값을 구하시오.

(단, a는 상수이다.)

선생님 해설

주어진 식의 양변에 $x=1$을 대입하면 ──→ 좌변이 0이 되므로

$0=2+a+4 \qquad \therefore a=-6$ ──→ 적분 변수가 t이므로 피적분함수를 t에 대한 식으로 나타낸다.

이때 $\int_1^x (x-t)f(t)\,dt=2x^3-6x+4$에서

$$x\int_1^x f(t)\,dt-\int_1^x tf(t)\,dt=2x^3-6x+4$$

위의 식의 양변을 x에 대하여 미분하면

$$\left\{\int_1^x f(t)\,dt+xf(x)\right\}-xf(x)=6x^2-6$$

$$\therefore \int_1^x f(t)\,dt=6x^2-6$$

$$\therefore \int_1^2 f(t)\,dt=6\cdot2^2-6=18$$ ──→ 위의 식의 양변에 $x=2$를 대입한다.

──→ $\int_1^2 f(x)\,dx$의 값과 같다.

⊙답 18

0877 대표 예제 한 번 더

다항함수 $f(x)$가 모든 실수 x에 대하여

$$\int_2^x (x-t)f(t)\,dt=ax^3+(a-4)x^2+4$$

를 만족시킬 때, $f(2)$의 값을 구하시오.

(단, a는 상수이다.)

0878

다항함수 $f(x)$가 모든 실수 x에 대하여

$$\int_{-1}^x (x-t)f(t)\,dt=ax^2+bx-4$$

를 만족시킬 때, ab의 값은? (단, a, b는 상수이다.)

① 30   ② 32   ③ 34

④ 36   ⑤ 38

0879

다항함수 $f(x)$가 모든 실수 x에 대하여

$$\int_a^x (x-t)f(t)\,dt=x^3-ax^2-2ax+8$$

을 만족시킬 때, $f(a)$의 값은? (단, a는 상수이다.)

① 6   ② 7   ③ 8

④ 9   ⑤ 10

0880

함수 $f(x)$가 모든 실수 x에 대하여

$$\int_1^x (x-t)f'(t)\,dt=x^4+ax^2+1$$

을 만족시키고 $f(1)=1$일 때, $f(2)$의 값은?

① 21   ② 22   ③ 23

④ 24   ⑤ 25

유형 11 정적분으로 정의된 함수의 극대·극소

함수 $f(x)=\int_a^x g(t)\,dt$ (a는 상수)의 극값은 다음과 같은 순서로 구한다.

❶ 양변을 x에 대하여 미분한다. ➡ $f'(x)=g(x)$
❷ $f'(x)=0$의 해를 구하여 함수 $f(x)$의 증가와 감소를 표로 나타낸다. ← 즉, $g(x)=0$
❸ 함수 $f(x)$의 극값을 구한다.

💬 대표 예제

0881 함수 $f(x)=\int_0^x 3(t+1)(t-3)\,dt$의 극댓값과 극솟값을 각각 M, m이라 할 때, $M-m$의 값을 구하시오.

> **선생님 해설**
>
> $f(x)=\int_0^x 3(t+1)(t-3)\,dt$에서 ← 양변을 x에 대하여 미분한다.
> $f'(x)=3(x+1)(x-3)$
> $f'(x)=0$에서 $x=-1$ 또는 $x=3$
> 이때 함수 $f(x)$의 증가와 감소를 표로 나타내면 다음과 같다.
>
> | x | $\cdots$ | -1 | $\cdots$ | 3 | $\cdots$ |
> |---|---|---|---|---|---|
> | $f'(x)$ | $+$ | 0 | $-$ | 0 | $+$ |
> | $f(x)$ | ↗ | 극대 | ↘ | 극소 | ↗ |
>
> 즉, 함수 $f(x)$의 극댓값은
> $f(-1)=\int_0^{-1} 3(t+1)(t-3)\,dt=\int_0^{-1}(3t^2-6t-9)\,dt$
> $\qquad =\left[t^3-3t^2-9t\right]_0^{-1}=5-0=5$
> 또한, 함수 $f(x)$의 극솟값은
> $f(3)=\int_0^3 3(t+1)(t-3)\,dt=\int_0^3(3t^2-6t-9)\,dt$
> $\qquad =\left[t^3-3t^2-9t\right]_0^3=-27-0=-27$
> 따라서 $M=5$, $m=-27$이므로
> $M-m=5-(-27)=32$
>
> **답** 32

0882 [대표 예제] [한 번 더]

함수 $f(x)=\int_a^x (3t^2-3)\,dt$의 극솟값이 0일 때, 극댓값을 M이라 하자. $M-a$의 값을 구하시오. (단, $a\neq 1$)

0883

함수 $f(x)=\int_{-1}^x (-t^2-t+a)\,dt$가 $x=-3$에서 극솟값을 가질 때, 함수 $f(x)$의 극댓값을 M이라 하자. $2M+a$의 값은? (단, a는 상수이다.)

① 31 ② 32 ③ 33
④ 34 ⑤ 35

0884

함수 $f(x)=\int_1^x \{t^2-(a-1)t-a\}\,dt$가 $x=-1$에서 극댓값 $\dfrac{10}{3}$을 가질 때, 함수 $f(x)$의 극솟값은? (단, $a\neq -1$)

① $-\dfrac{11}{6}$ ② $-\dfrac{5}{3}$ ③ $-\dfrac{3}{2}$
④ $-\dfrac{4}{3}$ ⑤ $-\dfrac{7}{6}$

0885

함수 $f(x)=\int_0^x (-3t^2+2at+b)\,dt$가 $x=-1$에서 극솟값 -8을 가질 때, 극댓값을 M이라 하자. $M+a+b$의 값을 구하시오. (단, a, b는 상수이다.)

유형 12 정적분으로 정의된 함수의 최대·최소

정적분으로 정의된 함수 $f(x)$의 최대·최소는 다음과 같은 순서로 구한다.
❶ 양변을 x에 대하여 미분하여 $f'(x)$를 구한다.
❷ $f'(x)=0$의 해를 구하여 함수 $f(x)$의 증가와 감소를 표로 나타낸다.
❸ 함수 $f(x)$의 최대·최소를 구한다.

👍 대표 예제

0886 $0\leq x\leq 5$에서 정의된 함수

$$f(x)=\int_1^x (t^2-2t-8)\,dt$$

의 최솟값은?

① -20 ② -18 ③ -16
④ -14 ⑤ -12

선생님 해설

주어진 식의 양변을 x에 대하여 미분하면
$f'(x)=x^2-2x-8=(x+2)(x-4)$
$f'(x)=0$에서 $x=4$ ($\because$ $0\leq x\leq 5$)
$0\leq x\leq 5$에서 함수 $f(x)$의 증가와 감소를 표로 나타내면 다음과 같다.

x	0	$\cdots$	4	$\cdots$	5
$f'(x)$		$-$	0	$+$	
$f(x)$	$f(0)$	↘	$f(4)$	↗	$f(5)$

따라서 함수 $f(x)$는 $x=4$일 때 극소이면서 최소이므로 최솟값은

$$f(4)=\int_1^4 (t^2-2t-8)\,dt$$

$f(0)$, $f(5)$의 값을 구하지 않아도 $0\leq x\leq 5$에서 함수 $f(x)$가 극솟값만 가지므로 함수 $f(x)$의 최솟값은 $f(4)$이다.

$$=\left[\frac{1}{3}t^3-t^2-8t\right]_1^4$$

$$=-\frac{80}{3}-\left(-\frac{26}{3}\right)=-18$$

답 ②

0887 대표 예제 한 번 더

$0\leq x\leq 2$에서 정의된 함수 $f(x)=\int_x^{x+1} (t^3-7t)\,dt$의 최댓값과 최솟값의 합은?

① -8 ② -4 ③ 0
④ 4 ⑤ 8

0888

이차함수 $y=f(x)$의 그래프가 그림과 같을 때, $1\leq x\leq 4$에서 정의된 함수 $g(x)=\int_x^1 f(t)\,dt$의 최댓값은?

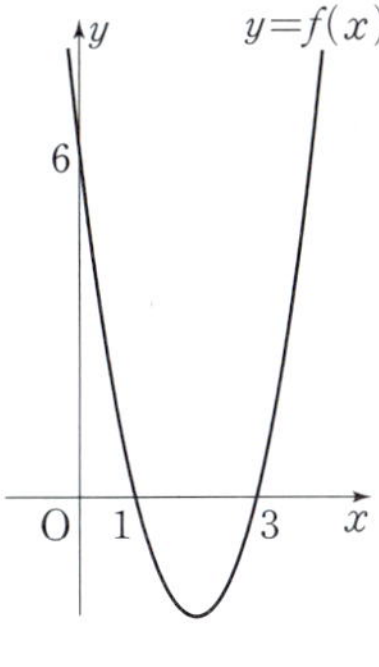

① $\dfrac{5}{3}$ ② 2
③ $\dfrac{7}{3}$ ④ $\dfrac{8}{3}$
⑤ 3

0889

함수 $f(x)$가 임의의 실수 x에 대하여 등식

$$\int_0^x (t-x)f(t)\,dt=-x^4+8x^3-3x^2$$

을 만족시킬 때, 함수 $f(x)$의 최솟값은?

① -45 ② -42 ③ -39
④ -36 ⑤ -33

0890

함수 $f(x)=-x^2+2x+3$에 대하여 $x\geq 0$에서 정의된 함수 $g(x)$를

$$g(x)=\int_0^x (x-t)f'(t)\,dt$$

라 할 때, 함수 $g(x)$의 최댓값은?

① $\dfrac{5}{6}$ ② 1 ③ $\dfrac{7}{6}$
④ $\dfrac{4}{3}$ ⑤ $\dfrac{3}{2}$

08. 정적분

유형 13 정적분으로 정의된 함수와 그 그래프

함수 $F(x)=\int_a^x f(t)\,dt$ (a는 상수)에 대하여 함수 $y=F(x)$의 그래프가 주어지면 다음과 같은 순서로 푼다.
❶ 주어진 그래프로부터 함수 $F(x)$를 구한다.
❷ $F(x)$를 주어진 식에 대입한 후 양변을 x에 대하여 미분하여 $f(x)$를 구한다.

👍 대표 예제

0891 최고차항의 계수가 1인 다항함수 $f(x)$에 대하여 함수 $F(x)$를 $F(x)=\int_0^x f(t)\,dt$라 하자. 함수 $y=F(x)$는 이차함수이고, 그래프가 그림과 같을 때, $f(3)$의 값을 구하시오.

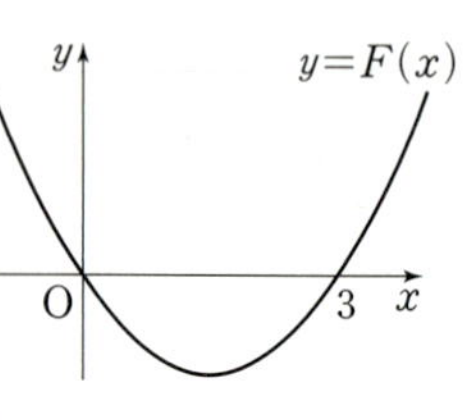

선생님 해설

함수 $y=F(x)$의 그래프는 x축과 두 점 $(0,0)$, $(3,0)$에서 만나고 아래로 볼록인 이차함수의 그래프이다.

$F(x)=ax(x-3)=ax^2-3ax\ (a>0)$라 하면
$$ax^2-3ax=\int_0^x f(t)\,dt$$
위의 식의 양변을 x에 대하여 미분하면
$$f(x)=2ax-3a$$
이때 함수 $f(x)$의 최고차항의 계수가 1이므로
$$2a=1 \qquad \therefore a=\frac{1}{2}$$
따라서 $f(x)=x-\dfrac{3}{2}$이므로
$$f(3)=3-\frac{3}{2}=\frac{3}{2}$$

답 $\dfrac{3}{2}$

0892 대표 예제 한 번 더

함수 $y=f(x)$의 그래프가 점 $(0,2)$를 지나고 함수 $F(x)$에 대하여 $F(x)=\int_1^x f(t)\,dt$이다. 함수 $y=F(x)$는 삼차함수이고 그래프가 그림과 같을 때, 함수 $f(x)$의 최솟값을 구하시오.

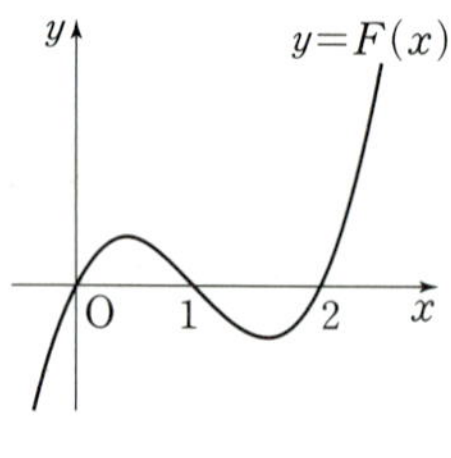

0893 함수 $f(x)$는 다항함수이고 함수 $F(x)=\int_{-1}^x f(t)\,dt$의 그래프가 그림과 같다. $F(x)$는 삼차함수이고 함수 $f(x)$의 최댓값이 $\dfrac{4}{3}$일 때, $f(3)$의 값은?

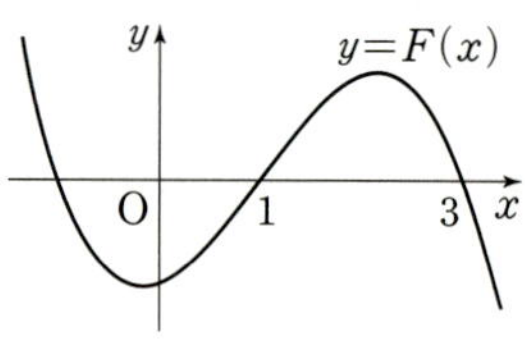

① $-\dfrac{10}{3}$　② -3　③ $-\dfrac{8}{3}$

④ $-\dfrac{7}{3}$　⑤ -2

0894 일차함수 $f(x)$에 대하여 함수 $F(x)=\int_a^x f(t)\,dt$의 그래프가 그림과 같을 때, $a+f(5)$의 값은? (단, a는 상수이다.)

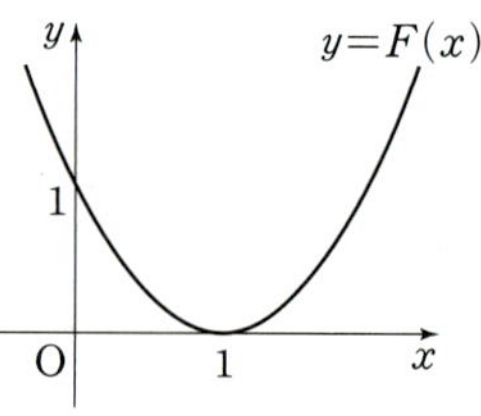

① 6　② 7　③ 8
④ 9　⑤ 10

0895 최고차항의 계수가 3인 이차함수 $f(x)$에 대하여 함수 $F(x)$를 다음과 같이 정의하자.
$$F(x)=\int_0^x f(t)\,dt$$
두 함수 $y=f(x)$, $y=F(x)$의 그래프가 점 $(2,0)$에서 만날 때, 함수 $F(x)$의 극댓값은?

① $\dfrac{10}{9}$　② $\dfrac{31}{27}$　③ $\dfrac{32}{27}$

④ $\dfrac{11}{9}$　⑤ $\dfrac{34}{27}$

유형 14 정적분으로 정의된 함수의 극한

함수 $f(x)$의 한 부정적분을 $F(x)$라 할 때

① $\displaystyle\lim_{x\to 0}\frac{1}{x}\int_a^{x+a} f(t)\,dt = \lim_{x\to 0}\frac{F(x+a)-F(a)}{x} = f(a)$

② $\displaystyle\lim_{x\to a}\frac{1}{x-a}\int_a^{x} f(t)\,dt = \lim_{x\to a}\frac{F(x)-F(a)}{x-a} = f(a)$

👍 대표 예제

0896 $\displaystyle\lim_{h\to 0}\frac{1}{h}\int_2^{2+3h}(3x^2-5)\,dx$의 값은?

① 19 ② 21 ③ 23
④ 25 ⑤ 27

선생님 해설

$f(x)=3x^2-5$, $F'(x)=f(x)$라 하면

$\displaystyle\lim_{h\to 0}\frac{1}{h}\int_2^{2+3h}(3x^2-5)\,dx$

$\displaystyle =\lim_{h\to 0}\frac{1}{h}\int_2^{2+3h} f(x)\,dx$

$\displaystyle =\lim_{h\to 0}\frac{F(2+3h)-F(2)}{h}$

$\displaystyle =\lim_{h\to 0}\frac{F(2+3h)-F(2)}{3h}\cdot 3$

$=3F'(2)$

$=3f(2)$

$=3(3\cdot 2^2-5)=21$

> 정적분으로 정의된 함수의 극한이 $\dfrac{0}{0}$ 꼴인 경우 미분계수의 정의와 정적분의 정의를 이용하여 해결할 수 있어.

○답 ②

0897 대표 예제 한 번 더

함수 $f(x)=x^2-3x-3$에 대하여

$\displaystyle\lim_{x\to 2}\frac{1}{x-2}\int_4^{x^2} f'(t)\,dt$

의 값은?

① 12 ② 14 ③ 16
④ 18 ⑤ 20

0898

함수 $f(x)=x^3-8x^2+2x+a$에 대하여

$\displaystyle\lim_{x\to 1}\frac{1}{x^3-1}\int_x^1 f(t)\,dt=1$

일 때, 상수 a의 값은?

① -2 ② -1 ③ 0
④ 1 ⑤ 2

0899

등식

$\displaystyle\lim_{h\to 0}\frac{1}{h}\int_{a-h}^{a+h}(x^2+ax)\,dx=a$

를 만족시키는 상수 a의 값은? (단, $a\neq 0$)

① $\dfrac{1}{8}$ ② $\dfrac{1}{4}$ ③ $\dfrac{3}{8}$
④ $\dfrac{1}{2}$ ⑤ $\dfrac{5}{8}$

0900

함수 $f(x)=x^3-3x+2$에 대하여

$\displaystyle\lim_{x\to -1}\frac{1}{x+1}\int_0^{x+1}(t+2)f(t)\,dt$

의 값은?

① 0 ② 1 ③ 2
④ 3 ⑤ 4

0901
· 유형 01 ·

함수 $f(x)=3x^2+ax$에 대하여 $\int_0^1 f(x)\,dx=0$일 때, 정적분 $\int_0^1 \{f(x)\}^2\,dx$의 값은? (단, a는 상수이다.)

① $\dfrac{1}{15}$ ② $\dfrac{2}{15}$ ③ $\dfrac{3}{15}$

④ $\dfrac{4}{15}$ ⑤ $\dfrac{1}{3}$

0902
· 유형 01 + 유형 12 ·

정적분 $\int_{-1}^{k} (6-2x)\,dx$의 값이 최대가 되도록 하는 상수 k의 값을 a, 그때의 정적분의 값을 b라 할 때, $a+b$의 값은?

① 16   ② 17   ③ 18

④ 19   ⑤ 20

0903
· 유형 09 ·

함수 $f(x)=3x^2-6x+5$에 대하여
$$\frac{d}{dx}\left\{\int_1^x f(t)\,dt\right\}-\int_1^x \left\{\frac{d}{dt}f(t)\right\}dt$$
의 값은?

① 1   ② 2   ③ 3

④ 4   ⑤ 5

0904
· 유형 02 ·

최고차항의 계수가 1인 이차함수 $f(x)$가 등식
$$\int_0^1 f(x)\,dx=\int_1^2 f(x)\,dx=\int_0^2 f(x)\,dx$$
를 만족시킬 때, $f(1)$의 값은?

① $-\dfrac{2}{3}$ ② $-\dfrac{1}{3}$ ③ $\dfrac{1}{3}$

④ $\dfrac{2}{3}$ ⑤ 1

0905 사고력
· 유형 02 ·

다항함수 $f(x)$가 등식
$$\int_0^2 x^2 f'(x)\,dx+2\int_0^2 x f(x)\,dx=16$$
을 만족시킬 때, $f(2)$의 값은?

① 2   ② 4   ③ 6

④ 8   ⑤ 10

0906
· 유형 05 + 유형 06 + 유형 09 ·

함수 $f(x)=3x^2+ax+b$와 함수 $g(x)=\int_{-2}^{x} f(t)\,dt$에 대하여 두 함수 $y=f(x)$, $y=g(x)$의 그래프가 점 $(2,\ 0)$에서 만날 때, $a+b$의 값은? (단, $a,\ b$는 상수이다.)

① -10 ② -8 ③ -6

④ -4 ⑤ -2

0907
• 유형 04 + 유형 05 •

정적분 $\displaystyle\int_{-2}^{2}(2|x|-1)^3\,dx$의 값은?

① 12   ② 14   ③ 16

④ 18   ⑤ 20

0908
• 유형 01 •

삼차함수 $y=f(x)$의 그래프가 그림과 같을 때, $\displaystyle\int_{0}^{2}f'(x)\,dx-\int_{-1}^{0}f'(x)\,dx$ 의 값은?

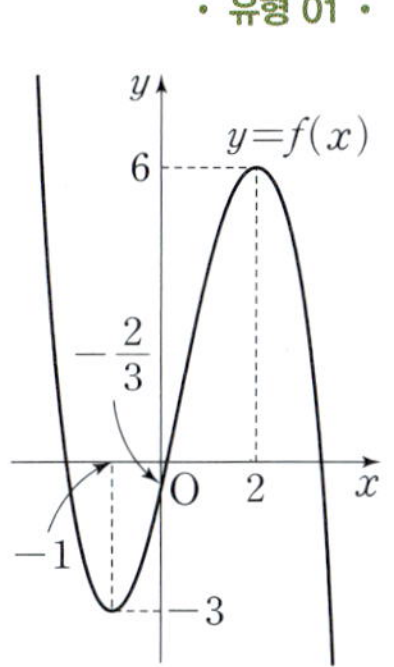

① $\dfrac{11}{3}$ ② 4

③ $\dfrac{13}{3}$ ④ $\dfrac{14}{3}$

⑤ 5

0909
• 유형 08 •

함수 $\displaystyle f(x)=3x^2-\int_{0}^{2}xf(t)\,dt$의 최솟값은?

① $-\dfrac{16}{27}$ ② $-\dfrac{5}{9}$ ③ $-\dfrac{14}{27}$

④ $-\dfrac{13}{27}$ ⑤ $-\dfrac{4}{9}$

0910
• 유형 02 + 유형 05 + 유형 06 •

두 함수 $f(x)$, $g(x)$가 모든 실수 x에 대하여
$$f(-x)=f(x),\ g(-x)=-g(x)$$
를 만족시킨다.
$$\int_{-1}^{0}f(x)\,dx=2,\ \int_{1}^{3}f(x)\,dx=3,$$
$$\int_{0}^{1}g(x)\,dx=4,\ \int_{0}^{3}g(x)\,dx=6$$

일 때, $\displaystyle\int_{-1}^{3}\{f(x)+g(x)\}\,dx$의 값을 구하시오.

0911
• 유형 08 •

두 함수 $f(x)$, $g(x)$가
$$f(x)=2x+1+\int_{0}^{1}\{f(t)+g(t)\}\,dt,$$
$$g(x)=3x^2-2+\int_{0}^{1}\{f(t)-g(t)\}\,dt$$
를 만족시킬 때, $(f\circ g)(2)$의 값을 구하시오.

0912
• 유형 10 •

다항함수 $f(x)$가 모든 실수 x에 대하여
$$\int_{-1}^{x}(x+t)(x-t)f(t)\,dt=x^4+ax^3+bx^2+2$$
를 만족시킬 때, $f(2)$의 값은? (단, a, b는 상수이다.)

① 1   ② 2   ③ 3

④ 4   ⑤ 5

0913
· 유형 08 ·

함수 $f(x)$가 모든 실수 x에 대하여
$$f(x)=12x^2+\int_0^1 6(x-t)f(t)\,dt$$
를 만족시킬 때, $f(1)$의 값은?

① 6   ② 7   ③ 8

④ 9   ⑤ 10

0914
· 유형 13 ·

다항함수 $f(x)$와 상수 a에 대하여 함수 $F(x)$를
$$F(x)=\int_a^x f(t)\,dt$$
라 하면 함수 $F(x)$는 삼차함수이고, 그래프는 그림과 같이 $x=3$에서 극댓값을 갖는다. 함수 $f(x)$의 극값이 $\dfrac{3}{2}$일 때, 함수 $F(x)$의 극댓값을 구하시오.

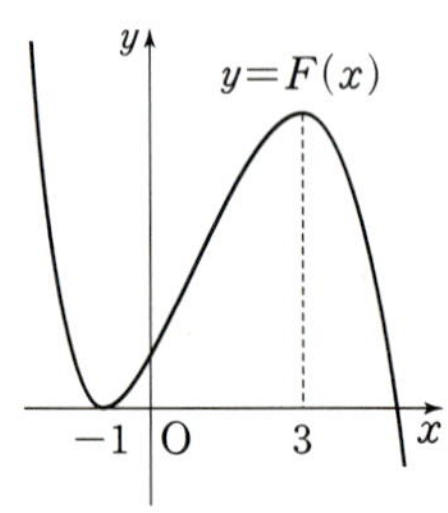

0915
· 유형 02 + 유형 05 + 유형 06 ·

$x\geq 0$에서 $f(x)\geq 0$인 함수 $f(x)$가 다음 조건을 만족시킨다.

> (가) $\displaystyle\int_{-2}^{3} f(x)\,dx=4$, $\displaystyle\int_{1}^{3} f(x)\,dx=6$
>
> (나) $\displaystyle\int_{-2}^{2} |f(x)|\,dx=10$
>
> (다) 함수 $y=f(x)$의 그래프는 원점에 대하여 대칭이다.

정적분 $\displaystyle\int_{-1}^{1} |f(x)|\,dx$의 값을 구하시오.

0916
· 유형 12 ·

$0\leq x\leq 4$에서 정의된 함수
$$f(x)=\int_a^x (3-2|t|)\,dt$$
의 최댓값과 최솟값을 각각 M, m이라 할 때, $M-m$의 값은? (단, a는 상수이다.)

① $\dfrac{21}{4}$ ② $\dfrac{11}{2}$ ③ $\dfrac{23}{4}$

④ 6   ⑤ $\dfrac{25}{4}$

0917
· 유형 05 + 유형 07 ·

함수 $f(x)$가 다음 조건을 만족시킬 때, 정적분 $\displaystyle\int_1^5 f(x)\,dx$의 값은?

> (가) $0\leq x\leq 1$에서 $f(x)=x(2-x)$
>
> (나) 모든 실수 x에 대하여 $f(-x)=f(x)$이다.
>
> (다) 모든 실수 x에 대하여 $f(x+2)=f(x)$이다.

① 2   ② $\dfrac{8}{3}$ ③ $\dfrac{10}{3}$

④ 4   ⑤ $\dfrac{14}{3}$

0918 창의력➕
· 유형 12 ·

함수 $f(x)=x^2-x-2$에 대하여 함수 $g(x)$를
$$g(x)=\int_a^x t f(t)\,dt$$
라 하자. 함수 $g(x)$의 최솟값이 0일 때, 함수 $g(x)$의 극댓값은 $\dfrac{q}{p}$이다. $p+q$의 값을 구하시오.

(단, a는 상수이고, p와 q는 서로소인 자연수이다.)

서술형 문제

0919
· 유형 01 ·

1보다 큰 자연수 n에 대하여

$$\int_0^1 \left(x+\frac{x^2}{2}+\frac{x^3}{3}+\cdots+\frac{x^n}{n}\right)dx=\frac{49}{50}$$

일 때, n의 값을 구하시오.

☑ 필요 개념 및 공식	
☐ 정적분의 정의	☐ 부분분수로의 변형

0920
· 유형 05 + 유형 06 ·

이차함수 $f(x)$가

$$\int_{-1}^1 f(x)\,dx=2,\quad \int_{-2}^2 xf(x)\,dx=8$$

을 만족시킨다. $f(-1)=\dfrac{1}{6}$일 때, $f(1)$의 값을 구하시오.

☑ 필요 개념 및 공식
☐ $f(-x)=f(x)$ 또는 $f(-x)=-f(x)$일 때, $\int_{-a}^a f(x)\,dx$의 값

0921
· 유형 04 + 유형 11 ·

이차함수 $f(x)$에 대하여 함수 $g(x)=\displaystyle\int_0^x f(t)\,dt$는 $x=1$에서 극댓값 4를 가지고, $x=3$에서 극솟값 0을 가진다. 이때 $\displaystyle\int_0^3 |f(x)|\,dx$의 값을 구하시오.

☑ 필요 개념 및 공식	
☐ 극값과 미분계수	☐ 정적분의 정의

0922
· 유형 03 ·

실수 전체의 집합에서 연속인 함수 $f(x)$에 대하여

$$f'(x)=\begin{cases} 2 & (x>1) \\ 2x-1 & (x<1) \end{cases}$$

이고 $f(0)=1$일 때, $\displaystyle\int_0^2 f(x)\,dx$의 값을 구하시오.

☑ 필요 개념 및 공식	
☐ 함수의 연속	☐ 정적분의 정의

0923
· 유형 14 ·

함수 $f(x)=x^2+4x$에 대하여

$$\lim_{x\to 2}\frac{1}{x^2-2x}\int_2^x (x+t)f(t)\,dt$$

의 값을 구하시오.

☑ 필요 개념 및 공식	
☐ 정적분의 정의	☐ 미분계수의 정의

0924
· 유형 10 ·

최고차항의 계수가 1인 다항함수 $f(x)$가 모든 실수 x에 대하여 등식

$$\int_{-2}^x (4t-3x+2)f(t)\,dt=0$$

을 만족시킬 때, $f(1)$의 값을 구하시오.

☑ 필요 개념 및 공식
☐ $\dfrac{d}{dx}\left[\displaystyle\int_a^x f(t)\,dt\right]=f(x)$

개념 01 곡선과 x축 사이의 넓이

(1) **정적분과 넓이의 관계**

함수 $f(x)$가 닫힌구간 $[a,\ b]$에서 연속이고 $f(x) \geq 0$일 때, 곡선 $y=f(x)$와 x축 및 두 직선 $x=a$, $x=b$로 둘러싸인 도형의 넓이 S는

$$S = \int_a^b f(x)\,dx$$

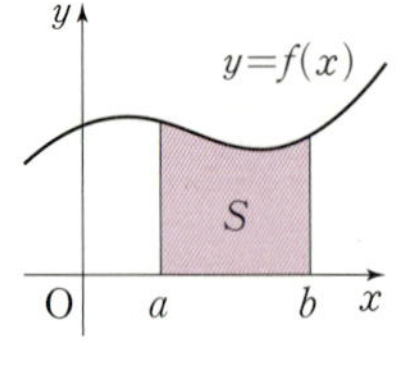

(2) **곡선과 x축 사이의 넓이**

함수 $f(x)$가 닫힌구간 $[a,\ b]$에서 연속일 때, 곡선 $y=f(x)$와 x축 및 두 직선 $x=a$, $x=b$로 둘러싸인 도형의 넓이 S는

$$S = \int_a^b |f(x)|\,dx$$

참고 $S = \int_a^b |f(x)|\,dx$
$$= \int_a^c f(x)\,dx + \int_c^b \{-f(x)\}\,dx$$

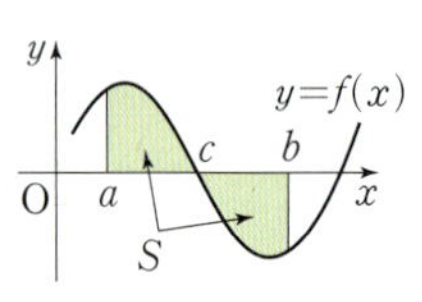

0925 그림과 같이 곡선 $y=x(2-x)$와 x축으로 둘러싸인 도형의 넓이를 구하시오.

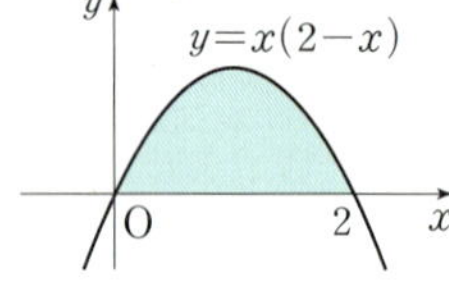

[0926~0928] 다음 곡선과 x축으로 둘러싸인 도형의 넓이를 구하시오.

0926 $y=-(x+1)(x-3)$

0927 $y=x^2+x-2$

0928 $y=3x^3-6x^2$

0929 그림과 같이 곡선 $y=(x+1)^2$과 x축 및 두 직선 $x=0$, $x=1$로 둘러싸인 도형의 넓이를 구하시오.

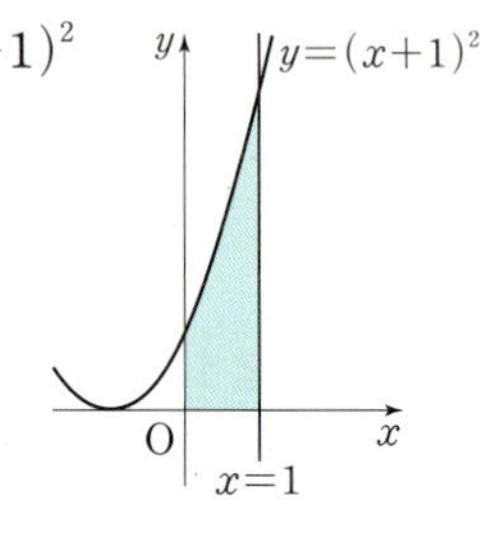

[0930~0932] 다음 곡선과 x축 및 두 직선으로 둘러싸인 도형의 넓이를 구하시오.

0930 $y=-x^2$, $x=1$, $x=2$

0931 $y=3x^2+1$, $x=-1$, $x=1$

0932 $y=-\dfrac{1}{3}x^2-2x-1$, $x=1$, $x=3$

개념 02 두 곡선 사이의 넓이

두 함수 $f(x)$, $g(x)$가 닫힌구간 $[a,\ b]$에서 연속일 때, 두 곡선 $y=f(x)$, $y=g(x)$ 및 두 직선 $x=a$, $x=b$로 둘러싸인 도형의 넓이 S는

$$S = \int_a^b |f(x)-g(x)|\,dx = \int_a^b \{(\text{위쪽 곡선의 식}) - (\text{아래쪽 곡선의 식})\}\,dx$$

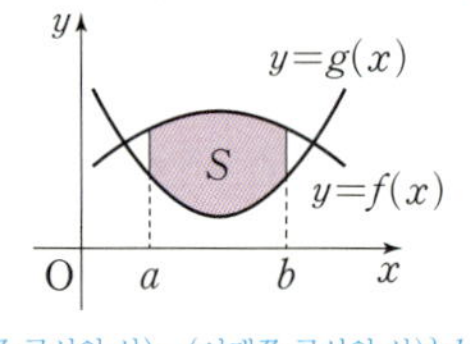

참고 $S = \int_a^b |f(x)-g(x)|\,dx$
$$= \int_a^c \{f(x)-g(x)\}\,dx$$
$$\quad + \int_c^b \{g(x)-f(x)\}\,dx$$

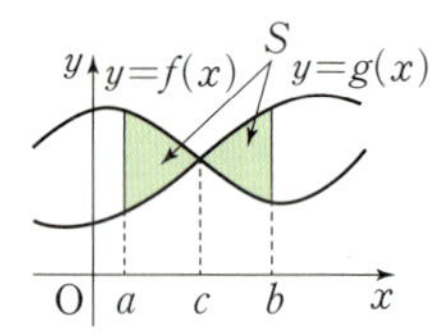

0933 그림과 같이 곡선 $y=-x^2+3x$와 직선 $y=x$로 둘러싸인 도형의 넓이를 구하시오.

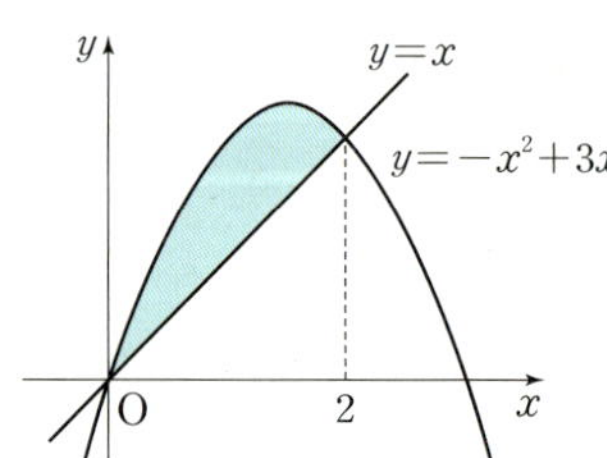

[0934~0936] 다음 곡선과 직선으로 둘러싸인 도형의 넓이를 구하시오.

0934 $y=x^2$, $y=4$

0935 $y=x^2-3$, $y=-2x$

0936 $y=-x^2+2x+2$, $y=2x+1$

0937 그림과 같이 두 곡선 $y=x^2-4$, $y=-x^2+4$로 둘러싸인 도형의 넓이를 구하시오.

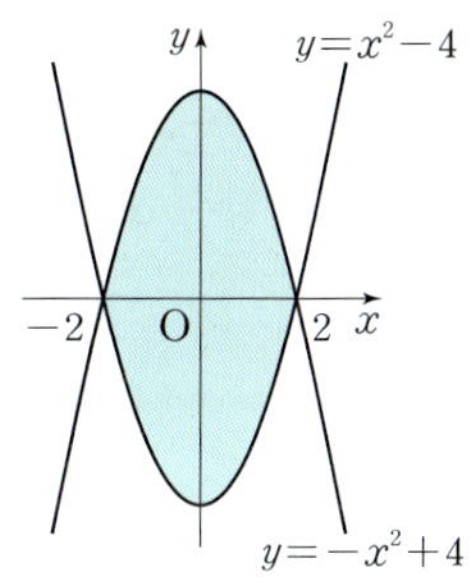

[0938~0940] 다음 두 곡선으로 둘러싸인 도형의 넓이를 구하시오.

0938 $y=x^2+1$, $y=-x^2+3$

0939 $y=\dfrac{1}{2}x^2+2$, $y=x^2$

0940 $y=-2x^2+3x+1$, $y=-x^2+x-2$

0941 그림과 같이 두 곡선 $y=2x^2$, $y=x^2+2x-3$과 두 직선 $x=1$, $x=2$로 둘러싸인 도형의 넓이를 구하시오.

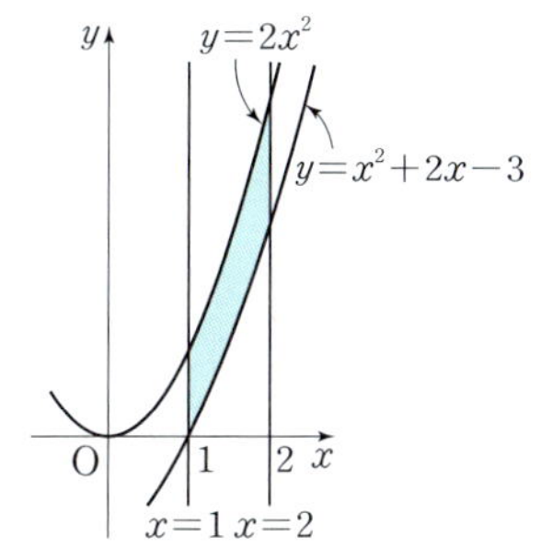

[0942~0944] 다음 두 곡선 및 두 직선으로 둘러싸인 도형의 넓이를 구하시오.

0942 $y=x^2+2x+2$, $y=-x^2-2x+8$, $x=-2$, $x=-1$

0943 $y=2x^2$, $y=\dfrac{1}{2}x^2$, $x=1$, $x=2$

0944 $y=x^2$, $y=x^2+x-4$, $x=0$, $x=1$

개념 03 속도와 거리

수직선 위를 움직이는 점 P의 시각 t에서의 속도가 $v(t)$이고, 시각 $t=t_0$에서의 위치가 x_0일 때

(1) 시각 t에서의 점 P의 위치 x는
$$x=x_0+\int_{t_0}^{t} v(t)\,dt$$

참고 위치와 속도는 다음과 같은 관계가 성립한다.

$$\boxed{위치} \xrightarrow[적분]{미분} \boxed{속도}$$

(2) 시각 $t=a$에서 $t=b$까지 점 P의 위치의 변화량은
$$\int_{a}^{b} v(t)\,dt$$

(3) 시각 $t=a$에서 $t=b$까지 점 P가 움직인 거리는
$$\int_{a}^{b} |v(t)|\,dt$$

참고 수직선 위를 움직이는 점 P에 대하여 $a<b<c$일 때
① $t=a$에서 $t=c$까지 점 P의 위치의 변화량은
$$x_2-x_0$$
② $t=a$에서 $t=c$까지 점 P가 움직인 거리는
$$|x_1-x_0|+|x_2-x_1|$$

[0945~0947] 원점을 출발하여 수직선 위를 움직이는 점 P의 시각 t에서의 속도가 $v(t)=3t^2-6t$일 때, 다음을 구하시오.

0945 $t=4$에서의 점 P의 위치

0946 $t=1$에서 $t=3$까지 점 P의 위치의 변화량

0947 $t=1$에서 $t=3$까지 점 P가 움직인 거리

[0948~0950] 좌표가 3인 점을 출발하여 수직선 위를 움직이는 점 P의 시각 t에서의 속도가 $v(t)=2t-6$일 때, 다음을 구하시오.

0948 $t=2$에서의 점 P의 위치

0949 $t=2$에서 $t=4$까지 점 P의 위치의 변화량

0950 $t=2$에서 $t=4$까지 점 P가 움직인 거리

유형 01 곡선과 x축 사이의 넓이 : 적분 구간이 교점으로 주어질 때

함수 $f(x)$에 대하여 곡선 $y=f(x)$와 x축으로 둘러싸인 도형의 넓이 S는

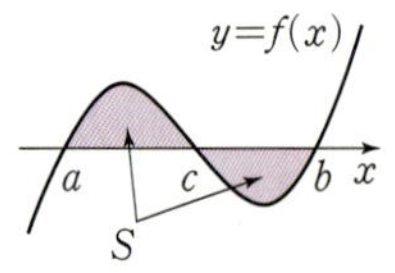

$$S=\int_a^c f(x)\,dx+\int_c^b \{-f(x)\}\,dx$$

대표 예제

0951 곡선 $y=x(x-1)(x-2)$와 x축으로 둘러싸인 도형의 넓이는?

① $\dfrac{1}{2}$　　　② $\dfrac{3}{4}$　　　③ 1

④ $\dfrac{5}{4}$　　　⑤ $\dfrac{3}{2}$

선생님 해설

곡선 $y=x(x-1)(x-2)$와 x축의 교점의 x좌표는

$x(x-1)(x-2)=0$에서

$x=0$ 또는 $x=1$ 또는 $x=2$

따라서 구하는 도형의 넓이는

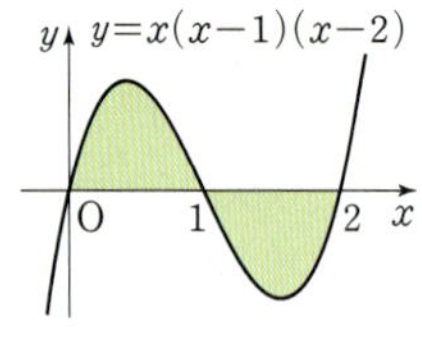

$$\int_0^1 x(x-1)(x-2)\,dx+\int_1^2 \{-x(x-1)(x-2)\}\,dx$$
$$=\int_0^1 (x^3-3x^2+2x)\,dx+\int_1^2 (-x^3+3x^2-2x)\,dx$$
$$=\left[\frac{1}{4}x^4-x^3+x^2\right]_0^1+\left[-\frac{1}{4}x^4+x^3-x^2\right]_1^2$$
$$=\left(\frac{1}{4}-0\right)+\left\{0-\left(-\frac{1}{4}\right)\right\}=\frac{1}{2}$$

> 닫힌구간 $[0, 1]$에서 $y\geq0$이고, 닫힌구간 $[1, 2]$에서 $y\leq0$이므로

함수의 그래프를 그려서 그래프가 x축보다 위에 있는 구간과 아래에 있는 구간을 알아야 해.

답 ①

0952 대표 예제 | 한 번 더

곡선 $y=-x^3+x^2+2x$와 x축으로 둘러싸인 도형의 넓이는?

① $\dfrac{11}{4}$　　　② $\dfrac{35}{12}$　　　③ $\dfrac{37}{12}$

④ $\dfrac{13}{4}$　　　⑤ $\dfrac{41}{12}$

0953

곡선 $y=ax-x^2$ $(a>0)$과 x축으로 둘러싸인 도형의 넓이가 36일 때, 상수 a의 값은?

① $\dfrac{17}{3}$　　　② 6　　　③ $\dfrac{19}{3}$

④ $\dfrac{20}{3}$　　　⑤ 7

0954

최고차항의 계수가 3인 이차함수 $f(x)$에 대하여 이차방정식 $f(x)=0$의 두 근의 합이 2, 두 근의 곱이 -3이다. 곡선 $y=f(x)$와 x축으로 둘러싸인 도형의 넓이는?

① 20　　　② 24　　　③ 28

④ 32　　　⑤ 36

0955

삼차함수 $y=f(x)$의 그래프가 그림과 같다. 곡선 $y=f(x)$와 x축으로 둘러싸인 도형의 넓이가 $\dfrac{8}{3}$일 때, $f(3)$의 값은?

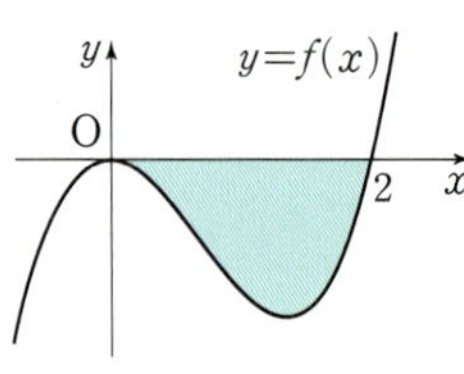

① 10　　　② 12　　　③ 14

④ 16　　　⑤ 18

유형 02 곡선과 x축 사이의 넓이
: 적분 구간이 직선으로 주어질 때

함수 $f(x)$에 대하여 곡선 $y=f(x)$와 x축 및 두 직선 $x=a$, $x=b$로 둘러싸인 도형의 넓이 S는

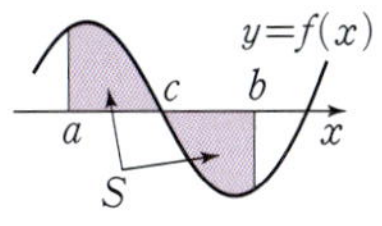

$$S=\int_a^c f(x)\,dx+\int_c^b \{-f(x)\}\,dx$$

👍 대표 예제

0956 곡선 $y=x(x+2)(x-2)$와 x축 및 두 직선 $x=-1$, $x=1$로 둘러싸인 도형의 넓이는?

① $\dfrac{5}{2}$ 　　② $\dfrac{7}{2}$ 　　③ $\dfrac{9}{2}$

④ $\dfrac{11}{2}$ 　　⑤ $\dfrac{13}{2}$

선생님 해설

곡선 $y=x(x+2)(x-2)$와 x축의 교점의 x좌표는 $x(x+2)(x-2)=0$에서 $x=-2$ 또는 $x=0$ 또는 $x=2$
따라서 구하는 도형의 넓이는

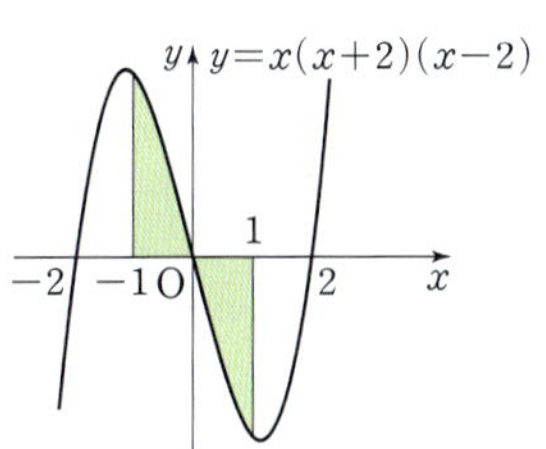

$$\int_{-1}^0 x(x+2)(x-2)\,dx$$

닫힌구간 $[-1,\,0]$에서 $y\geq0$이고, 닫힌구간 $[0,\,1]$에서 $y\leq0$이므로

$$+\int_0^1 \{-x(x+2)(x-2)\}\,dx$$
$$=\int_{-1}^0 (x^3-4x)\,dx+\int_0^1 (-x^3+4x)\,dx$$
$$=\left[\frac{1}{4}x^4-2x^2\right]_{-1}^0+\left[-\frac{1}{4}x^4+2x^2\right]_0^1$$
$$=\left\{0-\left(-\frac{7}{4}\right)\right\}+\left(\frac{7}{4}-0\right)=\frac{7}{2}$$

적분 구간이 곡선과 x축의 교점의 x좌표에서 두 직선으로 주어졌을 뿐이야. 풀이 과정은 **유형 01**과 비슷하다는 것을 알 수 있지?

답 ②

0957 대표 예제 한 번 더

곡선 $y=\dfrac{1}{2}x^3-4$와 x축 및 두 직선 $x=0$, $x=4$로 둘러싸인 도형의 넓이는?

① 22 　　② 24 　　③ 26

④ 28 　　⑤ 30

0958

곡선 $y=x^3$과 x축 및 두 직선 $x=-2$, $x=a$로 둘러싸인 도형의 넓이가 5일 때, a의 값은? (단, $a>0$)

① $\dfrac{\sqrt{2}}{4}$ 　　② $\dfrac{1}{2}$ 　　③ $\dfrac{\sqrt{2}}{2}$

④ $\sqrt{2}$ 　　⑤ 2

0959

최고차항의 계수가 a인 삼차함수 $y=f(x)$의 그래프가 그림과 같다. 곡선 $y=f(x)$와 x축 및 직선 $x=-1$로 둘러싸인 도형의 넓이가 자연수가 되도록 하는 정수 a의 최댓값은?

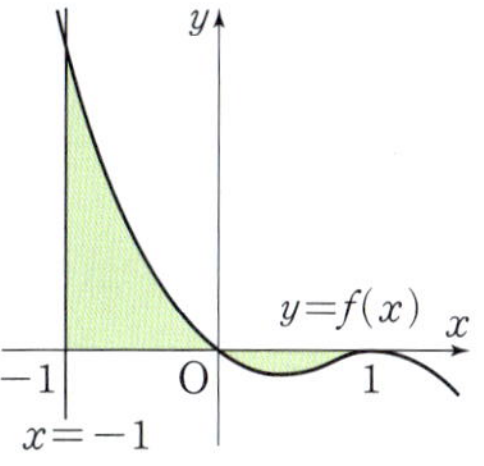

① -1 　　② -2 　　③ -3

④ -4 　　⑤ -5

0960 🆙

자연수 n에 대하여 곡선 $y=\dfrac{1}{n}x^{n+1}$과 x축 및 직선 $x=-1$로 둘러싸인 도형의 넓이를 S_n이라 할 때, $\displaystyle\sum_{n=1}^{6} S_n$의 값은?

① $\dfrac{65}{112}$ 　　② $\dfrac{67}{112}$ 　　③ $\dfrac{69}{112}$

④ $\dfrac{71}{112}$ 　　⑤ $\dfrac{73}{112}$

유형 03 곡선과 직선으로 둘러싸인 도형의 넓이

곡선과 직선으로 둘러싸인 도형의 넓이는 다음과 같은 순서로 구한다.
❶ 곡선과 직선의 교점의 x좌표를 구하여 적분 구간을 정한다.
❷ 곡선과 직선을 그려 위치 관계를 파악한다.
❸ ❶의 적분 구간에서 (위쪽 곡선의 식)−(아래쪽 곡선의 식)의 정적분의 값을 구한다.

👍 대표 예제

0961 곡선 $y=x^3-x^2$과 직선 $y=x-1$로 둘러싸인 도형의 넓이는?

① $\dfrac{1}{3}$ ② $\dfrac{2}{3}$ ③ 1

④ $\dfrac{4}{3}$ ⑤ $\dfrac{5}{3}$

선생님 해설

곡선 $y=x^3-x^2$과 직선 $y=x-1$의 교점의 x좌표는
$x^3-x^2=x-1$에서
$x^3-x^2-x+1=0$
$(x+1)(x-1)^2=0$ ($x=1$에서 접하므로 $(x-1)^2$을 인수로 가져야 한다.)
$\therefore x=-1$ 또는 $x=1$

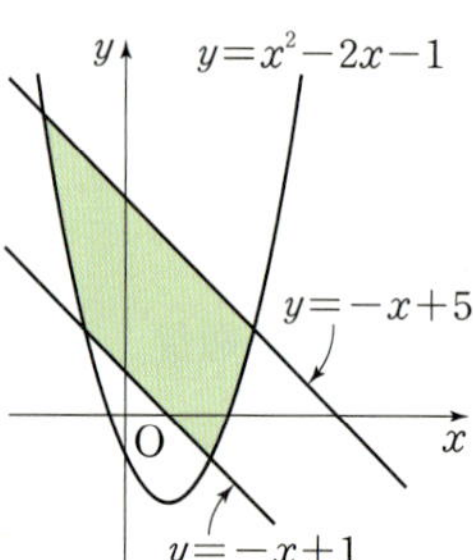

따라서 구하는 도형의 넓이는

$\displaystyle\int_{-1}^{1}\{(x^3-x^2)-(x-1)\}\,dx=\int_{-1}^{1}(x^3-x^2-x+1)\,dx$
(닫힌구간 $[-1, 1]$에서 곡선 $y=x^3-x^2$이 직선 $y=x-1$보다 위에 있다.)
$\qquad=\left[\dfrac{1}{4}x^4-\dfrac{1}{3}x^3-\dfrac{1}{2}x^2+x\right]_{-1}^{1}$
$\qquad=\dfrac{5}{12}-\left(-\dfrac{11}{12}\right)=\dfrac{4}{3}$

답 ④

0962 대표 예제 한 번 더
곡선 $y=x^3-3x$와 직선 $y=x$로 둘러싸인 도형의 넓이는?

① 2 ② 4 ③ 6
④ 8 ⑤ 10

0963
곡선 $y=x^2-x$와 직선 $y=ax$로 둘러싸인 도형의 넓이가 36일 때, 양수 a의 값은?

① 4 ② 5 ③ 6
④ 7 ⑤ 8

0964
그림과 같이 곡선 $y=x^2-2x-1$과 두 직선 $y=-x+1$, $y=-x+5$로 둘러싸인 도형의 넓이는?

① $\dfrac{46}{3}$ ② $\dfrac{49}{3}$
③ $\dfrac{52}{3}$ ④ $\dfrac{55}{3}$
⑤ $\dfrac{58}{3}$

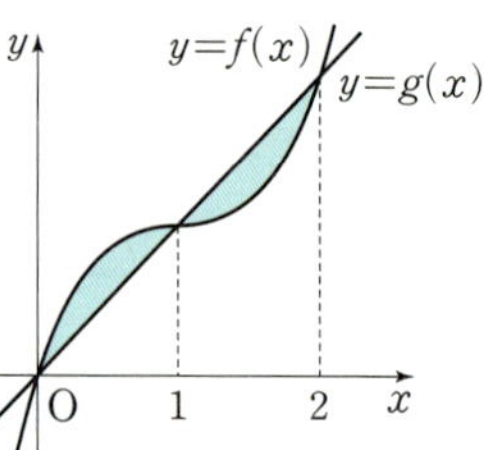

0965
그림과 같이 삼차함수 $y=f(x)$의 그래프와 직선 $y=g(x)$로 둘러싸인 도형의 넓이가 2일 때, $f(3)-g(3)$의 값은?

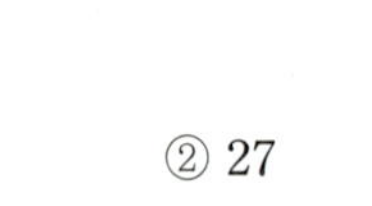

① 24 ② 27
③ 30 ④ 33
⑤ 36

유형 04 두 곡선으로 둘러싸인 도형의 넓이

두 곡선으로 둘러싸인 도형의 넓이는 다음과 같은 순서로 구한다.
❶ 두 곡선의 교점의 x좌표를 구하여 적분 구간을 정한다.
❷ 두 곡선을 그려 위치 관계를 파악한다.
❸ ❶의 적분 구간에서 (위쪽 곡선의 식)−(아래쪽 곡선의 식)의 정적분의 값을 구한다.

👍 대표 예제

0966 두 곡선 $y=x^3+x^2-x$, $y=x^2$으로 둘러싸인 도형의 넓이는?

① $\dfrac{1}{4}$　　　② $\dfrac{1}{2}$　　　③ $\dfrac{3}{4}$

④ 1　　　⑤ $\dfrac{5}{4}$

선생님 해설

두 곡선 $y=x^3+x^2-x$, $y=x^2$의 교점의 x좌표는
$x^3+x^2-x=x^2$에서
$x^3-x=0$
$x(x+1)(x-1)=0$
$\therefore x=-1$ 또는 $x=0$ 또는 $x=1$
따라서 구하는 도형의 넓이는

닫힌구간 $[-1, 0]$에서 곡선 $y=x^3+x^2-x$가 곡선 $y=x^2$보다 위에 있다.

$\displaystyle\int_{-1}^{0}\{(x^3+x^2-x)-x^2\}\,dx+\int_{0}^{1}\{x^2-(x^3+x^2-x)\}\,dx$

닫힌구간 $[0, 1]$에서 곡선 $y=x^2$이 곡선 $y=x^3+x^2-x$보다 위에 있다.

$\displaystyle=\int_{-1}^{0}(x^3-x)\,dx+\int_{0}^{1}(-x^3+x)\,dx$

$\displaystyle=\left[\frac{1}{4}x^4-\frac{1}{2}x^2\right]_{-1}^{0}+\left[-\frac{1}{4}x^4+\frac{1}{2}x^2\right]_{0}^{1}$

$\displaystyle=\left\{0-\left(-\frac{1}{4}\right)\right\}+\left(\frac{1}{4}-0\right)=\frac{1}{2}$

답 ②

0967 대표 예제 한 번 더

두 곡선 $y=x^3$, $y=x^2+2x$로 둘러싸인 두 도형의 넓이를 각각 S_1, S_2라 할 때, S_2-S_1의 값은? (단, $S_1<S_2$)

① $\dfrac{3}{2}$　　　② $\dfrac{7}{4}$　　　③ 2

④ $\dfrac{9}{4}$　　　⑤ $\dfrac{5}{2}$

0968 두 곡선 $y=-x^2+4x+2$, $y=x^2+2ax+2-4a$로 둘러싸인 도형의 넓이가 9일 때, 양수 a의 값은?

① 1　　　② $\dfrac{5}{4}$　　　③ $\dfrac{3}{2}$

④ $\dfrac{7}{4}$　　　⑤ 2

0969 곡선 $y=x^2$을 x축에 대하여 대칭이동한 후 x축의 방향으로 3만큼, y축의 방향으로 17만큼 평행이동한 곡선을 $y=f(x)$라 하자. 두 곡선 $y=x^2$, $y=f(x)$로 둘러싸인 도형의 넓이는?

① 35　　　② $\dfrac{110}{3}$　　　③ $\dfrac{115}{3}$

④ 40　　　⑤ $\dfrac{125}{3}$

0970 두 곡선 $y=x^3-ax^2$, $y=x^2-bx$가 $x=2$에서 접할 때, 두 곡선으로 둘러싸인 도형의 넓이는? (단, a, b는 상수이다.)

① $\dfrac{1}{3}$　　　② $\dfrac{2}{3}$　　　③ 1

④ $\dfrac{4}{3}$　　　⑤ $\dfrac{5}{3}$

유형 05 곡선과 접선으로 둘러싸인 도형의 넓이

곡선과 접선으로 둘러싸인 도형의 넓이는 다음과 같은 순서로 구한다.
❶ 접선의 방정식을 구한다.
❷ 곡선과 접선의 교점의 x좌표를 구하여 적분 구간을 정한다.
❸ 곡선과 접선을 그려 위치 관계를 파악한다.
❹ ❷의 적분 구간에서 (위쪽 곡선의 식)$-$(아래쪽 곡선의 식)의 정적분의 값을 구한다.

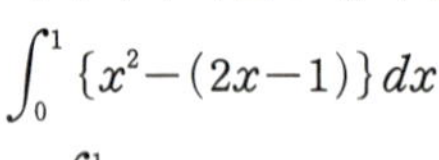 대표 예제

0971 곡선 $y=x^2$ $(x\geq0)$과 이 곡선 위의 점 $(1,\ 1)$에서의 접선 및 y축으로 둘러싸인 도형의 넓이는?

① 1 ② $\dfrac{1}{2}$ ③ $\dfrac{1}{3}$

④ $\dfrac{1}{4}$ ⑤ $\dfrac{1}{5}$

선생님 해설

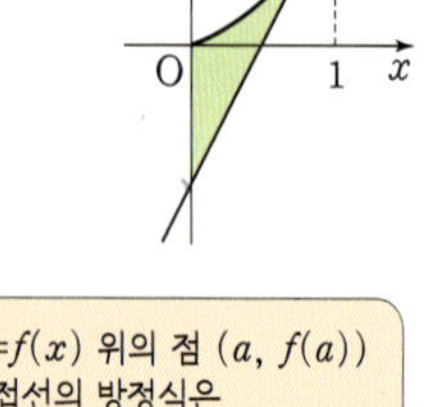

$y=x^2$에서 $y'=2x$이므로 곡선 $y=x^2$ 위의 점 $(1,\ 1)$에서의 접선의 기울기는 2이고, 접선의 방정식은

$y-1=2(x-1)$ $\therefore\ y=2x-1$

따라서 구하는 도형의 넓이는

$\displaystyle\int_0^1 \{x^2-(2x-1)\}\,dx$

$\displaystyle =\int_0^1 (x^2-2x+1)\,dx$

$\displaystyle =\left[\dfrac{1}{3}x^3-x^2+x\right]_0^1$

$=\dfrac{1}{3}-0=\dfrac{1}{3}$

곡선 $y=f(x)$ 위의 점 $(a,\ f(a))$에서의 접선의 방정식은 $y-f(a)=f'(a)(x-a)$야.

답 ③

0972 대표 예제 한 번 더

곡선 $y=x^3+1$과 이 곡선 위의 점 $(1,\ 2)$에서의 접선으로 둘러싸인 도형의 넓이는?

① $\dfrac{21}{4}$ ② $\dfrac{23}{4}$ ③ $\dfrac{25}{4}$

④ $\dfrac{27}{4}$ ⑤ $\dfrac{29}{4}$

0973

그림과 같이 곡선 $y=ax^2+1$과 이 곡선 위의 점 $P(2,\ 4a+1)$에서의 접선 및 y축으로 둘러싸인 도형의 넓이가 16일 때, 양수 a의 값은?

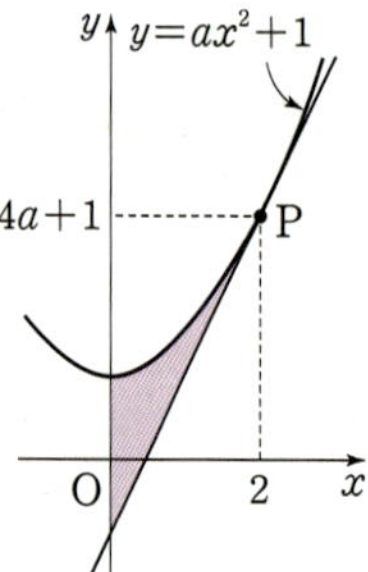

① 2 ② 3

③ 4 ④ 5

⑤ 6

0974

점 $(1,\ -4)$에서 곡선 $y=\dfrac{1}{2}x^2$에 그은 두 접선과 이 곡선으로 둘러싸인 도형의 넓이는?

① 9 ② 11 ③ 13

④ 15 ⑤ 17

0975

그림과 같이 곡선 $y=4-x^2$과 이 곡선 위의 점 $P(t,\ 4-t^2)$에서의 접선 및 y축, 직선 $x=2$로 둘러싸인 도형의 넓이의 최솟값은? (단, $0\leq t\leq2$)

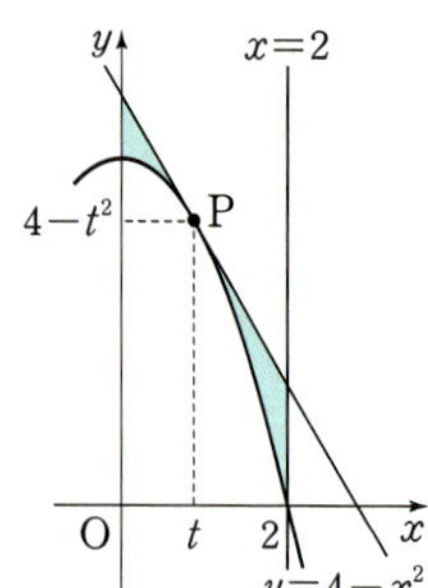

① $\dfrac{1}{3}$ ② $\dfrac{2}{3}$

③ 1 ④ $\dfrac{4}{3}$

⑤ $\dfrac{5}{3}$

유형 06 절댓값 기호를 포함한 함수의 그래프로 둘러싸인 도형의 넓이

곡선 $y=|f(x)|$와 곡선 $y=g(x)$로 둘러싸인 도형의 넓이는 다음과 같은 순서로 구한다.
❶ 절댓값 기호 안의 식이 0이 되는 x의 값을 기준으로 범위를 나누어 함수를 구한다.
❷ 주어진 두 곡선의 위치 관계를 파악한다.
❸ 적분 구간을 찾아 정적분의 값을 구한다.

👍 대표 예제

0976 곡선 $y=|x^2-2x-3|$과 x축으로 둘러싸인 도형의 넓이는?

① 8
② $\dfrac{26}{3}$
③ $\dfrac{28}{3}$

④ 10
⑤ $\dfrac{32}{3}$

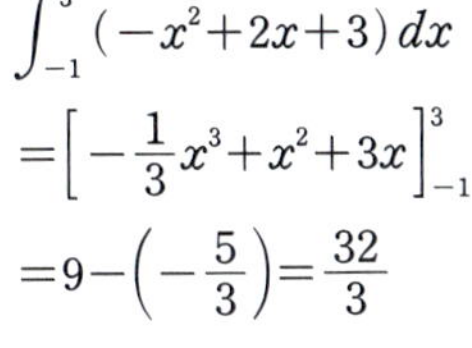
선생님 해설

$x^2-2x-3=0$에서 $(x+1)(x-3)=0$
$\therefore x=-1$ 또는 $x=3$

$y=|x^2-2x-3|$에서
$$y=\begin{cases} x^2-2x-3 & (x\le-1 \text{ 또는 } x\ge3) \\ -x^2+2x+3 & (-1\le x\le3) \end{cases}$$
따라서 구하는 도형의 넓이는

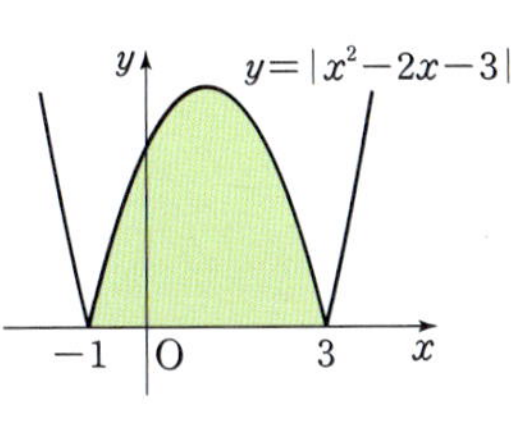

$\displaystyle\int_{-1}^{3}(-x^2+2x+3)\,dx$
$=\left[-\dfrac{1}{3}x^3+x^2+3x\right]_{-1}^{3}$
$=9-\left(-\dfrac{5}{3}\right)=\dfrac{32}{3}$

답 ⑤

0977 [대표 예제] [한 번 더]
곡선 $y=|x^3+3x^2+2x|$와 x축으로 둘러싸인 도형의 넓이는?

① $\dfrac{1}{2}$
② 1
③ $\dfrac{3}{2}$

④ 2
⑤ $\dfrac{5}{2}$

0978
곡선 $y=|x^2-a|$와 x축으로 둘러싸인 도형의 넓이가 36일 때, 양수 a의 값은?

① 1
② 4
③ 9

④ 16
⑤ 25

0979
곡선 $y=x|x|+x$와 x축 및 두 직선 $x=-1$, $x=1$로 둘러싸인 도형의 넓이는?

① 1
② $\dfrac{4}{3}$
③ $\dfrac{5}{3}$

④ 2
⑤ $\dfrac{7}{3}$

0980
곡선 $y=|x^2-4x|$와 직선 $y=3x-6$으로 둘러싸인 도형의 넓이는?

① $\dfrac{53}{6}$
② $\dfrac{55}{6}$
③ $\dfrac{19}{2}$

④ $\dfrac{59}{6}$
⑤ $\dfrac{61}{6}$

유형 07 두 도형의 넓이가 같은 경우

① 곡선 $y=f(x)$와 x축으로 둘러싸인 두 도형의 넓이를 각각 S_1, S_2라 할 때, $S_1=S_2$이면
$$\int_\alpha^\gamma f(x)\,dx=0$$

② 두 곡선 $y=f(x)$, $y=g(x)$로 둘러싸인 두 도형의 넓이를 각각 S_1, S_2라 할 때, $S_1=S_2$이면
$$\int_\alpha^\gamma \{f(x)-g(x)\}\,dx=0$$

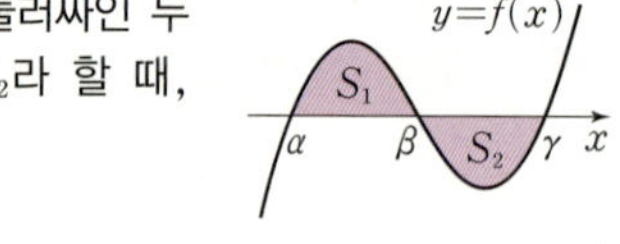

대표 예제

0981 그림과 같이 곡선 $y=x^2-a$와 x축, y축 및 직선 $x=3$으로 둘러싸인 두 도형의 넓이를 각각 S_1, S_2라 할 때, $S_1=S_2$이다. 상수 a의 값을 구하시오.

(단, $a>0$)

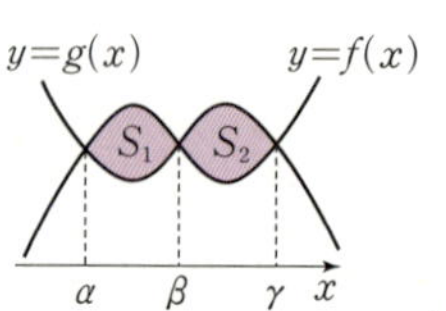

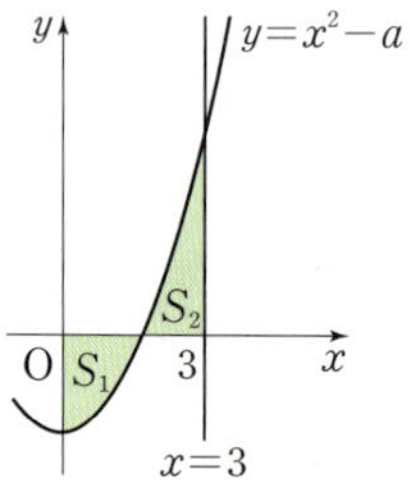

선생님 해설

$S_1=S_2$이므로 $\displaystyle\int_0^3 (x^2-a)\,dx=0$이다. 즉,

$$\int_0^3 (x^2-a)\,dx=\left[\frac{1}{3}x^3-ax\right]_0^3=(9-3a)-0=0$$

에서 $3a=9$

$\therefore a=3$

답 3

0982 그림과 같이 곡선 $y=3x^2$과 y축 및 두 직선 $x=2$, $y=a$로 둘러싸인 두 도형의 넓이를 각각 S_1, S_2라 할 때, $S_1=S_2$이다. 상수 a의 값을 구하시오.

(단, $a>0$)

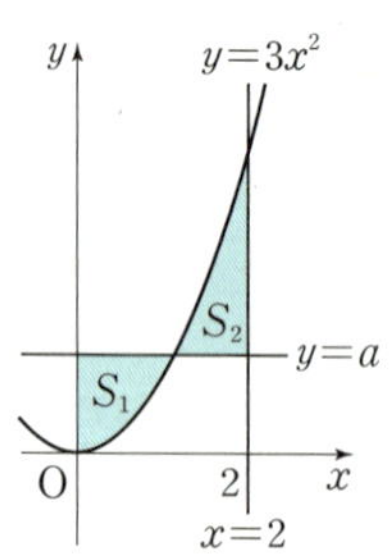

0983

곡선 $y=x^3-(a+1)x^2+ax$와 x축으로 둘러싸인 두 도형의 넓이가 서로 같을 때, 상수 a의 값은? (단, $a>1$)

① $\dfrac{5}{4}$ ② $\dfrac{3}{2}$ ③ $\dfrac{7}{4}$

④ 2 ⑤ $\dfrac{9}{4}$

0984

그림과 같이 두 곡선 $y=ax(x-2)^2$, $y=x(2-x)$로 둘러싸인 두 도형의 넓이가 서로 같을 때, 상수 a의 값은?

$\left(\text{단, } a>\dfrac{1}{2}\right)$

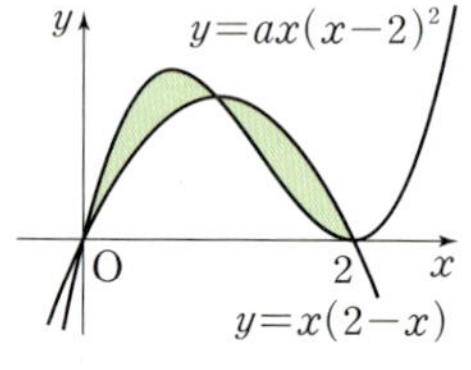

① 1 ② 2 ③ 3

④ 4 ⑤ 5

0985

그림과 같이 곡선 $y=-x^2+4x+k$와 x축 및 y축으로 둘러싸인 도형의 넓이를 S_1, 이 곡선과 x축으로 둘러싸인 도형의 넓이를 S_2라 하자. $S_1=S_2$일 때, 상수 k의 값은?

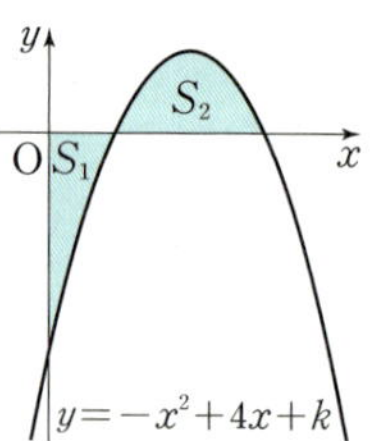

① -5 ② -4

③ -3 ④ -2

⑤ -1

유형 08 곡선으로 둘러싸인 도형의 분할

곡선 $y=f(x)$와 x축으로 둘러싸인 도형의 넓이 S가 두 곡선 $y=f(x)$, $y=g(x)$로 둘러싸인 도형의 넓이의 n배이면

$$\int_{\alpha}^{\beta} |f(x)-g(x)|\, dx = \frac{1}{n}S$$

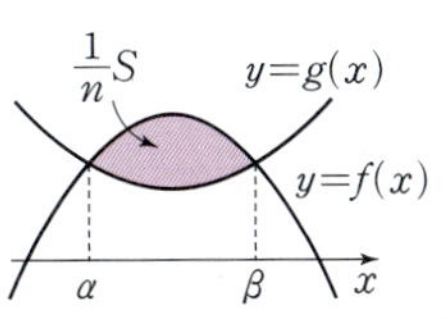

대표 예제 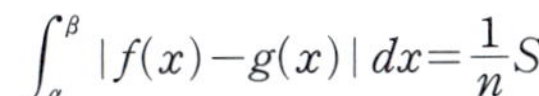

0986 곡선 $y=-x^2+2x$와 x축으로 둘러싸인 도형의 넓이가 직선 $y=mx$에 의하여 이등분될 때, 양수 m에 대하여 $(2-m)^3$의 값은?

① 1   ② 2   ③ 3
④ 4   ⑤ 5

선생님 해설

곡선 $y=-x^2+2x$와 직선 $y=mx$의 교점의 x좌표는 $-x^2+2x=mx$에서
$x^2-(2-m)x=0$
$x\{x-(2-m)\}=0$
$\therefore x=0$ 또는 $x=2-m$

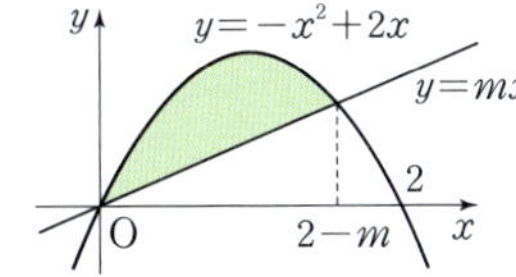

즉, 곡선 $y=-x^2+2x$와 직선 $y=mx$로 둘러싸인 도형의 넓이는 S_1

$$\int_0^{2-m} \{(-x^2+2x)-mx\}\, dx = \int_0^{2-m} \{-x^2+(2-m)x\}\, dx$$

↳ 닫힌구간 $[0, 2-m]$에서 곡선 $y=-x^2+2x$가 직선 $y=mx$보다 위에 있다.

$$= \left[-\frac{1}{3}x^3 + \frac{2-m}{2}x^2 \right]_0^{2-m}$$

$$= \frac{(2-m)^3}{6} - 0 = \frac{(2-m)^3}{6}$$

한편, 곡선 $y=-x^2+2x$와 x축의 교점의 x좌표는 $-x^2+2x=0$에서
$x(x-2)=0$
$\therefore x=0$ 또는 $x=2$

즉, 곡선 $y=-x^2+2x$와 x축으로 둘러싸인 도형의 넓이는

$$\int_0^2 (-x^2+2x)\, dx = \left[-\frac{1}{3}x^3 + x^2 \right]_0^2 = \frac{4}{3} - 0 = \frac{4}{3}$$ S_2

↳ 닫힌구간 $[0, 2]$에서 $y=-x^2+2x \geq 0$이므로

이므로

$$\frac{(2-m)^3}{6} = \frac{1}{2} \cdot \frac{4}{3}$$

$$\therefore (2-m)^3 = 4$$ ↳ S_1은 S_2의 $\frac{1}{2}$배이다.

직선 $y=mx$에 의하여 분할된 두 도형의 넓이가 같음을 이용해도 되지만 계산이 복잡하니까 $S_1=\frac{1}{2}S_2$를 이용한 거야.

답 ④

0987 [대표 예제] [한 번 더]

양수 m에 대하여 곡선 $y=x^2-3x$와 직선 $y=mx$로 둘러싸인 도형의 넓이가 곡선 $y=x^2-3x$와 x축으로 둘러싸인 도형의 넓이의 2배일 때, m^3+9m^2+27m의 값을 구하시오.

0988

곡선 $y=-x^2+4x+5$와 x축으로 둘러싸인 도형의 넓이가 두 곡선 $y=-x^2+4x+5$, $y=x^2+ax+5$로 둘러싸인 도형의 넓이의 3배일 때, $(4-a)^3$의 값을 구하시오.

(단, $a<4$)

0989

그림과 같이 곡선 $y=-x^3+x^2$과 x축으로 둘러싸인 도형의 넓이를 S_1, 이 곡선과 곡선 $y=mx^2$으로 둘러싸인 도형의 넓이를 S_2라 할 때, $S_1=2S_2$이다. m의 값은? (단, $0<m<1$)

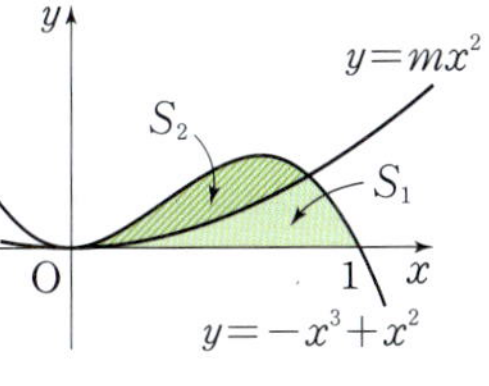

① $1-2^{-\frac{1}{5}}$ ② $1-2^{-\frac{1}{4}}$ ③ $1-2^{-\frac{1}{3}}$
④ $1-2^{-\frac{1}{2}}$ ⑤ $\frac{1}{2}$

0990

그림과 같이 점 $P(0, 1)$을 지나는 직선이 곡선 $y=x^2$과 제1사분면에서 만나는 점을 Q, 점 Q에서 x축에 내린 수선의 발을 H라 하자. 곡선 $y=x^2$과 y축 및 직선 PQ로 둘러싸인 도형의 넓이를 S_1, 곡선 $y=x^2$과 x축 및 직선 QH로 둘러싸인 도형의 넓이를 S_2라 할 때, $S_1 : S_2 = 2 : 3$이다. 사다리꼴 POHQ의 넓이를 구하시오. (단, O는 원점이다.)

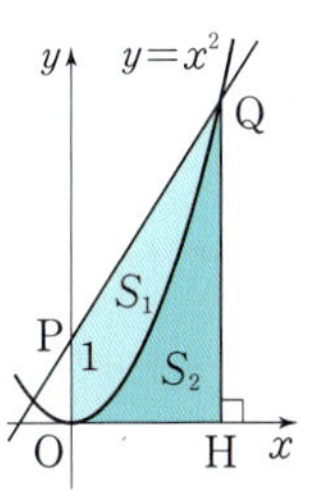

유형 09 함수와 그 역함수의 정적분

함수 $y=f(x)$와 그 역함수 $y=f^{-1}(x)$에 대하여

① 두 곡선의 교점의 x좌표가 각각 α, β일 때, 두 곡선 $y=f(x)$, $y=f^{-1}(x)$로 둘러싸인 도형의 넓이 S는

$$S=\int_{\alpha}^{\beta} |f(x)-f^{-1}(x)|\,dx$$

$$=2\int_{\alpha}^{\beta} |x-f(x)|\,dx$$

② $S_2=S_1$

$$=\int_{a}^{b} f(x)\,dx$$

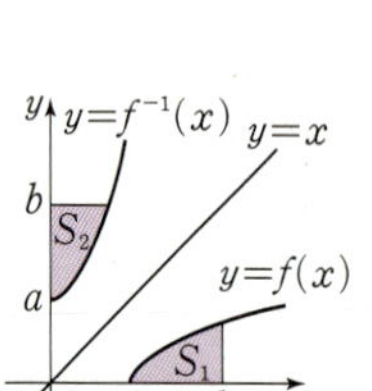

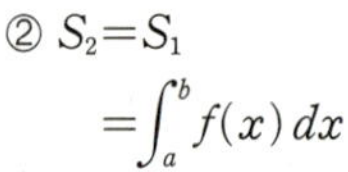 **대표 예제**

0991 그림과 같이 함수 $y=f(x)$의 그래프와 그 역함수 $y=g(x)$의 그래프가 원점과 점 $(3, 3)$에서 만나고

$\displaystyle\int_{0}^{3} f(x)\,dx=4$일 때, 두 곡선 $y=f(x)$, $y=g(x)$로 둘러싸인 도형의 넓이를 구하시오.

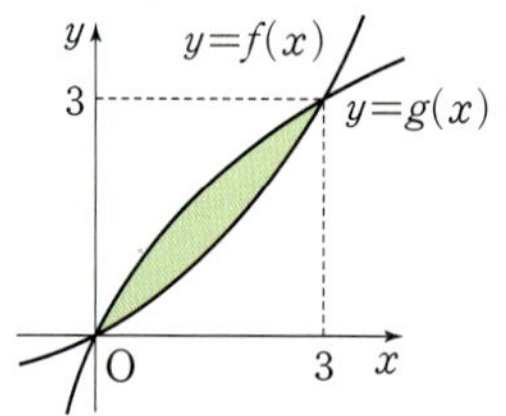

선생님 해설

오른쪽 그림과 같이 두 함수 $y=f(x)$, $y=g(x)$의 그래프는 직선 $y=x$에 대하여 대칭이므로 구하는 도형의 넓이는 곡선 $y=f(x)$와 직선 $y=x$로 둘러싸인 도형의 넓이의 2배와 같다.

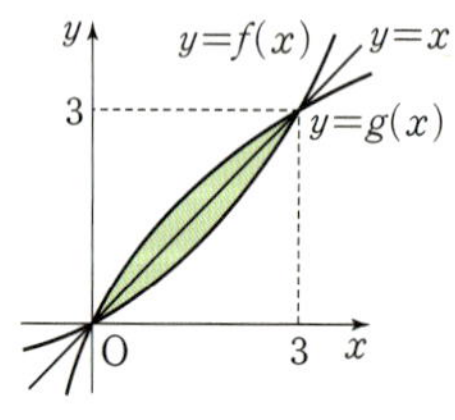

따라서 구하는 도형의 넓이는

$$2\int_{0}^{3} \{x-f(x)\}\,dx$$

$$=2\left\{\int_{0}^{3} x\,dx-\int_{0}^{3} f(x)\,dx\right\}$$

$$=2\left(\left[\frac{1}{2}x^2\right]_{0}^{3}-4\right)$$

$$=2\left\{\left(\frac{9}{2}-0\right)-4\right\}=1$$

함수 $y=f(x)$의 그래프와 그 역함수 $y=f^{-1}(x)$의 그래프는 직선 $y=x$에 대하여 대칭임을 기억해야 해.

 **답** 1

0992 대표 예제 · 한 번 더

그림과 같이 함수 $y=f(x)$의 그래프와 그 역함수 $y=g(x)$의 그래프가 두 점 $(1, 1)$, $(4, 4)$에서 만나고 두 곡선 $y=f(x)$, $y=g(x)$로 둘러싸인 도형의 넓이가 3일 때, $\displaystyle\int_{1}^{4} g(x)\,dx$의 값을 구하시오.

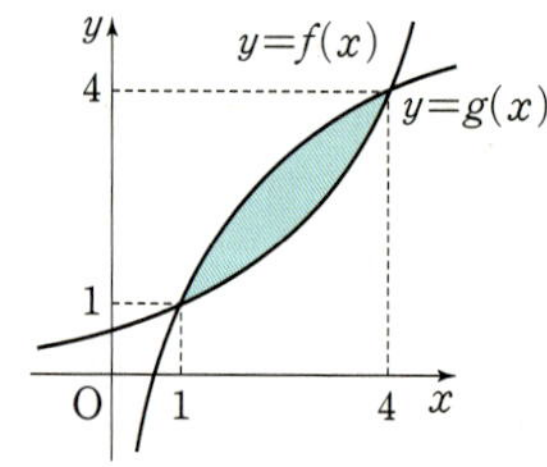

0993 함수 $f(x)=x^3-2x^2+2x$의 역함수를 $g(x)$라 할 때, 두 곡선 $y=f(x)$, $y=g(x)$로 둘러싸인 도형의 넓이는?

① $\dfrac{1}{6}$ ② $\dfrac{1}{5}$ ③ $\dfrac{1}{4}$

④ $\dfrac{1}{3}$ ⑤ $\dfrac{1}{2}$

0994 함수 $f(x)=\sqrt{x-3}$의 역함수를 $g(x)$라 할 때, $\displaystyle\int_{3}^{7} f(x)\,dx+\int_{0}^{2} g(x)\,dx$의 값은?

① 10 ② 12 ③ 14

④ 16 ⑤ 18

0995 함수 $f(x)=\dfrac{1}{2}x^2+x+4 \ (x\geq0)$의 역함수를 $g(x)$라 할 때, $\displaystyle\int_{4}^{8} g(x)\,dx$의 값은?

① $\dfrac{10}{3}$ ② $\dfrac{11}{3}$ ③ 4

④ $\dfrac{13}{3}$ ⑤ $\dfrac{14}{3}$

유형 10 위치와 위치의 변화량

수직선 위를 움직이는 점 P의 시각 t에서의 속도가 $v(t)$이고, 시각 $t=t_0$에서의 위치가 x_0일 때

① 시각 t에서의 점 P의 위치 x는

$$x = x_0 + \int_{t_0}^{t} v(t)\,dt$$

② 시각 $t=a$에서 $t=b$까지 점 P의 위치의 변화량은

$$\int_{a}^{b} v(t)\,dt$$

👍 대표 예제

0996 원점을 출발하여 수직선 위를 움직이는 점 P의 t초 후의 속도가 $v(t)=6-2t$일 때, 점 P의 운동 방향이 바뀌는 시각에서의 점 P의 위치는?

① 7 　　　② 9 　　　③ 11

④ 13 　　　⑤ 15

선생님 해설

$v(t)=6-2t=0$일 때 점 P의 운동 방향이 바뀌므로

$6-2t=0$에서 $t=3$

따라서 $t=3$에서의 점 P의 위치는

$$0 + \int_{0}^{3} (6-2t)\,dt = \left[6t - t^2\right]_{0}^{3} = 9 - 0 = 9$$

$t=0$에서의 점 P의 위치가 0이므로

답 ②

0997 대표 예제 한 번 더

좌표가 2인 점을 출발하여 수직선 위를 움직이는 점 P의 시각 t에서의 속도가 $v(t)=6t-t^2$일 때, 점 P가 정지할 때의 위치는? (단, $t>0$)

① 32 　　　② 34 　　　③ 36

④ 38 　　　⑤ 40

0998

수직선 위를 움직이는 점 P의 시각 t에서의 속도가 $v(t)=4+2t$이고 $t=3$에서의 점 P의 위치가 20일 때, $t=0$에서의 점 P의 위치는?

① -2 　　　② -1 　　　③ 0

④ 1 　　　⑤ 2

0999

원점을 출발하여 수직선 위를 움직이는 점 P의 시각 t에서의 속도가

$$v(t) = \begin{cases} t^2 - 2t & (0 \le t \le 1) \\ -t^2 + 2t - 2 & (t \ge 1) \end{cases}$$

일 때, $t=3$에서의 점 P의 위치는?

① $-\dfrac{16}{3}$ 　　　② $-\dfrac{13}{3}$ 　　　③ $-\dfrac{10}{3}$

④ $-\dfrac{7}{3}$ 　　　⑤ $-\dfrac{4}{3}$

1000 🆙

직선 트랙을 달리는 A가 P 지점을 지나면서 3 m/s의 일정한 속도로 달리고 있고, B는 A가 P 지점을 지난 지 3초 후에 P 지점을 지나서 A를 따라갔다. B가 P 지점을 지난 지 t초 후의 속도가 (t^2+2t) m/s일 때, A와 B가 만나는 시각은 B가 P 지점을 지난 지 몇 초 후인가?

① 1초 　　　② 2초 　　　③ 3초

④ 4초 　　　⑤ 5초

유형 11 속도와 움직인 거리

수직선 위를 움직이는 점 P의 시각 t에서의 속도가 $v(t)$일 때, 시각 $t=a$에서 $t=b$까지 점 P가 움직인 거리 s는

$$s=\int_a^b |v(t)|\, dt$$

👍 대표 예제

1001 강의 상류로 10 m/s의 속도로 움직이는 모터보트의 시동을 끈 지 t초 후의 속도 $v(t)$ m/s가 $v(t)=10-2t$ $(0 \le t \le 20)$이다. 시동을 끈 후 모터보트의 속도가 -6 m/s이 될 때까지 움직인 거리는?

① 32 m ② 34 m ③ 36 m
④ 38 m ⑤ 40 m

선생님 해설

$v(t)=10-2t=-6$에서 $t=8$
즉, 모터보트의 시동을 끈 지 8초 후의 속도가 -6 m/s이다.
한편, $v(t)=10-2t=0$에서 $t=5$
즉, $t=5$에서 운동 방향이 바뀌므로 $0 \le t \le 5$에서 $v(t) \ge 0$이고, $5 \le t \le 8$에서 $v(t) \le 0$이다.
따라서 구하는 거리는

$$\int_0^8 |10-2t|\, dt = \int_0^5 (10-2t)\, dt + \int_5^8 (-10+2t)\, dt$$
$$= \Big[10t-t^2\Big]_0^5 + \Big[-10t+t^2\Big]_5^8$$
$$= (25-0) + \{-16-(-25)\} = 34(\text{m})$$

답 ②

1002 `대표 예제` `한 번 더`
수직선 위의 점 P의 시각 t에서의 속도가 $v(t)=30-10t$이다. $t=0$에서의 점 P의 속력이 $t=a$에서의 점 P의 속력과 같을 때, $t=0$에서 $t=a$까지 움직인 거리는? (단, $a>0$)

① 90 ② 100 ③ 110
④ 120 ⑤ 130

1003
원점을 출발하여 수직선 위를 움직이는 점 P의 시각 t에서의 속도가 $v(t)=8-2t$이다. 점 P가 출발 후 다시 원점으로 되돌아올 때까지 움직인 거리는?

① 16 ② 20 ③ 24
④ 28 ⑤ 32

1004
자동차가 출발한 지 t초 후의 속도 $v(t)$ m/s가 $v(t)=\dfrac{3}{4}t^2-6t$이고 10초 이후로는 속도가 일정하다고 한다. 이 자동차가 출발한 후 30초 동안 이동한 거리는?

① 342 m ② 354 m ③ 366 m
④ 378 m ⑤ 390 m

1005
지상 25 m의 높이에서 20 m/s의 속도로 지면과 수직으로 위로 던진 공의 t초 후의 속도 $v(t)$ m/s가 $v(t)=20-10t$이다. 이 공이 지면에 떨어질 때까지 걸린 시간은?

① 4초 ② 4.5초 ③ 5초
④ 5.5초 ⑤ 6초

유형 12 정적분을 이용한 그래프의 해석

수직선 위를 움직이는 점 P의 시각 t에서의 속도 $v(t)$의 그래프가 오른쪽 그림과 같을 때, 속도 $v(t)$의 그래프와 t축으로 둘러싸인 도형의 넓이를 각각 S_1, S_2라 하면 시각 $t=0$에서 $t=a$까지

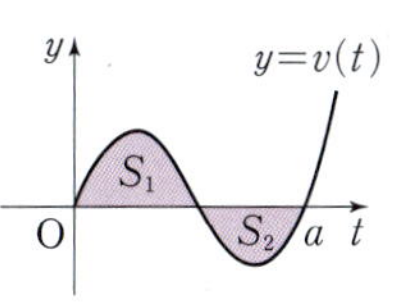

① 점 P의 위치의 변화량: $\int_0^a v(t)\,dt \Rightarrow S_1-S_2$

② 점 P가 움직인 거리: $\int_0^a |v(t)|\,dt \Rightarrow S_1+S_2$

👍 대표 예제

1006 수직선 위를 움직이는 점 P의 시각 t에서의 속도 $v(t)$의 그래프가 그림과 같다. $t=0$에서 $t=4$까지 점 P가 움직인 거리를 구하시오.
(단, $0 \le t \le 4$)

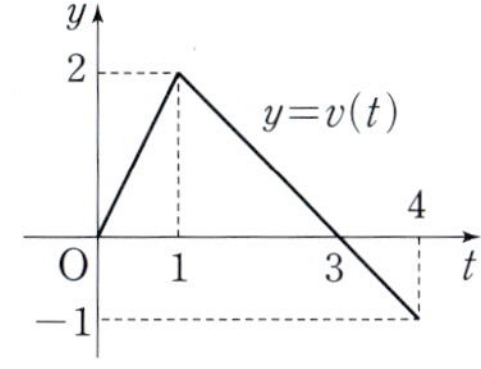

선생님 해설

구하는 거리는 닫힌구간 $[0,\ 4]$에서 함수 $y=v(t)$의 그래프와 t축으로 둘러싸인 도형의 넓이와 같으므로

$$\int_0^4 |v(t)|\,dt = \frac{1}{2}\cdot 3\cdot 2 + \frac{1}{2}\cdot 1\cdot 1 = \frac{7}{2}$$

$\underbrace{\qquad}_{\int_0^3 |v(t)|\,dt}\ \underbrace{\qquad}_{\int_3^4 |v(t)|\,dt}$

$\int_0^4 |v(t)|\,dt$의 값은 함수 $v(t)$를 구하여 계산하는 것보다 삼각형, 사각형 등 도형의 넓이를 이용하여 계산하는 것이 훨씬 쉬워.

답 $\dfrac{7}{2}$

1007 대표 예제 한 번 더

수직선 위를 움직이는 점 P의 시각 t에서의 속도 $v(t)$의 그래프가 그림과 같다. $t=0$에서의 점 P의 위치가 3일 때, $t=6$에서의 점 P의 위치는? (단, $0 \le t \le 6$)

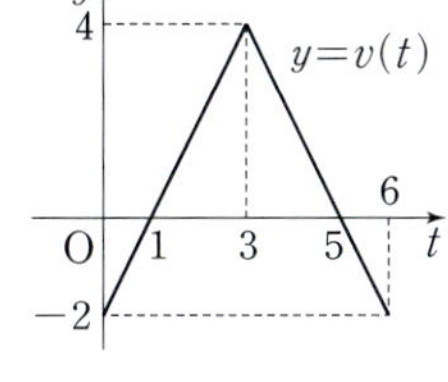

① 5   ② 6   ③ 7
④ 8   ⑤ 9

1008

원점을 출발하여 수직선 위를 움직이는 물체의 시각 t에서의 속도 $v(t)$의 그래프가 그림과 같다. 점 P가 출발 후 다시 원점을 지나는 시각은? (단, $0 \le t \le 7$)

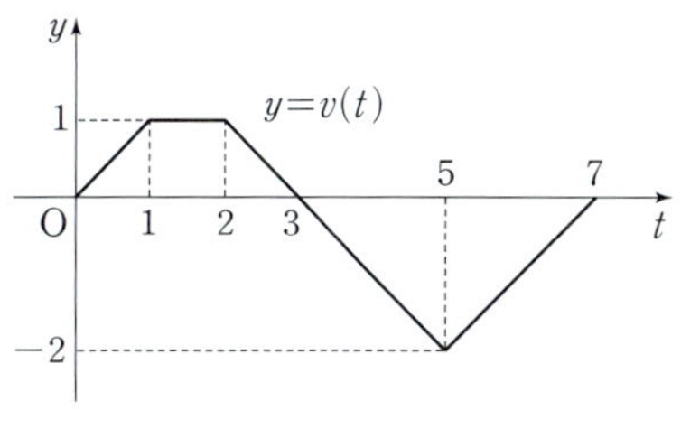

① 3   ② 4   ③ 5
④ 6   ⑤ 7

1009

수직선 위를 움직이는 점 P의 시각 t에서의 속도 $v(t)$의 그래프가 그림과 같다. $t=1$에서 $t=2$까지 점 P가 움직인 거리가 4일 때, $t=0$에서 $t=4$까지 점 P가 움직인 거리를 구하시오.
(단, $0 \le t \le 4$)

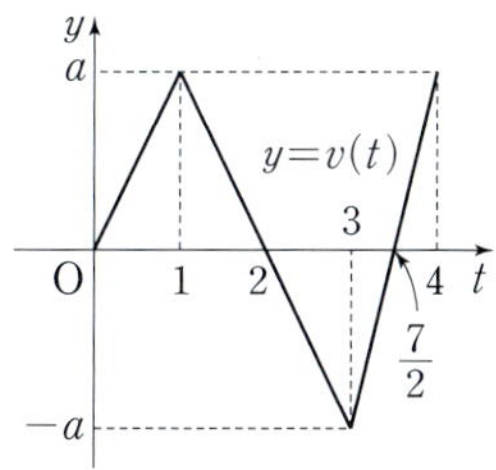

1010

수직선 위를 움직이는 점 P의 시각 t에서의 속도 $v(t)$의 그래프가 그림과 같다. $t=2$, $t=5$에서의 점 P의 위치가 각각 9, 5일 때, 출발 후 세 번째로 정지할 때의 점 P의 위치는? (단, $0 \le t \le 8$)

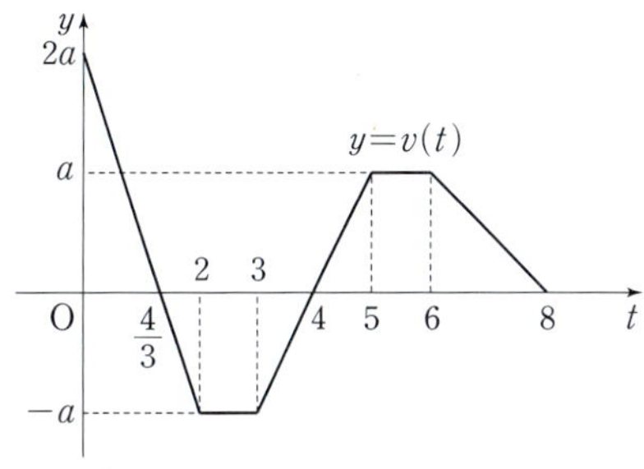

① 13   ② 14   ③ 15
④ 16   ⑤ 17

1011
· 유형 01 ·

모든 실수 x에 대하여 함수 $f(x)$가

$$xf(x)=\int_0^x tf'(t)\,dt+\frac{x^3}{3}-\frac{x^2}{2}-2x$$

를 만족시킬 때, 곡선 $y=f(x)$와 x축으로 둘러싸인 도형의 넓이는?

① 4   ② $\dfrac{9}{2}$ ③ 5

④ $\dfrac{11}{2}$ ⑤ 6

1012
· 유형 10 ·

수직선 위를 움직이는 점 P의 시각 t에서의 속도가 $v(t)=3t^2-6t-9$이고, $t=0$일 때 점 P의 위치는 원점이다. 점 P가 음의 방향으로 가장 멀리 떨어져 있을 때의 시각을 $t=a$라 할 때, $t=a$에서의 점 P의 위치는?

① -29 ② -27 ③ -25

④ -23 ⑤ -21

1013
· 유형 06 ·

곡선 $y=3x|x|$와 x축 및 두 직선 $x=-2$, $x=t$로 둘러싸인 도형의 넓이를 $f(t)$라 할 때, $\displaystyle\lim_{t\to 0}\frac{f(t)-a}{t^3}=b$이다. 두 실수 a, b에 대하여 $a+b$의 값은? (단, $t>-2$)

① 5   ② 6   ③ 7

④ 8   ⑤ 9

1014

· 유형 01 ·

함수 $f(x)=2x^3+3x^2-12x+k$에 대하여 곡선 $y=f(x)$와 x축, y축 및 직선 $x=2$로 둘러싸인 도형의 넓이를 S라 하자. $S=\displaystyle\int_0^2 f(x)\,dx$일 때, 상수 k의 최솟값은?

① 3   ② 4   ③ 5

④ 6   ⑤ 7

1015
· 유형 02 ·

함수 $f(x)=-x^2+2x+3$에 대하여 그림과 같이 곡선 $y=f(x)$와 x축으로 둘러싸인 도형을 직선 $x=t$ $(0\le t\le 3)$와 y축으로 나누었을 때의 세 도형의 넓이를 각각 S_1, S_2, S_3이라 하자. S_1, S_2, S_3이 이 순서대로 등차수열을 이룰 때, 공차는?

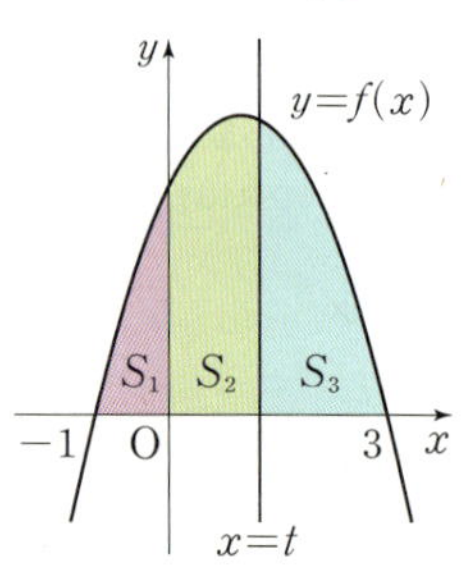

① $\dfrac{14}{9}$ ② $\dfrac{5}{3}$ ③ $\dfrac{16}{9}$

④ $\dfrac{17}{9}$ ⑤ 2

1016
· 유형 11 ·

원점을 출발하여 수직선 위를 움직이는 점 P의 시각 t에서의 속도가

$$v(t)=\begin{cases} 2t & (0\le t\le 10) \\ a & (10\le t\le 20) \\ b-4t & (t\ge 20) \end{cases}$$

일 때, 점 P가 출발 후 운동 방향을 바꿀 때까지 움직인 거리는? (단, a, b는 상수이다.)

① 350   ② 400   ③ 450

④ 500   ⑤ 550

1017 • 유형 04 •

양수 k에 대하여 두 곡선 $y=x^2-kx$, $y=-x^2+\dfrac{1}{k}x$로 둘러싸인 도형의 넓이의 최솟값을 구하시오.

1018 • 유형 05 •

그림과 같이 곡선 $y=-x^2-2x$ 위의 한 점 P의 x좌표가 t일 때, 곡선 $y=-x^2-2x$와 x축으로 둘러싸인 도형의 넓이를 S_1, 점 P에서의 접선과 곡선 $y=-x^2-2x$ 및 y축으로 둘러싸인 도형의 넓이를 S_2라 하자. $S_1=S_2$일 때, t의 값은? (단, $t<0$)

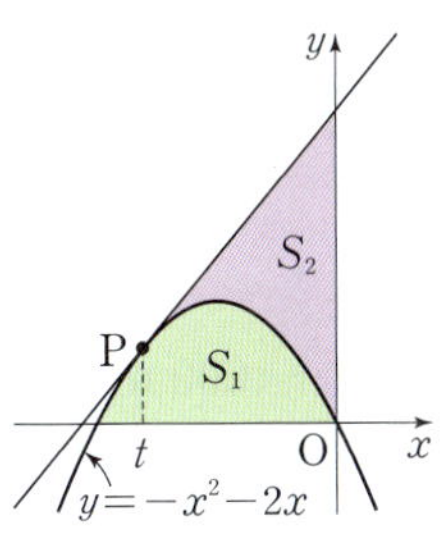

① $-2\dfrac{5}{3}$ ② $-2\dfrac{4}{3}$ ③ -2

④ $-2\dfrac{2}{3}$ ⑤ $-2\dfrac{1}{3}$

1019 • 유형 12 •

원점을 출발하여 수직선 위를 움직이는 점 P의 시각 t에서의 속도 $v(t)$의 그래프가 그림과 같다.

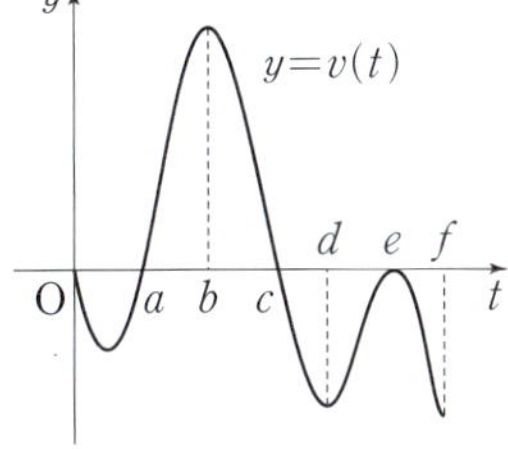

$\displaystyle\int_0^e v(t)\,dt=\int_a^f v(t)\,dx$,

$\displaystyle\int_a^c v(t)\,dt=\int_c^f |v(t)|\,dt$일 때, **보기**에서 옳은 것만을 있는 대로 고른 것은? (단, $0\le t\le f$)

보기

ㄱ. 점 P는 운동 방향을 2번 바꾼다.
ㄴ. $t=b$일 때, 점 P는 원점에서 가장 멀리 떨어져 있다.
ㄷ. $t=e$일 때, 점 P는 원점을 지난다.

---

① ㄱ   ② ㄴ   ③ ㄱ, ㄷ

④ ㄴ, ㄷ   ⑤ ㄱ, ㄴ, ㄷ

1020 사고력 • 유형 07 •

두 곡선 $y=x^3-x^2$, $y=mx^2-mx$로 둘러싸인 두 도형의 넓이가 서로 같을 때, 모든 실수 m의 값의 합은?

(단, $m(m-1)\ne0$)

① $\dfrac{1}{2}$ ② 1 ③ $\dfrac{3}{2}$

④ 2 ⑤ $\dfrac{5}{2}$

1021 • 유형 06 •

함수 $f(x)=x^3-12x+a$가 다음 조건을 만족시킨다.

(가) 직선 $y=b$는 곡선 $y=|f(x)|$의 접선이다.
(나) 직선 $y=b$는 곡선 $y=|f(x)|$와 서로 다른 네 점에서 만난다.

곡선 $y=|f(x)|$와 직선 $y=b$로 둘러싸인 도형의 넓이는?

① 32   ② 36   ③ 40

④ 44   ⑤ 48

1022 창의력 • 유형 03 •

서로 다른 두 실수 a, b $(a<b)$에 대하여 $f(a)>0$인 이차함수 $f(x)$가 다음 조건을 만족시킨다.

(가) $\dfrac{f(b)-f(a)}{b-a}=1$
(나) $f(a)+f(b)=a+b+6$
(다) $\displaystyle\int_a^b f(x)\,dx=0$

두 점 $A(a, f(a))$, $B(b, f(b))$를 지나는 직선과 곡선 $y=f(x)$로 둘러싸인 도형의 넓이가 27이고, 이 도형의 넓이가 직선 $x=6$에 의하여 이등분될 때, $2(a^2+b^2)$의 값을 구하시오.

서술형 문제

1023
• 유형 03 •

곡선 $y=x^2$과 직선 $y=a^2$으로 둘러싸인 도형의 넓이가 36일 때, 양수 a의 값을 구하시오.

1024
• 유형 02 •

그림과 같이 곡선 $y=f(x)$에 대하여 $f(1)=2$이고, 곡선 $y=f(x)$와 x축 및 두 직선 $x=1$, $x=t$로 둘러싸인 도형의 넓이를 $S(t)$라 할 때, $\displaystyle\lim_{h\to0+}\frac{S(1+h)}{2h}$의 값을 구하시오.

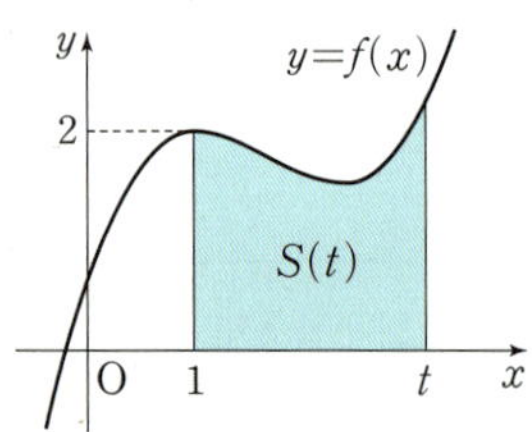

☑ **필요 개념 및 공식**
☐ 미분계수　　　　　☐ 정적분의 정의

1025
• 유형 09 •

닫힌구간 $[1,\,5]$에서 연속인 함수 $f(x)$에 대하여 역함수 $g(x)$가 존재하고 다음 조건을 만족시킨다.

> (가) 방정식 $f(x)=x$의 근은 $x=1$, $x=5$이다.
> (나) $2\displaystyle\int_1^5 f(x)\,dx=\int_{f(1)}^{f(5)} g(x)\,dx$

$\displaystyle\int_1^5 f(x)\,dx$의 값을 구하시오.

☑ **필요 개념 및 공식**
☐ 함수와 그 역함수의 그래프

1026
• 유형 08 •

그림과 같이 곡선 $y=x^2-4x+k$와 x축 및 y축으로 둘러싸인 도형의 넓이를 A, 이 곡선과 x축으로 둘러싸인 도형의 넓이를 B라 할 때, $B=2A$이다. 이때 상수 k의 값을 구하시오.

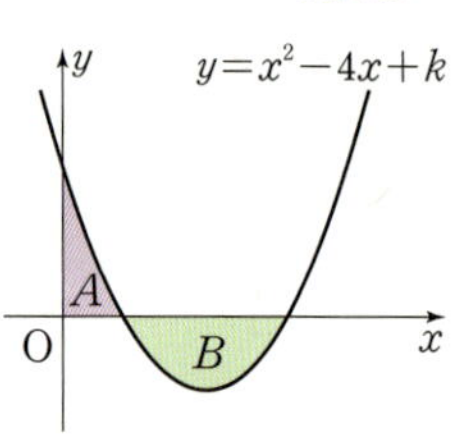

☑ **필요 개념 및 공식**
☐ 이차함수의 그래프의 축의 방정식

1027
• 유형 11 •

길이가 1000 m인 직선 도로의 양 끝에서 A, B 두 사람이 마주 보고 동시에 자전거를 타고 달릴 때, 출발한 지 t초 후의 속도를 각각 $v_\mathrm{A}(t)$ m/s, $v_\mathrm{B}(t)$ m/s라 하면

$$v_\mathrm{A}(t)=\begin{cases}\dfrac{1}{2}t & (0\le t\le20)\\[2mm] 10 & (t\ge20)\end{cases}$$

$$v_\mathrm{B}(t)=\begin{cases}\dfrac{1}{6}t(t+2) & (0\le t\le6)\\[2mm] 8 & (t\ge6)\end{cases}$$

이다. 출발한 지 k초 후에 A와 B가 만날 때, k의 값을 구하시오. (단, $k\ge20$)

☑ **필요 개념 및 공식**
☐ 속도와 움직인 거리

1028
• 유형 02 •

모든 실수 x에 대하여 $f'(x)>0$인 함수 $f(x)$가 다음 조건을 만족시킨다.

> (가) $\displaystyle\int_{-1}^3 f(x)\,dx=10$
> (나) $\displaystyle\int_{-1}^1 f(x)\,dx+\int_{-1}^2 f(x)\,dx=0$

$f(1)=0$, $\displaystyle\int_1^2 f(x)\,dx=\frac{7}{2}$일 때, 곡선 $y=f(x)$와 x축 및 두 직선 $x=-1$, $x=3$으로 둘러싸인 도형의 넓이를 구하시오.

☑ **필요 개념 및 공식**
☐ 정적분의 성질

안녕 여러분! 승호 쌤이야~ 드디어 수학Ⅱ도 끝났네~ 진짜 고생 많았어.
수학Ⅱ에서 배웠던 함수의 극한과 연속, 미분, 적분 등 모두 지금까지 여러분이 배웠던
여러 가지 수학 개념보다 많이 생소하고 어렵게 느껴졌을 거야.
무한이란 개념을 다루는 것도 익숙하지 않을뿐더러 수학Ⅱ의 모든 개념은 서로 연결되어
있어서 하나만 잘못 이해해도 나머지 부분까지 어렵게 느껴지지.
하지만 거꾸로 수학Ⅱ에서 배운 세 단원이 모두 연결되어 있다는 것을 이용하면
이들을 자연스레 융합하고 더 잘 이해할 수 있어. 같이 한번 되새겨 볼까?

Ⅰ단원의 함수의 극한을 배우면서 x의 값이 상수 a의 값에 무한히 가까워질 때나 x의 값이
무한히 커질 때, 함숫값이 어떤 특징을 갖게 되는지를 탐구할 수 있게 되었어.
그러면서 자연스레 연속함수의 개념을 배우게 되었지.
Ⅱ단원에서는 함수의 극한을 이용하여 함수의 특정 지점에서의 변화율을 나타내는 미분계수를
배우고, 미분계수와 관련된 도함수, 그리고 도함수를 활용한 여러 가지 접선의 방정식,
함수의 그래프, 속도와 가속도 등에 대해서 학습하였지.
이를 통해 여러 가지 다항함수를 구체적으로 분석할 수 있게 된 거야.
Ⅲ단원에서 배웠던 부정적분은 미분의 역과정이었고, 부정적분을 이용하여 정적분을 학습했
으며, 정적분을 이용하여 평면도형의 넓이, 위치와 속도의 관계 등과 같은 여러 가지 문제를
해결할 수 있게 되었지.

어때? 숨 가쁘게 달려왔던 수학Ⅱ의 내용이 한 편의 드라마처럼 머릿속에서 펼쳐지니?
CPR 수학Ⅱ를 복습할 때, 극한을 공부하면서 미분과의 연관성을 떠올려 보고,
미분을 공부하면서 적분과의 관계를 떠올려 봐.
그러면 많은 내용의 연결 고리들이 조금씩 보이면서 이 글을 두 번째로 다시 읽을 때쯤이면
그 어렵다던 미적과 적분을 멋지게 설명할 수 있을 거야^^

메가스터디 문제기본서
CPR
수학Ⅱ

새교육과정

메가스터디
문제기본서

C CONCEPT

P PATTERN

R REAL

수학 Ⅱ
정답 및 해설

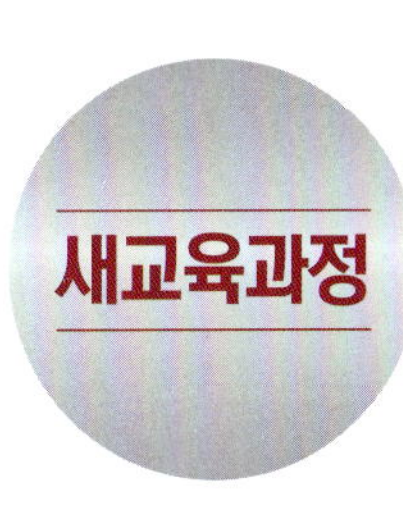

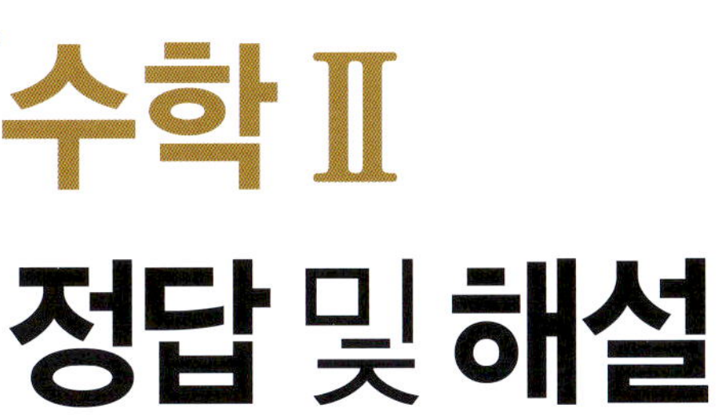

메가스터디BOOKS

메가스터디 문제기본서
CPR
수학 II

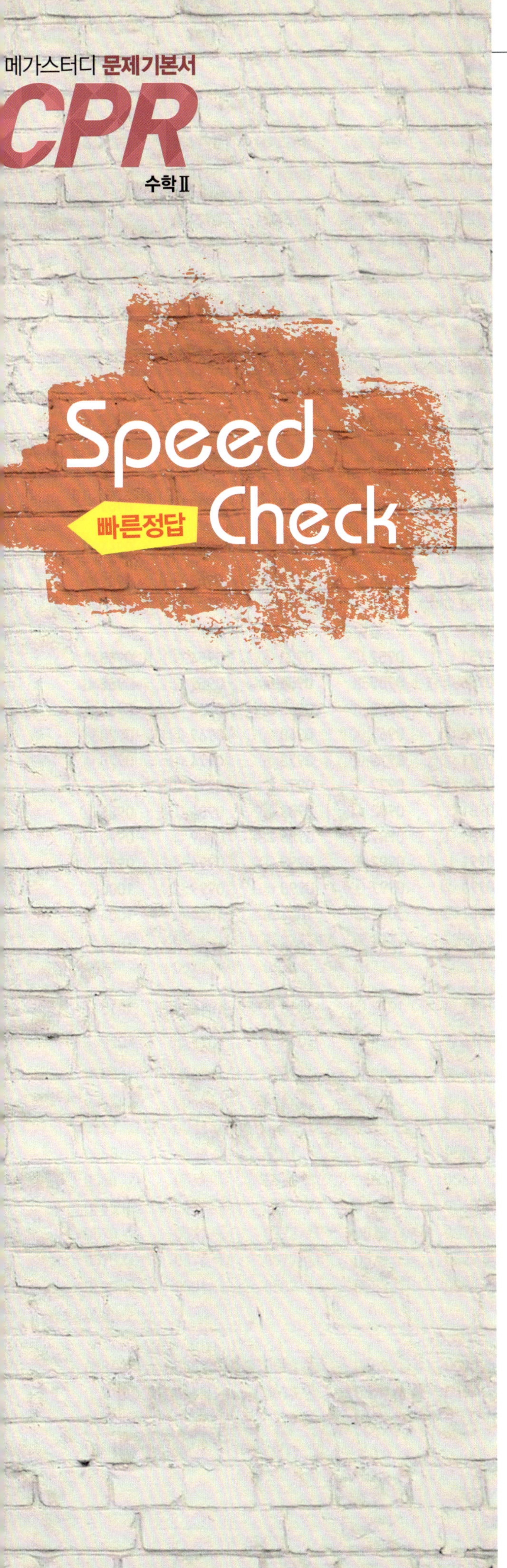

01 함수의 극한

0001 3 0002 2 0003 2 0004 2 0005 2
0006 1 0007 ∞ 0008 $-\infty$ 0009 $-\infty$ 0010 ∞
0011 ∞ 0012 $-\infty$ 0013 1 0014 -1 0015 1
0016 0 0017 (1) -1 (2) 1
0018 (1) 2 (2) 2 (3) 2 (4) -1 (5) 0 (6) 존재하지 않는다.
0019 4 0020 6 0021 -4 0022 1 0023 3
0024 7 0025 (1) 1 (2) 11 (3) 18 (4) 1 (5) 1 (6) 10
0026 1 0027 $\dfrac{1}{2}$ 0028 0 0029 2 0030 $\dfrac{1}{2}$
0031 0 0032 ∞ 0033 -1 0034 0 0035 $-\infty$
0036 0 0037 2 0038 $-\infty$ 0039 0 0040 1
0041 1 0042 0 0043 3 0044 2
0045 $a=9,\ b=\dfrac{1}{3}$ 0046 $a=2,\ b=7$
0047 (1) 2 (2) 2 (3) 2   0048 2

0049 ③ 0050 ③ 0051 ④ 0052 ③ 0053 3
0054 ③ 0055 ⑤ 0056 ④ 0057 1 0058 ⑤
0059 ④ 0060 ③ 0061 ④ 0062 ⑤ 0063 2
0064 ⑤ 0065 ④ 0066 5 0067 -2 0068 ④
0069 ② 0070 ③ 0071 ④ 0072 ② 0073 ⑤
0074 ③ 0075 ③ 0076 5 0077 ④ 0078 ④
0079 ④ 0080 ② 0081 3 0082 ⑤ 0083 ④
0084 ④ 0085 ③ 0086 ④ 0087 ④ 0088 ②
0089 ⑤ 0090 ③ 0091 ③ 0092 ③ 0093 ②
0094 ③ 0095 ④ 0096 ① 0097 ① 0098 ①
0099 ⑤ 0100 ① 0101 ① 0102 ④ 0103 ③
0104 ④ 0105 ② 0106 8 0107 ⑤ 0108 ②
0109 ④ 0110 ③ 0111 14 0112 ⑤ 0113 ③
0114 ① 0115 ② 0116 7 0117 ③ 0118 ⑤
0119 ② 0120 4 0121 12 0122 ④ 0123 ③
0124 ② 0125 ④ 0126 6 0127 ③ 0128 ⑤
0129 ④ 0130 4 0131 $\dfrac{1}{2}$

0132 ⑤ 0133 ③ 0134 ① 0135 1 0136 ④
0137 ② 0138 ① 0139 4 0140 ③ 0141 ③
0142 5 0143 3 0144 ② 0145 4 0146 2
0147 6 0148 ③ 0149 9 0150 $a=6,\ b=\dfrac{3}{2}$
0151 $m=3,\ n=8$ 0152 해설 참조   0153 1
0154 $a=-2,\ b=-3$ 0155 $\dfrac{1}{8}$

02 함수의 연속

0156 (1) ㄱ (2) ㄴ (3) ㄷ   0157 연속
0158 불연속   0159 연속   0160 불연속

0161 $[-1, 2]$　　0162 $[3, 4)$　0163 $(1, 3]$
0164 $(-5, -3)$　　0165 $(-\infty, 6)$
0166 $[-3, \infty)$　　0167 $(-\infty, \infty)$
0168 $[-3, 3]$　　0169 $(-\infty, \infty)$
0170 $(-\infty, 3]$　　0171 $\left(-\infty, \dfrac{3}{2}\right) \cup \left(\dfrac{3}{2}, \infty\right)$
0172 $(-\infty, -1) \cup (-1, \infty)$　　0173 ㄱ, ㄷ
0174 $(-\infty, \infty)$　　0175 $(-\infty, \infty)$
0176 $(-\infty, 2) \cup (2, \infty)$
0177 $(-\infty, -1) \cup (-1, 3) \cup (3, \infty)$
0178 최댓값: 6, 최솟값: 2
0179 최댓값: $\dfrac{3}{2}$, 최솟값: $\dfrac{3}{5}$
0180 최댓값: 1, 최솟값: $\dfrac{1}{3}$
0181 (가) 연속　(나) 사잇값의 정리

0182 ③　　0183 ②　　0184 ②　　0185 2　　0186 4
0187 ③　　0188 ②　　0189 ③　　0190 -1　0191 ③
0192 ㄴ　　0193 ⑤　　0194 2　　0195 0　　0196 ⑤
0197 ②　　0198 ③　　0199 ①　　0200 ②　　0201 ④
0202 ③　　0203 ⑤　　0204 ④　　0205 1　　0206 ②
0207 ④　　0208 ③　　0209 ⑤　　0210 3　　0211 ③
0212 ①　　0213 ④　　0214 ②　　0215 ③　　0216 ③
0217 ③　　0218 ③　　0219 2　　0220 ④　　0221 ㄱ, ㄷ
0222 최댓값: 7　　0223 ③　　0224 ③　　0225 ④
0226 ②　　0227 ①　　0228 ③　　0229 4개

0230 ③　　0231 5　　0232 ㄴ, ㄷ　0233 ③　　0234 4
0235 ③　　0236 ②　　0237 ④　　0238 3개　0239 2
0240 $a=2, b=0$　　0241 -1

03　미분계수와 도함수

0242 1　　0243 -1　　0244 14　　0245 -1　　0246 3
0247 6　　0248 13　　0249 1　　0250 13　　0251 14
0252 2　　0253 3　　0254 5
0255 (가) 연속　(나) 1　(다) -1　(라) 미분가능하지 않다
0256 연속이고 미분가능하지 않다.　0257 $f'(x)=0$
0258 $f'(x)=1$　　0259 $f'(x)=2x$
0260 $f'(x)=-3x^2$　　0261 $y'=0$　0262 $y'=0$　0263 $y'=0$
0264 $y'=3x^2$　　0265 $y'=5x^4$
0266 $y'=10x^9$　　0267 $y'=-3$
0268 $y'=12x^3+6x^2$　　0269 $y'=2x^5+2x^3-\dfrac{1}{2}x$
0270 $y'=6x-1$　　0271 $y'=-18x^2+3$
0272 $y'=8x^3+6x^2-2x-3$　　0273 $y'=3x^2-1$
0274 $y'=18x^2+16x-6$　0275 $y'=3(x-4)^2$
0276 $y'=10(x+1)(x^2+2x-3)^4$
0277 $y'=(x+1)^2(5x^2+2x+3)$

0278 ⑤　　0279 ④　　0280 ③　　0281 ①　　0282 ⑤
0283 3　　0284 ③　　0285 ②　　0286 ③　　0287 ④
0288 ④　　0289 ①　　0290 ③　　0291 ③　　0292 ⑤
0293 ②　　0294 ③　　0295 ①　　0296 ④　　0297 ⑤
0298 ③　　0299 ⑤　　0300 ①　　0301 ③　　0302 95
0303 3　　0304 ②　　0305 1　　0306 ⑤　　0307 ⑤
0308 ③　　0309 ③　　0310 6　　0311 ④　　0312 ④
0313 (가) h　(나) x^{n-1}　0314 ②　　0315 ①　　0316 ②
0317 ②　　0318 ⑤　　0319 ⑤　　0320 ②　　0321 ④
0322 210　0323 ④　　0324 ⑤　　0325 ②　　0326 ③
0327 ④　　0328 ④　　0329 11　　0330 ④　　0331 ④
0332 ④　　0333 ②　　0334 ①　　0335 ③　　0336 ②
0337 ①　　0338 ②　　0339 ②　　0340 ①　　0341 ②
0342 14　　0343 ③　　0344 ①　　0345 ④　　0346 ②
0347 ⑤　　0348 ①　　0349 13　　0350 5　　0351 ②
0352 ④　　0353 ③　　0354 ②　　0355 ①　　0356 ④
0357 ②　　0358 ③　　0359 11　　0360 ③　　0361 17
0362 ①　　0363 ②　　0364 ③

0365 ④　　0366 ③　　0367 ②　　0368 9　　0369 ①
0370 6　　0371 ①　　0372 15　　0373 42　　0374 ③
0375 ④　　0376 10　　0377 20　　0378 ④　　0379 ②
0380 3　　0381 2　　0382 3　　0383 1
0384 해설 참조　　0385 90　　0386 650　0387 12
0388 27

04　접선의 방정식

0389 5　　0390 11　　0391 $y=3x-5$
0392 $y=-2x+5$　　0393 $y=2x-13$
0394 $y=10x-13$ 또는 $y=10x+19$
0395 $y=2x-1$ 또는 $y=-2x-1$
0396 1　　0397 $\dfrac{2}{3}$　0398 $\dfrac{5}{2}$　0399 2
0400 (가) (a, x)　(나) 0

0401 ④　　0402 ③　　0403 ②　　0404 ①　　0405 ③
0406 ①　　0407 ①　　0408 ③　　0409 ①　　0410 ②
0411 ②　　0412 ①　　0413 ③　　0414 ④　　0415 ④
0416 ②　　0417 ①　　0418 ①　　0419 ①　　0420 ④
0421 ④　　0422 ④　　0423 ②　　0424 ⑤　　0425 ②
0426 ⑤　　0427 ①　　0428 ④　　0429 ⑤　　0430 ④
0431 ①　　0432 ②　　0433 ①　　0434 ①　　0435 ①
0436 ②　　0437 ④　　0438 ②　　0439 ③　　0440 ⑤
0441 ④　　0442 ④　　0443 ②　　0444 ①　　0445 ④
0446 ①　　0447 ⑤　　0448 ⑤　　0449 ①　　0450 ①
0451 ①　　0452 ③　　0453 ①　　0454 ①　　0455 ③
0456 ④　　0457 ③　　0458 ④　　0459 ③　　0460 ④

메가스터디
문제기본서

수학 II
정답 및 해설

C CONCEPT
P PATTERN
R REAL

C
P
R

01 함수의 극한

0001 답 3

$f(x)=x+1$이라 하면 함수 $y=f(x)$의 그래프는 오른쪽 그림과 같다.

x의 값이 2가 아니면서 2에 한없이 가까워질 때, $f(x)$의 값은 3에 한없이 가까워지므로

$$\lim_{x\to 2}(x+1)=3$$

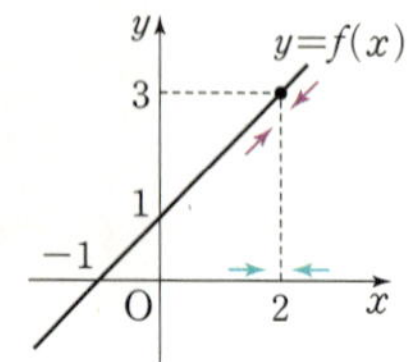

0002 답 2

$f(x)=x^2-2$라 하면 함수 $y=f(x)$의 그래프는 오른쪽 그림과 같다.

x의 값이 -2가 아니면서 -2에 한없이 가까워질 때, $f(x)$의 값은 2에 한없이 가까워지므로

$$\lim_{x\to -2}(x^2-2)=2$$

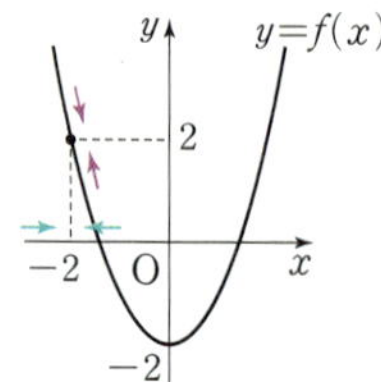

0003 답 2

$f(x)=\dfrac{x+1}{x-1}$이라 하면 $x\neq 1$일 때,

$$f(x)=\frac{x+1}{x-1}=\frac{(x-1)+2}{x-1}=\frac{2}{x-1}+1$$

이므로 함수 $y=f(x)$의 그래프는 오른쪽 그림과 같다.

x의 값이 3이 아니면서 3에 한없이 가까워질 때, $f(x)$의 값은 2에 한없이 가까워지므로

$$\lim_{x\to 3}\frac{x+1}{x-1}=2$$

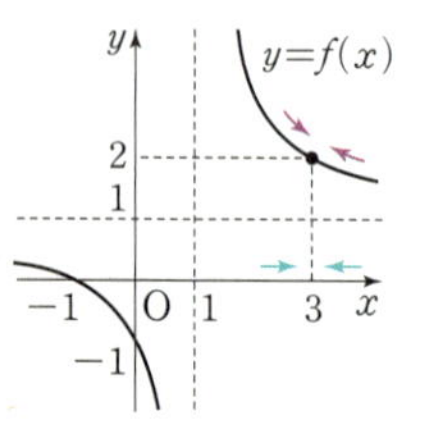

0004 답 2

$f(x)=\sqrt{x-1}$이라 하면 함수 $y=f(x)$의 그래프는 오른쪽 그림과 같다.

x의 값이 5가 아니면서 5에 한없이 가까워질 때, $f(x)$의 값은 2에 한없이 가까워지므로

$$\lim_{x\to 5}\sqrt{x-1}=2$$

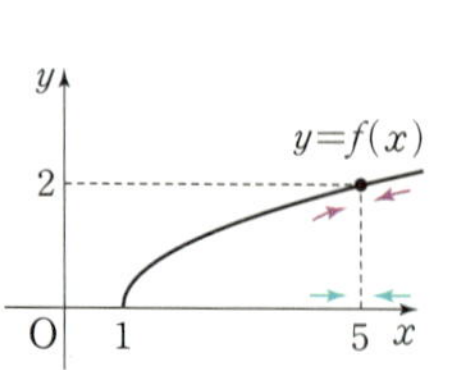

0005 답 2

$f(x)=2+\dfrac{1}{x}$이라 하면 함수 $y=f(x)$의 그래프는 오른쪽 그림과 같다.

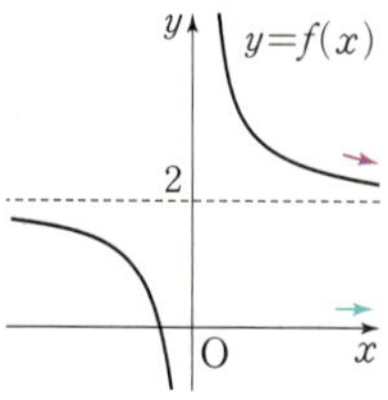

x의 값이 한없이 커질 때, $f(x)$의 값은 2에 한없이 가까워지므로

$$\lim_{x\to\infty}\left(2+\frac{1}{x}\right)=2$$

0006 답 1

$f(x)=\dfrac{x}{x-1}$라 하면 $x\neq 1$일 때,

$$f(x)=\frac{x}{x-1}=\frac{(x-1)+1}{x-1}=\frac{1}{x-1}+1$$

이므로 함수 $y=f(x)$의 그래프는 오른쪽 그림과 같다.

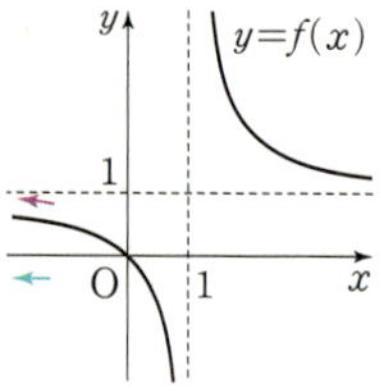

x의 값이 음수이면서 그 절댓값이 한없이 커질 때, $f(x)$의 값은 1에 한없이 가까워지므로

$$\lim_{x\to -\infty}\frac{x}{x-1}=1$$

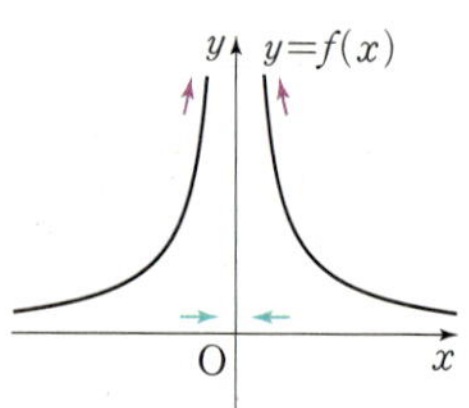

0007 답 ∞

$f(x)=\dfrac{1}{|x|}$이라 하면 함수 $y=f(x)$의 그래프는 오른쪽 그림과 같다.

x의 값이 0이 아니면서 0에 한없이 가까워질 때, $f(x)$의 값은 한없이 커지므로

$$\lim_{x\to 0}\frac{1}{|x|}=\infty$$

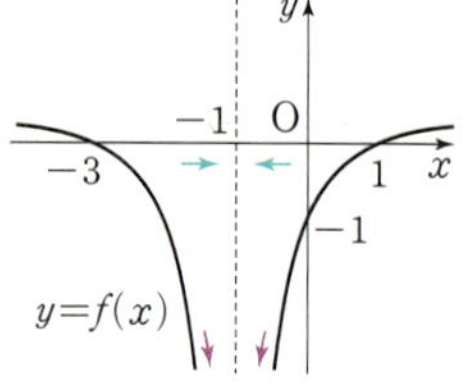

0008 답 $-\infty$

$f(x)=1-\dfrac{2}{|x+1|}$라 하면 함수 $y=f(x)$의 그래프는 오른쪽 그림과 같다.

x의 값이 -1이 아니면서 -1에 한없이 가까워질 때, $f(x)$의 값은 음수이면서 그 절댓값이 한없이 커지므로

$$\lim_{x\to -1}\left(1-\frac{2}{|x+1|}\right)=-\infty$$

> **해설 속 칠판** 절댓값 기호를 포함한 식의 그래프
>
> 함수 $y=1-\dfrac{2}{|x+1|}=-\left|\dfrac{2}{x+1}\right|+1$의 그래프는 다음과 같은 순서로 그린다.
>
> ❶ 함수 $y=\dfrac{2}{x+1}$의 그래프를 그린다.
>
> ❷ $y\geq 0$인 부분은 그대로 두고, $y<0$인 부분을 x축에 대하여 대칭이동한다.
>
> ❸ ❷에서 그려진 함수의 그래프를 x축에 대하여 대칭이동한 후 y축의 방향으로 1만큼 평행이동한다.

0009 답 $-\infty$

$f(x)=1-x$라 하면 함수 $y=f(x)$의 그래프는 오른쪽 그림과 같다.

x의 값이 한없이 커질 때, $f(x)$의 값은 음수이면서 그 절댓값이 한없이 커지므로

$$\lim_{x\to\infty}(1-x)=-\infty$$

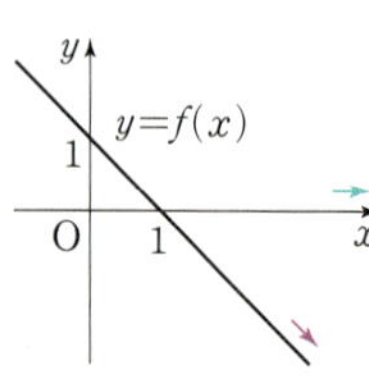

0010 답 ∞

$f(x)=x^2+1$이라 하면 함수 $y=f(x)$의 그래프는 오른쪽 그림과 같다.

x의 값이 음수이면서 그 절댓값이 한없이 커질 때, $f(x)$의 값은 한없이 커지므로

$$\lim_{x\to -\infty}(x^2+1)=\infty$$

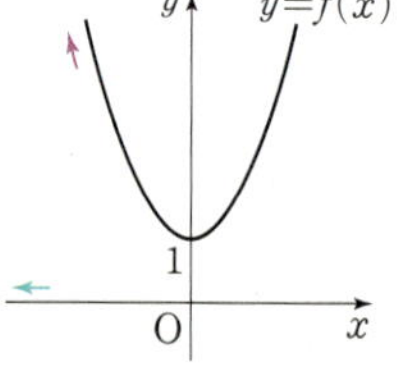

0011 답 ∞

$f(x)=\dfrac{1}{x}$ 이라 하면 함수 $y=f(x)$의 그래
프는 오른쪽 그림과 같다.

x의 값이 0보다 크면서 0에 한없이 가까
워질 때, $f(x)$의 값은 한없이 커지므로
$$\lim_{x\to 0+}\frac{1}{x}=\infty$$

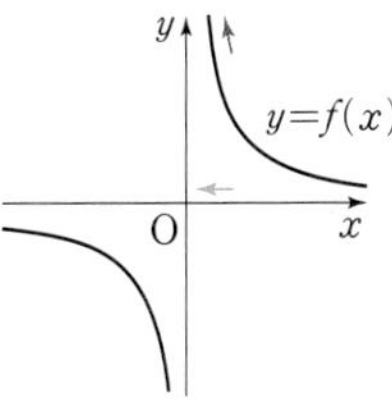

0012 답 $-\infty$

$f(x)=\dfrac{1}{x}$ 이라 하면 함수 $y=f(x)$의 그래
프는 오른쪽 그림과 같다.

x의 값이 0보다 작으면서 0에 한없이 가까
워질 때, $f(x)$의 값은 음수이면서 그 절댓
값이 한없이 커지므로
$$\lim_{x\to 0-}\frac{1}{x}=-\infty$$

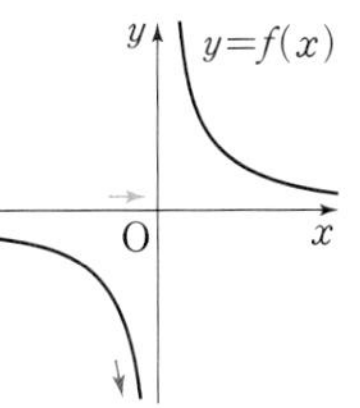

0013 답 1

$f(x)=\dfrac{|x|}{x}$ 라 하면 함수 $y=f(x)$의 그래
프는 오른쪽 그림과 같다.

x의 값이 0보다 크면서 0에 한없이 가까워
질 때, $f(x)$의 값은 1이므로
$$\lim_{x\to 0+}\frac{|x|}{x}=1$$

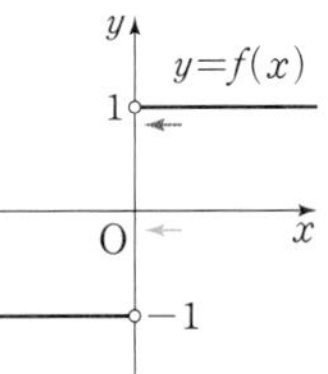

0014 답 -1

$f(x)=\dfrac{|x|}{x}$ 라 하면 함수 $y=f(x)$의 그래
프는 오른쪽 그림과 같다.

x의 값이 0보다 작으면서 0에 한없이 가까
워질 때, $f(x)$의 값은 -1이므로
$$\lim_{x\to 0-}\frac{|x|}{x}=-1$$

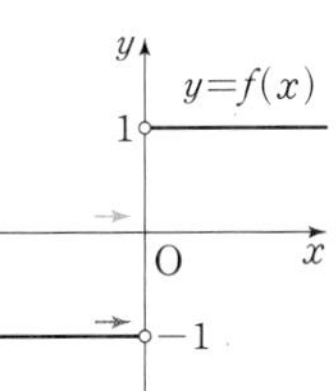

0015 답 1

$f(x)=[x]$라 하면 함수 $y=f(x)$의 그래
프는 오른쪽 그림과 같다.

x의 값이 1보다 크면서 1에 한없이 가까워
질 때, $f(x)$의 값은 1이므로
$$\lim_{x\to 1+}[x]=1$$

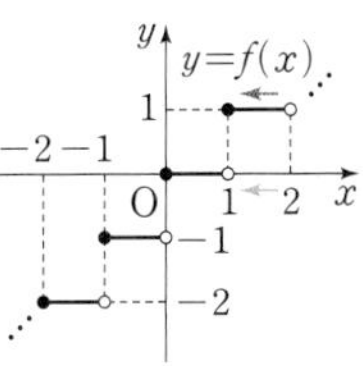

0016 답 0

$f(x)=[x]$라 하면 함수 $y=f(x)$의 그래
프는 오른쪽 그림과 같다.

x의 값이 1보다 작으면서 1에 한없이 가까
워질 때, $f(x)$의 값은 0이므로
$$\lim_{x\to 1-}[x]=0$$

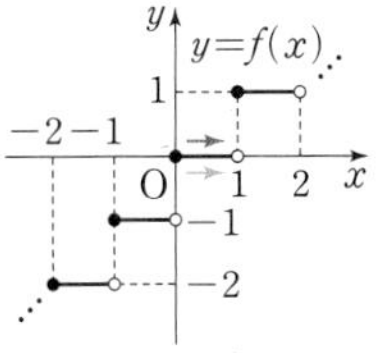

0017 답 (1) -1 (2) 1

함수 $y=f(x)$의 그래프는 오른쪽 그림과 같다.

(1) x의 값이 1보다 크면서 1에 한없이 가까
워질 때, $f(x)$의 값은 -1에 한없이 가까
워지므로
$$\lim_{x\to 1+}f(x)=-1$$

(2) x의 값이 1보다 작으면서 1에 한없이 가까
워질 때, $f(x)$의 값은 1에 한없이 가까워지므로
$$\lim_{x\to 1-}f(x)=1$$

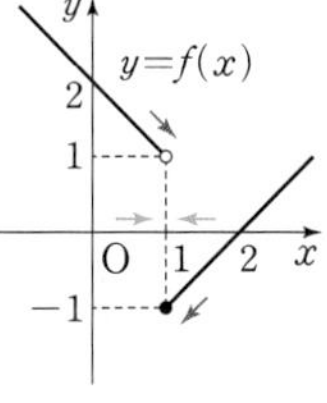

0018 답 (1) 2 (2) 2 (3) 2 (4) -1 (5) 0 (6) 존재하지 않는다.

(1) 함수 $y=f(x)$의 그래프에서 x의 값이 1보다 크면서 1에 한없
이 가까워질 때, $f(x)$의 값은 2에 한없이 가까워지므로
$$\lim_{x\to 1+}f(x)=2$$

(2) 함수 $y=f(x)$의 그래프에서 x의 값이 1보다 작으면서 1에 한
없이 가까워질 때, $f(x)$의 값은 2에 한없이 가까워지므로
$$\lim_{x\to 1-}f(x)=2$$

(3) (1), (2)에 의하여 $\lim\limits_{x\to 1+}f(x)=\lim\limits_{x\to 1-}f(x)=2$이므로
$$\lim_{x\to 1}f(x)=2$$

(4) 함수 $y=f(x)$의 그래프에서 x의 값이 2보다 크면서 2에 한없
이 가까워질 때, $f(x)$의 값은 -1에 한없이 가까워지므로
$$\lim_{x\to 2+}f(x)=-1$$

(5) 함수 $y=f(x)$의 그래프에서 x의 값이 2보다 작으면서 2에 한
없이 가까워질 때, $f(x)$의 값은 0에 한없이 가까워지므로
$$\lim_{x\to 2-}f(x)=0$$

(6) (4), (5)에 의하여 $\lim\limits_{x\to 2+}f(x)=-1$, $\lim\limits_{x\to 2-}f(x)=0$이므로
$$\lim_{x\to 2+}f(x)\neq\lim_{x\to 2-}f(x)$$
즉, $\lim\limits_{x\to 2}f(x)$의 값은 존재하지 않는다.

0019 답 4

$$\lim_{x\to 1}(3x+1)=3\lim_{x\to 1}x+\lim_{x\to 1}1=3\cdot 1+1=4$$

0020 답 6

$$\lim_{x\to 2}(2x^2-x)=2\lim_{x\to 2}x^2-\lim_{x\to 2}x=2\cdot 2^2-2=6$$

0021 답 -4

$$\begin{aligned}
\lim_{x\to -1}(x-1)(x+3)&=\lim_{x\to -1}(x-1)\cdot\lim_{x\to -1}(x+3)\\
&=\left(\lim_{x\to -1}x-\lim_{x\to -1}1\right)\cdot\left(\lim_{x\to -1}x+\lim_{x\to -1}3\right)\\
&=(-1-1)\cdot(-1+3)=-4
\end{aligned}$$

0022 답 1

$$\begin{aligned}
\lim_{x\to -2}\frac{3-x}{x^2+1}&=\frac{\lim\limits_{x\to -2}(3-x)}{\lim\limits_{x\to -2}(x^2+1)}=\frac{\lim\limits_{x\to -2}3-\lim\limits_{x\to -2}x}{\lim\limits_{x\to -2}x^2+\lim\limits_{x\to -2}1}\\
&=\frac{3-(-2)}{(-2)^2+1}=1
\end{aligned}$$

0023 답 3

$$\lim_{x\to 3}\frac{\sqrt{x+6}}{x-2}=\frac{\lim_{x\to 3}\sqrt{x+6}}{\lim_{x\to 3}(x-2)}$$

$$=\frac{\lim_{x\to 3}\sqrt{x+6}}{\lim_{x\to 3}x-\lim_{x\to 3}2}$$

$$=\frac{\sqrt{9}}{3-2}=3$$

0024 답 7

$$\lim_{x\to -3}\frac{x^2-x+2}{x+5}=\frac{\lim_{x\to -3}(x^2-x+2)}{\lim_{x\to -3}(x+5)}$$

$$=\frac{\lim_{x\to -3}x^2-\lim_{x\to -3}x+\lim_{x\to -3}2}{\lim_{x\to -3}x+\lim_{x\to -3}5}$$

$$=\frac{(-3)^2-(-3)+2}{-3+5}=7$$

0025 답 (1) 1 (2) 11 (3) 18 (4) 1 (5) 1 (6) 10

(1) $\lim_{x\to 2}\{2f(x)+g(x)\}=2\lim_{x\to 2}f(x)+\lim_{x\to 2}g(x)$
$$=2\cdot 2+(-3)=1$$

(2) $\lim_{x\to 2}\{f(x)-3g(x)\}=\lim_{x\to 2}f(x)-3\lim_{x\to 2}g(x)$
$$=2-3\cdot(-3)=11$$

(3) $\lim_{x\to 2}f(x)\{g(x)\}^2=\lim_{x\to 2}f(x)\cdot\lim_{x\to 2}\{g(x)\}^2$
$$=2\cdot(-3)^2=18$$

(4) $\lim_{x\to 2}\dfrac{3f(x)-g(x)}{\{g(x)\}^2}=\dfrac{3\lim_{x\to 2}f(x)-\lim_{x\to 2}g(x)}{\lim_{x\to 2}\{g(x)\}^2}$
$$=\frac{3\cdot 2-(-3)}{(-3)^2}=1$$

(5) $\lim_{x\to 2}\{xf(x)+g(x)\}=\lim_{x\to 2}x\cdot\lim_{x\to 2}f(x)+\lim_{x\to 2}g(x)$
$$=2\cdot 2+(-3)=1$$

(6) $\lim_{x\to 2}x\{f(x)-g(x)\}=\lim_{x\to 2}x\cdot\left\{\lim_{x\to 2}f(x)-\lim_{x\to 2}g(x)\right\}$
$$=2\cdot\{2-(-3)\}=10$$

0026 답 1

$$\lim_{x\to 0}\frac{x^2+x}{x}=\lim_{x\to 0}\frac{x(x+1)}{x}=\lim_{x\to 0}(x+1)=1$$

0027 답 $\dfrac{1}{2}$

$$\lim_{x\to 2}\frac{x-2}{x^2-2x}=\lim_{x\to 2}\frac{x-2}{x(x-2)}=\lim_{x\to 2}\frac{1}{x}=\frac{1}{2}$$

0028 답 0

$$\lim_{x\to 0}\frac{x}{\sqrt{x^2+2x}}=\lim_{x\to 0}\frac{x\sqrt{x^2+2x}}{\sqrt{x^2+2x}\sqrt{x^2+2x}}=\lim_{x\to 0}\frac{x\sqrt{x^2+2x}}{x^2+2x}$$

$$=\lim_{x\to 0}\frac{x\sqrt{x^2+2x}}{x(x+2)}=\lim_{x\to 0}\frac{\sqrt{x^2+2x}}{x+2}$$

$$=\frac{\sqrt{0+0}}{0+2}=0$$

0029 답 2

$$\lim_{x\to 1}\frac{x-1}{\sqrt{x}-1}=\lim_{x\to 1}\frac{(x-1)(\sqrt{x}+1)}{(\sqrt{x}-1)(\sqrt{x}+1)}$$

$$=\lim_{x\to 1}\frac{(x-1)(\sqrt{x}+1)}{x-1}$$

$$=\lim_{x\to 1}(\sqrt{x}+1)$$

$$=1+1=2$$

0030 답 $\dfrac{1}{2}$

$$\lim_{x\to\infty}\frac{x}{2x+1}=\lim_{x\to\infty}\frac{1}{2+\dfrac{1}{x}}=\frac{1}{2+0}=\frac{1}{2}$$

0031 답 0

$$\lim_{x\to\infty}\frac{2x-1}{x^2}=\lim_{x\to\infty}\frac{\dfrac{2}{x}-\dfrac{1}{x^2}}{1}=\frac{0-0}{1}=0$$

0032 답 ∞

$$\lim_{x\to\infty}\frac{x^2-1}{3x}=\lim_{x\to\infty}\frac{x-\dfrac{1}{x}}{3}=\infty$$

0033 답 -1

$x=-t$라 하면 $x\to -\infty$일 때 $t\to\infty$이므로

$$\lim_{x\to -\infty}\frac{1-x}{x+1}=\lim_{t\to\infty}\frac{1-(-t)}{-t+1}=\lim_{t\to\infty}\frac{1+t}{-t+1}$$

$$=\lim_{t\to\infty}\frac{\dfrac{1}{t}+1}{-1+\dfrac{1}{t}}=\frac{0+1}{-1+0}=-1$$

0034 답 0

$x=-t$라 하면 $x\to -\infty$일 때 $t\to\infty$이므로

$$\lim_{x\to -\infty}\frac{3x-1}{x^2}=\lim_{t\to\infty}\frac{3\cdot(-t)-1}{(-t)^2}=\lim_{t\to\infty}\frac{-3t-1}{t^2}$$

$$=\lim_{t\to\infty}\frac{-\dfrac{3}{t}-\dfrac{1}{t^2}}{1}=\frac{0-0}{1}=0$$

0035 답 $-\infty$

$x=-t$라 하면 $x\to -\infty$일 때 $t\to\infty$이므로

$$\lim_{x\to -\infty}\frac{x^3-1}{2x^2+1}=\lim_{t\to\infty}\frac{(-t)^3-1}{2\cdot(-t)^2+1}=\lim_{t\to\infty}\frac{-t^3-1}{2t^2+1}$$

$$=\lim_{t\to\infty}\frac{-t-\dfrac{1}{t^2}}{2+\dfrac{1}{t^2}}=-\infty$$

0036 답 0

$$\lim_{x\to\infty}\frac{\sqrt{x+1}}{2x}=\lim_{x\to\infty}\frac{\sqrt{\dfrac{1}{x}+\dfrac{1}{x^2}}}{2}$$

$$=\frac{\sqrt{0+0}}{2}=0$$

0037 답 2

$$\lim_{x \to \infty} \frac{2x-1}{\sqrt{x^2+1}} = \lim_{x \to \infty} \frac{2-\dfrac{1}{x}}{\sqrt{1+\dfrac{1}{x^2}}} = \frac{2-0}{\sqrt{1+0}} = 2$$

0038 답 $-\infty$

$x=-t$라 하면 $x \to -\infty$일 때 $t \to \infty$이므로

$$\begin{aligned}
\lim_{x \to -\infty}(x^3+x^2-2x+1) &= \lim_{t \to \infty}\{(-t)^3+(-t)^2-2\cdot(-t)+1\} \\
&= \lim_{t \to \infty}(-t^3+t^2+2t+1) \\
&= \lim_{t \to \infty}\left\{-t^3\left(1-\frac{1}{t}-\frac{2}{t^2}-\frac{1}{t^3}\right)\right\} \\
&= -\infty
\end{aligned}$$

0039 답 0

$$\begin{aligned}
\lim_{x \to \infty}(\sqrt{x^2+1}-x) &= \lim_{x \to \infty}\frac{(\sqrt{x^2+1}-x)(\sqrt{x^2+1}+x)}{\sqrt{x^2+1}+x} \\
&= \lim_{x \to \infty}\frac{1}{\sqrt{x^2+1}+x} = \lim_{x \to \infty}\frac{\dfrac{1}{x}}{\sqrt{1+\dfrac{1}{x^2}}+1} \\
&= \frac{0}{\sqrt{1+0}+1} = 0
\end{aligned}$$

0040 답 1

$$\begin{aligned}
&\lim_{x \to \infty}(\sqrt{x^2+x}-\sqrt{x^2-x}) \\
&= \lim_{x \to \infty}\frac{(\sqrt{x^2+x}-\sqrt{x^2-x})(\sqrt{x^2+x}+\sqrt{x^2-x})}{\sqrt{x^2+x}+\sqrt{x^2-x}} \\
&= \lim_{x \to \infty}\frac{2x}{\sqrt{x^2+x}+\sqrt{x^2-x}} = \lim_{x \to \infty}\frac{2}{\sqrt{1+\dfrac{1}{x}}+\sqrt{1-\dfrac{1}{x}}} \\
&= \frac{2}{\sqrt{1+0}+\sqrt{1-0}} = 1
\end{aligned}$$

0041 답 1

$$\begin{aligned}
\lim_{x \to 0}\frac{1}{x}\left(1-\frac{1}{x+1}\right) &= \lim_{x \to 0}\frac{1}{x}\cdot\frac{x+1-1}{x+1} = \lim_{x \to 0}\frac{1}{x}\cdot\frac{x}{x+1} \\
&= \lim_{x \to 0}\frac{1}{x+1} = \frac{1}{0+1} = 1
\end{aligned}$$

0042 답 0

$$\begin{aligned}
\lim_{x \to \infty}x\left(\frac{1}{x}-\frac{1}{x+1}\right) &= \lim_{x \to \infty}x\cdot\frac{x+1-x}{x(x+1)} = \lim_{x \to \infty}\frac{1}{x+1} \\
&= \lim_{x \to \infty}\frac{\dfrac{1}{x}}{1+\dfrac{1}{x}} = \frac{0}{1+0} = 0
\end{aligned}$$

0043 답 3

$\displaystyle\lim_{x \to -1}\frac{ax+3}{x+1}=3$에서 $x \to -1$일 때 (분모) $\to 0$이고 극한값이 존재하므로 (분자) $\to 0$이다.

즉, $\displaystyle\lim_{x \to -1}(ax+3)=0$에서

$-a+3=0$ $\qquad \therefore a=3$

0044 답 2

$\displaystyle\lim_{x \to 2}\frac{x^2-2x}{ax^2-5x+2}=\frac{2}{3}$에서 $x \to 2$일 때 (분자) $\to 0$이고 0이 아닌 극한값이 존재하므로 (분모) $\to 0$이다.

즉, $\displaystyle\lim_{x \to 2}(ax^2-5x+2)=0$에서

$4a-10+2=0$

$4a=8$ $\qquad \therefore a=2$

0045 답 $a=9,\ b=\dfrac{1}{3}$

$$\lim_{x \to -3}\frac{x+3}{3x+a}=b\ (b \neq 0) \qquad \cdots\cdots\ \bigcirc$$

$\bigcirc$에서 $x \to -3$일 때 (분자) $\to 0$이고 0이 아닌 극한값이 존재하므로 (분모) $\to 0$이다.

즉, $\displaystyle\lim_{x \to -3}(3x+a)=0$에서

$-9+a=0$ $\qquad \therefore a=9$

$a=9$를 $\bigcirc$의 좌변에 대입하면

$$\begin{aligned}
\lim_{x \to -3}\frac{x+3}{3x+9} &= \lim_{x \to -3}\frac{x+3}{3(x+3)} \\
&= \lim_{x \to -3}\frac{1}{3} = \frac{1}{3}
\end{aligned}$$

이므로 $b=\dfrac{1}{3}$

0046 답 $a=2,\ b=7$

$$\lim_{x \to 2}\frac{ax^2-x-6}{x-2}=b \qquad \cdots\cdots\ \bigcirc$$

$\bigcirc$에서 $x \to 2$일 때 (분모) $\to 0$이고 극한값이 존재하므로 (분자) $\to 0$이다.

즉, $\displaystyle\lim_{x \to 2}(ax^2-x-6)=0$에서

$4a-2-6=0$

$4a=8$ $\qquad \therefore a=2$

$a=2$를 $\bigcirc$의 좌변에 대입하면

$$\begin{aligned}
\lim_{x \to 2}\frac{2x^2-x-6}{x-2} &= \lim_{x \to 2}\frac{(2x+3)(x-2)}{x-2} \\
&= \lim_{x \to 2}(2x+3) \\
&= 2\cdot2+3 = 7
\end{aligned}$$

이므로 $b=7$

0047 답 (1) 2 (2) 2 (3) 2

(1) $\displaystyle\lim_{x \to 1}(3x-1)=3\cdot1-1=2$

(2) $\displaystyle\lim_{x \to 1}(x^2+x)=1^2+1=2$

(3) 함수 $f(x)$가 모든 실수 x에 대하여
$3x-1 \leq f(x) \leq x^2+x$이고 (1), (2)에 의하여
$\displaystyle\lim_{x \to 1}(3x-1)=2,\ \lim_{x \to 1}(x^2+x)=2$
이므로 함수의 극한의 대소 관계에 의하여
$\displaystyle\lim_{x \to 1}f(x)=2$

0048 답 2

함수 $f(x)$가 $x>1$인 실수 x에 대하여
$\dfrac{4x+1}{2x+1}<f(x)<\dfrac{2x-1}{x-1}$이고

$$\lim_{x\to\infty}\frac{4x+1}{2x+1}=\lim_{x\to\infty}\frac{4+\dfrac{1}{x}}{2+\dfrac{1}{x}}=\frac{4+0}{2+0}=2,$$

$$\lim_{x\to\infty}\frac{2x-1}{x-1}=\lim_{x\to\infty}\frac{2-\dfrac{1}{x}}{1-\dfrac{1}{x}}=\frac{2-0}{1-0}=2$$

이므로 함수의 극한의 대소 관계에 의하여

$$\lim_{x\to\infty}f(x)=2$$

본문 009~025쪽

0049 답 ③

0050 답 ③

① $\lim\limits_{x\to-\infty}2x=-\infty$이므로 극한값이 존재하지 않는다.

② $f(x)=\dfrac{1}{x-1}$이라 하면 함수 $y=f(x)$의 그래프는 오른쪽 그림과 같다. 즉,

$$\lim_{x\to1+}\frac{1}{x-1}=\infty,$$

$$\lim_{x\to1-}\frac{1}{x-1}=-\infty$$

이므로 극한값이 존재하지 않는다.

③ $f(x)=\dfrac{x}{x-1}$라 하면 $x\neq1$일 때,

$$f(x)=\frac{x}{x-1}=\frac{(x-1)+1}{x-1}$$

$$=\frac{1}{x-1}+1$$

이므로 함수 $y=f(x)$의 그래프는 오른쪽 그림과 같다.

$$\therefore\ \lim_{x\to\infty}\frac{x}{x-1}=1$$

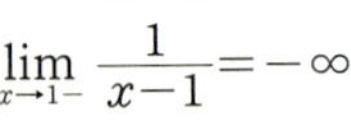

④ $f(x)=\dfrac{1}{|x+1|}$이라 하면 함수 $y=f(x)$의 그래프는 오른쪽 그림과 같으므로

$$\lim_{x\to-1}\frac{1}{|x+1|}=\infty$$

$\left|\dfrac{1}{x+1}\right|=\dfrac{1}{|x+1|}$ 이므로 함수 $y=\dfrac{1}{x+1}$의 그래프를 그린 후 $y<0$인 부분을 x축에 대하여 대칭이동한다.

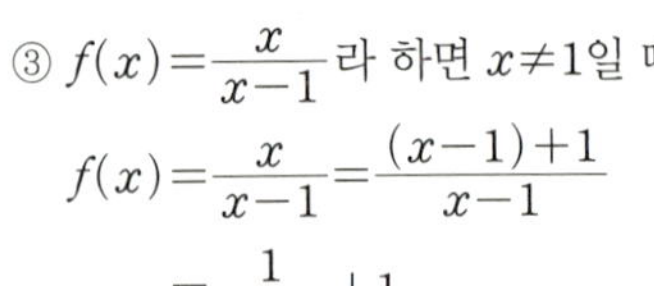

⑤
$$\lim_{x\to1+}\frac{|x^2-1|}{x-1}=\lim_{x\to1+}\frac{x^2-1}{x-1}$$
$$=\lim_{x\to1+}\frac{(x+1)(x-1)}{x-1}$$
$$=\lim_{x\to1+}(x+1)$$
$$=1+1=2,$$

x의 값의 범위를 나누어 우극한, 좌극한을 구한다.

$$\lim_{x\to1-}\frac{|x^2-1|}{x-1}=\lim_{x\to1-}\frac{-(x^2-1)}{x-1}$$
$$=\lim_{x\to1-}\frac{-(x+1)(x-1)}{x-1}$$
$$=\lim_{x\to1-}\{-(x+1)\}$$
$$=-(1+1)=-2$$

이므로 $\lim\limits_{x\to1+}\dfrac{|x^2-1|}{x-1}\neq\lim\limits_{x\to1-}\dfrac{|x^2-1|}{x-1}$

즉, 극한값이 존재하지 않는다.

따라서 극한값이 존재하는 것은 ③이다.

0051 답 ④

① $\lim\limits_{x\to0+}f(x)=\infty$, $\lim\limits_{x\to0-}f(x)=-\infty$이므로 극한값이 존재하지 않는다.

② $\lim\limits_{x\to0}f(x)=\infty$이므로 극한값이 존재하지 않는다.

③ $\lim\limits_{x\to0+}f(x)=1$, $\lim\limits_{x\to0-}f(x)=-1$에서 $\lim\limits_{x\to0+}f(x)\neq\lim\limits_{x\to0-}f(x)$ 이므로 극한값이 존재하지 않는다.

④ $\lim\limits_{x\to0}f(x)=1$이므로 극한값이 존재한다.

⑤ $\lim\limits_{x\to0+}f(x)=0$, $\lim\limits_{x\to0-}f(x)=-1$에서 $\lim\limits_{x\to0+}f(x)\neq\lim\limits_{x\to0-}f(x)$ 이므로 극한값이 존재하지 않는다.

따라서 함수 $f(x)$의 $x=0$에서의 극한값이 존재하는 것은 ④이다.

0052 답 ③

$\lim\limits_{x\to1}f(x)$의 값이 존재하려면 $\lim\limits_{x\to1+}f(x)=\lim\limits_{x\to1-}f(x)$이어야 한다. 즉,

$$\lim_{x\to1+}f(x)=\lim_{x\to1+}(ax-1)=a-1,$$
$$\lim_{x\to1-}f(x)=\lim_{x\to1-}(x^2+4x-3)=2$$

에서 $a-1=2$ $\therefore\ a=3$

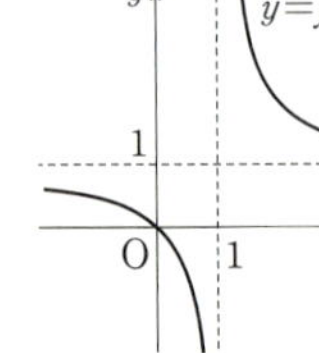

선생님 톡톡

$x\to1+$이면 $x>1$이므로 $\lim\limits_{x\to1+}f(x)$의 값은 $x\geq1$일 때의 함수식에서 정하고, $x\to1-$이면 $x<1$이므로 $\lim\limits_{x\to1-}f(x)$의 값은 $x<1$일 때의 함수식에서 정하면 돼.

0053 답 3

$\lim\limits_{x\to1}h(x)$의 값이 존재하려면 $\lim\limits_{x\to1+}h(x)=\lim\limits_{x\to1-}h(x)$이어야 한다. 즉,

$$\lim_{x\to1+}h(x)=\lim_{x\to1+}\{f(x)+g(x)\}$$
$$=\lim_{x\to1+}\{(x^2-2)+(x+k)\}$$
$$=-1+1+k=k,$$
$$\lim_{x\to1-}h(x)=\lim_{x\to1-}\{f(x)+g(x)\}$$
$$=\lim_{x\to1-}\{(x+3)+(x^2-4x+2)\}$$
$$=4+(-1)=3$$

에서 $k=3$

0054 답 ③

0055 답 ⑤

주어진 함수 $y=f(x)$의 그래프에서

점 $(1,\,1)$에 의하여 $f(1)=1$, $\lim\limits_{x\to1-}f(x)=2$, $\lim\limits_{x\to2+}f(x)=-1$이므로

$$f(1)+\lim_{x\to1-}f(x)+\lim_{x\to2+}f(x)=1+2+(-1)=2$$

0056 답 ④

$$\lim_{x\to2+}f(x)=\lim_{x\to2+}\frac{x^2-4}{|x-2|}=\lim_{x\to2+}\frac{(x+2)(x-2)}{x-2}$$
$$=\lim_{x\to2+}(x+2)=4$$

$$\lim_{x \to 2-} f(x) = \lim_{x \to 2-} \frac{x^2-4}{|x-2|} = \lim_{x \to 2-} \frac{(x+2)(x-2)}{-(x-2)}$$
$$= \lim_{x \to 2-} \{-(x+2)\} = -4$$
$$\therefore \lim_{x \to 2+} f(x) - \lim_{x \to 2-} f(x) = 4 - (-4) = 8$$

0057 답 1

$\lim\limits_{x \to 1+} f(x) = \lim\limits_{x \to 1+} (-3x+b) = -3+b = 1$이므로 $b=4$

$\lim\limits_{x \to 1-} f(x) = \lim\limits_{x \to 1-} (x^2+2x+a) = 3+a = 0$이므로 $a=-3$

$\therefore a+b = -3+4 = 1$

0058 답 ⑤

주어진 함수 $y=f(x)$의 그래프에서 $\lim\limits_{x \to 1+} f(x) = -1$

한편, $x \to 2-$, 즉 x의 값이 2보다 작으면서 2에 한없이 가까워질 때, $x-1$의 값은 1보다 작으면서 1에 한없이 가까워진다.

즉, $x \to 2-$일 때 $(x-1) \to 1-$이므로

$$\lim_{x \to 2-} f(x-1) = \lim_{(x-1) \to 1-} f(x-1) = 2$$

$x \to -2+$, 즉 x의 값이 -2보다 크면서 -2에 한없이 가까워질 때, $-x$의 값은 2보다 작으면서 2에 한없이 가까워진다.

즉, $x \to -2+$일 때 $-x \to 2-$이므로

$$\lim_{x \to -2+} f(-x) = \lim_{-x \to 2-} f(-x) = 2$$

$$\therefore \lim_{x \to 1+} f(x) + \lim_{x \to 2-} f(x-1) + \lim_{x \to -2+} f(-x)$$
$$= -1+2+2 = 3$$

● 다른 풀이1 ●

$x-1=t$라 하면 $x \to 2-$일 때 $t \to 1-$이므로

$$\lim_{x \to 2-} f(x-1) = \lim_{t \to 1-} f(t) = 2$$

$-x=s$라 하면 $x \to -2+$일 때 $s \to 2-$이므로

$$\lim_{x \to -2+} f(-x) = \lim_{s \to 2-} f(s) = 2$$

● 다른 풀이2 ●

함수 $y=f(x-1)$의 그래프는 함수 $y=f(x)$의 그래프를 x축의 방향으로 1만큼 평행이동한 것과 같으므로 함수 $y=f(x-1)$의 그래프는 오른쪽 그림과 같다.

$$\therefore \lim_{x \to 2-} f(x-1) = 2$$

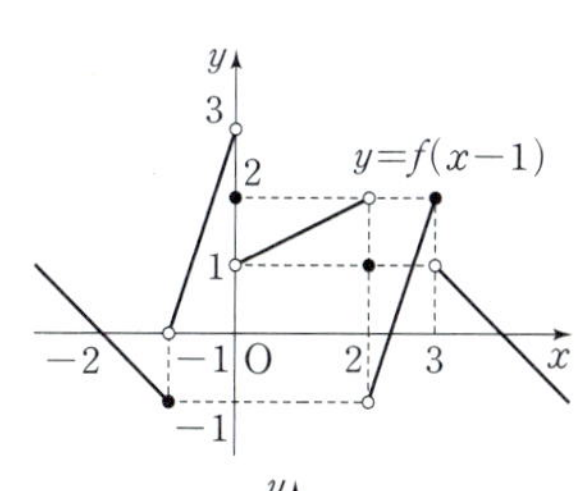

함수 $y=f(-x)$의 그래프는 함수 $y=f(x)$의 그래프를 y축에 대하여 대칭이동한 것과 같으므로 함수 $y=f(-x)$의 그래프는 오른쪽 그림과 같다.

$$\therefore \lim_{x \to -2+} f(-x) = 2$$

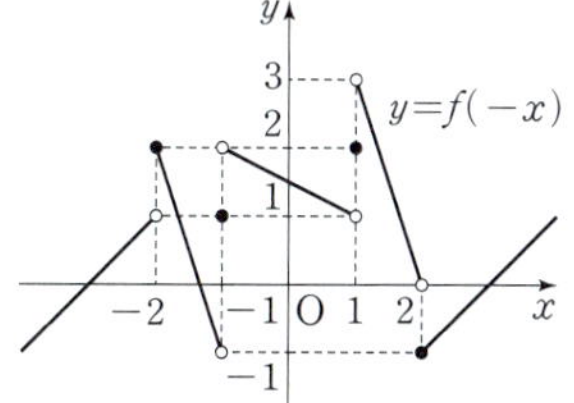

0059 답 ④

0060 답 ③

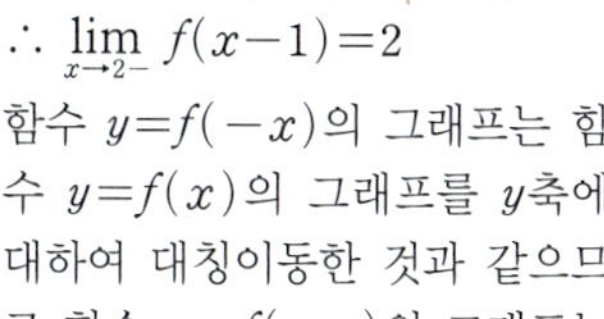

$\lim\limits_{x \to 2-} [x] = 1$, $\lim\limits_{x \to 2+} [x] = 2$이므로

$$\lim_{x \to 2-} f(x) = \lim_{x \to 2-} \frac{[x]}{x} = \frac{1}{2}, \quad \lim_{x \to 2+} f(x) = \lim_{x \to 2+} \frac{[x]}{x} = \frac{2}{2} = 1$$

$$\therefore \lim_{x \to 2-} f(x) + \lim_{x \to 2+} f(x) = \frac{1}{2} + 1 = \frac{3}{2}$$

0061 답 ④

$\lim\limits_{x \to n} (3[x] - [x]^2)$의 값이 존재하려면

$$\lim_{x \to n+} (3[x] - [x]^2) = \lim_{x \to n-} (3[x] - [x]^2)$$이어야 한다.

이때 정수 n에 대하여

$\lim\limits_{x \to n+} [x] = n$, $\lim\limits_{x \to n-} [x] = n-1$이므로

$$\lim_{x \to n+} (3[x] - [x]^2) = 3n - n^2,$$
$$\lim_{x \to n-} (3[x] - [x]^2) = 3(n-1) - (n-1)^2 = -n^2 + 5n - 4$$

에서 $3n - n^2 = -n^2 + 5n - 4$

$2n = 4$ $\quad \therefore n = 2$

0062 답 ⑤

ㄱ. $\lim\limits_{x \to 2} \left[x + \dfrac{1}{2} \right] = \left[\dfrac{5}{2} \right] = 2$

ㄴ. $\lim\limits_{x \to 1+} ([2x] - [x]) = 2 - 1 = 1,$

$\quad \lim\limits_{x \to 1-} ([2x] - [x]) = 1 - 0 = 1$

$\quad$ 이므로 $\lim\limits_{x \to 1} ([2x] - [x]) = 1$

ㄷ. $\lim\limits_{x \to 0+} [x] \times [-x] = 0 \times (-1) = 0,$ $\lim\limits_{x \to 0+} [-x] = \lim\limits_{t \to 0-} [t] = -1$

$\quad \lim\limits_{x \to 0-} [x] \times [-x] = (-1) \times 0 = 0$

$\quad$ 이므로 $\lim\limits_{x \to 0} [x] \times [-x] = 0$

따라서 극한값이 존재하는 것은 ㄱ, ㄴ, ㄷ이다.

0063 답 2

주어진 함수 $y=f(x)$의 그래프에서

$x \to 2$일 때 $f(x) \to 3-$이므로

$$\lim_{x \to 2} [f(x)] = \lim_{f(x) \to 3-} [f(x)] = 2$$

0064 답 ⑤

0065 답 ④

$f(x)=t$라 하면 $x \to -1+$일 때 $t \to 1-$이므로

$$\lim_{x \to -1+} g(f(x)) = \lim_{t \to 1-} g(t) = \lim_{t \to 1-} \{(t-1)^2 + 1\} = 1$$

$g(x)=s$라 하면 $x \to 1-$일 때 $s \to 1+$이므로

$$\lim_{x \to 1-} f(g(x)) = \lim_{s \to 1+} f(s) = 1$$

$$\therefore \lim_{x \to -1+} g(f(x)) + \lim_{x \to 1-} f(g(x)) = 1+1 = 2$$

0066 답 5

$f(x)=t$라 하면

$x \to 2+$일 때 $t \to 0+$이므로

$$\lim_{x \to 2+} f(f(x)) = \lim_{t \to 0+} f(t) = 2$$

$x \to 2-$일 때 $t=2$이므로

$$\lim_{x \to 2-} f(f(x)) = f(2) = 3$$

$$\therefore \lim_{x \to 2+} f(f(x)) + \lim_{x \to 2-} f(f(x)) = 2+3 = 5$$

0067 답 -2

$f(x)=t$라 하면 $x \to -1$일 때 $t \to 0+$이므로

$$\lim_{x \to -1} g(f(x)) = \lim_{t \to 0+} g(t) = -1$$

$g(x)=s$라 하면 $x \to 1$일 때 $s \to 1-$이므로
$$\lim_{x \to 1} f(g(x)) = \lim_{s \to 1-} f(s) = -1$$
$$\therefore \lim_{x \to -1} g(f(x)) + \lim_{x \to 1} f(g(x)) = -1 + (-1) = -2$$

0068 답 ④

$f(x)=t$라 하면
$x \to 0+$일 때 $t \to -1+$, $x \to 0-$일 때 $t \to 1-$
$g(x)=s$라 하면
$x \to 0$일 때 $s=1$

ㄱ. $\displaystyle\lim_{x \to 0+} f(f(x)) = \lim_{t \to -1+} f(t) = 0$
$\displaystyle\lim_{x \to 0-} f(f(x)) = \lim_{t \to 1-} f(t) = 0$
$\displaystyle\therefore \lim_{x \to 0} f(f(x)) = 0$ (거짓)

ㄴ. $\displaystyle\lim_{x \to 0+} g(f(x)) = \lim_{t \to -1+} g(t) = 1$
$\displaystyle\lim_{x \to 0-} g(f(x)) = \lim_{t \to 1-} g(t) = 1$
$\displaystyle\therefore \lim_{x \to 0} g(f(x)) = 1$ (참)

ㄷ. $\displaystyle\lim_{x \to 0} f(g(x)) = f(1) = 1$ (참)

따라서 옳은 것은 ㄴ, ㄷ이다.

0069 답 ②

0070 답 ③

ㄱ. $\displaystyle\lim_{x \to \infty} f(x) = \alpha$, $\displaystyle\lim_{x \to \infty} \{f(x)+g(x)\} = \beta$ (α, β는 실수)라 하면
$\displaystyle\lim_{x \to \infty} g(x) = \lim_{x \to \infty} [\{f(x)+g(x)\} - f(x)]$
$\quad = \displaystyle\lim_{x \to \infty} \{f(x)+g(x)\} - \lim_{x \to \infty} f(x)$
$\quad = \beta - \alpha$ (참)

ㄴ. [반례] $f(x)=0$, $g(x)=\dfrac{1}{x}$이면
$\displaystyle\lim_{x \to 0} f(x) = 0$, $\displaystyle\lim_{x \to 0} \dfrac{f(x)}{g(x)} = \lim_{x \to 0} 0 \cdot x = \lim_{x \to 0} 0 = 0$이지만
$\displaystyle\lim_{x \to 0} g(x)$의 값은 존재하지 않는다. (거짓)

ㄷ. $\displaystyle\lim_{x \to a} g(x) = \alpha$, $\displaystyle\lim_{x \to a} \dfrac{f(x)}{g(x)} = \beta$ (α, β는 실수)라 하면
$\displaystyle\lim_{x \to a} f(x) = \lim_{x \to a} g(x) \cdot \dfrac{f(x)}{g(x)}$
$\quad = \displaystyle\lim_{x \to a} g(x) \cdot \lim_{x \to a} \dfrac{f(x)}{g(x)}$
$\quad = \alpha\beta$ (참)

따라서 옳은 것은 ㄱ, ㄷ이다.

0071 답 ④

ㄱ. $\displaystyle\lim_{x \to a} \{f(x)+g(x)\} = \alpha$, $\displaystyle\lim_{x \to a} \{f(x)-g(x)\} = \beta$
(α, β는 실수)라 하면
$\displaystyle\lim_{x \to a} f(x) = \lim_{x \to a} \dfrac{\{f(x)+g(x)\} + \{f(x)-g(x)\}}{2}$
$\quad = \dfrac{1}{2} \left[\displaystyle\lim_{x \to a} \{f(x)+g(x)\} + \lim_{x \to a} \{f(x)-g(x)\} \right]$
$\quad = \dfrac{\alpha+\beta}{2}$

같은 방법으로 $\displaystyle\lim_{x \to a} g(x) = \dfrac{\alpha-\beta}{2}$이므로 $\displaystyle\lim_{x \to a} f(x)$와
$\displaystyle\lim_{x \to a} g(x)$도 모두 수렴한다. (참)

ㄴ. [반례] $f(x)=\begin{cases} 1 & (x \geq 0) \\ -1 & (x < 0) \end{cases}$, $g(x)=1$이면
$\dfrac{g(x)}{f(x)}=\begin{cases} 1 & (x \geq 0) \\ -1 & (x < 0) \end{cases}$
즉, $\displaystyle\lim_{x \to 0} f(x)$가 발산하고 $\displaystyle\lim_{x \to 0} g(x) = 1$이지만 $\displaystyle\lim_{x \to 0} \dfrac{g(x)}{f(x)}$는
발산한다. (거짓)

ㄷ. $\displaystyle\lim_{x \to \infty} f(x) = \alpha$, $\displaystyle\lim_{x \to \infty} \dfrac{f(x)}{g(x)} = \beta$ (α, β는 실수이고 $\beta \neq 0$)라 하면
$\displaystyle\lim_{x \to \infty} g(x) = \lim_{x \to \infty} f(x) \cdot \dfrac{g(x)}{f(x)}$
$\quad = \displaystyle\lim_{x \to \infty} f(x) \cdot \lim_{x \to \infty} \dfrac{g(x)}{f(x)}$
$\quad = \alpha \cdot \dfrac{1}{\beta} = \dfrac{\alpha}{\beta}$ (참)

따라서 옳은 것은 ㄱ, ㄷ이다.

0072 답 ②

0073 답 ⑤

$\dfrac{f(x)}{x+1} = h_1(x)$라 하면 $f(x) = (x+1)h_1(x)$이고
$\displaystyle\lim_{x \to 1} h_1(x) = 3$이므로
$\displaystyle\lim_{x \to 1} f(x) = \lim_{x \to 1} (x+1) h_1(x)$
$\quad = \displaystyle\lim_{x \to 1} (x+1) \cdot \lim_{x \to 1} h_1(x)$
$\quad = 2 \cdot 3 = 6$

$\dfrac{g(x)}{f(x)-2x} = h_2(x)$라 하면 $g(x) = \{f(x)-2x\}h_2(x)$이고
$\displaystyle\lim_{x \to 1} h_2(x) = 1$이므로
$\displaystyle\lim_{x \to 1} g(x) = \lim_{x \to 1} \{f(x)-2x\}h_2(x)$
$\quad = \left\{ \displaystyle\lim_{x \to 1} f(x) - \lim_{x \to 1} 2x \right\} \cdot \lim_{x \to 1} h_2(x)$
$\quad = (6-2) \cdot 1 = 4$
$$\therefore \lim_{x \to 1} \dfrac{f(x)+g(x)}{f(x)-g(x)} = \dfrac{6+4}{6-4} = 5$$

0074 답 ③

$x-1=t$라 하면 $x \to 1$일 때 $t \to 0$이므로
$$\lim_{x \to 1} \dfrac{f(x-1)}{x-1} = \lim_{t \to 0} \dfrac{f(t)}{t} = 2$$
$$\therefore \lim_{x \to 0} \dfrac{2f(x)+x}{f(x)-x^2} = \lim_{x \to 0} \dfrac{2 \cdot \dfrac{f(x)}{x}+1}{\dfrac{f(x)}{x}-x}$$
$$= \dfrac{2 \cdot 2 + 1}{2-0} = \dfrac{5}{2}$$

0075 답 ③

$\displaystyle\lim_{x \to \infty} \dfrac{1}{x}\{f(x)-x\} = 0$에서

$$\lim_{x\to\infty}\left\{\frac{f(x)}{x}-1\right\}=0 \qquad \therefore \lim_{x\to\infty}\frac{f(x)}{x}=1$$

$$\therefore \lim_{x\to\infty}\frac{3f(x)+2x}{2f(x)-x}=\lim_{x\to\infty}\frac{3\cdot\dfrac{f(x)}{x}+2}{2\cdot\dfrac{f(x)}{x}-1}$$

$$=\frac{3\cdot1+2}{2\cdot1-1}=5$$

0076 답 5

$\dfrac{1}{x}=t$라 하면 $x\to0+$일 때 $t\to\infty$이므로

$$\lim_{x\to0+}\frac{x^2f\left(\dfrac{1}{x}\right)+1}{x^2+2x+3}=\lim_{t\to\infty}\frac{\dfrac{f(t)}{t^2}+1}{\dfrac{1}{t^2}+\dfrac{2}{t}+3}=2$$

이때 $\dfrac{\dfrac{f(t)}{t^2}+1}{\dfrac{1}{t^2}+\dfrac{2}{t}+3}=g(t)$라 하면

$\dfrac{f(t)}{t^2}=g(t)\left(\dfrac{1}{t^2}+\dfrac{2}{t}+3\right)-1$이고 $\lim\limits_{t\to\infty}g(t)=2$이므로

$$\lim_{x\to\infty}\frac{f(x)}{x^2}=\lim_{x\to\infty}\left\{g(x)\left(\frac{1}{x^2}+\frac{2}{x}+3\right)-1\right\}$$

$$=\lim_{x\to\infty}g(x)\cdot\lim_{x\to\infty}\left(\frac{1}{x^2}+\frac{2}{x}+3\right)-1$$

$$=2\cdot(0+0+3)-1=5$$

0077 답 ④

0078 답 ④

$$\lim_{x\to2}\frac{x^3-4x^2-4x+16}{x^2-5x+6}=\lim_{x\to2}\frac{(x-2)(x^2-2x-8)}{(x-2)(x-3)}$$

$$=\lim_{x\to2}\frac{x^2-2x-8}{x-3}$$

$$=\frac{2^2-2\cdot2-8}{2-3}=8$$

> **선생님 톡톡**
>
> 분자의 경우, $x^3-4x^2-4x+16=(x-2)(x+2)(x-4)$로 인수분해
> 되지만 인수 $x-2$만 찾아서 약분하면 되므로 인수분해를 끝까지 하지
> 않아도 돼.

0079 답 ④

$$\lim_{x\to a}\frac{x^2-a^2}{x-a}=\lim_{x\to a}\frac{(x+a)(x-a)}{x-a}$$

$$=\lim_{x\to a}(x+a)$$

$$=2a=6$$

이므로 $a=3$

$$\therefore \lim_{x\to a}\frac{x^3-a^3}{x^2-a^2}=\lim_{x\to3}\frac{x^3-3^3}{x^2-3^2}$$

$$=\lim_{x\to3}\frac{(x-3)(x^2+3x+9)}{(x-3)(x+3)}$$

$$=\lim_{x\to3}\frac{x^2+3x+9}{x+3}$$

$$=\frac{3^2+3\cdot3+9}{3+3}=\frac{9}{2}$$

0080 답 ②

$$\lim_{x\to3}\frac{x^4-9x^2}{(x^2-3x)f(x)}=\lim_{x\to3}\frac{x^2(x-3)(x+3)}{x(x-3)f(x)}$$

$$=\lim_{x\to3}\frac{x(x+3)}{f(x)}$$

$$=\frac{3\cdot(3+3)}{f(3)}$$

$$=\frac{18}{f(3)}=1$$

이므로 $f(3)=18$

0081 답 3

$$\lim_{x\to5}\frac{g(x)}{f(x)}=\lim_{x\to5}\frac{\dfrac{g(x)}{x^2-25}}{\dfrac{f(x)}{x^2-5x}}\cdot\frac{x^2-25}{x^2-5x}$$

$$=\lim_{x\to5}\frac{\dfrac{g(x)}{x^2-25}}{\dfrac{f(x)}{x^2-5x}}\cdot\frac{(x+5)(x-5)}{x(x-5)}$$

$$=\frac{6}{4}\lim_{x\to5}\frac{x+5}{x}$$

$$=\frac{3}{2}\cdot\frac{5+5}{5}=3$$

0082 답 ⑤

0083 답 ④

$$\lim_{x\to1}\frac{x^2-x}{\sqrt{x^2+3x}-2}=\lim_{x\to1}\frac{(x^2-x)(\sqrt{x^2+3x}+2)}{(\sqrt{x^2+3x}-2)(\sqrt{x^2+3x}+2)}$$

$$=\lim_{x\to1}\frac{(x^2-x)(\sqrt{x^2+3x}+2)}{x^2+3x-4}$$

$$=\lim_{x\to1}\frac{x(x-1)(\sqrt{x^2+3x}+2)}{(x-1)(x+4)}$$

$$=\lim_{x\to1}\frac{x(\sqrt{x^2+3x}+2)}{x+4}$$

$$=\frac{1\cdot(\sqrt{1^2+3\cdot1}+2)}{1+4}=\frac{4}{5}$$

0084 답 ④

$$\lim_{x\to0}\frac{\sqrt{a+x}-\sqrt{a-x}}{x}$$

$$=\lim_{x\to0}\frac{(\sqrt{a+x}-\sqrt{a-x})(\sqrt{a+x}+\sqrt{a-x})}{x(\sqrt{a+x}+\sqrt{a-x})}$$

$$=\lim_{x\to0}\frac{2x}{x(\sqrt{a+x}+\sqrt{a-x})}$$

$$=\lim_{x\to0}\frac{2}{\sqrt{a+x}+\sqrt{a-x}}$$

$$=\frac{2}{\sqrt{a}+\sqrt{a}}$$

$$=\frac{1}{\sqrt{a}}=\frac{1}{2}$$

이므로 $\sqrt{a}=2$

$$\therefore a=4$$

0085 답 ③

$$\lim_{x\to 1}\frac{\sqrt{2-x}-\sqrt{x}}{\sqrt{5-x}-\sqrt{3+x}}$$ 분자와 분모가 모두 무리식이므로 양쪽 다 유리화한다.

$$=\lim_{x\to 1}\frac{(\sqrt{2-x}-\sqrt{x})(\sqrt{2-x}+\sqrt{x})(\sqrt{5-x}+\sqrt{3+x})}{(\sqrt{5-x}-\sqrt{3+x})(\sqrt{5-x}+\sqrt{3+x})(\sqrt{2-x}+\sqrt{x})}$$

$$=\lim_{x\to 1}\frac{(2-2x)(\sqrt{5-x}+\sqrt{3+x})}{(2-2x)(\sqrt{2-x}+\sqrt{x})}$$

$$=\lim_{x\to 1}\frac{\sqrt{5-x}+\sqrt{3+x}}{\sqrt{2-x}+\sqrt{x}}$$

$$=\frac{\sqrt{5-1}+\sqrt{3+1}}{\sqrt{2-1}+\sqrt{1}}=2$$

0086 답 ④

치환하지 않고 유리화하면 계산이 복잡해진다.

$x-1=t$라 하면 $x\to 9$일 때 $t\to 8$이므로

$$\lim_{x\to 9}\frac{x-9}{\sqrt[3]{x-1}-2}=\lim_{t\to 8}\frac{t-8}{\sqrt[3]{t}-2}$$

세제곱근의 유리화는
$(a-b)(a^2+ab+b^2)$
$=a^3-b^3$
임을 이용한다.

$$=\lim_{t\to 8}\frac{(t-8)\{(\sqrt[3]{t})^2+2\sqrt[3]{t}+4\}}{(\sqrt[3]{t}-2)\{(\sqrt[3]{t})^2+2\sqrt[3]{t}+4\}}$$

$$=\lim_{t\to 8}\frac{(t-8)\{(\sqrt[3]{t})^2+2\sqrt[3]{t}+4\}}{t-8}$$

$$=\lim_{t\to 8}\{(\sqrt[3]{t})^2+2\sqrt[3]{t}+4\}$$

$$=(\sqrt[3]{8})^2+2\sqrt[3]{8}+4=12$$

0087 답 ④

0088 답 ②

$$\lim_{x\to\infty}\frac{2x-\sqrt{x^2-1}}{\sqrt{9x^2-2x}+4}=\lim_{x\to\infty}\frac{2-\sqrt{1-\dfrac{1}{x^2}}}{\sqrt{9-\dfrac{2}{x}}+\dfrac{4}{x}}$$

$$=\frac{2-\sqrt{1-0}}{\sqrt{9-0}+0}=\frac{1}{3}$$

0089 답 ⑤

$$\lim_{x\to\infty}\frac{ax^3+bx^2+x-1}{3x^2+5}=3$$이므로 $a=0$

즉,

$$\lim_{x\to\infty}\frac{bx^2+x-1}{3x^2+5}=\lim_{x\to\infty}\frac{b+\dfrac{1}{x}-\dfrac{1}{x^2}}{3+\dfrac{5}{x^2}}$$

$$=\frac{b}{3}=3$$

에서 $b=9$

$$\therefore a+b=0+9=9$$

> **선생님 톡톡**
>
> $\dfrac{\infty}{\infty}$ 꼴의 극한은 분자, 분모의 차수가 같을 때만 0이 아닌 값에 수렴하므로 분자의 차수는 2가 되어야 해. 즉, $a=0$이야.

0090 답 ③

$x=-t$라 하면 $x\to -\infty$일 때 $t\to\infty$이므로

$$\lim_{x\to -\infty}\frac{ax+2}{\sqrt{4x^2+3x}-x}=\lim_{t\to\infty}\frac{-at+2}{\sqrt{4t^2-3t}+t}$$

$$=\lim_{t\to\infty}\frac{-a+\dfrac{2}{t}}{\sqrt{4-\dfrac{3}{t}}+1}$$

$$=\frac{-a+0}{\sqrt{4-0}+1}$$

$$=\frac{-a}{3}=-1$$

에서 $a=3$

0091 답 ③

$$\lim_{x\to\infty}\frac{f(x)-2x}{x}=0$$에서

$$\lim_{x\to\infty}\left\{\frac{f(x)}{x}-2\right\}=0 \qquad \therefore \lim_{x\to\infty}\frac{f(x)}{x}=2$$

$$\therefore \lim_{x\to\infty}\frac{6x^2+xf(x)}{2x^2+\{f(x)\}^2}=\lim_{x\to\infty}\frac{6+\dfrac{f(x)}{x}}{2+\left\{\dfrac{f(x)}{x}\right\}^2}$$

$$=\frac{6+2}{2+2^2}=\frac{4}{3}$$

0092 답 ③

0093 답 ②

$$\lim_{x\to\infty}\{\sqrt{(x+1)^2+1}-\sqrt{(x-1)^2+1}\}$$

$$=\lim_{x\to\infty}(\sqrt{x^2+2x+2}-\sqrt{x^2-2x+2})$$

$$=\lim_{x\to\infty}\frac{(\sqrt{x^2+2x+2}-\sqrt{x^2-2x+2})(\sqrt{x^2+2x+2}+\sqrt{x^2-2x+2})}{\sqrt{x^2+2x+2}+\sqrt{x^2-2x+2}}$$

$$=\lim_{x\to\infty}\frac{4x}{\sqrt{x^2+2x+2}+\sqrt{x^2-2x+2}}$$

$$=\lim_{x\to\infty}\frac{4}{\sqrt{1+\dfrac{2}{x}+\dfrac{2}{x^2}}+\sqrt{1-\dfrac{2}{x}+\dfrac{2}{x^2}}}$$

$$=\frac{4}{\sqrt{1+0+0}+\sqrt{1-0+0}}=2$$

0094 답 ③

$x=-t$라 하면 $x\to -\infty$일 때 $t\to\infty$이므로

$$\lim_{x\to -\infty}(2x+\sqrt{4x^2+3x+2})$$

$$=\lim_{t\to\infty}(\sqrt{4t^2-3t+2}-2t)$$

$$=\lim_{t\to\infty}\frac{(\sqrt{4t^2-3t+2}-2t)(\sqrt{4t^2-3t+2}+2t)}{\sqrt{4t^2-3t+2}+2t}$$

$$=\lim_{t\to\infty}\frac{-3t+2}{\sqrt{4t^2-3t+2}+2t}$$

$$=\lim_{t\to\infty}\frac{-3+\dfrac{2}{t}}{\sqrt{4-\dfrac{3}{t}+\dfrac{2}{t^2}}+2}$$

$$=\frac{-3+0}{\sqrt{4-0+0}+2}=-\frac{3}{4}$$

0095 답 ④

$$\lim_{x\to\infty}\frac{1}{\sqrt{4x^2+ax}-\sqrt{4x^2-ax}}$$
$$=\lim_{x\to\infty}\frac{\sqrt{4x^2+ax}+\sqrt{4x^2-ax}}{(\sqrt{4x^2+ax}-\sqrt{4x^2-ax})(\sqrt{4x^2+ax}+\sqrt{4x^2-ax})}$$
$$=\lim_{x\to\infty}\frac{\sqrt{4x^2+ax}+\sqrt{4x^2-ax}}{2ax}$$
$$=\lim_{x\to\infty}\frac{\sqrt{4+\dfrac{a}{x}}+\sqrt{4-\dfrac{a}{x}}}{2a}$$
$$=\frac{\sqrt{4+0}+\sqrt{4-0}}{2a}$$
$$=\frac{2}{a}=3$$

이므로 $a=\dfrac{2}{3}$

0096 답 ①

$x=-t$라 하면 $x\to-\infty$일 때 $t\to\infty$이므로
$$\lim_{x\to-\infty}\{\sqrt{(x+a)(x+1)}+x\}$$
$$=\lim_{t\to\infty}\{\sqrt{(-t+a)(-t+1)}-t\}$$
$$=\lim_{t\to\infty}\{\sqrt{t^2-(a+1)t+a}-t\}$$
$$=\lim_{t\to\infty}\frac{\{\sqrt{t^2-(a+1)t+a}-t\}\{\sqrt{t^2-(a+1)t+a}+t\}}{\sqrt{t^2-(a+1)t+a}+t}$$
$$=\lim_{t\to\infty}\frac{-(a+1)t+a}{\sqrt{t^2-(a+1)t+a}+t}$$
$$=\lim_{t\to\infty}\frac{-(a+1)+\dfrac{a}{t}}{\sqrt{1-\dfrac{a+1}{t}+\dfrac{a}{t^2}}+1}$$
$$=\frac{-(a+1)+0}{\sqrt{1-0+0}+1}$$
$$=\frac{-a-1}{2}=2$$

에서 $-a-1=4$
$$\therefore a=-5$$

0097 답 ①

0098 답 ①

$$\lim_{x\to1}\frac{1}{\sqrt{x}-1}\left(\frac{1}{2}-\frac{1}{x+1}\right)=\lim_{x\to1}\frac{1}{\sqrt{x}-1}\cdot\frac{x+1-2}{2(x+1)}$$
$$=\lim_{x\to1}\frac{x-1}{2(\sqrt{x}-1)(x+1)}$$

$$=\lim_{x\to1}\frac{(x-1)(\sqrt{x}+1)}{2(\sqrt{x}-1)(\sqrt{x}+1)(x+1)}$$
$$=\lim_{x\to1}\frac{(x-1)(\sqrt{x}+1)}{2(x-1)(x+1)}$$
$$=\lim_{x\to1}\frac{\sqrt{x}+1}{2(x+1)}$$
$$=\frac{1+1}{2\cdot(1+1)}=\frac{1}{2}$$

0099 답 ⑤

$$\lim_{x\to a}\frac{1}{x-a}\left(\frac{a}{2}-\frac{x}{x-a+2}\right)=\lim_{x\to a}\frac{1}{x-a}\cdot\frac{a(x-a+2)-2x}{2(x-a+2)}$$
$$=\lim_{x\to a}\frac{(a-2)x-a^2+2a}{2(x-a)(x-a+2)}$$
$$=\lim_{x\to a}\frac{(a-2)(x-a)}{2(x-a)(x-a+2)}$$
$$=\lim_{x\to a}\frac{a-2}{2(x-a+2)}$$
$$=\frac{a-2}{4}=2$$

이므로 $a-2=8$ $\therefore a=10$

0100 답 ①

$$\lim_{x\to-1}\frac{2}{x+1}\left(\frac{x^2+3}{x-1}+\frac{4}{x+3}\right)$$
$$=\lim_{x\to-1}\frac{2}{x+1}\cdot\frac{(x^2+3)(x+3)+4(x-1)}{(x-1)(x+3)}$$
$$=\lim_{x\to-1}\frac{2}{x+1}\cdot\frac{x^3+3x^2+7x+5}{(x-1)(x+3)}$$
$$=\lim_{x\to-1}\frac{2(x+1)(x^2+2x+5)}{(x+1)(x-1)(x+3)}$$
$$=\lim_{x\to-1}\frac{2(x^2+2x+5)}{(x-1)(x+3)}$$
$$=\frac{2\cdot\{(-1)^2+2\cdot(-1)+5\}}{(-1-1)\cdot(-1+3)}=-2$$

0101 답 ①

$x=-t$라 하면 $x\to-\infty$일 때 $t\to\infty$이므로
$$\lim_{x\to-\infty}\frac{x}{2}\left(\frac{1}{2}+\frac{x}{\sqrt{4x^2+x}}\right)$$
$$=\lim_{t\to\infty}\left\{-\frac{t}{2}\left(\frac{1}{2}-\frac{t}{\sqrt{4t^2-t}}\right)\right\}$$
$$=\lim_{t\to\infty}\frac{t}{2}\left(\frac{t}{\sqrt{4t^2-t}}-\frac{1}{2}\right)=\lim_{t\to\infty}\frac{t}{2}\cdot\frac{2t-\sqrt{4t^2-t}}{2\sqrt{4t^2-t}}$$
$$=\lim_{t\to\infty}\frac{t}{2}\cdot\frac{(2t-\sqrt{4t^2-t})(2t+\sqrt{4t^2-t})}{2\sqrt{4t^2-t}(2t+\sqrt{4t^2-t})}$$
$$=\lim_{t\to\infty}\frac{t}{2}\cdot\frac{t}{2\sqrt{4t^2-t}(2t+\sqrt{4t^2-t})}$$
$$=\lim_{t\to\infty}\frac{t^2}{4\sqrt{4t^2-t}(2t+\sqrt{4t^2-t})}$$
$$=\lim_{t\to\infty}\frac{1}{4\sqrt{4-\dfrac{1}{t}}\left(2+\sqrt{4-\dfrac{1}{t}}\right)}$$
$$=\frac{1}{4\cdot\sqrt{4-0}\cdot(2+\sqrt{4-0})}=\frac{1}{32}$$

0102 답 ④

0103 답 ③

$$\lim_{x\to2}\frac{x^2+ax+b}{x^2-6x+8}=-2 \quad\cdots\cdots\ \text{㉠}$$

㉠에서 $x\to2$일 때 (분모) $\to0$이고 극한값이 존재하므로 (분자) $\to0$이다.

즉, $\lim\limits_{x \to 2}(x^2+ax+b)=0$에서 $4+2a+b=0$

$\therefore b=-2a-4$ $\qquad$ …… ㉡

㉡을 ㉠에 대입하면

$$\lim_{x \to 2}\frac{x^2+ax+b}{x^2-6x+8}=\lim_{x \to 2}\frac{x^2+ax-2a-4}{x^2-6x+8}$$
$$=\lim_{x \to 2}\frac{(x-2)(x+a+2)}{(x-2)(x-4)}=\lim_{x \to 2}\frac{x+a+2}{x-4}$$
$$=\frac{a+4}{-2}=-2$$

이므로 $a+4=4$ $\quad \therefore a=0$

$a=0$을 ㉡에 대입하면 $b=-4$

$\therefore a-b=0-(-4)=4$

0104 답 ④

$$\lim_{x \to 3}\frac{ax^2+6x+b}{x^2-9}=-1 \qquad …… ㉠$$

㉠에서 $x \to 3$일 때 (분모) $\to 0$이고 극한값이 존재하므로 (분자) $\to 0$이다.

즉, $\lim\limits_{x \to 3}(ax^2+6x+b)=0$에서 $9a+18+b=0$

$\therefore b=-9a-18$ $\qquad$ …… ㉡

㉡을 ㉠에 대입하면

$$\lim_{x \to 3}\frac{ax^2+6x+b}{x^2-9}=\lim_{x \to 3}\frac{ax^2+6x-9a-18}{x^2-9}$$
$$=\lim_{x \to 3}\frac{(x-3)(ax+3a+6)}{(x-3)(x+3)}$$
$$=\lim_{x \to 3}\frac{ax+3a+6}{x+3}=\frac{6a+6}{6}$$
$$=a+1=-1$$

이므로 $a=-2$

$a=-2$를 ㉡에 대입하면 $b=0$

$\therefore a+b=-2+0=-2$

0105 답 ②

$$\lim_{x \to -3}\frac{ax^2+bx+6}{x^2+8x+15}=4 \qquad …… ㉠$$

㉠에서 $x \to -3$일 때 (분모) $\to 0$이고 극한값이 존재하므로 (분자) $\to 0$이다.

즉, $\lim\limits_{x \to -3}(ax^2+bx+6)=0$에서 $9a-3b+6=0$

$\therefore b=3a+2$ $\qquad$ …… ㉡

㉡을 ㉠에 대입하면

$$\lim_{x \to -3}\frac{ax^2+bx+6}{x^2+8x+15}=\lim_{x \to -3}\frac{ax^2+(3a+2)x+6}{x^2+8x+15}$$
$$=\lim_{x \to -3}\frac{(x+3)(ax+2)}{(x+3)(x+5)}=\lim_{x \to -3}\frac{ax+2}{x+5}$$
$$=\frac{-3a+2}{2}=4$$

이므로 $-3a+2=8$, $3a=-6$ $\quad \therefore a=-2$

$a=-2$를 ㉡에 대입하면 $b=-4$

$\therefore a-b=-2-(-4)=2$

0106 답 8

$$\lim_{x \to 1}\frac{ax^3+bx^2-4}{x^3-1}=2 \qquad …… ㉠$$

㉠에서 $x \to 1$일 때 (분모) $\to 0$이고 극한값이 존재하므로 (분자) $\to 0$이다.

즉, $\lim\limits_{x \to 1}(ax^3+bx^2-4)=0$에서 $a+b-4=0$

$\therefore b=-a+4$ $\qquad$ …… ㉡

㉡을 ㉠에 대입하면

$$\lim_{x \to 1}\frac{ax^3+bx^2-4}{x^3-1}=\lim_{x \to 1}\frac{ax^3+(-a+4)x^2-4}{x^3-1}$$
$$=\lim_{x \to 1}\frac{(x-1)(ax^2+4x+4)}{(x-1)(x^2+x+1)}$$
$$=\lim_{x \to 1}\frac{ax^2+4x+4}{x^2+x+1}$$
$$=\frac{a+8}{3}=2$$

이므로 $a+8=6$ $\quad \therefore a=-2$

$a=-2$를 ㉡에 대입하면 $b=6$

$\therefore b-a=6-(-2)=8$

0107 답 ⑤

0108 답 ②

$$\lim_{x \to -1}\frac{x^2+3x+2}{x^2+ax+b}=\frac{1}{2} \qquad …… ㉠$$

㉠에서 $x \to -1$일 때 (분자) $\to 0$이고 0이 아닌 극한값이 존재하므로 (분모) $\to 0$이다.

즉, $\lim\limits_{x \to -1}(x^2+ax+b)=0$에서 $1-a+b=0$

$\therefore b=a-1$ $\qquad$ …… ㉡

㉡을 ㉠에 대입하면

$$\lim_{x \to -1}\frac{x^2+3x+2}{x^2+ax+b}=\lim_{x \to -1}\frac{x^2+3x+2}{x^2+ax+a-1}$$
$$=\lim_{x \to -1}\frac{(x+1)(x+2)}{(x+1)(x+a-1)}$$
$$=\lim_{x \to -1}\frac{x+2}{x+a-1}$$
$$=\frac{1}{a-2}=\frac{1}{2}$$

이므로 $a-2=2$ $\quad \therefore a=4$

$a=4$를 ㉡에 대입하면 $b=3$

$\therefore a+b=4+3=7$

0109 답 ④

$$\lim_{x \to 2}\frac{2x-4}{ax^2+6x+b}=1 \qquad …… ㉠$$

㉠에서 $x \to 2$일 때 (분자) $\to 0$이고 0이 아닌 극한값이 존재하므로 (분모) $\to 0$이다.

즉, $\lim\limits_{x \to 2}(ax^2+6x+b)=0$에서 $4a+12+b=0$

$\therefore b=-4a-12$ $\qquad$ …… ㉡

㉡을 ㉠에 대입하면

$$\lim_{x \to 2}\frac{2x-4}{ax^2+6x+b}=\lim_{x \to 2}\frac{2x-4}{ax^2+6x-4a-12}$$
$$=\lim_{x \to 2}\frac{2(x-2)}{(x-2)(ax+2a+6)}$$
$$=\lim_{x \to 2}\frac{2}{ax+2a+6}$$
$$=\frac{2}{4a+6}=1$$

이므로 $4a+6=2$, $4a=-4$ $\quad\therefore a=-1$

$a=-1$을 ⓛ에 대입하면 $b=-8$

$\therefore a-b=-1-(-8)=7$

0110 답 ③

$$\lim_{x \to -2} \frac{x^2+x-2}{ax^2+bx+1}=2 \quad \cdots\cdots ㉠$$

㉠에서 $x \to -2$일 때 (분자) $\to 0$이고 0이 아닌 극한값이 존재하므로 (분모) $\to 0$이다.

즉, $\lim\limits_{x \to -2}(ax^2+bx+1)=0$에서 $4a-2b+1=0$

$\therefore b=2a+\dfrac{1}{2} \quad \cdots\cdots ㉡$

㉡을 ㉠에 대입하면

$$\begin{aligned}
\lim_{x \to -2} \frac{x^2+x-2}{ax^2+bx+1} &= \lim_{x \to -2} \frac{x^2+x-2}{ax^2+\left(2a+\frac{1}{2}\right)x+1} \\
&= \lim_{x \to -2} \frac{2(x^2+x-2)}{2ax^2+(4a+1)x+2} \\
&= \lim_{x \to -2} \frac{2(x+2)(x-1)}{(x+2)(2ax+1)} \\
&= \lim_{x \to -2} \frac{2(x-1)}{2ax+1} = \frac{-6}{-4a+1} \\
&= \frac{6}{4a-1}=2
\end{aligned}$$

이므로 $8a-2=6$, $8a=8$ $\quad\therefore a=1$

$a=1$을 ㉡에 대입하면 $b=\dfrac{5}{2}$

$\therefore a+2b=1+2\cdot\dfrac{5}{2}=6$

0111 답 14

$$\lim_{x \to -1} \frac{x^2-1}{ax^3+bx+6}=1 \quad \cdots\cdots ㉠$$

㉠에서 $x \to -1$일 때 (분자) $\to 0$이고 0이 아닌 극한값이 존재하므로 (분모) $\to 0$이다.

즉, $\lim\limits_{x \to -1}(ax^3+bx+6)=0$에서 $-a-b+6=0$

$\therefore b=-a+6 \quad \cdots\cdots ㉡$

㉡을 ㉠에 대입하면

$$\begin{aligned}
\lim_{x \to -1} \frac{x^2-1}{ax^3+bx+6} &= \lim_{x \to -1} \frac{x^2-1}{ax^3+(-a+6)x+6} \\
&= \lim_{x \to -1} \frac{(x+1)(x-1)}{(x+1)(ax^2-ax+6)} \\
&= \lim_{x \to -1} \frac{x-1}{ax^2-ax+6} = \frac{-2}{2a+6} \\
&= -\frac{1}{a+3}=1
\end{aligned}$$

이므로 $a+3=-1$ $\quad\therefore a=-4$

$a=-4$를 ㉡에 대입하면 $b=10$

$\therefore b-a=10-(-4)=14$

0112 답 ⑤

0113 답 ③

$$\lim_{x \to 3} \frac{x-3}{a\sqrt{x+1}+b}=4 \quad \cdots\cdots ㉠$$

㉠에서 $x \to 3$일 때 (분자) $\to 0$이고 0이 아닌 극한값이 존재하므로 (분모) $\to 0$이다.

즉, $\lim\limits_{x \to 3}(a\sqrt{x+1}+b)=0$에서 $2a+b=0$

$\therefore b=-2a \quad \cdots\cdots ㉡$

㉡을 ㉠에 대입하면

무리식의 $\dfrac{0}{0}$ 꼴

$$\begin{aligned}
\lim_{x \to 3} \frac{x-3}{a\sqrt{x+1}+b} &= \lim_{x \to 3} \frac{x-3}{a\sqrt{x+1}-2a} \\
&= \lim_{x \to 3} \frac{(x-3)(a\sqrt{x+1}+2a)}{(a\sqrt{x+1}-2a)(a\sqrt{x+1}+2a)} \\
&= \lim_{x \to 3} \frac{(x-3)(a\sqrt{x+1}+2a)}{a^2(x-3)} \\
&= \lim_{x \to 3} \frac{a\sqrt{x+1}+2a}{a^2} = \frac{\sqrt{4}\,a+2a}{a^2} \\
&= \frac{4}{a}=4
\end{aligned}$$

이므로 $a=1$

$a=1$을 ㉡에 대입하면 $b=-2$

$\therefore a-b=1-(-2)=3$

0114 답 ①

$$\lim_{x \to 2} \frac{\sqrt{x^2+5}-3}{ax+b}=\frac{1}{3} \quad \cdots\cdots ㉠$$

㉠에서 $x \to 2$일 때 (분자) $\to 0$이고 0이 아닌 극한값이 존재하므로 (분모) $\to 0$이다.

즉, $\lim\limits_{x \to 2}(ax+b)=0$에서 $2a+b=0$

$\therefore b=-2a \quad \cdots\cdots ㉡$

㉡을 ㉠에 대입하면

$$\begin{aligned}
\lim_{x \to 2} \frac{\sqrt{x^2+5}-3}{ax+b} &= \lim_{x \to 2} \frac{\sqrt{x^2+5}-3}{ax-2a} \\
&= \lim_{x \to 2} \frac{(\sqrt{x^2+5}-3)(\sqrt{x^2+5}+3)}{(ax-2a)(\sqrt{x^2+5}+3)} \\
&= \lim_{x \to 2} \frac{x^2-4}{a(x-2)(\sqrt{x^2+5}+3)} \\
&= \lim_{x \to 2} \frac{(x-2)(x+2)}{a(x-2)(\sqrt{x^2+5}+3)} \\
&= \lim_{x \to 2} \frac{x+2}{a(\sqrt{x^2+5}+3)} \\
&= \frac{2+2}{a(\sqrt{2^2+5}+3)} \\
&= \frac{2}{3a}=\frac{1}{3}
\end{aligned}$$

이므로 $3a=6$ $\quad\therefore a=2$

$a=2$를 ㉡에 대입하면 $b=-4$

$\therefore a+b=2+(-4)=-2$

0115 답 ②

$$\lim_{x \to 1} \frac{\sqrt{ax^2+bx}-2}{x^2-1}=1 \quad \cdots\cdots ㉠$$

㉠에서 $x \to 1$일 때 (분모) $\to 0$이고 극한값이 존재하므로 (분자) $\to 0$이다.

즉, $\lim\limits_{x \to 1}(\sqrt{ax^2+bx}-2)=0$에서 $\sqrt{a+b}-2=0$

$a+b=4$ $\quad\therefore b=-a+4 \quad \cdots\cdots ㉡$

㉡을 ㉠에 대입하면

$$\lim_{x\to 1}\frac{\sqrt{ax^2+bx}-2}{x^2-1}$$
$$=\lim_{x\to 1}\frac{\sqrt{ax^2+(-a+4)x}-2}{x^2-1}$$
$$=\lim_{x\to 1}\frac{\{\sqrt{ax^2+(-a+4)x}-2\}\{\sqrt{ax^2+(-a+4)x}+2\}}{(x^2-1)\{\sqrt{ax^2+(-a+4)x}+2\}}$$
$$=\lim_{x\to 1}\frac{ax^2+(-a+4)x-4}{(x^2-1)\{\sqrt{ax^2+(-a+4)x}+2\}}$$
$$=\lim_{x\to 1}\frac{(x-1)(ax+4)}{(x-1)(x+1)\{\sqrt{ax^2+(-a+4)x}+2\}}$$
$$=\lim_{x\to 1}\frac{ax+4}{(x+1)\{\sqrt{ax^2+(-a+4)x}+2\}}$$
$$=\frac{a+4}{2(\sqrt{a-a+4}+2)}$$
$$=\frac{a+4}{8}=1$$

이므로 $a+4=8$ $\quad\therefore a=4$

$a=4$를 ㉡에 대입하면 $b=0$

$\therefore a-b=4-0=4$

0116 답 7

$$\lim_{x\to -1}\frac{\sqrt{x+a}+b}{x^3+1}=\frac{1}{12}\qquad\cdots\cdots ㉠$$

㉠에서 $x\to -1$일 때 (분모) $\to 0$이고 극한값이 존재하므로 (분자) $\to 0$이다.

즉, $\lim_{x\to -1}(\sqrt{x+a}+b)=0$에서 $\sqrt{-1+a}+b=0$

$\therefore b=-\sqrt{-1+a}\qquad\cdots\cdots ㉡$

㉡을 ㉠에 대입하면

$$\lim_{x\to -1}\frac{\sqrt{x+a}+b}{x^3+1}$$
$$=\lim_{x\to -1}\frac{\sqrt{x+a}-\sqrt{-1+a}}{x^3+1}$$
$$=\lim_{x\to -1}\frac{(\sqrt{x+a}-\sqrt{-1+a})(\sqrt{x+a}+\sqrt{-1+a})}{(x^3+1)(\sqrt{x+a}+\sqrt{-1+a})}$$
$$=\lim_{x\to -1}\frac{x+1}{(x+1)(x^2-x+1)(\sqrt{x+a}+\sqrt{-1+a})}$$
$$=\lim_{x\to -1}\frac{1}{(x^2-x+1)(\sqrt{x+a}+\sqrt{-1+a})}$$
$$=\frac{1}{3(\sqrt{-1+a}+\sqrt{-1+a})}$$
$$=\frac{1}{6\sqrt{-1+a}}=\frac{1}{12}$$

이므로 $\sqrt{-1+a}=2$, $-1+a=4$ $\quad\therefore a=5$

$a=5$를 ㉡에 대입하면 $b=-2$

$\therefore a-b=5-(-2)=7$

0117 답 ③

0118 답 ⑤

$$\lim_{x\to \infty}\frac{x^2-x-2}{f(x)}=2$$이므로 $f(x)$는 최고차항의 계수가 $\frac{1}{2}$인 이차함수

이다. 즉,

$$f(x)=\frac{1}{2}x^2+ax+b\ (a,\ b는\ 상수)\qquad\cdots\cdots ㉠$$

라 할 수 있다.

$$\lim_{x\to 2}\frac{x^2-x-2}{f(x)}=1\qquad\cdots\cdots ㉡$$

㉡에서 $x\to 2$일 때 (분자) $\to 0$이고 0이 아닌 극한값이 존재하므로 (분모) $\to 0$이다.

즉, $\lim_{x\to 2}f(x)=\lim_{x\to 2}\left(\frac{1}{2}x^2+ax+b\right)=0$에서

$2+2a+b=0$ $\quad\therefore b=-2a-2\qquad\cdots\cdots ㉢$

㉠, ㉢을 ㉡에 대입하면

$$\lim_{x\to 2}\frac{x^2-x-2}{f(x)}=\lim_{x\to 2}\frac{x^2-x-2}{\frac{1}{2}x^2+ax-2a-2}$$
$$=\lim_{x\to 2}\frac{2(x^2-x-2)}{x^2+2ax-4a-4}$$
$$=\lim_{x\to 2}\frac{2(x-2)(x+1)}{(x-2)(x+2a+2)}$$
$$=\lim_{x\to 2}\frac{2(x+1)}{x+2a+2}$$
$$=\frac{6}{2a+4}=1$$

이므로 $2a+4=6$, $2a=2$ $\quad\therefore a=1$

$a=1$을 ㉢에 대입하면 $b=-4$

따라서 ㉠에서 $f(x)=\frac{1}{2}x^2+x-4$이므로

$$f(3)=\frac{1}{2}\cdot 3^2+3-4=\frac{7}{2}$$

0119 답 ②

$$\lim_{x\to \infty}\frac{f(x)+x^3}{x^2}=-2$$이므로 $f(x)+x^3$은 최고차항의 계수가 -2인 이차함수이다. 즉,

$$f(x)+x^3=-2x^2+ax+b\ (a,\ b는\ 상수)$$

라 할 수 있다.

$$\therefore f(x)=-x^3-2x^2+ax+b\qquad\cdots\cdots ㉠$$

$$\lim_{x\to 0}\frac{f(x)}{x}=5\qquad\cdots\cdots ㉡$$

㉡에서 $x\to 0$일 때 (분모) $\to 0$이고 극한값이 존재하므로 (분자) $\to 0$이다.

즉, $\lim_{x\to 0}f(x)=0$에서 $f(0)=b=0\ (\because ㉠)$

㉠과 $b=0$을 ㉡의 좌변에 대입하면

$$\lim_{x\to 0}\frac{f(x)}{x}=\lim_{x\to 0}\frac{-x^3-2x^2+ax}{x}=\lim_{x\to 0}\frac{x(-x^2-2x+a)}{x}$$
$$=\lim_{x\to 0}(-x^2-2x+a)=a$$

이므로 $a=5$

따라서 ㉠에서 $f(x)=-x^3-2x^2+5x$이므로

$$f(1)=-1^3-2\cdot 1^2+5\cdot 1=2$$

0120 답 4

$$\lim_{x\to 2}\frac{f(x)-f(2)}{f(x)-3(x-2)}=\frac{1}{2}\qquad\cdots\cdots ㉠$$

㉠에서 $x\to 2$일 때 (분자) $\to 0$이고 0이 아닌 극한값이 존재하므로 (분모) $\to 0$이다.

$\lim_{x\to 2}\{f(x)-3(x-2)\}=0$에서 $f(2)=0$

즉, 최고차항의 계수가 1인 이차함수 $f(x)$는 $x-2$를 인수로 가지므로

$f(x)=(x-2)(x+a)$ (a는 상수) $\quad\cdots\cdots$ ⓛ

라 할 수 있다.

ⓛ을 ⓐ에 대입하면

$$\lim_{x\to2}\frac{f(x)-f(2)}{f(x)-3(x-2)}=\lim_{x\to2}\frac{(x-2)(x+a)-0}{(x-2)(x+a)-3(x-2)}$$

$$=\lim_{x\to2}\frac{(x-2)(x+a)}{(x-2)(x+a-3)}$$

$$=\lim_{x\to2}\frac{x+a}{x+a-3}$$

$$=\frac{a+2}{a-1}=\frac{1}{2}$$

이므로 $2a+4=a-1$ $\quad\therefore a=-5$

따라서 ⓛ에서 $f(x)=(x-2)(x-5)$이므로

$f(1)=(1-2)\cdot(1-5)=4$

0121 답 12

$$\lim_{x\to-1}\frac{f(x)}{x+1}=-1 \qquad\cdots\cdots ㉠$$

㉠에서 $x\to-1$일 때 (분모) $\to0$이고 극한값이 존재하므로

(분자) $\to0$이다.

$\lim\limits_{x\to-1}f(x)=0$에서 $f(-1)=0$

$$\lim_{x\to1}\frac{f(x)}{x-1}=2 \qquad\cdots\cdots ㉡$$

㉡에서 $x\to1$일 때 (분모) $\to0$이고 극한값이 존재하므로

(분자) $\to0$이다.

$\lim\limits_{x\to1}f(x)=0$에서 $f(1)=0$

즉, 삼차함수 $f(x)$는 $x+1$, $x-1$을 인수로 가지므로

$f(x)=a(x+1)(x-1)(x+b)$ (a, b는 상수) $\quad\cdots\cdots ㉢$

라 할 수 있다.

㉢을 ㉠에 대입하면

$$\lim_{x\to-1}\frac{f(x)}{x+1}=\lim_{x\to-1}\frac{a(x+1)(x-1)(x+b)}{x+1}$$

$$=\lim_{x\to-1}a(x-1)(x+b)$$

$$=-2a(b-1)=-1 \qquad\cdots\cdots ㉣$$

㉢을 ㉡에 대입하면

$$\lim_{x\to1}\frac{f(x)}{x-1}=\lim_{x\to1}\frac{a(x+1)(x-1)(x+b)}{x-1}$$

$$=\lim_{x\to1}a(x+1)(x+b)$$

$$=2a(b+1)=2 \qquad\cdots\cdots ㉤$$

㉣, ㉤을 연립하여 풀면 $a=\dfrac{1}{4}$, $b=3$

따라서 ㉢에서 $f(x)=\dfrac{1}{4}(x+1)(x-1)(x+3)$이므로

$f(x)$를 $x-3$으로 나누었을 때의 나머지는

$$f(3)=\frac{1}{4}\cdot(3+1)\cdot(3-1)\cdot(3+3)=12$$

선생님 톡톡

이 문제를 $f(x)=ax^3+bx^2+cx+d$ (a, b, c, d는 상수)라 하고

$f(-1)=0$, $f(1)=0$, $\lim\limits_{x\to-1}\dfrac{f(x)}{x+1}=-1$, $\lim\limits_{x\to1}\dfrac{f(x)}{x-1}=2$

임을 이용하여 a, b, c, d의 값을 각각 구해도 되지만 계산이 너무 복잡해져.

따라서 함수 $f(x)$에 대하여 $\lim\limits_{x\to a}f(x)=0$이면 $f(a)=0$, 즉 $f(x)$는

$x-a$를 인수로 가짐을 기억하고 이를 이용하여 더욱 편리하게 해결하자.

0122 답 ④

0123 답 ③

$2x+1<f(x)<2x+5$의 각 변을 세제곱하면

$(2x+1)^3<\{f(x)\}^3<(2x+5)^3$

$x\to\infty$일 때 $2x^3+1>0$이므로 각 변을 $2x^3+1$로 나누면

$$\frac{(2x+1)^3}{2x^3+1}<\frac{\{f(x)\}^3}{2x^3+1}<\frac{(2x+5)^3}{2x^3+1}$$

이때 $\lim\limits_{x\to\infty}\dfrac{(2x+1)^3}{2x^3+1}=\lim\limits_{x\to\infty}\dfrac{(2x+5)^3}{2x^3+1}=4$이므로

함수의 극한의 대소 관계에 의하여

$$\lim_{x\to\infty}\frac{\{f(x)\}^3}{2x^3+1}=4$$

0124 답 ②

(i) $x>1$일 때, $x-1>0$이므로

$x^2+2x-3\leq f(x)\leq 2x^2-2$의 각 변을 $x-1$로 나누면

$$\frac{x^2+2x-3}{x-1}\leq\frac{f(x)}{x-1}\leq\frac{2x^2-2}{x-1}$$

$$\frac{(x-1)(x+3)}{x-1}\leq\frac{f(x)}{x-1}\leq\frac{2(x-1)(x+1)}{x-1}$$

$$\therefore x+3\leq\frac{f(x)}{x-1}\leq2(x+1)$$

이때 $\lim\limits_{x\to1+}(x+3)=\lim\limits_{x\to1+}2(x+1)=4$이므로

함수의 극한의 대소 관계에 의하여

$$\lim_{x\to1+}\frac{f(x)}{x-1}=4$$

(ii) $x<1$일 때, $x-1<0$이므로

$x^2+2x-3\leq f(x)\leq2x^2-2$의 각 변을 $x-1$로 나누면

$$\frac{2x^2-2}{x-1}\leq\frac{f(x)}{x-1}\leq\frac{x^2+2x-3}{x-1}$$

$$\frac{2(x-1)(x+1)}{x-1}\leq\frac{f(x)}{x-1}\leq\frac{(x-1)(x+3)}{x-1}$$

$$\therefore 2(x+1)\leq\frac{f(x)}{x-1}\leq x+3$$

이때 $\lim\limits_{x\to1-}2(x+1)=\lim\limits_{x\to1-}(x+3)=4$이므로

함수의 극한의 대소 관계에 의하여

$$\lim_{x\to1-}\frac{f(x)}{x-1}=4$$

(i), (ii)에서 $\lim\limits_{x\to1}\dfrac{f(x)}{x-1}=4$

0125 답 ④

$\dfrac{x^2-1}{3x}<f(x)<\dfrac{x^2+1}{3x-1}$에 x 대신 $2x$를 대입하면

$$\frac{(2x)^2-1}{3\cdot2x}<f(2x)<\frac{(2x)^2+1}{3\cdot2x-1}$$

$$\therefore \frac{4x^2-1}{6x}<f(2x)<\frac{4x^2+1}{6x-1}$$

$x>2$이므로 위의 부등식의 각 변을 x로 나누면

$$\frac{4x^2-1}{6x^2}<\frac{f(2x)}{x}<\frac{4x^2+1}{6x^2-x}$$

이때 $\lim\limits_{x\to\infty}\dfrac{4x^2-1}{6x^2}=\lim\limits_{x\to\infty}\dfrac{4x^2+1}{6x^2-x}=\dfrac{2}{3}$이므로

함수의 극한의 대소 관계에 의하여

$$\lim_{x\to\infty}\frac{f(2x)}{x}=\frac{2}{3}$$

0126　답 6

$g(x)=mx+n$이므로 $g(x-1)<f(x)<g(x+1)$에서

$m(x-1)+n<f(x)<m(x+1)+n$

$2x+1>0$, 즉 $x>-\dfrac{1}{2}$일 때 각 변을 $2x+1$로 나누면

$$\frac{m(x-1)+n}{2x+1}<\frac{f(x)}{2x+1}<\frac{m(x+1)+n}{2x+1}$$

이때 $\lim\limits_{x\to\infty}\dfrac{m(x-1)+n}{2x+1}=\lim\limits_{x\to\infty}\dfrac{m(x+1)+n}{2x+1}=\dfrac{m}{2}$이므로

함수의 극한의 대소 관계에 의하여

$$\lim_{x\to\infty}\frac{f(x)}{2x+1}=\frac{m}{2}$$

따라서 $\lim\limits_{x\to\infty}\dfrac{f(x)}{2x+1}=3$에서

$\dfrac{m}{2}=3$　　$\therefore m=6$

0127　답 ③

0128　답 ⑤

원 $x^2+y^2=r^2$과 곡선 $y=\sqrt{2x}$가 만나는 점 $\mathrm{P}(t,\sqrt{2t})$의 x좌표를 구하면 $t^2+(\sqrt{2t})^2=r^2$에서

$t^2+2t-r^2=0$　　$\therefore t=-1+\sqrt{1+r^2}\ (\because t>0)$

또한, 원 $x^2+y^2=r^2$ 위의 점 $\mathrm{P}(t,\sqrt{2t})$에서의 접선의 방정식이

$tx+\sqrt{2t}\,y=r^2$이므로 점 $\mathrm{Q}(q,\,0)$의 x좌표를 구하면

$tq+\sqrt{2t}\cdot0=r^2$에서 $q=\dfrac{r^2}{t}=\dfrac{r^2}{\sqrt{1+r^2}-1}$

$\therefore \lim\limits_{r\to0+}q=\lim\limits_{r\to0+}\dfrac{r^2}{\sqrt{1+r^2}-1}$

$\qquad=\lim\limits_{r\to0+}\dfrac{r^2(\sqrt{1+r^2}+1)}{(\sqrt{1+r^2}-1)(\sqrt{1+r^2}+1)}$

$\qquad=\lim\limits_{r\to0+}\dfrac{r^2(\sqrt{1+r^2}+1)}{r^2}$

$\qquad=\lim\limits_{r\to0+}(\sqrt{1+r^2}+1)=2$

0129　답 ④

점 P의 좌표가 $\left(t,\dfrac{1}{3}t^2\right)$이므로 직선 OP의 기울기는

$$\frac{\frac{1}{3}t^2-0}{t-0}=\frac{t}{3}$$

즉, 직선 PQ의 기울기가 $-\dfrac{3}{t}$이므로 직선 PQ의 방정식은

$$y=-\frac{3}{t}(x-t)+\frac{1}{3}t^2$$

위의 식에 $x=0$을 대입하면

$$y=-\frac{3}{t}\cdot(-t)+\frac{1}{3}t^2=\frac{1}{3}t^2+3$$

따라서 점 Q의 좌표는 $\left(0,\dfrac{1}{3}t^2+3\right)$이므로

$\overline{\mathrm{OQ}}=\dfrac{1}{3}t^2+3$

$\overline{\mathrm{OP}}=\sqrt{(t-0)^2+\left(\dfrac{1}{3}t^2-0\right)^2}=\sqrt{\dfrac{1}{9}t^4+t^2}$

$\therefore \lim\limits_{t\to\infty}(\overline{\mathrm{OQ}}-\overline{\mathrm{OP}})$

$\quad=\lim\limits_{t\to\infty}\left(\dfrac{1}{3}t^2+3-\sqrt{\dfrac{1}{9}t^4+t^2}\right)$

$\quad=\lim\limits_{t\to\infty}\dfrac{\left(\dfrac{1}{3}t^2+3-\sqrt{\dfrac{1}{9}t^4+t^2}\right)\left(\dfrac{1}{3}t^2+3+\sqrt{\dfrac{1}{9}t^4+t^2}\right)}{\dfrac{1}{3}t^2+3+\sqrt{\dfrac{1}{9}t^4+t^2}}$

$\quad=\lim\limits_{t\to\infty}\dfrac{t^2+9}{\dfrac{1}{3}t^2+3+\sqrt{\dfrac{1}{9}t^4+t^2}}$

$\quad=\lim\limits_{t\to\infty}\dfrac{1+\dfrac{9}{t^2}}{\dfrac{1}{3}+\dfrac{3}{t^2}+\sqrt{\dfrac{1}{9}+\dfrac{1}{t^2}}}$

$\quad=\dfrac{1}{\dfrac{1}{3}+\sqrt{\dfrac{1}{9}}}=\dfrac{3}{2}$

0130　답 4

점 $\mathrm{P}(a,\,2\sqrt{a+1})$에 대하여 직선 OP의 방정식은

$$y=\frac{2\sqrt{a+1}}{a}x$$

$\therefore 2\sqrt{a+1}\,x-ay=0$　　$\cdots\cdots$ ㉠

점 H의 좌표는 $(a,\,0)$이고, 선분 HI의 길이는 점 H와 직선 ㉠ 사이의 거리와 같으므로

$\overline{\mathrm{HI}}=\dfrac{|2\sqrt{a+1}\cdot a+(-a)\cdot0|}{\sqrt{(2\sqrt{a+1})^2+(-a)^2}}$

$\quad=\dfrac{2a\sqrt{a+1}}{\sqrt{a^2+4a+4}}=\dfrac{2a\sqrt{a+1}}{a+2}$

또한, $\overline{\mathrm{PH}}=2\sqrt{a+1}$이므로 직각삼각형 PIH에서 피타고라스 정리에 의하여

$\overline{\mathrm{PI}}=\sqrt{\overline{\mathrm{PH}}^2-\overline{\mathrm{HI}}^2}$

$\quad=\sqrt{(2\sqrt{a+1})^2-\left(\dfrac{2a\sqrt{a+1}}{a+2}\right)^2}$

$\quad=\sqrt{4(a+1)-\dfrac{4a^2(a+1)}{(a+2)^2}}$

$\quad=\sqrt{4(a+1)\left\{1-\dfrac{a^2}{(a+2)^2}\right\}}$

$\quad=\sqrt{4(a+1)\cdot\dfrac{4(a+1)}{(a+2)^2}}$

$\quad=\sqrt{\left(\dfrac{4a+4}{a+2}\right)^2}=\dfrac{4a+4}{a+2}$

따라서
$$S(a)=\frac{1}{2}\cdot\overline{\text{PI}}\cdot\overline{\text{HI}}$$
$$=\frac{1}{2}\cdot\frac{4a+4}{a+2}\cdot\frac{2a\sqrt{a+1}}{a+2}$$
$$=\frac{(4a^2+4a)\sqrt{a+1}}{a^2+4a+4}$$
이므로
$$\lim_{a\to\infty}\frac{S(a)}{\sqrt{a}}=\lim_{a\to\infty}\frac{4a^2+4a}{a^2+4a+4}\cdot\frac{\sqrt{a+1}}{\sqrt{a}}$$
$$=\lim_{a\to\infty}\frac{4+\dfrac{4}{a}}{1+\dfrac{4}{a}+\dfrac{4}{a^2}}\cdot\lim_{a\to\infty}\sqrt{1+\frac{1}{a}}$$
$$=\frac{4}{1}\cdot\sqrt{1}=4$$

0131　답　$\dfrac{1}{2}$

두 점 $\text{A}(a,\,0)$, $\text{B}\left(0,\,\dfrac{1}{a}\right)$을 지나는 직선의 방정식은
$$y=\frac{\dfrac{1}{a}-0}{0-a}x+\frac{1}{a}=-\frac{1}{a^2}x+\frac{1}{a}$$
$$\therefore\ x+a^2y-a=0\ \cdots\cdots\ \text{㉠}$$
오른쪽 그림과 같이 점 P에서 직선
AB에 내린 수선의 발을 H라 하면
각의 이등분선의 성질에 의하여
$$\overline{\text{OP}}=\overline{\text{HP}}\ \cdots\cdots\ \text{㉡}$$
$\overline{\text{OP}}=t$라 하면 선분 HP의 길이는
점 $\text{P}(0,\,t)$와 직선 ㉠ 사이의 거리와 같으므로
$$\overline{\text{HP}}=\frac{|1\times0+a^2\times t-a|}{\sqrt{1^2+(a^2)^2}}=\frac{|a^2t-a|}{\sqrt{1+a^4}}$$
즉, ㉡에 의하여 $t=\dfrac{|a^2t-a|}{\sqrt{1+a^4}}$

이때 두 점 B, P의 y좌표에 대하여 $\dfrac{1}{a}>t$이므로
$$\frac{1}{a}-t>0\qquad\therefore\ 1-at>0\ (\because\ a>0)$$
위의 부등식의 양변에 a를 곱하면 $a-a^2t>0$이므로
$$t=\frac{|a^2t-a|}{\sqrt{1+a^4}}=\frac{a-a^2t}{\sqrt{1+a^4}}\text{에서}$$
$$t\sqrt{1+a^4}=a-a^2t,\ (\sqrt{1+a^4}+a^2)t=a$$
$$\therefore\ t=\frac{a}{\sqrt{a^4+1}+a^2}$$
따라서 $L(a)=\dfrac{a}{\sqrt{a^4+1}+a^2}$이므로
$$\lim_{a\to\infty}a\times L(a)=\lim_{a\to\infty}a\times\frac{a}{\sqrt{a^4+1}+a^2}$$
$$=\lim_{a\to\infty}\frac{a^2}{\sqrt{a^4+1}+a^2}$$
$$=\lim_{a\to\infty}\frac{1}{\sqrt{1+\dfrac{1}{a^4}}+1}$$
$$=\frac{1}{\sqrt{1}+1}=\frac{1}{2}$$

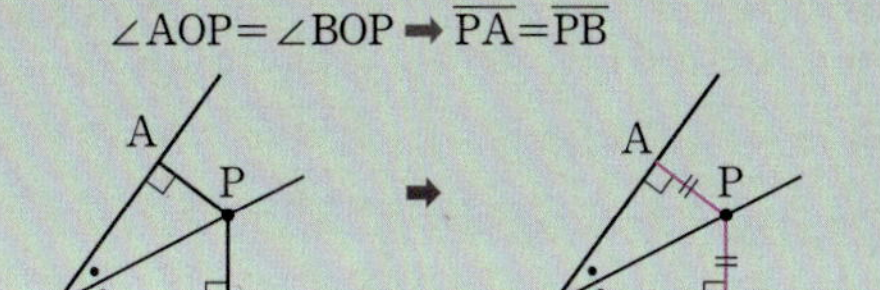

본문 026〜029쪽

0132　답　⑤

One Point Lesson
분자와 분모를 모두 유리화한다.

$$\lim_{x\to\infty}\frac{\sqrt{x+4}-\sqrt{x-4}}{\sqrt{4x+1}-\sqrt{4x-1}}$$
$$=\lim_{x\to\infty}\frac{(\sqrt{x+4}-\sqrt{x-4})(\sqrt{x+4}+\sqrt{x-4})(\sqrt{4x+1}+\sqrt{4x-1})}{(\sqrt{4x+1}-\sqrt{4x-1})(\sqrt{4x+1}+\sqrt{4x-1})(\sqrt{x+4}+\sqrt{x-4})}$$
$$=\lim_{x\to\infty}\frac{8(\sqrt{4x+1}+\sqrt{4x-1})}{2(\sqrt{x+4}+\sqrt{x-4})}$$
$$=\lim_{x\to\infty}\frac{4\left(\sqrt{4+\dfrac{1}{x}}+\sqrt{4-\dfrac{1}{x}}\right)}{\sqrt{1+\dfrac{4}{x}}+\sqrt{1-\dfrac{4}{x}}}$$
$$=\frac{4(\sqrt{4}+\sqrt{4})}{\sqrt{1}+\sqrt{1}}=8$$

0133　답　③

One Point Lesson
두 함수 $f(x)$, $g(x)$의 $x=1$에서의 극한값을 미지수로 놓는다.

두 함수 $f(x)$, $g(x)$가 $x=1$에서 수렴하므로
$$\lim_{x\to1}f(x)=\alpha,\ \lim_{x\to1}g(x)=\beta\text{라 하면}$$
$$\lim_{x\to1}\{f(x)+g(x)\}=4\text{에서}$$
$$\lim_{x\to1}\{f(x)+g(x)\}=\lim_{x\to1}f(x)+\lim_{x\to1}g(x)$$
$$=\alpha+\beta=4\ \cdots\cdots\ \text{㉠}$$
$$\lim_{x\to1}f(x)g(x)=3\text{에서}$$
$$\lim_{x\to1}f(x)g(x)=\lim_{x\to1}f(x)\cdot\lim_{x\to1}g(x)$$
$$=\alpha\beta=3\ \cdots\cdots\ \text{㉡}$$
㉡에서 $\beta=\dfrac{3}{\alpha}$이므로 이를 ㉠에 대입하면
$$\alpha+\frac{3}{\alpha}=4,\ \alpha^2-4\alpha+3=0,\ (\alpha-1)(\alpha-3)=0$$
$$\therefore\ \alpha=3,\ \beta=1\ \left(\because\ \lim_{x\to1}f(x)\geq\lim_{x\to1}g(x)\right)$$
$$\therefore\ \lim_{x\to1}\frac{f(x)+4}{2g(x)-1}=\frac{3+4}{2\cdot1-1}=7$$

모든 실수 x에 대하여
$f(x)>g(x)$이므로

0134 답 ①

$[x]$를 x와 $\alpha\,(0\le\alpha<1)$에 대한 식으로 나타낸다.

$x=[x]+\alpha\,(0\le\alpha<1)$라 하면 $[x]=x-\alpha$이므로

$\displaystyle\lim_{x\to\infty}(\sqrt{4x^2+[x]}-2x)$

$=\displaystyle\lim_{x\to\infty}(\sqrt{4x^2+x-\alpha}-2x)$ ∞－∞ 꼴이므로 분자를 유리화한다.

$=\displaystyle\lim_{x\to\infty}\frac{(\sqrt{4x^2+x-\alpha}-2x)(\sqrt{4x^2+x-\alpha}+2x)}{\sqrt{4x^2+x-\alpha}+2x}$

$=\displaystyle\lim_{x\to\infty}\frac{x-\alpha}{\sqrt{4x^2+x-\alpha}+2x}$

$=\displaystyle\lim_{x\to\infty}\frac{1-\dfrac{\alpha}{x}}{\sqrt{4+\dfrac{1}{x}-\dfrac{\alpha}{x^2}}+2}$

$=\dfrac{1}{\sqrt{4}+2}=\dfrac{1}{4}$

● 다른 풀이 1 ●

$[x]\le x<[x]+1$에서 $x-1<[x]\le x$이므로

$f(x)=\sqrt{4x^2+[x]}-2x$라 하면

$\sqrt{4x^2+x-1}-2x<f(x)\le\sqrt{4x^2+x}-2x$

이때

$\displaystyle\lim_{x\to\infty}(\sqrt{4x^2+x-1}-2x)$

$=\displaystyle\lim_{x\to\infty}\frac{(\sqrt{4x^2+x-1}-2x)(\sqrt{4x^2+x-1}+2x)}{\sqrt{4x^2+x-1}+2x}$

$=\displaystyle\lim_{x\to\infty}\frac{x-1}{\sqrt{4x^2+x-1}+2x}=\dfrac{1}{4}$,

$\displaystyle\lim_{x\to\infty}(\sqrt{4x^2+x}-2x)$

$=\displaystyle\lim_{x\to\infty}\frac{(\sqrt{4x^2+x}-2x)(\sqrt{4x^2+x}+2x)}{\sqrt{4x^2+x}+2x}$

$=\displaystyle\lim_{x\to\infty}\frac{x}{\sqrt{4x^2+x}+2x}=\dfrac{1}{4}$

이므로 함수의 극한의 대소 관계에 의하여

$\displaystyle\lim_{x\to\infty}f(x)=\dfrac{1}{4}$

● 다른 풀이 2 ●

$x>0$일 때 $x-1<[x]\le x$의 각 변을 x로 나누면

$\dfrac{x-1}{x}<\dfrac{[x]}{x}\le 1$

이때 $\displaystyle\lim_{x\to\infty}\frac{x-1}{x}=\lim_{x\to\infty}1=1$이므로

함수의 극한의 대소 관계에 의하여

$\displaystyle\lim_{x\to\infty}\frac{[x]}{x}=1$

$\therefore\ \displaystyle\lim_{x\to\infty}(\sqrt{4x^2+[x]}-2x)$

$\quad=\displaystyle\lim_{x\to\infty}\frac{(\sqrt{4x^2+[x]}-2x)(\sqrt{4x^2+[x]}+2x)}{\sqrt{4x^2+[x]}+2x}$

$\quad=\displaystyle\lim_{x\to\infty}\frac{[x]}{\sqrt{4x^2+[x]}+2x}=\lim_{x\to\infty}\frac{\dfrac{[x]}{x}}{\sqrt{4+\dfrac{[x]}{x^2}}+2}$

$\quad\displaystyle\lim_{x\to\infty}\frac{[x]}{x^2}=\lim_{x\to\infty}\frac{[x]}{x}\cdot\frac{1}{x}=1\cdot0=0$

$\quad=\dfrac{1}{\sqrt{4}+2}=\dfrac{1}{4}$

0135 답 1

분자와 분모에 모두 미정계수가 포함되어 있지만 분자가 상수 a의 값에 관계없이 0으로 수렴한다.

$\displaystyle\lim_{x\to1}\frac{x^2-(a+1)x+a}{x^2+bx+3}=2$ ……… ㉠

㉠에서 $x\to1$일 때 (분자)$\to0$이고 0이 아닌 극한값이 존재하므로 (분모)$\to0$이다.

즉, $\displaystyle\lim_{x\to1}(x^2+bx+3)=0$에서

$1+b+3=0$ $\therefore\ b=-4$

$b=-4$를 ㉠에 대입하면

$\displaystyle\lim_{x\to1}\frac{x^2-(a+1)x+a}{x^2+bx+3}=\lim_{x\to1}\frac{x^2-(a+1)x+a}{x^2-4x+3}$

$\qquad=\displaystyle\lim_{x\to1}\frac{(x-1)(x-a)}{(x-1)(x-3)}$

$\qquad=\displaystyle\lim_{x\to1}\frac{x-a}{x-3}$

$\qquad=\dfrac{-a+1}{-2}=2$

이므로 $-a+1=-4$ $\therefore\ a=5$

$\therefore\ a+b=5+(-4)=1$

0136 답 ④

$\left[\dfrac{x}{6}\right]$를 $\dfrac{x}{6}$와 $\alpha\,(0\le\alpha<1)$에 대한 식으로 나타낸다.

$\dfrac{x}{6}=\left[\dfrac{x}{6}\right]+\alpha\,(0\le\alpha<1)$라 하면 $\left[\dfrac{x}{6}\right]=\dfrac{x}{6}-\alpha$이므로

$\displaystyle\lim_{x\to\infty}\frac{9}{x}\left[\frac{x}{6}\right]=\lim_{x\to\infty}\frac{9}{x}\left(\frac{x}{6}-\alpha\right)$

$\qquad=\displaystyle\lim_{x\to\infty}\left(\frac{3}{2}-\frac{9\alpha}{x}\right)=\dfrac{3}{2}$

● 다른 풀이 ●

$\left[\dfrac{x}{6}\right]\le\dfrac{x}{6}<\left[\dfrac{x}{6}\right]+1$에서 $\dfrac{x}{6}-1<\left[\dfrac{x}{6}\right]\le\dfrac{x}{6}$이므로

$f(x)=\dfrac{9}{x}\left[\dfrac{x}{6}\right]$라 하면

$\dfrac{9}{x}\left(\dfrac{x}{6}-1\right)<f(x)\le\dfrac{9}{x}\cdot\dfrac{x}{6}$

$\therefore\ \dfrac{9}{x}\left(\dfrac{x}{6}-1\right)<f(x)\le\dfrac{3}{2}$

이때

$\displaystyle\lim_{x\to\infty}\frac{9}{x}\left(\frac{x}{6}-1\right)=\lim_{x\to\infty}\left(\frac{3}{2}-\frac{9}{x}\right)=\dfrac{3}{2}$,

$\displaystyle\lim_{x\to\infty}\frac{3}{2}=\dfrac{3}{2}$

이므로 함수의 극한의 대소 관계에 의하여

$\displaystyle\lim_{x\to\infty}f(x)=\dfrac{3}{2}$

0137 답 ②

모든 실수 x에 대하여 $f(-x)=-f(x)$를 만족시키는 함수 $y=f(x)$의 그래프를 그린다.

모든 실수 x에 대하여 $f(-x)=-f(x)$
를 만족시키므로 함수 $y=f(x)$의 그래
프는 오른쪽 그림과 같이 원점에 대하여
대칭이다.

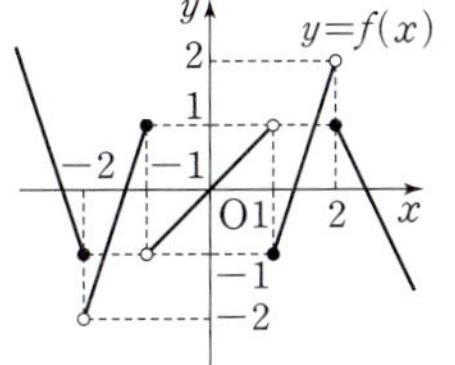

$\therefore \displaystyle\lim_{x\to -1+}f(x)=-1$, $\displaystyle\lim_{x\to 2+}f(x)=1$

한편, $1-x=t$라 하면 $x\to -1+$일 때
$t\to 2-$, $x\to 2+$일 때 $t\to -1-$이므로
$$\lim_{x\to -1+}f(1-x)=\lim_{t\to 2-}f(t)=2,\quad \lim_{x\to 2+}f(1-x)=\lim_{t\to -1-}f(t)=1$$
$$\therefore \lim_{x\to -1+}f(x)f(1-x)+\lim_{x\to 2+}f(x)f(1-x)$$
$$=-1\cdot 2+1\cdot 1=-1$$

0138 답 ①

두 점 A, B의 좌표를 각각 t에 대한 식으로 나타낸 후 두 선분 AC, BC의
길이를 구한다.

오른쪽 그림과 같이 두 점 A, B는
각각 $A(t,\sqrt{t})$, $B(t,2\sqrt{t+1})$이므
로 점 $C(1,0)$에 대하여

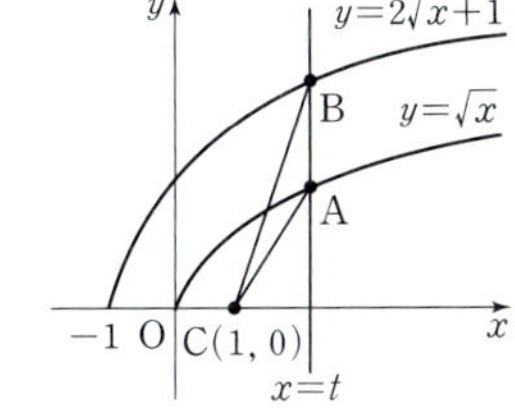

$$\overline{AC}=\sqrt{(1-t)^2+(0-\sqrt{t})^2}$$
$$=\sqrt{t^2-t+1}$$
$$\overline{BC}=\sqrt{(1-t)^2+(0-2\sqrt{t+1})^2}$$
$$=\sqrt{t^2+2t+5}$$
$$\therefore \lim_{t\to\infty}(\overline{BC}-\overline{AC})$$
$$=\lim_{t\to\infty}(\sqrt{t^2+2t+5}-\sqrt{t^2-t+1})$$
$$=\lim_{t\to\infty}\frac{(\sqrt{t^2+2t+5}-\sqrt{t^2-t+1})(\sqrt{t^2+2t+5}+\sqrt{t^2-t+1})}{\sqrt{t^2+2t+5}+\sqrt{t^2-t+1}}$$
$$=\lim_{t\to\infty}\frac{3t+4}{\sqrt{t^2+2t+5}+\sqrt{t^2-t+1}}$$
$$=\lim_{t\to\infty}\frac{3+\dfrac{4}{t}}{\sqrt{1+\dfrac{2}{t}+\dfrac{5}{t^2}}+\sqrt{1-\dfrac{1}{t}+\dfrac{1}{t^2}}}$$
$$=\frac{3}{\sqrt{1}+\sqrt{1}}=\frac{3}{2}$$

0139 답 4

조건 (가)를 변형하여 함수 $g(x)$를 함수 $f(x)$에 대한 식으로 나타낸다.

조건 (가)에서 $f(x)-xg(x)=(x^2-6)g(x)$이므로
$$f(x)=(x^2+x-6)g(x)$$
$$\therefore f(x)=(x+3)(x-2)g(x)$$
즉, $x\neq -3$, $x\neq 2$일 때 위의 식의 양변을 $(x+3)(x-2)$로
나누면
$$g(x)=\frac{f(x)}{(x+3)(x-2)}$$
$$\therefore \lim_{x\to 2}g(x)=\lim_{x\to 2}\frac{f(x)}{(x+3)(x-2)}$$
$$=\lim_{x\to 2}\frac{f(x)}{x-2}\cdot\lim_{x\to 2}\frac{1}{x+3}$$
$$=20\cdot\frac{1}{5}\ (\because \text{조건 (나)})$$
$$=4$$

0140 답 ③

$\infty-\infty$ 꼴의 극한 문제의 해결 방법뿐만 아니라 $\dfrac{\infty}{\infty}$ 꼴의 극한이 수렴하기
위한 조건도 알아야 한다.

$$\lim_{x\to\infty}(\sqrt{ax^2+x}-bx)=\lim_{x\to\infty}\frac{(\sqrt{ax^2+x}-bx)(\sqrt{ax^2+x}+bx)}{\sqrt{ax^2+x}+bx}$$
$$=\lim_{x\to\infty}\frac{(a-b^2)x^2+x}{\sqrt{ax^2+x}+bx}\quad\cdots\cdots\ \bigcirc$$

이때 $\bigcirc$의 극한값이 존재하므로 $a-b^2=0$, 즉 $a=b^2$이어야 한다.
$a=b^2$을 $\bigcirc$에 대입하면

$$\lim_{x\to\infty}\frac{(a-b^2)x^2+x}{\sqrt{ax^2+x}+bx}=\lim_{x\to\infty}\frac{x}{\sqrt{b^2x^2+x}+bx}$$
$$=\lim_{x\to\infty}\frac{1}{\sqrt{b^2+\dfrac{1}{x}}+b}=\frac{1}{\sqrt{b^2}+b}$$

이므로 $\dfrac{1}{|b|+b}=1\quad\cdots\cdots\ \bigcirc$

이때 $b\leq 0$이면 $\bigcirc$을 만족시키지 않으므로 $b>0$
즉, $\dfrac{1}{2b}=1$이므로 $2b=1$ $\quad\therefore b=\dfrac{1}{2},\ a=\dfrac{1}{4}$
$$\therefore a+b=\frac{1}{4}+\frac{1}{2}=\frac{3}{4}$$

0141 답 ③

극한값을 구하려는 함수식을 극한값이 주어진 $\dfrac{f(x)-x^3}{x+1}$에 대한 식으로
나타낸다.

$\displaystyle\lim_{x\to -1}\dfrac{f(x)-x^3}{x+1}=3$에서 $x\to -1$일 때 (분모) $\to 0$이고 극한값
이 존재하므로 (분자) $\to 0$이다.
즉, $\displaystyle\lim_{x\to -1}\{f(x)-x^3\}=0$에서
$$f(-1)-(-1)^3=0\qquad\therefore f(-1)=-1$$
$$\therefore \lim_{x\to -1}\frac{f(x)\{f(x)+1\}}{x^2-1}$$
$$=\lim_{x\to -1}\frac{\{f(x)\}^2+f(x)}{x^2-1}$$
$$=\lim_{x\to -1}\frac{\{f(x)\}^2-x^3 f(x)+x^3 f(x)+f(x)}{x^2-1}$$
$$=\lim_{x\to -1}\left[\frac{f(x)\{f(x)-x^3\}}{x^2-1}+\frac{f(x)(x^3+1)}{x^2-1}\right]$$
$$=\lim_{x\to -1}\left\{\frac{f(x)}{x-1}\cdot\frac{f(x)-x^3}{x+1}+\frac{f(x)(x+1)(x^2-x+1)}{(x+1)(x-1)}\right\}$$
$$=\lim_{x\to -1}\frac{f(x)}{x-1}\cdot\lim_{x\to -1}\frac{f(x)-x^3}{x+1}+\lim_{x\to -1}\frac{f(x)(x^2-x+1)}{x-1}$$
$$=\frac{f(-1)}{-2}\cdot 3+\frac{f(-1)\cdot 3}{-2}$$
$$=\frac{-1}{-2}\cdot 3+\frac{(-1)\cdot 3}{-2}=\frac{3}{2}+\frac{3}{2}=3$$

0142 답 5

두 조건식은 각각 $x\to 1$, $x\to -1$일 때의 극한값이고 극한값을 구하려는
함수는 $x\to 0$일 때이므로 치환을 이용하여 이를 하나로 맞춰 준다.

$\dfrac{f(x)}{x^2+4}=h(x)$라 하면 $f(x)=(x^2+4)h(x)$이고

$\lim\limits_{x\to1}h(x)=\dfrac{1}{3}$이므로

$\lim\limits_{x\to1}f(x)=\lim\limits_{x\to1}(x^2+4)h(x)=5\cdot\dfrac{1}{3}=\dfrac{5}{3}$

이때 $x=t+1$이라 하면 $x\to-1$일 때 $t\to0$이므로

$\lim\limits_{x\to1}f(x)=\lim\limits_{t\to0}f(t+1)=\dfrac{5}{3}$

또한, $\lim\limits_{x\to-1}\dfrac{(x+2)g(x+1)}{(x+4)f(x+2)}=1$에서 $x+1=s$라 하면

$x\to-1$일 때 $s\to0$이므로

$\lim\limits_{s\to0}\dfrac{(s+1)g(s)}{(s+3)f(s+1)}=1$

$\therefore \lim\limits_{x\to0}g(x)=\lim\limits_{x\to0}\left\{\dfrac{(x+1)g(x)}{(x+3)f(x+1)}\cdot f(x+1)\cdot\dfrac{x+3}{x+1}\right\}$

$\qquad=\lim\limits_{x\to0}\dfrac{(x+1)g(x)}{(x+3)f(x+1)}\cdot\lim\limits_{x\to0}f(x+1)\cdot\lim\limits_{x\to0}\dfrac{x+3}{x+1}$

$\qquad=1\cdot\dfrac{5}{3}\cdot3=5$

0143 답 3

$\dfrac{t+1}{t}=s_1$이라 하면 $t\neq0$일 때,

$s_1=\dfrac{t+1}{t}=\dfrac{1}{t}+1$

이므로 함수 $s_1=\dfrac{t+1}{t}$의 그래프는 오른쪽

그림과 같다.

즉, $t\to\infty$일 때 $s_1\to1+$이므로

$\lim\limits_{t\to\infty}f\!\left(\dfrac{t+1}{t}\right)=\lim\limits_{s_1\to1+}f(s_1)=2$

또한, $\dfrac{1-t}{t+1}=s_2$라 하면 $t\neq-1$일 때,

$s_2=\dfrac{1-t}{t+1}=\dfrac{-(t+1)+2}{t+1}=\dfrac{2}{t+1}-1$

이므로 함수 $s_2=\dfrac{1-t}{t+1}$의 그래프는 오른쪽

그림과 같다.

즉, $t\to\infty$일 때 $s_2\to-1+$이므로

$\lim\limits_{t\to\infty}f\!\left(\dfrac{1-t}{t+1}\right)=\lim\limits_{s_2\to-1+}f(s_2)=1$

$\therefore \lim\limits_{t\to\infty}f\!\left(\dfrac{t+1}{t}\right)+\lim\limits_{t\to\infty}f\!\left(\dfrac{1-t}{t+1}\right)=2+1=3$

0144 답 ②

조건 (가)의 $\lim\limits_{x\to\infty}f(x)=-1$, 즉 $\lim\limits_{x\to\infty}\dfrac{x^2-x}{g(x)}=-1$에서

$g(x)$는 최고차항의 계수가 -1인 이차함수이다.

분자의 차수가 2이고, -1로 수렴하므로

조건 (나)의 $\lim\limits_{x\to4}|f(x)|=\infty$, 즉 $\lim\limits_{x\to4}\left|\dfrac{x^2-x}{g(x)}\right|=\infty$에서

$x\to4$일 때 (분자) $\to12$이고 발산하므로 (분모) $\to0$이다.

즉, $\lim\limits_{x\to4}g(x)=0$에서 $g(4)=0$

또한, $\lim\limits_{x\to1}f(x)=k$, 즉 $\lim\limits_{x\to1}\dfrac{x^2-x}{g(x)}=k$ $(k\neq0)$에서

$x\to1$일 때 (분자) $\to0$이고 0이 아닌 극한값이 존재하므로

(분모) $\to0$이다.

즉, $\lim\limits_{x\to1}g(x)=0$에서 $g(1)=0$

따라서 최고차항의 계수가 -1인 이차함수 $g(x)$는 $x-4$, $x-1$을

인수로 가지므로

$g(x)=-(x-1)(x-4)$

$\therefore k=\lim\limits_{x\to1}f(x)=\lim\limits_{x\to1}\dfrac{x^2-x}{g(x)}=\lim\limits_{x\to1}\dfrac{x(x-1)}{-(x-1)(x-4)}$

$\qquad=\lim\limits_{x\to1}\dfrac{x}{-x+4}=\dfrac{1}{3}$

0145 답 4

$f(x)=ax^2+bx+c$ (a, b, c는 상수이고

$a\neq0$)라 하면 함수 $f(x)$가 양수인 최솟값을

가지므로 오른쪽 그림과 같이 $a>0$이고 모든

실수 x에 대하여 $f(x)>0$이다.

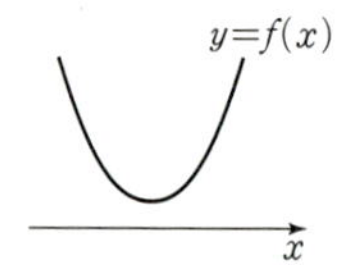

또한, $\lim\limits_{x\to-\infty}\dfrac{f(x)}{x^2}=\lim\limits_{x\to-\infty}\dfrac{ax^2+bx+c}{x^2}=a$이므로 $x=-t$라 하면

$x\to-\infty$일 때 $t\to\infty$이고

$\lim\limits_{x\to-\infty}\dfrac{f(x)}{x^2}=\lim\limits_{t\to\infty}\dfrac{f(-t)}{t^2}=a$ $\qquad\cdots\cdots$ ㉠

즉,

$\lim\limits_{x\to-\infty}\dfrac{3f(x)-4x^2}{\sqrt{\{f(x)\}^2+4}-2f(x)}$

$=\lim\limits_{t\to\infty}\dfrac{3f(-t)-4t^2}{\sqrt{\{f(-t)\}^2+4}-2f(-t)}$

$=\lim\limits_{t\to\infty}\dfrac{3\cdot\dfrac{f(-t)}{t^2}-4}{\sqrt{\left\{\dfrac{f(-t)}{t^2}\right\}^2+\dfrac{4}{t^4}}-2\cdot\dfrac{f(-t)}{t^2}}$

$=\dfrac{3\cdot a-4}{\sqrt{a^2}-2\cdot a}$ $(\because$ ㉠$)$

$=\dfrac{3a-4}{a-2a}$ $(\because a>0)$

$=\dfrac{3a-4}{-a}=-2$

이므로 $3a-4=2a$ $\qquad\therefore a=4$

따라서 이차함수 $f(x)$의 이차항의 계수는 4이다.

0146 답 2

곡선 $y=\dfrac{1}{4}x^2$과 직선 $y=t^2$이 만나는 두 점 A, B의 x좌표를 구

하면 $\dfrac{1}{4}x^2=t^2$에서

$x^2=4t^2$ $\qquad \therefore x=\pm 2t$

즉, 두 점 A, B는 각각 $A(2t, t^2)$, $B(-2t, t^2)$ $(\because t>1)$이므로

$\overline{AB}=\sqrt{(-2t-2t)^2+(t^2-t^2)^2}=4t$

곡선 $y=\dfrac{1}{4}x^2$과 직선 $y=1$이 만나는 점 C의 x좌표를 구하면

$\dfrac{1}{4}x^2=1$에서

$x^2=4$ $\qquad \therefore x=\pm 2$

즉, 점 C는 $C(2, 1)$ $(\because x>0)$이므로

$\overline{BC}=\sqrt{\{2-(-2t)\}^2+(1-t^2)^2}$

$\qquad =\sqrt{t^4+2t^2+8t+5}$

한편, 두 점 B, C를 지나는 직선의 방정식은

$y-1=\dfrac{1-t^2}{2-(-2t)}(x-2)$에서

$y=\dfrac{1-t^2}{2+2t}(x-2)+1$

$\quad =\dfrac{(1+t)(1-t)}{2(1+t)}(x-2)+1$

$\quad =\dfrac{1-t}{2}(x-2)+1$

$\quad =\dfrac{1-t}{2}x+t$

$y=\dfrac{1-t}{2}x+t$에 $x=0$을 대입하면 $y=t$이므로 점 E는 $E(0, t)$

따라서 점 $D(0, t^2)$에 대하여 $\overline{DE}=t^2-t$이므로

$\displaystyle\lim_{t\to 1+}\dfrac{\overline{AB}-\overline{BC}}{\overline{DE}}$

$=\displaystyle\lim_{t\to 1+}\dfrac{4t-\sqrt{t^4+2t^2+8t+5}}{t^2-t}$

$=\displaystyle\lim_{t\to 1+}\dfrac{(4t-\sqrt{t^4+2t^2+8t+5})(4t+\sqrt{t^4+2t^2+8t+5})}{(t^2-t)(4t+\sqrt{t^4+2t^2+8t+5})}$

$=\displaystyle\lim_{t\to 1+}\dfrac{-t^4+14t^2-8t-5}{t(t-1)(4t+\sqrt{t^4+2t^2+8t+5})}$

$=\displaystyle\lim_{t\to 1+}\dfrac{-(t-1)(t^3+t^2-13t-5)}{t(t-1)(4t+\sqrt{t^4+2t^2+8t+5})}$

$=\displaystyle\lim_{t\to 1+}\dfrac{-(t^3+t^2-13t-5)}{t(4t+\sqrt{t^4+2t^2+8t+5})}$

$=\dfrac{-(-16)}{1\cdot(4+\sqrt{16})}=2$

0147 답 6

$x\neq 2$일 때,

$f(x)=\dfrac{3-x}{x-2}=\dfrac{-(x-2)+1}{x-2}$

$\qquad =\dfrac{1}{x-2}-1$

이므로 함수 $y=|f(x)|$의 그래프는
오른쪽 그림과 같다.

---

x에 대한 방정식 $|f(x)|=t$의 서로 다른 실근의 개수 $g(t)$는 함수 $y=|f(x)|$의 그래프와 직선 $y=t$의 서로 다른 교점의 개수와 같다. 즉,

$g(t)=\begin{cases} 0 & (t<0) \\ 1 & (t=0) \\ 2 & (0<t<1) \\ 1 & (t=1) \\ 2 & (t>1) \end{cases}$

이므로 함수 $y=g(t)$의 그래프는 오른쪽
그림과 같다.

따라서 $2-t=s$라 하면 $t\to 1+$일 때 $s\to 1-$이므로

$\displaystyle\lim_{t\to 1+}g(2-t)=\lim_{s\to 1-}g(s)=2$

$\therefore \displaystyle\lim_{t\to 0+}g(t)+\lim_{t\to 1+}g(t)g(2-t)=2+2\cdot 2=6$

0148 답 ③

$A\subset B$이므로 집합 A의 임의의 원소 $(a, f(a))$에 대하여 부등식
$3a<f(a)<3a+7$이 성립한다.

즉, $x>0$인 모든 실수 x에 대하여 $3x<f(x)<3x+7$이 성립하
므로 이 부등식의 각 변에 역수를 취하면

$\dfrac{1}{3x+7}<\dfrac{1}{f(x)}<\dfrac{1}{3x}$ $(\because 3x>0)$

위의 부등식의 각 변에 $5x+1$을 곱하고 1을 더하면

$\dfrac{5x+1}{3x+7}+1<\dfrac{5x+1}{f(x)}+1<\dfrac{5x+1}{3x}+1$

위의 부등식의 각 변에 역수를 취하면

$\dfrac{1}{\dfrac{5x+1}{3x}+1}<\dfrac{1}{\dfrac{5x+1}{f(x)}+1}<\dfrac{1}{\dfrac{5x+1}{3x+7}+1}$ $\left(\because \dfrac{5x+1}{3x+7}+1>0\right)$

$\therefore \dfrac{3x}{8x+1}<\dfrac{f(x)}{f(x)+5x+1}<\dfrac{3x+7}{8x+8}$

이때 $\displaystyle\lim_{x\to\infty}\dfrac{3x}{8x+1}=\lim_{x\to\infty}\dfrac{3x+7}{8x+8}=\dfrac{3}{8}$이므로

함수의 극한의 대소 관계에 의하여

$\displaystyle\lim_{x\to\infty}\dfrac{f(x)}{f(x)+5x+1}=\dfrac{3}{8}$

● 다른 풀이 ●

$\dfrac{f(x)}{f(x)+5x+1}=\dfrac{\{f(x)+5x+1\}-(5x+1)}{f(x)+5x+1}$

$\qquad\qquad\qquad =1-\dfrac{5x+1}{f(x)+5x+1}$

한편, 부등식 $3x<f(x)<3x+7$의 각 변에 $5x+1$을 더하면
$8x+1<f(x)+5x+1<8x+8$

위의 부등식의 각 변에 역수를 취하면

$\dfrac{1}{8x+8}<\dfrac{1}{f(x)+5x+1}<\dfrac{1}{8x+1}$ $(\because 8x+1>0)$

위의 부등식의 각 변에 $-(5x+1)$을 곱하고 1을 더하면

$1-\dfrac{5x+1}{8x+1}<1-\dfrac{5x+1}{f(x)+5x+1}<1-\dfrac{5x+1}{8x+8}$

$\therefore \dfrac{3x}{8x+1}<\dfrac{f(x)}{f(x)+5x+1}<\dfrac{3x+7}{8x+8}$

0149 ⓐ 9

이차방정식의 근과 계수의 관계를 이용하여 주어진 식을 k에 대한 식으로 나타낸다.

이차방정식 $f(x)=0$, 즉 $x^2+(1-k)x-2k+1=0$의 서로 다른 두 실근이 α, β이므로
$$f(x)=(x-\alpha)(x-\beta)$$
또한, 이차방정식의 근과 계수의 관계에 의하여
$$\alpha+\beta=k-1,\ \alpha\beta=-2k+1 \quad \cdots\cdots \ \text{㉠}$$

$$\therefore \lim_{x\to\alpha}\frac{f(x)f(3x)}{x-\alpha}=\lim_{x\to\alpha}\frac{(x-\alpha)(x-\beta)(3x-\alpha)(3x-\beta)}{x-\alpha}$$
$$=\lim_{x\to\alpha}(x-\beta)(3x-\alpha)(3x-\beta)$$
$$=2\alpha(\alpha-\beta)(3\alpha-\beta),$$

$$\lim_{x\to\beta}\frac{f(x)f(3x)}{x-\beta}=\lim_{x\to\beta}\frac{(x-\alpha)(x-\beta)(3x-\alpha)(3x-\beta)}{x-\beta}$$
$$=\lim_{x\to\beta}(x-\alpha)(3x-\alpha)(3x-\beta)$$
$$=2\beta(\beta-\alpha)(3\beta-\alpha)$$

즉,
$$\lim_{x\to\alpha}\frac{f(x)f(3x)}{x-\alpha}+\lim_{x\to\beta}\frac{f(x)f(3x)}{x-\beta}$$
$$=2\alpha(\alpha-\beta)(3\alpha-\beta)+2\beta(\beta-\alpha)(3\beta-\alpha)$$
$$=2(\alpha-\beta)(3\alpha^2-\alpha\beta-3\beta^2+\alpha\beta)$$
$$=2(\alpha-\beta)(3\alpha^2-3\beta^2)=6(\alpha-\beta)(\alpha^2-\beta^2)$$
$$=6(\alpha+\beta)(\alpha-\beta)^2=6(\alpha+\beta)\{(\alpha+\beta)^2-4\alpha\beta\}$$
$$=6(k-1)\{(k-1)^2-4(1-2k)\}\ (\because\ \text{㉠})$$
$$=6(k-1)(k^2+6k-3)=78$$
이므로 $k^3+5k^2-9k+3=13$
$$k^3+5k^2-9k-10=0,\ (k-2)(k^2+7k+5)=0$$
따라서 정수 k의 값은 2이므로
$$f(x)=x^2-x-3$$
$$\therefore f(4)=4^2-4-3=9$$

0150 ⓐ $a=6$, $b=\dfrac{3}{2}$

$$\lim_{x\to1}\frac{\sqrt{ax^2+2x-4}-2x}{x^2-x}=b \quad \cdots\cdots \ \text{㉠}$$
㉠에서 $x\to1$일 때 (분모) $\to0$이고 극한값이 존재하므로 (분자) $\to0$이다.
즉, $\lim\limits_{x\to1}(\sqrt{ax^2+2x-4}-2x)=0$에서
$$\sqrt{a-2}-2=0,\ a-2=4 \quad \therefore a=6$$

❶

$a=6$을 ㉠의 좌변에 대입하면
$$\lim_{x\to1}\frac{\sqrt{6x^2+2x-4}-2x}{x^2-x}$$
$$=\lim_{x\to1}\frac{(\sqrt{6x^2+2x-4}-2x)(\sqrt{6x^2+2x-4}+2x)}{(x^2-x)(\sqrt{6x^2+2x-4}+2x)}$$
$$=\lim_{x\to1}\frac{2x^2+2x-4}{(x^2-x)(\sqrt{6x^2+2x-4}+2x)}$$
$$=\lim_{x\to1}\frac{2(x-1)(x+2)}{x(x-1)(\sqrt{6x^2+2x-4}+2x)}$$
$$=\lim_{x\to1}\frac{2(x+2)}{x(\sqrt{6x^2+2x-4}+2x)}=\frac{2\cdot3}{1\cdot(\sqrt{4}+2)}=\frac{3}{2}$$

이므로 $b=\dfrac{3}{2}$

❷

채점 기준	배점 비율
❶ 수렴하는 분수함수의 극한을 이용하여 상수 a의 값 구하기	40%
❷ ❶에서 구한 a의 값을 주어진 식에 대입하여 상수 b의 값 구하기	60%

0151 ⓐ $m=3$, $n=8$

$$\lim_{x\to1}\frac{(x^2+2x-3)^3}{(x^2-1)^m}=\lim_{x\to1}\frac{(x+3)^3(x-1)^3}{(x+1)^m(x-1)^m}=n \quad \cdots\cdots \ \text{㉠}$$
㉠에서 n이 자연수이므로 0이 아닌 극한값이 존재하려면
$$m=3$$

❶

$m=3$을 ㉠에 대입하면
$$\lim_{x\to1}\frac{(x+3)^3(x-1)^3}{(x+1)^3(x-1)^3}=\lim_{x\to1}\frac{(x+3)^3}{(x+1)^3}=\frac{4^3}{2^3}=8$$
이므로 $n=8$

❷

채점 기준	배점 비율
❶ $n\neq0$임을 이용하여 자연수 m의 값 구하기	60%
❷ ❶에서 구한 m의 값을 주어진 식에 대입하여 자연수 n의 값 구하기	40%

0152 ⓐ 해설 참조

$$\lim_{x\to a}\frac{f(x)}{g(x)}=\alpha\ (\alpha\neq0)\text{이므로}\ \lim_{x\to a}\frac{g(x)}{f(x)}=\frac{1}{\alpha}$$

❶

$$\therefore \lim_{x\to a}g(x)=\lim_{x\to a}\frac{g(x)}{f(x)}\cdot f(x)$$
$$=\lim_{x\to a}\frac{g(x)}{f(x)}\cdot\lim_{x\to a}f(x)$$
$$=\frac{1}{\alpha}\cdot0=0$$

❷

채점 기준	배점 비율
❶ $\lim\limits_{x\to a}\dfrac{g(x)}{f(x)}$의 값 구하기	40%
❷ 함수의 극한에 대한 성질을 이용하여 $\lim\limits_{x\to a}g(x)=0$임을 보이기	60%

0153 ⓐ 1

$2f(x)+g(x)=h_1(x)$, $f(x)-2g(x)=h_2(x)$라 하면
$\lim\limits_{x\to\infty}h_1(x)=3$, $\lim\limits_{x\to\infty}h_2(x)=4$이고 $5f(x)=2h_1(x)+h_2(x)$
이므로
$$\lim_{x\to\infty}5f(x)=\lim_{x\to\infty}\{2h_1(x)+h_2(x)\}$$
$$=2\lim_{x\to\infty}h_1(x)+\lim_{x\to\infty}h_2(x)$$
$$=2\cdot3+4=10$$
에서 $\lim\limits_{x\to\infty}f(x)=2$ $\left(\lim\limits_{x\to\infty}5f(x)=5\lim\limits_{x\to\infty}f(x)=10\text{이므로}\right)$

❶

또한, $\lim\limits_{x\to\infty}\{2f(x)+g(x)\}=3$이므로
$$\lim_{x\to\infty}\{2f(x)+g(x)\}=2\lim_{x\to\infty}f(x)+\lim_{x\to\infty}g(x)$$
$$=2\cdot2+\lim_{x\to\infty}g(x)=3$$
에서 $\lim\limits_{x\to\infty}g(x)=-1$

❷

$$\therefore \lim_{x \to \infty} \{f(x)+g(x)\} = \lim_{x \to \infty} f(x) + \lim_{x \to \infty} g(x)$$
$$= 2+(-1) = 1$$

❸

채점 기준	배점 비율
❶ $\lim\limits_{x \to \infty} f(x)$의 값 구하기	40%
❷ $\lim\limits_{x \to \infty} g(x)$의 값 구하기	40%
❸ $\lim\limits_{x \to \infty} \{f(x)+g(x)\}$의 값 구하기	20%

0154 답 $a=-2$, $b=-3$

$$\lim_{x \to 1} \frac{1}{x-1}\left(\frac{1}{x+a}-\frac{1}{2x+b}\right)$$
$$=\lim_{x \to 1} \frac{1}{x-1}\cdot\frac{2x+b-(x+a)}{(x+a)(2x+b)}$$
$$=\lim_{x \to 1} \frac{x-a+b}{(x-1)(x+a)(2x+b)}=1 \quad \cdots\cdots \bigcirc$$

❶

$\bigcirc$에서 $x \to 1$일 때 (분모) $\to 0$이고 극한값이 존재하므로 (분자) $\to 0$이다.

즉, $\lim\limits_{x \to 1}(x-a+b)=0$에서 $1-a+b=0$

$\therefore b=a-1 \quad \cdots\cdots \bigcirc\bigcirc$

❷

$\bigcirc\bigcirc$을 $\bigcirc$에 대입하면

$$\lim_{x \to 1} \frac{x-a+a-1}{(x-1)(x+a)(2x+a-1)}$$
$$=\lim_{x \to 1} \frac{x-1}{(x-1)(x+a)(2x+a-1)}$$
$$=\lim_{x \to 1} \frac{1}{(x+a)(2x+a-1)}$$
$$=\frac{1}{(a+1)^2}=1$$

이므로 $(a+1)^2=1$, $a+1=\pm1$

$\therefore a=-2 \ (\because a\neq 0)$

따라서 $a=-2$를 $\bigcirc\bigcirc$에 대입하면

$b=-3$

❸

채점 기준	배점 비율
❶ 주어진 식의 좌변 정리하기	20%
❷ 미정계수가 포함된 분수함수의 극한을 이용하여 a, b 사이의 관계식 구하기	30%
❸ 두 상수 a, b의 값 각각 구하기	50%

0155 답 $\dfrac{1}{8}$

원 $x^2+y^2=1$과 직선 $y=mx$가 만나는 점 P의 x좌표를 구하면 $x^2+(mx)^2=1$에서

$(m^2+1)x^2=1 \qquad \therefore x=\sqrt{\dfrac{1}{m^2+1}} \ (\because x>0)$

$x=\sqrt{\dfrac{1}{m^2+1}}$을 $y=mx$에 대입하면

$y=m\sqrt{\dfrac{1}{m^2+1}}=\sqrt{\dfrac{m^2}{m^2+1}}$이므로 점 P는

$$P\left(\sqrt{\frac{1}{m^2+1}}, \ \sqrt{\frac{m^2}{m^2+1}}\right)$$

한편, 원 $x^2+y^2=1$ 위의 점 P에서의 접선 QR와 직선 $y=mx$는 서로 수직이므로 직선 QR의 기울기는 $-\dfrac{1}{m}$이다.

즉, 제1사분면 위의 점 P에 대하여 직선 QR의 방정식은

$$y=-\frac{1}{m}x+\sqrt{\left(-\frac{1}{m}\right)^2+1}=-\frac{1}{m}x+\sqrt{\frac{m^2+1}{m^2}}$$

위의 식에 $x=0$을 대입하면 $y=\dfrac{\sqrt{m^2+1}}{m}$, $y=0$을 대입하면

$x=\sqrt{m^2+1}$이므로 두 점 Q, R는 각각

$$Q(\sqrt{m^2+1}, \ 0), \ R\left(0, \ \frac{\sqrt{m^2+1}}{m}\right)$$

❶

따라서 두 삼각형 PAQ, PRB의 넓이 $S_1(m)$, $S_2(m)$은 각각

$$S_1(m)=\frac{1}{2}\times(\sqrt{m^2+1}-1)\times\sqrt{\frac{m^2}{m^2+1}}$$
$$=\frac{m(\sqrt{m^2+1}-1)}{2\sqrt{m^2+1}}$$
$$S_2(m)=\frac{1}{2}\times\left(\frac{\sqrt{m^2+1}}{m}-1\right)\times\sqrt{\frac{1}{m^2+1}}$$
$$=\frac{\sqrt{m^2+1}-m}{2m\sqrt{m^2+1}}$$

❷

$$\therefore \lim_{m \to 0+} \frac{S_1(m)\times S_2(m)}{m^2}$$
$$=\lim_{m \to 0+} \frac{1}{m^2}\times\frac{m(\sqrt{m^2+1}-1)}{2\sqrt{m^2+1}}\times\frac{\sqrt{m^2+1}-m}{2m\sqrt{m^2+1}}$$
$$=\lim_{m \to 0+} \frac{(\sqrt{m^2+1}-1)(\sqrt{m^2+1}-m)}{4m^2(m^2+1)}$$
$$=\lim_{m \to 0+} \frac{(\sqrt{m^2+1}-1)(\sqrt{m^2+1}+1)(\sqrt{m^2+1}-m)}{4m^2(m^2+1)(\sqrt{m^2+1}+1)}$$
$$=\lim_{m \to 0+} \frac{m^2(\sqrt{m^2+1}-m)}{4m^2(m^2+1)(\sqrt{m^2+1}+1)}$$
$$=\lim_{m \to 0+} \frac{\sqrt{m^2+1}-m}{4(m^2+1)(\sqrt{m^2+1}+1)}$$
$$=\frac{1}{4\times1\times(\sqrt{1}+1)}=\frac{1}{8}$$

❸

채점 기준	배점 비율
❶ 세 점 P, Q, R의 좌표를 각각 m에 대한 식으로 나타내기	40%
❷ 두 삼각형 PAQ, PRB의 넓이를 각각 m에 대한 식으로 나타내기	20%
❸ $\lim\limits_{m \to 0+} \dfrac{S_1(m)\times S_2(m)}{m^2}$의 값 구하기	40%

> **해설 속 침판** 기울기가 주어진 원의 접선의 방정식
>
> 원 $x^2+y^2=r^2 \ (r>0)$에 접하고 기울기가 m인 직선의 방정식은
> $$y=mx\pm r\sqrt{m^2+1}$$

02 함수의 연속

0156 답 (1) ㄱ (2) ㄴ (3) ㄷ

(1) $f(1)$이 정의되어 있지 않으므로 함수 $f(x)$는 $x=1$에서 불연속이다.

(2) $\lim\limits_{x \to 1+} f(x)=2$, $\lim\limits_{x \to 1-} f(x)=1$이므로 $\lim\limits_{x \to 1+} f(x) \neq \lim\limits_{x \to 1-} f(x)$
즉, $\lim\limits_{x \to 1} f(x)$의 값이 존재하지 않으므로 함수 $f(x)$는 $x=1$에서 불연속이다.

(3) $\lim\limits_{x \to 1} f(x)=1$, $f(1)=2$이므로 $\lim\limits_{x \to 1} f(x) \neq f(1)$
즉, 함수 $f(x)$는 $x=1$에서 불연속이다.

0157 답 연속

$\lim\limits_{x \to 0} f(x)=1$, $f(0)=1$이므로 $\lim\limits_{x \to 0} f(x)=f(0)$
따라서 함수 $f(x)$는 $x=0$에서 연속이다.

0158 답 불연속

$f(0)$이 정의되지 않으므로 함수 $f(x)$는 $x=0$에서 불연속이다.

0159 답 연속

$\lim\limits_{x \to 0} f(x)=0$, $f(0)=0$이므로 $\lim\limits_{x \to 0} f(x)=f(0)$
따라서 함수 $f(x)$는 $x=0$에서 연속이다.

0160 답 불연속

$\lim\limits_{x \to 0} f(x)=\lim\limits_{x \to 0} \dfrac{x^2+x}{x}=\lim\limits_{x \to 0} \dfrac{x(x+1)}{x}=\lim\limits_{x \to 0} (x+1)=1$,
$f(0)=3$이므로 $\lim\limits_{x \to 0} f(x) \neq f(0)$
따라서 함수 $f(x)$는 $x=0$에서 불연속이다.

0161 답 $[-1, 2]$

0162 답 $[3, 4)$

0163 답 $(1, 3]$

0164 답 $(-5, -3)$

0165 답 $(-\infty, 6)$

0166 답 $[-3, \infty)$

0167 답 $(-\infty, \infty)$

함수 $f(x)=x^2+2$의 정의역은 실수 전체의 집합이므로 $(-\infty, \infty)$

0168 답 $[-3, 3]$

함수 $f(x)=\sqrt{9-x^2}$의 정의역은 $9-x^2 \geq 0$, 즉 $-3 \leq x \leq 3$인 x의 값들의 집합이므로 $[-3, 3]$

0169 답 $(-\infty, \infty)$

함수 $f(x)=x^3+2x-3$은 모든 실수, 즉 구간 $(-\infty, \infty)$에서 연속이다.

0170 답 $(-\infty, 3]$

함수 $f(x)=\sqrt{3-x}$는 $3-x>0$, 즉 구간 $(-\infty, 3)$에서 연속이고, $\lim\limits_{x \to 3-} f(x)=f(3)$이므로 구간 $(-\infty, 3]$에서 연속이다.

0171 답 $\left(-\infty, \dfrac{3}{2}\right) \cup \left(\dfrac{3}{2}, \infty\right)$

함수 $f(x)=\dfrac{4}{2x-3}$는 $x \neq \dfrac{3}{2}$일 때, 즉 구간 $\left(-\infty, \dfrac{3}{2}\right) \cup \left(\dfrac{3}{2}, \infty\right)$에서 연속이다. ┈ $x=\dfrac{3}{2}$이면 $f(x)$의 분모가 0이 되므로 함수 $f(x)$는 $x=\dfrac{3}{2}$에서 정의되지 않는다.

0172 답 $(-\infty, -1) \cup (-1, \infty)$

함수 $f(x)=\dfrac{x^2-x}{x+1}$는 $x \neq -1$일 때, 즉 구간 $(-\infty, -1) \cup (-1, \infty)$에서 연속이다. ┈ $x=-1$이면 $f(x)$의 분모가 0이 되므로 함수 $f(x)$는 $x=-1$에서 정의되지 않는다.

0173 답 ㄱ, ㄷ

ㄱ. 두 함수 $f(x)$, $g(x)$가 모든 실수 x에서 연속이므로 함수 $f(x)+g(x)$도 모든 실수 x에서 항상 연속이다.

ㄴ. 함수 $\dfrac{f(x)}{g(x)}$는 $g(x)=0$일 때 불연속이므로 모든 실수 x에서 항상 연속이라 할 수 없다.

ㄷ. 두 함수 $f(x)$, $g(x)$가 모든 실수 x에서 연속이므로 함수 $f(x)g(x)$도 모든 실수 x에서 항상 연속이다.

ㄹ. 함수 $\dfrac{g(x)}{f(x)}$는 $f(x)=0$일 때 불연속이므로 모든 실수 x에서 항상 연속이라 할 수 없다.

따라서 모든 실수 x에서 항상 연속인 함수는 ㄱ, ㄷ이다.

0174 답 $(-\infty, \infty)$

$3f(x)=3(x-2)=3x-6$
따라서 $3f(x)$는 다항함수이므로 구간 $(-\infty, \infty)$에서 연속이다.

0175 답 $(-\infty, \infty)$

$2f(x)-g(x)=2(x-2)-(x^2-2x-3)=-x^2+4x-1$
따라서 $2f(x)-g(x)$는 다항함수이므로 구간 $(-\infty, \infty)$에서 연속이다.

0176 답 $(-\infty, 2) \cup (2, \infty)$

$-\dfrac{2g(x)}{f(x)}=-\dfrac{2(x^2-2x-3)}{x-2}=-\dfrac{2(x+1)(x-3)}{x-2}$

따라서 함수 $-\dfrac{2g(x)}{f(x)}$는 $x-2 \neq 0$, 즉 $x \neq 2$인 모든 실수 x에서 연속이므로 구간 $(-\infty, 2) \cup (2, \infty)$에서 연속이다.

0177 답 $(-\infty, -1) \cup (-1, 3) \cup (3, \infty)$

$$\frac{f(x)}{g(x)} = \frac{x-2}{x^2-2x-3} = \frac{x-2}{(x+1)(x-3)}$$

따라서 함수 $\dfrac{f(x)}{g(x)}$는 $x+1 \neq 0$, $x-3 \neq 0$, 즉

$x \neq -1$, $x \neq 3$인 모든 실수 x에서 연속이므로 구간

$(-\infty, -1) \cup (-1, 3) \cup (3, \infty)$에서 연속이다.

0178 답 최댓값: 6, 최솟값: 2

함수 $f(x) = x^2 - 2x + 3$은 닫힌구간 $[0, 3]$에서

연속이고, $[0, 3]$에서 함수 $y = f(x)$의 그래

프는 오른쪽 그림과 같다.

따라서 함수 $f(x)$는 $x = 3$일 때 최댓값 6,

$x = 1$일 때 최솟값 2를 갖는다.

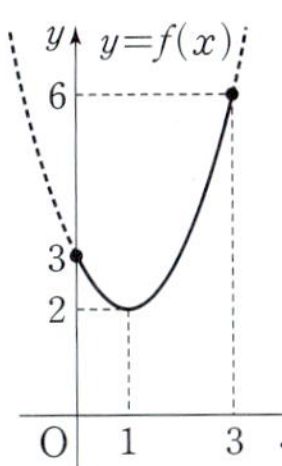

0179 답 최댓값: $\dfrac{3}{2}$, 최솟값: $\dfrac{3}{5}$

함수 $f(x) = \dfrac{3}{x+1}$은 닫힌구간 $[1, 4]$에

서 연속이고, $[1, 4]$에서 함수 $y = f(x)$의

그래프는 오른쪽 그림과 같다.

따라서 함수 $f(x)$는 $x = 1$일 때 최댓값 $\dfrac{3}{2}$,

$x = 4$일 때 최솟값 $\dfrac{3}{5}$을 갖는다.

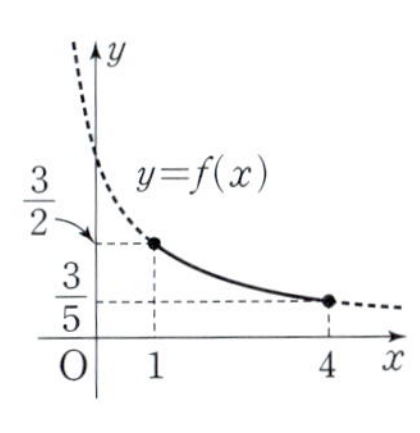

0180 답 최댓값: 1, 최솟값: $\dfrac{1}{3}$

함수 $f(x) = \begin{cases} -\dfrac{1}{x} & (x \neq 0) \\ 0 & (x = 0) \end{cases}$ 은 닫힌구간

$[-3, -1]$에서 연속이고, $[-3, -1]$에

서 함수 $y = f(x)$의 그래프는 오른쪽 그림

과 같다.

따라서 함수 $f(x)$는 $x = -1$일 때 최댓값 1, $x = -3$일 때 최솟값

$\dfrac{1}{3}$을 갖는다.

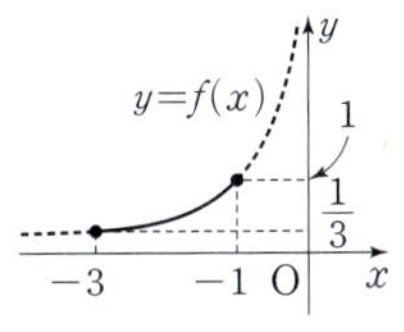

0181 답 (가) 연속 (나) 사잇값의 정리

함수 $f(x) = x^2 - 2x + 3$은 구간 $(-\infty, \infty)$에서 $\boxed{\text{연속}}$ 이므로

닫힌구간 $[1, 2]$에서 $\boxed{\text{연속}}$ 이다.

또한, $f(1) \neq f(2)$이고 $f(1) < \sqrt{5} < f(2)$, 즉 $2 < \sqrt{5} < 3$이므로

$\boxed{\text{사잇값의 정리}}$ 에 의하여 $f(c) = \sqrt{5}$를 만족시키는 c가 열린구간

$(1, 2)$에 적어도 하나 존재한다.

본문 032~041쪽

0182 답 ③

0183 답 ②

① 함수 $f(x)$의 정의역은 $[-1, \infty)$이므로 모든 실수 x에서 연속

인 것은 아니다.

② 함수 $f(x)$는 $x \neq -1$인 모든 실수 x에서 연속이다.

이때 $\lim\limits_{x \to -1+} f(x) = \lim\limits_{x \to -1+} (x^2 + x) = 0$,

$\lim\limits_{x \to -1-} f(x) = \lim\limits_{x \to -1-} (x+1) = 0$에서 $\lim\limits_{x \to -1} f(x) = 0$이고

$f(-1) = 0$이므로 $\lim\limits_{x \to -1} f(x) = f(-1)$

즉, 함수 $f(x)$는 $x = -1$에서 연속이므로 모든 실수 x에서 연속

이다.

③ $f\left(\dfrac{1}{2}\right)$이 정의되지 않으므로 함수 $f(x)$는 $x = \dfrac{1}{2}$에서 불연속

이다.

즉, 함수 $f(x)$는 모든 실수 x에서 연속인 것은 아니다.

④ $\lim\limits_{x \to 0} f(x) = \lim\limits_{x \to 0} \dfrac{x^2 - 2x}{x} = \lim\limits_{x \to 0} \dfrac{x(x-2)}{x}$

$= \lim\limits_{x \to 0} (x-2) = -2$,

$f(0) = 2$이므로 $\lim\limits_{x \to 0} f(x) \neq f(0)$

즉, 함수 $f(x)$는 $x = 0$에서 불연속이므로 모든 실수 x에서 연속

인 것은 아니다.

⑤ $\lim\limits_{x \to 0+} f(x) = \lim\limits_{x \to 0+} [x] = 0$, $\lim\limits_{x \to 0-} f(x) = \lim\limits_{x \to 0-} [x] = -1$이므로

$\lim\limits_{x \to 0+} f(x) \neq \lim\limits_{x \to 0-} f(x)$

$\lim\limits_{x \to 0} f(x)$의 값이 존재하지 않으므로 함수 $f(x)$는 $x = 0$에서

불연속이다.

즉, 함수 $f(x)$는 모든 실수 x에서 연속인 것은 아니다.

따라서 모든 실수 x에서 연속인 함수는 ②이다.

0184 답 ②

$$f(x) = \frac{1}{1 + \dfrac{x}{x+1}} = \frac{1}{\dfrac{2x+1}{x+1}} = \frac{x+1}{2x+1}$$

_{● 분모는 0이 될 수 없다.}

이때 함수 $f(x)$는 $x+1 = 0$, $2x+1 = 0$인 x의 값에서 정의되지

않으므로 $x = -1$, $x = -\dfrac{1}{2}$에서 불연속이다.

따라서 함수 $f(x)$가 불연속이 되는 x의 값의 개수는 -1, $-\dfrac{1}{2}$의

2이다.

0185 답 2

$x \neq 0$일 때, $f(x) = \dfrac{x-1}{\left|\dfrac{1}{x}-1\right|} = \dfrac{x-1}{\left|\dfrac{1-x}{x}\right|} = \dfrac{|x|(x-1)}{|1-x|}$

이때 함수 $f(x)$는 $|1-x| = 0$인 x의 값에서 정의되지 않으므로

$x = 1$에서 불연속이다.

또한, $\lim\limits_{x \to 0} f(x) = \lim\limits_{x \to 0} \dfrac{|x|(x-1)}{|1-x|} = 0$, $f(0) = 0$이므로

$\lim\limits_{x \to 0} f(x) = f(0)$

즉, 함수 $f(x)$는 $x = 0$에서 연속이다.

따라서 불연속이 되는 x의 값은 1뿐이므로

$m = 1$, $n = 1$

$\therefore m + n = 1 + 1 = 2$

0186 답 4

0187 답 ③

ㄱ. $\lim\limits_{x\to 2+} f(x)=2$ (참)

ㄴ. $\lim\limits_{x\to 1+} f(x)=1$, $\lim\limits_{x\to 1-} f(x)=0$이므로 $\lim\limits_{x\to 1+} f(x)\neq\lim\limits_{x\to 1-} f(x)$

　즉, $x=1$에서 함수 $f(x)$의 극한값은 존재하지 않는다. (거짓)

ㄷ. ㄴ에 의하여 함수 $f(x)$는 $x=1$에서 불연속이다.

　또한, $\lim\limits_{x\to 2} f(x)=2$, $f(2)=1$에서 $\lim\limits_{x\to 2} f(x)\neq f(2)$이므로

　함수 $f(x)$는 $x=2$에서 불연속이다.

　즉, 열린구간 $(0,\,3)$에서 함수 $f(x)$가 불연속이 되는 x의 값은

　1, 2의 2개이다. (참)

따라서 옳은 것은 ㄱ, ㄷ이다.

0188 답 ②

조건 (가)에서 함수 $f(x)$가 $x=a$에서 불연속이므로 주어진 함수의
그래프에 의하여

$a=-2$ 또는 $a=0$ 또는 $a=1$

그런데 조건 (나)에서 $\lim\limits_{x\to a} f(x)$의 값이 존재하므로

$a=0$

즉, 조건 (다)의 $f(a+1)+f(a-1)=b$에 $a=0$을 대입하면

$f(1)+f(-1)=1+1=2=b$

$\therefore a+b=0+2=2$

0189 답 ③

ㄱ. $\lim\limits_{x\to 1} f(x)=0$, $f(1)=2$이므로 $\lim\limits_{x\to 1} f(x)\neq f(1)$

　즉, 함수 $f(x)$는 $x=1$에서 불연속이다. (참)

ㄴ. $\lim\limits_{x\to 1}\{f(x)+g(x)\}=0+2=2$,

　$f(1)+g(1)=2+0=2$

　이므로 $\lim\limits_{x\to 1}\{f(x)+g(x)\}=f(1)+g(1)$

　즉, 함수 $f(x)+g(x)$는 $x=1$에서 연속이다. (참)

ㄷ. $\lim\limits_{x\to 0+}\{f(x)+g(x)\}=1+2=3$,

　$\lim\limits_{x\to 0-}\{f(x)+g(x)\}=1+1=2$

　이므로 $\lim\limits_{x\to 0+}\{f(x)+g(x)\}\neq\lim\limits_{x\to 0-}\{f(x)+g(x)\}$

　즉, 함수 $f(x)+g(x)$는 $x=0$에서 불연속이다. (거짓)

따라서 옳은 것은 ㄱ, ㄴ이다.

0190 답 -1

함수 $f(x)f(x+1)$이 $x=0$에서 연속이므로

$\lim\limits_{x\to 0+} f(x)f(x+1)=\lim\limits_{x\to 0-} f(x)f(x+1)=f(0)f(1)$

이어야 한다.

이때 $x+1=t$라 하면 $x\to 0+$일 때 $t\to 1+$, $x\to 0-$일 때

$t\to 1-$이므로

$\lim\limits_{x\to 0+} f(x)f(x+1)=\lim\limits_{x\to 0+} f(x)\cdot\lim\limits_{t\to 1+} f(t)$

$\qquad\qquad =a\cdot\dfrac{a+1}{2}=\dfrac{a(a+1)}{2}$,

$\lim\limits_{x\to 0-} f(x)f(x+1)=\lim\limits_{x\to 0-} f(x)\cdot\lim\limits_{t\to 1-} f(t)$

$\qquad\qquad =2\cdot\dfrac{a+1}{2}=a+1$,

$f(0)f(1)=0\cdot\dfrac{a+1}{2}=0$

에서 $\dfrac{a(a+1)}{2}=a+1=0$　　$\therefore a=-1$

0191 답 ③

0192 답 ㄴ

ㄱ. $f(x)=t$라 하면 $x\to 0$일 때 $t\to 0$이므로

　$\lim\limits_{x\to 0} f(f(x))=\lim\limits_{t\to 0} f(t)=0$ (거짓)

ㄴ. $f(x)=t$에서 $x\to 2$일 때 $t\to 1$이므로

　$\lim\limits_{x\to 2} f(f(x))=f(1)=0$

　즉, $\lim\limits_{x\to 2} f(f(x))$의 값이 존재한다. (참)

ㄷ. $f(x)=t$에서 $x\to 1+$일 때 $t=1$, $x\to 1-$일 때 $t\to 1-$

　이므로

　$\lim\limits_{x\to 1+} f(f(x))=f(1)=0$, $\lim\limits_{x\to 1-} f(f(x))=\lim\limits_{t\to 1-} f(t)=1$

　$\therefore \lim\limits_{x\to 1+} f(f(x))\neq\lim\limits_{x\to 1-} f(f(x))$

　즉, $\lim\limits_{x\to 1} f(f(x))$의 값이 존재하지 않으므로 함수 $f(f(x))$는

　$x=1$에서 불연속이다. (거짓)

따라서 옳은 것은 ㄴ이다.

0193 답 ⑤

ㄱ. $\lim\limits_{x\to 0}\{f(x)+g(x)\}=0+1=1$, $f(0)+g(0)=1+0=1$

　이므로 $\lim\limits_{x\to 0}\{f(x)+g(x)\}=f(0)+g(0)$

　즉, 함수 $f(x)+g(x)$는 $x=0$에서 연속이다.

ㄴ. $g(x)=t$라 하면 $x\to 0$일 때 $t\to 1$이므로

　$\lim\limits_{x\to 0} f(g(x))=f(1)=1$이고 $f(g(0))=f(0)=1$

　즉, $\lim\limits_{x\to 0} f(g(x))=f(g(0))$이므로 함수 $f(g(x))$는 $x=0$에서

　연속이다.

ㄷ. $f(x)=s$라 하면 $x\to 0$일 때 $s\to 0+$이므로

　$\lim\limits_{x\to 0} g(f(x))=\lim\limits_{s\to 0+} g(s)=1$이고 $g(f(0))=g(1)=1$

　즉, $\lim\limits_{x\to 0} g(f(x))=g(f(0))$이므로 함수 $g(f(x))$는 $x=0$에서

　연속이다.

따라서 $x=0$에서 연속인 함수는 ㄱ, ㄴ, ㄷ이다.

0194 답 2

함수 $f(g(x))$는 $g(x)=0$인 x의 값에서 불연속일 수 있고,

$g(x)=0$을 만족시키는 x의 값은 $x^2+x-2=0$에서

$(x+2)(x-1)=0$　　$\therefore x=-2$ 또는 $x=1$

(i) $x=-2$인 경우

　$g(x)=t$라 하면 $x\to -2+$일 때 $t\to 0-$, $x\to -2-$일 때

　$t\to 0+$이므로

　$\lim\limits_{x\to -2+} f(g(x))=\lim\limits_{t\to 0-} f(t)=\lim\limits_{t\to 0-}\left(\dfrac{1}{2}t-1\right)=-1$

　$\lim\limits_{x\to -2-} f(g(x))=\lim\limits_{t\to 0+} f(t)=\lim\limits_{t\to 0+}(3t+1)=1$

　$\therefore \lim\limits_{x\to -2+} f(g(x))\neq\lim\limits_{x\to -2-} f(g(x))$

　즉, $\lim\limits_{x\to -2} f(g(x))$의 값이 존재하지 않으므로 함수 $f(g(x))$는

　$x=-2$에서 불연속이다.

(ii) $x=1$인 경우

　$g(x)=t$에서 $x\to 1+$일 때 $t\to 0+$, $x\to 1-$일 때

　$t\to 0-$이므로

　$\lim\limits_{x\to 1+} f(g(x))=\lim\limits_{t\to 0+} f(t)=\lim\limits_{t\to 0+}(3t+1)=1$

　$\lim\limits_{x\to 1-} f(g(x))=\lim\limits_{t\to 0-} f(t)=\lim\limits_{t\to 0-}\left(\dfrac{1}{2}t-1\right)=-1$

　$\therefore \lim\limits_{x\to 1+} f(g(x))\neq\lim\limits_{x\to 1-} f(g(x))$

즉, $\lim\limits_{x\to1}f(g(x))$의 값이 존재하지 않으므로 함수 $f(g(x))$는
$x=1$에서 불연속이다.
(i), (ii)에서 $a=-2$, $b=1$ 또는 $a=1$, $b=-2$이므로
$f(a)+f(b)=f(-2)+f(1)=-2+4=2$

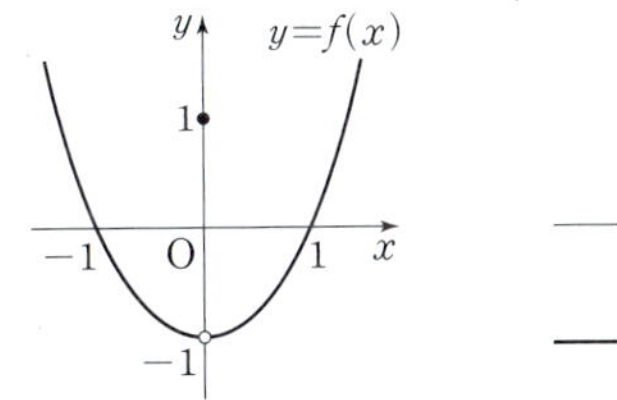

함수 $f(x)$가 $x=a$에서 불연속일 때, 합성함수 $f(g(x))$가 $g(x)=a$를
만족시키는 모든 x의 값에서 불연속인 것은 아니다.
따라서 불연속이 될 만한 x의 값을 찾은 후 그 x의 값에서의 연속성을
하나하나 따져 봐야 한다.

0195　답 0

두 함수 $y=f(x)$, $y=g(x)$의 그래프는 각각 다음 그림과 같다.

함수 $g(f(x))$는 $x=0$, $f(x)=0$인 x의 값에서 불연속일 수 있고,
$f(x)=0$을 만족시키는 x의 값은 $x=-1$, $x=1$이다.
(i) $x=0$인 경우

$f(x)=t$라 하면 $x\to0$일 때 $t\to-1+$이므로
$\lim\limits_{x\to0}g(f(x))=\lim\limits_{t\to-1+}g(t)=-1$이고 $g(f(0))=g(1)=1$
즉, $\lim\limits_{x\to0}g(f(x))\neq g(f(0))$이므로 함수 $g(f(x))$는 $x=0$에서
불연속이다.
(ii) $x=-1$인 경우

$f(x)=t$에서 $x\to-1+$일 때 $t\to0-$, $x\to-1-$일 때
$t\to0+$이므로
$\lim\limits_{x\to-1+}g(f(x))=\lim\limits_{t\to0-}g(t)=-1$
$\lim\limits_{x\to-1-}g(f(x))=\lim\limits_{t\to0+}g(t)=1$
$\therefore \lim\limits_{x\to-1+}g(f(x))\neq\lim\limits_{x\to-1-}g(f(x))$
즉, $\lim\limits_{x\to-1}g(f(x))$의 값이 존재하지 않으므로 함수 $g(f(x))$는
$x=-1$에서 불연속이다.
(iii) $x=1$인 경우

$f(x)=t$에서 $x\to1+$일 때 $t\to0+$, $x\to1-$일 때
$t\to0-$이므로
$\lim\limits_{x\to1+}g(f(x))=\lim\limits_{t\to0+}g(t)=1$
$\lim\limits_{x\to1-}g(f(x))=\lim\limits_{t\to0-}g(t)=-1$
$\therefore \lim\limits_{x\to1+}g(f(x))\neq\lim\limits_{x\to1-}g(f(x))$
즉, $\lim\limits_{x\to1}g(f(x))$의 값이 존재하지 않으므로 함수 $g(f(x))$는
$x=1$에서 불연속이다.
(i), (ii), (iii)에서 함수 $g(f(x))$가 불연속이 되는 x의 값은
-1, 0, 1이므로 그 합은
$(-1)+0+1=0$

0196　답 ⑤

0197　답 ②

함수 $f(x)$가 실수 전체의 집합에서 연속이므로 $x=-1$에서도
연속이다.

즉, $\lim\limits_{x\to-1+}f(x)=\lim\limits_{x\to-1-}f(x)=f(-1)$이어야 하므로
$\lim\limits_{x\to-1+}f(x)=\lim\limits_{x\to-1+}(3x^2-ax+1)=4+a$,
$\lim\limits_{x\to-1-}f(x)=\lim\limits_{x\to-1-}(x^2+2x+4a)=-1+4a$,
$f(-1)=-1+4a$
에서 $4+a=-1+4a$
$3a=5$　　$\therefore a=\dfrac{5}{3}$

0198　답 ③

함수 $f(x)$가 모든 실수 x에서 연속이 되려면 $x=a$에서 연속이어
야 하므로 $\lim\limits_{x\to a+}f(x)=\lim\limits_{x\to a-}f(x)=f(a)$이어야 한다. 즉,
$\lim\limits_{x\to a+}f(x)=\lim\limits_{x\to a+}(2x+3)=2a+3$,
$\lim\limits_{x\to a-}f(x)=\lim\limits_{x\to a-}(x^2-x+3)=a^2-a+3$,
$f(a)=2a+3$
에서 $2a+3=a^2-a+3$, $a^2-3a=0$
$a(a-3)=0$　　$\therefore a=3 (\because a>0)$

0199　답 ①

함수 $f(x)$가 실수 전체의 집합에서 연속이므로 $x=0$, $x=2$에서도
연속이다.
(i) $x=0$에서 연속이려면 $\lim\limits_{x\to0+}f(x)=\lim\limits_{x\to0-}f(x)=f(0)$이어야

하므로
$\lim\limits_{x\to0+}f(x)=\lim\limits_{x\to0+}(x^2+ax+b)=b$,
$\lim\limits_{x\to0-}f(x)=\lim\limits_{x\to0-}(x^2-3)=-3$,
$f(0)=b$
에서 $b=-3$
(ii) $x=2$에서 연속이려면 $\lim\limits_{x\to2+}f(x)=\lim\limits_{x\to2-}f(x)=f(2)$이어야

하므로
$\lim\limits_{x\to2+}f(x)=\lim\limits_{x\to2+}(4x-3)=5$,
$\lim\limits_{x\to2-}f(x)=\lim\limits_{x\to2-}(x^2+ax-3)=1+2a$,
$f(2)=5$
에서 $5=1+2a$, $2a=4$　　$\therefore a=2$
(i), (ii)에서 $f(x)=\begin{cases} x^2-3 & (x<0) \\ x^2+2x-3 & (0\leq x<2) \\ 4x-3 & (x\geq2) \end{cases}$이므로
$f(1)=1^2+2\cdot1-3=0$

0200　답 ②

함수 $f(x)g(x)$가 $x=3$에서 연속이므로
$\lim\limits_{x\to3+}f(x)g(x)=\lim\limits_{x\to3-}f(x)g(x)=f(3)g(3)$이어야 한다. 즉,
$\lim\limits_{x\to3+}f(x)g(x)=\lim\limits_{x\to3+}(2x-1)(2x-k)$
$\qquad\qquad=5(6-k)=30-5k$,
$\lim\limits_{x\to3-}f(x)g(x)=\lim\limits_{x\to3-}(-x^2+2x-1)(2x-k)$
$\qquad\qquad=(-4)\cdot(6-k)=-24+4k$,
$f(3)g(3)=5(6-k)=30-5k$
에서 $30-5k=-24+4k$, $9k=54$　　$\therefore k=6$
따라서 $g(x)=2x-6$이므로
$g(1)=2\cdot1-6=-4$

0201 <답> ④

0202 <답> ③

함수 $f(x)$가 실수 전체의 집합에서 연속이므로 $x=2$에서도 연속이다.

즉, $\lim\limits_{x \to 2} f(x) = f(2)$이어야 하므로

$\lim\limits_{x \to 2} f(x) = \lim\limits_{x \to 2}(x^3 + 2x - k^2) = 12 - k^2,$

$f(2) = k$

에서 $12 - k^2 = k$, $k^2 + k - 12 = 0$

$(k+4)(k-3) = 0$ $\quad \therefore k = 3 \ (\because k > 0)$

0203 <답> ⑤

함수 $f(x)$가 $x=a$에서 연속이므로 $\lim\limits_{x \to a} f(x) = f(a)$이어야 한다.

즉,

$$\lim\limits_{x \to a} f(x) = \lim\limits_{x \to a} \frac{x^2 - (a+3)x + 3a}{x-a}$$
$$= \lim\limits_{x \to a} \frac{(x-3)(x-a)}{x-a}$$
$$= \lim\limits_{x \to a}(x-3) = a-3,$$

$f(a) = 4$

에서 $a-3 = 4$ $\quad \therefore a = 7$

0204 <답> ④

함수 $f(x)$가 모든 실수 x에서 연속이므로 $x=0$에서도 연속이다.

즉, $\lim\limits_{x \to 0} f(x) = f(0)$이어야 하므로

$$\lim\limits_{x \to 0} \frac{\sqrt{x^2 + a} - 4}{x^2} = f(0) \quad \cdots\cdots ㉠$$

㉠에서 $x \to 0$일 때 (분모) $\to 0$이고 극한값이 존재하므로 (분자) $\to 0$이다.

$\lim\limits_{x \to 0}(\sqrt{x^2 + a} - 4) = 0$에서 $\sqrt{a} - 4 = 0$

$\sqrt{a} = 4$ $\quad \therefore a = 16$

$a = 16$을 ㉠의 좌변에 대입하면

$$\lim\limits_{x \to 0} \frac{\sqrt{x^2 + 16} - 4}{x^2} = \lim\limits_{x \to 0} \frac{(\sqrt{x^2 + 16} - 4)(\sqrt{x^2 + 16} + 4)}{x^2(\sqrt{x^2 + 16} + 4)}$$
$$= \lim\limits_{x \to 0} \frac{x^2}{x^2(\sqrt{x^2 + 16} + 4)}$$
$$= \lim\limits_{x \to 0} \frac{1}{\sqrt{x^2 + 16} + 4} = \frac{1}{8}$$

이므로 $f(0) = \dfrac{1}{8}$

$\therefore a \times f(0) = 16 \times \dfrac{1}{8} = 2$

0205 <답> 1

함수 $f(x)$가 구간 $(-\infty, \infty)$에서 연속이므로 $x=1$에서도 연속이다.

즉, $\lim\limits_{x \to 1} f(x) = f(1)$이어야 하므로

$$\lim\limits_{x \to 1} \frac{\sqrt{2x^2 + a} + bx}{x-1} = 1 \quad \cdots\cdots ㉠$$

㉠에서 $x \to 1$일 때 (분모) $\to 0$이고 극한값이 존재하므로 (분자) $\to 0$이다.

$$\lim\limits_{x \to 1}(\sqrt{2x^2 + a} + bx) = 0$$에서

$\sqrt{2+a} + b = 0$ $\quad \therefore b = -\sqrt{2+a} \quad \cdots\cdots ㉡$

㉡을 ㉠에 대입하면

$$\lim\limits_{x \to 1} \frac{\sqrt{2x^2 + a} - \sqrt{2+a}\,x}{x-1}$$
$$= \lim\limits_{x \to 1} \frac{(\sqrt{2x^2 + a} - \sqrt{2+a}\,x)(\sqrt{2x^2 + a} + \sqrt{2+a}\,x)}{(x-1)(\sqrt{2x^2 + a} + \sqrt{2+a}\,x)}$$
$$= \lim\limits_{x \to 1} \frac{a - ax^2}{(x-1)(\sqrt{2x^2 + a} + \sqrt{2+a}\,x)}$$
$$= \lim\limits_{x \to 1} \frac{-a(x+1)(x-1)}{(x-1)(\sqrt{2x^2 + a} + \sqrt{2+a}\,x)}$$
$$= \lim\limits_{x \to 1} \frac{-a(x+1)}{\sqrt{2x^2 + a} + \sqrt{2+a}\,x} = \frac{-2a}{\sqrt{2+a} + \sqrt{2+a}}$$
$$= \frac{-a}{\sqrt{2+a}} = 1$$

에서 $\sqrt{2+a} = -a$

그런데 $\sqrt{2+a} > 0$이므로 $-a > 0$ $\quad \therefore a < 0$

$\sqrt{2+a} = -a$에서 $2+a = a^2$, $a^2 - a - 2 = 0$

$(a+1)(a-2) = 0$ $\quad \therefore a = -1 \ (\because a < 0)$

$a = -1$을 ㉡에 대입하면 $b = -1$

$\therefore ab = (-1) \cdot (-1) = 1$

0206 <답> ②

0207 <답> ④

$x \neq -2$일 때, $f(x) = \dfrac{x^3 + 8}{x+2}$

함수 $f(x)$가 모든 실수 x에서 연속이므로 $x=-2$에서도 연속이다.

즉, $\lim\limits_{x \to -2} f(x) = f(-2)$이어야 하므로

$$\lim\limits_{x \to -2} \frac{x^3 + 8}{x+2} = \lim\limits_{x \to -2} \frac{(x+2)(x^2 - 2x + 4)}{x+2}$$
$$= \lim\limits_{x \to -2}(x^2 - 2x + 4) = 12$$

에서 $f(-2) = 12$

0208 <답> ③

$x \neq 3$일 때, $f(x) = \dfrac{x^2 - ax + 6}{x-3}$

함수 $f(x)$가 모든 실수 x에서 연속이므로 $x=3$에서도 연속이다.

즉, $\lim\limits_{x \to 3} f(x) = f(3)$이어야 하므로

$$\lim\limits_{x \to 3} \frac{x^2 - ax + 6}{x-3} = f(3) \quad \cdots\cdots ㉠$$

㉠에서 $x \to 3$일 때 (분모) $\to 0$이고 극한값이 존재하므로 (분자) $\to 0$이다.

$\lim\limits_{x \to 3}(x^2 - ax + 6) = 0$에서 $15 - 3a = 0$

$3a = 15$ $\quad \therefore a = 5$

$a = 5$를 ㉠의 좌변에 대입하면

$$\lim\limits_{x \to 3} \frac{x^2 - 5x + 6}{x-3} = \lim\limits_{x \to 3} \frac{(x-2)(x-3)}{x-3}$$
$$= \lim\limits_{x \to 3}(x-2) = 1$$

이므로 $f(3) = 1$

또한, $f(a) = f(5) = \dfrac{5^2 - 5 \cdot 5 + 6}{5-3} = 3$이므로

$f(3) + f(a) = 1 + 3 = 4$

0209 답 ⑤

$x \neq -1$일 때, $f(x) = \dfrac{x^2 + ax + b}{x+1}$

함수 $f(x)$가 모든 실수 x에서 연속이므로 $x = -1$에서도 연속이다.

즉, $\displaystyle\lim_{x \to -1} f(x) = f(-1)$이어야 하므로

$$\lim_{x \to -1} \frac{x^2 + ax + b}{x+1} = f(-1) \qquad \cdots\cdots \ \text{㉠}$$

㉠에서 $x \to -1$일 때 (분모) $\to 0$이고 극한값이 존재하므로 (분자) $\to 0$이다.

$\displaystyle\lim_{x \to -1}(x^2 + ax + b) = 0$에서

$1 - a + b = 0$ $\qquad \therefore b = a - 1 \qquad \cdots\cdots \ \text{㉡}$

㉡을 ㉠의 좌변에 대입하면

$$\lim_{x \to -1} \frac{x^2 + ax + a - 1}{x+1} = \lim_{x \to -1} \frac{(x+1)(x+a-1)}{x+1}$$
$$= \lim_{x \to -1}(x + a - 1) = a - 2$$

이므로 $f(-1) = a - 2$

이때 $f(-1) = 6$이므로

$a - 2 = 6 \qquad \therefore a = 8$

$a = 8$을 ㉡에 대입하면 $b = 7$

$\therefore a + b = 8 + 7 = 15$

0210 답 3

$x \neq 3$일 때, $f(x) = \dfrac{a\sqrt{x-2} + b}{x-3}$

함수 $f(x)$가 $x \geq 2$인 모든 실수 x에서 연속이므로 $x = 3$에서도 연속이다.

즉, $\displaystyle\lim_{x \to 3} f(x) = f(3)$이어야 하므로

$$\lim_{x \to 3} \frac{a\sqrt{x-2} + b}{x-3} = f(3) \qquad \cdots\cdots \ \text{㉠}$$

㉠에서 $x \to 3$일 때 (분모) $\to 0$이고 극한값이 존재하므로 (분자) $\to 0$이다.

$\displaystyle\lim_{x \to 3}(a\sqrt{x-2} + b) = 0$에서 $a + b = 0 \qquad \cdots\cdots \ \text{㉡}$

이때 $f(6) = 2$이고 $(x-3)f(x) = a\sqrt{x-2} + b$에 $x = 6$을 대입하면

$3f(6) = 2a + b$이므로

$3 \cdot 2 = 2a + b \qquad \therefore 2a + b = 6 \qquad \cdots\cdots \ \text{㉢}$

㉡, ㉢을 연립하여 풀면 $a = 6$, $b = -6$

$a = 6$, $b = -6$을 ㉠의 좌변에 대입하면

$$\lim_{x \to 3} \frac{6\sqrt{x-2} - 6}{x-3} = \lim_{x \to 3} \frac{6(\sqrt{x-2} - 1)}{x-3}$$
$$= \lim_{x \to 3} \frac{6(\sqrt{x-2} - 1)(\sqrt{x-2} + 1)}{(x-3)(\sqrt{x-2} + 1)}$$
$$= \lim_{x \to 3} \frac{6(x-3)}{(x-3)(\sqrt{x-2} + 1)}$$
$$= \lim_{x \to 3} \frac{6}{\sqrt{x-2} + 1} = 3$$

이므로 $f(3) = 3$

0211 답 ③

0212 답 ①

$-1 < x < 1$일 때 $-3 < 2x - 1 < 1$이다.

(ⅰ) $-1 < x < -\dfrac{1}{2}$일 때

$-3 < 2x - 1 < -2$이므로 $f(x) = -3$

(ⅱ) $-\dfrac{1}{2} \leq x < 0$일 때

$-2 \leq 2x - 1 < -1$이므로 $f(x) = -2$

(ⅲ) $0 \leq x < \dfrac{1}{2}$일 때

$-1 \leq 2x - 1 < 0$이므로 $f(x) = -1$

(ⅳ) $\dfrac{1}{2} \leq x < 1$일 때

$0 \leq 2x - 1 < 1$이므로 $f(x) = 0$

(ⅰ)~(ⅳ)에서 함수 $y = f(x)$의 그래프는 오른쪽 그림과 같으므로 함수 $f(x)$가 불연속이 되는 x의 값의 개수는 $-\dfrac{1}{2}$, 0, $\dfrac{1}{2}$의 3이다.

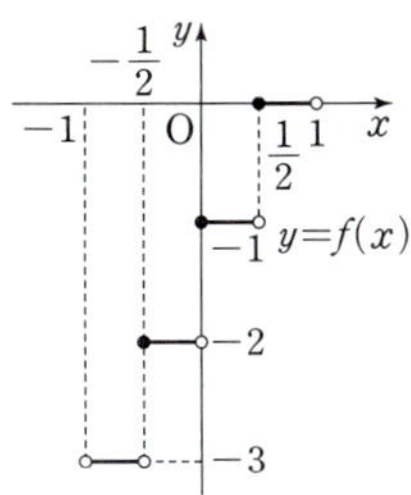

0213 답 ④

함수 $g(x)$가 $x = 1$에서 연속이므로 $\displaystyle\lim_{x \to 1} g(x) = g(1)$이어야 한다.

$f(x) = t$라 하면 $x \to 1$일 때 $t \to k-$이므로

$$\lim_{x \to 1} g(x) = \lim_{x \to 1}[f(x)] = \lim_{t \to k-}[t] = k - 1,$$
$$g(1) = 1$$

따라서 $k - 1 = 1$에서 $k = 2$이다.

0214 답 ②

함수 $f(x)$가 $x = n$에서 연속이므로

$\displaystyle\lim_{x \to n+} f(x) = \lim_{x \to n-} f(x) = f(n)$이어야 한다. 즉,

$$\lim_{x \to n+}(2[x]^2 + 2[x] + 5) = 2n^2 + 2n + 5,$$
$$\lim_{x \to n-}(2[x]^2 + 2[x] + 5) = 2(n-1)^2 + 2(n-1) + 5$$
$$= 2n^2 - 2n + 5,$$
$$f(n) = 2n^2 + 2n + 5$$

에서 $2n^2 + 2n + 5 = 2n^2 - 2n + 5$

$4n = 0 \qquad \therefore n = 0$

$\therefore f(n) = f(0) = 5$

0215 답 ③

ㄱ. $h(0) = f(0)g(0) = 1 \cdot 0 = 0$ (참)

ㄴ. $\displaystyle\lim_{x \to 0+} h(x) = \lim_{x \to 0+} f(x)g(x) = \lim_{x \to 0+}[x+1] \cdot [x]$
$\qquad = 1 \cdot 0 = 0,$

$\displaystyle\lim_{x \to 0-} h(x) = \lim_{x \to 0-} f(x)g(x) = \lim_{x \to 0-}[x+1] \cdot [x]$
$\qquad = 0 \cdot (-1) = 0$

이므로 $\displaystyle\lim_{x \to 0} h(x) = 0$

즉, $\displaystyle\lim_{x \to 0} h(x)$의 값이 존재한다. (참)

ㄷ. ㄱ, ㄴ에 의하여 $\displaystyle\lim_{x \to 0} h(x) = h(0)$이므로 함수 $h(x)$는 $x = 0$에서 연속이다. (거짓)

따라서 옳은 것은 ㄱ, ㄴ이다.

0216 답 ③

0217 답 ③

ㄱ. $f(x)$가 연속함수이므로 $2f(x)$도 연속함수이다.
　　$g(x)$도 연속함수이므로 $2f(x)+g(x)$도 연속함수이다.
ㄴ. $f(x)$가 연속함수이므로 $\{f(x)\}^2$도 연속함수이다.
ㄷ. [반례] $f(x)=x$, $g(x)=x$이면 $f(x)$, $g(x)$는 연속함수이
　　지만 $\dfrac{f(x)}{g(x)+1}=\dfrac{x}{x+1}$는 $x=-1$에서 불연속이다.
ㄹ. 임의의 실수 a에 대하여 $g(x)$가 연속함수이므로
　　$\displaystyle\lim_{x\to a}g(x)=g(a)$
　　또한, $g(x)=t$라 하면 $x\to a$일 때 $t\to g(a)$이고 $f(x)$가 연속
　　함수이므로
　　$\displaystyle\lim_{x\to a}f(g(x))=\lim_{t\to g(a)}f(t)=f(g(a))$
　　즉, $f(g(x))$도 연속함수이다.
따라서 연속함수인 것은 ㄱ, ㄴ, ㄹ이다.

0218 답 ③

다항함수 $g(x)$는 실수 전체의 집합에서 연속이므로 $f(x)g(x)$가
실수 전체의 집합에서 연속이 되려면 $x=a$에서 연속이어야 한다.
즉,
$\displaystyle\lim_{x\to a+}f(x)g(x)=\lim_{x\to a+}(x+2)(x-5)=(a+2)(a-5)$,
$\displaystyle\lim_{x\to a-}f(x)g(x)=\lim_{x\to a-}(2x+1)(x-5)=(2a+1)(a-5)$,
$f(a)g(a)=(a+2)(a-5)$
에서 $(a+2)(a-5)=(2a+1)(a-5)$
$(a+2)(a-5)-(2a+1)(a-5)=0$
$(a-5)(-a+1)=0$, $(a-1)(a-5)=0$
$\therefore a=1$ 또는 $a=5$
따라서 모든 실수 a의 값의 합은
$1+5=6$

0219 답 2

$x\geq1$일 때 $f(x)=x^2-2x+2=(x-1)^2+1>0$이고, $x<1$일
때 $f(x)=-1\neq0$이므로 함수 $f(x)$는 모든 실수 x에서 $f(x)\neq0$
이다.
한편, 함수 $f(x)$는 $x=1$에서 불연속이고 다항함수 $g(x)$는 모든
실수 x에서 연속이므로 함수 $\dfrac{g(x)}{f(x)}$가 모든 실수 x에서 연속이려
면 $x=1$에서 연속이어야 한다. 즉,
$\displaystyle\lim_{x\to1+}\frac{g(x)}{f(x)}=\lim_{x\to1+}\frac{x+a}{x^2-2x+2}=1+a$,
$\displaystyle\lim_{x\to1-}\frac{g(x)}{f(x)}=\lim_{x\to1-}\frac{x+a}{-1}=-1-a$,
$\dfrac{g(1)}{f(1)}=1+a$
에서 $1+a=-1-a$, $2a=-2$　　$\therefore a=-1$
따라서 $g(x)=x-1$이므로 $g(3)=3-1=2$이다.

0220 답 ④

0221 답 ㄱ, ㄷ

ㄱ. 함수 $f(x)$가 불연속이 되는 x의 값은 -1, 0, 1의 3개이다.
　　(참)

ㄴ. 함수 $f(x)$는 닫힌구간 $[0,1]$에서 최댓값을 갖지 않는다.
　　(거짓)
ㄷ. 함수 $f(x)$는 열린구간 $(-2,2)$에서 $x=-1$일 때 최솟값 0을
　　갖는다. (참)
따라서 옳은 것은 ㄱ, ㄷ이다.

0222 답 최댓값: 7

$x\neq2$일 때, $f(x)=x^2-4x+2=(x-2)^2-2$
즉, 닫힌구간 $[-1,3]$에서 함수 $y=f(x)$의
그래프는 오른쪽 그림과 같으므로 $x=2$에서
불연속이다.
따라서 함수 $f(x)$는 닫힌구간 $[-1,3]$에서
$x=-1$일 때 최댓값 7을 갖고, 최솟값은 갖지
않는다.

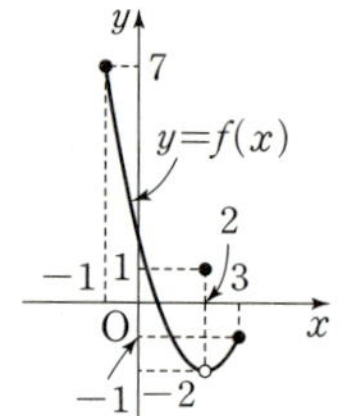

0223 답 ③

ㄱ. 함수 $f(x)g(x)=\dfrac{x^2+2}{x-3}$는 $x\neq3$인 모든 실수 x에서 연속이
　　므로 닫힌구간 $[0,2]$에서 연속이다.
　　즉, 함수 $f(x)g(x)$는 최대·최소 정리에 의하여 닫힌구간
　　$[0,2]$에서 최댓값과 최솟값을 모두 갖는다.
ㄴ. 함수 $f(g(x))=f(x^2+2)=\dfrac{1}{x^2-1}$은 $x\neq-1$, $x\neq1$인 모든
　　　　　　　　　　　　　　　　　　$=(x+1)(x-1)$
　　실수 x에서 연속이다.
　　이때 $g(x)=t$라 하면 $x\to1+$일 때 $t\to3+$, $x\to1-$일
　　때 $t\to3-$이므로
　　$\displaystyle\lim_{x\to1+}f(g(x))=\lim_{t\to3+}f(t)=\infty$
　　$\displaystyle\lim_{x\to1-}f(g(x))=\lim_{t\to3-}f(t)=-\infty$
　　즉, 함수 $f(g(x))$는 닫힌구간 $[0,2]$에서 최댓값과 최솟값을
　　모두 갖지 않는다.
ㄷ. 함수 $g(f(x))=g\left(\dfrac{1}{x-3}\right)=\dfrac{1}{(x-3)^2}+2$는 $x\neq3$인 모든 실수
　　x에서 연속이므로 닫힌구간 $[0,2]$에서 연속이다.
　　즉, 함수 $g(f(x))$는 최대·최소 정리에 의하여 닫힌구간 $[0,2]$
　　에서 최댓값과 최솟값을 모두 갖는다.
따라서 닫힌구간 $[0,2]$에서 최댓값과 최솟값을 모두 갖는 함수는
ㄱ, ㄷ이다.

0224 답 ③

주어진 함수 $y=f(x)$의 그래프에 의하여 함수 $f(x)$는 $x=-1$,
$x=0$, $x=1$에서 불연속이므로 $f(x)$는 최대·최소 정리에 의하여
이 3개의 x의 값을 포함하지 않는 모든 닫힌구간에서 최댓값과 최
솟값을 갖는다.
즉, 정수 a에 대하여 함수 $f(x)$가 닫힌구간 $[a,a+1]$에서 최댓
값 또는 최솟값이 존재하는지는 닫힌구간 $[-2,-1]$, $[-1,0]$,
$[0,1]$, $[1,2]$에서만 따져 보면 된다.
(i) 함수 $f(x)$는 닫힌구간 $[-2,-1]$에서 $x=-2$ 또는 $x=-1$
　　일 때 최댓값 0을 갖고, 최솟값은 갖지 않는다.
(ii) 함수 $f(x)$는 닫힌구간 $[-1,0]$에서 최댓값은 갖지 않고,
　　$x=0$일 때 최솟값 -1을 갖는다.
(iii) 함수 $f(x)$는 닫힌구간 $[0,1]$에서 $x=1$일 때 최댓값 1, $x=0$
　　일 때 최솟값 -1을 갖는다.

(iv) 함수 $f(x)$는 닫힌구간 $[1, 2]$에서 $x=1$일 때 최댓값 1, $x=2$일 때 최솟값 0을 갖는다.

(i)~(iv)에서 함수 $f(x)$가 닫힌구간 $[-2, -1]$, $[-1, 0]$에서 최댓값 또는 최솟값을 갖지 않으므로
$a=-2$ 또는 $a=-1$
따라서 모든 정수 a의 값의 합은
$-2+(-1)=-3$

0225 답 ④

0226 답 ②

$f(x)=x^2-\sqrt{x}-1$이라 하면 함수 $f(x)$는 $x\geq0$에서 연속이고
$f(0)=-1<0$, $f(1)=-1<0$, $f(2)=3-\sqrt{2}>0$,
$f(3)=8-\sqrt{3}>0$, $f(4)=13>0$, $f(5)=24-\sqrt{5}>0$
따라서 $f(1)f(2)<0$이므로 사잇값의 정리에 의하여 주어진 방정식의 실근이 존재하는 구간은 $(1, 2)$이다.

0227 답 ①

다항함수 $f(x)$는 모든 실수 x에서 연속이고, 사잇값의 정리에 의하여 방정식 $f(x)=0$이 열린구간 $(-1, 2)$에서 중근이 아닌 오직 하나의 실근을 가지려면 $f(-1)f(2)<0$이어야 하므로
$(a-4)(3a+8)<0$ $\therefore -\dfrac{8}{3}<a<4$
따라서 정수 a의 값은 -2, -1, 0, 1, 2, 3이므로 그 합은
$(-2)+(-1)+0+1+2+3=3$

0228 답 ③

연속함수 $f(x)$에 대하여
$f(-3)f(-2)=(-1)\cdot2=-2<0$,
$f(1)f(2)=2\cdot(-4)=-8<0$
이므로 사잇값의 정리에 의하여 방정식 $f(x)=0$은 열린구간 $(-3, -2)$, $(1, 2)$에서 각각 적어도 하나의 실근을 갖는다.
또한, $f(0)=0$이므로 방정식 $f(x)=0$은 적어도 3개의 실근을 갖는다.
$\therefore n=3$

0229 답 4개

$f(x)$는 연속함수이고, 조건 (나)에서
$f(1)f(2)<0$, $f(4)f(5)<0$
이므로 사잇값의 정리에 의하여 방정식 $f(x)=0$은 열린구간 $(1, 2)$, $(4, 5)$에서 각각 적어도 하나의 실근을 갖는다.
또한, 조건 (가)에서 $f(-x)=f(x)$이므로
$f(-2)f(-1)=f(2)f(1)<0$
$f(-5)f(-4)=f(5)f(4)<0$
즉, 사잇값의 정리에 의하여 방정식 $f(x)=0$은 열린구간 $(-2, -1)$, $(-5, -4)$에서 각각 적어도 하나의 실근을 갖는다.
따라서 방정식 $f(x)=0$은 적어도 4개의 실근을 갖는다.

해설 속 칠판 **대칭성을 갖는 함수의 그래프**

함수 f의 정의역의 모든 원소 x에 대하여
(1) $f(-x)=f(x)$: 함수 $y=f(x)$의 그래프는 y축에 대하여 대칭이다.
(2) $f(-x)=-f(x)$: 함수 $y=f(x)$의 그래프는 원점에 대하여 대칭이다.

0230 답 ③

One Point Lesson
주어진 식을 $f(x)$에 대한 식으로 나타낸 후 특정한 점에서 연속일 조건을 이용한다.

$x\neq0$일 때, $f(x)=\dfrac{x^2+4x}{\sqrt{2+x}-\sqrt{2-x}}$

함수 $f(x)$가 닫힌구간 $[-2, 2]$에서 연속이므로 $x=0$에서도 연속이다.
즉, $\lim\limits_{x\to0}f(x)=f(0)$이어야 하므로

$\lim\limits_{x\to0}f(x)=\lim\limits_{x\to0}\dfrac{x^2+4x}{\sqrt{2+x}-\sqrt{2-x}}$

$=\lim\limits_{x\to0}\dfrac{(x^2+4x)(\sqrt{2+x}+\sqrt{2-x})}{(\sqrt{2+x}-\sqrt{2-x})(\sqrt{2+x}+\sqrt{2-x})}$

$=\lim\limits_{x\to0}\dfrac{x(x+4)(\sqrt{2+x}+\sqrt{2-x})}{2x}$

$=\lim\limits_{x\to0}\dfrac{(x+4)(\sqrt{2+x}+\sqrt{2-x})}{2}=4\sqrt{2}$

이므로 $f(0)=4\sqrt{2}$

0231 답 5

One Point Lesson
함수 $f(x)$에 대하여 (분모)$\neq0$임을 이용하여 $f(x)$가 불연속이 될 만한 x의 값을 찾는다.

함수 $f(x)$는 $|x(x-1)^2(x-2)^3|=0$인 x의 값에서 정의되지 않으므로 $f(x)$는 $x=0$, $x=1$, $x=2$에서 불연속이다.
$\therefore n=3$
한편, $x=0$, $x=1$, $x=2$에서의 함수 $f(x)$의 극한값의 존재 유무를 조사해 보면

(i) $\lim\limits_{x\to0+}f(x)=\lim\limits_{x\to0+}\dfrac{x(x-1)^2(x-2)^3}{x(x-1)^2\{-(x-2)^3\}}=-1$,

$\lim\limits_{x\to0-}f(x)=\lim\limits_{x\to0-}\dfrac{x(x-1)^2(x-2)^3}{(-x)(x-1)^2\{-(x-2)^3\}}=1$

이므로 $\lim\limits_{x\to0+}f(x)\neq\lim\limits_{x\to0-}f(x)$
즉, $\lim\limits_{x\to0}f(x)$의 값이 존재하지 않는다.

(ii) $\lim\limits_{x\to1+}f(x)=\lim\limits_{x\to1+}\dfrac{x(x-1)^2(x-2)^3}{x(x-1)^2\{-(x-2)^3\}}=-1$,

$\lim\limits_{x\to1-}f(x)=\lim\limits_{x\to1-}\dfrac{x(x-1)^2(x-2)^3}{x(x-1)^2\{-(x-2)^3\}}=-1$

이므로 $\lim\limits_{x\to1}f(x)=-1$

(iii) $\lim\limits_{x\to2+}f(x)=\lim\limits_{x\to2+}\dfrac{x(x-1)^2(x-2)^3}{x(x-1)^2(x-2)^3}=1$,

$\lim\limits_{x\to2-}f(x)=\lim\limits_{x\to2-}\dfrac{x(x-1)^2(x-2)^3}{x(x-1)^2\{-(x-2)^3\}}=-1$

이므로 $\lim\limits_{x\to2+}f(x)\neq\lim\limits_{x\to2-}f(x)$
즉, $\lim\limits_{x\to2}f(x)$의 값이 존재하지 않는다.

(i), (ii), (iii)에서 $m=2$이므로
$m+n=2+3=5$

0232 답 ㄴ, ㄷ

$f(x)=t$라 하면 $x \to 0+$일 때 $t \to -1+$, $x \to 0-$일 때
$t \to 1-$이다.

ㄱ. $\lim\limits_{x \to 0+} g(f(x)) = \lim\limits_{t \to -1+} g(t) = 1$,

$\lim\limits_{x \to 0-} g(f(x)) = \lim\limits_{t \to 1-} g(t) = -1$

이므로 $\lim\limits_{x \to 0+} g(f(x)) \neq \lim\limits_{x \to 0-} g(f(x))$

즉, $\lim\limits_{x \to 0} g(f(x))$의 값이 존재하지 않으므로 함수 $g(f(x))$는
$x=0$에서 불연속이다.

ㄴ. $\lim\limits_{x \to 0+} g(f(x)) = \lim\limits_{t \to -1+} g(t) = 0$,

$\lim\limits_{x \to 0-} g(f(x)) = \lim\limits_{t \to 1-} g(t) = 0$

에서 $\lim\limits_{x \to 0} g(f(x)) = 0$이고 $g(f(0)) = g(0) = 0$이므로

$\lim\limits_{x \to 0} g(f(x)) = g(f(0))$

즉, 함수 $g(f(x))$는 $x=0$에서 연속이다.

ㄷ. $\lim\limits_{x \to 0+} g(f(x)) = \lim\limits_{t \to -1+} g(t) = 0$,

$\lim\limits_{x \to 0-} g(f(x)) = \lim\limits_{t \to 1-} g(t) = 0$

에서 $\lim\limits_{x \to 0} g(f(x)) = 0$이고 $g(f(0)) = g(0) = 0$이므로

$\lim\limits_{x \to 0} g(f(x)) = g(f(0))$

즉, 함수 $g(f(x))$는 $x=0$에서 연속이다.

따라서 합성함수 $g(f(x))$가 $x=0$에서 연속이 되도록 하는 함수
$y=g(x)$의 그래프는 ㄴ, ㄷ이다.

0233 답 ③

함수 $f(x)$는 $x^2 - 2(a+1)x + 3a + 7 = 0$인 x의 값에서 정의되지
않으므로 $f(x)$가 실수 전체의 집합에서 연속이 되려면
$x^2 - 2(a+1)x + 3a + 7 \neq 0$이어야 한다.
즉, 이차방정식 $x^2 - 2(a+1)x + 3a + 7 = 0$이 실근을 갖지 않아야
하므로 이 이차방정식의 판별식을 D라 하면

$\dfrac{D}{4} = \{-(a+1)\}^2 - (3a+7) < 0, \ a^2 - a - 6 < 0$

$(a+2)(a-3) < 0 \qquad \therefore -2 < a < 3$

따라서 정수 a의 값은 -1, 0, 1, 2이므로 그 합은
$-1 + 0 + 1 + 2 = 2$

0234 답 4

지하철이 A역을 출발한 지 x시간 후의 지하철의 속력을
$f(x)$ km/h라 하고 A역을 출발한 지 b시간, c시간, d시간 후에
각각 B역, C역, D역에 도착했다고 하면
$f(0) = 0$, $f(b) = 0$, $f(c) = 0$, $f(d) = 0$
이때 $b < \alpha < c$, $c < \beta < d$이고 $f(\alpha) = 70$, $f(\beta) = 80$인 α, β가
존재하므로 사잇값의 정리에 의하여 $f(k) = 65$인 k가 열린구간
(b, α), (α, c), (c, β), (β, d)에 각각 적어도 하나씩 존재한다.
따라서 지하철이 A역에서 D역으로 갈 때까지 속력이 65 km/h인
순간은 적어도 4번 있다. $\qquad \therefore n = 4$

0235 답 ③

함수 $f(x)$가 실수 전체의 집합에서 연속이므로 $x=0$에서도 연속
이다.
즉, $\lim\limits_{x \to 0+} f(x) = \lim\limits_{x \to 0-} f(x) = f(0)$이어야 하므로

$\lim\limits_{x \to 0+} f(x) = \lim\limits_{x \to 0+} (ax+b) = b$,

$\lim\limits_{x \to 0-} f(x) = \lim\limits_{x \to 0-} (x^2 - x - 2) = -2$,

$f(0) = b$

에서 $b = -2$

이때 함수 $f(x)$가 모든 실수 x에 대하여 $f(x) = f(x+2)$를 만족
시키므로 $f(-1) = f(1)$에서
$(-1)^2 - (-1) - 2 = a \cdot 1 - 2$
$0 = a - 2 \qquad \therefore a = 2$

따라서 $f(x) = \begin{cases} x^2 - x - 2 & (-1 \leq x < 0) \\ 2x - 2 & (0 \leq x \leq 1) \end{cases}$이므로

$f\left(\dfrac{9}{2}\right) = f\left(\dfrac{5}{2}\right) = f\left(\dfrac{1}{2}\right)$

$= 2 \cdot \dfrac{1}{2} - 2 = -1$

0236 답 ②

$20 - x^2 \geq 0$이므로 함수 $f(x)$는 $-2\sqrt{5} \leq x \leq 2\sqrt{5}$에서 정의되어
있다.

(i) $0 \leq x^2 \leq 4$일 때 $\quad -2 \leq x \leq 2$

$4 \leq \sqrt{20-x^2} < 5$이므로 $f(x) = 4$

(ii) $4 < x^2 \leq 11$일 때 $\quad -\sqrt{11} \leq x < -2$ 또는 $2 < x \leq \sqrt{11}$

$3 \leq \sqrt{20-x^2} < 4$이므로 $f(x) = 3$

(iii) $11 < x^2 \leq 16$일 때 $\quad -4 \leq x < -\sqrt{11}$ 또는 $\sqrt{11} < x \leq 4$

$2 \leq \sqrt{20-x^2} < 3$이므로 $f(x) = 2$

(iv) $16 < x^2 \leq 19$일 때 $\quad -\sqrt{19} \leq x < -4$ 또는 $4 < x \leq \sqrt{19}$

$1 \leq \sqrt{20-x^2} < 2$이므로 $f(x) = 1$

(v) $19 < x^2 \leq 20$일 때 $\quad -2\sqrt{5} \leq x < -\sqrt{19}$ 또는 $\sqrt{19} < x \leq 2\sqrt{5}$

$0 \leq \sqrt{20-x^2} < 1$이므로 $f(x) = 0$

(i)~(v)에서 함수 $y = f(x)$의 그래프는 다음 그림과 같다.

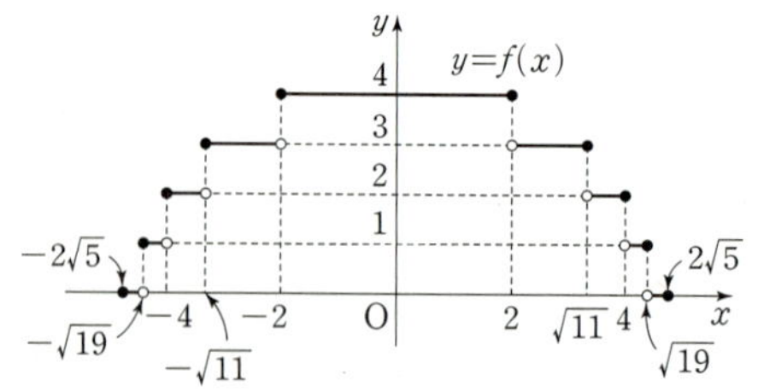

따라서 함수 $f(x)$가 불연속이 되는 x의 값은
$x=\pm2$, $x=\pm\sqrt{11}$, $x=\pm4$, $x=\pm\sqrt{19}$ 이므로
연속이 되는 정수 x의 값의 개수는 0, ±1, ±3의 5이다.

0237 답 ④

함수 $g(x)$가 실수 전체의 집합에서 연속임을 이용하여 다항함수 $xf(x)-7$의
식을 세워 본다.

$\lim\limits_{x\to\infty}g(x)=\lim\limits_{x\to\infty}\dfrac{xf(x)-7}{x^4-1}=1$이므로 $xf(x)-7$은 최고차항의

계수가 1인 사차함수이다.

한편, 함수 $g(x)$가 실수 전체의 집합에서 연속이므로 $x=-1$,
$x=1$에서도 연속이다.

즉, $\lim\limits_{x\to-1}g(x)=g(-1)$, $\lim\limits_{x\to1}g(x)=g(1)$이어야 하므로

$\lim\limits_{x\to-1}\dfrac{xf(x)-7}{x^4-1}=4$　……㉠

$\lim\limits_{x\to1}\dfrac{xf(x)-7}{x^4-1}=4$　……㉡

㉠에서 $x\to-1$일 때 (분모) $\to0$이고 극한값이 존재하므로
(분자) $\to0$이다.

$\lim\limits_{x\to-1}\{xf(x)-7\}=0$에서 $-f(-1)-7=0$

㉡에서 $x\to1$일 때 (분모) $\to0$이고 극한값이 존재하므로
(분자) $\to0$이다.

$\lim\limits_{x\to1}\{xf(x)-7\}=0$에서 $f(1)-7=0$

따라서 $xf(x)-7=(x+1)(x-1)(x^2+ax+b)$ (a, b는 상수)
라 하면

㉠에서

$\lim\limits_{x\to-1}\dfrac{xf(x)-7}{x^4-1}=\lim\limits_{x\to-1}\dfrac{(x+1)(x-1)(x^2+ax+b)}{x^4-1}$

$=\lim\limits_{x\to-1}\dfrac{(x+1)(x-1)(x^2+ax+b)}{(x+1)(x-1)(x^2+1)}$

$=\lim\limits_{x\to-1}\dfrac{x^2+ax+b}{x^2+1}$

$=\dfrac{1-a+b}{2}=4$

이므로 $1-a+b=8$

$\therefore a-b=-7$　……㉢

㉡에서

$\lim\limits_{x\to1}\dfrac{xf(x)-7}{x^4-1}=\lim\limits_{x\to1}\dfrac{(x+1)(x-1)(x^2+ax+b)}{(x+1)(x-1)(x^2+1)}$

$=\lim\limits_{x\to1}\dfrac{x^2+ax+b}{x^2+1}$

$=\dfrac{1+a+b}{2}=4$

이므로 $1+a+b=8$

$\therefore a+b=7$　……㉣

㉢, ㉣을 연립하여 풀면
$a=0$, $b=7$

즉, $xf(x)-7=(x+1)(x-1)(x^2+7)$이므로
양변에 $x=2$를 대입하면
$2f(2)-7=(2+1)\cdot(2-1)\cdot(2^2+7)=33$
$2f(2)=40$　$\therefore f(2)=20$

0238 답 3개

주어진 식을 이용하여 다항함수 $f(x)$의 식을 세워 본다.

$\lim\limits_{x\to-2}\dfrac{f(x)}{x+2}=m$　……㉠

㉠에서 $x\to-2$일 때 (분모) $\to0$이고 극한값이 존재하므로
(분자) $\to0$이다.

즉, $\lim\limits_{x\to-2}f(x)=0$에서 $f(-2)=0$

$\lim\limits_{x\to2}\dfrac{f(x)}{x-2}=n$　……㉡

㉡에서 $x\to2$일 때 (분모) $\to0$이고 극한값이 존재하므로
(분자) $\to0$이다.

즉, $\lim\limits_{x\to2}f(x)=0$에서 $f(2)=0$

따라서 $f(x)=(x+2)(x-2)g(x)$ ($g(x)$는 다항함수)라 하면
㉠에서

$\lim\limits_{x\to-2}\dfrac{f(x)}{x+2}=\lim\limits_{x\to-2}\dfrac{(x+2)(x-2)g(x)}{x+2}$

$\qquad=\lim\limits_{x\to-2}(x-2)g(x)=-4g(-2)=m$

㉡에서

$\lim\limits_{x\to2}\dfrac{f(x)}{x-2}=\lim\limits_{x\to2}\dfrac{(x+2)(x-2)g(x)}{x-2}$

$\qquad=\lim\limits_{x\to2}(x+2)g(x)=4g(2)=n$

이때 $mn>0$이므로
$mn=\{-4g(-2)\}\cdot4g(2)=-16g(-2)g(2)>0$
$\therefore g(-2)g(2)<0$

다항함수 $g(x)$는 모든 실수 x에서 연속이고, 사잇값의 정리에 의
하여 방정식 $g(x)=0$은 열린구간 $(-2,\ 2)$에서 적어도 하나의
실근을 갖는다.

따라서 방정식 $f(x)=0$, 즉 $(x+2)(x-2)g(x)=0$은 닫힌구간
$[-2,\ 2]$에서 $x=-2$, $x=2$, $x=\alpha$ ($-2<\alpha<2$)인 적어도 3개
의 실근을 갖는다.

0239 답 2

함수 $f(x)$는 $x=0$에서 불연속이므로 $g(f(x))$가 실수 전체의 집합
에서 연속이려면 $x=0$에서 연속이어야 한다.

즉, $\lim\limits_{x\to0+}g(f(x))=\lim\limits_{x\to0-}g(f(x))=g(f(0))$이어야 한다.　❶

$f(x)=t$라 하면 $x\to0+$일 때 $t\to2+$, $x\to0-$일 때
$t\to-1-$이므로

$\lim\limits_{x\to0+}g(f(x))=\lim\limits_{t\to2+}g(t)=\lim\limits_{t\to2+}(at^2-2t)=4a-4$

$\lim\limits_{x\to0-}g(f(x))=\lim\limits_{t\to-1-}g(t)=\lim\limits_{t\to-1-}(at^2-2t)=a+2$

$g(f(0))=g(2)=4a-4$　❷

따라서 $4a-4=a+2$이어야 하므로
$3a=6$　$\therefore a=2$　❸

채점 기준	배점 비율
❶ 함수 $g(f(x))$가 실수 전체의 집합에서 연속이 되도록 하는 조건 구하기	30%
❷ $x=0$에서의 함수 $g(f(x))$의 극한값, 함숫값 구하기	50%
❸ 상수 a의 값 구하기	20%

0240　$\boxed{답}$ $a=2,\ b=0$

함수 $f(x)$는 $x=0$, $x=2$에서 불연속이고 다항함수 $g(x)$는 실수 전체의 집합에서 연속이므로 $f(x)g(x)$가 닫힌구간 $[-1,\ 3]$에서 연속이 되려면 $x=0$, $x=2$에서 연속이어야 한다. ❶

(i) $x=0$에서 연속이려면

$$\lim_{x\to 0+}f(x)g(x)=\lim_{x\to 0-}f(x)g(x)=f(0)g(0)\text{이어야 하므로}$$

$$\lim_{x\to 0+}f(x)g(x)=2g(0),$$

$$\lim_{x\to 0-}f(x)g(x)=g(0),$$

$$f(0)g(0)=2g(0)$$

에서 $2g(0)=g(0)$　　$\therefore\ g(0)=0$

(ii) $x=2$에서 연속이려면

$$\lim_{x\to 2+}f(x)g(x)=\lim_{x\to 2-}f(x)g(x)=f(2)g(2)\text{이어야 하므로}$$

$$\lim_{x\to 2+}f(x)g(x)=0\cdot g(2)=0,$$

$$\lim_{x\to 2-}f(x)g(x)=2g(2),$$

$$f(2)g(2)=g(2)$$

에서 $0=2g(2)=g(2)$　　$\therefore\ g(2)=0$ ❷

(i), (ii)에서 $g(x)=ax(x-2)$라 하면

$$g(x)=ax^2-4x+b=ax^2-2ax$$

즉, 항등식의 성질에 의하여 $-4=-2a$, $b=0$이므로

$a=2,\ b=0$ ❸

채점 기준	배점 비율
❶ 함수 $f(x)g(x)$가 연속이어야 하는 x의 값 구하기	30%
❷ $x=0$, $x=2$에서의 함수 $f(x)g(x)$의 연속성 각각 조사하기	50%
❸ 두 상수 a, b의 값 각각 구하기	20%

0241　$\boxed{답}$ -1

$x\neq 2$일 때,

$$f(x)=\frac{x^3-6x^2+11x-6}{x-2}=\frac{(x-1)(x-2)(x-3)}{x-2}$$

$$=(x-1)(x-3)=x^2-4x+3$$

$$=(x-2)^2-1$$

즉, 닫힌구간 $[0,\ 4]$에서 함수 $y=f(x)$의 그래프는 오른쪽 그림과 같다. ❶

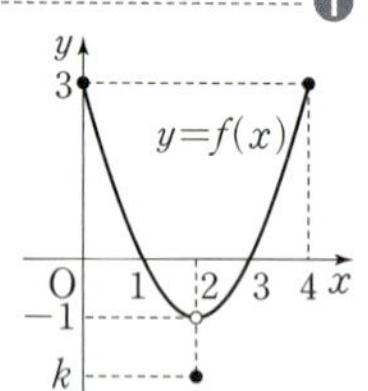

함수 $f(x)$는 닫힌구간 $[0,\ 4]$에서 $x=0$ 또는 $x=4$일 때 최댓값 3을 갖고, 최솟값도 가지려면 $k\leq -1$이어야 한다.
따라서 실수 k의 최댓값은 -1이다. ❸

채점 기준	배점 비율
❶ $x\neq 2$일 때, 함수 $f(x)$의 식 정리하기	30%
❷ 함수 $y=f(x)$의 그래프 그리기	30%
❸ 실수 k의 최댓값 구하기	40%

03　미분계수와 도함수

0242　$\boxed{답}$ 1

$$\frac{\Delta y}{\Delta x}=\frac{f(3)-f(-2)}{3-(-2)}=\frac{-1-(-6)}{5}=1$$

0243　$\boxed{답}$ -1

$$\frac{\Delta y}{\Delta x}=\frac{f(3)-f(-2)}{3-(-2)}=\frac{-6-(-1)}{5}=-1$$

0244　$\boxed{답}$ 14

$$\frac{\Delta y}{\Delta x}=\frac{f(3)-f(-2)}{3-(-2)}=\frac{55-(-15)}{5}=14$$

0245　$\boxed{답}$ -1

$$\frac{\Delta y}{\Delta x}=\frac{f(2)-f(0)}{2-0}=\frac{0-2}{2}=-1$$

0246　$\boxed{답}$ 3

$$\frac{\Delta y}{\Delta x}=\frac{f(5)-f(2)}{5-2}=\frac{19-10}{3}=3$$

0247　$\boxed{답}$ 6

$$\frac{\Delta y}{\Delta x}=\frac{f(3)-f(1)}{3-1}=\frac{15-3}{2}=6$$

0248　$\boxed{답}$ 13

$$\frac{\Delta y}{\Delta x}=\frac{f(-2)-f(-4)}{-2-(-4)}=\frac{-14-(-40)}{2}=13$$

0249　$\boxed{답}$ 1

$$f'(2)=\lim_{\Delta x\to 0}\frac{f(2+\Delta x)-f(2)}{\Delta x}$$

$$=\lim_{\Delta x\to 0}\frac{\{(2+\Delta x)+5\}-7}{\Delta x}=\lim_{\Delta x\to 0}\frac{\Delta x}{\Delta x}=1$$

0250　$\boxed{답}$ 13

$$f'(2)=\lim_{\Delta x\to 0}\frac{f(2+\Delta x)-f(2)}{\Delta x}$$

$$=\lim_{\Delta x\to 0}\frac{\{3(2+\Delta x)^2+(2+\Delta x)-1\}-13}{\Delta x}$$

$$=\lim_{\Delta x\to 0}\frac{3\cdot(\Delta x)^2+13\Delta x}{\Delta x}=\lim_{\Delta x\to 0}(3\Delta x+13)=13$$

0251　$\boxed{답}$ 14

$$f'(2)=\lim_{\Delta x\to 0}\frac{f(2+\Delta x)-f(2)}{\Delta x}$$

$$=\lim_{\Delta x\to 0}\frac{\{(2+\Delta x)^3+2(2+\Delta x)-3\}-9}{\Delta x}$$

$$=\lim_{\Delta x\to 0}\frac{(\Delta x)^3+6\cdot(\Delta x)^2+14\Delta x}{\Delta x}$$
$$=\lim_{\Delta x\to 0}\{(\Delta x)^2+6\Delta x+14\}=14$$

0252 답 2

$$f'(1)=\lim_{\Delta x\to 0}\frac{f(1+\Delta x)-f(1)}{\Delta x}$$
$$=\lim_{\Delta x\to 0}\frac{\{2(1+\Delta x)-3\}-(-1)}{\Delta x}$$
$$=\lim_{\Delta x\to 0}\frac{2\Delta x}{\Delta x}=2$$

0253 답 3

$$f'(2)=\lim_{\Delta x\to 0}\frac{f(2+\Delta x)-f(2)}{\Delta x}$$
$$=\lim_{\Delta x\to 0}\frac{\{(2+\Delta x)^2-(2+\Delta x)+2\}-4}{\Delta x}$$
$$=\lim_{\Delta x\to 0}\frac{(\Delta x)^2+3\Delta x}{\Delta x}$$
$$=\lim_{\Delta x\to 0}(\Delta x+3)=3$$

0254 답 5

$$f'(-1)=\lim_{\Delta x\to 0}\frac{f(-1+\Delta x)-f(-1)}{\Delta x}$$
$$=\lim_{\Delta x\to 0}\frac{\{(-1+\Delta x)^3+2(-1+\Delta x)-1\}-(-4)}{\Delta x}$$
$$=\lim_{\Delta x\to 0}\frac{(\Delta x)^3-3\cdot(\Delta x)^2+5\Delta x}{\Delta x}$$
$$=\lim_{\Delta x\to 0}\{(\Delta x)^2-3\Delta x+5\}=5$$

0255 답 (가) 연속 (나) 1 (다) -1
(라) 미분가능하지 않다

(ⅰ) $f(0)=0$이고 $\lim\limits_{x\to 0}f(x)=\lim\limits_{x\to 0}|x|=0$이므로

$$\lim_{x\to 0}f(x)=f(0)$$

따라서 함수 $y=f(x)$는 $x=0$에서 $\boxed{연속}$이다.

(ⅱ) $f'(0)=\lim\limits_{x\to 0}\dfrac{f(x)-f(0)}{x-0}=\lim\limits_{x\to 0}\dfrac{|x|}{x}$에서

$$\lim_{x\to 0+}\frac{|x|}{x}=\lim_{x\to 0+}\frac{x}{x}=\boxed{1},$$
$$\lim_{x\to 0-}\frac{|x|}{x}=\lim_{x\to 0-}\frac{-x}{x}=\boxed{-1}$$

이므로 $f'(0)$이 존재하지 않는다.

따라서 함수 $f(x)$는 $x=0$에서 $\boxed{미분가능하지 않다}$.

0256 답 연속이고 미분가능하지 않다.
(ⅰ) $f(1)=1$이고

$$\lim_{x\to 1+}f(x)=\lim_{x\to 1+}(-2x+3)=1,$$
$$\lim_{x\to 1-}f(x)=\lim_{x\to 1-}x^2=1$$이므로 $\lim_{x\to 1}f(x)=1$

$\lim\limits_{x\to 1}f(x)=f(1)$이므로 함수 $f(x)$는 $x=1$에서 연속이다.

(ⅱ) $\lim\limits_{x\to 1+}\dfrac{f(x)-f(1)}{x-1}=\lim\limits_{x\to 1+}\dfrac{(-2x+3)-1}{x-1}$
$$=\lim_{x\to 1+}\frac{-2(x-1)}{x-1}=-2$$

$$\lim_{x\to 1-}\frac{f(x)-f(1)}{x-1}=\lim_{x\to 1-}\frac{x^2-1}{x-1}$$
$$=\lim_{x\to 1-}(x+1)=2$$

이므로 $f'(1)$이 존재하지 않는다.

따라서 함수 $f(x)$는 $x=1$에서 미분가능하지 않다.

0257 답 $f'(x)=0$

$$f'(x)=\lim_{h\to 0}\frac{f(x+h)-f(x)}{h}$$
$$=\lim_{h\to 0}\frac{-1-(-1)}{h}=0$$

0258 답 $f'(x)=1$

$$f'(x)=\lim_{h\to 0}\frac{f(x+h)-f(x)}{h}$$
$$=\lim_{h\to 0}\frac{(x+h+1)-(x+1)}{h}=\lim_{h\to 0}\frac{h}{h}=1$$

0259 답 $f'(x)=2x$

$$f'(x)=\lim_{h\to 0}\frac{f(x+h)-f(x)}{h}$$
$$=\lim_{h\to 0}\frac{\{(x+h)^2+2\}-(x^2+2)}{h}$$
$$=\lim_{h\to 0}\frac{2xh+h^2}{h}=\lim_{h\to 0}(2x+h)=2x$$

0260 답 $f'(x)=-3x^2$

$$f'(x)=\lim_{h\to 0}\frac{f(x+h)-f(x)}{h}$$
$$=\lim_{h\to 0}\frac{\{-(x+h)^3-1\}-(-x^3-1)}{h}$$
$$=\lim_{h\to 0}\frac{-3x^2h-3xh^2-h^3}{h}$$
$$=\lim_{h\to 0}(-3x^2-3xh-h^2)=-3x^2$$

0261 답 $y'=0$
$y'=(1)'=0$

0262 답 $y'=0$
$y'=(-50)'=0$

0263 답 $y'=0$
$y'=(1000)'=0$

0264 답 $y'=3x^2$
$y'=(x^3)'=3x^2$

0265 답 $y'=5x^4$
$y'=(x^5)'=5x^4$

0266 답 $y'=10x^9$
$y'=(x^{10})'=10x^9$

0267 답 $y'=-3$

$y'=(-3x+8)'=(-3x)'+(8)'=-3$

0268 답 $y'=12x^3+6x^2$

$y'=(3x^4+2x^3)'=(3x^4)'+(2x^3)'=12x^3+6x^2$

0269 답 $y'=2x^5+2x^3-\dfrac{1}{2}x$

$y'=\left(\dfrac{1}{3}x^6+\dfrac{1}{2}x^4-\dfrac{1}{4}x^2\right)'$

$\quad=\left(\dfrac{1}{3}x^6\right)'+\left(\dfrac{1}{2}x^4\right)'-\left(\dfrac{1}{4}x^2\right)'$

$\quad=2x^5+2x^3-\dfrac{1}{2}x$

0270 답 $y'=6x-1$

$y'=(x+1)'(3x-4)+(x+1)(3x-4)'$

$\quad=3x-4+(x+1)\cdot3=6x-1$

0271 답 $y'=-18x^2+3$

$y'=(3x)'(-2x^2+1)+3x(-2x^2+1)'$

$\quad=3(-2x^2+1)+3x\cdot(-4x)=-18x^2+3$

0272 답 $y'=8x^3+6x^2-2x-3$

$y'=(x^2+x+1)'(2x^2-3)+(x^2+x+1)(2x^2-3)'$

$\quad=(2x+1)(2x^2-3)+(x^2+x+1)\cdot4x$

$\quad=8x^3+6x^2-2x-3$

0273 답 $y'=3x^2-1$

$y'=(x)'(x-1)(x+1)+x(x-1)'(x+1)+x(x-1)(x+1)'$

$\quad=(x-1)(x+1)+x(x+1)+x(x-1)=3x^2-1$

0274 답 $y'=18x^2+16x-6$

$y'=(x+1)'(2x-2)(3x+4)+(x+1)(2x-2)'(3x+4)$
$\qquad\qquad\qquad\qquad\quad +(x+1)(2x-2)(3x+4)'$

$\quad=(2x-2)(3x+4)+2(x+1)(3x+4)+3(x+1)(2x-2)$

$\quad=18x^2+16x-6$

0275 답 $y'=3(x-4)^2$

$y'=\{(x-4)^3\}'=3(x-4)^2(x-4)'=3(x-4)^2$

0276 답 $y'=10(x+1)(x^2+2x-3)^4$

$y'=\{(x^2+2x-3)^5\}'$

$\quad=5(x^2+2x-3)^4(x^2+2x-3)'$

$\quad=5(2x+2)(x^2+2x-3)^4=10(x+1)(x^2+2x-3)^4$

0277 답 $y'=(x+1)^2(5x^2+2x+3)$

$y'=\{(x+1)^3\}'(x^2+1)+(x+1)^3(x^2+1)'$

$\quad=3(x+1)^2(x^2+1)+(x+1)^3\cdot2x$

$\quad=(x+1)^2\{3(x^2+1)+2x(x+1)\}$

$\quad=(x+1)^2(5x^2+2x+3)$

0278 답 ⑤

0279 답 ④

함수 $f(x)$에 대하여 x의 값이 2에서 p까지 변할 때의 평균변화율은

$$\dfrac{f(p)-f(2)}{p-2}=\dfrac{(p^2-2p-4)-(-4)}{p-2}$$

$$=\dfrac{p^2-2p}{p-2}=\dfrac{p(p-2)}{p-2}=p$$

$\therefore p=4$

0280 답 ③

함수 $f(x)$에 대하여 x의 값이 -1에서 5까지 변할 때의 평균변화율은

$$\dfrac{f(5)-f(-1)}{5-(-1)}=\dfrac{(25-15)-(1+3)}{6}=1$$

함수 $f(x)$에 대하여 x의 값이 0에서 k까지 변할 때의 평균변화율은

$$\dfrac{f(k)-f(0)}{k-0}=\dfrac{k^2-3k}{k}=k-3$$

따라서 $1=k-3$이므로 $k=4$이다.

0281 답 ①

함수 $f(x)$에 대하여 x의 값이 k에서 $k+2$까지 변할 때의 평균변화율은

$$\dfrac{k\{(k+2)^2+2(k+2)+2\}-(k-2)(k^2+2k+2)}{(k+2)-k}$$

$$=\dfrac{k^3+6k^2+10k-(k^3-2k-4)}{2}$$

$$=\dfrac{6k^2+12k+4}{2}=3k^2+6k+2$$

$3k^2+6k+2=4$, $3k^2+6k-2=0$

따라서 이차방정식의 근과 계수의 관계에 의하여 모든 실수 k의 값의 합은 -2이다.

0282 답 ⑤

점 P를 원점에 대하여 대칭이동한 점의 좌표는 $(3,\,-2)$

함수 $y=f(x)$의 그래프가 원점에 대하여 대칭이므로 정의역에 속하는 모든 x에 대하여 $f(-x)=-f(x)$가 성립한다.

함수 $y=f(x)$의 그래프가 점 $\mathrm{P}(-3,\,2)$를 지나므로 $f(-3)=2$이고, $f(-3)=-f(3)$에서 $f(3)=-2$

직선 OP의 방정식은 $y=-\dfrac{2}{3}x$이고 직선 OP와 함수 $y=f(x)$의

그래프가 점 $(1,\,f(1))$에서 만나므로 $f(1)=-\dfrac{2}{3}$

따라서 x의 값이 1에서 3까지 변할 때의 함수 $f(x)$의 평균변화율은

$$\dfrac{f(3)-f(1)}{3-1}=\dfrac{-2-\left(-\dfrac{2}{3}\right)}{3-1}=\dfrac{-\dfrac{4}{3}}{2}=-\dfrac{2}{3}$$

점 (x, y)를 x축, y축, 원점 및 직선 $y=x$에 대하여 대칭이동한 점의 좌표는 다음과 같다.

x축에 대하여 대칭이동 $\Rightarrow (x, -y)$	y축에 대하여 대칭이동 $\Rightarrow (-x, y)$
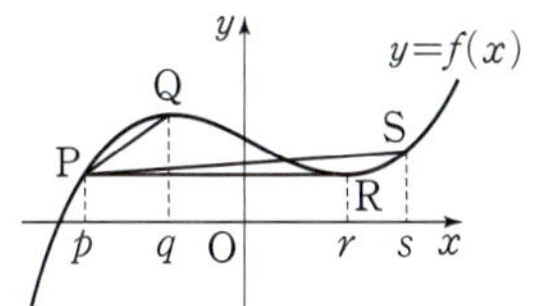	
원점에 대하여 대칭이동 $\Rightarrow (-x, -y)$	직선 $y=x$에 대하여 대칭이동 $\Rightarrow (y, x)$

0283 답 3

0284 답 ③

직선 AB의 기울기는 x의 값이 $-b$에서 0까지 변할 때의 함수 $f(x)$의 평균변화율과 같으므로
$$\frac{f(0)-f(-b)}{0-(-b)}=\frac{a}{b}=3$$
이차함수 $y=f(x)$의 그래프의 대칭축이 y축이므로
$$f(b)=f(-b)=0$$
따라서 x의 값이 0에서 b까지 변할 때의 함수 $f(x)$의 평균변화율은
$$\frac{f(b)-f(0)}{b-0}=\frac{-a}{b}=-3$$

0285 답 ②

함수 $f(x)=x^2+4x+1$의 그래프와 직선 $y=mx$가 만나는 두 점의 x좌표가 각각 α, β $(\alpha<\beta)$이므로 x의 값이 α에서 β까지 변할 때의 함수 $f(x)$의 평균변화율은 두 점 $(\alpha, f(\alpha))$, $(\beta, f(\beta))$를 잇는 직선의 기울기와 같다.
$$\therefore m=-1$$
함수 $f(x)=x^2+4x+1$의 그래프와 직선 $y=-x$의 교점의 x좌표는 이차방정식 $x^2+4x+1=-x$, 즉 $x^2+5x+1=0$의 두 근이다.
$$\therefore \alpha+\beta=-5$$
따라서 x의 값이 -5에서 0까지 변할 때의 함수 $f(x)$의 평균변화율은
$$\frac{f(0)-f(-5)}{0-(-5)}=\frac{1-6}{5}=-1$$

0286 답 ③

$P(p, f(p))$, $Q(q, f(q))$, $R(r, f(r))$, $S(s, f(s))$라 하자.

위의 그림과 같이 함수 $y=f(x)$의 그래프에서 α, β, γ의 값은 각각 직선 PQ, 직선 PR, 직선 PS의 기울기와 같으므로
$$\beta<\gamma<\alpha$$

0287 답 ④

x의 값이 b에서 c까지 변할 때의 함수 $g(x)$의 평균변화율은
$$\frac{g(c)-g(b)}{c-b}=\frac{f^{-1}(c)-f^{-1}(b)}{c-b}$$

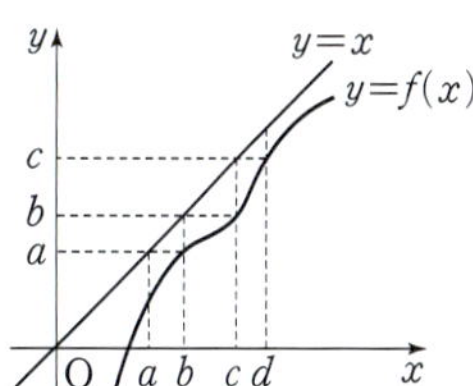

$f(c)=b$이므로 $f^{-1}(b)=c$
$f(d)=c$이므로 $f^{-1}(c)=d$

따라서 구하는 평균변화율은 $\dfrac{d-c}{c-b}$ 이다.

두 함수 $y=f(x)$와 $y=x$의 그래프가 주어진 경우, $f(x)$의 역함수의 함숫값을 추론할 수 있어.

0288 답 ④

0289 답 ①

$$\lim_{h\to 0}\frac{f(2+h)-f(2-2h)}{h}$$
$$=\lim_{h\to 0}\frac{\{f(2+h)-f(2)\}-\{f(2-2h)-f(2)\}}{h}$$
$$=\lim_{h\to 0}\frac{f(2+h)-f(2)}{h}+\lim_{h\to 0}\frac{f(2-2h)-f(2)}{-2h}\cdot 2$$
$$=f'(2)+2f'(2)$$
$$=3f'(2)=-3$$

0290 답 ③

$$\lim_{h\to 0}\frac{f(ah-1)-f(bh-1)}{h}$$
$$=\lim_{h\to 0}\frac{\{f(-1+ah)-f(-1)\}-\{f(-1+bh)-f(-1)\}}{h}$$
$$=\lim_{h\to 0}\frac{f(-1+ah)-f(-1)}{ah}\cdot a-\lim_{h\to 0}\frac{f(-1+bh)-f(-1)}{bh}\cdot b$$
$$=af'(-1)-bf'(-1)$$
$$=(a-b)f'(-1)$$
$$=2(a-b)$$
따라서 $2(a-b)=10$이므로
$$a-b=5$$

0291 답 ③

$$\lim_{h\to 0}\frac{f(3h)-3}{h}=\lim_{h\to 0}\frac{f(3h)-f(0)}{h}$$
$$=\lim_{h\to 0}\frac{f(0+3h)-f(0)}{3h}\cdot 3$$
$$=3f'(0)=3\cdot 3=9$$

0292 답 ⑤

$$\lim_{h\to 0}\frac{f(a)}{h}\left\{\frac{1}{f(a)}-\frac{1}{f(a+h)}\right\}$$
$$=\lim_{h\to 0}\frac{f(a)}{h}\left\{\frac{f(a+h)-f(a)}{f(a)f(a+h)}\right\}$$
$$=\lim_{h\to 0}\left\{\frac{1}{f(a+h)}\cdot\frac{f(a+h)-f(a)}{h}\right\}$$
$$=\frac{1}{f(a)}\cdot f'(a)$$
$$=\frac{f'(a)}{f(a)}$$

0293 답 ②

0294 답 ③

$$\lim_{x\to 3}\frac{f(x^2)-f(9)}{x-3}=\lim_{x\to 3}\frac{\{f(x^2)-f(9)\}(x+3)}{(x-3)(x+3)}$$
$$=\lim_{x\to 3}\left\{\frac{f(x^2)-f(9)}{x^2-9}\cdot(x+3)\right\}$$
$$=6f'(9)=6\cdot 1=6$$

0295 답 ①

$$\lim_{x\to -1}\frac{f(3x^2+4x)-f(-1)}{x+1}$$
$$=\lim_{x\to -1}\left\{\frac{f(3x^2+4x)-f(-1)}{3x^2+4x-(-1)}\cdot\frac{3x^2+4x+1}{x+1}\right\}$$
$$=\lim_{x\to -1}\left\{\frac{f(3x^2+4x)-f(-1)}{3x^2+4x-(-1)}\cdot(3x+1)\right\}$$
$$=-2f'(-1)$$
$$=-2\cdot 5=-10$$

0296 답 ④

$2f(1)=f'(1)$에서 $f(1)=\dfrac{f'(1)}{2}$

$$\lim_{x\to 1}\frac{f(x)-xf(1)}{x-1}=\lim_{x\to 1}\frac{f(x)-f(1)+f(1)-xf(1)}{x-1}$$
$$=\lim_{x\to 1}\frac{f(x)-f(1)-f(1)(x-1)}{x-1}$$
$$=\lim_{x\to 1}\frac{f(x)-f(1)}{x-1}-f(1)$$
$$=f'(1)-f(1)$$
$$=f'(1)-\frac{f'(1)}{2}=\frac{f'(1)}{2}=5$$

$\therefore f'(1)=10$

0297 답 ⑤

$x\to -1$일 때 (분모) $\to 0$이고 극한값이 존재하므로
(분자) $\to 0$이다. 미정계수의 결정을 이용하여 숨겨진 조건을 찾아야 한다.
즉, $\lim\limits_{x\to -1}\{f(x)-4\}=0$이므로 $f(-1)=4$

$$\therefore \lim_{x\to -1}\frac{f(x)-4}{x^2-1}=\lim_{x\to -1}\left\{\frac{f(x)-f(-1)}{x-(-1)}\cdot\frac{1}{x-1}\right\}$$
$$=-\frac{1}{2}f'(-1)$$

따라서 $-\dfrac{1}{2}f'(-1)=-4$에서 $f'(-1)=8$이므로
$f(-1)+f'(-1)=4+8=12$

0298 답 ③

0299 답 ⑤

$f(x+y)=f(x)+f(y)+3xy$에 $x=0$, $y=0$을 대입하면
$f(0)=f(0)+f(0)$　　$\therefore f(0)=0$

$$f'(1)=\lim_{h\to 0}\frac{f(1+h)-f(1)}{h}$$
$$=\lim_{h\to 0}\frac{f(1)+f(h)+3h-f(1)}{h}=\lim_{h\to 0}\frac{f(h)+3h}{h}$$
$$=\lim_{h\to 0}\frac{f(h)-f(0)}{h}+3\ (\because f(0)=0)$$
$$=f'(0)+3=5$$
$$\therefore f'(0)=2$$

$$\therefore f'(4)=\lim_{h\to 0}\frac{f(4+h)-f(4)}{h}$$
$$=\lim_{h\to 0}\frac{f(4)+f(h)+12h-f(4)}{h}$$
$$=\lim_{h\to 0}\frac{f(h)+12h}{h}$$
$$=\lim_{h\to 0}\frac{f(h)-f(0)}{h}+12\ (\because f(0)=0)$$
$$=f'(0)+12=2+12=14$$

0300 답 ①

$f(x+y)=f(x)+f(y)+kxy$에 $x=0$, $y=0$을 대입하면
$f(0)=f(0)+f(0)$　　$\therefore f(0)=0$

$$f'(1)=\lim_{h\to 0}\frac{f(1+h)-f(1)}{h}$$
$$=\lim_{h\to 0}\frac{f(1)+f(h)+kh-f(1)}{h}$$
$$=\lim_{h\to 0}\frac{f(h)-f(0)}{h}+k\ (\because f(0)=0)$$
$$=f'(0)+k=2+k$$

따라서 $2+k=3$이므로 $k=1$이다.

0301 답 ③

$f(x+y)=f(x)+f(y)-xy+2$에 $x=0$, $y=0$을 대입하면
$f(0)=f(0)+f(0)+2$　　$\therefore f(0)=-2$

$$f'(3)=\lim_{h\to 0}\frac{f(3+h)-f(3)}{h}$$
$$=\lim_{h\to 0}\frac{f(3)+f(h)-3h+2-f(3)}{h}$$
$$=\lim_{h\to 0}\frac{f(h)+2}{h}-3$$
$$=\lim_{h\to 0}\frac{f(h)-f(0)}{h}-3\ (\because f(0)=-2)$$
$$=f'(0)-3=5$$
$$\therefore f'(0)=8$$

자연수 k에 대하여
$$f'(k)=\lim_{h\to 0}\frac{f(k+h)-f(k)}{h}$$
$$=\lim_{h\to 0}\frac{f(k)+f(h)-kh+2-f(k)}{h}$$
$$=\lim_{h\to 0}\frac{f(h)-f(0)}{h}-k$$
$$=f'(0)-k=8-k$$
따라서 $8-k=0$이므로 $k=8$이다.

0302 답 95

$f(x+y)=f(x)+f(y)+2xy(x+y)$에 $x=0$, $y=0$을 대입하면
$$f(0)=f(0)+f(0)$$
$$\therefore f(0)=0$$
$$f'(0)=\lim_{h\to 0}\frac{f(0+h)-f(0)}{h}=\lim_{h\to 0}\frac{f(h)}{h}=-3$$
$$f'(k)=\lim_{h\to 0}\frac{f(k+h)-f(k)}{h}$$
$$=\lim_{h\to 0}\frac{f(k)+f(h)+2kh(k+h)-f(k)}{h}$$
$$=\lim_{h\to 0}\left\{\frac{f(h)}{h}+2k(k+h)\right\}$$
$$=2k^2-3$$
$$\therefore \sum_{k=1}^{5}f'(k)=\sum_{k=1}^{5}(2k^2-3)=2\cdot\frac{5\cdot 6\cdot 11}{6}-15=95$$

0303 답 3

0304 답 ②

곡선 $y=f(x)$가 점 $(-2,\ 0)$을 지나므로
$$f(-2)=0$$
곡선 $y=f(x)$ 위의 점 $(-2,\ 0)$에서의 접선의 기울기는
$$f'(-2)=\frac{-4-0}{0-(-2)}=-2$$

$$\therefore \lim_{x\to -2}\frac{f(x)}{x^2+x-2}=\lim_{x\to -2}\frac{f(x)}{(x+2)(x-1)}$$
$$=\lim_{x\to -2}\left\{\frac{f(x)-f(-2)}{x-(-2)}\cdot\frac{1}{x-1}\right\}$$
$$=-\frac{1}{3}f'(-2)=-\frac{1}{3}\cdot(-2)=\frac{2}{3}$$

0305 답 1

곡선 $y=f(x)$ 위의 점 $(-2,\ -3)$에서의 접선의 기울기는
$$f'(-2)=\lim_{x\to -2}\frac{f(x)-f(-2)}{x-(-2)}$$
$$=\lim_{x\to -2}\frac{(x^2+5x+3)-(-3)}{x+2}$$
$$=\lim_{x\to -2}\frac{x^2+5x+6}{x+2}$$
$$=\lim_{x\to -2}\frac{(x+2)(x+3)}{x+2}$$
$$=\lim_{x\to -2}(x+3)=1$$
이때 $\tan\theta$의 값은 접선의 기울기와 같으므로
$$\tan\theta=1$$

0306 답 ⑤

$f'(p)>0$, $f'(q)<0$, $f'(r)>0$
ㄱ. $f'(q)<0$ (참)

ㄴ. $f'(p)f'(q)f'(r)<0$ (참)
ㄷ. $f(p)=f(q)=f(r)=k$이므로
$$f(p)<0,\ f(q)<0,\ f(r)<0$$
에서
$$f(p)f'(p)<0,\ f(q)f'(q)>0,\ f(r)f'(r)<0$$
$$\therefore f(p)f'(p)-f(q)f'(q)+f(r)f'(r)<0\ (참)$$
따라서 옳은 것은 ㄱ, ㄴ, ㄷ이다.

0307 답 ⑤

ㄱ. 오른쪽 그림과 같이
두 점 $(a,\ f(a))$, $(b,\ f(b))$를 잇는
선분의 중점의 y좌표가
$f\left(\dfrac{a+b}{2}\right)$보다 크므로
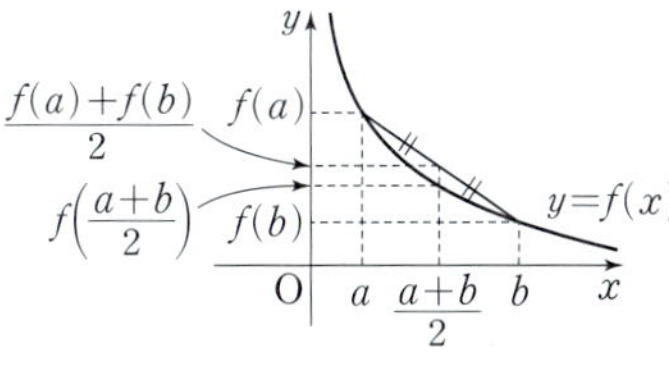
$$f\left(\frac{a+b}{2}\right)<\frac{f(a)+f(b)}{2}\ (참)$$
ㄴ. 함수 $y=f(x)$의 그래프에 대하여
$x=a$인 점에서의 접선의 기울기는
$x=b$인 점에서의 접선의 기울기보다
작으므로
$$f'(a)<f'(b)\ (참)$$
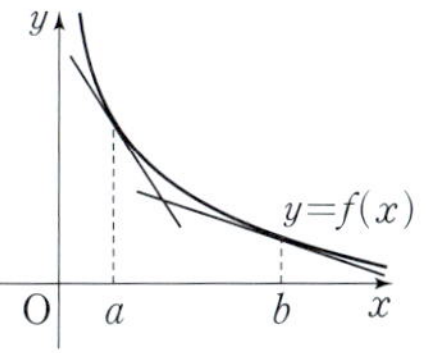
ㄷ. 두 점 $(a,\ f(a))$, $(b,\ f(b))$를 지나
는 직선의 기울기는 함수 $y=f(x)$의
그래프에 대하여 $x=b$인 점에서의
접선의 기울기보다 작으므로
$$\frac{f(b)-f(a)}{b-a}<f'(b)\ (참)$$
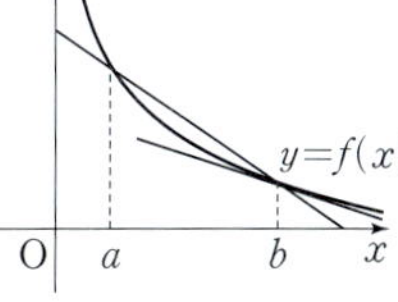
따라서 옳은 것은 ㄱ, ㄴ, ㄷ이다.

0308 답 ③

0309 답 ③

ㄱ. $\lim_{x\to 2}f(x)=f(2)=0$이므로 함수 $f(x)$는 $x=2$에서 연속이다.
$$\lim_{h\to 0+}\frac{f(2+h)-f(2)}{h}=\lim_{h\to 0+}\frac{|h|}{h}=1,$$
$$\lim_{h\to 0-}\frac{f(2+h)-f(2)}{h}=\lim_{h\to 0-}\frac{|h|}{h}=-1$$
이므로 $f(x)$는 $x=2$에서 미분가능하지 않다.
ㄴ. $\lim_{x\to 2}g(x)=g(2)=0$이므로 함수 $g(x)$는 $x=2$에서 연속이다.
$$\lim_{h\to 0+}\frac{g(2+h)-g(2)}{h}=\lim_{h\to 0+}\frac{|h^2+4h|}{h}$$
$$=\lim_{h\to 0+}\frac{h^2+4h}{h}=4$$
$$\lim_{h\to 0-}\frac{g(2+h)-g(2)}{h}=\lim_{h\to 0-}\frac{|h^2+4h|}{h}$$
$$=\lim_{h\to 0-}\frac{-(h^2+4h)}{h}=-4$$
이므로 $g(x)$는 $x=2$에서 미분가능하지 않다.

ㄷ. $\lim\limits_{x\to 2}k(x)=k(2)=0$이므로 함수 $k(x)$는 $x=2$에서 연속이다.

$$\lim_{h\to 0+}\frac{k(2+h)-k(2)}{h}=\lim_{h\to 0+}\frac{h\cdot|h|}{h}$$
$$=\lim_{h\to 0+}\frac{h^2}{h}=0$$
$$\lim_{h\to 0-}\frac{k(2+h)-k(2)}{h}=\lim_{h\to 0-}\frac{h\cdot|h|}{h}$$
$$=\lim_{h\to 0-}\frac{-h^2}{h}=0$$

이므로 함수 $k(x)$는 $x=2$에서 미분가능하다.
따라서 $x=2$에서 연속이지만 미분가능하지 않은 함수는 ㄱ, ㄴ이다.

0310　답 6

함수 $y=f(x)$는 $x=0$, $x=2$에서 불연속이므로 $m=2$
함수 $y=f(x)$는 $x=0$, $x=1$, $x=2$, $x=4$에서 미분가능하지 않으므로 $n=4$

$\therefore m+n=2+4=6$

> **선생님 톡톡**
> 문제에서 제시한 열린구간 $(-2, 5)$를 잊어서는 안된다. $x=-2$에서도 미분가능하지 않지만 구간에 포함이 되지 않아 언급이 되지 않은 것이다.

0311　답 ④

① $\lim\limits_{x\to 2+}f(x)=\lim\limits_{x\to 2-}f(x)$이므로 $\lim\limits_{x\to 2}f(x)$의 값이 존재한다.

② 함수 $f(x)$는 $x=4$에서 극한값이 존재하지 않으므로 극한값이 존재하지 않는 점은 1개이다.

③ 함수 $f(x)$는 $x=2$, $x=4$에서 불연속이므로 불연속인 점은 2개이다.

④ 함수 $f(x)$는 $x=2$, $x=3$, $x=4$, $x=5$에서 미분가능하지 않으므로 미분가능하지 않은 점은 4개이다.

⑤ $f'(x)=0$인 점은 열린구간 $(0, 1)$에서 1개, 열린구간 $(3, 4)$에서 1개가 존재하므로 $f'(x)=0$인 x의 값은 2개이다.

0312　답 ③

0313　답 (가) h　(나) x^{n-1}

$f(x)=x^n$이라 하면
$$f(x+h)-f(x)$$
$$=(x+h)^n-x^n$$
$$=\{(x+h)^n-(x+h)^{n-1}x\}+\{(x+h)^{n-1}x-(x+h)^{n-2}x^2\}$$
$$\qquad+\cdots+\{(x+h)x^{n-1}-x^n\}$$
$$=(x+h)^{n-1}\{(x+h)-x\}+(x+h)^{n-2}x\{(x+h)-x\}$$
$$\qquad+\cdots+x^{n-1}\{(x+h)-x\}$$
$$=\boxed{h}\{(x+h)^{n-1}+(x+h)^{n-2}x+\cdots+(x+h)x^{n-2}+\boxed{x^{n-1}}\}$$

$f'(x)$
$$=\lim_{h\to 0}\frac{f(x+h)-f(x)}{h}$$
$$=\lim_{h\to 0}\frac{\boxed{h}\{(x+h)^{n-1}+(x+h)^{n-2}x+\cdots+(x+h)x^{n-2}+\boxed{x^{n-1}}\}}{h}$$
$$=\lim_{h\to 0}\{(x+h)^{n-1}+(x+h)^{n-2}x+\cdots+(x+h)x^{n-2}+x^{n-1}\}$$
$$=x^{n-1}+x^{n-1}+\cdots+x^{n-1}$$
$$=nx^{n-1}$$

0314　답 ②

(i) $n=1$일 때, $y=f(x)$에서
$y'=f'(x)=1\cdot\{f(x)\}^0f'(x)$이므로 성립한다.

(ii) $n=k$일 때, $y'=k\{f(x)\}^{k-1}f'(x)$라 가정하면
$y=\{f(x)\}^{k+1}=\{f(x)\}^kf(x)$에서
$$y'=k\{f(x)\}^{k-1}\boxed{f'(x)}f(x)+\boxed{\{f(x)\}^k}f'(x)$$
$$=(k+1)\{f(x)\}^kf'(x)$$

따라서 수학적 귀납법에 의하여 $y=\{f(x)\}^n$의 도함수는
$y'=n\{f(x)\}^{n-1}f'(x)$이다.

> **선생님 톡톡**
> 이 명제는 **유형 18**에서 자주 쓰이니 알아두도록 한다.

0315　답 ①

0316　답 ②

$f(x+y)=f(x)+f(y)+4xy-2$에 $x=0$, $y=0$을 대입하면
$f(0)=f(0)+f(0)-2$　$\therefore f(0)=2$
$$\therefore f'(x)=\lim_{h\to 0}\frac{f(x+h)-f(x)}{h}$$
$$=\lim_{h\to 0}\frac{f(x)+f(h)+4xh-2-f(x)}{h}$$
$$=\lim_{h\to 0}\frac{f(h)+4xh-2}{h}$$
$$=\lim_{h\to 0}\frac{f(h)-2}{h}+4x$$
$$=\lim_{h\to 0}\frac{f(h)-f(0)}{h}+4x$$
$$=4x+f'(0)$$

$f'(x)=4x+f'(0)$에 $x=2$를 대입하면
$f'(2)=8+f'(0)=10$　$\therefore f'(0)=2$
$\therefore f'(x)=4x+2$

0317　답 ②

$f(x+y)=f(x)+f(y)-xy(x+y)$에 $x=0$, $y=0$을 대입하면
$f(0)=f(0)+f(0)$
$\therefore f(0)=0$

이때 $f'(0)=\lim\limits_{h\to 0}\dfrac{f(0+h)-f(0)}{h}=\lim\limits_{h\to 0}\dfrac{f(h)}{h}=20$이므로
$$f'(x)=\lim_{h\to 0}\frac{f(x+h)-f(x)}{h}$$
$$=\lim_{h\to 0}\frac{f(x)+f(h)-xh(x+h)-f(x)}{h}$$
$$=\lim_{h\to 0}\frac{f(h)}{h}-\lim_{h\to 0}x(x+h)$$
$$=-x^2+20$$

한편, $f'(n)<0$이므로
$-n^2+20<0$　$\therefore n^2>20$
따라서 구하는 자연수 n의 최솟값은 5이다.

0318　답 ⑤

$\sqrt{f(x+h)}-\sqrt{f(x)}=h^2+2h$의 양변을 h로 나누면

$$\frac{\sqrt{f(x+h)}-\sqrt{f(x)}}{h}=\frac{h^2+2h}{h} \qquad \cdots\cdots \ \bigcirc$$

이때 함수 $f(x)$는 모든 실수 x에 대하여 $f(x)>0$이고 미분가능

하므로 $\bigcirc$의 좌변에서

$$\lim_{h\to0}\frac{\sqrt{f(x+h)}-\sqrt{f(x)}}{h}$$

$$=\lim_{h\to0}\left\{\frac{f(x+h)-f(x)}{h}\cdot\frac{1}{\sqrt{f(x+h)}+\sqrt{f(x)}}\right\}$$

$$=f'(x)\cdot\frac{1}{2\sqrt{f(x)}}$$

$\bigcirc$의 우변에서

$$\lim_{h\to0}\frac{h^2+2h}{h}=\lim_{h\to0}(h+2)=2$$

따라서 $f'(x)\cdot\dfrac{1}{2\sqrt{f(x)}}=2$이므로

$$f'(x)=4\sqrt{f(x)}$$

0319　답 ⑤

$g'(2)=5$이고 $f(x)$는 미분가능한 함수이므로

$$g'(2)=\lim_{h\to0}\frac{g(2+h)-g(2)}{h}$$

$$=\lim_{h\to0}\frac{\{f(2+h)+f(-h)\}-\{f(2)+f(0)\}}{h}$$

$$=\lim_{h\to0}\frac{f(2+h)-f(2)}{h}+\lim_{h\to0}\frac{f(-h)-f(0)}{h}$$

$$=\lim_{h\to0}\frac{f(2+h)-f(2)}{h}-\lim_{h\to0}\frac{f(-h)-f(0)}{-h}$$

$$=f'(2)-f'(0)=5 \qquad \cdots\cdots \ \bigcirc$$

$$\therefore \ \lim_{h\to0}\frac{g(2+h)-g(h)}{h}$$

$$=\lim_{h\to0}\frac{\{f(2+h)+f(-h)\}-\{f(h)+f(2-h)\}}{h}$$

$$=\lim_{h\to0}\frac{f(2+h)-f(2-h)}{h}-\lim_{h\to0}\frac{f(-h)-f(h)}{-h}$$

$$=\left\{\lim_{h\to0}\frac{f(2+h)-f(2)}{h}+\lim_{h\to0}\frac{f(2-h)-f(2)}{-h}\right\}$$

$$\quad -\left\{\lim_{h\to0}\frac{f(-h)-f(0)}{-h}+\lim_{h\to0}\frac{f(h)-f(0)}{h}\right\}$$

$$=\{f'(2)+f'(2)\}-\{f'(0)+f'(0)\}$$

$$=2\{f'(2)-f'(0)\}$$

$$=2\cdot5 \ (\because \ \bigcirc)$$

$$=10$$

0320　답 ②

0321　답 ④

$f(1)=1+p+q+3=p+q+4$에서

$f(1)=5$이므로 $p+q+4=5$

$$\therefore \ p+q=1 \qquad \cdots\cdots \ \bigcirc$$

$f'(x)=4x^3+2px+q$이므로 $f'(1)=4+2p+q$

이때 $f'(1)=7$이므로 $4+2p+q=7$

$$\therefore \ 2p+q=3 \qquad \cdots\cdots \ \bigcirc$$

$\bigcirc$, $\bigcirc$에서 $p=2$, $q=-1$

따라서 $f(x)=x^4+2x^2-x+3$이므로

$$f(-1)=1+2+1+3=7$$

0322　답 210

$f(x)=x^{20}+x^{19}+x^{18}+\cdots+x+1$에서

$$f'(x)=20x^{19}+19x^{18}+18x^{17}+\cdots+1$$

$$\therefore \ f'(1)=\underbrace{20+19+18+\cdots+1}_{\sum\limits_{k=1}^{20}k}=\frac{20\cdot21}{2}=210$$

0323　답 ③

$f(x)=2x^3+kx^2-kx+5$에서

$$f'(x)=6x^2+2kx-k=6\left(x+\frac{k}{6}\right)^2-\frac{k^2}{6}-k$$

이때 도함수 $f'(x)$는 $x=-\dfrac{k}{6}$일 때, 최솟값 $-\dfrac{k^2}{6}-k$를 가지므로

$$-\frac{k^2}{6}-k=-\frac{9}{2}$$에서

$$k^2+6k-27=0, \ (k+9)(k-3)=0$$

$$\therefore \ k=-9 \ 또는 \ k=3$$

따라서 구하는 양수 k의 값은 3이다.

0324　답 ⑤

$$f(x)=\sum_{k=1}^{10}kx^{2k}=x^2+2x^4+3x^6+\cdots+10x^{20}$$

$$f(1)=1+2+3+\cdots+10$$

$$=\sum_{k=1}^{10}k=\frac{10\cdot11}{2}=55 \qquad \cdots\cdots \ \bigcirc$$

$$f'(x)=2x+2\cdot4x^3+3\cdot6x^5+\cdots+10\cdot20x^{19}$$

$$f'(1)=2+2\cdot4+3\cdot6+\cdots+10\cdot20$$

$$=\sum_{k=1}^{10}(k\cdot2k)=2\sum_{k=1}^{10}k^2$$

$$=2\cdot\frac{10\cdot11\cdot21}{6}=770 \qquad \cdots\cdots \ \bigcirc$$

$\bigcirc$, $\bigcirc$에서

$$f(1)+f'(1)=55+770=825$$

0325　답 ②

0326　답 ③

$f(x)=(2x+k)^4$에서

$$f'(x)=4(2x+k)^3(2x+k)'$$

$$=4(2x+k)^3\cdot2=8(2x+k)^3$$

$f'(1)=8(2+k)^3$이므로 $f'(1)=-8$에서

$$8(2+k)^3=-8, \ (2+k)^3=-1$$

$$\therefore \ k=-3$$

0327　답 ④

$h(x)=(x^2+2)f(x)-3g(x)$에서

$$h'(x)=(x^2+2)'f(x)+(x^2+2)f'(x)-3g'(x)$$

$$=2xf(x)+(x^2+2)f'(x)-3g'(x)$$

$$\therefore \ h'(1)=2f(1)+3f'(1)-3g'(1)$$

$$=2\cdot2+3\cdot4-3\cdot3$$

$$=4+12-9=7$$

0328 답 ④

$\lim\limits_{x\to 0}\dfrac{f(x)-2}{x}=-1$에서 $x\to 0$일 때 (분모) $\to 0$이고 극한값이

존재하므로 (분자) $\to 0$이다.

즉, $\lim\limits_{x\to 0}\{f(x)-2\}=0$이므로 $f(0)=2$

$\therefore \lim\limits_{x\to 0}\dfrac{f(x)-2}{x}=\lim\limits_{x\to 0}\dfrac{f(x)-f(0)}{x-0}=f'(0)=-1$

$\lim\limits_{x\to 0}\dfrac{g(x)+3}{x}=2$에서 $x\to 0$일 때 (분모) $\to 0$이고 극한값이

존재하므로 (분자) $\to 0$이다.

즉, $\lim\limits_{x\to 0}\{g(x)+3\}=0$이므로 $g(0)=-3$

$\therefore \lim\limits_{x\to 0}\dfrac{g(x)+3}{x}=\lim\limits_{x\to 0}\dfrac{g(x)-g(0)}{x-0}=g'(0)=2$

이때 $h(x)=f(x)g(x)$라 하면

$$\lim\limits_{x\to 0}\dfrac{f(x)g(x)+6}{x}=\lim\limits_{x\to 0}\dfrac{h(x)+6}{x}$$
$$=\lim\limits_{x\to 0}\dfrac{h(x)-h(0)}{x-0}$$
$$=h'(0)$$

$f(0)=2,\ g(0)=-3$이므로
$h(0)=f(0)g(0)=-6$

따라서 $h'(x)=f'(x)g(x)+f(x)g'(x)$이므로

$$h'(0)=f'(0)g(0)+f(0)g'(0)$$
$$=(-1)\cdot(-3)+2\cdot 2=7$$

0329 답 11

$f(1)=f(2)=f(3)=k$로 놓으면

$f(1)-k=f(2)-k=f(3)-k=0$

이고 함수 $f(x)$는 최고차항의 계수가 1인 삼차함수이므로

$f(x)-k=(x-1)(x-2)(x-3)$

위의 식의 양변을 x에 대하여 미분하면

$f'(0)$의 값을 구하는 것이므로 식을
전개하여 정리할 필요는 없다.

$f'(x)=(x-2)(x-3)+(x-1)(x-3)+(x-1)(x-2)$

$\therefore f'(0)=(-2)\cdot(-3)+(-1)\cdot(-3)+(-1)\cdot(-2)$
$$=6+3+2=11$$

0330 답 ④

0331 답 ④

$$\lim\limits_{h\to 0}\dfrac{f(3+h)-f(3-h)}{3h}$$
$$=\lim\limits_{h\to 0}\dfrac{\{f(3+h)-f(3)\}-\{f(3-h)-f(3)\}}{3h}$$
$$=\lim\limits_{h\to 0}\dfrac{f(3+h)-f(3)}{h}\cdot\dfrac{1}{3}+\lim\limits_{h\to 0}\dfrac{f(3-h)-f(3)}{-h}\cdot\dfrac{1}{3}$$
$$=\dfrac{1}{3}f'(3)+\dfrac{1}{3}f'(3)=\dfrac{2}{3}f'(3)$$

$f'(x)=2x-4$이므로 $f'(3)=2\cdot 3-4=2$

따라서 구하는 값은

$\dfrac{2}{3}\cdot 2=\dfrac{4}{3}$

0332 답 ④

$$\lim\limits_{h\to 0}\dfrac{f(1+ah)-f(1)}{h}=\lim\limits_{h\to 0}\dfrac{f(1+ah)-f(1)}{ah}\cdot a$$
$$=af'(1) \qquad \cdots\cdots ㉠$$

$f'(x)=3x^2-2$이므로 $f'(1)=1$

㉠에서 $af'(1)=6$이므로 $a=6$

따라서 구하는 값은
$f'(6)=3\cdot 6^2-2=106$

0333 답 ②

$$\lim\limits_{x\to -1}\dfrac{x^2 f(-1)-f(x)}{x+1}$$
$$=\lim\limits_{x\to -1}\dfrac{\{x^2 f(-1)-f(-1)\}-\{f(x)-f(-1)\}}{x+1}$$
$$=\lim\limits_{x\to -1}\dfrac{(x+1)(x-1)f(-1)}{x+1}-\lim\limits_{x\to -1}\dfrac{f(x)-f(-1)}{x-(-1)}$$
$$=-2f(-1)-f'(-1)$$

$f(-1)=-1-1-5=-7$이고 $f'(x)=3x^2+1$이므로

$f'(-1)=3+1=4$

따라서 구하는 값은

$14-4=10$

0334 답 ①

$$\lim\limits_{h\to 0}\dfrac{f(2-2h+3h^2)-f(2)}{h}$$
$$=\lim\limits_{h\to 0}\left\{\dfrac{f(2-2h+3h^2)-f(2)}{-2h+3h^2}\cdot\dfrac{-2h+3h^2}{h}\right\}$$

$-2h+3h^2=t$로 놓으면 $h\to 0$일 때 $t\to 0$이므로

$$\lim\limits_{h\to 0}\left\{\dfrac{f(2-2h+3h^2)-f(2)}{-2h+3h^2}\cdot\dfrac{-2h+3h^2}{h}\right\}$$
$$=\lim\limits_{t\to 0}\dfrac{f(2+t)-f(2)}{t}\cdot\lim\limits_{h\to 0}(-2+3h)$$
$$=-2f'(2)$$

$f'(x)=6x^2-6x$이므로

$f'(2)=6\cdot 2^2-6\cdot 2=12$

따라서 구하는 값은

$-2\cdot 12=-24$

0335 답 ③

0336 답 ②

$f(x)=x^{2n}+x$라 하면 $f(1)=2$이므로

$$\lim\limits_{x\to 1}\dfrac{x^{2n}+x-2}{x-1}=\lim\limits_{x\to 1}\dfrac{f(x)-f(1)}{x-1}=f'(1)$$

$f'(x)=2nx^{2n-1}+1$이므로 $f'(1)=2n+1$

따라서 $2n+1=9$이므로 $n=4$이다.

0337 답 ①

$\lim\limits_{x\to 1}\dfrac{x^{10}-3x^5+a}{x-1}=b$에서 $x\to 1$일 때 (분모) $\to 0$이고 극한값이

존재하므로 (분자) $\to 0$이다.

즉, $\lim\limits_{x\to 1}(x^{10}-3x^5+a)=0$에서 $a-2=0$

$\therefore a=2$

$f(x)=x^{10}-3x^5$이라 하면 $f(1)=-2$이므로

$$\lim\limits_{x\to 1}\dfrac{x^{10}-3x^5+2}{x-1}=\lim\limits_{x\to 1}\dfrac{f(x)-f(1)}{x-1}=f'(1)$$

$f'(x)=10x^9-15x^4$이므로

$f'(1)=10-15=-5 \qquad \therefore b=-5$

$\therefore ab=2\cdot(-5)=-10$

0338 답 ③

$f(x)=x^{10}+x^9+x^8+x^7+x^6+x^5$이라 하면

$f(-1)=0$이므로

$$\lim_{x\to -1}\frac{x+1}{x^{10}+x^9+x^8+x^7+x^6+x^5}=\lim_{x\to -1}\frac{x+1}{f(x)-f(-1)}$$
$$=\lim_{x\to -1}\frac{1}{\dfrac{f(x)-f(-1)}{x-(-1)}}$$
$$=\frac{1}{f'(-1)}$$

$f'(x)=10x^9+9x^8+8x^7+7x^6+6x^5+5x^4$이므로

$f'(-1)=-10+9-8+7-6+5=-3$

따라서 구하는 값은 $-\dfrac{1}{3}$이다.

0339 답 ②

$g(x)=x^n+2x^{n-1}$이라 하면 $g(1)=3$이므로

$$f(n)=\lim_{x\to 1}\frac{g(x)-g(1)}{x-1}$$
$$=g'(1)$$

$g'(x)=nx^{n-1}+2(n-1)x^{n-2}$이므로

$g'(1)=n+2(n-1)=3n-2$

$\therefore f(n)=3n-2$

$$\therefore \sum_{n=1}^{10}f(n)=\sum_{n=1}^{10}(3n-2)$$
$$=3\cdot\frac{10\cdot 11}{2}-20=145$$

0340 답 ①

0341 답 ③

$\lim\limits_{x\to 1}\dfrac{f(x)-2}{x-1}=3$에서 $x\to 1$일 때 (분모) $\to 0$이고 극한값이

존재하므로 (분자) $\to 0$이다.

즉, $\lim\limits_{x\to 1}\{f(x)-2\}=0$이므로 $f(1)=2$

$\therefore \lim\limits_{x\to 1}\dfrac{f(x)-2}{x-1}=\lim\limits_{x\to 1}\dfrac{f(x)-f(1)}{x-1}=f'(1)=3$

$f(1)=2$에서 $f(1)=2+a+b=2$

$\therefore a+b=0$ ······ ㉠

$f'(x)=6x^2+a$이므로 $f'(1)=3$에서 $6+a=3$

$\therefore a=-3$ ······ ㉡

㉠, ㉡에서 $b=3$

$\therefore a^2+b^2=(-3)^2+3^2=18$

0342 답 14

$$\lim_{x\to 2}\frac{xf(x)-2f(2)}{x-2}$$
$$=\lim_{x\to 2}\frac{xf(x)-xf(2)+xf(2)-2f(2)}{x-2}$$
$$=\lim_{x\to 2}\frac{x\{f(x)-f(2)\}+f(2)(x-2)}{x-2}$$
$$=\lim_{x\to 2}\left\{x\cdot\frac{f(x)-f(2)}{x-2}\right\}+f(2)$$
$$=2f'(2)+f(2)$$

이때 $f(2)=10+k$이고 $f'(x)=3x^2+1$에서 $f'(2)=13$이므로

$2f'(2)+f(2)=2\cdot 13+(10+k)=36+k$

따라서 $36+k=50$이므로

$k=14$

0343 답 ③

$$\lim_{h\to 0}\frac{f(2+h)-f(2)}{2h}=\frac{1}{2}\lim_{h\to 0}\frac{f(2+h)-f(2)}{h}$$
$$=\frac{1}{2}f'(2)=\frac{5}{2}$$

$\therefore f'(2)=5$

$$\lim_{x\to 1}\frac{x^3-1}{f(x)-f(1)}=\lim_{x\to 1}\left\{\frac{x-1}{f(x)-f(1)}\cdot(x^2+x+1)\right\}$$
$$=\frac{3}{f'(1)}=3$$

$\therefore f'(1)=1$

$f'(x)=(2x+1)(ax+b)+a(x^2+x-1)$이므로

$f'(2)=5(2a+b)+5a=5$에서

$3a+b=1$ ······ ㉠

$f'(1)=3(a+b)+a=1$에서

$4a+3b=1$ ······ ㉡

㉠, ㉡에서 $a=\dfrac{2}{5}$, $b=-\dfrac{1}{5}$

$\therefore f(x)=(x^2+x-1)\left(\dfrac{2}{5}x-\dfrac{1}{5}\right)$

$\therefore f(2)=(2^2+2-1)\left(\dfrac{2}{5}\cdot 2-\dfrac{1}{5}\right)=5\cdot\dfrac{3}{5}=3$

0344 답 ①

$\lim\limits_{x\to -2}\dfrac{f(x+1)-5}{x^2-4}=1$에서 $x+1=t$라 하면 $x\to -2$일 때

$t\to -1$이므로

$$\lim_{x\to -2}\frac{f(x+1)-5}{x^2-4}=\lim_{t\to -1}\frac{f(t)-5}{(t-1)^2-4}$$

$x+1=t$에서 $x=t-1$을 대입한 것이다.

$$=\lim_{t\to -1}\frac{f(t)-5}{(t+1)(t-3)}=1$$

$t\to -1$일 때 (분모) $\to 0$이고 극한값이 존재하므로 (분자) $\to 0$

이다.

즉, $\lim\limits_{t\to -1}\{f(t)-5\}=f(-1)-5=0$ $\quad\therefore f(-1)=5$

$$\lim_{t\to -1}\frac{f(t)-5}{(t+1)(t-3)}=\lim_{t\to -1}\left\{\frac{f(t)-f(-1)}{t-(-1)}\cdot\frac{1}{t-3}\right\}$$
$$=-\frac{1}{4}f'(-1)=1$$

$\therefore f'(-1)=-4$

$f(-1)=5$에서 $-1+p-q+1=5$

$\therefore p-q=5$ ······ ㉠

$f'(x)=3x^2+2px+q$에서 $f'(-1)=-4$이므로

$3-2p+q=-4$

$\therefore 2p-q=7$ ······ ㉡

㉠, ㉡에서 $p=2$, $q=-3$

$\therefore f(x)=x^3+2x^2-3x+1$

$\therefore f(1)=1+2-3+1=1$

0345 답 ④

0346 답 ②

곡선 $y=x^3+ax^2+bx+c$가 두 점 $(0, 3)$, $(1, 1)$을 지나므로
$c=3$
$1+a+b+3=1$에서 $a+b=-3$ ······ ㉠
$y=x^3+ax^2+bx+3$에서 $y'=3x^2+2ax+b$
점 $(1, 1)$에서의 접선의 기울기가 2이므로
$3+2a+b=2$ ∴ $2a+b=-1$ ······ ㉡
㉠, ㉡에서 $a=2$, $b=-5$
∴ $a+2b+3c=2+2\cdot(-5)+3\cdot3=2-10+9=1$

0347 답 ⑤

$f(x)=2x^2+px$에서 $f'(x)=4x+p$
함수 $y=f(x)$의 그래프 위의 점 $\left(\dfrac{1}{2}, f\left(\dfrac{1}{2}\right)\right)$에서 그은 접선의
기울기는
$f'\left(\dfrac{1}{2}\right)=4\cdot\dfrac{1}{2}+p=p+2$ ······ ㉠
함수 $y=f(x)$의 그래프 위의 점 $(2, f(2))$에서 그은 접선의 기울기는
$f'(2)=4\cdot2+p=p+8$ ······ ㉡
두 접선이 서로 수직이므로 ㉠과 ㉡의 곱은 -1이다.
즉, $(p+2)(p+8)=-1$에서
$p^2+10p+17=0$
따라서 이차방정식의 근과 계수의 관계에 의하여 모든 실수 p의
값의 곱은 17이다.

0348 답 ①

$f(x)=x^3+2x^2+mx+1$에서 $f'(x)=3x^2+4x+m$
임의의 실수 k에 대하여 함수 $y=f(x)$의 그래프 위의 $x=k$인 점
에서의 접선의 기울기는
$3k^2+4k+m=3\left(k+\dfrac{2}{3}\right)^2-\dfrac{4}{3}+m$
이때 접선의 기울기가 항상 1보다 커야 하므로
$-\dfrac{4}{3}+m>1$ ∴ $m>\dfrac{7}{3}$
따라서 정수 m의 최솟값은 3이다.
$-\dfrac{4}{3}+m$이 최솟값이므로 가장 작은 값이 1보다 크다는 의미이다.

0349 답 13

최고차항의 계수가 1인 사차함수 $f(x)$를
$f(x)=x^4+ax^3+bx^2+cx+d$ $(a, b, c, d$는 상수$)$라 하자.
조건 (가)에서 $f(-1)=f(1)$이므로
$1-a+b-c+d=1+a+b+c+d$
∴ $c=-a$ ······ ㉠
한편, $f'(x)=4x^3+3ax^2+2bx+c$이고 조건 (나)에서
$f'(-1)=f'(1)$이므로
두 점 $(-1, f(-1))$, $(1, f(1))$에서의 접선의 기울기가 같다는 것은 미분계수가 같다는 의미이다.
$-4+3a-2b+c=4+3a+2b+c$
∴ $b=-2$ ······ ㉡
㉠, ㉡에서 $f'(x)=4x^3+3ax^2-4x-a$
$f'(0)=-a$이므로 $a=-1$
따라서 $f'(x)=4x^3-3x^2-4x+1$이므로
$f'(2)=32-12-8+1=13$

0350 답 5

0351 답 ②

함수 $f(x)$가 모든 실수 x에서 미분가능하므로 $x=-1$에서 미분
가능하다.
따라서 함수 $f(x)$는 $x=-1$에서 연속이다.
즉, $\lim\limits_{x\to-1-}f(x)=f(-1)$에서 $-1-2=-p+q$
∴ $p-q=3$ ······ ㉠
또한, $f'(-1)$이 존재하므로
$\lim\limits_{x\to-1+}f'(x)=\lim\limits_{x\to-1+}p=p,$
$\lim\limits_{x\to-1-}f'(x)=\lim\limits_{x\to-1-}(3x^2+2)=5$
에서 $p=5$ ······ ㉡
㉠, ㉡에서 $q=2$
∴ $f(2)=2p+q=2\cdot5+2=12$

0352 답 ④

함수 $f(x)$가 모든 실수 x에서 미분가능하므로 $x=a$에서 미분가능
하다.
따라서 함수 $f(x)$는 $x=a$에서 연속이다.
즉, $\lim\limits_{x\to a-}f(x)=f(a)$에서 $-a^2+b=2a^2+a+1$
∴ $b=3a^2+a+1$ ······ ㉠
또한, $f'(a)$가 존재하므로
$\lim\limits_{x\to a+}f'(x)=\lim\limits_{x\to a+}(4x+1)=4a+1,$
$\lim\limits_{x\to a-}f'(x)=\lim\limits_{x\to a-}(-2x)=-2a$
에서 $4a+1=-2a$ ∴ $a=-\dfrac{1}{6}$ ······ ㉡
㉠, ㉡에서 $b=3\cdot\left(-\dfrac{1}{6}\right)^2+\left(-\dfrac{1}{6}\right)+1=\dfrac{11}{12}$
∴ $a+b=-\dfrac{1}{6}+\dfrac{11}{12}=\dfrac{3}{4}$

0353 답 ③

함수 $f(x)$가 $x=1$에서 미분가능하므로 미분계수가 존재한다.
$\lim\limits_{x\to1+}\dfrac{f(x)-f(1)}{x-1}=\lim\limits_{x\to1+}\dfrac{(x-1)(x+k)}{x-1}=1+k,$
$\lim\limits_{x\to1-}\dfrac{f(x)-f(1)}{x-1}=\lim\limits_{x\to1-}\dfrac{-(x-1)(x+k)}{x-1}=-1-k$
에서 $1+k=-1-k$ ∴ $k=-1$
∴ $f'(1)=\lim\limits_{x\to1}\dfrac{|x-1|(x-1)}{x-1}=0$

0354 답 ②

함수 $g(x)$가 $x=2$에서 미분가능하므로 $x=2$에서 연속이다.
즉, $\lim\limits_{x\to2+}(x+a)f(x)=\lim\limits_{x\to2-}bx^2f(x)$에서
$2+a=4b\cdot0$ ∴ $a=-2$
또한, 함수 $g(x)$가 $x=2$에서 미분가능하므로
$\lim\limits_{x\to2+}g'(x)=\lim\limits_{x\to2+}\{f(x)+(x-2)f'(x)\}$
$=\lim\limits_{x\to2+}\{3-x-(x-2)\}$
$=\lim\limits_{x\to2+}(5-2x)=5-4=1$
$\lim\limits_{x\to2-}g'(x)=\lim\limits_{x\to2-}\{2bxf(x)+bx^2f'(x)\}$
$=\lim\limits_{x\to2-}\{2bx(x-2)+bx^2\}$
$=4b\cdot0+4b=4b$

에서 $4b=1$ $\therefore b=\dfrac{1}{4}$

$\therefore ab=(-2)\cdot\dfrac{1}{4}=-\dfrac{1}{2}$

0355 답 ①

0356 답 ④

$f(x)=3x^2+2x$에서 $f'(x)=6x+2$
$f(x)$와 $f'(x)$를 주어진 등식에 대입하면
$x(6x+2)+a(3x^2+2x)+2x=0$
$6x^2+2x+3ax^2+2ax+2x=0$
$(3a+6)x^2+(2a+4)x=0$
위의 등식이 모든 실수 x에 대하여 성립하므로
$3a+6=0,\ 2a+4=0$에서
$a=-2$

0357 답 ②

$f(x)$가 이차함수이므로
$f(x)=ax^2+bx+c\ (a,\ b,\ c$는 상수, $a\neq0)$라 하면
$f'(x)=2ax+b$
조건 (가)에서 $f(x)$와 $f'(x)$를 주어진 식에 대입하면
$(x-1)(2ax+b)-2(ax^2+bx+c)=-5x-13$
$(2ax^2-2ax+bx-b)-(2ax^2+2bx+2c)=-5x-13$
$(-2a-b)x-b-2c=-5x-13$
위의 등식이 모든 실수 x에 대하여 성립하므로
$-2a-b=-5,\ -b-2c=-13$ $\qquad\cdots\cdots\ \bigcirc$
조건 (나)에서 $f'(2)=7$이므로 $4a+b=7$ $\qquad\cdots\cdots\ \bigcirc\!\bigcirc$
$\bigcirc$, $\bigcirc\!\bigcirc$을 연립하여 풀면 $a=1,\ b=3,\ c=5$
따라서 $f(x)=x^2+3x+5$이므로
$f(3)=9+9+5=23$

0358 답 ③

$f(x)$가 이차함수이므로
$f(x)=ax^2+bx+c\ (a,\ b,\ c$는 상수, $a\neq0)$라 하면
$f'(x)=2ax+b$
$f(f'(x))=a(2ax+b)^2+b(2ax+b)+c$
$\qquad\quad=4a^3x^2+4a^2bx+ab^2+2abx+b^2+c$
$\qquad\quad=4a^3x^2+(4a^2b+2ab)x+ab^2+b^2+c$
$f'(f(x))=2a(ax^2+bx+c)+b$
$\qquad\quad=2a^2x^2+2abx+2ac+b$
모든 실수 x에 대하여 $f(f'(x))=f'(f(x))$이므로
$4a^3=2a^2,\ 4a^2b+2ab=2ab,\ ab^2+b^2+c=2ac+b$
$\therefore a=\dfrac{1}{2},\ b=0\ (\because a\neq0)$
$f(1)=a+b+c=\dfrac{1}{2}+c=\dfrac{3}{2}$이므로 $c=1$
$\therefore f(x)=\dfrac{1}{2}x^2+1$ $\quad\therefore f(2)=\dfrac{1}{2}\cdot4+1=3$

0359 답 11

함수 $f(x)$가 상수함수일 때, $f'(x)=0$이므로 조건 (나)에서 좌변은 0이고 우변은 이차식이 되어 모순이다.
함수 $f(x)$가 n차 함수 (n은 자연수)일 때, $f'(x)$는 $(n-1)$차 함수이다.
이때 $n=1$이면 조건 (나)에서 좌변은 상수이고 우변은 이차식이 되어 모순이므로 $n\geq2$이다.
조건 (나)에서 좌변의 차수는 $(n-1)+(n-1)$, 우변의 차수는 n이므로
$2n-2=n$ $\quad\therefore n=2$
따라서 함수 $f(x)$는 이차함수이므로
$f(x)=ax^2+bx+c\ (a,\ b,\ c$는 정수, $a\neq0)$
라 하면 $f'(x)=2ax+b$이고 조건 (나)에 대입하면
$(2ax+b)(2ax+b+1)=4(ax^2+bx+c)+8x^2-8$
$\therefore 4a^2x^2+(4ab+2a)x+b^2+b=(4a+8)x^2+4bx+4c-8$
위의 등식이 모든 실수 x에 대하여 성립하므로
$4a^2=4a+8,\ 4ab+2a=4b,\ b^2+b=4c-8$
$4a^2=4a+8$에서 $a^2-a-2=0,\ (a+1)(a-2)=0$
$\therefore a=-1$ 또는 $a=2$
(ⅰ) $a=-1$일 때
　$4ab+2a=4b$에서 $-4b-2=4b$
　$\therefore b=-\dfrac{1}{4}$
　이것은 b가 정수라는 조건에 모순이다.
(ⅱ) $a=2$일 때
　$4ab+2a=4b$에서 $8b+4=4b$
　$\therefore b=-1$
　$b=-1$을 $b^2+b=4c-8$에 대입하면
　$1-1=4c-8$에서 $c=2$
(ⅰ), (ⅱ)에서 $a=2,\ b=-1,\ c=2$이므로
$f(x)=2x^2-x+2$이고 $f'(x)=4x-1$
$\therefore f'(3)=11$

0360 답 ③

0361 답 17

$f(x)=x^9-ax+b$라 하면 $f(x)$가 $(x-1)^2$으로 나누어떨어지므로 $f(1)=0,\ f'(1)=0$
$f(1)=0$에서 $1-a+b=0$ $\qquad\cdots\cdots\ \bigcirc$
$f'(x)=9x^8-a$이므로 $f'(1)=0$에서
$9-a=0$ $\quad\therefore a=9$
$a=9$를 $\bigcirc$에 대입하면 $1-9+b=0$ $\quad\therefore b=8$
$\therefore a+b=9+8=17$

0362 답 ①

다항식 $2x^{10}+4x$를 $(x-1)^2$으로 나눈 몫을 $Q(x)$라 하고 $R(x)=ax+b\ (a,\ b$는 상수)라 하면
$2x^{10}+4x=(x-1)^2Q(x)+ax+b$ $\qquad\cdots\cdots\ \bigcirc$
$\bigcirc$에 $x=1$을 대입하면 $6=a+b$ $\qquad\cdots\cdots\ \bigcirc\!\bigcirc$
$\bigcirc$의 양변을 x에 대하여 미분하면
$20x^9+4=2(x-1)Q(x)+(x-1)^2Q'(x)+a$ $\qquad\cdots\cdots\ \bigcirc\!\bigcirc\!\bigcirc$

⊕에 $x=1$을 대입하면 $a=24$
⊙에 $a=24$를 대입하면 $6=24+b$ $\therefore b=-18$
따라서 $R(x)=24x-18$이므로
$R(2)=24\cdot2-18=30$

0363 답 ②

$f(x)$를 $(x+1)^2$으로 나눈 몫을 $Q(x)$라 하고
$R(x)=ax+b$ $(a,\ b$는 상수$)$라 하면
$f(x)=(x+1)^2Q(x)+ax+b$이므로
$f(-1)=-a+b=-2$ ······ ⊙
$f'(x)=2(x+1)Q(x)+(x+1)^2Q'(x)+a$이므로
$f'(-1)=a=1$
⊙에 $a=1$을 대입하면 $-1+b=-2$ $\therefore b=-1$
따라서 $R(x)=x-1$이므로
$R(5)=5-1=4$

0364 답 ③

$f(x)$를 $(x-2)^2$으로 나눈 몫을 $Q(x)$라 하면
$f(x)=(x-2)^2Q(x)+2x+1$이므로
$f(2)=4+1=5$
$f'(x)=2(x-2)Q(x)+(x-2)^2Q'(x)+2$이므로
$f'(2)=2$
이때 $g(x)=xf(x)$라 하면 $g'(x)=f(x)+xf'(x)$이므로
$g'(2)=f(2)+2f'(2)=5+2\cdot2=9$

본문 066~069쪽

0365 답 ④

$f(x)$에 관련된 식과 $f'(0)=3$, $f'(p)=2$를 이용하여 $f(p)$의 값을 구한다.

$f(x+y)=f(x)f(y)$에 $x=0$, $y=0$을 대입하면
$f(0)=\{f(0)\}^2$, $f(0)\{f(0)-1\}=0$
$\therefore f(0)=0$ 또는 $f(0)=1$
$f(0)=0$이면 모든 실수 x에 대하여
$f(x)=f(x+0)=f(x)f(0)=0$이므로 $f'(x)=0$
이때 $f'(0)=3$, $f'(p)=2$에 모순이므로 $f(0)=1$이다.
$$f'(0)=\lim_{h\to0}\frac{f(h)-f(0)}{h}=\lim_{h\to0}\frac{f(h)-1}{h}=3 \quad\cdots\cdots ⊙$$
$$f'(p)=\lim_{h\to0}\frac{f(p+h)-f(p)}{h}=\lim_{h\to0}\frac{f(p)f(h)-f(p)}{h}$$
$$=f(p)\lim_{h\to0}\frac{f(h)-1}{h}=3f(p)\ (\because ⊙)$$
$$=2$$
$$\therefore f(p)=\frac{2}{3}$$
$$f'(4p)=\lim_{h\to0}\frac{f(4p+h)-f(4p)}{h}=\lim_{h\to0}\frac{f(4p)f(h)-f(4p)}{h}$$
$$=f(4p)\lim_{h\to0}\frac{f(h)-1}{h}=3f(4p)\ (\because ⊙)$$

$$f(4p)=f(2p+2p)=\{f(2p)\}^2$$
$$=\{f(p+p)\}^2=[\{f(p)\}^2]^2$$
$$=\{f(p)\}^4=\left(\frac{2}{3}\right)^4=\frac{16}{81}$$
$$\therefore f'(4p)=3f(4p)=3\cdot\frac{16}{81}=\frac{16}{27}$$

0366 답 ③

도함수의 정의를 이용하여 주어진 명제의 참, 거짓을 판별한다.

$$ㄱ.\ f'(2x)=\lim_{h\to0}\frac{f(2x+h)-f(2x)}{h}$$
$$=\lim_{h\to0}\frac{f\left(2\left(x+\frac{h}{2}\right)\right)-f(2x)}{h}$$
$$=\lim_{h\to0}\frac{2f\left(x+\frac{h}{2}\right)-2f(x)}{h}$$
$$=2\lim_{h\to0}\frac{f\left(x+\frac{h}{2}\right)-f(x)}{\frac{h}{2}}\cdot\frac{1}{2}$$
$$=f'(x)\ (참)$$
$$ㄴ.\ f'(-x)=\lim_{h\to0}\frac{f(-x+h)-f(-x)}{h}$$
$$=\lim_{h\to0}\frac{f(x-h)-f(x)}{h}$$
$$=\lim_{h\to0}\frac{f(x-h)-f(x)}{-h}\cdot(-1)$$
$$=-f'(x)\ (참)$$
ㄷ. [반례] $f(x)=x^3-1$이라 하면 $f'(x)=3x^2=f'(-x)$이지만
    $f(-x)=-x^3-1$, $-f(x)=-x^3+1$이므로
    $f(-x)\neq-f(x)$ (거짓)
따라서 옳은 것은 ㄱ, ㄴ이다.

0367 답 ②

주어진 항등식 $f(f'(x))=f'(f(x))$를 x에 대한 식으로 나타내고, 각 항의 계수와 상수항을 비교하여 두 상수 a, b의 값을 각각 구한다.

$f(x)=ax^2+bx+1\ (a\neq0)$에서
$f'(x)=2ax+b$
$f(f'(x))=a(2ax+b)^2+b(2ax+b)+1$
$\qquad=4a^3x^2+(4a^2b+2ab)x+ab^2+b^2+1$
$f'(f(x))=2a(ax^2+bx+1)+b$
$\qquad=2a^2x^2+2abx+2a+b$
$\therefore 4a^3x^2+(4a^2b+2ab)x+ab^2+b^2+1$
$\qquad=2a^2x^2+2abx+2a+b$
이 식은 x에 대한 항등식이므로
$4a^3=2a^2$에서 $a=\dfrac{1}{2}\ (\because a\neq0)$
$4a^2b+2ab=2ab$, $ab^2+b^2+1=2a+b$에서
$b+b=b$, $\dfrac{1}{2}b^2+b^2+1=1+b$이므로 $b=0$
$\therefore a+b=\dfrac{1}{2}+0=\dfrac{1}{2}$

$\dfrac{1}{2}b^2+b^2+1=1+b$에서 $3b^2=2b$,
$b(3b-2)=0$이므로 $b=0$ 또는 $b=\dfrac{2}{3}$이다.
하지만 앞의 식 $b+b=b$에서 $b=0$이므로
두 식을 모두 만족시키는 b의 값은 0이다.

0368 답 9

$n \to \infty$로 주어진 극한에서 식을 치환하여 미분계수를 구한다.

$\dfrac{1}{n}=h$로 놓으면 $n \to \infty$일 때 $h \to 0+$이므로

$$\lim_{n \to \infty} \frac{n}{3}\left\{f\left(2+\frac{1}{n}\right)-f\left(2-\frac{3}{n}\right)\right\}$$

$$=\lim_{h \to 0+} \frac{1}{3h}\{f(2+h)-f(2-3h)\}$$

$$=\lim_{h \to 0+} \frac{f(2+h)-f(2)-f(2-3h)+f(2)}{3h}$$

$$=\lim_{h \to 0+} \frac{f(2+h)-f(2)}{h}\cdot\frac{1}{3}+\lim_{h \to 0+}\frac{f(2-3h)-f(2)}{-3h}$$

$$=\frac{1}{3}f'(2)+f'(2)=\frac{4}{3}f'(2)$$

따라서 $\dfrac{4}{3}f'(2)=12$이므로

$$f'(2)=9$$

0369 답 ①

적당한 식을 치환하거나 반례를 찾고, 극한값이 $f'(a)$인 것을 고른다.

ㄱ. $\lim\limits_{h \to 0} \dfrac{f(a)-f(a-h)}{h}=\lim\limits_{h \to 0}\dfrac{f(a-h)-f(a)}{-h}=f'(a)$

ㄴ. [반례] $f(x)=x^3$, $a=2$일 때,

$$\lim_{x \to 2}\frac{f(x^2)-f(2)}{x^2-2}=\lim_{x \to 2}\frac{x^6-8}{x^2-2}=28$$

$\lim\limits_{x \to 2}\dfrac{(x^2-2)(x^4+2x^2+4)}{x^2-2}$
$=\lim\limits_{x \to 2}(x^4+2x^2+4)=28$

$f'(x)=3x^2$이므로 $f'(2)=12$

$$\therefore \lim_{x \to 2}\frac{f(x^2)-f(2)}{x^2-2}\neq f'(2)$$

ㄷ. $2x=t$라 하면 $x \to 2a$일 때 $t \to 4a$이므로

$$\lim_{x \to 2a}\frac{f(2x)-f(4a)}{2x-4a}=\lim_{t \to 4a}\frac{f(t)-f(4a)}{t-4a}=f'(4a)$$

$a\neq 0$일 때, $f'(4a)\neq f'(a)$

따라서 $f'(a)$와 항상 같은 것은 ㄱ이다.

0370 답 6

닫힌구간 $[n,\ n+1]$에서 함수 $f(x)$의 평균변화율이 $n+1$임을 이용하여 함수 $y=f(x)$의 관계식을 구한다.

닫힌구간 $[n,\ n+1]$에서 함수 $f(x)$의 평균변화율이 $n+1$이므로

$$\frac{f(n+1)-f(n)}{(n+1)-n}=n+1$$

$$\therefore f(n+1)-f(n)=n+1$$

따라서 함수 $f(x)$의 닫힌구간 $[1, 10]$에서의 평균변화율은

$$\frac{f(10)-f(1)}{10-1}$$

$$=\frac{f(10)-f(9)}{9}+\frac{f(9)-f(8)}{9}+\frac{f(8)-f(7)}{9}+\cdots$$

$$\qquad\qquad +\frac{f(2)-f(1)}{9}$$

$$=\frac{9+1}{9}+\frac{8+1}{9}+\frac{7+1}{9}+\cdots+\frac{1+1}{9}$$

$$=\frac{10+9+8+\cdots+2}{9}=\frac{54}{9}=6$$

0371 답 ①

주어진 빈칸의 앞뒤 문맥을 살펴서 알맞은 식을 구한다.

임의의 실수 x, 0이 아닌 실수 h에 대하여

$$\boxed{f(x+h)}=f\left(\frac{2x+2h}{2}\right)=\frac{f(2x)+f(2h)}{2} \quad \cdots\cdots ㉠$$

$$\boxed{f(x)}=f\left(\frac{2x+0}{2}\right)=\frac{f(2x)+f(0)}{2} \quad \cdots\cdots ㉡$$

㉠, ㉡에서 $\boxed{f(x+h)}-\boxed{f(x)}=\dfrac{f(2h)-f(0)}{2}$

$$\therefore f'(x)=\lim_{h \to 0}\frac{f(x+h)-f(x)}{h}$$

$$=\lim_{h \to 0}\frac{f(2h)-f(0)}{2h}=\boxed{f'(0)}$$

따라서 $f'(x)$는 상수함수이므로 $f(x)$는 일차함수이다.

0372 답 15

분자에 있는 식을 여러 개의 미분계수로 나타낸다.

$$\lim_{h \to 0}\sum_{k=1}^{n}\frac{f(1+kh)-f(1)}{h}$$

$$=\lim_{h \to 0}\left\{\frac{f(1+h)-f(1)}{h}+\frac{f(1+2h)-f(1)}{h}+\cdots\right.$$

$$\left.\qquad\qquad +\frac{f(1+nh)-f(1)}{h}\right\}$$

$$=\lim_{h \to 0}\left\{\frac{f(1+h)-f(1)}{h}+2\cdot\frac{f(1+2h)-f(1)}{2h}+\cdots\right.$$

$$\left.\qquad\qquad +n\cdot\frac{f(1+nh)-f(1)}{nh}\right\}$$

$$=f'(1)+2f'(1)+\cdots+nf'(1)$$

$$=\frac{n(n+1)}{2}f'(1)=480 \quad \cdots\cdots ㉠$$

$f(x)=x^3+2x^2-3x$에서 $f'(x)=3x^2+4x-3$이므로

$$f'(1)=3+4-3=4$$

㉠에 $f'(1)=4$를 대입하면

$$\frac{n(n+1)}{2}\cdot 4=480,\ n(n+1)=240=15\cdot 16$$

따라서 구하는 자연수 n의 값은 15이다.

0373 답 42

$f(x)=f(-x)$를 만족시키는 사차함수 $f(x)$를 x에 대한 식으로 나타낸 후, 두 극한값을 만족시키는 미정계수를 구한다.

사차함수 $f(x)$가 $f(x)=f(-x)$를 만족시키므로

$f(x)=ax^4+bx^2+c\ (a\neq 0)$라 하자.

$$\lim_{x \to \infty}\frac{f(x)}{x^4-1}=\lim_{x \to \infty}\frac{ax^4+bx^2+c}{x^4-1}=2$$

즉, 극한값이 0이 아닌 값으로 수렴하므로 $a=2$이다.

$\lim\limits_{x \to 1}\dfrac{f(x)-3}{x-1}=14$에서 $x \to 1$일 때 (분모) $\to 0$이고 극한값이

존재하므로 (분자) $\to 0$이다.

즉, $\lim\limits_{x \to 1}\{f(x)-3\}=0$이므로 $f(1)=3$

$f(1)=2+b+c=3$에서 $b+c=1 \quad \cdots\cdots ㉠$

$\displaystyle\lim_{x\to 1}\frac{f(x)-3}{x-1}=\lim_{x\to 1}\frac{f(x)-f(1)}{x-1}=f'(1)=14$이고,

$f'(x)=8x^3+2bx$이므로 $f(x)=2x^4+bx^2+c$를 x에 대하여 미분한 것이다.

$f'(1)=8+2b=14$ $\quad\therefore b=3$

㉠에 $b=3$을 대입하면

$3+c=1$ $\quad\therefore c=-2$

따라서 $f(x)=2x^4+3x^2-2$이므로

$f(2)=32+12-2=42$

선생님 톡톡

사차함수 $f(x)=ax^4+bx^3+cx^2+dx+e$라 하면
$f(x)=f(-x)$를 만족하므로
$ax^4+bx^3+cx^2+dx+e$
$=a\cdot(-x)^4+b\cdot(-x)^3+c\cdot(-x)^2+d\cdot(-x)+e$
에서 $bx^3+dx=-bx^3-dx$
$2bx^3+2dx=0$
위의 등식이 모든 실수 x에 대하여 성립하므로
$b=d=0$
$\therefore f(x)=ax^4+cx^2+e$

0374 답 ③

One Point Lesson

$\{f'(x)\}^2=f(x)$를 만족시키는 다항함수 $f(x)$의 차수와 미정계수를 결정한다.

$f'(0)=-3$에서 $f(x)$는 상수함수는 아니다.

$f(x)=a_nx^n+a_{n-1}x^{n-1}+\cdots+a_1x+a_0\,(a_n\neq 0)$이라 하면

$f'(x)=na_nx^{n-1}+(n-1)a_{n-1}x^{n-2}+\cdots+a_1$

$\{f'(x)\}^2=f(x)$이므로 최고차항을 비교하면

$n^2a_n{}^2x^{2n-2}=a_nx^n$

이때 차수가 같아야 하므로

$2n-2=n$ $\quad\therefore n=2$ $n=2,\ a_n\neq 0$이므로 $4a_n{}^2=a_n$에서 $a_n=\frac{1}{4}$

계수를 비교하면 $n^2a_n{}^2=a_n$

$\therefore a_n=\dfrac{1}{4}$

따라서 $f(x)=\dfrac{1}{4}x^2+a_1x+a_0$이므로

$f'(x)=\dfrac{1}{2}x+a_1$

$f'(0)=-3$에서 $a_1=-3$

$\{f'(x)\}^2=f(x)$에 $x=0$을 대입하면

$\{f'(0)\}^2=f(0),\ (-3)^2=a_0$

$\therefore a_0=9$

따라서 $f(x)=\dfrac{1}{4}x^2-3x+9$이므로

$f(6)=\dfrac{1}{4}\cdot 36-3\cdot 6+9=9-18+9=0$

0375 답 ③

One Point Lesson

주어진 극한을 정리하고, 두 함수의 도함수를 각각 구하여 미분계수를 구한다.

$\displaystyle\lim_{n\to\infty}n\left\{2f\left(\frac{n+1}{n}\right)-g\left(\frac{n-1}{n}\right)\right\}$

$=\displaystyle\lim_{n\to\infty}n\left\{2f\left(1+\frac{1}{n}\right)-g\left(1-\frac{1}{n}\right)\right\}$

$\dfrac{1}{n}=h$라 하면 $n\to\infty$일 때 $h\to 0+$이므로

$\displaystyle\lim_{n\to\infty}n\left\{2f\left(1+\frac{1}{n}\right)-g\left(1-\frac{1}{n}\right)\right\}$

$=\displaystyle\lim_{h\to 0+}\frac{2f(1+h)-g(1-h)}{h}$

$=\displaystyle\lim_{h\to 0+}\frac{\{2f(1+h)-2f(1)\}-\{g(1-h)-g(1)\}}{h}$

$\hspace{6cm}(\because g(1)=2f(1)=-4)$

$=2\displaystyle\lim_{h\to 0+}\frac{f(1+h)-f(1)}{h}+\lim_{h\to 0+}\frac{g(1-h)-g(1)}{-h}$

$=2f'(1)+g'(1)$

이때 $f'(x)=2x+1,\ g'(x)=3x^2-4x$이므로

$f'(1)=3,\ g'(1)=-1$

$\therefore 2f'(1)+g'(1)=2\cdot 3+(-1)=5$

0376 답 10

One Point Lesson

다항식의 나눗셈을 이용하여 항등식으로 나타낸 후, 양변을 x에 대하여 미분하고 미정계수를 구한다.

사차함수 $f(x)$의 최고차항의 계수가 1이고 조건 (가)에서

$f(x)=f(-x)$를 만족시키므로

$f(x)=x^4+ax^2+b\,(a,\ b$는 상수)

라 하면 $f'(x)=4x^3+2ax$

조건 (나)에서

$f(x)-1=(x+1)^2Q(x)$ $\qquad\cdots\cdots$ ㉠

라 하고 $x=-1$을 대입하면

$f(-1)-1=0$ $\quad\therefore f(-1)=1$

즉, $f(-1)=1+a+b=1$이므로

$a+b=0$ $\qquad\cdots\cdots$ ㉡

㉠의 양변을 x에 대하여 미분하면

$f'(x)=2(x+1)Q(x)+(x+1)^2Q'(x)$

위의 식의 양변에 $x=-1$을 대입하면 $f'(-1)=0$

즉, $f'(-1)=-4-2a=0$이므로

$a=-2$

㉡에 $a=-2$를 대입하면

$-2+b=0$ $\quad\therefore b=2$

따라서 $f(x)=x^4-2x^2+2$이므로

$f(2)=16-8+2=10$

0377 답 20

One Point Lesson

함수 $g(x)$가 모든 실수 x에서 미분가능하려면 $g'(3)$이 존재하면 된다.

$g(x)=\begin{cases} x(x-3)^2 & (x\geq 3) \\ -(x+p)(x+p-3)^2+q & (x<3) \end{cases}$

$g'(x)=\begin{cases} 3(x-1)(x-3) & (x>3) \\ -3(x+p-3)(x+p-1) & (x<3) \end{cases}$

함수 $g(x)$가 모든 실수 x에서 미분가능하므로 $x=3$에서 미분가능하다.

즉, $\displaystyle\lim_{x\to 3+}g'(x)=\lim_{x\to 3-}g'(x)$에서

$\displaystyle\lim_{x\to 3+}g'(x)=\lim_{x\to 3+}3(x-1)(x-3)=0,$

$\displaystyle\lim_{x\to 3-}g'(x)=\lim_{x\to 3-}\{-3(x+p-3)(x+p-1)\}=-3p(p+2)$

이므로 $-3p(p+2)=0$ $\quad\therefore p=-2\ (\because p\neq 0)$

또한, 함수 $g(x)$가 $x=3$에서 미분가능하므로 $x=3$에서 연속이다.

즉, $g(3)=\lim\limits_{x\to 3-} g(x)$에서

$g(3)=0,\ \lim\limits_{x\to 3-} g(x)=\lim\limits_{x\to 3-}\{-(x-2)(x-5)^2+q\}=q-4$

이므로 $q-4=0$ $\therefore q=4$

$\therefore p^2+q^2=(-2)^2+4^2=4+16=20$

0378 답 ④

두 함수 $y=f(x)$, $y=g(x)$의 그래프가 직선 $y=x$에 대하여 대칭이므로 두 함수는 서로 역함수 관계이다.

두 함수 $y=f(x)$, $y=g(x)$의 그래프가 직선 $y=x$에 대하여 대칭 이므로

$g^{-1}(x)=f(x)$

$g(2)=0$에서 $2=g^{-1}(0)=f(0)$

또한, $g(2-xf(x))=x$에서 $f(x)=2-xf(x)$

위의 식의 양변을 x에 대하여 미분하면

$f'(x)=-f(x)-xf'(x)$

$x=0$을 대입하면

$f'(0)=-f(0)=-2$

0379 답 ②

두 함수의 그래프를 이용하여 $x=k$에서의 함수의 극한값을 구한다.

$$f(x)=\begin{cases} 2x & (0\le x<1) \\ -2x+4 & (1\le x<2),\\ x-1 & (2\le x\le 3) \end{cases} g(x)=\begin{cases} -x+2 & (0\le x<1) \\ x & (1\le x\le 2) \\ -x+3 & (2<x\le 3) \end{cases}$$

ㄱ. $f(x)+g(x)=\begin{cases} x+2 & (0\le x<1) \\ -x+4 & (1\le x<2) \\ 3 & (x=2) \\ 2 & (2<x\le 3) \end{cases}$ 이므로

$\lim\limits_{x\to 2+}\{f(x)+g(x)\}=2$

$\lim\limits_{x\to 2-}\{f(x)+g(x)\}=\lim\limits_{x\to 2-}(-x+4)=2$

$f(2)+g(2)=3$

따라서 $\lim\limits_{x\to 2}\{f(x)+g(x)\}=2\ne 3=f(2)+g(2)$이므로

함수 $\{f(x)+g(x)\}$는 $x=2$에서 연속이 아니다. (거짓)

ㄴ. $f(x)g(x)=\begin{cases} -2x^2+4x & (0\le x<2) \\ 2 & (x=2) \\ -x^2+4x-3 & (2<x\le 3) \end{cases}$

$0\le x<2$에서 $h(x)=f(x)g(x)$라 하면

$h'(x)=-4x+4$이므로 $h'(1)=0$

따라서 함수 $f(x)g(x)$는 $x=1$에서 미분가능하다. (참)

ㄷ. $(f\circ g)(x)=f(g(x))$

$=\begin{cases} f(-x+2) & (0\le x<1) \\ f(x) & (1\le x<2) \\ 1 & (x=2) \\ f(-x+3) & (2<x\le 3) \end{cases}$

$=\begin{cases} 2x & (0\le x<1) \\ -2x+4 & (1\le x<2) \\ 1 & (x=2) \\ -2x+6 & (2<x\le 3) \end{cases}$

$\lim\limits_{x\to 2+} f(g(x))=\lim\limits_{x\to 2+}(-2x+6)=2$

$\lim\limits_{x\to 2-} f(g(x))=\lim\limits_{x\to 2-}(-2x+4)=0$

따라서 함수 $(f\circ g)(x)$는 $x=2$에서 불연속이므로

$x=2$에서 미분가능하지 않다. (거짓)

따라서 옳은 것은 ㄴ이다.

0380 답 3

각 점 $A_k\,(k=1,\ 2,\ \cdots,\ 5)$에서 $\dfrac{f(x_k)}{x_k}$와 $f'(x_k)$의 부호를 비교한다.

$\dfrac{f(x_k)}{x_k}=\dfrac{f(x_k)-f(0)}{x_k-0}$이므로 $\dfrac{f(x_k)}{x_k}$는 함수 $y=f(x)$에 대하여

x의 값이 0에서 x_k까지(또는 x_k에서 0까지) 변할 때의 평균변화율이고, $f'(x_k)$는 점 $(x_k,\ f(x_k))$에서의 함수 $y=f(x)$의 그래프의 접선의 기울기이다.

각 점 $A_k\,(k=1,\ 2,\ \cdots,\ 5)$에서의 $\dfrac{f(x_k)}{x_k}$, $f'(x_k)$의 부호를 표로 나타내면 다음과 같다.

점	A_1	A_2	A_3	A_4	A_5
$\dfrac{f(x_k)}{x_k}$	0	$-$	$-$	0	$+$
$f'(x_k)$	$+$	0	0	$+$	$+$

$\dfrac{f(x_1)}{x_1}=0<f'(x_1)$에서 $f(x_1)>x_1f'(x_1)\,(\because x_1<0)$

$\dfrac{f(x_2)}{x_2}<0=f'(x_2)$에서 $f(x_2)>x_2f'(x_2)\,(\because x_2<0)$

$\dfrac{f(x_3)}{x_3}<0=f'(x_3)$에서 $f(x_3)<x_3f'(x_3)\,(\because x_3>0)$

$\dfrac{f(x_4)}{x_4}=0<f'(x_4)$에서 $f(x_4)<x_4f'(x_4)\,(\because x_4>0)$

오른쪽 그림과 같이 두 점 O, A_5를 지나는 직선의 기울기가 점 A_5에서의 접선의 기울기보다 작으므로

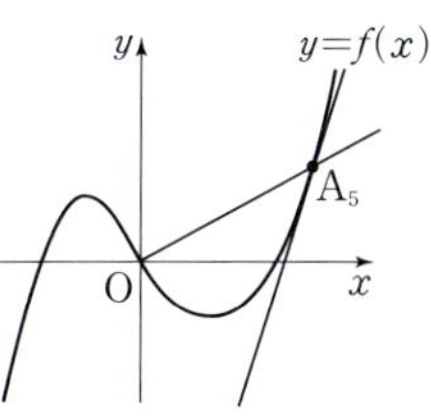

$\dfrac{f(x_5)}{x_5}<f'(x_5)$

$\therefore f(x_5)<x_5f'(x_5)\,(\because x_5>0)$

따라서 $f(x_k)>x_kf'(x_k)$를 만족시키는 k는 1, 2이므로 모든 k의 값의 합은

$1+2=3$

0381 답 2

함수 $y=f(x)$의 그래프와 x축이 만나는 서로 다른 세 점의 x좌표가 p, q, r인 삼차함수 $f(x)$를 x에 대한 다항식으로 나타내어 도함수를 구한다.

조건 (가)에 의하여 최고차항의 계수가 1인 삼차함수 $f(x)$를

$f(x)=(x-p)(x-q)(x-r)$라 하면

$f'(x)=(x-q)(x-r)+(x-p)(x-r)+(x-p)(x-q)$

조건 (나)에서 $2f(1)+f'(1)=0$이므로 $f(1)=k\,(k\ne 0)$라 하면

$f'(1)=-2f(1)=-2k$

이때 $f(1)=(1-p)(1-q)(1-r)=k$이므로 $f'(1)=-2k$에서

$(1-q)(1-r)+(1-p)(1-r)+(1-p)(1-q)=-2k$

양변을 $(1-p)(1-q)(1-r)$로 나누면

$$\frac{1}{1-p}+\frac{1}{1-q}+\frac{1}{1-r}=\frac{-2k}{k}=-2$$
$$\therefore \ \frac{1}{p-1}+\frac{1}{q-1}+\frac{1}{r-1}=2$$

0382 답 3

함수 $f(x)$의 평균변화율이 10보다 작거나 같도록 하는 두 정수 a, b의 조건을 구한다.

$$f(x)=9x^3-3(a+b)x^2+abx$$
$$=x(3x-a)(3x-b)$$

닫힌구간 $[a,\ b]$에서의 평균변화율은

$$\frac{f(b)-f(a)}{b-a}=\frac{b(3b-a)(3b-b)-a(3a-a)(3a-b)}{b-a}$$
$$=\frac{2b^2(3b-a)-2a^2(3a-b)}{b-a}$$
$$=\frac{6b^3-2ab^2-6a^3+2a^2b}{b-a}$$
$$=\frac{6(b-a)(b^2+ab+a^2)-2ab(b-a)}{b-a}$$
$$=\frac{2(b-a)(3b^2+2ab+3a^2)}{b-a}$$
$$=2(3a^2+2ab+3b^2)$$
$$=6\left(a+\frac{1}{3}b\right)^2+\frac{16}{3}b^2$$

서로 다른 두 정수 a, b에 대하여

$$\frac{f(b)-f(a)}{b-a}=6\left(a+\frac{1}{3}b\right)^2+\frac{16}{3}b^2\leq 10$$에서

$$3\left(a+\frac{1}{3}b\right)^2+\frac{8}{3}b^2\leq 5$$이다.

(ⅰ) $b=0\ (a<0)$일 때

　$3a^2\leq 5,\ a^2\leq\frac{5}{3}$이므로 $a=-1$

　$\therefore\ (-1,\ 0)$

(ⅱ) $b=-1\ (a<-1)$일 때

　$3\left(a-\frac{1}{3}\right)^2+\frac{8}{3}\leq 5,\ \left(a-\frac{1}{3}\right)^2\leq\frac{7}{9}$

　위의 식을 만족시키는 -1보다 작은 정수 a는 존재하지 않는다.

(ⅲ) $b=1\ (a<1)$일 때

　$3\left(a+\frac{1}{3}\right)^2+\frac{8}{3}\leq 5,\ \left(a+\frac{1}{3}\right)^2\leq\frac{7}{9}$이므로 $a=-1$, $a=0$

　$\therefore\ (-1,\ 1),\ (0,\ 1)$

(ⅳ) $|b|\geq 2$일 때 만족시키는 정수 a, b가 존재하지 않는다.

(ⅰ)~(ⅳ)에서 구하는 모든 순서쌍의 개수는 3이다.

0383 답 1

$$\lim_{h\to 0}\frac{f(3h)-f(2h)}{h}$$
$$=\lim_{h\to 0}\frac{\{f(0+3h)-f(0)\}-\{f(0+2h)-f(0)\}}{h}$$ ❶
$$=\lim_{h\to 0}\frac{f(0+3h)-f(0)}{3h}\cdot 3-\lim_{h\to 0}\frac{f(0+2h)-f(0)}{2h}\cdot 2$$ ❷
$$=3f'(0)-2f'(0)$$
$$=f'(0)=1$$ ❸

채점 기준	배점 비율
❶ $f(0)$을 이용하여 주어진 식 변형하기	40%
❷ 미분계수의 정의로 표현하기	40%
❸ $\lim\limits_{h\to 0}\dfrac{f(3h)-f(2h)}{h}$의 값 구하기	20%

0384 답 해설 참조

함수 $f(x)=x^2$에 대하여 x의 값이 α에서 β까지 변할 때의 평균변화율은

$$\frac{f(\beta)-f(\alpha)}{\beta-\alpha}=\frac{\beta^2-\alpha^2}{\beta-\alpha}=\alpha+\beta \quad\cdots\cdots\ \bigcirc$$ ❶

함수 $f(x)=x^2$에 대하여 $x=\dfrac{\alpha+\beta}{2}$에서의 미분계수는

$$\frac{\alpha+\beta}{2}=k$$라 하면

$$f'(k)=\lim_{x\to k}\frac{x^2-k^2}{x-k}=\lim_{x\to k}(x+k)$$
$$=2k=2\cdot\frac{\alpha+\beta}{2}=\alpha+\beta \quad\cdots\cdots\ \bigcirc\bigcirc$$ ❷

$\bigcirc$, $\bigcirc\bigcirc$에서 함수 $f(x)=x^2$에 대하여 x의 값이 α에서 β까지 변할 때의 평균변화율과 $x=\dfrac{\alpha+\beta}{2}$에서의 미분계수가 같다. ❸

채점 기준	배점 비율
❶ 평균변화율 구하기	40%
❷ 미분계수 구하기	40%
❸ 평균변화율과 미분계수가 같음을 설명하기	20%

0385 답 90

$$f(x)=\sum_{k=0}^{n}(-x)^k=1-x+x^2-x^3+\cdots+(-1)^nx^n$$

이므로

$$f'(x)=-1+2x-3x^2+\cdots+(-1)^nnx^{n-1}$$ ❶

$$\therefore\ f'(1)=-1+2-3+\cdots+(-1)^nn$$

$$f'(1)=\begin{cases}\dfrac{-1-n}{2} & (n\text{이 홀수일 때})\\[2mm]\dfrac{n}{2} & (n\text{이 짝수일 때})\end{cases}$$ ❷

$f'(1)$의 값이 한 자리의 자연수가 되도록 하는 모든 자연수 n의 값의 합은

$$2+4+6+\cdots+18=\sum_{k=1}^{9}2k=2\cdot\frac{9\cdot 10}{2}=90$$ ❸

채점 기준	배점 비율
❶ $f'(x)$ 구하기	30%
❷ $f'(1)$ 구하기	30%
❸ 조건을 만족시키는 모든 자연수 n의 값의 합 구하기	40%

0386 답 650

$$a_n=\lim_{x\to 1}\frac{(x-1)+2(x^2-1)+3(x^3-1)+\cdots+n(x^n-1)}{x-1}$$
$$=\lim_{x\to 1}\frac{(x+2x^2+3x^3+\cdots+nx^n)-(1+2+3+\cdots+n)}{x-1}$$ ❶

$f(x)=x+2x^2+3x^3+\cdots+nx^n$이라 하면
$f(1)=1+2+3+\cdots+n$이고
$f'(x)=1+2^2x+3^2x^2+\cdots+n^2x^{n-1}$이므로
$$a_n=\lim_{x\to1}\frac{f(x)-f(1)}{x-1}=f'(1)$$
$$=1^2+2^2+3^2+\cdots+n^2=\sum_{k=1}^{n}k^2$$

---❷

$$\therefore\ a_{12}=\sum_{k=1}^{12}k^2=\frac{12\cdot13\cdot25}{6}=650$$

---❸

채점 기준	배점 비율
❶ 분자를 치환할 수 있도록 주어진 식 변형하기	30%
❷ a_n을 미분계수의 정의를 이용하여 간단히 하기	50%
❸ a_{12}의 값 구하기	20%

0387   답 12

$g(x)$를 $(x-2)^2$으로 나누었을 때의 몫을 $Q_1(x)$라 하면 조건 (가)
에서 $g(x)=(x-2)^2Q_1(x)+3x+1$로 놓을 수 있으므로
$x=2$를 대입하면 $g(2)=7$ …… ㉠
$g(x)=(x-2)^2Q_1(x)+3x+1$의 양변을 x에 대하여 미분하면
$g'(x)=2(x-2)Q_1(x)+(x-2)^2Q_1'(x)+3$
$x=2$를 대입하면 $g'(2)=3$ …… ㉡

---❶

$f(x)+x^2g(x)$를 $(x-2)^3$으로 나누었을 때의 몫을 $Q_2(x)$라 하면
조건 (나)에서 $f(x)+x^2g(x)=(x-2)^3Q_2(x)$로 놓을 수 있으므
로 $x=2$를 대입하면 $f(2)+4g(2)=0$ …… ㉢
$f(x)+x^2g(x)=(x-2)^3Q_2(x)$의 양변을 x에 대하여 미분하면
$f'(x)+2xg(x)+x^2g'(x)=3(x-2)^2Q_2(x)+(x-2)^3Q_2'(x)$
$x=2$를 대입하면 $f'(2)+4g(2)+4g'(2)=0$ …… ㉣
㉠, ㉢에서 $f(2)=-28$
㉠, ㉡, ㉣에서 $f'(2)=-40$

---❷

$f(x)$를 $(x-2)^2$으로 나누었을 때의 몫을 $Q_3(x)$라 하고 나머지
를 $R(x)=ax+b$ (a, b는 상수)라 하면   나누는 식이 이차식이므로 나머지는
일차식 또는 상수이어야 한다.
$f(x)=(x-2)^2Q_3(x)+ax+b$로 놓을 수 있다.
$x=2$를 대입하면 $f(2)=2a+b=-28$ …… ㉤
$f(x)=(x-2)^2Q_3(x)+ax+b$의 양변을 x에 대하여 미분하면
$f'(x)=2(x-2)Q_3(x)+(x-2)^2Q_3'(x)+a$이므로 $x=2$를 대
입하면
$f'(2)=a=-40$
㉤에서 $a=-40$이므로 $b=52$
따라서 $R(x)=-40x+52$이므로
$R(1)=-40+52=12$

---❸

채점 기준	배점 비율
❶ 조건 (가)로부터 $g(2)$, $g'(2)$의 값 각각 구하기	30%
❷ 조건 (나)로부터 $f(2)$, $f'(2)$의 값 각각 구하기	40%
❸ $R(1)$의 값 구하기	30%

0388   답 27

$f(x)=4x^3-(3k+14)x^2+14kx+1$에서
$f'(x)=12x^2-2(3k+14)x+14k$
$\qquad=2\{6x^2-(3k+14)x+7k\}$
$\qquad=2(3x-7)(2x-k)$

함수 $y=f(x)$의 그래프 위의 점 $(m, f(m))$에서의 접선의 기울
기는
$f'(m)=2(3m-7)(2m-k)$
이므로 $f'(m)$이 음수가 되도록 하는 m의 값의 범위는
$\dfrac{k}{2}<m<\dfrac{7}{3}$ 또는 $\dfrac{7}{3}<m<\dfrac{k}{2}$

---❶

(ⅰ) $1\le k\le4$일 때
    $f'(m)$이 음수가 되도록 하는 m의 값의 범위는
    $\dfrac{k}{2}<m<\dfrac{7}{3}$
    $2<\dfrac{7}{3}<3$이므로 모든 자연수 m의 값의 합 $g(m)$은 항상 18
    보다 작다.
    즉, $g(m)=18$을 만족시키지 않는다.

---❷

(ⅱ) $k\ge5$일 때
    $f'(m)$이 음수가 되도록 하는 m의 값의 범위는
    $\dfrac{7}{3}<m<\dfrac{k}{2}$
    $g(m)=18=3+4+5+6$이 되도록 하는 자연수 k의 값은
    $6<\dfrac{k}{2}\le7$, 즉 $12<k\le14$에서 13, 14이다.

(ⅰ), (ⅱ)에서 $g(m)=18$을 만족시키는 모든 자연수 k의 값의 합은
$13+14=27$

---❸

채점 기준	배점 비율
❶ $f'(m)$이 음수가 되도록 하는 m의 값의 범위 구하기	30%
❷ $1\le k\le4$일 때 k의 값 구하기	30%
❸ $k\ge5$일 때 k의 값 구하기	40%

본문 070쪽

0389 답 5

$f(x)=2x^2-3x+2$라 하면
$f'(x)=4x-3$
따라서 점 $(2, 4)$에서의 접선의 기울기는
$f'(2)=4\cdot2-3=5$

0390 답 11

$f(x)=-2x^3+4x^2+9x-4$라 하면
$f'(x)=-6x^2+8x+9$
따라서 점 $(1, 7)$에서의 접선의 기울기는
$f'(1)=-6+8+9=11$

0391 답 $y=3x-5$

$f(x)=\dfrac{x^3-3x+1}{3}=\dfrac{1}{3}x^3-x+\dfrac{1}{3}$이라 하면
$f'(x)=x^2-1$
점 $(2, 1)$에서의 접선의 기울기는
$f'(2)=2^2-1=3$
따라서 구하는 접선의 방정식은
$y-1=3(x-2)$ $\therefore y=3x-5$

0392 답 $y=-2x+5$

$f(x)=x^4-3x^2+5$라 하면
$f'(x)=4x^3-6x$
점 $(1, 3)$에서의 접선의 기울기는
$f'(1)=4-6=-2$
따라서 구하는 접선의 방정식은
$y-3=-2(x-1)$ $\therefore y=-2x+5$

0393 답 $y=2x-13$

$f(x)=x^2-6x+3$에서
$f'(x)=2x-6$
접점의 좌표를 (t, t^2-6t+3)이라 하면 접선의 기울기가 2이므로
$f'(t)=2t-6=2$ $\therefore t=4$
따라서 접점의 좌표는 $(4, -5)$이므로 구하는 접선의 방정식은
$y-(-5)=2(x-4)$ $\therefore y=2x-13$

0394 답 $y=10x-13$ 또는 $y=10x+19$

$f(x)=x^3-2x+3$에서
$f'(x)=3x^2-2$
접점의 좌표를 (t, t^3-2t+3)이라 하면 접선의 기울기가 10이므로
$f'(t)=3t^2-2=10,\ t^2=4$ $\therefore t=\pm2$
따라서 접점의 좌표는 $(2, 7)$, $(-2, -1)$이므로 구하는 접선의 방정식은
$y-7=10(x-2)$ 또는 $y-(-1)=10(x+2)$
$\therefore y=10x-13$ 또는 $y=10x+19$

0395 답 $y=2x-1$ 또는 $y=-2x-1$

$f(x)=x^2$이라 하면
$f'(x)=2x$
접점의 좌표를 (t, t^2)이라 하면 이 점에서의 접선의 기울기는
$f'(t)=2t$이므로 접선의 방정식은
$y-t^2=2t(x-t)$ $\therefore y=2tx-t^2$ ……㉠
이 직선이 점 $(0, -1)$을 지나므로
$-1=-t^2,\ t^2=1$ $\therefore t=\pm1$
이것을 ㉠에 각각 대입하면 구하는 접선의 방정식은
$y=2x-1$ 또는 $y=-2x-1$

> **선생님 톡톡**
>
> 판별식을 이용해서 이차함수의 그래프에 접하는 직선의 방정식을 구하는 방법은 수학(상) 06. 이차방정식과 이차함수의 **유형 05**에서 이미 학습했어.
> 그런데 미분계수를 이용하면 삼차 이상의 다항식 $f(x)$에 대해서도 곡선 $y=f(x)$에 접하는 접선의 방정식을 구할 수 있어.

0396 답 1

함수 $f(x)=x^2-2x+3$은 닫힌구간 $[0, 2]$에서 연속이고 열린구간 $(0, 2)$에서 미분가능하며 $f(0)=f(2)=3$이므로 $f'(c)=0$인 c가 열린구간 $(0, 2)$에 적어도 하나 존재한다.
이때 $f'(x)=2x-2$이므로
$f'(c)=2c-2=0$ $\therefore c=1$

0397 답 $\dfrac{2}{3}$

함수 $f(x)=x^3+2x^2-4x-8$은 닫힌구간 $[-2, 2]$에서 연속이고 열린구간 $(-2, 2)$에서 미분가능하며 $f(-2)=f(2)=0$이므로 $f'(c)=0$인 c가 열린구간 $(-2, 2)$에 적어도 하나 존재한다.
이때 $f'(x)=3x^2+4x-4$이므로
$f'(c)=3c^2+4c-4=0,\ (c+2)(3c-2)=0$
$\therefore c=\dfrac{2}{3}\ (\because -2<c<2)$

0398 답 $\dfrac{5}{2}$

함수 $f(x)=2x^2-5x+2$는 닫힌구간 $[1, 4]$에서 연속이고 열린구간 $(1, 4)$에서 미분가능하므로 $\dfrac{f(4)-f(1)}{4-1}=f'(c)$인 c가 열린구간 $(1, 4)$에 적어도 하나 존재한다.
이때 $f'(x)=4x-5$이므로
$\dfrac{14-(-1)}{4-1}=4c-5,\ 4c=10$ $\therefore c=\dfrac{5}{2}$

0399 답 2

함수 $f(x)=x^3-3x^2+2x+2$는 닫힌구간 $[0, 3]$에서 연속이고 열린구간 $(0, 3)$에서 미분가능하므로 $\dfrac{f(3)-f(0)}{3-0}=f'(c)$인 c가 열린구간 $(0, 3)$에 적어도 하나 존재한다.
이때 $f'(x)=3x^2-6x+2$이므로
$\dfrac{8-2}{3-0}=3c^2-6c+2,\ 3c^2-6c=0$
$3c(c-2)=0$ $\therefore c=2\ (\because 0<c<3)$

0400 답 (가) (a, x) (나) 0

$a<x\leq b$인 x에 대하여 함수 $f(x)$는 닫힌구간 $[a, x]$에서 연속
이고 열린구간 (a, x)에서 미분가능하므로 평균값 정리에 의하여

$\dfrac{f(x)-f(a)}{x-a}=f'(c)$인 c가 열린구간 $\boxed{(a, x)}$에 적어도 하나 존

재한다.

그런데 $f'(c)=\boxed{0}$이므로

$f(x)-f(a)=0, f(x)=f(a)$

따라서 $f(x)$는 닫힌구간 $[a, b]$에서 상수함수이다.

본문 071~084쪽

0401 답 ④

0402 답 ③

$f(x)=x^3-6x^2+ax+b$라 하면

$f'(x)=3x^2-12x+a$

점 $(1, 2)$가 곡선 $y=f(x)$ 위의 점이므로

$f(1)=1-6+a+b=2$ $\therefore a+b=7$ ······ ㉠

또한, 점 $(1, 2)$에서의 접선이 직선 $y=\dfrac{1}{5}x+5$에 수직이고,

직선 $y=\dfrac{1}{5}x+5$와 수직인 직선의 기울기는 -5이므로

$f'(1)=3-12+a=-5$ $\therefore a=4$ → 수직인 두 직선의 기울기의 곱은 -1이다.

$a=4$를 ㉠에 대입하여 풀면 $b=3$

$\therefore a-b=4-3=1$

0403 답 ②

곡선 $y=f(x)$와 직선 $y=2x-4$가 점 $(3, 2)$에서 접하므로

$f(3)=2, f'(3)=2$ → 곡선 $y=f(x)$ 위의 점 $(3, 2)$에서의 접선의 방정식이 $y=2x-4$이다.

$\therefore \lim\limits_{h\to 0}\dfrac{f(3+h)-2}{2h}=\lim\limits_{h\to 0}\dfrac{f(3+h)-f(3)}{2h}$

$=\lim\limits_{h\to 0}\left\{\dfrac{1}{2}\cdot\dfrac{f(3+h)-f(3)}{h}\right\}$

$=\dfrac{1}{2}f'(3)=\dfrac{1}{2}\cdot 2=1$ → 미분계수의 정의 $f'(a)=\lim\limits_{h\to 0}\dfrac{f(a+h)-f(a)}{h}$

0404 답 ①

$f(x)=2x^2-4x+a$에서

$f'(x)=4x-4$

점 $(a, f(a))$에서의 접선을 l이라 하면 직선 l의 기울기는

$f'(a)=4a-4$

직선 l이 직선 $4x+(a-3)y-3=0$과 평행하므로

$4a-4=-\dfrac{4}{a-3}, (a-1)(a-3)=-1$ → 평행한 두 직선의 기울기는 서로 같다.

$a^2-4a+4=0, (a-2)^2=0$ $\therefore a=2$

0405 답 ③

$f(x)=3x^4+bx^2+c$라 하면

$f'(x)=12x^3+2bx$

점 $(1, 3)$이 곡선 $y=f(x)$ 위의 점이므로

$f(1)=3+b+c=3$ $\therefore b+c=0$ ······ ㉠

또한, 두 점 $(1, 3), (-1, 3)$에서의 접선이 교점을 갖지 않으므로

$f'(1)=f'(-1)$에서 $12+2b=-12-2b$ → 두 접선이 서로 평행하다.

$4b=-24$ $\therefore b=-6$

$b=-6$을 ㉠에 대입하여 풀면 $c=6$

따라서 곡선 $f(x)=3x^4-6x^2+6$이 점 $(2, a)$를 지나므로

$a=f(2)=3\cdot 2^4-6\cdot 2^2+6=30$

$\therefore a+b-c=30+(-6)-6=18$

0406 답 ①

0407 답 ①

$f(x)=x^3+ax-3$이라 하면

$f'(x)=3x^2+a$

점 $(1, 0)$이 곡선 $y=f(x)$ 위의 점이므로

$f(1)=a-2=0$ $\therefore a=2$

이때 점 $(1, 0)$에서의 접선의 기울기는

$f'(1)=3+2=5$ $(\because a=2)$

이므로 접선의 방정식은

$y=5(x-1)$ $\therefore y=5x-5$ ······ ㉠

접선 ㉠이 점 $(2, b)$를 지나므로

$b=5\cdot 2-5=5$

$\therefore a-b=2-5=-3$

0408 답 ③

$f(x)=x^3+2x^2-4x-3$이라 하면

$f'(x)=3x^2+4x-4$

점 $\mathrm{P}(-1, 2)$에서의 접선의 기울기는

$f'(-1)=3-4-4=-5$

이므로 접선의 방정식은

$y-2=-5(x+1)$ $\therefore y=-5x-3$

이 접선이 곡선 $y=f(x)$와 다시 만나는 점의 x좌표가 a이므로

$a^3+2a^2-4a-3=-5a-3$ → $a\neq -1$

$a^3+2a^2+a=0, a(a+1)^2=0$

$\therefore a=0 (\because a\neq -1)$

$\therefore b=f(0)=-3$

$\therefore a-b=0-(-3)=3$

0409 답 ①

곡선 $y=f(x)+g(x)$ 위의 점 $(2, 4)$에서의 접선의 방정식이

$y=2x$이므로

$f(2)+g(2)=4, f'(2)+g'(2)=2$ ······ ㉠

곡선 $y=f(x)-g(x)$ 위의 점 $(2, -2)$에서의 접선의 방정식이

$y=-2x+2$이므로

$f(2)-g(2)=-2, f'(2)-g'(2)=-2$ ······ ㉡

㉠, ㉡에서 $g(2)=3, g'(2)=2$

즉, 곡선 $y=g(x)$ 위의 x좌표가 2인 점에서의 접선의 방정식은

$y-3=2(x-2)$ $\therefore y=2x-1$

따라서 접선의 x절편은 $\dfrac{1}{2}$이다. → $y=0$일 때, x의 값

0410 답 ②

$$\lim_{h \to 0} \frac{f(1-h)-f(1+h)}{h}$$

$$=\lim_{h \to 0} \frac{f(1-h)-f(1)+f(1)-f(1+h)}{h}$$

$$=\lim_{h \to 0} \left\{ -\frac{f(1-h)-f(1)}{-h} - \frac{f(1+h)-f(1)}{h} \right\}$$

$$=-f'(1)-f'(1)$$ ← 미분계수의 정의에 따라 $-h$로 같게 해야 한다.

$$=-2f'(1)$$

이므로 조건 (가)에서

$$-2f'(1)=6 \qquad \therefore f'(1)=-3$$

즉, 곡선 $y=f(x)$ 위의 점 $(1, f(1))$에서의 접선의 기울기는

$f'(1)=-3$이므로 조건 (나)에서

$$a=-3$$

따라서 곡선 $y=f(x)$ 위의 점 $(1, f(1))$에서의 접선의 방정식은

$$y=-3x+5$$

이 직선이 점 $(1, f(1))$을 지나므로

$$f(1)=-3+5=2$$

$$\therefore a+f(1)=-3+2=-1$$

0411 답 ②

0412 답 ①

$f(x)=x^3+3x^2-2x-11$이라 하면

$$f'(x)=3x^2+6x-2$$

접점의 좌표를 $(t, t^3+3t^2-2t-11)$이라 하면 직선 $y=-5x+4$

와 평행한 직선의 기울기는 -5이므로

$$f'(t)=3t^2+6t-2=-5$$

$$3t^2+6t+3=0, \ 3(t+1)^2=0$$

$$\therefore t=-1$$

즉, 접점의 좌표는 $(-1, -7)$이므로 접선의 방정식은

$$y-(-7)=-5(x+1) \qquad \therefore y=-5x-12$$

이 직선이 점 $(a, 3)$을 지나므로

$$3=-5a-12 \qquad \therefore a=-3$$

0413 답 ③

$f(x)=-x^3+2x$라 하면

$$f'(x)=-3x^2+2$$

접점의 좌표를 $(t, -t^3+2t)$라 하면 접선의 기울기가

$\tan 135°=-1$이므로

$$f'(t)=-3t^2+2=-1$$

$$t^2=1 \qquad \therefore t=\pm 1$$

(ⅰ) $t=1$일 때

접점의 좌표는 $(1, 1)$이므로 접선의 방정식은

$$y-1=-(x-1) \qquad \therefore y=-x+2$$

그런데 이 직선은 제1사분면을 지나므로 조건에 모순이다.

(ⅱ) $t=-1$일 때

접점의 좌표는 $(-1, -1)$이므로 접선의 방정식은

$$y-(-1)=-(x+1) \qquad \therefore y=-x-2$$

(ⅰ), (ⅱ)에서 직선 l의 방정식은

$$y=-x-2$$

따라서 직선 l의 y절편은 -2이다.

← $x=0$일 때, y의 값

직선 l이 x축의 양의 방향과 이루는 각의 크기가 θ일 때

$$(직선\ l의\ 기울기)=\tan \theta$$

0414 답 ④

$f(x)=\dfrac{2}{3}x^3-4x^2+7x-1$이라 하면

$$f'(x)=2x^2-8x+7$$

점 $(3, 2)$에서의 접선의 기울기는 $f'(3)=1$이므로 이 직선과 수직

인 직선을 l이라 하면 직선 l의 기울기는 -1이다.

곡선 $y=f(x)$와 직선 l의 접점의 좌표를 $\left(t, \dfrac{2}{3}t^3-4t^2+7t-1\right)$

이라 하면 직선 l의 기울기가 -1이므로

$$f'(t)=2t^2-8t+7=-1$$

$$2t^2-8t+8=0, \ 2(t-2)^2=0$$

$$\therefore t=2$$

즉, 접점의 좌표는 $\left(2, \dfrac{7}{3}\right)$이므로 직선 l의 방정식은

$$y-\frac{7}{3}=-(x-2), \ x+y-\frac{13}{3}=0 \qquad \therefore 3x+3y-13=0$$

따라서 $a=3, b=3$이므로

$$ab=3 \cdot 3=9$$

0415 답 ④

$f(x)=x^3-3x^2+x+3$이라 하면

$$f'(x)=3x^2-6x+1$$

접점의 좌표를 (t, t^3-3t^2+t+3)이라 하면 직선 $y=-2x+2$와

평행한 직선 l의 기울기는 -2이므로

$$f'(t)=3t^2-6t+1=-2$$ ← 평행이동했을 때 두 직선이 일치하므로 이 두 직선은 서로 평행, 즉 기울기가 같다.

$$3t^2-6t+3=0, \ 3(t-1)^2=0$$

$$\therefore t=1$$

즉, 접점의 좌표는 $(1, 2)$이므로 직선 l의 방정식은

$$y-2=-2(x-1) \qquad \therefore y=-2x+4$$

직선 l을 x축의 방향으로 a만큼 평행이동한 직선의 방정식은

$$y=-2(x-a)+4 \qquad \therefore y=-2x+2a+4$$

이 직선이 직선 $y=-2x+2$와 일치하므로

$$2a+4=2 \qquad \therefore a=-1$$

또한, 직선 l을 y축의 방향으로 b만큼 평행이동한 직선의 방정식은

$$y=-2x+4+b$$

이 직선이 직선 $y=-2x-2$와 일치하므로

$$4+b=-2 \qquad \therefore b=-6$$

$$\therefore ab=(-1) \cdot (-6)=6$$

0416 답 ②

0417 답 ④

$f(x)=x^3-3x^2+3x$라 하면

$$f'(x)=3x^2-6x+3$$

접점의 좌표를 (t, t^3-3t^2+3t)라 하면 이 점에서의 접선의 기울

기는 $f'(t)=3t^2-6t+3$이므로 접선의 방정식은

$$y-(t^3-3t^2+3t)=(3t^2-6t+3)(x-t)$$

$$\therefore y=(3t^2-6t+3)x-2t^3+3t^2$$

이 직선이 점 $(1, -1)$을 지나므로
$-1=-2t^3+6t^2-6t+3$, $t^3-3t^2+3t-2=0$
$(t-2)(t^2-t+1)=0$ $\therefore t=2$ $(\because t^2-t+1>0)$
따라서 구하는 접선의 기울기는
$$t^2-t+1=\left(t-\frac{1}{2}\right)^2+\frac{3}{4}>0$$
$f'(2)=3\cdot 2^2-6\cdot 2+3=3$

0418 답 ①

$f(x)=x^3-3x$라 하면
$f'(x)=3x^2-3$
접점의 좌표를 $(t,\ t^3-3t)$라 하면 이 점에서의 접선의 기울기는
$f'(t)=3t^2-3$이므로 접선의 방정식은
$y-(t^3-3t)=(3t^2-3)(x-t)$ $\therefore y=(3t^2-3)x-2t^3$
이 직선이 점 $(-1,\ 3)$을 지나므로
$3=-2t^3-3t^2+3$, $2t^3+3t^2=0$
$t^2(2t+3)=0$ $\therefore t=0$ 또는 $t=-\frac{3}{2}$
따라서 구하는 두 접선의 기울기는
$f'(0)=-3,\ f'\left(-\frac{3}{2}\right)=3\cdot\left(-\frac{3}{2}\right)^2-3=\frac{15}{4}$
이므로 $m_1=-3,\ m_2=\frac{15}{4}$ $(\because m_1<m_2)$
$$\therefore \frac{4m_2}{m_1}=\frac{4\cdot\frac{15}{4}}{-3}=-5$$

0419 답 ①

$f(x)=x^4+2$라 하면
$f'(x)=4x^3$
접점의 좌표를 $(t,\ t^4+2)$라 하면 이 점에서의 접선의 기울기는
$f'(t)=4t^3$이므로 접선의 방정식은
$y-(t^4+2)=4t^3(x-t)$
$\therefore y=4t^3x-3t^4+2$ $\cdots\cdots$ ㉠
이 직선이 점 $(0,\ -1)$을 지나므로
$-1=-3t^4+2$, $3t^4-3=0$, $3(t+1)(t-1)(t^2+1)=0$
$\therefore t=-1$ 또는 $t=1$ $(\because t^2+1>0)$
이때 $f'(-1)=-4$, $f'(1)=4$이므로 $t=1$을 ㉠에 대입하면 구하는 접선의 방정식은
$y=4x-1$
따라서 $a=4,\ b=-1$이므로
$ab=4\cdot(-1)=-4$

0420 답 ④

점 $(2,\ 1)$에서 두 곡선 $y=f(x)$, $y=g(x)$에 그은 접선을 각각 $l_1,\ l_2$라 하자.
직선 l_1은 두 점 $(2,\ 1)$, $(3,\ 4)$를 지나므로 직선 l_1의 방정식은
$y-1=\frac{4-1}{3-2}(x-2)$ $\therefore y=3x-5$
$\therefore f'(3)=3$
또한, 점 $(3,\ 4)$는 곡선 $y=f(x)$ 위의 점이므로
$f(3)=4$
직선 l_2는 두 점 $(2,\ 1)$, $(3,\ -5)$를 지나므로 직선 l_2의 방정식은
$y-1=\frac{-5-1}{3-2}(x-2)$ $\therefore y=-6x+13$
$\therefore g'(3)=-6$

또한, 점 $(3,\ -5)$는 곡선 $y=g(x)$ 위의 점이므로
$g(3)=-5$
한편, 방정식 $1-f(t)=f'(t)(2-t)$, $1-g(t)=g'(t)(2-t)$는
$t=3$을 근으로 가지므로 방정식
$2-\{f(t)+g(t)\}=\{f'(t)+g'(t)\}(2-t)$
$t=3$인 점에서의 접선이 점 $(2,\ 1)$을 지난다.
도 $t=3$을 근으로 갖는다.
즉, 점 $(2,\ 2)$에서 곡선 $y=f(x)+g(x)$에 그은 접선의 방정식은
$y-\{f(3)+g(3)\}=\{f'(3)+g'(3)\}(x-3)$
$y-(-1)=-3(x-3)$ $\therefore y=-3x+8$
따라서 접선의 y절편은 8이다.

0421 답 ④

0422 답 ④

$f(x)=x^3-2x$라 하면
$f'(x)=3x^2-2$
점 $\mathrm{P}(1,\ -1)$에서의 접선 l의 기울기가 $f'(1)=1$이므로 직선 l의 방정식은
$y-(-1)=x-1$ $\therefore y=x-2$
$\therefore \mathrm{A}(2,\ 0)$
또한, 직선 l에 수직인 직선 m의 기울기는 -1이므로 직선 m의 방정식은
$y-(-1)=-(x-1)$ $\therefore y=-x$
$\therefore \mathrm{B}(0,\ 0)$
따라서 선분 AB의 길이는 2이다.

0423 답 ①

$f(x)=x^2-2x+2$라 하면
$f'(x)=2x-2$
점 $(t,\ t^2-2t+2)$에서의 접선의 기울기는 $f'(t)=2t-2$이므로
접선의 방정식은
$y-(t^2-2t+2)=(2t-2)(x-t)$
$\therefore y=(2t-2)x-t^2+2$
$a(t)$는 접선의 x절편이므로
$0=(2t-2)\cdot a(t)-t^2+2$
$(2t-2)\cdot a(t)=t^2-2$
$\therefore a(t)=\frac{t^2-2}{2t-2}$
따라서 $a(t)=\frac{t^2-2}{2t-2}$이므로
$$\lim_{t\to\infty}\frac{a(t)}{t}=\lim_{t\to\infty}\frac{\frac{t^2-2}{2t-2}}{t}=\lim_{t\to\infty}\frac{t^2-2}{2t^2-2t}$$
$$=\lim_{t\to\infty}\frac{1-\frac{2}{t^2}}{2-\frac{2}{t}}=\frac{1}{2}$$

0424 답 ⑤

$f(x)=x^3-3x^2+x$라 하면
$f'(x)=3x^2-6x+1$
점 $(2,\ -2)$에서의 접선의 기울기는 $f'(2)=1$이므로 접선의 방정식은
$y-(-2)=x-2$ $\therefore y=x-4$ $\cdots\cdots$ ㉠
두 점 A, B를 지나는 직선의 방정식은
$y-(-2)=\frac{10+2}{11-3}(x-3)$
$\therefore y=\frac{3}{2}x-\frac{13}{2}$ $\cdots\cdots$ ㉡

㉠, ㉡을 연립하여 풀면 $x=5$, $y=1$
따라서 점 P의 좌표는 $(5, 1)$이므로
$$\frac{\overline{BP}}{\overline{AP}}=\frac{\sqrt{(5-11)^2+(1-10)^2}}{\sqrt{(5-3)^2+(1+2)^2}}$$
$$=\frac{\sqrt{117}}{\sqrt{13}}=3$$

● 다른 풀이 ●

$\dfrac{\overline{BP}}{\overline{AP}}=k\ (k>0)$라 하면 $\overline{AP}:\overline{BP}=1:k$이므로 점 P의 좌표는

$\left(\dfrac{11+3k}{1+k},\ \dfrac{10-2k}{1+k}\right)$

→ 점 P는 선분 AB를 $1:k$로 내분하는 점이다.

이때 점 P는 점 $(2, -2)$에서의 접선 $y=x-4$ 위의 점이므로
$$\frac{10-2k}{1+k}=\frac{11+3k}{1+k}-4$$
$$10-2k=11+3k-4(1+k)\ (\because k>0)$$
$$\therefore k=3$$

0425 📗 ②

$f(x)=x^3$이라 하면
$$f'(x)=3x^2$$
접점의 좌표를 (t, t^3)이라 하면 이 점에서의 접선의 기울기는
$f'(t)=3t^2$이므로 접선의 방정식은
$$y-t^3=3t^2(x-t)\qquad\therefore y=3t^2x-2t^3$$
즉, 점 $(x_n, x_n{}^3)$에서의 접선의 방정식은
$$y=3x_n{}^2x-2x_n{}^3$$
이므로 이 접선과 x축이 만나는 점의 x좌표인 x_{n+1}은
$$x_{n+1}=\frac{2}{3}x_n$$

따라서 수열 $\{x_n\}$은 공비가 $\dfrac{2}{3}$인 등비수열이므로

$$\frac{x_{100}}{x_{102}}=\left(\frac{2}{3}\right)^{-2}=\frac{9}{4}$$

→ 등비수열 $\{x_n\}$의 첫째항을 x_1, 공비를 r라 하면
$\dfrac{x_{100}}{x_{102}}=\dfrac{x_1r^{99}}{x_1r^{101}}=\dfrac{1}{r^2}=r^{-2}$

0426 📗 ⑤

0427 📗 ①

$f(x)=x^3-3x^2+ax+2$라 하면
$$f'(x)=3x^2-6x+a=3(x-1)^2-3+a$$

→ 이차함수 $y=k(x-p)^2+q$는 $k>0$이면 $x=p$에서 최솟값 q를 갖고 최댓값은 없다.

이므로 $f'(x)$는 $x=1$에서 최솟값 $-3+a$를 갖는다.
이때 $-3+a=2$이므로 $a=5$
즉, 기울기가 최소인 접선의 접점의 좌표는 $(1, 5)$이고 접선의 기울기는 2이므로 구하는 접선의 방정식은
$$y-5=2(x-1)\qquad\therefore y=2x+3$$
$$\therefore b=3$$
$$\therefore ab=5\cdot3=15$$

0428 📗 ④

$f(x)=x^3-6x^2+11x-3$이라 하면
$$f'(x)=3x^2-12x+11$$
두 접선이 직선 $y=2x$와 교점을 갖지 않으므로 두 접선의 기울기는 모두 2이다.
접점의 좌표를 $(t, t^3-6t^2+11t-3)$이라 하면 접선의 기울기가 2이므로
$$f'(t)=3t^2-12t+11=2$$
$$t^2-4t+3=0,\ (t-1)(t-3)=0$$
$$\therefore t=1\ \text{또는}\ t=3$$
즉, 두 접점의 좌표는 $(1, 3)$, $(3, 3)$이므로 두 접선의 방정식은
$$y-3=2(x-1),\ y-3=2(x-3)$$
$$\therefore y=2x+1,\ y=2x-3$$

→ 직선 $y=2x+1$ 위의 점 중 임의의 한 점

이 두 직선 사이의 거리는 직선 $y=2x+1$ 위의 점 $(0, 1)$과 직선 $y=2x-3$, 즉 $2x-y-3=0$ 사이의 거리와 같으므로 구하는 거리는
$$\frac{|-1-3|}{\sqrt{2^2+(-1)^2}}=\frac{4}{\sqrt{5}}=\frac{4\sqrt{5}}{5}$$

→ 직선 $y=2x-3$ 위의 한 점과 직선 $y=2x+1$ 사이의 거리로 구해도 된다.

0429 📗 ⑤

$f(x)=\dfrac{1}{3}x^3-ax^2+5x+3$이라 하면
$$f'(x)=x^2-2ax+5=(x-a)^2-a^2+5$$
곡선 $y=f(x)$에 접하는 모든 직선의 기울기가 1 이상이 되어야 하므로 임의의 x에 대하여 부등식 $f'(x)\geq1$이 성립해야 한다.
이때 $f'(x)$는 $x=a$에서 최솟값 $-a^2+5$를 가지므로
$$-a^2+5\geq1,\ a^2-4\leq0$$
$$(a+2)(a-2)\leq0\qquad\therefore -2\leq a\leq2$$
따라서 정수 a의 개수는 -2, -1, 0, 1, 2의 5이다.

0430 📗 ④

$f(x)=\dfrac{1}{3}x^3-x^2+3x+a$라 하면
$$f'(x)=x^2-2x+3$$
접점의 좌표를 $\left(t, \dfrac{1}{3}t^3-t^2+3t+a\right)$라 하면 접선의 기울기가 2이므로
$$f'(t)=t^2-2t+3=2$$
$$t^2-2t+1=0,\ (t-1)^2=0$$
$$\therefore t=1$$
즉, 접점의 좌표는 $\left(1, \dfrac{7}{3}+a\right)$이므로
접선의 방정식은
$$y-\left(\frac{7}{3}+a\right)=2(x-1)$$
$$\therefore y=2x+\frac{1}{3}+a\quad\cdots\cdots ㉠$$
(i) 접선 ㉠이 점 $(0, 4)$를 지날 때
$$4=\frac{1}{3}+a\qquad\therefore a=\frac{11}{3}$$

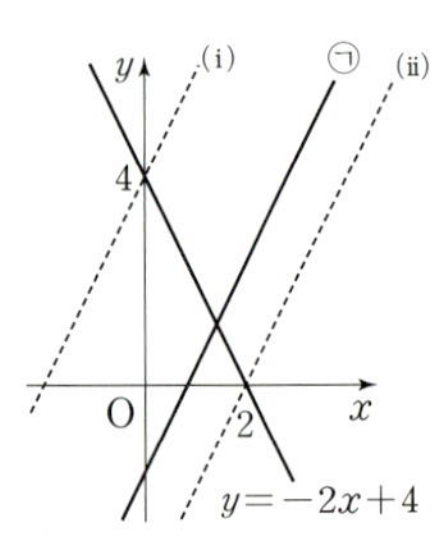

(ii) 접선 ㉠이 점 $(2, 0)$을 지날 때

$$0=2\cdot2+\frac{1}{3}+a \qquad \therefore a=-\frac{13}{3}$$

(i), (ii)에서 접선 ㉠이 직선 $y=-2x+4$와 제1사분면에서 만나려면

$$-\frac{13}{3}<a<\frac{11}{3}$$

따라서 정수 a의 개수는 $-4, -3, -2, \cdots, 3$의 8이다.

0431 답 ①

0432 답 ⑤

$f(x)=x^3-x^2$이라 하면

$f'(x)=3x^2-2x$

접점의 좌표를 $(t,\ t^3-t^2)$이라 하면 이 점에서의 접선의 기울기는

$f'(t)=3t^2-2t$이므로 접선의 방정식은

$$y-(t^3-t^2)=(3t^2-2t)(x-t)$$
$$\therefore y=(3t^2-2t)x-2t^3+t^2$$

이 직선이 점 $(a,\ a-1)$을 지나므로

$$a-1=-2t^3+(3a+1)t^2-2at$$
$$2t^3-(3a+1)t^2+2at+a-1=0$$
$$(t-1)\{2t^2-(3a-1)t-a+1\}=0$$

$g(t)=2t^2-(3a-1)t-a+1$이라 하면

$g(1)=4-4a\neq0\ (\because a\neq1)$

이므로 접선이 2개가 되려면 방정식 $g(t)=0$이 중근을 가져야 한다.

이차방정식 $g(t)=0$의 판별식을 D라 하면

$$D=\{-(3a-1)\}^2-4\cdot2\cdot(-a+1)=0$$
$$9a^2+2a-7=0,\ (a+1)(9a-7)=0$$
$$\therefore a=-1 \ \text{또는} \ a=\frac{7}{9}$$

따라서 모든 실수 a의 값의 합은

$$-1+\frac{7}{9}=-\frac{2}{9}$$

→ 이차방정식 $9a^2+2a-7=0$에서 이차방정식의 근과 계수의 관계를 이용하여 구해도 된다.

0433 답 ①

$f(x)=x^3-3x^2+x+3$이라 하면

$f'(x)=3x^2-6x+1$

접점의 좌표를 $(t,\ t^3-3t^2+t+3)$이라 하면 이 점에서의 접선의 기울기는 $f'(t)=3t^2-6t+1$이므로 접선의 방정식은

$$y-(t^3-3t^2+t+3)=(3t^2-6t+1)(x-t)$$
$$\therefore y=(3t^2-6t+1)x-2t^3+3t^2+3$$

이 직선이 점 $(0,\ k)$를 지나므로

$$k=-2t^3+3t^2+3 \qquad \therefore 2t^3-3t^2+k-3=0 \quad \cdots\cdots ㉠$$

세 점 P, Q, R의 x좌표를 각각 $x_1,\ x_2,\ x_3$이라 하고, $x_1<x_2<x_3$이라 가정하자.

점 Q가 선분 PR의 중점이므로

$$\frac{x_1+x_3}{2}=x_2 \qquad \therefore \frac{x_1+x_2+x_3}{2}=\frac{3}{2}x_2 \quad \cdots\cdots ㉡$$

또한, $x_1,\ x_2,\ x_3$은 t에 대한 삼차방정식 ㉠의 세 근이므로 삼차방정식의 근과 계수의 관계에 의하여

$$x_1+x_2+x_3=\frac{3}{2} \quad \cdots\cdots ㉢$$

㉢을 ㉡에 대입하여 풀면 $x_2=\frac{1}{2}$

따라서 $t=\frac{1}{2}$이 방정식 ㉠의 근이므로 $t=\frac{1}{2}$을 ㉠에 대입하면

$$2\cdot\left(\frac{1}{2}\right)^3-3\cdot\left(\frac{1}{2}\right)^2+k-3=0 \qquad \therefore k=\frac{7}{2}$$

0434 답 ③

$f(x)=\frac{1}{4}x^4-\frac{1}{2}x^2$이라 하면

$f'(x)=x^3-x$

접점의 좌표를 $\left(t,\ \frac{1}{4}t^4-\frac{1}{2}t^2\right)$이라 하면 이 점에서의 접선의 기울기는 $f'(t)=t^3-t$이므로 접선의 방정식은

$$y-\left(\frac{1}{4}t^4-\frac{1}{2}t^2\right)=(t^3-t)(x-t)$$
$$\therefore y=(t^3-t)x-\frac{3}{4}t^4+\frac{1}{2}t^2$$

이 직선이 점 $A(0,\ -10)$을 지나므로

$$-10=-\frac{3}{4}t^4+\frac{1}{2}t^2,\ 3t^4-2t^2-40=0$$
$$(t+2)(t-2)(3t^2+10)=0$$
$$\therefore t=-2 \ \text{또는} \ t=2 \ (\because 3t^2+10>0)$$

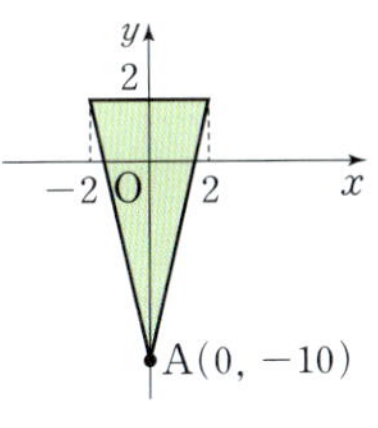

따라서 두 점 P, Q의 좌표는 $(-2, 2)$, $(2, 2)$이므로 삼각형 APQ의 넓이는

$$\frac{1}{2}\cdot\{2-(-2)\}\cdot\{2-(-10)\}=24$$

0435 답 ①

$f(x)=\frac{1}{4}x^2$이라 하면

$f'(x)=\frac{1}{2}x$

접점의 좌표를 $\left(t,\ \frac{1}{4}t^2\right)$이라 하면 이 점에서의 접선의 기울기는

$f'(t)=\frac{1}{2}t$이므로 접선의 방정식은

$$y-\frac{1}{4}t^2=\frac{1}{2}t(x-t)$$
$$\therefore y=\frac{1}{2}tx-\frac{1}{4}t^2$$

이 직선이 점 $A(1,\ -1)$을 지나므로

$$-1=\frac{1}{2}t-\frac{1}{4}t^2 \qquad \therefore t^2-2t-4=0 \quad \cdots\cdots ㉠$$

이차방정식 ㉠의 두 실근을 $t_1,\ t_2$라 하면 $t_1,\ t_2$는 접점인 두 점 P, Q의 x좌표이고, 이차방정식의 근과 계수의 관계에 의하여

$$t_1+t_2=2,\ t_1t_2=-4$$

이때 두 접선의 기울기는 각각 $f'(t_1),\ f'(t_2)$이고

$$f'(t_1)f'(t_2)=\frac{1}{2}t_1\cdot\frac{1}{2}t_2=-1$$

이므로 두 접선은 점 A에서 서로 수직으로 만난다.

즉, 삼각형 APQ는 $\angle A=90°$인 직각삼각형이므로 세 점 A, P, Q를 지나는 원은 빗변인 선분 PQ를 지름으로 하는 원이다.

따라서 구하는 원의 중심의 x좌표는

$$\frac{t_1+t_2}{2}=1$$

선생님 톡톡

직각삼각형의 세 꼭짓점을 지나는 원의 중심은 빗변의 중점이라는 사실은 도형 문제에서 매우 자주 쓰이는 성질이므로 꼭 기억하도록 하자.

0436 답 ②

0437 답 ④

$f(x)=x^3+ax^2-2ax+a+4$라 하면
$f'(x)=3x^2+2ax-2a$
접점의 좌표를 $(t,\ t^3+at^2-2at+a+4)$라 하면 접선의 기울기가
3이므로
$f'(t)=3t^2+2at-2a=3$
$3t^2+2at-(2a+3)=0$
$(t-1)(3t+2a+3)=0$
이때 접점의 x좌표가 3이므로 → 방정식 $3t+2a+3=0$은 $t=3$을 근으로 갖는다.
$-\dfrac{2a+3}{3}=3,\ 2a+3=-9$
$\therefore\ a=-6$
즉, $f(x)=x^3-6x^2+12x-2$이므로
$c=f(3)=3^3-6\cdot3^2+12\cdot3-2=7$
따라서 접점의 좌표가 $(3,\ 7)$이고, 이 접점은 직선 $y=3x+b$ 위
의 점이므로
$7=3\cdot3+b$ $\therefore\ b=-2$
$\therefore\ a+b+c=-6+(-2)+7=-1$

● 다른 풀이 ●
곡선 $y=x^3+ax^2-2ax+a+4$와 직선 $y=3x+b$의 접점의 x좌
표가 3이므로 $x=3$일 때 접선의 기울기는 3이다.
즉, $f(x)=x^3+ax^2-2ax+a+4$라 하면
$f'(x)=3x^2+2ax-2a$이므로
$f'(3)=3\cdot3^2+2a\cdot3-2a=3$
$\therefore\ a=-6$

0438 답 ④

$f(x)=x^3-3x^2+ax+1$이라 하면
$f'(x)=3x^2-6x+a$
접점의 x좌표가 k이고, $x=k$일 때 접선의 기울기가 a이므로
$f'(k)=3k^2-6k+a=a$
$3k^2-6k=0,\ 3k(k-2)=0$
$\therefore\ k=0$ 또는 $k=2$
(i) $k=0$일 때
　접점의 좌표가 $(0,\ 1)$이고, 이 접점은 직선 $y=ax-3$ 위의 점
　이어야 한다.
　그런데 $1\neq-3$이므로 조건에 모순이다.
(ii) $k=2$일 때
　접점의 좌표가 $(2,\ 2a-3)$이고, 이 접점은 직선 $y=ax-3$ 위
　의 점이다.
(i), (ii)에서 $k=2$

0439 답 ③

$f(x)=x^3+ax+10$이라 하면
$f'(x)=3x^2+a$
$x=b$일 때 접점의 좌표는 $(b,\ b^3+ab+10)$, 접선의 기울기는
$f'(b)=3b^2+a$이므로 접선의 방정식은
$y-(b^3+ab+10)=(3b^2+a)(x-b)$
$\therefore\ y=(3b^2+a)x-2b^3+10$

이 직선이 직선 $y=4x-6$과 일치해야 하므로
$3b^2+a=4$　　……㉠
$-2b^3+10=-6$　　……㉡
㉡에서 $b^3-8=0$
$(b-2)(b^2+2b+4)=0$
$\therefore\ b=2\ (\because\ b^2+2b+4>0)$ → $b^2+2b+4=(b+1)^2+3>0$
$b=2$를 ㉠에 대입하여 풀면 $a=-8$
$\therefore\ a+b=-8+2=-6$

0440 답 ⑤

곡선 $y=x^3-4x^2+ax+2$를 x축의 방향으로 2만큼 평행이동한 곡
선이 직선 $y=3x-4$에 접하면 직선 $y=3x-4$를 x축의 방향으로
-2만큼 평행이동한 직선이 곡선 $y=x^3-4x^2+ax+2$에 접한다.
직선 $y=3x-4$를 x축의 방향으로 -2만큼 평행이동한 직선의
방정식은
$y=3(x+2)-4$　　$\therefore\ y=3x+2$
$f(x)=x^3-4x^2+ax+2$라 하면
$f'(x)=3x^2-8x+a$
접점의 좌표를 $(t,\ t^3-4t^2+at+2)$라 하면 이 점에서의 접선의
기울기는 $f'(t)=3t^2-8t+a$이므로 접선의 방정식은
$y-(t^3-4t^2+at+2)=(3t^2-8t+a)(x-t)$
$\therefore\ y=(3t^2-8t+a)x-2t^3+4t^2+2$
이 직선이 직선 $y=3x+2$와 일치해야 하므로
$3t^2-8t+a=3$　　……㉠
$-2t^3+4t^2+2=2$　　……㉡
㉡에서 $t^3-2t^2=0,\ t^2(t-2)=0$
$\therefore\ t=0$ 또는 $t=2$
$t=0$을 ㉠에 대입하여 풀면 $a=3$
$t=2$를 ㉠에 대입하여 풀면 $a=7$
따라서 모든 상수 a의 값의 합은
$3+7=10$

0441 답 ④

0442 답 ④

$f(x)=\dfrac{1}{4}x^3+\dfrac{3}{4}$이라 하면
$f'(x)=\dfrac{3}{4}x^2$

곡선 $y=f(x)$의 접선 중에서 직선 $3x-4y-9=0$, 즉
$y=\dfrac{3}{4}x-\dfrac{9}{4}$와 평행한 접선의 접점의 좌표를 $\left(t,\ \dfrac{1}{4}t^3+\dfrac{3}{4}\right)$이라

하면 이 점에서의 접선의 기울기가 $\dfrac{3}{4}$이므로

$f'(t)=\dfrac{3}{4}t^2=\dfrac{3}{4},\ t^2=1$

$\therefore\ t=1\ (\because\ t\geq0)$
즉, 접점의 좌표는 $(1,\ 1)$이고, 점 $(1,\ 1)$과 직선 $3x-4y-9=0$
사이의 거리는
$\dfrac{|3-4-9|}{\sqrt{3^2+(-4)^2}}=2$
따라서 구하는 거리의 최솟값은 2이다.

0443 답 ③

곡선 $y=-2x^2+5x-1$과 직선 $y=-3x+a$가 만나지 않으므로
방정식 $-2x^2+5x-1=-3x+a$, 즉
$2x^2-8x+a+1=0$ ······ ㉠
이 실근을 갖지 않는다.
이차방정식 ㉠의 판별식을 D라 하면
$$\frac{D}{4}=(-4)^2-2(a+1)<0$$
$14-2a<0$ $\therefore a>7$
$f(x)=-2x^2+5x-1$이라 하면
$f'(x)=-4x+5$
곡선 $y=f(x)$의 접선 중에서 직선 $y=-3x+a$와 평행한 접선의
접점의 좌표를 $(t, -2t^2+5t-1)$이라 하면 이 점에서의 접선의
기울기가 -3이므로
$f'(t)=-4t+5=-3$
$\therefore t=2$
따라서 접점의 좌표는 $(2, 1)$이고, 점 $(2, 1)$과 직선 $y=-3x+a$,
즉 $3x+y-a=0$ 사이의 거리가 $\sqrt{10}$이므로
$$\frac{|6+1-a|}{\sqrt{3^2+1^2}}=\sqrt{10}, \; |7-a|=10$$
$7-a=\pm10$ $\therefore a=17 \; (\because a>7)$

0444 답 ②

$f(x)=3x^4-4x^3+2x+1$이라 하면
$f'(x)=12x^3-12x^2+2$
곡선 $y=f(x)$의 접선 중에서 직선 $2x-y-10=0$, 즉
$y=2x-10$과 평행한 접선의 접점의 좌표를 $(t, 3t^4-4t^3+2t+1)$
이라 하면 이 점에서의 접선의 기울기가 2이므로
$f'(t)=12t^3-12t^2+2=2$
$12t^3-12t^2=0, \; 12t^2(t-1)=0$
$\therefore t=0$ 또는 $t=1$
(i) $t=0$일 때
　접점의 좌표는 $(0, 1)$이고, 점 $(0, 1)$과 직선 $2x-y-10=0$
　사이의 거리는
$$\frac{|-1-10|}{\sqrt{2^2+(-1)^2}}=\frac{11\sqrt{5}}{5}$$
(ii) $t=1$일 때
　접점의 좌표는 $(1, 2)$이고, 점 $(1, 2)$와 직선 $2x-y-10=0$
　사이의 거리는
$$\frac{|2-2-10|}{\sqrt{2^2+(-1)^2}}=2\sqrt{5}$$
(i), (ii)에서 구하는 거리의 최솟값은 $2\sqrt{5}$이다.

0445 답 ④

$f(x)=x^2-4x+3$이라 하면
$f'(x)=2x-4$
두 점 $A(3, -5)$, $B(1, -9)$를 지나는 직선 AB의 방정식은
$$y-(-5)=\frac{-9+5}{1-3}(x-3)$$
$\therefore y=2x-11$
방정식 $f(x)=2x-11$에서 $x^2-4x+3=2x-11$, 즉
$x^2-6x+14=0$ ······ ㉠

이차방정식 ㉠의 판별식을 D라 하면
$$\frac{D}{4}=(-3)^2-1\cdot14=-5<0$$
이므로 곡선 $y=f(x)$와 직선 AB는 만나지 않는다.
즉, 점 P와 직선 AB 사이의 거리가 최소일 때 삼각형 PAB의 넓
이도 최소가 된다.
곡선 $y=f(x)$의 접선 중에서 직선 $y=2x-11$과 평행한 접선의
접점의 좌표를 (t, t^2-4t+3)이라 하면 이 점에서의 접선의 기울
기가 2이므로
$f'(t)=2t-4=2$ $\therefore t=3$
즉, 접점의 좌표가 $(3, 0)$이므로 점 P의 좌표가 $(3, 0)$일 때 삼
각형 PAB의 넓이가 최소가 된다.
이때 점 $P(3, 0)$과 직선 $y=2x-11$, 즉 $2x-y-11=0$ 사이의
거리는
$$\frac{|6-11|}{\sqrt{2^2+(-1)^2}}=\sqrt{5}$$
이고, 선분 AB의 길이는
$$\overline{AB}=\sqrt{(1-3)^2+(-9+5)^2}=2\sqrt{5}$$
따라서 삼각형 PAB의 넓이의 최솟값은
$$\frac{1}{2}\cdot2\sqrt{5}\cdot\sqrt{5}=5$$

● 다른 풀이 ●

오른쪽 그림에서 삼각형 PAB의 넓이의
최솟값은
$$\frac{1}{2}\cdot5\cdot(3-1)=5$$

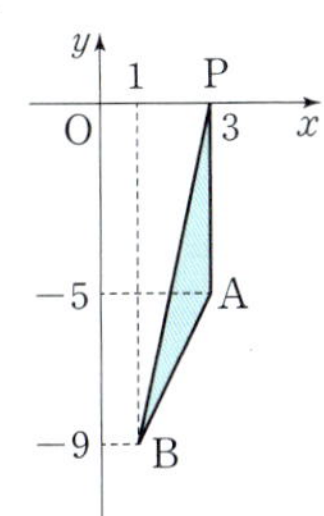

0446 답 ①

0447 답 ⑤

$f(x)=x^3+ax+b, \; g(x)=-x^3+c$라 하면
$f'(x)=3x^2+a, \; g'(x)=-3x^2$
두 곡선이 점 $(1, 1)$을 지나므로
$f(1)=1+a+b=1$ $\therefore a+b=0$ ······ ㉠
$g(1)=-1+c=1$ $\therefore c=2$
점 $(1, 1)$에서의 두 곡선의 접선의 기울기가 같으므로
$f'(1)=g'(1)$에서 $3+a=-3$ $\therefore a=-6$
$a=-6$을 ㉠에 대입하여 풀면 $b=6$
$\therefore a+bc=-6+6\cdot2=6$

0448 답 ⑤

$f(x)=x^2+ax+b, \; g(x)=-x^2+ax+c$라 하면
$f'(x)=2x+a, \; g'(x)=-2x+a$
점 P의 x좌표를 t라 하면 두 곡선이 점 P에서 접하므로
$f'(t)=g'(t)$에서 $2t+a=-2t+a$ $\therefore t=0$
점 P에서의 접선에 수직인 직선의 방정식이 $x+2y-4=0$, 즉
$y=-\frac{1}{2}x+2$이므로 점 P에서의 접선의 기울기는 2이다.
즉, $f'(0)=a=2$

또한, 직선 $x+2y-4=0$이 점 P를 지나므로
$2y-4=0$ $\therefore y=2$ $\therefore \text{P}(0, 2)$ → 점 P의 x좌표가 0이므로
이때 점 P는 두 곡선 위의 점이므로
$f(0)=b=2, g(0)=c=2$
$\therefore abc=2\cdot2\cdot2=8$

0449 답 ①
두 곡선 $y=f(x)$, $y=x^2f(x)$가 점 $(1, 1)$에서 만나므로
$f(1)=1$
$g(x)=x^2f(x)$라 하면
$g'(x)=2xf(x)+x^2f'(x)$ → 함수의 곱의 미분법
점 $(1, 1)$에서의 두 접선이 서로 수직이므로
$f'(1)g'(1)=-1$에서 $f'(1)\{2f(1)+f'(1)\}=-1$
$\{f'(1)\}^2+2f'(1)+1=0 \ (\because f(1)=1)$
$\{f'(1)+1\}^2=0$ $\therefore f'(1)=-1$
즉, 구하는 두 접선의 방정식은 각각
$y-f(1)=f'(1)(x-1), y-g(1)=g'(1)(x-1)$
$y-1=-(x-1), y-1=x-1$
$\therefore y=-x+2, y=x$
따라서 두 접선이 각각 x축과 만나는 두 점의 좌표는
$(2, 0), (0, 0)$
이므로 두 점 사이의 거리는 2이다.

0450 답 ①
$f(x)=2x^2-(a+3)x, g(x)=-x^2+2ax-3a$라 하면
$f'(x)=4x-(a+3), g'(x)=-2x+2a$
두 곡선의 교점의 x좌표를 t라 하면
$f(t)=g(t)$에서 $2t^2-(a+3)t=-t^2+2at-3a$
$3t^2-(3a+3)t+3a=0, 3(t-1)(t-a)=0$
$\therefore t=1$ 또는 $t=a$
(i) 점 P의 x좌표가 1일 때
　점 Q의 x좌표는 a이므로 직선 m의 기울기는
　$g'(a)=-2a+2a=0$
　그런데 두 직선 l, m의 기울기의 곱이 6이므로 조건에 모순이다.
(ii) 점 P의 x좌표가 a일 때
　점 Q의 x좌표는 1이고, 두 직선 l, m의 기울기의 곱은 6이므로 $f'(a)g'(1)=6$에서
　$(3a-3)(2a-2)=6, 6(a-1)^2=6, (a-1)^2=1$
　$a-1=\pm1$ $\therefore a=2 \ (\because a>1)$
(i), (ii)에서 $a=2$

0451 답 ①

0452 답 ③
$f(x)=2x^2-3x+1$이라 하면
$f'(x)=4x-3$
점 P$(1, 0)$에서의 접선 l의 기울기는 $f'(1)=1$이므로 접선 l의
방정식은
$y=x-1$
직선 l과 수직인 직선 m의 기울기는 -1이므로 직선 m의 방정식은
$y=-(x-1)$ $\therefore y=-x+1$

따라서 오른쪽 그림에서 두 직선 l, m과
y축으로 둘러싸인 도형의 넓이는
$\dfrac{1}{2}\cdot\{1-(-1)\}\cdot1=1$

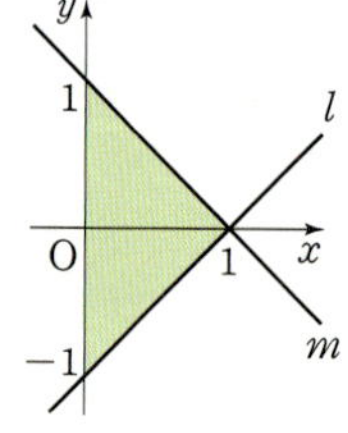

0453 답 ①
$f(x)=x^2-4x+3$이라 하면
$f'(x)=2x-4$
접점의 좌표를 (t, t^2-4t+3)이라 하면 이 점에서의 접선의 기울기는 $f'(t)=2t-4$이므로 접선의 방정식은
$y-(t^2-4t+3)=(2t-4)(x-t)$
$\therefore y=(2t-4)x-t^2+3$ ……㉠
이 직선이 점 A$(2, -2)$를 지나므로
$-2=-t^2+4t-5, t^2-4t+3=0$
$(t-1)(t-3)=0$ $\therefore t=1$ 또는 $t=3$
이것을 각각 ㉠에 대입하면 두 접선의 방정식은
$y=-2x+2$ 또는 $y=2x-6$
따라서 두 점 B, C의 좌표는
$(1, 0), (3, 0)$
이므로 삼각형 ABC의 넓이는
$\dfrac{1}{2}\cdot(3-1)\cdot2=2$

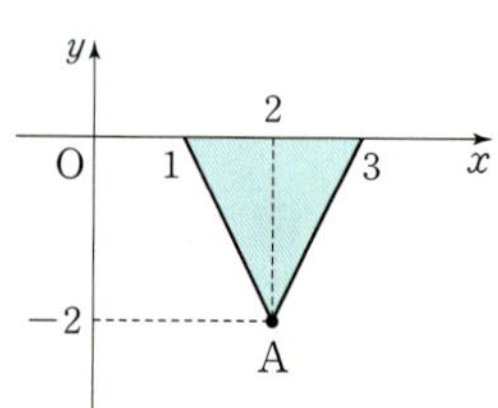

0454 답 ①
$f(x)=x^3-x^2-x-1, g(x)=x^2-3x+3$이라 하면
$f'(x)=3x^2-2x-1, g'(x)=2x-3$
두 곡선의 교점의 x좌표를 t라 하면
$f(t)=g(t)$에서 $t^3-t^2-t-1=t^2-3t+3$
$t^3-2t^2+2t-4=0, (t-2)(t^2+2)=0$
$\therefore t=2 \ (\because t^2+2>0)$
즉, 두 곡선은 점 $(2, 1)$에서 만나고, 점 $(2, 1)$에서의 접선의 기울기는 각각 $f'(2)=7, g'(2)=1$이므로 두 접선의 방정식은
$y-1=7(x-2), y-1=x-2$
$\therefore y=7x-13, y=x-1$
따라서 오른쪽 그림에서 두 접선과
x축으로 둘러싸인 도형의 넓이는
$\dfrac{1}{2}\cdot\left(\dfrac{13}{7}-1\right)\cdot1=\dfrac{3}{7}$

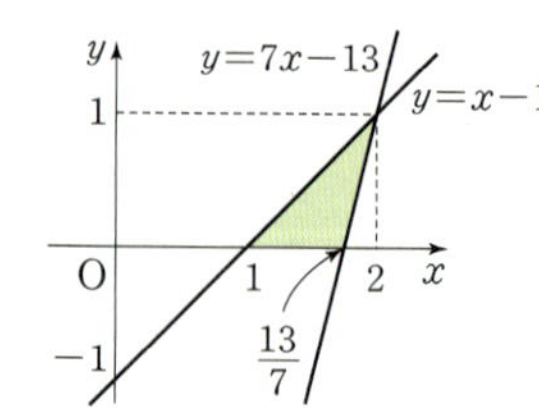

0455 답 ③
$f(x)=x^3-6x^2+12x+1$이라 하면
$f'(x)=3x^2-12x+12$
접점의 좌표를 $(t, t^3-6t^2+12t+1)$이라 하면 접선의 기울기가 3이므로
$f'(t)=3t^2-12t+12=3$
$t^2-4t+3=0, (t-1)(t-3)=0$
$\therefore t=1$ 또는 $t=3$

즉, 접점의 좌표는 $(1, 8)$, $(3, 10)$이므
로 접선의 방정식은
$$y-8=3(x-1) \text{ 또는 } y-10=3(x-3)$$
$$\therefore y=3x+5 \text{ 또는 } y=3x+1$$
따라서 오른쪽 그림에서 두 직선과
x축, y축으로 둘러싸인 도형의 넓이는
$$\frac{1}{2}\cdot\frac{5}{3}\cdot 5-\frac{1}{2}\cdot\frac{1}{3}\cdot 1=4$$

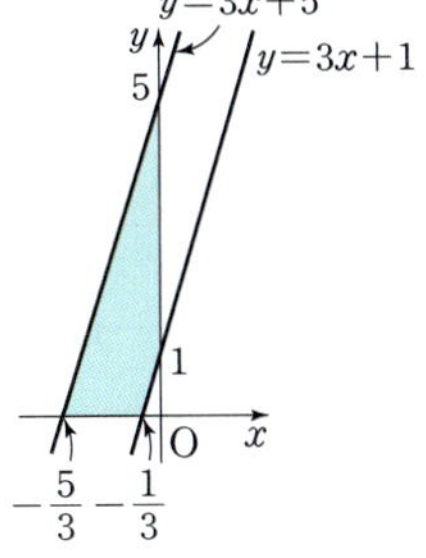

선생님 톡톡

사다리꼴의 넓이는 일반적으로
$$\frac{1}{2}\times\{(\text{윗변의 길이})+(\text{아랫변의 길이})\}\times(\text{높이})$$
를 이용하여 구하지만 이 문제에서는 큰 직각삼각형의 넓이에서 작은 직
각삼각형의 넓이를 빼는 방법으로 더 쉽게 구할 수 있어. 이처럼 도형의
넓이는 관점을 바꾸면 쉽게 구할 수 있는 경우가 많아.

0456 답 ④

0457 답 ③

$f(x)=-x^2$이라 하면
$$f'(x)=-2x$$
곡선 $y=f(x)$ 위의 점 중에서 점
$(-5, 1)$까지의 거리가 최소인 점을
P라 하면 점 P는 오른쪽 그림과 같이
점 $(-5, 1)$을 중심으로 하는 원과 곡
선 $y=f(x)$의 접점이다.

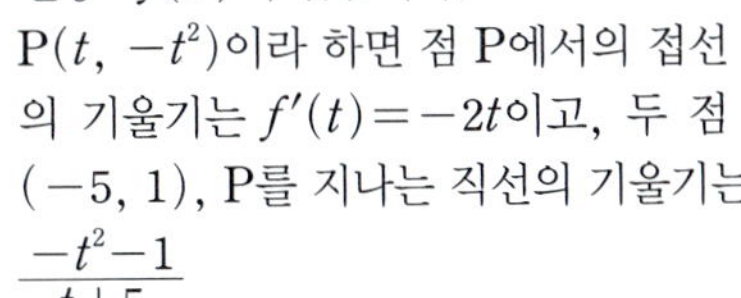

$P(t, -t^2)$이라 하면 점 P에서의 접선
의 기울기는 $f'(t)=-2t$이고, 두 점
$(-5, 1)$, P를 지나는 직선의 기울기는
$$\frac{-t^2-1}{t+5}$$
이때 점 P에서의 접선과 두 점 $(-5, 1)$, P를 지나는 직선은 서로
수직이므로
$$(-2t)\cdot\frac{-t^2-1}{t+5}=-1, \ 2t(t^2+1)=-t-5$$
$$2t^3+3t+5=0, \ (t+1)(2t^2-2t+5)=0$$
$$\therefore t=-1 \ (\because 2t^2-2t+5>0) \quad \cdot 2t^2-2t+5=2\left(t-\frac{1}{2}\right)^2+\frac{9}{2}>0$$
따라서 $P(-1, -1)$이므로 구하는 거리의 최솟값은
$$\sqrt{(-1+5)^2+(-1-1)^2}=2\sqrt{5}$$

0458 답 ④

$f(x)=x^2$이라 하면
$$f'(x)=2x$$
곡선과 원의 교점의 좌표를 (t, t^2)이라 하면
교점에서의 원의 접선과 곡선의 접선이 일치
하므로 오른쪽 그림과 같이 두 점 $\left(0, \frac{5}{2}\right)$,

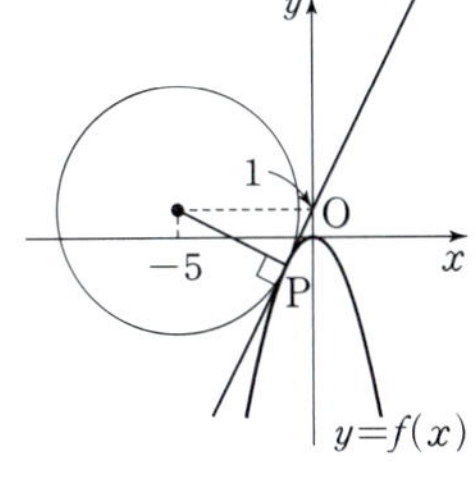

(t, t^2)을 지나는 직선은 곡선 $y=f(x)$ 위의
점 (t, t^2)에서의 접선과 서로 수직이다. 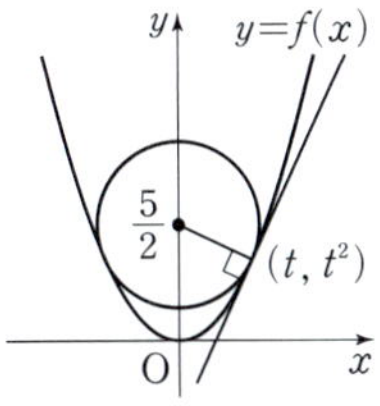
점 (t, t^2)에서의 접선의 기울기는 $f'(t)=2t$이므로
$$\frac{t^2-\frac{5}{2}}{t}\cdot 2t=-1, \ 2t^2-5=-1$$
$$t^2=2 \quad \therefore t=\pm\sqrt{2}$$

따라서 두 점 A, B의 좌표는
$$(\sqrt{2}, 2), \ (-\sqrt{2}, 2)$$
이므로 선분 AB의 길이는 $2\sqrt{2}$이다.

0459 답 ③

$f(x)=x^3+2$라 하면
$$f'(x)=3x^2$$
원 $(x-a)^2+y^2=r^2$이 곡선 $y=f(x)$와 점 $(1, 3)$에서 공통인 접
선을 가지므로 점 $(1, 3)$을 지나고 이 점에서의 접선에 수직인 직
선을 l이라 하면 직선 l은 원의 중심을 지난다.
점 $(1, 3)$에서의 접선의 기울기가 $f'(1)=3$이므로 이 점에서의
접선과 수직인 직선 l의 기울기는 $-\frac{1}{3}$이다.
즉, 직선 l의 방정식은
$$y-3=-\frac{1}{3}(x-1) \qquad \therefore y=-\frac{1}{3}x+\frac{10}{3}$$
직선 l이 원의 중심 $(a, 0)$을 지나
므로

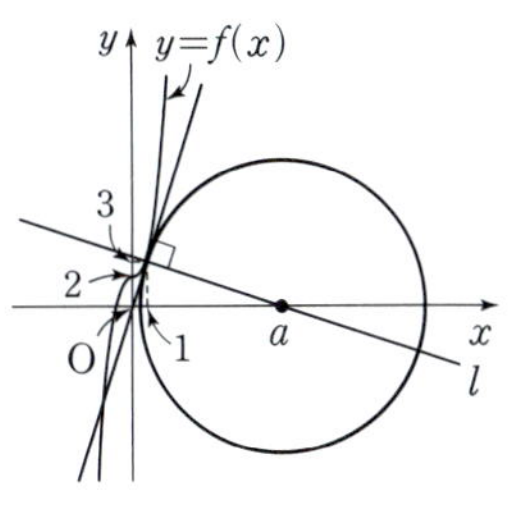

$$0=-\frac{1}{3}a+\frac{10}{3} \quad \therefore a=10$$
$$\therefore r=\sqrt{(10-1)^2+(0-3)^2}$$
$$=3\sqrt{10}$$
$$\therefore \frac{r^2}{a}=\frac{(3\sqrt{10})^2}{10}=9$$

0460 답 ④

$f(x)=\frac{1}{a}x^2$이라 하면
$$f'(x)=\frac{2}{a}x$$
원과 곡선이 서로 다른 두 점에서 만나려면
접해야 하므로 오른쪽 그림과 같이 원의
중심을 $C(0, 3)$, 접점을 $P\left(t, \frac{1}{a}t^2\right)$이라

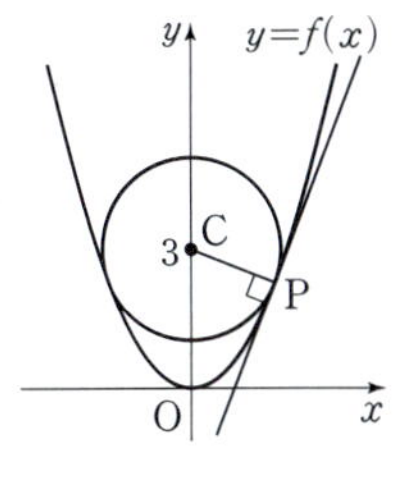

하면 점 P에서의 접선의 기울기는
$f'(t)=\frac{2}{a}t$이고, 직선 CP의 기울기는
$$\frac{\frac{1}{a}t^2-3}{t}$$
이때 점 P에서의 접선과 직선 CP는 서로 수직이므로
$$\frac{2}{a}t\cdot\frac{\frac{1}{a}t^2-3}{t}=-1, \ \frac{2}{a^2}t^2-\frac{6}{a}=-1$$
$$2t^2-6a=-a^2, \ t^2=3a-\frac{1}{2}a^2$$
$$\therefore t=\pm\sqrt{3a-\frac{1}{2}a^2} \ (\because 0<a<6)$$
따라서 접점 $\left(\sqrt{3a-\frac{1}{2}a^2}, \ 3-\frac{1}{2}a\right)$가 원 $x^2+(y-3)^2=5$ 위의
점이므로
$$3a-\frac{1}{2}a^2+\left(-\frac{1}{2}a\right)^2=5, \ \frac{1}{4}a^2-3a+5=0$$
$$a^2-12a+20=0, \ (a-2)(a-10)=0$$
$$\therefore a=2 \ (\because 0<a<6)$$

0461 답 ③

0462 답 ④

함수 $f(x)=x^3-2x^2-3x+5$는 닫힌구간 $[-1, 3]$에서 연속이고 열린구간 $(-1, 3)$에서 미분가능하며 $f(-1)=f(3)=5$이므로 $f'(c)=0$인 c가 열린구간 $(-1, 3)$에 적어도 하나 존재한다.

이때 $f'(x)=3x^2-4x-3$이므로

$$f'(c)=3c^2-4c-3=0$$

$$\therefore c=\frac{2\pm\sqrt{13}}{3} \longrightarrow 3<\sqrt{13}<4이므로 \ -1<\frac{2\pm\sqrt{13}}{3}<3$$

따라서 모든 상수 c의 값의 합은 $\dfrac{4}{3}$이다.

> **선생님톡톡**
>
> 위의 문제에서 조건을 만족시키는 모든 상수 c의 값의 합을 이차방정식의 근과 계수의 관계를 이용하여 구하면 안 돼. 방정식 $f'(c)=0$을 만족시키는 c의 값이 열린구간 $(-1, 3)$에 속하는지를 반드시 확인해야 해.

0463 답 ③

함수 $f(x)=4x^3+ax^2+bx+1$은 닫힌구간 $[-1, 1]$에서 연속이고 열린구간 $(-1, 1)$에서 미분가능하다.

롤의 정리를 만족시키려면 $f(-1)=f(1)$이어야 하므로

$$-4+a-b+1=4+a+b+1$$

$$2b=-8 \qquad \therefore b=-4$$

이때 $f'(x)=12x^2+2ax-4$이고, 롤의 정리를 만족시키는 상수가 $-\dfrac{1}{2}$이므로

$$f'\left(-\frac{1}{2}\right)=12\cdot\left(-\frac{1}{2}\right)^2+2a\cdot\left(-\frac{1}{2}\right)-4=0$$

$$3-a-4=0 \qquad \therefore a=-1$$

$$\therefore ab=(-1)\cdot(-4)=4$$

0464 답 ③

함수 $f(x)$는 닫힌구간 $[-1, 1]$에서 연속이고 $f(-1)=f(1)=1$이다.

$a>0$에 대하여

$$f'(a)=\lim_{x\to a}\frac{f(x)-f(a)}{x-a}=\lim_{x\to a}\frac{x-a}{x-a}$$

$$=\boxed{1}\neq 0 \longrightarrow f'(c)=0인\ c가\ 열린구간\ (0, 1)에\ 존재하지\ 않는다.$$

$a<0$에 대하여

$$f'(a)=\lim_{x\to a}\frac{f(x)-f(a)}{x-a}=\lim_{x\to a}\frac{-x-(-a)}{x-a}$$

$$=\boxed{-1}\neq 0 \longrightarrow f'(c)=0인\ c가\ 열린구간\ (-1, 0)에\ 존재하지\ 않는다.$$

또한,

$$\lim_{x\to 0+}\frac{f(x)-f(0)}{x}=\boxed{1}, \quad \lim_{x\to 0-}\frac{f(x)-f(0)}{x}=-1$$

이므로 $f(x)$는 $x=0$에서 미분계수가 존재하지 않는다.

따라서 $f'(c)=0$인 c가 열린구간 $(-1, 1)$에 존재하지 않는다.

실제로 함수 $f(x)$는 열린구간 $(-1, 1)$에서 미분가능하지 않으므로 롤의 정리를 만족시키지 않는다.

즉, $l=1$, $m=-1$, $n=1$이므로

$$l-2m+3n=1-2\cdot(-1)+3\cdot 1=6$$

0465 답 ④

0466 답 ①

함수 $f(x)=x^3-4x^2+3x+6$은 닫힌구간 $[-1, 2]$에서 연속이고 열린구간 $(-1, 2)$에서 미분가능하므로

$$\frac{f(2)-f(-1)}{2-(-1)}=f'(c)$$

인 c가 열린구간 $(-1, 2)$에 적어도 하나 존재한다.

이때 $f'(x)=3x^2-8x+3$이므로

$$\frac{4-(-2)}{2-(-1)}=3c^2-8c+3, \ 3c^2-8c+1=0$$

$$\therefore c=\frac{4-\sqrt{13}}{3} \ (\because \ -1<c<2)$$

따라서 $p=\dfrac{4}{3}$, $q=-\dfrac{1}{3}$이므로

$$\frac{p}{q}=\frac{\dfrac{4}{3}}{-\dfrac{1}{3}}=-4$$

0467 답 ⑤

함수 $f(x)=-4x^2+14x-6$은 닫힌구간 $[a, 1]$에서 연속이고 열린구간 $(a, 1)$에서 미분가능하다.

닫힌구간 $[a, 1]$에서 평균값 정리를 만족시키는 상수가 $\dfrac{1}{2}$이므로

$$\frac{f(1)-f(a)}{1-a}=f'\left(\frac{1}{2}\right)$$

이때 $f'(x)=-8x+14$이므로

$$\frac{4-(-4a^2+14a-6)}{1-a}=-8\cdot\frac{1}{2}+14, \ \frac{4a^2-14a+10}{1-a}=10$$

$$4a^2-14a+10=10-10a, \ 4a^2-4a=0$$

$$4a(a-1)=0 \qquad \therefore a=0 \left(\because a<\frac{1}{2}\right)$$

0468 답 3

닫힌구간 $[-2, 5]$에서 평균값 정리를 만족시키는 상수 c는 두 점 $(-2, f(-2))$, $(5, f(5))$를 잇는 직선과 평행한 접선을 갖는 점의 x좌표이다.

다음 그림과 같이 두 점 $(-2, f(-2))$, $(5, f(5))$를 잇는 직선과 평행한 접선을 3개 그을 수 있으므로 상수 c의 개수는 3이다.

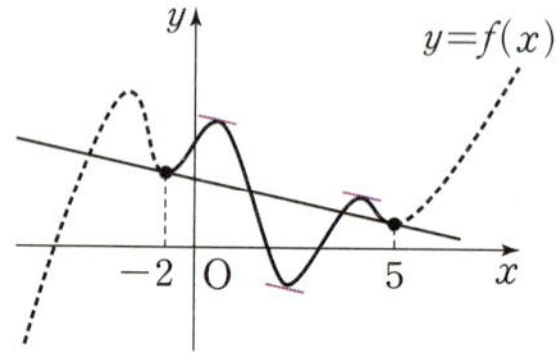

0469 답 ④

함수 $f(x)$는 닫힌구간 $[1, 3]$에서 연속이고 열린구간 $(1, 3)$에서 미분가능하므로

$$\frac{f(3)-f(1)}{3-1}=f'(c)$$

인 c가 열린구간 $(1, 3)$에 적어도 하나 존재한다.

$f(3)=k$ (k는 상수)라 하면 조건 (나)에서 $f'(c)\leq3$이므로

$\dfrac{f(3)-f(1)}{3-1}\leq3$, $\dfrac{k-4}{2}\leq3$ ($\because$ 조건 (가))

$k-4\leq6$ $\quad\therefore k\leq10$ → 실제로 $f(x)=3x+1$일 때 등호가 성립한다.

따라서 $f(3)$의 최댓값은 10이다.

본문 085~087쪽

0470 답 ⑤

One Point Lesson
곡선과 접선을 연립한 방정식이 $x=1$을 유일한 실근으로 갖는다.

$f(x)=x^3+ax^2+x+b$라 하면

$f'(x)=3x^2+2ax+1$

점 $P(1, 2)$가 곡선 $y=f(x)$ 위의 점이므로

$f(1)=1+a+1+b=2$

$a+b=0$ $\quad\therefore b=-a$ $\quad\cdots\cdots$ ㉠

점 $P(1, 2)$에서의 접선의 기울기는 $f'(1)=2a+4$이므로 접선의 방정식은

$y-2=(2a+4)(x-1)$

$\therefore y=(2a+4)x-2a-2$

이 접선과 곡선 $y=f(x)$의 교점의 x좌표는

$(2a+4)x-2a-2=x^3+ax^2+x-a$에서

$x^3+ax^2-(2a+3)x+a+2=0$

$(x-1)^2(x+a+2)=0$

이 방정식이 $x=1$을 유일한 실근으로 가져야 하므로

$a+2=-1$ $\quad\therefore a=-3$ → 점 $P(1, 2)$가 유일한 교점이므로

$a=-3$을 ㉠에 대입하면 $b=3$

$\therefore b-a=3-(-3)=6$

0471 답 ②

One Point Lesson
롤의 정리가 성립하기 위한 조건을 먼저 살펴본다.

함수 $f(x)=x^3+x^2-x+3$은 닫힌구간 $[-a, a]$에서 연속이고 열린구간 $(-a, a)$에서 미분가능하다.

롤의 정리를 만족시키려면 $f(-a)=f(a)$이어야 하므로

$-a^3+a^2+a+3=a^3+a^2-a+3$

$2a^3-2a=0$, $2a(a+1)(a-1)=0$

$\therefore a=1$ ($\because a>0$)

즉, 함수 $f(x)$는 롤의 정리에 의하여 $f'(c)=0$인 c가 열린구간 $(-1, 1)$에 적어도 하나 존재한다.

이때 $f'(x)=3x^2+2x-1$이므로

$f'(c)=3c^2+2c-1=0$, $(c+1)(3c-1)=0$

$\therefore c=\dfrac{1}{3}$ ($\because -1<c<1$)

$\therefore \dfrac{a}{c}=\dfrac{1}{\frac{1}{3}}=3$

0472 답 ③

One Point Lesson
다항식 a^2+b^2이 갖는 기하적 의미를 생각해 본다.

$f(x)=x^3+x^2+8$이라 하면

$f'(x)=3x^2+2x$

접점의 좌표를 (t, t^3+t^2+8)이라 하면 이 점에서의 접선의 기울기는 $f'(t)=3t^2+2t$이므로 접선의 방정식은

$y-(t^3+t^2+8)=(3t^2+2t)(x-t)$

$\therefore y=(3t^2+2t)x-2t^3-t^2+8$ $\quad\cdots\cdots$ ㉠

이 직선이 점 $P(-1, 0)$을 지나므로

$0=-2t^3-4t^2-2t+8$, $t^3+2t^2+t-4=0$

$(t-1)(t^2+3t+4)=0$ $\quad\therefore t=1$ ($\because t^2+3t+4>0$)

$t=1$을 ㉠에 대입하면 접선의 방정식은 → $t^2+3t+4=\left(t+\dfrac{3}{2}\right)^2+\dfrac{7}{4}>0$

$y=5x+5$

두 점 P, Q에서 각각 곡선 $y=f(x)$에 그은 접선이 서로 일치하므로 점 Q도 직선 $y=5x+5$ 위의 점이다.

원점 O와 점 $Q(a, b)$ 사이의 거리를 d라 하면

$d^2=a^2+b^2$

이때 d는 원점 O와 직선 $y=5x+5$, 즉 $5x-y+5=0$ 사이의 거리를 최솟값으로 가지므로

$d\geq\dfrac{|5|}{\sqrt{5^2+(-1)^2}}=\dfrac{5\sqrt{26}}{26}$ $\quad\therefore a^2+b^2\geq\dfrac{25}{26}$

따라서 a^2+b^2의 최솟값은 $\dfrac{25}{26}$이다.

0473 답 ②

One Point Lesson
y축에 대하여 대칭인 곡선 $y=f(x)$에서 미분계수의 정의를 이용하여 $f'(-x)$와 $f'(x)$ 사이의 관계를 추론한다.

곡선 $y=f(x)$ 위의 점 $(2, 1)$에서의 접선의 방정식이

$y=2x-3$이므로

$f(2)=1, f'(2)=2$ $\quad\cdots\cdots$ ㉠

곡선 $y=f(x)$가 y축에 대하여 대칭이므로

$f(-x)=f(x)$

$\therefore f'(-x)=\lim\limits_{h\to0}\dfrac{f(-x+h)-f(-x)}{h}$

$\qquad=\lim\limits_{h\to0}\dfrac{f(x-h)-f(x)}{h}$

$\qquad=\lim\limits_{h\to0}\left\{(-1)\cdot\dfrac{f(x-h)-f(x)}{-h}\right\}$

$\qquad=-f'(x)$

즉, $f(-x)=f(x)$, $f'(-x)=-f'(x)$이므로 ㉠에서

$f(-2)=1, f'(-2)=-2$

$g(x)=(2x-1)f(x)$라 하면

$g'(x)=2f(x)+(2x-1)f'(x)$

곡선 $y=g(x)$ 위의 $x=-2$인 점의 y좌표는

$g(-2)=(-5)\cdot f(-2)=(-5)\cdot1=-5$

곡선 $y=g(x)$ 위의 $x=-2$인 점에서의 접선의 기울기는

$g'(-2)=2f(-2)+(-5)\cdot f'(-2)$

$\qquad=2\cdot1+(-5)\cdot(-2)=12$

이므로 접선의 방정식은

$y-(-5)=12(x+2)$ $\quad\therefore y=12x+19$

따라서 구하는 접선의 y절편은 19이다.

0474　답 ②

$f(x)=(x-a)(x-b)+(x-b)(x-c)+(x-c)(x-a)$
라 하면
$f'(x)=2(x-a)+2(x-b)+2(x-c)$
곡선 위의 점 $(1, 2)$에서의 접선의 기울기가 6이므로
$f(1)=2$에서
$(1-a)(1-b)+(1-b)(1-c)+(1-c)(1-a)=2$ $\cdots\cdots$ ㉠
$f'(1)=6$에서 $(1-a)+(1-b)+(1-c)=3$ $\cdots\cdots$ ㉡
$1-a=p$, $1-b=q$, $1-c=r$라 하면
㉠에서 $pq+qr+rp=2$
㉡에서 $p+q+r=3$
$\therefore (1-a)^2+(1-b)^2+(1-c)^2$
$=p^2+q^2+r^2=(p+q+r)^2-2(pq+qr+rp)$
$=3^2-2\cdot2=5$

0475　답 ④

$f(x)=x^3-9x^2+16x+b$라 하면 $f'(x)=3x^2-18x+16$
접점의 좌표를 $(t, t^3-9t^2+16t+b)$라 하면 접선의 기울기가
1이므로 $f'(t)=3t^2-18t+16=1$
$3t^2-18t+15=0$, $3(t-1)(t-5)=0$
$\therefore t=1$ 또는 $t=5$
(i) 접점 $(1, b+8)$이 직선 $y=x+8$ 위의 점인 경우
　$b+8=9$ 　$\therefore b=1$
　$\therefore f(x)=x^3-9x^2+16x+1$
　즉, 접선 $y=x+a$가 점 $(5, -19)$를 지나므로
　$-19=5+a$ 　$\therefore a=-24$
　$\therefore |a-b|=|-24-1|=25$
(ii) 접점 $(5, b-20)$이 직선 $y=x+8$ 위의 점인 경우
　$b-20=13$ 　$\therefore b=33$
　$\therefore f(x)=x^3-9x^2+16x+33$
　즉, 접선 $y=x+a$가 점 $(1, 41)$을 지나므로
　$41=1+a$ 　$\therefore a=40$
　$\therefore |a-b|=|40-33|=7$
(i), (ii)에서 $|a-b|$의 최솟값은 7이다.

0476　답 ④

$f(x)=x^2-x+3$이라 하면 $f'(x)=2x-1$
점 P에서의 접선을 l_1, 직선 l_1에 수직이고 점 P를 지나는 직선을
l_2라 하자.
이때 $\overline{QA}=\overline{QB}$이고 점 Q는 직선 l_2 위에 있으므로 직선 l_2는 선분
AB의 수직이등분선이다.
즉, 직선 l_1은 직선 AB와 평행하므로 직선 l_1의 기울기는
$\dfrac{3+1}{5-1}=1$ → 직선 AB의 기울기

따라서 점 P에서의 접선의 기울기가 1이므로
$f'(m)=2m-1=1$ 　$\therefore m=1$
$\therefore n=f(1)=3$
$\therefore m+n=1+3=4$

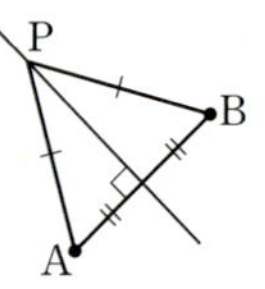

0477　답 ③

$f(x)=x^3+2x^2+ax+1$에서
$f'(x)=3x^2+4x+a$
$t\in Y$이면 직선 l_t는 직선 $y=x$에 수직이고 직선 l_t의 기울기는
$f'(t)$이므로
$f'(t)=-1$
이때 $X \cap Y \neq \varnothing$이 성립하도록 하려면 $-1<t<1$에서 방정식
$f'(t)=-1$의 해가 적어도 하나 존재해야 한다.
$g(t)=f'(t)+1$, 즉 $g(t)=3t^2+4t+a+1$이라 하면 $g(t)=0$을
만족시키는 t의 값이 열린구간 $(-1, 1)$에서 존재해야 한다.
함수 $y=g(t)$의 그래프가
(i) t축에 접할 때
　이차방정식 $g(t)=0$의 판별식을 D라
　하면
　$\dfrac{D}{4}=2^2-3(a+1)=-3a+1=0$
　$\therefore a=\dfrac{1}{3}$

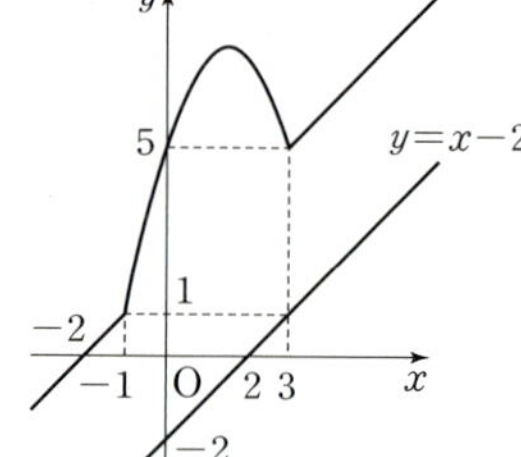

(ii) 점 $(1, 0)$을 지날 때
　$0=3\times1^2+4\times1+a+1$, $a+8=0$
　$\therefore a=-8$
(i), (ii)에서 $-8<a\leq\dfrac{1}{3}$

0478　답 ②

함수 $y=f(x)$의 그래프와 직선
$y=x-2$는 오른쪽 그림과 같다.
$h(x)=-x^2+3x+5\,(-1<x<3)$
라 하면 점 P가 곡선 $y=h(x)$ 위
에 있고 점 P에서의 접선의 기울기
가 1일 때 $g(t)$가 최대이다.
$h'(x)=-2x+3$이므로
$h'(t)=-2t+3=1$ 　$\therefore t=1$
즉, 점 $(1, 7)$과 직선 $y=x-2$, 즉 $x-y-2=0$ 사이의 거리는
$\dfrac{|1-7-2|}{\sqrt{1^2+(-1)^2}}=4\sqrt{2}$ 　$\therefore M=4\sqrt{2}$

한편, 평행한 두 직선 사이의 거리는 일정하므로 함수 $g(t)$의 최솟값은 두 직선 $y=x+2$, $y=x-2$ 사이의 거리이다.
직선 $y=x+2$ 위의 점 $(-2, 0)$과 직선 $y=x-2$, 즉 $x-y-2=0$ 사이의 거리는
$$\frac{|-2-2|}{\sqrt{1^2+(-1)^2}}=2\sqrt{2} \qquad \therefore m=2\sqrt{2}$$
$$\therefore Mm=4\sqrt{2}\cdot 2\sqrt{2}=16$$

0479 답 ①

두 곡선 $y=f(x)$, $y=g(x)$가 $x=1$인 점에서 공통인 접선을 가지므로
$$f(1)=g(1), f'(1)=g'(1)$$
이때 $\lim\limits_{x\to 1}\dfrac{f(x)-x+1}{g(x)+x-1}=\dfrac{1}{2}\neq 1$이므로
$$f(1)=g(1)=0$$
$$\therefore \lim_{x\to 1}\frac{f(x)-x+1}{g(x)+x-1}=\lim_{x\to 1}\frac{\dfrac{f(x)}{x-1}-1}{\dfrac{g(x)}{x-1}+1}$$
$$=\lim_{x\to 1}\frac{\dfrac{f(x)-f(1)}{x-1}-1}{\dfrac{g(x)-g(1)}{x-1}+1}$$

$$=\frac{f'(1)-1}{g'(1)+1}=\frac{1}{2}$$
$f'(1)=g'(1)=k$ (k는 상수)라 하면
$$\frac{k-1}{k+1}=\frac{1}{2}, 2k-2=k+1$$
$$\therefore k=3$$
즉, 점 $(1, 0)$을 지나고 기울기가 3인 접선 l의 방정식은
$$y=3(x-1) \qquad \therefore y=3x-3$$
따라서 접선 l의 y절편은 -3이다.

0480 답 16

$f(x)=\dfrac{3}{64}x^2+6$이라 하면
$$f'(x)=\frac{3}{32}x$$
원의 중심을 $C(m, n)$, 원과 곡선의 접점을 $P(8, 9)$라 하고, 점 P를 지나고 이 점에서의 접선에 수직인 직선을 l이라 하면 오른쪽 그림과 같이 직선 l은 원의 중심 C를 지난다.
점 P에서의 접선의 기울기가

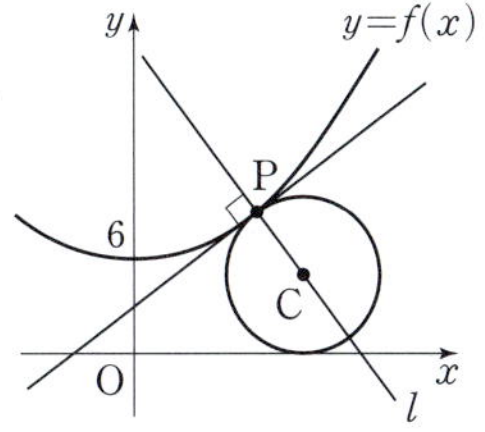

$f'(8)=\dfrac{3}{4}$이므로 이 점에서의 접선과 수직인 직선 l의 기울기는 $-\dfrac{4}{3}$이다.

즉, 직선 l의 방정식은
$$y-9=-\frac{4}{3}(x-8) \qquad \therefore y=-\frac{4}{3}x+\frac{59}{3}$$
직선 l이 점 C를 지나므로
$$n=-\frac{4}{3}m+\frac{59}{3} \qquad \cdots\cdots \ㄱ$$
또한, 두 점 P, C 사이의 거리는 원의 반지름의 길이인 n과 같으므로
$$(m-8)^2+(n-9)^2=n^2$$
$$m^2-16m+64+n^2-18n+81=n^2$$
$$m^2-16m-18n+145=0 \qquad \cdots\cdots \ㄴ$$
ㄱ을 ㄴ에 대입하여 정리하면
$$m^2+8m-209=0$$
$$(m+19)(m-11)=0$$
$$\therefore m=11 \ (\because m>0)$$
$m=11$을 ㄱ에 대입하면 $n=5$
$$\therefore m+n=11+5=16$$

0481 답 ③

$f(x)=x^2$이라 하면
$$f'(x)=2x$$
$P(a, a^2)$, $Q(b, b^2)$이라 하면 두 점 P, Q에서의 접선의 기울기는
$f'(a)=2a$, $f'(b)=2b$이므로 두 접선의 방정식은
$$y-a^2=2a(x-a), y-b^2=2b(x-b)$$
$$\therefore y=2ax-a^2, y=2bx-b^2$$
위의 두 식을 연립하여 풀면
$$x=\frac{a+b}{2}, y=ab$$
즉, 점 R의 좌표는 $\left(\dfrac{a+b}{2}, ab\right)$이다.

한편, 직선 OP의 기울기는 $\dfrac{a^2}{a}=a$, 직선 OQ의 기울기는 $\dfrac{b^2}{b}=b$
이고 $\angle POQ=90°$이므로 두 직선 OP, OQ는 서로 수직이다.
$$\therefore ab=-1$$
또한, 두 삼각형 OPQ, PQR에서 변 PQ가 공통이므로 두 점 O, R에서 직선 PQ에 내린 수선의 발의 길이를 각각 h_1, h_2라 하면
$$\frac{S_1}{S_2}=\frac{h_1}{h_2}$$
이때 직선 PQ의 방정식은
$$y-a^2=\frac{b^2-a^2}{b-a}(x-a)$$
에서 $(a+b)x-y+1=0$이므로
$$h_1=\frac{|1|}{\sqrt{(a+b)^2+(-1)^2}}=\frac{1}{\sqrt{a^2+b^2-1}},$$
$$h_2=\frac{\left|\dfrac{(a+b)^2}{2}+1+1\right|}{\sqrt{(a+b)^2+(-1)^2}}=\frac{a^2+b^2+2}{2\sqrt{a^2+b^2-1}}$$
$$\therefore \frac{S_1}{S_2}=\frac{h_1}{h_2}=\frac{\dfrac{1}{\sqrt{a^2+b^2-1}}}{\dfrac{a^2+b^2+2}{2\sqrt{a^2+b^2-1}}}=\frac{2}{a^2+b^2+2}$$

$a^2>0$, $b^2>0$이므로 산술평균과 기하평균의 관계에 의하여
$$a^2+b^2\geq 2\sqrt{a^2b^2}=2\sqrt{(-1)^2}=2$$
$$(\text{단, 등호는 } a^2=b^2=1 \text{일 때 성립})$$
$$\therefore \frac{S_1}{S_2}\leq \frac{2}{2+2}=\frac{1}{2}$$
따라서 $\dfrac{S_1}{S_2}$의 최댓값은 $\dfrac{1}{2}$이다.

0482 답 $3x-5$

곡선 $y=f(x)$ 위의 점 $(3,\ 4)$에서의 접선의 기울기가 3이므로
$$f(3)=4,\ f'(3)=3$$

❶

$f(x)$를 $(x-3)^2$으로 나누었을 때의 몫을 $Q(x)$라 하면
$$f(x)=(x-3)^2Q(x)+R(x) \quad\cdots\cdots ㉠$$
$f(3)=4$에서 $R(3)=4 \quad\cdots\cdots ㉡$
㉠의 양변을 x에 대하여 미분하면
$$f'(x)=2(x-3)Q(x)+(x-3)^2Q'(x)+R'(x)$$
$f'(3)=3$에서 $R'(3)=3 \quad\cdots\cdots ㉢$

❷

이때 $(x-3)^2$이 이차식이므로
$R(x)=ax+b\ (a,\ b$는 상수$)$
라 하면 ㉡에서 $3a+b=4 \quad\cdots\cdots ㉣$
$R'(x)=a$이므로 ㉢에서 $a=3$
$a=3$을 ㉣에 대입하여 풀면 $b=-5$
$$\therefore R(x)=3x-5$$

❸

채점 기준	배점 비율
❶ $x=3$인 점에서의 $f(x)$의 함숫값과 미분계수 구하기	20%
❷ $x=3$에서의 $R(x)$의 함숫값과 미분계수 구하기	50%
❸ $R(x)$ 구하기	30%

해설 속 칠판 **다항식의 나눗셈**

다항식 A를 다항식 $B\ (B\neq 0)$로 나누었을 때의 몫을 Q, 나머지를 R라 하면
$$A=BQ+R\ (\text{단, }(R\text{의 차수})<(B\text{의 차수}))$$

0483 답 해설 참조

$h(x)=f(x)-g(x)$라 하면 함수 $h(x)$는 닫힌구간 $[a,\ b]$에서 연속이고 열린구간 $(a,\ b)$에서 미분가능하다.
이때 열린구간 $(a,\ b)$에 속하는 모든 x에 대하여 $f'(x)=g'(x)$이므로
$$h'(x)=f'(x)-g'(x)=0$$

❶

$a<x\leq b$인 x에 대하여 함수 $h(x)$는 닫힌구간 $[a,\ x]$에서 연속이고 열린구간 $(a,\ x)$에서 미분가능하므로 평균값 정리에 의하여
$$\frac{h(x)-h(a)}{x-a}=h'(c)$$
인 c가 열린구간 $(a,\ x)$에 적어도 하나 존재한다.
그런데 $h'(c)=0$이므로
$$h(x)-h(a)=0 \quad \therefore h(x)=h(a)$$
따라서 $h(x)$는 닫힌구간 $[a,\ b]$에서 상수함수이므로
$h(x)=k\ (k$는 상수$)$라 하면
$$h(x)=f(x)-g(x)=k$$
$$\therefore f(x)=g(x)+k$$

❷

채점 기준	배점 비율
❶ $h(x)=f(x)-g(x)$라 하고 $h'(x)$ 구하기	40%
❷ 평균값 정리를 이용하여 $f(x)=g(x)+k$임을 보이기	60%

0484 답 7

$f(x)=x^2-4x+3$이라 하면
$$f'(x)=2x-4$$
접점의 좌표를 $(t,\ t^2-4t+3)$이라 하면 이 점에서의 접선의 기울기는 $f'(t)=2t-4$이므로 접선의 방정식은
$$y-(t^2-4t+3)=(2t-4)(x-t)$$
$$\therefore y=(2t-4)x-t^2+3 \quad\cdots\cdots ㉠$$

❶

이 직선이 점 $(2,\ -2)$를 지나므로
$$-2=-t^2+4t-5,\ t^2-4t+3=0$$
$$(t-1)(t-3)=0 \quad \therefore t=1 \text{ 또는 } t=3$$

❷

이것을 ㉠에 각각 대입하면 두 접선의 방정식은
$$y=-2x+2,\ y=2x-6$$
즉, 두 접선과 x축, y축으로 둘러싸인 사각형은 오른쪽 그림의 색칠한 부분과 같다.

❸

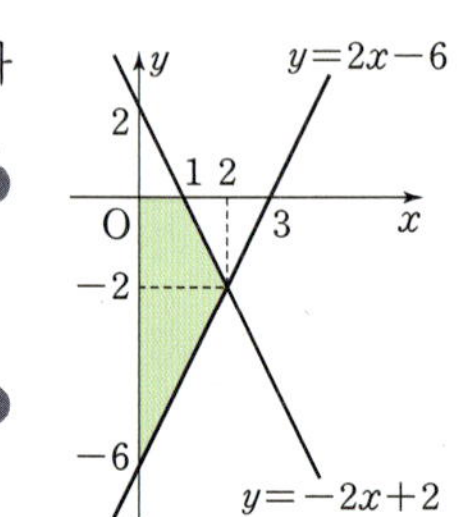

따라서 구하는 사각형의 넓이는
$$\frac{1}{2}\cdot 3\cdot 6-\frac{1}{2}\cdot(3-1)\cdot 2=7$$

❹

채점 기준	배점 비율
❶ 접점의 x좌표를 t라 하고 t에 대한 접선의 방정식 세우기	30%
❷ 접선이 점 $(2,\ -2)$를 지남을 이용하여 t의 값 구하기	30%
❸ 좌표평면에서 사각형의 개형 파악하기	20%
❹ 사각형의 넓이 구하기	20%

0485 답 4

두 곡선 $y=f(x)$, $y=g(x)$가 점 $(2,\ 0)$에서 공통인 접선 $y=3x-6$을 가지므로
$$f(2)=g(2)=0,\ f'(2)=g'(2)=3$$
이때 $f(x)\leq h(x)\leq g(x)$이므로
$$f(2)\leq h(2)\leq g(2)$$
$$\therefore h(2)=0 \quad\cdots\cdots ㉠$$

❶

$x\neq 2$에 대하여 $f(x)\leq h(x)\leq g(x)$에서
$$f(x)-f(2)\leq h(x)-h(2)\leq g(x)-g(2)$$
$$\frac{f(x)-f(2)}{x-2}\leq \frac{h(x)-h(2)}{x-2}\leq \frac{g(x)-g(2)}{x-2}$$
$$\lim_{x\to 2}\frac{f(x)-f(2)}{x-2}\leq \lim_{x\to 2}\frac{h(x)-h(2)}{x-2}\leq \lim_{x\to 2}\frac{g(x)-g(2)}{x-2}$$
$$f'(2)\leq h'(2)\leq g'(2)$$
$$\therefore h'(2)=3 \quad\cdots\cdots ㉡$$

❷

$h(x)=x^2+ax+b\ (a,\ b$는 상수$)$라 하면
$$h'(x)=2x+a$$
㉠에서 $4+2a+b=0 \quad \therefore 2a+b=-4 \quad\cdots\cdots ㉢$
㉡에서 $2\cdot 2+a=3 \quad \therefore a=-1$

$a=-1$을 ㉢에 대입하여 풀면
$b=-2$
따라서 $h(x)=x^2-x-2$이므로
$h(3)=3^2-3-2=4$

❸

채점 기준	배점 비율
❶ 접선의 방정식을 이용하여 $h(2)$의 값 구하기	30%
❷ 함수의 극한의 대소 관계를 이용하여 $h'(2)$의 값 구하기	40%
❸ $h(3)$의 값 구하기	30%

해설 속 칠판 함수의 극한의 대소 관계

두 함수 $f(x)$, $g(x)$에 대하여 $\lim_{x \to a}f(x)=\alpha$, $\lim_{x \to a}g(x)=\beta$ (α, β는 실수)
일 때, a가 아니면서 a에 가까운 모든 실수 x에 대하여
(1) $f(x) \le g(x)$이면 $\alpha \le \beta$
(2) 함수 $h(x)$에 대하여 $f(x) \le h(x) \le g(x)$이고 $\alpha=\beta$이면
$$\lim_{x \to a}h(x)=\alpha$$

0486 답 24

곡선 $y=f(x)$ 위의 점 $(1, -3)$에서의 접선의 방정식이
$y=6x-9$이므로
$f'(1)=6$

❶

다항함수 $f(x)$는 닫힌구간 $\left[1-\dfrac{3}{t}, 1+\dfrac{1}{t}\right]$에서 연속이고 열린구

간 $\left(1-\dfrac{3}{t}, 1+\dfrac{1}{t}\right)$에서 미분가능하므로 평균값 정리에 의하여

$$\dfrac{f\left(1+\dfrac{1}{t}\right)-f\left(1-\dfrac{3}{t}\right)}{\left(1+\dfrac{1}{t}\right)-\left(1-\dfrac{3}{t}\right)}=f'(c)$$

인 c가 열린구간 $\left(1-\dfrac{3}{t}, 1+\dfrac{1}{t}\right)$에 적어도 하나 존재한다.

❷

즉, $1-\dfrac{3}{t}<c<1+\dfrac{1}{t}$에서 $t \longrightarrow \infty$일 때 $c \longrightarrow 1$이므로

$$\lim_{t \to \infty}\left\{t \times f\left(1+\dfrac{1}{t}\right)-t \times f\left(1-\dfrac{3}{t}\right)\right\}$$

$$=\lim_{t \to \infty}\dfrac{f\left(1+\dfrac{1}{t}\right)-f\left(1-\dfrac{3}{t}\right)}{\dfrac{1}{t}}$$

$$=4\lim_{t \to \infty}\dfrac{f\left(1+\dfrac{1}{t}\right)-f\left(1-\dfrac{3}{t}\right)}{\dfrac{4}{t}}$$

$$=4\lim_{t \to \infty}\dfrac{f\left(1+\dfrac{1}{t}\right)-f\left(1-\dfrac{3}{t}\right)}{\left(1+\dfrac{1}{t}\right)-\left(1-\dfrac{3}{t}\right)}$$

$$=4\lim_{c \to 1}f'(c)$$
$$=4f'(1)$$
$$=4 \times 6=24$$

❸

채점 기준	배점 비율
❶ $f'(1)$의 값 구하기	20%
❷ 닫힌구간 $\left[1-\dfrac{3}{t}, 1+\dfrac{1}{t}\right]$에서 평균값 정리 적용하기	30%
❸ ❷를 이용하여 극한값 구하기	50%

0487 답 6

$f(x)=x^3-3x^2+x+3$이라 하면
$f'(x)=3x^2-6x+1$
점 P$(2, 1)$에서의 접선의 기울기는 $f'(2)=1$이므로 접선의 방정식은
$y-1=x-2 \qquad \therefore y=x-1$
즉, 이 접선이 x축과 만나는 점 Q의 좌표는 $(1, 0)$이다.

❶

또한, 접선 $y=x-1$이 곡선과 다시 만나는 점의 x좌표를 t라 하면
$t^3-3t^2+t+3=t-1$, $t^3-3t^2+4=0$
$(t+1)(t-2)^2=0 \qquad \therefore t=-1 \ (\because t \ne 2)$
즉, 점 R의 좌표는 $(-1, -2)$이다.

❷

세 점 P, Q, R는 모두 직선 $y=x-1$ 위에 있고
$\overline{\text{PQ}}=\sqrt{(1-2)^2+(0-1)^2}=\sqrt{2}$,
$\overline{\text{PR}}=\sqrt{(-1-2)^2+(-2-1)^2}=3\sqrt{2}$
이므로 두 삼각형 APQ, APR의 넓이의 비는
$\sqrt{2} : 3\sqrt{2}=1 : 3$
따라서 삼각형 APQ의 넓이가 2이므로 삼각형 APR의 넓이는 6이다.

❸

채점 기준	배점 비율
❶ 점 P에서의 접선의 방정식과 점 Q의 좌표 구하기	30%
❷ 점 R의 좌표 구하기	30%
❸ 두 선분 PQ, PR의 길이를 이용하여 삼각형 APR의 넓이 구하기	40%

해설 속 칠판 평행선과 삼각형의 넓이

오른쪽 그림과 같이 높이가 h로 같은 두 삼각형의 넓이의 비는 밑변의 길이의 비와 같다.
➡ $\triangle \text{ABC} : \triangle \text{ACD}=\overline{\text{BC}} : \overline{\text{CD}}$

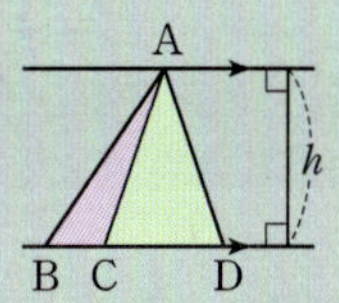

05 함수의 그래프

0488 답 증가

함수 $y=f(x)$의 그래프는 오른쪽 그림과 같다.
닫힌구간 $[0, 5]$에 속하는 임의의 두 수 x_1, x_2
에 대하여 $x_1<x_2$일 때 $f(x_1)<f(x_2)$이므로
함수 $f(x)$는 닫힌구간 $[0, 5]$에서 증가한다.

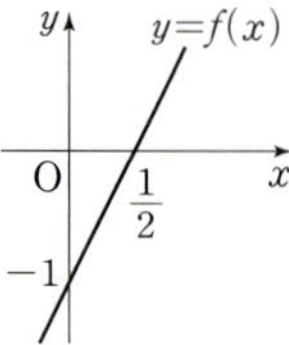

0489 답 감소

함수 $y=f(x)$의 그래프는 오른쪽 그림과
같다.
구간 $(-\infty, 0)$에 속하는 임의의 두 수 x_1,
x_2에 대하여 $x_1<x_2$일 때 $f(x_1)>f(x_2)$이
므로 함수 $f(x)$는 구간 $(-\infty, 0)$에서 감
소한다.

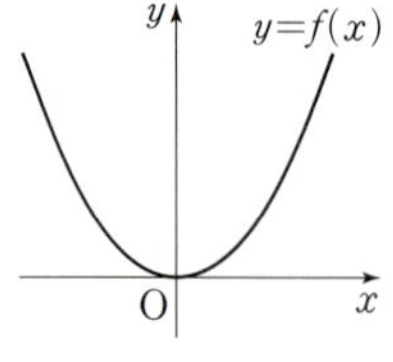

0490 답 (가) $\dfrac{3}{4}x_2^{\,2}$ (나) 증가

$x_1<x_2$인 임의의 두 실수 x_1, x_2에 대하여

$$x_1^{\,2}+x_1x_2+x_2^{\,2}=\left(x_1+\dfrac{x_2}{2}\right)^2+\boxed{\dfrac{3}{4}x_2^{\,2}}>0$$

이므로

$$\begin{aligned}f(x_1)-f(x_2)&=x_1^{\,3}-x_2^{\,3}\\&=(x_1-x_2)(x_1^{\,2}+x_1x_2+x_2^{\,2})<0\end{aligned}$$

즉, $f(x_1)<f(x_2)$이다.
따라서 함수 $f(x)$는 구간 $(-\infty, \infty)$에서 $\boxed{\text{증가}}$한다.

0491 답 감소

$f(x)=-x+2$에서 $f'(x)=-1$
모든 실수 x에 대하여 $f'(x)<0$이므로 함수 $f(x)$는 구간
$(-\infty, \infty)$에서 감소한다.

0492 답 증가

$f(x)=-x^2-4x+6$에서 $f'(x)=-2x-4$
닫힌구간 $[-6, -3]$에 속하는 모든 x에 대하여
$-6\leq x\leq -3$, $6\leq -2x\leq 12$
$\therefore 2\leq -2x-4\leq 8$
따라서 닫힌구간 $[-6, -3]$에 속하는 모든 x에 대하여 $f'(x)>0$
이므로 함수 $f(x)$는 닫힌구간 $[-6, -3]$에서 증가한다.

0493 답 극댓값: 3, 극솟값: $-\dfrac{3}{2}$

함수 $f(x)$는 $x=-1$의 좌우에서 증가하다가 감소하므로
함수 $f(x)$는 $x=-1$에서 극대이고 극댓값은 $f(-1)=3$이다.
또한, 함수 $f(x)$는 $x=2$의 좌우에서 감소하다가 증가하므로
함수 $f(x)$는 $x=2$에서 극소이고 극솟값은 $f(2)=-\dfrac{3}{2}$이다.

● 다른 풀이 ●

함수 $f(x)$에서 $x=-1$을 포함하는 열린구간 $(-2, 0)$에 속하는
모든 x에 대하여 $f(x)\leq f(-1)$이므로 함수 $f(x)$는 $x=-1$에서
극대이고 극댓값은 $f(-1)=3$이다.
또한, 함수 $f(x)$에서 $x=2$를 포함하는 열린구간 $(1, 3)$에 속하
는 모든 x에 대하여 $f(x)\geq f(2)$이므로 함수 $f(x)$는 $x=2$에서
극소이고 극솟값은 $f(2)=-\dfrac{3}{2}$이다.

0494 답 a, d

함수 $f(x)$는 $x=a$, $x=d$의 좌우에서 증가하다가 감소하므로
함수 $f(x)$는 $x=a$, $x=d$에서 극댓값을 갖는다.

0495 답 c, e

함수 $f(x)$는 $x=c$, $x=e$의 좌우에서 감소하다가 증가하므로
함수 $f(x)$는 $x=c$, $x=e$에서 극솟값을 갖는다.

> **선생님 톡톡**
> 함수 $f(x)$는 $x=b$에서 $f'(b)=0$이지만 극값을 갖지 않고, $x=c$에서
> 극값을 갖지만 미분가능하지 않아.
> 이처럼 미분가능하지만 극값을 갖지 않을 수 있고, 미분가능하지 않지만
> 극값을 가질 수 있어.

0496 답 3

함수 $f(x)$가 $x=1$에서 극댓값 3을 가지므로
$f(1)=3$, $f'(1)=0$
$\therefore f(1)+f'(1)=3+0=3$

0497 답 (1) $f'(x)=3x^2-12x+9$ (2) $x=1$ 또는 $x=3$
(3) (가) 1 (나) 4 (4) 극댓값: 8, 극솟값: 4

(1) $f(x)=x^3-6x^2+9x+4$에서
$f'(x)=3x^2-12x+9$
(2) $f'(x)=0$에서 $3x^2-12x+9=0$, $x^2-4x+3=0$
$(x-1)(x-3)=0$ $\therefore x=1$ 또는 $x=3$
(3)

x	$\cdots$	$\boxed{1}$	$\cdots$	3	$\cdots$
$f'(x)$	$+$	0	$-$	0	$+$
$f(x)$	$\nearrow$	8	$\searrow$	$\boxed{4}$	$\nearrow$

(4) 함수 $f(x)$는 $x=1$에서 극댓값 $f(1)=8$, $x=3$에서 극솟값
$f(3)=4$를 갖는다.

> **해설 속 칠판**
> (3)의 표에서 '$\nearrow$'는 함수가 그 구간에서 증가함을, '$\searrow$'는 함수가 그 구간에
> 서 감소함을 나타낸다.

0498 답 극댓값: 2, 극솟값: -2

$f(x)=x^3-3x$에서
$f'(x)=3x^2-3=3(x+1)(x-1)$
$f'(x)=0$에서 $x=-1$ 또는 $x=1$
함수 $f(x)$의 증가와 감소를 표로 나타내면 다음과 같다.

x	$\cdots$	-1	$\cdots$	1	$\cdots$
$f'(x)$	$+$	0	$-$	0	$+$
$f(x)$	$\nearrow$	2	$\searrow$	-2	$\nearrow$

따라서 함수 $f(x)$는 $x=-1$에서 극댓값 $f(-1)=2$, $x=1$에서 극솟값 $f(1)=-2$를 갖는다.

0499　답 극댓값 : 16, 극솟값 : 12

$f(x)=-x^3+3x^2+12$에서
$f'(x)=-3x^2+6x=-3x(x-2)$
$f'(x)=0$에서 $x=0$ 또는 $x=2$
함수 $f(x)$의 증가와 감소를 표로 나타내면 다음과 같다.

x	$\cdots$	0	$\cdots$	2	$\cdots$
$f'(x)$	$-$	0	$+$	0	$-$
$f(x)$	$\searrow$	12	$\nearrow$	16	$\searrow$

따라서 함수 $f(x)$는 $x=2$에서 극댓값 $f(2)=16$, $x=0$에서 극솟값 $f(0)=12$를 갖는다.

0500　답 극솟값 : 3

$f(x)=x^4+3$에서 $f'(x)=4x^3$
$f'(x)=0$에서 $x=0$
함수 $f(x)$의 증가와 감소를 표로 나타내면 다음과 같다.

x	$\cdots$	0	$\cdots$
$f'(x)$	$-$	0	$+$
$f(x)$	$\searrow$	3	$\nearrow$

따라서 함수 $f(x)$는 $x=0$에서 극솟값 $f(0)=3$을 갖는다. → 극댓값은 없다.

0501　답 극댓값 : -2, 극솟값 : -3

$f(x)=x^4-2x^2-2$에서
$f'(x)=4x^3-4x=4x(x+1)(x-1)$
$f'(x)=0$에서 $x=-1$ 또는 $x=0$ 또는 $x=1$
함수 $f(x)$의 증가와 감소를 표로 나타내면 다음과 같다.

x	$\cdots$	-1	$\cdots$	0	$\cdots$	1	$\cdots$
$f'(x)$	$-$	0	$+$	0	$-$	0	$+$
$f(x)$	$\searrow$	-3	$\nearrow$	-2	$\searrow$	-3	$\nearrow$

따라서 함수 $f(x)$는 $x=0$에서 극댓값 $f(0)=-2$, $x=-1$, $x=1$에서 극솟값 $f(-1)=f(1)=-3$을 갖는다.

0502　답 해설 참조

$f(x)=2x^3-9x^2+12x-3$에서
$f'(x)=6x^2-18x+12=6(x-1)(x-2)$
$f'(x)=0$에서 $x=1$ 또는 $x=2$
함수 $f(x)$의 증가와 감소를 표로 나타내면 다음과 같다.

x	$\cdots$	1	$\cdots$	2	$\cdots$
$f'(x)$	$+$	0	$-$	0	$+$
$f(x)$	$\nearrow$	2	$\searrow$	1	$\nearrow$

따라서 함수 $y=f(x)$의 그래프의 개형은 오른쪽 그림과 같다.

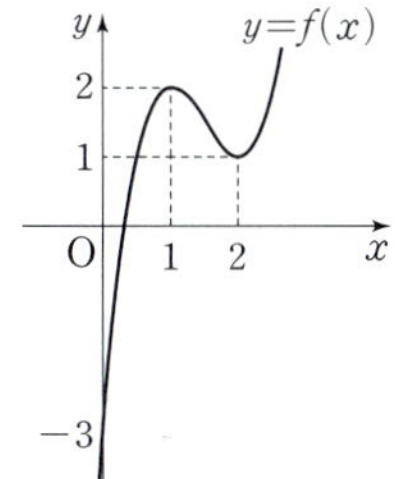

0503　답 해설 참조

$f(x)=-x^3-x+2$에서
$f'(x)=-3x^2-1$
모든 실수 x에 대하여 $f'(x)<0$이므로 함수 $f(x)$는 실수 전체의 집합에서 감소한다.
따라서 함수 $y=f(x)$의 그래프의 개형은 오른쪽 그림과 같다.

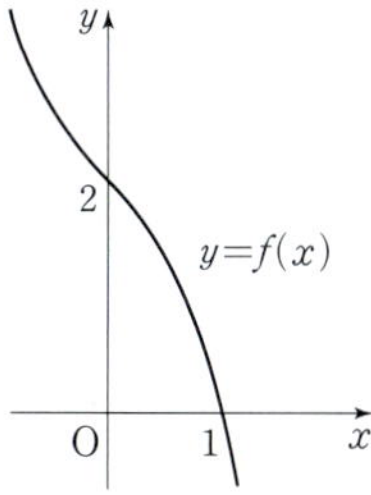

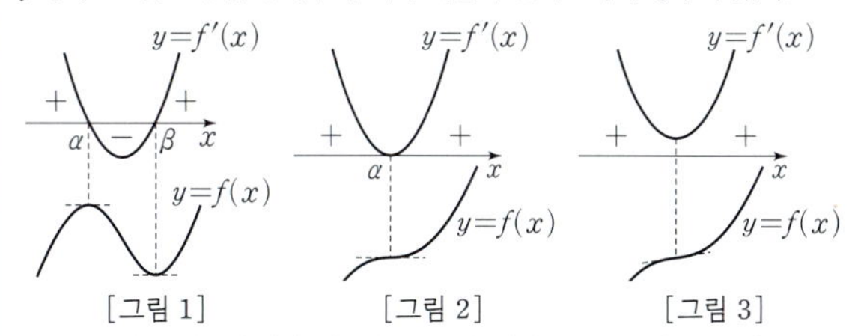

선생님 톡톡

최고차항의 계수가 양수인 삼차함수 $y=f(x)$의 그래프의 개형은 $f'(x)=0$인 x의 값의 개수에 따라 다음과 같이 3가지 경우가 있어.

[그림 1]　　[그림 2]　　[그림 3]

이를 토대로 최고차항의 계수가 음수인 삼차함수 $y=f(x)$의 그래프의 개형을 추론해 봐. 특히, [그림 3]을 참고하면 0503번에서 주어진 함수의 그래프의 개형을 그릴 수 있어.

0504　답 해설 참조

$f(x)=x^4-4x^3+4x^2-4$에서
$f'(x)=4x^3-12x^2+8x=4x(x-1)(x-2)$
$f'(x)=0$에서 $x=0$ 또는 $x=1$ 또는 $x=2$
함수 $f(x)$의 증가와 감소를 표로 나타내면 다음과 같다.

x	$\cdots$	0	$\cdots$	1	$\cdots$	2	$\cdots$
$f'(x)$	$-$	0	$+$	0	$-$	0	$+$
$f(x)$	$\searrow$	-4	$\nearrow$	-3	$\searrow$	-4	$\nearrow$

따라서 함수 $y=f(x)$의 그래프의 개형은 오른쪽 그림과 같다.

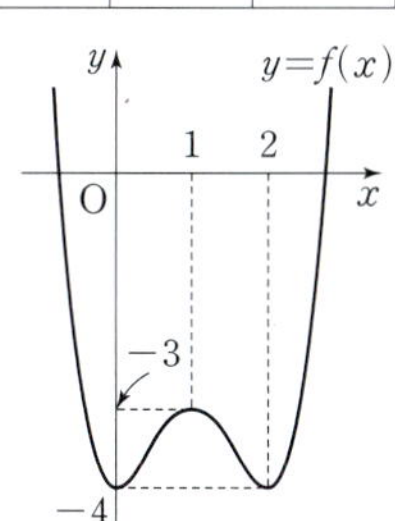

0505　답 해설 참조

$f(x)=x^4-2x^3+3$에서
$f'(x)=4x^3-6x^2=2x^2(2x-3)$
$f'(x)=0$에서 $x=0$ 또는 $x=\dfrac{3}{2}$
함수 $f(x)$의 증가와 감소를 표로 나타내면 다음과 같다.

x	$\cdots$	0	$\cdots$	$\dfrac{3}{2}$	$\cdots$
$f'(x)$	$-$	0	$-$	0	$+$
$f(x)$	$\searrow$	3	$\searrow$	$\dfrac{21}{16}$	$\nearrow$

따라서 함수 $y=f(x)$의 그래프의 개형은 오른쪽 그림과 같다.

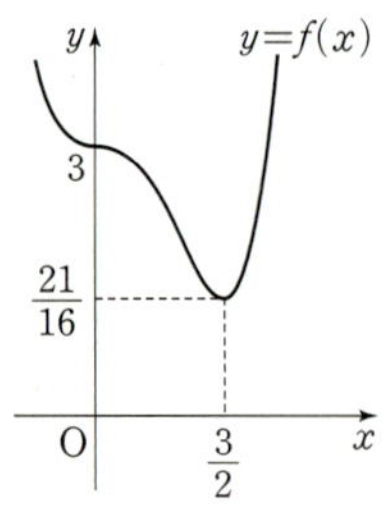

0506 답 최댓값 : 19, 최솟값 : -1

$f(x)=x^3-3x+1$에서
$f'(x)=3x^2-3=3(x+1)(x-1)$
$f'(x)=0$에서 $x=1$ ($\because 0\leq x\leq3$)
닫힌구간 $[0, 3]$에서 함수 $f(x)$의 증가와 감소를 표로 나타내면 다음과 같다.

x	0	$\cdots$	1	$\cdots$	3
$f'(x)$		$-$	0	$+$	
$f(x)$	1	$\searrow$	-1	$\nearrow$	19

따라서 함수 $f(x)$는 $x=3$에서 최댓값 19, $x=1$에서 최솟값 -1 을 갖는다.

0507 답 최댓값 : 7, 최솟값 : 3

$f(x)=-x^3+3x^2+3$에서
$f'(x)=-3x^2+6x=-3x(x-2)$
$f'(x)=0$에서 $x=0$ 또는 $x=2$
닫힌구간 $[-1, 3]$에서 함수 $f(x)$의 증가와 감소를 표로 나타내면 다음과 같다.

x	-1	$\cdots$	0	$\cdots$	2	$\cdots$	3
$f'(x)$		$-$	0	$+$	0	$-$	
$f(x)$	7	$\searrow$	3	$\nearrow$	7	$\searrow$	3

따라서 함수 $f(x)$는 $x=-1$ 또는 $x=2$에서 최댓값 7, $x=0$ 또는 $x=3$에서 최솟값 3을 갖는다.

0508 답 최댓값 : 13, 최솟값 : -12

$f(x)=x^4-8x^2+4$에서
$f'(x)=4x^3-16x=4x(x+2)(x-2)$
$f'(x)=0$에서 $x=-2$ 또는 $x=0$ ($\because -3\leq x\leq0$)
닫힌구간 $[-3, 0]$에서 함수 $f(x)$의 증가와 감소를 표로 나타내면 다음과 같다.

x	-3	$\cdots$	-2	$\cdots$	0
$f'(x)$		$-$	0	$+$	0
$f(x)$	13	$\searrow$	-12	$\nearrow$	4

따라서 함수 $f(x)$는 $x=-3$에서 최댓값 13, $x=-2$에서 최솟값 -12를 갖는다.

0509 답 최댓값 : 14, 최솟값 : $\dfrac{11}{4}$

$f(x)=\dfrac{1}{4}x^4+\dfrac{1}{2}x^2-2x+4$에서
$f'(x)=x^3+x-2=(x-1)(x^2+x+2)$
$f'(x)=0$에서 $x=1$ ($\because x^2+x+2>0$) $x^2+x+2=\left(x+\dfrac{1}{2}\right)^2+\dfrac{7}{4}>0$

닫힌구간 $[-2, 2]$에서 함수 $f(x)$의 증가와 감소를 표로 나타내면 다음과 같다.

x	-2	$\cdots$	1	$\cdots$	2
$f'(x)$		$-$	0	$+$	
$f(x)$	14	$\searrow$	$\dfrac{11}{4}$	$\nearrow$	6

따라서 함수 $f(x)$는 $x=-2$에서 최댓값 14, $x=1$에서 최솟값 $\dfrac{11}{4}$ 을 갖는다.

본문 090~105쪽

0510 답 4

0511 답 ④

$f(x)=-x^3+12x-1$에서
$f'(x)=-3x^2+12=-3(x+2)(x-2)$
$f'(x)=0$에서 $x=-2$ 또는 $x=2$
$f'(x)$의 부호를 조사하여 함수 $f(x)$의 증가와 감소를 표로 나타내면 다음과 같다.

x	$\cdots$	-2	$\cdots$	2	$\cdots$
$f'(x)$	$-$	0	$+$	0	$-$
$f(x)$	$\searrow$	-17	$\nearrow$	15	$\searrow$

따라서 함수 $f(x)$는 구간 $[-2, 2]$에서 증가하고 구간 $(-\infty, -2]$, $[2, \infty)$에서 감소하므로 옳은 것은 ④이다.

선생님 톡톡

증가(감소)하는 구간 $[a, b]$ vs 구간 $[a, b]$에서 증가(감소)
0510번 문제와 같이 '함수가 증가(감소)하는 구간이 $[a, b]$'라 하면 함수가 증가(감소)하는 모든 구간을 의미해.
하지만 위의 문제와 같이 '함수가 구간 $[a, b]$에서 증가(감소)한다.'는 것은 꼭 증가(감소)하는 구간 전체를 의미하는 것은 아님에 유의하자.

0512 답 ④

$f(x)=x^3-6x^2+ax+4$에서
$f'(x)=3x^2-12x+a$
함수 $f(x)$가 감소하는 구간이 $[b, 6]$이므로 이차방정식 $f'(x)=0$, 즉 $3x^2-12x+a=0$의 두 근은 b, 6이다.
이차방정식의 근과 계수의 관계에 의하여
$b+6=4, 6b=\dfrac{a}{3}$
따라서 $a=-36, b=-2$이므로
$a-b=-36-(-2)=-34$

0513 답 ②

$f(x)=-x^4+\dfrac{4}{3}(a+1)x^3-2ax^2+\dfrac{1}{3}$에서
$f'(x)=-4x^3+4(a+1)x^2-4ax=-4x(x-1)(x-a)$
함수 $f(x)$가 구간 $(-\infty, 0]$, $[1, 2]$에서 증가하고, 구간 $[0, 1]$, $[2, \infty)$에서 감소하므로
$f'(0)=0, f'(1)=0, f'(2)=0$

  함수 $f(x)$는 $x=0$, $x=1$, $x=2$의 좌우에서 증가와 감소가 바뀐다. 즉, $x=0$, $x=1$, $x=2$의 좌우에서 $f'(x)$의 부호가 바뀐다.

따라서 삼차방정식 $f'(x)=0$의 세 근이 0, 1, 2이므로
$a=2$

0514 답 ③

$f(x)=2x^3-9x^2+ax+b$에서
$f'(x)=6x^2-18x+a$ ...... ㉠
$f'(1)=0$에서 $-12+a=0$ ∴ $a=12$
$a=12$를 ㉠에 대입하면
$f'(x)=6x^2-18x+12=6(x-1)(x-2)$
∴ $c=2$
즉, $f(x)=2x^3-9x^2+12x+b$이고, $f(2)=-2$이므로
$2\cdot2^3-9\cdot2^2+12\cdot2+b=-2$ ∴ $b=-6$
∴ $a+b+c=12+(-6)+2=8$

0515 답 ②

0516 답 ①

$f(x)=-\dfrac{1}{3}x^3+ax^2+4(1-a)x+3$에서
$f'(x)=-x^2+2ax+4(1-a)$
함수 $f(x)$가 실수 전체의 집합에서 감소하려면 모든 실수 x에 대하여 $f'(x)\leq0$이어야 하므로 이차방정식 $f'(x)=0$의 판별식을 D라 하면
$\dfrac{D}{4}=a^2-(-1)\cdot(4-4a)\leq0$

$a^2-4a+4\leq0$, $(a-2)^2\leq0$
∴ $a=2$

0517 답 ⑤

$f(x)=(x-2)(x^2-ax+4)$에서
$f'(x)=(x^2-ax+4)+(x-2)(2x-a)$
$=3x^2-2(a+2)x+2a+4$
함수 $f(x)$의 역함수가 존재하려면 $f(x)$가 일대일대응이어야 하므로 $f(x)$는 실수 전체의 집합에서 증가하거나 감소해야 한다.
그런데 $f(x)$의 최고차항의 계수가 양수이므로 $f(x)$는 실수 전체의 집합에서 증가해야 한다.
즉, 모든 실수 x에 대하여 $f'(x)\geq0$이어야 하므로 이차방정식 $f'(x)=0$의 판별식을 D라 하면
$\dfrac{D}{4}=(a+2)^2-3(2a+4)\leq0$
$a^2-2a-8\leq0$, $(a+2)(a-4)\leq0$
∴ $-2\leq a\leq4$
따라서 정수 a의 개수는 $-2, -1, 0, \cdots, 4$의 7이다.

0518 답 ④

$f(x)=-x^3+ax^2+(a-6)x+3$에서
$f'(x)=-3x^2+2ax+a-6$
이때 $(x_1-x_2)\{f(x_1)-f(x_2)\}<0$에서
$x_1<x_2$이면 $f(x_1)>f(x_2)$, $x_1>x_2$이면 $f(x_1)<f(x_2)$
이어야 하므로 함수 $f(x)$는 실수 전체의 집합에서 감소해야 한다.
즉, 모든 실수 x에 대하여 $f'(x)\leq0$이어야 하므로 이차방정식 $f'(x)=0$의 판별식을 D라 하면
$\dfrac{D}{4}=a^2-(-3)\cdot(a-6)\leq0$
$a^2+3a-18\leq0$, $(a+6)(a-3)\leq0$
∴ $-6\leq a\leq3$
따라서 $M=3$, $m=-6$이므로
$M-m=3-(-6)=9$

0519 답 ①

$f(x)=ax^3-(a^2+9)x^2+12ax+81$에서
$f'(x)=3ax^2-2(a^2+9)x+12a$
$f(x_1)=f(x_2)$이면 $x_1=x_2$, 즉 $x_1\neq x_2$이면 $f(x_1)\neq f(x_2)$를 만족시키는 함수는 일대일함수이므로 함수 $f(x)$는 실수 전체의 집합에서 증가하거나 감소해야 한다.
즉, 모든 실수 x에 대하여 $f'(x)\geq0$ 또는 $f'(x)\leq0$이어야 하고, $a\neq0$이므로 이차방정식 $f'(x)=0$의 판별식을 D라 하면
$\dfrac{D}{4}=(a^2+9)^2-3a\cdot12a\leq0$
$a^4-18a^2+81\leq0$, $(a^2-9)^2\leq0$
$a^2=9$ ∴ $a=\pm3$
따라서 모든 실수 a의 값의 곱은
$3\cdot(-3)=-9$

0520 답 ②

0521 답 ⑤

$f(x)=-x^3-2x^2+ax-1$에서
$f'(x)=-3x^2-4x+a$
$=-3\left(x+\dfrac{2}{3}\right)^2+a+\dfrac{4}{3}$
함수 $f(x)$가 열린구간 $(-2, 1)$에서 증가하려면 이 구간에서 $f'(x)\geq0$이어야 하므로 오른쪽 그림에서
$f'(1)=-7+a\geq0$
∴ $a\geq7$

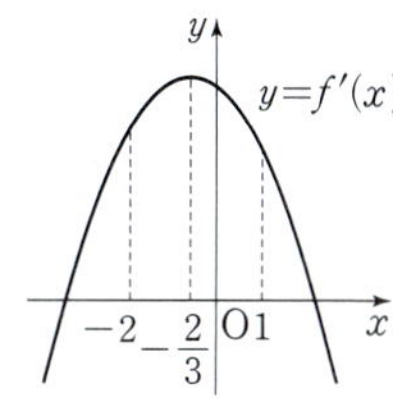

0522 답 ②

$f(x)=\dfrac{2}{3}x^3-4x^2+(16-a^2)x-2$에서
$f'(x)=2x^2-8x+16-a^2$
$=2(x-2)^2+8-a^2$

주어진 조건을 만족시키려면 함수 $f(x)$는 구간 $(0, \infty)$에서 증가
해야 하므로 이 구간에서 $f'(x) \geq 0$이어야 한다.
즉, 오른쪽 그림에서
$f'(2) = 8 - a^2 \geq 0$
$a^2 - 8 \leq 0$, $(a + 2\sqrt{2})(a - 2\sqrt{2}) \leq 0$
$\therefore -2\sqrt{2} \leq a \leq 2\sqrt{2}$ → $\sqrt{4} < \sqrt{8} < \sqrt{9}$, 즉 $2 < 2\sqrt{2} < 3$이다.
따라서 정수 a의 개수는 -2, -1, 0, 1,
2의 5이다.

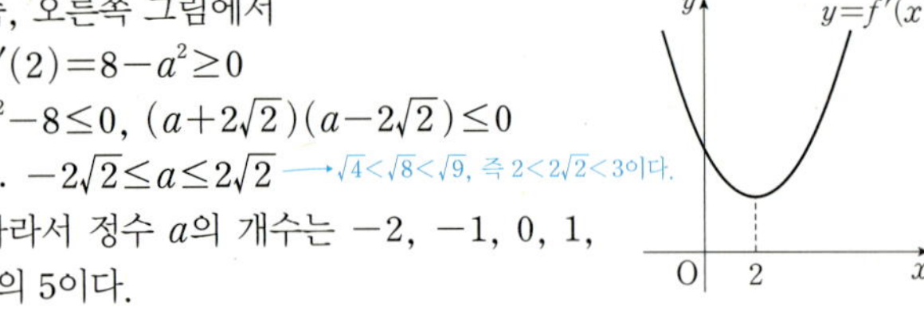

0523 답 ④

$f(x) = -\dfrac{1}{3}x^3 + 2x^2 + ax + 1$에서
$f'(x) = -x^2 + 4x + a = -(x-2)^2 + a + 4$
함수 $f(x)$가 일대일함수이려면 함수 $f(x)$는 정의역 전체에서
증가하거나 감소해야 한다.
즉, $-1 \leq x \leq 0$에서 $f'(x) \geq 0$ 또는 $f'(x) \leq 0$이어야 한다.

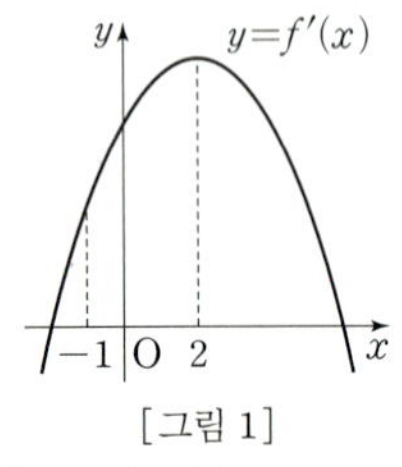
[그림 1]

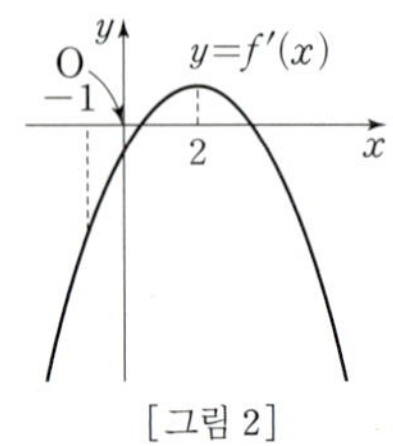
[그림 2]

(i) $f'(x) \geq 0$인 경우
　[그림 1]에서
　　$f'(-1) = a - 5 \geq 0$　　$\therefore a \geq 5$
(ii) $f'(x) \leq 0$인 경우
　[그림 2]에서
　　$f'(0) = a \leq 0$　　$\therefore a \leq 0$
(i), (ii)에서 양수 a의 최솟값은 5이다.

0524 답 ②

조건 (나)에 의하여 함수 $f(x)$는 구간 $[-2, 0]$에서 감소하고, 구
간 $[1, \infty)$에서 증가하므로 구간 $[-2, 0]$에서 $f'(x) \leq 0$이고,
구간 $[1, \infty)$에서 $f'(x) \geq 0$이다.
즉, 오른쪽 그림에서
$f'(-2) \leq 0$, $f'(0) \leq 0$, $f'(1) \geq 0$
이어야 한다.
$f'(1) = -b^2 + 2b - 1 \geq 0$에서
$b^2 - 2b + 1 \leq 0$, $(b-1)^2 \leq 0$
$\therefore b = 1$
$b = 1$을 조건 (가)에 대입하면
$f'(x) = 3x^2 - (a-1)x + a - 4$
$f'(-2) = 3a + 6 \leq 0$에서
$a \leq -2$　　…… ㉠
$f'(0) = a - 4 \leq 0$에서
$a \leq 4$　　…… ㉡
㉠, ㉡의 공통부분을 구하면 $a \leq -2$
따라서 $a + b$의 최댓값은 $a = -2$, $b = 1$일 때
$-2 + 1 = -1$

0525 답 ①

0526 답 ③

함수 $f(x)$는 닫힌구간 $[0, 1]$, $[4, 6]$에서 증가한다.
따라서 정수 n의 개수는 0, 4, 5의 3이다.

0527 답 ③

$y = f'(x)$의 그래프가 x축과 만나는 점의 x좌표가 2, 4이므로
$f'(x) = 0$에서 $x = 2$ 또는 $x = 4$
함수 $f(x)$의 증가와 감소를 표로 나타내면 다음과 같다.

x	$\cdots$	2	$\cdots$	4	$\cdots$
$f'(x)$	$-$	0	$+$	0	$-$
$f(x)$	$\searrow$		$\nearrow$		$\searrow$

따라서 함수 $f(x)$는 닫힌구간 $[2, 4]$에서 증가하므로
$a = 2$, $b = 4$
$\therefore ab = 2 \cdot 4 = 8$

0528 답 ③

$g(x) = \{f(x)\}^2$에서
$g'(x) = 2f(x)f'(x)$
① 구간 $(-\infty, -4]$에서 $f(x) \leq 0$이고, 함수 $f(x)$는 증가하므로
　$f'(x) > 0$이다.
　$\therefore g'(x) = 2f(x)f'(x) \leq 0$
　즉, 함수 $g(x)$는 구간 $(-\infty, -4]$에서 감소한다.
② 구간 $(-2, 0)$에서 $f(x) > 0$이고, 함수 $f(x)$는 감소하므로
　$f'(x) < 0$이다.
　$\therefore g'(x) = 2f(x)f'(x) < 0$
　즉, 함수 $g(x)$는 구간 $(-2, 0)$에서 감소하므로 함수 $g(x)$가
　구간 $[-4, 0)$에서 증가한다고 할 수 없다.
③ ②에 의하여 함수 $g(x)$는 구간 $(-2, 0)$에서 감소한다.
④ 구간 $(2, 4)$에서 $f(x) > 0$이고, 함수 $f(x)$는 증가하므로
　$f'(x) > 0$이다.
　$\therefore g'(x) = 2f(x)f'(x) > 0$
　즉, 함수 $g(x)$는 구간 $(2, 4)$에서 증가하므로 함수 $g(x)$가 구
　간 $[1, 4]$에서 감소한다고 할 수 없다.
⑤ ④에 의하여 함수 $g(x)$가 구간 $(2, 5)$에서 감소한다고 할 수
　없다.

0529 답 ①

0530 답 ①

$f(x) = 3x^4 - 16x^3 - 6x^2 + 48x - 24$에서
$f'(x) = 12x^3 - 48x^2 - 12x + 48 = 12(x+1)(x-1)(x-4)$
$f'(x) = 0$에서 $x = -1$ 또는 $x = 1$ 또는 $x = 4$
함수 $f(x)$의 증가와 감소를 표로 나타내면 다음과 같다.

x	$\cdots$	-1	$\cdots$	1	$\cdots$	4	$\cdots$
$f'(x)$	$-$	0	$+$	0	$-$	0	$+$
$f(x)$	$\searrow$	-59	$\nearrow$	5	$\searrow$	-184	$\nearrow$

따라서 함수 $f(x)$는 $x = -1$, $x = 4$에서 극솟값을 가지므로 모든
x의 값의 합은
$-1 + 4 = 3$

0531 답 ④

$f(x)=x^3+2x^2-4x+3$에서
$f'(x)=3x^2+4x-4=(x+2)(3x-2)$
$f'(x)=0$에서 $x=-2$ 또는 $x=\dfrac{2}{3}$
함수 $f(x)$의 증가와 감소를 표로 나타내면 다음과 같다.

x	$\cdots$	-2	$\cdots$	$\dfrac{2}{3}$	$\cdots$
$f'(x)$	$+$	0	$-$	0	$+$
$f(x)$	$\nearrow$	11	$\searrow$	$\dfrac{41}{27}$	$\nearrow$

이때 함수 $f(x)$에서 $x=a$를 포함하는 어떤 열린구간에 속하는 모든 x에 대하여 $f(x)\le f(a)$이면 함수 $f(x)$는 $x=a$에서 극대이다.
따라서 함수 $f(x)$는 $x=-2$에서 극대이고 극댓값은 $f(-2)=11$이므로
$a+f(a)=-2+11=9$

> **선생님 톡톡**
> 이 문제에서 주어진 조건은 함수의 극대의 정의야.
> 함수 $f(x)$의 극대와 극소의 정의는 함수 $f(x)$가 $x=a$에서 극대이면 $x=a$의 충분히 가까운 근방에서 $f(a)$가 최댓값임을 뜻하고, $x=a$에서 극소이면 $x=a$의 충분히 가까운 근방에서 $f(a)$가 최솟값임을 뜻해.

0532 답 ⑤

$f(x)=|x^2-4x-12|=|(x-2)^2-16|$
이므로 함수 $y=f(x)$의 그래프는 오른쪽 그림과 같다.
함수 $f(x)$는 $x=2$에서 극댓값 $f(2)=16$을 가지므로
$a=2$, $b=16$
또한, 함수 $f(x)$는 $x=-2$, $x=6$에서 극솟값을 가지므로
$c=-2$ 또는 $c=6$
따라서 $a+b+c$의 최댓값은
$a=2$, $b=16$, $c=6$일 때
$2+16+6=24$

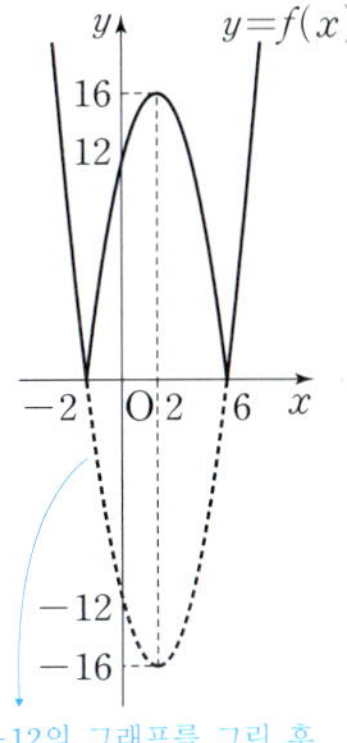

$y=x^2-4x-12$의 그래프를 그린 후 $y\ge0$인 부분은 그대로 두고, $y<0$인 부분을 x축에 대하여 대칭이동한다.

0533 답 ③

$f(x)=2x^3-3(n-1)x^2-6nx+3$에서
$f'(x)=6x^2-6(n-1)x-6n=6(x+1)(x-n)$
$f'(x)=0$에서 $x=-1$ 또는 $x=n$
n은 자연수이므로 함수 $f(x)$의 증가와 감소를 표로 나타내면 다음과 같다.

x	$\cdots$	-1	$\cdots$	n	$\cdots$
$f'(x)$	$+$	0	$-$	0	$+$
$f(x)$	$\nearrow$	$3n+4$	$\searrow$	$-n^3-3n^2+3$	$\nearrow$

함수 $f(x)$는 $x=-1$에서 극댓값 $f(-1)=3n+4$를 가지므로
$a_n=3n+4$
$\therefore \displaystyle\sum_{n=1}^{10} a_n=\sum_{n=1}^{10}(3n+4)$
$\qquad =3\displaystyle\sum_{n=1}^{10}n+\sum_{n=1}^{10}4$
$\qquad =3\cdot\dfrac{10\cdot11}{2}+4\cdot10=205$

0534 답 ③

0535 답 ②

$f(x)=2x^3+ax^2+12x+b$에서
$f'(x)=6x^2+2ax+12$
함수 $f(x)$가 $x=2$에서 극솟값 6을 가지므로
$f(2)=6$에서 $4a+b+40=6$
$\therefore 4a+b=-34 \quad\cdots\cdots\ \bigcirc$
$f'(2)=0$에서 $4a+36=0$
$\therefore a=-9$
$a=-9$를 $\bigcirc$에 대입하여 풀면
$b=2$
즉, $f(x)=2x^3-9x^2+12x+2$이므로
$f'(x)=6x^2-18x+12$
$\qquad =6(x-1)(x-2)$
$f'(x)=0$에서 $x=1$ 또는 $x=2$
함수 $f(x)$의 증가와 감소를 표로 나타내면 다음과 같다.

x	$\cdots$	1	$\cdots$	2	$\cdots$
$f'(x)$	$+$	0	$-$	0	$+$
$f(x)$	$\nearrow$	7	$\searrow$	6	$\nearrow$

따라서 함수 $f(x)$는 $x=1$에서 극댓값 $f(1)=7$을 갖는다.

0536 답 ⑤

$f(x)=-x^3+ax^2+bx+3$에서
$f'(x)=-3x^2+2ax+b$
함수 $f(x)$가 $x=3+\sqrt{2}$, $x=3-\sqrt{2}$에서 극값을 가지므로 이차방정식 $f'(x)=0$은 $3+\sqrt{2}$, $3-\sqrt{2}$를 두 근으로 갖는다.
이차방정식의 근과 계수의 관계에 의하여
$6=\dfrac{2a}{3}$, $7=-\dfrac{b}{3}$

$(3+\sqrt{2})+(3-\sqrt{2})=6$
$(3+\sqrt{2})(3-\sqrt{2})=7$

따라서 $a=9$, $b=-21$이므로
$a-b=9-(-21)=30$

0537 답 ②

$f(x)=2x^3+ax^2+bx+c$에서
$f'(x)=6x^2+2ax+b$
함수 $f(x)$가 $x=0$에서 극솟값 2를 가지므로
$f(0)=2$에서 $c=2$
$f'(0)=0$에서 $b=0$
즉, $f(x)=2x^3+ax^2+2$이므로
$f'(x)=6x^2+2ax$
$\qquad =2x(3x+a)$
$f'(x)=0$에서 $x=0$ 또는 $x=-\dfrac{a}{3}$
이때 곡선 $y=f(x)$가 직선 $y=10$에 접하므로

함수 $f(x)$는 극값 10을 갖는다.

$f\left(-\dfrac{a}{3}\right)=-\dfrac{2}{27}a^3+\dfrac{1}{9}a^3+2=10$
$\dfrac{1}{27}a^3-8=0$, $a^3-216=0$
$(a-6)(a^2+6a+36)=0$
$\therefore a=6\ (\because a^2+6a+36>0)$
$\therefore a+b+c=6+0+2=8$

$a^2+6a+36=(a+3)^2+27>0$

0538 답 ③

$f(x)=ax^4-abx^2+4a$에서
$f'(x)=4ax^3-2abx=2ax(2x^2-b)$
함수 $f(x)$가 $x=2$에서 극솟값을 가지므로
$f'(2)=0$에서 $4a(8-b)=0$
$\therefore b=8\ (\because a>0)$
즉, $f(x)=ax^4-8ax^2+4a$이므로
$f'(x)=4ax^3-16ax=4ax(x+2)(x-2)$
$f'(x)=0$에서 $x=-2$ 또는 $x=0$ 또는 $x=2$
함수 $f(x)$의 증가와 감소를 표로 나타내면 다음과 같다.

x	$\cdots$	-2	$\cdots$	0	$\cdots$	2	$\cdots$
$f'(x)$	$-$	0	$+$	0	$-$	0	$+$
$f(x)$	$\searrow$	$-12a$	$\nearrow$	$4a$	$\searrow$	$-12a$	$\nearrow$

함수 $f(x)$는 $x=-2$, $x=2$에서 극솟값 $f(-2)=f(2)=-12a$
를 갖고, $x=0$에서 극댓값 $f(0)=4a$를 가지므로
$\alpha=-2$, $\beta=0$
따라서 A$(2,\ -12a)$,
B$(-2,\ -12a)$, C$(0,\ 4a)$이고
$\overline{AB}=2-(-2)=4$
이므로 삼각형 ABC는 한 변의 길
이가 4인 정삼각형이다.

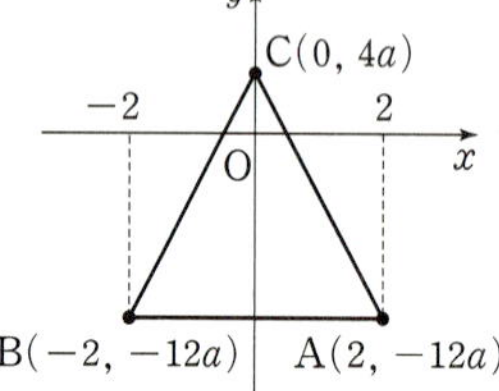

즉, $4a-(-12a)=\dfrac{\sqrt3}{2}\cdot4$에서

정삼각형 ABC의 높이

$16a=2\sqrt3$ $\therefore a=\dfrac{\sqrt3}{8}$

$\therefore ab=\dfrac{\sqrt3}{8}\cdot8=\sqrt3$

0539 답 ②

0540 답 ④

함수 $y=f(x)$의 그래프에서 $x\longrightarrow\infty$일 때 $f(x)\longrightarrow-\infty$이므
로 $a<0$
또한, $y=f(x)$의 그래프가 y축과 만나는 점의 y좌표가 음수이므
로 $d<0$
$f'(x)=3ax^2+2bx+c$에서 이차방정식 $f'(x)=0$의 두 실근은
α, β이고, α, β가 서로 다른 음수이므로 이차방정식의 근과 계수
의 관계에 의하여
$\alpha+\beta=-\dfrac{2b}{3a}<0,\ \alpha\beta=\dfrac{c}{3a}>0$
$\therefore b<0,\ c<0\ (\because a<0)$
따라서 항상 양수인 것은 ④ bc이다. $\color{blue}b+d<0,\ -\dfrac{a}{d}<0,\ d^3<0$이고, $a-d$는 부호를 알 수 없다.

0541 답 ④

함수 $y=f(x)$의 그래프가 y축과 만나는 점의 y좌표가 음수이므로
$ac<0$ $\quad\cdots\cdots\ \bigcirc$
$f(x)=(x+a)(x^2+bx+c)$에서
$f'(x)=(x^2+bx+c)+(x+a)(2x+b)$
$\qquad=3x^2+2(a+b)x+ab+c$
함수 $f(x)$가 $x=0$에서 극솟값을 가지므로
$f'(0)=0$에서 $ab+c=0$
$\therefore ab=-c$ $\quad\cdots\cdots\ \bigcirc$

(ⅰ) $a<0$일 때
$\quad\bigcirc$에서 $c>0$
$\quad\bigcirc$에서 $ab<0$이므로 $b>0$
$\quad\therefore\dfrac{|a|}{a}+\dfrac{|b|}{b}+\dfrac{|c|}{c}=\dfrac{-a}{a}+\dfrac{b}{b}+\dfrac{c}{c}$
$\qquad\qquad\qquad\qquad\quad=-1+1+1=1$

(ⅱ) $a>0$일 때
$\quad\bigcirc$에서 $c<0$
$\quad\bigcirc$에서 $ab>0$이므로 $b>0$
$\quad\therefore\dfrac{|a|}{a}+\dfrac{|b|}{b}+\dfrac{|c|}{c}=\dfrac{a}{a}+\dfrac{b}{b}+\dfrac{-c}{c}$
$\qquad\qquad\qquad\qquad\quad=1+1+(-1)=1$

(ⅰ), (ⅱ)에서 $\dfrac{|a|}{a}+\dfrac{|b|}{b}+\dfrac{|c|}{c}=1$

0542 답 ⑤

함수 $y=f(x)$의 그래프가 y축과 만나는 점의 y좌표가 양수이므로
$c>0$
$f'(x)=3x^2+2ax+b$에서 이차방정식 $f'(x)=0$의 두 실근은
α, β이고, α, β가 서로 다른 양수이므로 이차방정식의 근과 계수
의 관계에 의하여
$\alpha+\beta=-\dfrac{2a}{3}>0,\ \alpha\beta=\dfrac{b}{3}>0$
$\therefore a<0,\ b>0$
따라서 이차함수 $y=cx^2+bx+a$의 그래프는 직선 $x=-\dfrac{b}{2c}$를 $\color{blue}y=cx^2+bx+a=c\left(x+\dfrac{b}{2c}\right)^2-\dfrac{b^2}{4c}+a$
축으로 하고 아래로 볼록한 포물선이다. $\color{blue}-\dfrac{b}{2c}<0$이므로 축이 y축의 왼쪽에 있다.
또한, 함수 $y=cx^2+bx+a$의 그래프가 y축과 만나는 점의 y좌표
가 a, 즉 음수이므로 그래프의 개형으로 옳은 것은 ⑤이다.

> 이차함수 $y=cx^2+bx+a$의 그래프에서 c의 부호는 아래로 볼록한지,
> 위로 볼록한지 그래프의 모양을 결정하고, b의 부호는 c의 부호와의 관
> 계에 따라 축의 위치를 결정해. 그리고 a의 부호는 그래프가 y축과 만나
> 는 점의 위치를 결정해.

0543 답 4

0544 답 14

$f(x)=-x^3+ax^2+bx+c$에서
$f'(x)=-3x^2+2ax+b$
$y=f'(x)$의 그래프가 x축과 만나는 점의 x좌표가 -2, 2이므로
$f'(x)=0$에서 $x=-2$ 또는 $x=2$
즉, $f'(x)=-3(x+2)(x-2)=-3x^2+12$에서 $\color{blue}$이차항의 계수를 같게 한다.
$a=0$, $b=12$ $\therefore f(x)=-x^3+12x+c$
함수 $f(x)$의 증가와 감소를 표로 나타내면 다음과 같다.

x	$\cdots$	-2	$\cdots$	2	$\cdots$
$f'(x)$	$-$	0	$+$	0	$-$
$f(x)$	$\searrow$	극소	$\nearrow$	극대	$\searrow$

함수 $f(x)$의 극댓값과 극솟값의 합이 4이므로
$f(2)+f(-2)=(16+c)+(-16+c)=4$
$2c=4$ $\therefore c=2$
$\therefore a+b+c=0+12+2=14$

0545 답 ⑤

$h(x)=f(x)-g(x)$에서 $h'(x)=f'(x)-g'(x)$
두 도함수 $y=f'(x)$, $y=g'(x)$의 그래프가 만나는 점의 x좌표가
-2, 2, 5이므로 $h'(x)=0$에서
$x=-2$ 또는 $x=2$ 또는 $x=5$
함수 $h(x)$의 증가와 감소를 표로 나타내면 다음과 같다.

x	$\cdots$	-2	$\cdots$	2	$\cdots$	5	$\cdots$
$h'(x)$	$-$	0	$+$	0	$-$	0	$+$
$h(x)$	$\searrow$	극소	$\nearrow$	극대	$\searrow$	극소	$\nearrow$

따라서 함수 $h(x)$는 $x=-2$, $x=5$에서 극솟값을 가지므로 모든
a의 값의 합은
$-2+5=3$

0546 답 ①

$f(x)=3x^4+ax^3+bx^2+c$에서
$f'(x)=12x^3+3ax^2+2bx$
$y=f'(x)$의 그래프가 x축과 만나는 점의 x좌표가 -1, 0, 2이므
로 $f'(x)=0$에서
$x=-1$ 또는 $x=0$ 또는 $x=2$
즉, $f'(x)=12x(x+1)(x-2)=12x^3-12x^2-24x$에서
$a=-4$, $b=-12$ $\quad\therefore f(x)=3x^4-4x^3-12x^2+c$
함수 $f(x)$의 증가와 감소를 표로 나타내면 다음과 같다.

x	$\cdots$	-1	$\cdots$	0	$\cdots$	2	$\cdots$
$f'(x)$	$-$	0	$+$	0	$-$	0	$+$
$f(x)$	$\searrow$	극소	$\nearrow$	극대	$\searrow$	극소	$\nearrow$

함수 $f(x)$의 극댓값이 16이므로
$f(0)=c=16$
따라서 함수 $f(x)=3x^4-4x^3-12x^2+16$의 모든 극솟값의 합은
$$f(-1)+f(2)=3\cdot(-1)^4-4\cdot(-1)^3-12\cdot(-1)^2+16$$
$$+(3\cdot2^4-4\cdot2^3-12\cdot2^2+16)$$
$$=11+(-16)=-5$$

0547 답 ⑤

$f(x)=ax^3+bx^2+cx+d$에서
$f'(x)=3ax^2+2bx+c$
$y=f'(x)$의 그래프가 x축과 만나는 점의 x좌표를 p, 3 $(p<3)$
이라 하면 이차함수 $y=f'(x)$의 그래프의 꼭짓점의 좌표가
$(1, -8)$이므로 → 이차함수 $y=f'(x)$의 그래프는 직선 $x=1$을 축으로 한다.
$\dfrac{p+3}{2}=1$ $\quad\therefore p=-1$ → 이차함수의 그래프는 축에 대하여 대칭이므로
$f'(x)=0$에서 $x=-1$ 또는 $x=3$이므로
$f'(x)=3a(x+1)(x-3)=3ax^2-6ax-9a$ $\quad\cdots\cdots$ ㉠
$f'(1)=-8$에서 $3a-6a-9a=-8$, $-12a=-8$ $\quad\therefore a=\dfrac{2}{3}$

$a=\dfrac{2}{3}$를 ㉠에 대입하면 $f'(x)=2x^2-4x-6$이므로

$b=-2$, $c=-6$ $\quad\therefore f(x)=\dfrac{2}{3}x^3-2x^2-6x+d$

함수 $f(x)$의 증가와 감소를 표로 나타내면 다음과 같다.

x	$\cdots$	-1	$\cdots$	3	$\cdots$
$f'(x)$	$+$	0	$-$	0	$+$
$f(x)$	$\nearrow$	극대	$\searrow$	극소	$\nearrow$

함수 $f(x)$의 극솟값이 -6이므로
$f(3)=-18+d=-6$ $\quad\therefore d=12$
즉, 함수 $f(x)=\dfrac{2}{3}x^3-2x^2-6x+12$는 $x=-1$에서 극댓값

$f(-1)=\dfrac{46}{3}$을 갖는다.

따라서 $\alpha=-1$, $M=\dfrac{46}{3}$이므로

$3(M-\alpha)=3\left\{\dfrac{46}{3}-(-1)\right\}=49$

0548 답 ③

0549 답 ①

$y=f'(x)$의 그래프가 x축과 만나는 점의 x좌표가 -3, 0, 2, 6
이므로 $f'(x)=0$에서
$x=-3$ 또는 $x=0$ 또는 $x=2$ 또는 $x=6$
함수 $f(x)$의 증가와 감소를 표로 나타내면 다음과 같다.

x	$\cdots$	-3	$\cdots$	0	$\cdots$	2	$\cdots$	6	$\cdots$
$f'(x)$	$-$	0	$-$	0	$+$	0	$+$	0	$-$
$f(x)$	$\searrow$		$\searrow$	극소	$\nearrow$		$\nearrow$	극대	$\searrow$

ㄱ. 열린구간 $(0, 6)$에서 $f'(x)>0$이므로 함수 $f(x)$는 증가한다.
　　이때 $1<4$이므로 $f(1)<f(4)$
　　$\therefore f(1)-f(4)<0$ (참)
ㄴ. 구간 $(-\infty, -3)$에서 $f'(x)<0$이므로
　　함수 $f(x)$는 감소한다.
　　$\therefore \lim\limits_{x\to-\infty}f(x)\neq-\infty$ (거짓)

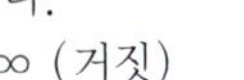

ㄷ. 함수 $f(x)$는 $x=0$에서 극솟값을 갖고, $x=6$에서 극댓값을
　　가지므로 함수 $f(x)$가 극값을 갖는 x의 값은 2개이다. (거짓)
따라서 옳은 것은 ㄱ이다.
→ $x=-3$, $x=2$의 좌우에서 $f'(x)$의 부호가 바뀌지 않으므로 $f(-3)$, $f(2)$는 극값이 아니다.

0550 답 ①

$y=f'(x)$의 그래프가 x축과 만나는 점의 x좌표가 -1, 2이므로
$f'(x)=0$에서 $x=-1$ 또는 $x=2$
함수 $f(x)$의 증가와 감소를 표로 나타내면 다음과 같다.

x	$\cdots$	-1	$\cdots$	2	$\cdots$
$f'(x)$	$-$	0	$-$	0	$+$
$f(x)$	$\searrow$		$\searrow$	극소	$\nearrow$

즉, 함수 $f(x)$는 $x=2$에서 극소이고, $x=-1$의 좌우에서 $f'(x)$
의 부호가 바뀌지 않으므로 함수 $f(x)$는 $x=-1$에서 극값을 갖
지 않는다.
따라서 함수 $y=f(x)$의 그래프의 개형이 될 수 있는 것은 ①이다.

0551 답 ①

0552 답 ⑤

$f(x)=(x-1)(x^2+ax+7)$에서
$f'(x)=(x^2+ax+7)+(x-1)(2x+a)$
$\qquad=3x^2+2(a-1)x+7-a$
삼차함수 $f(x)$가 극값을 가지려면 이차방정식 $f'(x)=0$이 서로
다른 두 실근을 가져야 한다. → 삼차함수 $f(x)$가 극댓값과 극솟값을 모두 갖는다.

이차방정식 $f'(x)=0$의 판별식을 D라 하면
$$\frac{D}{4}=(a-1)^2-3(7-a)>0$$
$a^2+a-20>0$, $(a+5)(a-4)>0$
$\therefore a<-5$ 또는 $a>4$
따라서 $\alpha=-5$, $\beta=4$이므로
$\beta-\alpha=4-(-5)=9$

0553 답 ④

$f(x)=2x^3-ax^2+6x+3$에서
$f'(x)=6x^2-2ax+6$
삼차함수 $f(x)$가 극값을 갖지 않으려면 이차방정식 $f'(x)=0$이
중근 또는 허근을 가져야 한다.
이차방정식 $f'(x)=0$의 판별식을 D라 하면
$$\frac{D}{4}=(-a)^2-6\cdot 6\leq 0,\ (a+6)(a-6)\leq 0$$
$\therefore -6\leq a\leq 6$
따라서 정수 a의 개수는 $-6,\ -5,\ -4,\ \cdots,\ 6$의 13이다.

0554 답 ②

$f(x)=\dfrac{1}{3}x^3-\dfrac{(4+mn)}{2}x^2+4mnx+3$에서
$f'(x)=x^2-(4+mn)x+4mn$
삼차함수 $f(x)$가 극값을 갖지 않으려면 이차방정식 $f'(x)=0$이
중근 또는 허근을 가져야 한다.
이차방정식 $f'(x)=0$의 판별식을 D라 하면
$D=\{-(4+mn)\}^2-4\cdot 4mn\leq 0$
$m^2n^2-8mn+16\leq 0$, $(mn-4)^2\leq 0$
$\therefore mn=4$
따라서 두 정수 m, n의 순서쌍 (m, n)의 개수는
$(-4, -1)$, $(-2, -2)$, $(-1, -4)$, $(1, 4)$, $(2, 2)$, $(4, 1)$
의 6이다.

● 다른 풀이 ●

$f(x)=\dfrac{1}{3}x^3-\dfrac{(4+mn)}{2}x^2+4mnx+3$에서
$f'(x)=x^2-(4+mn)x+4mn=(x-4)(x-mn)$
삼차함수 $f(x)$가 극값을 갖지 않으려면 이차방정식 $f'(x)=0$이
중근 또는 허근을 가져야 한다.
이때 방정식 $f'(x)=0$이 $x=4$를 근으로 가지므로 중근을 가져야
한다.
$\therefore mn=4$

0555 답 ②

삼차함수 $f(x)$의 최고차항의 계수가 1이므로 도함수 $f'(x)$의 최
고차항의 계수는 3이다.
또한, $y=f'(x)$의 그래프가 x축과 만나는 점의 x좌표가 -2, 4
이므로 $f'(x)=0$에서
$x=-2$ 또는 $x=4$
$\therefore f'(x)=3(x+2)(x-4)=3x^2-6x-24$
$h(x)=f(x)-kx$에서
$h'(x)=f'(x)-k=3x^2-6x-24-k$
삼차함수 $h(x)$의 극값이 존재하려면 이차방정식 $h'(x)=0$이 서로
다른 두 실근을 가져야 한다.

이차방정식 $h'(x)=0$의 판별식을 D라 하면
$$\frac{D}{4}=(-3)^2-3(-24-k)>0$$
$3k+81>0$ $\therefore k>-27$
따라서 정수 k의 최솟값은 -26이다.

0556 답 ⑤

0557 답 ④

$f(x)=x^3-6x^2+ax+1$에서
$f'(x)=3x^2-12x+a \rightarrow =3(x-2)^2-12+a$
함수 $f(x)$가 열린구간 $(0, 8)$에서 극댓값과 극솟값을 모두 가지
려면 이차방정식 $f'(x)=0$이 열린구간 $(0, 8)$에서 서로 다른 두
실근을 가져야 한다.
(i) 이차방정식 $f'(x)=0$의 판별식을 D라 하면
$$\frac{D}{4}=(-6)^2-3a>0 \qquad \therefore a<12$$
(ii) 오른쪽 그림에서
$f'(0)=a>0$
$f'(8)=a+96>0 \qquad \therefore a>-96$
$\therefore a>0$
(iii) 이차함수 $y=f'(x)$의 그래프의 축의
방정식은
$x=2 \rightarrow 0<2<8$이므로 열린구간 $(0, 8)$에 속한다.
(i), (ii), (iii)에서 실수 a의 값의 범위는
$0<a<12$

0558 답 ①

$f(x)=\dfrac{1}{3}x^3+ax^2+(a-2)x-2$에서
$f'(x)=x^2+2ax+a-2 \rightarrow =(x+a)^2-a^2+a-2$
함수 $f(x)$가 구간 $(-\infty, -1)$에서 극댓값을 갖고, 구간 $(1, \infty)$
에서 극솟값을 가지려면 이차방정식 $f'(x)=0$의 두 실근을 α, β
$(\alpha<\beta)$라 할 때, $\alpha<-1$, $\beta>1$이어야 한다.
(i) 이차방정식 $f'(x)=0$의 판별식을 D라 하면
$$\frac{D}{4}=a^2-(a-2)>0$$
이때 $a^2-a+2=\left(a-\dfrac{1}{2}\right)^2+\dfrac{7}{4}>0$이므로 모든 실수 a에 대
하여 성립한다.
(ii) 오른쪽 그림에서
$f'(-1)=-a-1<0$
$\therefore a>-1$
$f'(1)=3a-1<0$
$\therefore a<\dfrac{1}{3}$
$\therefore -1<a<\dfrac{1}{3}$
(i), (ii)에서 $-1<a<\dfrac{1}{3}$
따라서 $\alpha=-1$, $\beta=\dfrac{1}{3}$이므로
$\dfrac{\alpha}{\beta}=\dfrac{-1}{\dfrac{1}{3}}=-3$

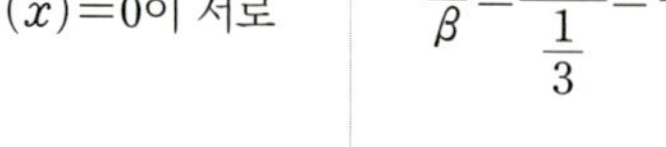

0559 　답 ③

$f(x)=\dfrac{2}{3}x^3-\dfrac{a}{2}x^2+(a-2)x+3$에서

$f'(x)=2x^2-ax+a-2$

함수 $f(x)$가 열린구간 $(-2, 2)$에서 극값을 하나만 가지려면 이차방정식 $f'(x)=0$이 서로 다른 두 실근을 갖고, 그중 한 근만 열린구간 $(-2, 2)$에 존재해야 하므로 $y=f'(x)$의 그래프의 개형은 다음 그림과 같이 2가지 경우가 있다.

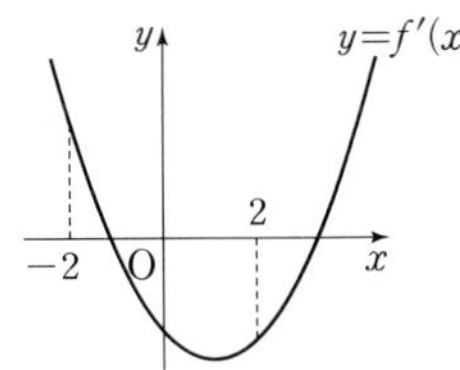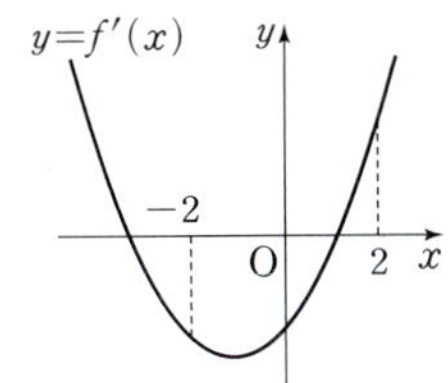

즉, $f'(-2)f'(2)<0$이어야 하므로

$(3a+6)(-a+6)<0,\ (a+2)(a-6)>0$

$\therefore a<-2$ 또는 $a>6$

따라서 $\alpha=-2,\ \beta=6$이므로

$\beta-\alpha=6-(-2)=8$

0560 　답 ②

$f(x)=\dfrac{1}{3}x^3-kx^2+(12-k)x-3$에서

$f'(x)=x^2-2kx+12-k$

함수 $f(x)$가 $x=a$에서 극댓값을 갖고, $x=b$에서 극솟값을 가지므로 이차방정식 $f'(x)=0$의 두 실근이 a, b이고 $a<b$이다.

(i) 이차방정식 $f'(x)=0$의 판별식을 D라 하면

$\dfrac{D}{4}=(-k)^2-(12-k)>0$

$k^2+k-12>0,\ (k+4)(k-3)>0$

$\therefore k>3\ (\because k>0)$

(ii) 이차방정식 $f'(x)=0$에서 이차방정식의 근과 계수의 관계에 의하여

　　　　　　　　두 근이 모두 양수이므로

$a+b=2k>0$ 　　$\therefore k>0$

$ab=12-k>0$ 　　$\therefore k<12$

$\therefore 0<k<12$

(iii) $|a-b|\le 6\sqrt{2}$이므로 양변을 제곱하면

$(a-b)^2\le 72,\ (a+b)^2-4ab\le 72$

$(2k)^2-4(12-k)\le 72,\ k^2+k-30\le 0,\ (k+6)(k-5)\le 0$

$\therefore 0<k\le 5\ (\because k>0)$

(i), (ii), (iii)에서 $3<k\le 5$

따라서 자연수 k는 4, 5이므로 그 합은

$4+5=9$

0561 　답 ①

0562 　답 ③

$f(x)=-\dfrac{1}{4}x^4+ax^3-9x^2$에서

$f'(x)=-x^3+3ax^2-18x=-x(x^2-3ax+18)$

사차항의 계수가 음수인 사차함수 $f(x)$가 극솟값을 가지려면 $f(x)$가 극댓값과 극솟값을 모두 가져야 하므로 삼차방정식 $f'(x)=0$이 서로 다른 세 실근을 가져야 한다.

그런데 방정식 $f'(x)=0$의 한 실근이 $x=0$이므로 이차방정식 $x^2-3ax+18=0$이 0이 아닌 서로 다른 두 실근을 가져야 한다.

이차방정식 $x^2-3ax+18=0$의 판별식을 D라 하면

$D=(-3a)^2-4\cdot 18>0$

$a^2-8>0,\ (a+2\sqrt{2})(a-2\sqrt{2})>0$

$\therefore a>2\sqrt{2}\ (\because a>0)$ 　→ $\sqrt{4}<\sqrt{8}<\sqrt{9}$, 즉 $2<2\sqrt{2}<3$이다.

따라서 자연수 a의 최솟값은 3이다.

0563 　답 ①

$f(x)=(x^2-4x+4)(x^2+2x+a)$에서

$f'(x)=(2x-4)(x^2+2x+a)+(x^2-4x+4)(2x+2)$

　　　$=2(x-2)(2x^2+x+a-2)$ 　→ 극댓값과 극솟값을 모두 갖는다.

사차함수 $f(x)$가 두 개의 극솟값을 가지므로 삼차방정식 $f'(x)=0$이 서로 다른 세 실근을 갖는다.

그런데 방정식 $f'(x)=0$의 한 실근이 $x=2$이므로 이차방정식 $2x^2+x+a-2=0$은 2가 아닌 서로 다른 두 실근을 갖는다.

즉, $2\cdot 2^2+2+a-2\ne 0$에서 $a\ne -8$

이차방정식 $2x^2+x+a-2=0$의 판별식을 D라 하면

$D=1^2-4\cdot 2\cdot (a-2)>0$

$17-8a>0$ 　　$\therefore a<\dfrac{17}{8}=2.125$

따라서 실수 a의 값이 될 수 있는 것은 ① 2이다.

0564 　답 ②

$f(x)$가 사차함수이므로 $n\ne 0$ 　　…… ㉠

또한, $f'(x)$의 최고차항의 계수는 n^2, 즉 양수이므로 $f(x)$의 최고차항의 계수도 양수이다.

사차함수 $f(x)$가 극값을 가지려면 $f(x)$가 극댓값과 극솟값을 모두 가져야 하므로 삼차방정식 $f'(x)=0$이 서로 다른 세 실근을 가져야 한다.

그런데 방정식 $f'(x)=0$의 한 실근이 $x=1$이므로 이차방정식 $n^2x^2-12x+3=0$이 1이 아닌 서로 다른 두 실근을 가져야 한다.

즉, $n^2-12+3\ne 0$에서 $n^2\ne 9$

$\therefore n\ne \pm 3$ 　　…… ㉡

이차방정식 $n^2x^2-12x+3=0$의 판별식을 D라 하면

$\dfrac{D}{4}=(-6)^2-3n^2>0$

$n^2-12<0,\ (n+2\sqrt{3})(n-2\sqrt{3})<0$

$\therefore -2\sqrt{3}<n<2\sqrt{3}$ 　　…… ㉢

㉠, ㉡, ㉢에서 정수 n의 개수는 $-2,\ -1,\ 1,\ 2$의 4이다.

$\sqrt{9}<\sqrt{12}<\sqrt{16}$, 즉 $3<2\sqrt{3}<4$이다.

0565 　답 ⑤

$f(x)=-\dfrac{1}{4}x^4+\dfrac{2}{3}(a-1)x^3-\dfrac{a+11}{2}x^2$에서

$f'(x)=-x^3+2(a-1)x^2-(a+11)x$

　　　$=-x\{x^2-2(a-1)x+a+11\}$

사차항의 계수가 음수인 사차함수 $f(x)$가 극솟값을 가지려면 $f(x)$가 극댓값과 극솟값을 모두 가져야 하므로 삼차방정식 $f'(x)=0$이 서로 다른 세 실근을 가져야 한다.

또한, 함수 $f(x)$가 구간 $(0, \infty)$에서 극솟값을 가져야 하므로 삼차방정식 $f'(x)=0$의 세 실근을 0, α, $\beta\ (\alpha<\beta)$라 하면 $0<\alpha<\beta$이어야 한다.

　→ 함수 $f(x)$는 $x=0$, $x=\beta$에서 극댓값을 갖는다.

　→ 이차방정식 $x^2-2(a-1)x+a+11=0$의 두 실근

(i) 이차방정식 $x^2-2(a-1)x+a+11=0$의 판별식을 D라 하면
$$\frac{D}{4}=\{-(a-1)\}^2-(a+11)>0$$
$$a^2-3a-10>0,\ (a+2)(a-5)>0$$
$$\therefore a<-2\ 또는\ a>5$$
(ii) 이차방정식 $x^2-2(a-1)x+a+11=0$에서 이차방정식의 근과
계수의 관계에 의하여
$$\alpha+\beta=2(a-1)>0\qquad \therefore a>1$$
$$\alpha\beta=a+11>0\qquad \therefore a>-11$$
$$\therefore a>1$$
(i), (ii)에서 $a>5$

최고차항의 계수가 음수이고 x축과 서로 다른 세 점에서 만나는 삼차함
수 $y=f'(x)$의 그래프의 개형은 다음 그림과 같이 3가지 경우가 있어.

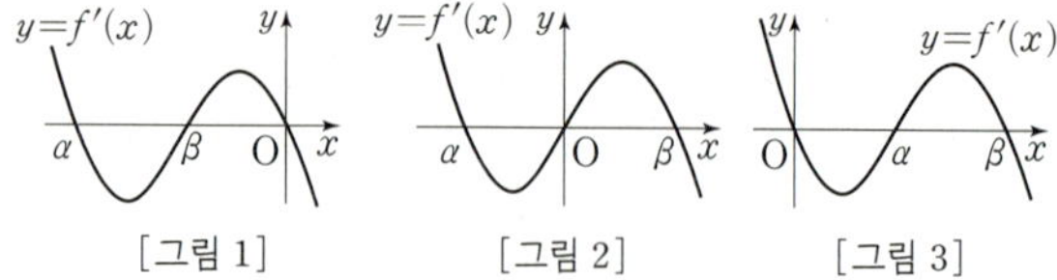

이때 [그림 1]은 $x=\beta$의 좌우에서 $f'(x)$의 부호가 음에서 양으로 바뀌
므로 $f(x)$는 $x=\beta$에서 극솟값을 갖고, [그림 2]는 $x=0$의 좌우에서
$f'(x)$의 부호가 음에서 양으로 바뀌므로 $f(x)$는 $x=0$에서 극솟값을
갖고, [그림 3]은 $x=\alpha$의 좌우에서 $f'(x)$의 부호가 음에서 양으로 바
뀌므로 $f(x)$는 $x=\alpha$에서 극솟값을 가져.
즉, 우리가 구하는 경우는 [그림 3]과 같음을 알 수 있어.

0566 답 ③

0567 답 ②

$f(x)=-x^4-4x^3-ax^2$에서 ← 극솟값을 갖지 않는다. 즉, 극값이 하나만 존재한다.
$$f'(x)=-4x^3-12x^2-2ax=-2x(2x^2+6x+a)$$
사차함수 $f(x)$가 극댓값을 하나만 가지려면 삼차방정식 $f'(x)=0$
이 한 실근과 두 허근 또는 한 실근과 중근 또는 삼중근을 가져야
한다.
(i) 방정식 $f'(x)=0$이 한 실근과 두 허근을 갖는 경우 ← $x=0$
  이차방정식 $2x^2+6x+a=0$이 허근을 가져야 하므로 판별식을
  D라 하면
  $$\frac{D}{4}=3^2-2a<0\qquad \therefore a>\frac{9}{2}$$
(ii) 방정식 $f'(x)=0$이 한 실근과 중근을 갖는 경우
  이차방정식 $2x^2+6x+a=0$이 $x=0$을 근으로 갖거나 0이 아
  닌 실수를 중근으로 가져야 한다.
  $x=0$을 근으로 가질 때, $a=0$
  0이 아닌 실수를 중근으로 가질 때, 판별식을 D라 하면
  $$\frac{D}{4}=3^2-2a=0\qquad \therefore a=\frac{9}{2}$$
(i), (ii)에서 $a=0$ 또는 $a\geq\frac{9}{2}$

따라서 양수 a의 최솟값은 $\frac{9}{2}$이다.

0568 답 ①

$f(x)=\frac{1}{4}x^4+\left(1-\frac{a}{3}\right)x^3-\left(2+\frac{3}{2}a\right)x^2+4ax-2$에서
$$f'(x)=x^3+(3-a)x^2-(4+3a)x+4a$$
$$=(x+4)(x-1)(x-a)$$

사차함수 $f(x)$가 극값을 하나만 가지려면 삼차방정식 $f'(x)=0$
이 한 실근과 두 허근 또는 한 실근과 중근 또는 삼중근을 가져야
한다.
그런데 방정식 $f'(x)=0$이 $x=-4$, $x=1$을 실근으로 가지므로
삼차방정식 $f'(x)=0$은 한 실근과 중근을 가져야 한다.
$x=-4$를 중근으로 가질 때, $a=-4$
$x=1$을 중근으로 가질 때, $a=1$
따라서 모든 실수 a의 값의 합은
$$-4+1=-3$$

0569 답 6

$f(x)=-(x+1)^2(x^2-4x+a)$에서
$$f'(x)=-2(x+1)(x^2-4x+a)-(x+1)^2(2x-4)$$
$$=-2(x+1)(2x^2-5x+a-2)$$
사차함수 $f(x)$가 $x=k$에서만 극댓값을 가지려면 삼차방정식
$f'(x)=0$이 한 실근과 두 허근 또는 한 실근과 중근 또는 삼중근을
가져야 한다.
(i) 방정식 $f'(x)=0$이 한 실근과 두 허근을 갖는 경우 ← $x=-1$
  이차방정식 $2x^2-5x+a-2=0$이 허근을 가져야 하므로 판별
  식을 D라 하면
  $$D=(-5)^2-4\cdot2\cdot(a-2)<0,\ 41-8a<0\qquad \therefore a>\frac{41}{8}$$
(ii) 방정식 $f'(x)=0$이 한 실근과 중근을 갖는 경우
  이차방정식 $2x^2-5x+a-2=0$이 $x=-1$을 근으로 갖거나
  -1이 아닌 실수를 중근으로 가져야 한다. ← $x=-1$이 중근인 경우
  $x=-1$을 근으로 가질 때, $5+a=0\qquad \therefore a=-5$
  -1이 아닌 실수를 중근으로 가질 때, 판별식을 D라 하면
  $$D=(-5)^2-4\cdot2\cdot(a-2)=0,\ 41-8a=0\qquad \therefore a=\frac{41}{8}$$
(i), (ii)에서 $a=-5$ 또는 $a\geq\frac{41}{8}=5.125$

이때 $-10\leq a\leq10$이므로 정수 a의 개수는 -5, 6, 7, 8, 9, 10
의 6이다.

0570 답 ②

$f'(x)$가 최고차항의 계수가 양수인 삼차함수이므로 $f(x)$는 최고
차항의 계수가 양수인 사차함수이다.
$f'(x)=(x+2)(x^2-2x+a)$에서
$g(x)=x^2-2x+a$ → $=(x-1)^2-1+a$
라 하면 사차함수 $f(x)$가 열린구간 $(1,\ 3)$에서 극값을 갖지 않도
록 하는 경우는 다음과 같이 두 가지로 나눌 수 있다.
(i) 방정식 $g(x)=0$이 중근 또는 두 허근을 갖는 경우
  이차방정식 $g(x)=0$의 판별식을 D라 하면
  $$\frac{D}{4}=(-1)^2-a\leq0\qquad \therefore a\geq1$$
(ii) 방정식 $g(x)=0$의 서로 다른 두 실근이 구간 $(-\infty,\ 1]$ 또는
  $[3,\ \infty)$에 존재하는 경우
  이차함수 $y=g(x)$의 그래프의 축
  의 방정식은 $x=1$이므로 오른쪽 그
  림에서

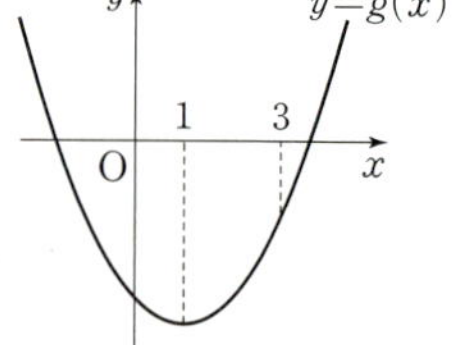

  $$g(1)=a-1<0\qquad \therefore a<1$$
  $$g(3)=a+3\leq0\qquad \therefore a\leq-3$$
  $$\therefore a\leq-3$$

(i), (ii)에서 $a \leq -3$ 또는 $a \geq 1$
따라서 $\alpha = -3$, $\beta = 1$이므로
$\alpha^2 + \beta^2 = (-3)^2 + 1^2 = 10$

0571　답 ④

0572　답 ①

$f(x) = -x^3 + 3x^2 + 9x + 2$에서
$f'(x) = -3x^2 + 6x + 9 = -3(x+1)(x-3)$
$f'(x) = 0$에서 $x = -1$ 또는 $x = 3$
닫힌구간 $[-4, 4]$에서 함수 $f(x)$의 증가와 감소를 표로 나타내면 다음과 같다.

x	-4	$\cdots$	-1	$\cdots$	3	$\cdots$	4
$f'(x)$		$-$	0	$+$	0	$-$	
$f(x)$	78	$\searrow$	-3	$\nearrow$	29	$\searrow$	22

따라서 함수 $f(x)$는 $x = -4$에서 최댓값 78, $x = -1$에서 최솟값 -3을 가지므로
$M = 78$, $m = -3$
$\therefore \dfrac{M}{m} = \dfrac{78}{-3} = -26$

0573　답 ③

$f(x) = 3x^4 - 4x^3 - 12x^2 + 13$에서
$f'(x) = 12x^3 - 12x^2 - 24x = 12x(x+1)(x-2)$
$f'(x) = 0$에서 $x = 0$ 또는 $x = 2$ ($\because 0 \leq x \leq 3$)
닫힌구간 $[0, 3]$에서 함수 $f(x)$의 증가와 감소를 표로 나타내면 다음과 같다.

x	0	$\cdots$	2	$\cdots$	3
$f'(x)$	0	$-$	0	$+$	
$f(x)$	13	$\searrow$	-19	$\nearrow$	40

따라서 함수 $f(x)$는 $x = 3$에서 최댓값 40을 가지므로
$a = 3$, $b = 40$
$\therefore a + b = 3 + 40 = 43$

0574　답 ①

$t = x^2 - 6x + 5 = (x-3)^2 - 4$라 하면
$1 \leq x \leq 5$에서 $-4 \leq t \leq 0$
$g(t) = t^3 - 3t + 2$라 하면
$g'(t) = 3t^2 - 3 = 3(t+1)(t-1)$
$g'(t) = 0$에서 $t = -1$ ($\because -4 \leq t \leq 0$)
$-4 \leq t \leq 0$에서 함수 $g(t)$의 증가와 감소를 표로 나타내면 다음과 같다.

t	-4	$\cdots$	-1	$\cdots$	0
$g'(t)$		$+$	0	$-$	
$g(t)$	-50	$\nearrow$	4	$\searrow$	2

따라서 함수 $g(t)$는 $t = -1$에서 최댓값 4, $t = -4$에서 최솟값 -50을 가지므로
$M = 4$, $m = -50$
$\therefore M - m = 4 - (-50) = 54$

0575　답 ④

$x + \dfrac{1}{4x} = t$라 하면 $x > 0$이므로 산술평균과 기하평균의 관계에 의하여

$t = x + \dfrac{1}{4x} \geq 2\sqrt{x \cdot \dfrac{1}{4x}} = 2 \cdot \dfrac{1}{2} = 1$

$\left(\text{단, 등호는 } x = \dfrac{1}{2} \text{일 때 성립}\right)$

$g(t) = \dfrac{1}{4}t^4 - 8t + 16$이라 하면
$g'(t) = t^3 - 8 = (t-2)(t^2 + 2t + 4)$
$g'(t) = 0$에서 $t = 2$ ($\because t^2 + 2t + 4 > 0$)
$t \geq 1$에서 함수 $g(t)$의 증가와 감소를 표로 나타내면 다음과 같다.

t	1	$\cdots$	2	$\cdots$
$g'(t)$		$-$	0	$+$
$g(t)$	$\dfrac{33}{4}$	$\searrow$	4	$\nearrow$

따라서 함수 $g(t)$는 $t = 2$에서 최솟값 4를 가지므로
$a = 4$

선생님 특특
주어진 구간이 닫힌구간이 아닐 때에는 최댓값 또는 최솟값이 존재하지 않을 수도 있어.

0576　답 ④

0577　답 ①

$f(x) = -x^3 + 3x^2 + 9x + k$에서
$f'(x) = -3x^2 + 6x + 9 = -3(x+1)(x-3)$
$f'(x) = 0$에서 $x = -1$ ($\because -2 \leq x \leq 0$)
닫힌구간 $[-2, 0]$에서 함수 $f(x)$의 증가와 감소를 표로 나타내면 다음과 같다.

x	-2	$\cdots$	-1	$\cdots$	0
$f'(x)$		$-$	0	$+$	
$f(x)$	$k+2$	$\searrow$	$k-5$	$\nearrow$	k

함수 $f(x)$는 $x = -2$에서 최댓값 $k+2$, $x = -1$에서 최솟값 $k-5$를 갖는다.
이때 함수 $f(x)$의 최댓값이 8이므로
$k + 2 = 8$ $\quad \therefore k = 6$
따라서 $a = -2$, $b = -1$, $c = 1$이므로
$abc = (-2) \cdot (-1) \cdot 1 = 2$

0578　답 ⑤

$f(x) = (x+1)(x^2 - 7x + a) + b$에서
$f'(x) = (x^2 - 7x + a) + (x+1)(2x-7)$
$\quad\quad = 3x^2 - 12x + a - 7$
함수 $f(x)$가 $0 \leq x \leq 4$의 양 끝 점에서의 함숫값이 아닌 $x = 1$에서 최댓값을 가지므로 $f(x)$는 $x = 1$에서 극값을 갖는다.
즉, $f'(1) = 0$에서 $a - 16 = 0$ $\quad \therefore a = 16$
$\therefore f'(x) = 3x^2 - 12x + 9$
$\quad\quad\quad = 3(x-1)(x-3)$
$f'(x) = 0$에서 $x = 1$ 또는 $x = 3$

$0 \leq x \leq 4$에서 함수 $f(x)$의 증가와 감소를 표로 나타내면 다음과 같다.

x	0	$\cdots$	1	$\cdots$	3	$\cdots$	4
$f'(x)$		$+$	0	$-$	0	$+$	
$f(x)$	$b+16$	$\nearrow$	$b+20$	$\searrow$	$b+16$	$\nearrow$	$b+20$

함수 $f(x)$는 $x=1$ 또는 $x=4$에서 최댓값 $b+20$, $x=0$ 또는 $x=3$에서 최솟값 $b+16$을 갖는다.
이때 함수 $f(x)$의 최댓값이 22이므로
$b+20=22$ $\quad \therefore b=2$
따라서 함수 $f(x)$의 최솟값은 18이다.

0579 답 ④

$f(x)=2ax^3+3ax^2+b$에서
$f'(x)=6ax^2+6ax=6ax(x+1)$
$f'(x)=0$에서 $x=-1$ 또는 $x=0$
닫힌구간 $[-3,\,0]$에서 함수 $f(x)$의 증가와 감소를 표로 나타내면 다음과 같다.

x	-3	$\cdots$	-1	$\cdots$	0
$f'(x)$		$-$	0	$+$	0
$f(x)$	$-27a+b$	$\searrow$	$a+b$	$\nearrow$	b

$a<0$이므로 함수 $f(x)$는 $x=-3$에서 최댓값 $-27a+b$, $x=-1$에서 최솟값 $a+b$를 갖는다.
이때 함수 $f(x)$의 최댓값이 15, 최솟값이 -13이므로
$-27a+b=15$, $a+b=-13$
위의 두 식을 연립하여 풀면
$a=-1$, $b=-12$
$\therefore a-b=-1-(-12)=11$

0580 답 ③

$f(x)=x^4-4x^3+2(a+3)x^2+3$에서
$f'(x)=4x^3-12x^2+4(a+3)x=4x(x^2-3x+a+3)$
이차방정식 $x^2-3x+a+3=0$의 판별식을 D라 하면
$D=(-3)^2-4(a+3)=-4a-3<0\ (\because a>0)$
이므로 닫힌구간 $[a,\,2]$에서 방정식 $f'(x)=0$은 실근을 갖지 않고, $f'(x)>0$이므로 닫힌구간 $[a,\,2]$에서 함수 $f(x)$는 증가한다.
즉, 함수 $f(x)$는 $x=2$에서 최댓값 $8a+11$, $x=a$에서 최솟값 $a^4-2a^3+6a^2+3$을 갖는다.
이때 함수 $f(x)$의 최댓값이 15이므로
$8a+11=15$ $\quad \therefore a=\dfrac{1}{2}$
따라서 함수 $f(x)$의 최솟값은
$\left(\dfrac{1}{2}\right)^4-2\cdot\left(\dfrac{1}{2}\right)^3+6\cdot\left(\dfrac{1}{2}\right)^2+3=\dfrac{69}{16}$
이므로 $p=16$, $q=69$
$\therefore p+q=16+69=85$

함수 $f(x)$가 닫힌구간 $[a,\,b]$에서 연속이지만 극값을 갖지 않으면 $f(a)$, $f(b)$ 중에서 큰 값이 최댓값, 작은 값이 최솟값이야.
특히, $f(x)$가 증가함수이면 최댓값이 $f(b)$, 최솟값이 $f(a)$이고, $f(x)$가 감소함수이면 최댓값이 $f(a)$, 최솟값이 $f(b)$야.

0581 답 ②

0582 답 ②

점 P의 좌표를 $(t,\ -t^2+6t)\ (0<t<6)$라 하고, 삼각형 OPH의 넓이를 $S(t)$라 하면
$S(t)=\dfrac{1}{2}\cdot t\cdot(-t^2+6t)=-\dfrac{1}{2}t^3+3t^2$
$\therefore S'(t)=-\dfrac{3}{2}t^2+6t=-\dfrac{3}{2}t(t-4)$
$S'(t)=0$에서 $t=4\ (\because 0<t<6)$
$0<t<6$에서 함수 $S(t)$의 증가와 감소를 표로 나타내면 다음과 같다.

t	(0)	$\cdots$	4	$\cdots$	(6)
$S'(t)$		$+$	0	$-$	
$S(t)$		$\nearrow$	16	$\searrow$	

따라서 함수 $S(t)$는 $t=4$에서 최댓값 16을 가지므로 삼각형 OPH의 넓이의 최댓값은 16이다.

0583 답 ②

제1사분면에 있는 직사각형의 꼭짓점의 좌표를 $(t,\ 9-t^2)\ (0<t<3)$이라 하고, 직사각형의 넓이를 $S(t)$라 하면
$S(t)=2t(9-t^2)=-2t^3+18t$
$\therefore S'(t)=-6t^2+18$
$\qquad\quad =-6(t+\sqrt{3})(t-\sqrt{3})$
$S'(t)=0$에서 $t=\sqrt{3}\ (\because 0<t<3)$
$0<t<3$에서 함수 $S(t)$의 증가와 감소를 표로 나타내면 다음과 같다.

t	(0)	$\cdots$	$\sqrt{3}$	$\cdots$	(3)
$S'(t)$		$+$	0	$-$	
$S(t)$		$\nearrow$	$12\sqrt{3}$	$\searrow$	

따라서 함수 $S(t)$는 $t=\sqrt{3}$에서 최댓값 $12\sqrt{3}$을 가지므로 직사각형의 넓이의 최댓값은 $12\sqrt{3}$이다.

0584 답 ③

오른쪽 그림과 같이 원기둥의 밑면의 반지름의 길이를 $x\ (0<x<3)$, 높이를 $y\ (0<y<9)$라 하면 삼각형의 닮음에 의하여
$(9-y):x=9:3$, $9x=3(9-y)$
$\therefore y=9-3x$
원기둥의 부피를 $V(x)$라 하면
$V(x)=\pi x^2(9-3x)$
$\qquad\quad =-3\pi x^3+9\pi x^2$
$\therefore V'(x)=-9\pi x^2+18\pi x=-9\pi x(x-2)$
$V'(x)=0$에서 $x=2\ (\because 0<x<3)$
$0<x<3$에서 함수 $V(x)$의 증가와 감소를 표로 나타내면 다음과 같다.

x	(0)	$\cdots$	2	$\cdots$	(3)
$V'(x)$		$+$	0	$-$	
$V(x)$		$\nearrow$	12π	$\searrow$	

따라서 함수 $V(x)$는 $x=2$에서 최댓값 12π를 가지므로 원기둥의 부피의 최댓값은 12π이다.

0585 답 ①

오른쪽 그림과 같이 잘라 내는 사각형의
한 변의 길이를 x $(0<x<6)$라 하면 상자
의 밑면은 한 변의 길이가 $12-2x$인 정삼
각형이다.

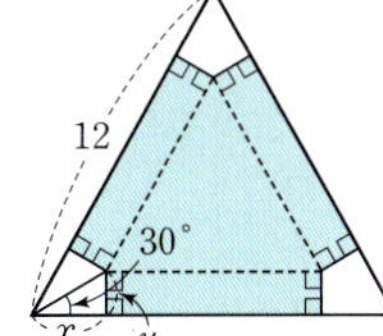

이때 상자의 높이를 y라 하면

$$\tan 30° = \frac{y}{x} \qquad \therefore y = \frac{1}{\sqrt{3}}x$$

즉, 상자의 부피를 $V(x)$라 하면

$$V(x) = \frac{\sqrt{3}}{4}(12-2x)^2 \cdot \frac{1}{\sqrt{3}}x$$

한 변의 길이가 a인 정삼각형의 넓이는 $\frac{\sqrt{3}}{4}a^2$이다.

$$= x^3 - 12x^2 + 36x$$

$$\therefore V'(x) = 3x^2 - 24x + 36 = 3(x-2)(x-6)$$

$V'(x)=0$에서 $x=2$ $(\because 0<x<6)$

$0<x<6$에서 함수 $V(x)$의 증가와 감소를 표로 나타내면 다음과
같다.

x	(0)	$\cdots$	2	$\cdots$	(6)
$V'(x)$		$+$	0	$-$	
$V(x)$		$\nearrow$	32	$\searrow$	

따라서 함수 $V(x)$는 $x=2$에서 최댓값 32를 가지므로 상자의 부피
의 최댓값은 32이다.

본문 106~109쪽

0586 답 ②

$y=f'(x)$의 그래프에서 도함수의 부호를 파악하여 극댓값과 극솟값의 차
를 n에 대한 식으로 나타낸다.

$f(x) = \dfrac{1}{n}x^3 + ax^2 + bx + c$ $(a, b, c$는 상수$)$라 하면

$$f'(x) = \frac{3}{n}x^2 + 2ax + b$$

$y=f'(x)$의 그래프가 x축과 만나는 점의 x좌표가 0, n이므로

$f'(x)=0$에서 $x=0$ 또는 $x=n$

즉, $f'(x) = \dfrac{3}{n}x(x-n) = \dfrac{3}{n}x^2 - 3x$에서

$$a = -\frac{3}{2}, \ b = 0$$

$$\therefore f(x) = \frac{1}{n}x^3 - \frac{3}{2}x^2 + c$$

함수 $f(x)$의 증가와 감소를 표로 나타내면 다음과 같다.

x	$\cdots$	0	$\cdots$	n	$\cdots$
$f'(x)$	$+$	0	$-$	0	$+$
$f(x)$	$\nearrow$	극대	$\searrow$	극소	$\nearrow$

함수 $f(x)$의 극댓값과 극솟값의 차가 250 이하가 되려면

$$f(0) - f(n) = c - \left(n^2 - \frac{3}{2}n^2 + c\right)$$

$$= \frac{1}{2}n^2 \leq 250$$

$n^2 \leq 500$ $\qquad \therefore 0 < n \leq 10\sqrt{5}$ $(\because n>0)$

$\sqrt{484} < \sqrt{500} < \sqrt{529}$ 즉, $22 < 10\sqrt{5} < 23$이다.

따라서 자연수 n의 개수는 $1, 2, 3, \cdots, 22$의 22이다.

0587 답 ②

등차수열의 정의를 이용하여 등차수열을 이루는 세 수를 한 문자로 나타낸다.

세 수 α, 2, β가 이 순서대로 등차수열을 이루므로 $\alpha < \beta$라 하면
양수 d에 대하여 $\alpha = 2-d$, $\beta = 2+d$라 할 수 있다.

$f(x) = x^4 + ax^3 + 6x^2 + bx + 1$에서

$$f'(x) = 4x^3 + 3ax^2 + 12x + b$$

함수 $f(x)$가 $x=\alpha$, $x=2$, $x=\beta$에서 극값을 가지므로 삼차방정
식 $f'(x)=0$은 α, 2, β, 즉 $2-d$, 2, $2+d$를 근으로 갖는다.

삼차방정식의 근과 계수의 관계에 의하여

$$(2-d) + 2 + (2+d) = -\frac{3a}{4} \qquad \cdots\cdots \ \text{㉠}$$

$$(2-d)\cdot 2 + 2(2+d) + (2-d)(2+d) = 3 \qquad \cdots\cdots \ \text{㉡}$$

$$(2-d)\cdot 2 \cdot (2+d) = -\frac{b}{4} \qquad \cdots\cdots \ \text{㉢}$$

㉠에서 $6 = -\dfrac{3a}{4}$ $\qquad \therefore a = -8$

㉡에서 $12 - d^2 = 3$, $d^2 = 9$

$$\therefore d = 3 \ (\because d>0)$$

$d=3$을 ㉢에 대입하면

$$-10 = -\frac{b}{4} \qquad \therefore b = 40$$

$$\therefore a+b = -8 + 40 = 32$$

0588 답 ⑤

함수가 실수 전체의 집합에서 증가할 조건을 이용하여 a, b 사이의 관계식
을 구한다.

$f(x) = \dfrac{1}{3}x^3 - ax^2 + bx + 3$에서

$$f'(x) = x^2 - 2ax + b$$

조건 (나)에서 함수 $f(x)$가 실수 전체의 집합에서 증가하므로
모든 실수 x에 대하여

$$f'(x) \geq 0$$

즉, 이차방정식 $f'(x)=0$의 판별식을 D라 하면

$$\frac{D}{4} = (-a)^2 - b \leq 0 \qquad \therefore a^2 \leq b$$

(i) $b=0$일 때
  $a^2 \leq 0$에서 $a=0$

(ii) $1 \leq b \leq 3$일 때
  $a^2 \leq b < 4$에서 $a = -1, 0, 1$

a^2의 값을 기준으로 경우를 나눈다.

(iii) $4 \leq b \leq 8$일 때
  $a^2 \leq b < 9$에서 $a = -2, -1, 0, 1, 2$

(i), (ii), (iii)에서 순서쌍 (a, b)의 개수는

$$1 + 3\cdot 3 + 5\cdot 5 = 35$$

0589 답 ①

주어진 차수와 최고차항의 계수, 극값을 이용하여 각각의 도함수를 추론한다.

삼차함수 $f(x)$는 최고차항의 계수가 1이므로 도함수 $f'(x)$는 최
고차항의 계수가 3인 이차함수이다.

또한, 함수 $f(x)$는 $x=-2$, $x=5$에서 극값을 가지므로

$$f'(x) = 3(x+2)(x-5)$$

이차함수 $g(x)$는 최고차항의 계수가 3이므로 도함수 $g'(x)$는 최고차항의 계수가 6인 일차함수이다.

또한, 함수 $g(x)$는 $x=-2$에서 극값을 가지므로
$g'(x)=6(x+2)$
즉, $h(x)=f(x)+g(x)$에서
$$h'(x)=f'(x)+g'(x)$$
$$=3(x+2)(x-5)+6(x+2)$$
$$=3(x+2)(x-3)$$
$h'(x)=0$에서 $x=-2$ 또는 $x=3$
함수 $h(x)$의 증가와 감소를 표로 나타내면 다음과 같다.

x	$\cdots$	-2	$\cdots$	3	$\cdots$
$h'(x)$	$+$	0	$-$	0	$+$
$h(x)$	$\nearrow$	극대	$\searrow$	극소	$\nearrow$

따라서 함수 $h(x)$는 $x=-2$에서 극댓값, $x=3$에서 극솟값을 가지므로
$a=-2$, $b=3$
$\therefore ab=(-2)\cdot3=-6$

0590 답 ③

> **One Point Lesson**
> 최고차항의 계수가 양수인 사차함수가 극댓값을 갖지 않을 조건을 생각해 본다.

사차함수 $f(x)$는 최고차항의 계수가 2이므로 도함수 $f'(x)$는 최고차항의 계수가 8인 삼차함수이다.

또한, 조건 (가)에서 함수 $f(x)$는 $x=1$, $x=2$, $x=3$에서 극값을 가지므로
$f'(x)=8(x-1)(x-2)(x-3)$
사차함수 $g(x)$는 최고차항의 계수가 1이므로 도함수 $g'(x)$는 최고차항의 계수가 4인 삼차함수이다.

또한, 조건 (나)에서 함수 $g(x)$는 $x=1$, $x=2$, $x=a$에서 극값을 가지므로
$g'(x)=4(x-1)(x-2)(x-a)$
즉, $h(x)=f(x)-g(x)$에서
$$h'(x)=f'(x)-g'(x)$$
$$=8(x-1)(x-2)(x-3)-4(x-1)(x-2)(x-a)$$
$$=4(x-1)(x-2)(x+a-6)$$
사차함수 $h(x)$가 극댓값을 갖지 않으려면 삼차방정식 $h'(x)=0$은 한 실근과 두 허근을 갖거나 한 실근과 중근 또는 삼중근을 가져야 한다.

그런데 방정식 $h'(x)=0$이 $x=1$, $x=2$를 실근으로 가지므로 삼차방정식 $h'(x)=0$은 한 실근과 중근을 가져야 한다.
$x=1$을 중근으로 가질 때, $a-6=-1$ $\therefore a=5$
$x=2$를 중근으로 가질 때, $a-6=-2$ $\therefore a=4$
따라서 실수 a의 최댓값은 5이다.

0591 답 ④

> **One Point Lesson**
> 조건을 만족시키는 도함수 $y=f'(x)$의 그래프를 그려 본다.

$f(x)=\dfrac{2}{3}x^3-nx^2+(n+4)x+12$에서
$f'(x)=2x^2-2nx+n+4$ $\longrightarrow =2\left(x-\dfrac{n}{2}\right)^2-\dfrac{n^2}{2}+n+4$

함수 $f(x)$가 열린구간 $(-6, 4)$에서 두 개의 극값을 가지므로 이차방정식 $f'(x)=0$이 열린구간 $(-6, 4)$에서 서로 다른 두 실근을 가져야 한다.

(i) 이차방정식 $f'(x)=0$의 판별식을 D라 하면
$$\frac{D}{4}=(-n)^2-2(n+4)>0$$
$n^2-2n-8>0$, $(n+2)(n-4)>0$
$\therefore n<-2$ 또는 $n>4$

(ii) 오른쪽 그림에서
$f'(-6)=13n+76>0$
$\therefore n>-\dfrac{76}{13}$
$f'(4)=-7n+36>0$
$\therefore n<\dfrac{36}{7}$
$\therefore -\dfrac{76}{13}<n<\dfrac{36}{7}$

(iii) 이차함수 $y=f'(x)$의 그래프의 축의 방정식은 $x=\dfrac{n}{2}$이므로
$-6<\dfrac{n}{2}<4$ $\therefore -12<n<8$

(i), (ii), (iii)에서 $-\dfrac{76}{13}<n<-2$ 또는 $4<n<\dfrac{36}{7}$

따라서 정수 n의 개수는 -5, -4, -3, 5의 4이다.

0592 답 ④

> **One Point Lesson**
> $f(x+6)=f(x)$를 만족시키는 함수의 그래프의 성질과 $|b-a|$의 의미를 생각해 본다.

조건 (나)에 의하여 함수 $f(x)$의 최대·최소는 닫힌구간 $[-3, 3]$에서 함수 $f(x)$의 최대·최소와 같다.

조건 (가)의 $f(x)=x^3-9x+8$에서
$f'(x)=3x^2-9=3(x+\sqrt3)(x-\sqrt3)$
$f'(x)=0$에서 $x=-\sqrt3$ 또는 $x=\sqrt3$
닫힌구간 $[-3, 3]$에서 함수 $f(x)$의 증가와 감소를 표로 나타내면 다음과 같다.

x	-3	$\cdots$	$-\sqrt3$	$\cdots$	$\sqrt3$	$\cdots$	3
$f'(x)$		$+$	0	$-$	0	$+$	
$f(x)$	8	$\nearrow$	$8+6\sqrt3$	$\searrow$	$8-6\sqrt3$	$\nearrow$	8

즉, 함수 $f(x)$는 두 정수 m, n에 대하여 $x=-\sqrt3+6m$에서 최댓값, $x=\sqrt3+6n$에서 최솟값을 갖는다. $\longrightarrow f(x+6)=f(x)$이므로
$\therefore a=-\sqrt3+6m$, $b=\sqrt3+6n$
따라서 $|b-a|$의 최솟값은 $m=n$일 때
$|\sqrt3+6n-(-\sqrt3+6n)|=2\sqrt3$

0593 답 ③

> **One Point Lesson**
> 이차방정식 $f'(x)=0$이 서로 다른 두 실근을 가지면 삼차함수 $f(x)$는 극댓값과 극솟값을 하나씩 갖는다.

$f(x)=x^3-\dfrac{3a+1}{2}x^2+ax+15$에서
$f'(x)=3x^2-(3a+1)x+a=(3x-1)(x-a)$

$f'(x)=0$에서 $x=\dfrac{1}{3}$ 또는 $x=a$

함수 $f(x)$가 극값을 가지므로 $a\neq\dfrac{1}{3}$

즉, 함수 $f(x)$는 $x=\dfrac{1}{3}$, $x=a$에서 극값을 갖는다.

(i) $a<\dfrac{1}{3}$일 때

함수 $f(x)$의 증가와 감소를 표로 나타내면 다음과 같다.

x	$\cdots$	a	$\cdots$	$\dfrac{1}{3}$	$\cdots$
$f'(x)$	$+$	0	$-$	0	$+$
$f(x)$	↗	극대	↘	극소	↗

함수 $f(x)$의 극솟값이 6이므로

$$f\left(\dfrac{1}{3}\right)=\left(\dfrac{1}{3}\right)^3-\dfrac{3a+1}{2}\cdot\left(\dfrac{1}{3}\right)^2+\dfrac{1}{3}a+15=6$$

$$9a=-485 \qquad \therefore a=-\dfrac{485}{9}$$

(ii) $a>\dfrac{1}{3}$일 때

함수 $f(x)$의 증가와 감소를 표로 나타내면 다음과 같다.

x	$\cdots$	$\dfrac{1}{3}$	$\cdots$	a	$\cdots$
$f'(x)$	$+$	0	$-$	0	$+$
$f(x)$	↗	극대	↘	극소	↗

함수 $f(x)$의 극솟값이 6이므로

$$f(a)=a^3-\dfrac{3a+1}{2}\cdot a^2+a^2+15=6$$

$$a^3-a^2-18=0,\ (a-3)(a^2+2a+6)=0$$

$$\therefore a=3\ (\because a^2+2a+6>0)\ \longrightarrow a^2+2a+6=(a+1)^2+5>0$$

(i), (ii)에서 정수 a의 값은 3이다.

0594 답 ③

최댓값, 최솟값의 의미를 극값의 정의와 연관지어 생각해 본다.

$f(x)=x^3+ax^2+bx+c$에서
$$f'(x)=3x^2+2ax+b$$

조건 (가)에서 함수 $f(x)$는 $x=-1$에서 극댓값, $x=1$에서 극솟값을 가지므로 $f'(x)=0$에서 → 연속인 함수는 극값, 구간의 양 끝 점에서의 함숫값 중에서 최댓값과 최솟값을 갖는다.

$x=-1$ 또는 $x=1$

즉, $f'(x)=3(x+1)(x-1)=3x^2-3$에서

$a=0,\ b=-3$

$\therefore f(x)=x^3-3x+c$

닫힌구간 $[-3,\ 3]$에서 함수 $f(x)$의 증가와 감소를 표로 나타내면 다음과 같다.

x	-3	$\cdots$	-1	$\cdots$	1	$\cdots$	3
$f'(x)$		$+$	0	$-$	0	$+$	
$f(x)$	$c-18$	↗	$c+2$	↘	$c-2$	↗	$c+18$

함수 $f(x)$는 $x=3$에서 최댓값 $c+18$, $x=-3$에서 최솟값 $c-18$을 갖는다.

조건 (나)에서 함수 $f(x)$의 최댓값과 최솟값의 합이 12이므로

$c+18+(c-18)=12,\ 2c=12$

$\therefore c=6$

$\therefore a+b+c=0+(-3)+6=3$

0595 답 ④

도함수 $y=f'(x)$의 그래프가 x축과 만나는 점의 x좌표를 파악하여 함수 $f(x)$의 증가와 감소를 표로 나타낸다.

$f(x)=ax^4+bx^3+cx^2+dx+e$ ($a,\ b,\ c,\ d,\ e$는 상수이고, $a\neq0$)라 하면

$$f'(x)=4ax^3+3bx^2+2cx+d$$

$y=f'(x)$의 그래프가 x축과 만나는 점의 x좌표가 -2, 0, 2이므로 $f'(x)=0$에서

$x=-2$ 또는 $x=0$ 또는 $x=2$

즉, $f'(x)=4ax(x+2)(x-2)=4ax^3-16ax$에서

$b=0,\ c=-8a,\ d=0$

$\therefore f(x)=ax^4-8ax^2+e$

함수 $f(x)$의 증가와 감소를 표로 나타내면 다음과 같다.

x	$\cdots$	-2	$\cdots$	0	$\cdots$	2	$\cdots$
$f'(x)$	$-$	0	$+$	0	$-$	0	$+$
$f(x)$	↘	$-16a+e$	↗	e	↘	$-16a+e$	↗

함수 $f(x)$는 $x=0$에서 극댓값 e를 갖고, $x=-2$, $x=2$에서 극솟값 $-16a+e$를 갖는다.

ㄱ. $f(-x)=a\cdot(-x)^4-8a\cdot(-x)^2+e$
$\quad=ax^4-8ax^2+e$
$\quad=f(x)$ → 함수 $y=f(x)$의 그래프는 y축에 대하여 대칭이다.

$\quad\therefore f(-1)=f(1)$ (거짓)

ㄴ. 함수 $f(x)$는 $x=0$에서 극댓값을 갖는다. (참)

ㄷ. $f(-2)=f(2)<0<f(0)$이므로 함수 $y=f(x)$의 그래프의 개형은 오른쪽 그림과 같다.
즉, 함수 $y=f(x)$의 그래프는 x축과 서로 다른 네 점에서 만난다. (참)

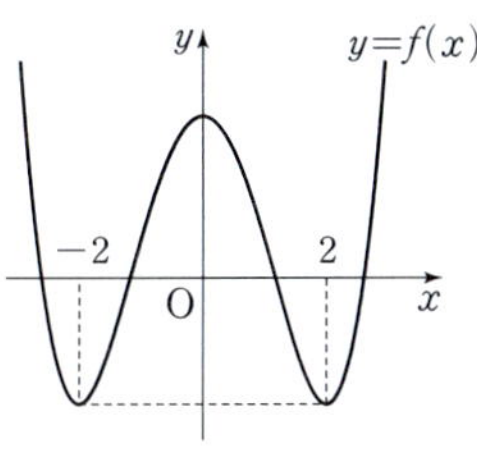

따라서 옳은 것은 ㄴ, ㄷ이다.

0596 답 ③

삼차함수 $f(x)$의 도함수 $f'(x)$는 이차함수이므로 이차함수 $y=f'(x)$의 그래프의 축의 위치를 기준으로 경우를 나누어 구한다.

$f(x)=(x+2)\{x^2+(a-2)x+28\}$에서

$f'(x)=\{x^2+(a-2)x+28\}+(x+2)(2x+a-2)$
$\quad=3x^2+2ax+2a+24$ → $=3\left(x+\dfrac{a}{3}\right)^2-\dfrac{a^2}{3}+2a+24$

함수 $f(x)$가 닫힌구간 $[-5,\ 0]$에서 증가하려면 이 구간에서 $f'(x)\geq0$이어야 한다.

이때 이차함수 $y=f'(x)$의 그래프의 축의 방정식은 $x=-\dfrac{a}{3}$이므로 다음과 같이 세 가지 경우로 나눌 수 있다.

(i) $-\dfrac{a}{3}<-5$, 즉 $a>15$인 경우

오른쪽 그림에서
$f'(-5)=-8a+99\geq0$
$\therefore a\leq\dfrac{99}{8}$

이를 만족시키는 실수 a는 존재하지 않는다.

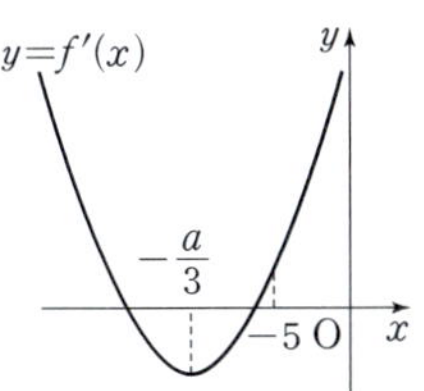

(ii) $-5\le -\dfrac{a}{3}\le 0$, 즉 $0\le a\le 15$인 경우

오른쪽 그림에서

$f'\!\left(-\dfrac{a}{3}\right)=-\dfrac{1}{3}a^2+2a+24\ge 0$

$a^2-6a-72\le 0$

$(a+6)(a-12)\le 0$

$\therefore\ -6\le a\le 12$

$\therefore\ 0\le a\le 12$

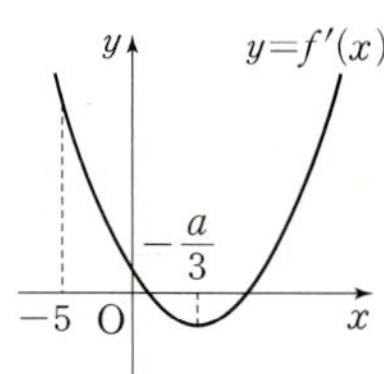

(iii) $-\dfrac{a}{3}>0$, 즉 $a<0$인 경우

오른쪽 그림에서

$f'(0)=2a+24\ge 0$

$\therefore\ a\ge -12$

$\therefore\ -12\le a<0$

(i), (ii), (iii)에서

$-12\le a\le 12$

따라서 $M=12$, $m=-12$이므로

$M-m=12-(-12)=24$

0597 답 ①

함수의 극대와 극소의 정의를 이용하여 주어진 조건의 의미를 파악한다.

$f(x)=\dfrac{1}{3}x^3-\dfrac{1}{2}(n+3)x^2+3nx+2$에서

$f'(x)=x^2-(n+3)x+3n$

$\qquad=(x-3)(x-n)$

(i) $n<3$일 때

$f'(x)=0$에서 $x=n$ 또는 $x=3$

함수 $f(x)$의 증가와 감소를 표로 나타내면 다음과 같다.

x	$\cdots$	n	$\cdots$	3	$\cdots$
$f'(x)$	$+$	0	$-$	0	$+$
$f(x)$	↗	극대	↘	극소	↗

함수 $f(x)$가 $x=n$에서 극댓값을 가지므로 $a=n$이면 주어진 조건에 모순이다.

(ii) $n=3$일 때

$f'(x)=0$에서 $x=3$

함수 $f(x)$의 증가와 감소를 표로 나타내면 다음과 같다.

x	$\cdots$	3	$\cdots$
$f'(x)$	$+$	0	$+$
$f(x)$	↗		↗

함수 $f(x)$가 극댓값을 갖지 않으므로 주어진 조건을 만족시킨다.

(iii) $n>3$일 때

$f'(x)=0$에서 $x=3$ 또는 $x=n$

함수 $f(x)$의 증가와 감소를 표로 나타내면 다음과 같다.

x	$\cdots$	3	$\cdots$	n	$\cdots$
$f'(x)$	$+$	0	$-$	0	$+$
$f(x)$	↗	극대	↘	극소	↗

함수 $f(x)$가 $x=3$에서 극댓값을 가지므로 $a=3$이면 주어진 조건에 모순이다. → 자연수 n에 대하여 $|n-3|\ge 1$이므로 $a=3$은 주어진 조건의 반례이다.

(i), (ii), (iii)에서 $n=3$

0598 답 ①

$f'(k)=0$이라 해서 함수 $f(x)$가 $x=k$에서 반드시 극값을 갖는 것은 아님에 주의한다.

$f(x)=x^3+ax^2+bx+c$에서

$f'(x)=3x^2+2ax+b$

점 P의 좌표를 $(p,\ q)$라 하면

$1\le p\le 2$, $1\le q\le 2$

ㄱ. 함수 $y=f(x)$의 그래프가 y축과 만나는 점의 y좌표가 양수이므로 $c>0$

이때 점 P에서의 접선의 방정식이 $y=q$이므로

$c<q\le 2$ $\qquad\therefore\ 0<c^2<4$ (참)

ㄴ. 함수 $f(x)$가 극값을 갖지 않고, 점 P에서의 접선이 x축에 평행하므로 방정식 $f'(x)=0$은 $x=p$를 중근으로 갖는다.

이차방정식 $f'(x)=0$의 판별식을 D라 하면

$\dfrac{D}{4}=a^2-3b=0$ $\qquad\therefore\ a^2=3b$

또한, 이차방정식의 근과 계수의 관계에 의하여

$2p=-\dfrac{2a}{3}$, $p^2=\dfrac{b}{3}$

이때 $1\le p\le 2$이므로 $a<0$, $b>0$

$\therefore\ a^2-b=3b-b=2b>0$ (거짓)

ㄷ. ㄴ에서 $p^2=\dfrac{b}{3}$이고, $1\le p\le 2$이므로

$1\le \dfrac{b}{3}\le 4$ $\qquad\therefore\ 3\le b\le 12$ (거짓)

따라서 옳은 것은 ㄱ이다.

● 다른 풀이 ●

ㄴ. 이차방정식 $f'(x)=0$이 $x=p$를 중근으로 가지므로

$f'(x)=3(x-p)^2=3x^2-6px+3p^2$

즉, $a=-3p$, $b=3p^2$이고, $1\le p\le 2$이므로

$a^2-b=(-3p)^2-3p^2=6p^2>0$ (거짓)

ㄷ. ㄴ에서 $b=3p^2$이고, $1\le p\le 2$이므로

$1\le p^2\le 4$ $\qquad\therefore\ 3\le b\le 12$ (거짓)

0599 답 ③

$\overline{\mathrm{RS}}=1$임을 이용하여 두 점 P, Q의 좌표를 한 문자로 각각 나타낸다.

$\overline{\mathrm{RS}}=1$이므로 점 P의 좌표를 $(t,\ t^2-1)$이라 하면 점 Q의 좌표는 $(t+1,\ -t^2+2t-1)$이다.

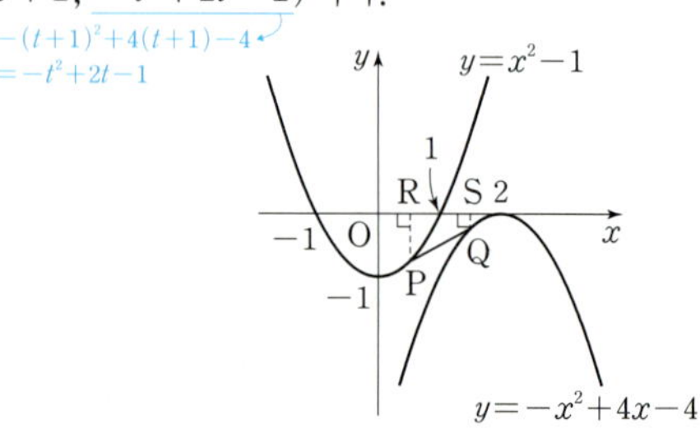

즉, 선분 PQ의 길이는

$\overline{\mathrm{PQ}}=\sqrt{\{(t+1)-t\}^2+\{(-t^2+2t-1)-(t^2-1)\}^2}$

$\qquad=\sqrt{1^2+(-2t^2+2t)^2}$

$\qquad=\sqrt{4t^4-8t^3+4t^2+1}$

$f(t)=4t^4-8t^3+4t^2+1$이라 하면
$f'(t)=16t^3-24t^2+8t$
$\quad\quad=8t(2t-1)(t-1)$
$f'(t)=0$에서 $t=0$ 또는 $t=\dfrac{1}{2}$ 또는 $t=1$

함수 $f(t)$의 증가와 감소를 표로 나타내면 다음과 같다.

t	$\cdots$	0	$\cdots$	$\dfrac{1}{2}$	$\cdots$	1	$\cdots$
$f'(t)$	$-$	0	$+$	0	$-$	0	$+$
$f(t)$	$\searrow$	1	$\nearrow$	$\dfrac{5}{4}$	$\searrow$	1	$\nearrow$

따라서 함수 $f(t)$는 $t=0$ 또는 $t=1$에서 최솟값 1을 가지므로 선분 PQ의 길이의 최솟값은 1이다.

0600　답 ②

함수 $y=f(x)$의 그래프를 그린 후 함수 $y=g(x)$의 그래프의 개형을 추론한다.

$f(x)=\dfrac{1}{4}x^4-\dfrac{3}{2}x^2-2x+\dfrac{5}{4}$에서
$f'(x)=x^3-3x-2$
$\quad\quad=(x+1)^2(x-2)$
$f'(x)=0$에서 $x=-1$ 또는 $x=2$

함수 $f(x)$의 증가와 감소를 표로 나타내면 다음과 같다.

x	$\cdots$	-1	$\cdots$	2	$\cdots$
$f'(x)$	$-$	0	$-$	0	$+$
$f(x)$	$\searrow$	2	$\searrow$	$-\dfrac{19}{4}$	$\nearrow$

함수 $y=f(x)$의 그래프의 개형은 [그림 1]과 같다.
이때 함수 $g(x)=|f(x)-k|$는 오직 한 점에서만 미분가능하지 않으므로 $h(x)=f(x)-k$라 하면 함수 $y=h(x)$의 그래프의 개형은 [그림 2]와 같아야 한다.
$\therefore k=2$

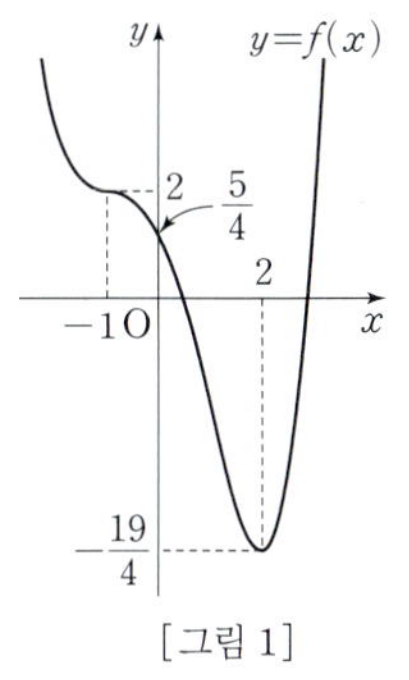

[그림 1]

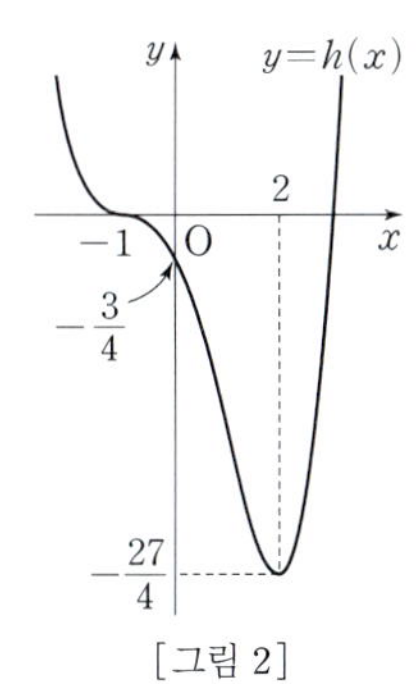

[그림 2]

따라서 함수 $y=g(x)$의 그래프의 개형은 오른쪽 그림과 같으므로 함수 $g(x)$는
$x=2$에서 극댓값
$g(2)=\left|-\dfrac{19}{4}-2\right|=\dfrac{27}{4}$
을 갖는다.
$\therefore M=\dfrac{27}{4}$

$\therefore 4kM=4\cdot2\cdot\dfrac{27}{4}=54$

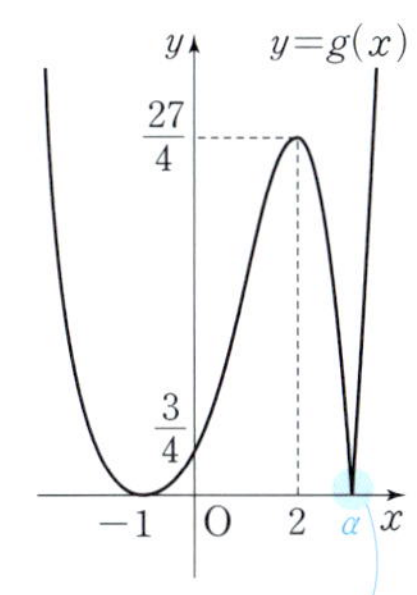

0601　답 ①

사차함수의 극대, 극소와 관련하여 $n(X)$, $n(Y)$가 가질 수 있는 값을 구한다.

사차함수 $f(x)$의 최고차항의 계수가 음수이므로
$n(X)=1$ 또는 $n(X)=2$
사차함수 $g(x)$의 최고차항의 계수가 양수이므로
$n(Y)=1$ 또는 $n(Y)=2$
이때 $n(X)-n(Y)>0$이므로 $n(X)-n(Y)=1$에서
$n(X)=2,\ n(Y)=1$
$f(x)=-\dfrac{1}{4}x^4+\dfrac{8}{3}x^3-\dfrac{a}{2}x^2$에서
$f'(x)=-x^3+8x^2-ax=-x(x^2-8x+a)$
사차함수 $f(x)$가 두 개의 극댓값을 가지므로 삼차방정식
$f'(x)=0$이 서로 다른 세 실근을 갖는다.
그런데 방정식 $f'(x)=0$의 한 실근이 $x=0$이므로 이차방정식
$x^2-8x+a=0$은 0이 아닌 서로 다른 두 실근을 갖는다.
$\therefore a\neq0$
이차방정식 $x^2-8x+a=0$의 판별식을 D_1이라 하면
$\dfrac{D_1}{4}=(-4)^2-a>0 \quad\quad \therefore a<16$
$\therefore a<0$ 또는 $0<a<16$ $\quad\quad\cdots\cdots$ ㉠
$g(x)=(x-1)^2(x^2-4x+a)$에서
$g'(x)=2(x-1)(x^2-4x+a)+(x-1)^2(2x-4)$
$\quad\quad=2(x-1)(2x^2-7x+a+2)$
사차함수 $g(x)$가 극솟값을 하나만 가지므로 삼차방정식
$g'(x)=0$이 한 실근과 두 허근 또는 한 실근과 중근 또는 삼중근을 갖는다.

(i) 방정식 $g'(x)=0$이 한 실근과 두 허근을 갖는 경우
　이차방정식 $2x^2-7x+a+2=0$이 허근을 가져야 하므로 판별식을 D_2라 하면
　$D_2=(-7)^2-4\cdot2\cdot(a+2)<0$
　$33-8a<0 \quad\quad \therefore a>\dfrac{33}{8}$

(ii) 방정식 $g'(x)=0$이 한 실근과 중근을 갖는 경우
　이차방정식 $2x^2-7x+a+2=0$이 $x=1$을 근으로 갖거나 1이 아닌 실수를 중근으로 가져야 한다.
　$x=1$을 근으로 가질 때, $-3+a=0 \quad\quad \therefore a=3$
　1이 아닌 실수를 중근으로 가질 때, 판별식을 D_2라 하면
　$D_2=(-7)^2-4\cdot2\cdot(a+2)=0$
　$33-8a=0 \quad\quad \therefore a=\dfrac{33}{8}$

(i), (ii)에서 $a=3$ 또는 $a\geq\dfrac{33}{8}$ $\quad\quad\cdots\cdots$ ㉡

㉠, ㉡에서 $a=3$ 또는 $\dfrac{33}{8}\leq a<16$

따라서 정수 a는 3, 5, 6, 7, $\cdots$, 15이므로 그 합은
$3+5+6+7+\cdots+15=\displaystyle\sum_{k=1}^{15}k-(1+2+4)=\dfrac{15\cdot16}{2}-7=113$

0602　답 해설 참조

$f(x)=x^3-3x^2+3x+1$에서
$f'(x)=3x^2-6x+3=3(x-1)^2$

$f'(x)=0$에서 $x=1$

함수 $f(x)$의 증가와 감소를 표로 나타내면 다음과 같다.

x	$\cdots$	1	$\cdots$
$f'(x)$	$+$	0	$+$
$f(x)$	$\nearrow$	2	$\nearrow$

따라서 함수 $f(x)$는 실수 전체의 집합에서 증가한다.

채점 기준	배점 비율
❶ $f'(x)$ 구하기	30%
❷ $f'(x)=0$인 x인 값을 기준으로 도함수의 부호 판정하기	50%
❸ 함수의 증가와 감소 판정하기	20%

0603 답 최댓값: 1, 최솟값: -19

$f(x)=x^3-3x-1$에서

$f'(x)=3x^2-3=3(x+1)(x-1)$

$f'(x)=0$에서 $x=1$ $(\because 0\leq x\leq 2)$

닫힌구간 $[0, 2]$에서 함수 $f(x)$의 증가와 감소를 표로 나타내면 다음과 같다.

x	0	$\cdots$	1	$\cdots$	2
$f'(x)$		$-$	0	$+$	
$f(x)$	-1	$\searrow$	-3	$\nearrow$	1

함수 $f(x)$는 $x=2$에서 최댓값 1, $x=1$에서 최솟값 -3을 갖는다. ❶

$x^3-3x-1=t$라 하면 $-3\leq t\leq 1$이고

$(f\circ f)(x)=f(f(x))=f(x^3-3x-1)$
$\qquad\qquad\quad=f(t)=t^3-3t-1$ ❷

$f'(t)=3t^2-3=3(t+1)(t-1)$

$f'(t)=0$에서 $t=-1$ 또는 $t=1$

$-3\leq t\leq 1$에서 함수 $f(t)$의 증가와 감소를 표로 나타내면 다음과 같다.

t	-3	$\cdots$	-1	$\cdots$	1
$f'(t)$		$+$	0	$-$	0
$f(t)$	-19	$\nearrow$	1	$\searrow$	-3

함수 $f(t)$는 $t=-1$에서 최댓값 1, $t=-3$에서 최솟값 -19를 갖는다.

따라서 합성함수 $(f\circ f)(x)$의 최댓값은 1, 최솟값은 -19이다. ❸

채점 기준	배점 비율
❶ 닫힌구간 $[0, 2]$에서 $f(x)$의 최댓값과 최솟값 구하기	40%
❷ 치환을 이용하여 합성함수 $(f\circ f)(x)$ 정리하기	20%
❸ 치환된 함수를 이용하여 합성함수 $(f\circ f)(x)$의 최댓값과 최솟값 구하기	40%

0604 답 $\dfrac{2\sqrt{3}}{3}$

두 점 P, Q의 좌표는 각각 $P(t, 0)$, $Q\left(1+\dfrac{t}{2}, 1-\dfrac{t^2}{4}\right)$이다.

삼각형 OPQ의 넓이를 $S(t)$라 하면

$S(t)=\dfrac{1}{2}\cdot t\cdot\left(1-\dfrac{t^2}{4}\right)=-\dfrac{1}{8}t^3+\dfrac{1}{2}t$ ❶

$\therefore S'(t)=-\dfrac{3}{8}t^2+\dfrac{1}{2}=-\dfrac{3}{8}\left(t^2-\dfrac{4}{3}\right)$

$S'(t)=0$에서 $t=\dfrac{2\sqrt{3}}{3}$ $(\because 0<t<2)$

$0<t<2$에서 함수 $S(t)$의 증가와 감소를 표로 나타내면 다음과 같다.

t	(0)	$\cdots$	$\dfrac{2\sqrt{3}}{3}$	$\cdots$	(2)
$S'(t)$		$+$	0	$-$	
$S(t)$		$\nearrow$	$\dfrac{2\sqrt{3}}{9}$	$\searrow$	

따라서 함수 $S(t)$는 $t=\dfrac{2\sqrt{3}}{3}$에서 최댓값 $\dfrac{2\sqrt{3}}{9}$ 을 가지므로 삼각형 OPQ의 넓이가 최대가 되는 t의 값은 $\dfrac{2\sqrt{3}}{3}$이다. ❸

채점 기준	배점 비율
❶ 삼각형 OPQ의 넓이를 $S(t)$라 하고, $S(t)$ 구하기	30%
❷ 도함수를 이용하여 함수 $S(t)$의 증가와 감소를 표로 나타내기	50%
❸ $S(t)$가 최대가 되는 t의 값 구하기	20%

0605 답 35

$f(x)=x^3-ax^2+bx$에서

$f'(x)=3x^2-2ax+b$

삼차함수 $f(x)$가 극댓값과 극솟값을 모두 가지므로 이차방정식 $f'(x)=0$은 서로 다른 두 실근을 갖는다.

이차방정식 $f'(x)=0$의 판별식을 D_1이라 하면

$\dfrac{D_1}{4}=(-a)^2-3b>0$

$\therefore a^2>3b$ $\qquad\cdots\cdots$ ㉠ ❶

$f(x)=x(x^2-ax+b)$에서 $f(0)=0$이고 극솟값 q가 $q>0$이므로 함수 $y=f(x)$의 그래프는 x축과 오직 한 점에서 만난다.

즉, 이차방정식 $x^2-ax+b=0$이 허근을 가지므로 판별식을 D_2라 하면

$D_2=(-a)^2-4b<0$

$\therefore a^2<4b$ $\qquad\cdots\cdots$ ㉡ ❷

㉠, ㉡에서 $3b<a^2<4b$ $\qquad\cdots\cdots$ ㉢

또한, $f(1)=1-a+b=3$이므로

$a=b-2$ $\qquad\cdots\cdots$ ㉣

㉣을 ㉢에 대입하면

$3b<(b-2)^2<4b$, $3b<b^2-4b+4<4b$

$7b<b^2+4<8b$, $7<b+\dfrac{4}{b}<8$ $(\because b>0)$

이때 b는 자연수이므로 $b=7$

$b=7$을 ㉣에 대입하면 $a=5$

$\therefore ab=5\cdot7=35$ ❸

채점 기준	배점 비율
❶ 삼차함수 $f(x)$가 극값을 가질 조건 구하기	30%
❷ $f(0)=0$임을 이용하여 극솟값 q가 양수일 조건 구하기	30%
❸ 두 자연수 a, b의 값을 각각 구하여 ab의 값 구하기	40%

0606 <답> 4

(ⅰ) $a<0$일 때

$\displaystyle\lim_{x\to\infty}f(x)=-\infty$에서 함수 $f(x)$의 최솟값이 존재하지 않으므로 조건에 모순이다.

(ⅱ) $a=0$일 때

$$f(x)=\begin{cases}|x^3| & (x<0)\\ 0 & (x\geq 0)\end{cases}$$

즉, 모든 실수 x에 대하여 $f(x)\geq 0$이므로 조건에 모순이다. ❶

(ⅲ) $a>0$일 때

$x\geq 0$에서 $f(x)=ax^3-3ax$이므로

$$f'(x)=3ax^2-3a$$
$$=3a(x+1)(x-1)$$

$f'(x)=0$에서 $x=1$ $(\because x\geq 0)$

$x\geq 0$에서 함수 $f(x)$의 증가와 감소를 표로 나타내면 다음과 같다.

x	0	$\cdots$	1	$\cdots$
$f'(x)$		$-$	0	$+$
$f(x)$	0	$\searrow$	$-2a$	$\nearrow$

$x<0$에서 $f(x)\geq 0$이므로 함수 $f(x)$는 $x=1$에서 최솟값 $-2a$를 갖는다.

이때 함수 $f(x)$의 최솟값이 -6이므로

$$-2a=-6 \qquad \therefore a=3$$
❷

(ⅰ), (ⅱ), (ⅲ)에서

$$f(x)=\begin{cases}|x^2(x+3)| & (x<0)\\ 3(x^3-3x) & (x\geq 0)\end{cases}$$

$g(x)=x^2(x+3)=x^3+3x^2$이라 하면

$$g'(x)=3x^2+6x$$
$$=3x(x+2)$$

$g'(x)=0$에서 $x=-2$ $(\because x<0)$

$x<0$에서 함수 $g(x)$의 증가와 감소를 표로 나타내면 다음과 같다.

x	$\cdots$	-2	$\cdots$	(0)
$g'(x)$	$+$	0	$-$	
$g(x)$	$\nearrow$	4	$\searrow$	

따라서 함수 $y=f(x)$의 그래프의 개형은 오른쪽 그림과 같으므로 함수 $f(x)$는 $x=-2$에서 극댓값 4를 갖는다.

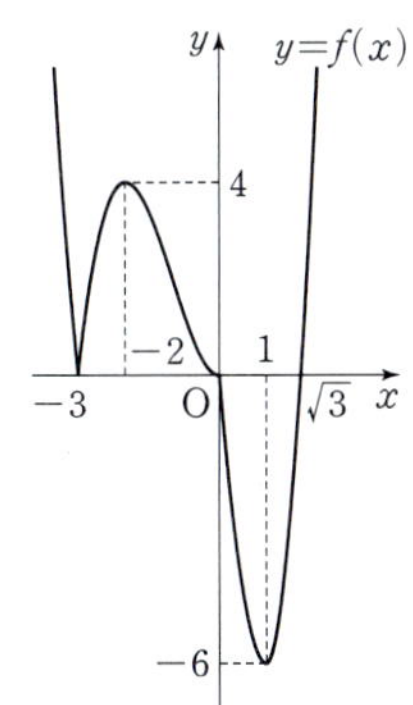

❸

채점 기준	배점 비율
❶ $a\leq 0$이면 조건에 모순임을 보이기	20%
❷ 함수 $f(x)$의 최솟값을 이용하여 상수 a의 값 구하기	40%
❸ 함수 $f(x)$의 극댓값 구하기	40%

0607 <답> $-5<k<-3$

$f(x+y)=f(x)+f(y)+xy(x+y+k)$의 양변에 $x=0$, $y=0$을 대입하면

$$f(0)=f(0)+f(0)$$
$$\therefore f(0)=0 \qquad \cdots\cdots\;\text{㉠}$$
❶

이때 $f'(0)=k+5$이므로

$$f'(x)=\lim_{h\to 0}\frac{f(x+h)-f(x)}{h}$$

→ 도함수의 정의

$$=\lim_{h\to 0}\frac{f(x)+f(h)+xh(x+h+k)-f(x)}{h}$$
$$=\lim_{h\to 0}\left\{\frac{f(h)}{h}+x(x+h+k)\right\}$$
$$=\lim_{h\to 0}\left\{\frac{f(h)-f(0)}{h-0}+x(x+h+k)\right\}\ (\because \text{㉠})$$
$$=f'(0)+x^2+kx$$
$$=x^2+kx+k+5$$
❷

함수 $f(x)$가 열린구간 $(-1, 1)$, $(1, 5)$에서 극값을 각각 하나씩 가지므로 이차방정식 $f'(x)=0$은 서로 다른 두 실근을 갖고, 두 실근은 열린구간 $(-1, 1)$, $(1, 5)$에 각각 하나씩 존재한다.

즉, $y=f'(x)$의 그래프가 오른쪽 그림과 같으므로

$$f'(-1)>0, f'(1)<0, f'(5)>0$$
❸

$$f'(-1)=6>0$$
$$f'(1)=2k+6<0 \qquad \therefore k<-3$$
$$f'(5)=6k+30>0 \qquad \therefore k>-5$$

따라서 실수 k의 값의 범위는

$$-5<k<-3$$
❹

채점 기준	배점 비율
❶ $f(0)$의 값 구하기	20%
❷ 도함수의 정의를 이용하여 $f'(x)$ 구하기	30%
❸ $y=f'(x)$의 그래프를 이용하여 열린구간 $(-1, 1)$, $(1, 5)$에서 극값을 각각 하나씩 가질 조건 구하기	30%
❹ 실수 k의 값의 범위 구하기	20%

06 도함수의 활용

본문 110쪽

0608 답 3

$f(x)=x^3-6x^2+15$라 하면
$f'(x)=3x^2-12x=3x(x-4)$
$f'(x)=0$에서 $x=0$ 또는 $x=4$
함수 $f(x)$의 증가와 감소를 표로 나타내면 다음과 같다.

x	$\cdots$	0	$\cdots$	4	$\cdots$
$f'(x)$	$+$	0	$-$	0	$+$
$f(x)$	$\nearrow$	15	$\searrow$	-17	$\nearrow$

오른쪽 그림과 같이 곡선 $y=f(x)$는 x축
과 서로 다른 세 점에서 만나므로 주어진
방정식의 서로 다른 실근의 개수는 3이다.

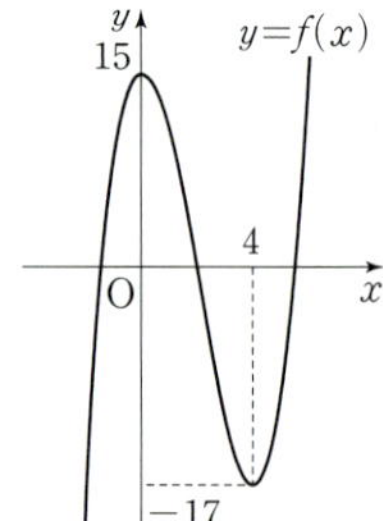

0609 답 3

$f(x)=\dfrac{1}{4}x^4-\dfrac{1}{3}x^3-x^2$이라 하면
$f'(x)=x^3-x^2-2x=x(x+1)(x-2)$
$f'(x)=0$에서 $x=-1$ 또는 $x=0$ 또는 $x=2$
함수 $f(x)$의 증가와 감소를 표로 나타내면 다음과 같다.

x	$\cdots$	-1	$\cdots$	0	$\cdots$	2	$\cdots$
$f'(x)$	$-$	0	$+$	0	$-$	0	$+$
$f(x)$	$\searrow$	$-\dfrac{5}{12}$	$\nearrow$	0	$\searrow$	$-\dfrac{8}{3}$	$\nearrow$

오른쪽 그림과 같이 곡선 $y=f(x)$는
x축과 서로 다른 세 점에서 만나므로
주어진 방정식의 서로 다른 실근의 개
수는 3이다.

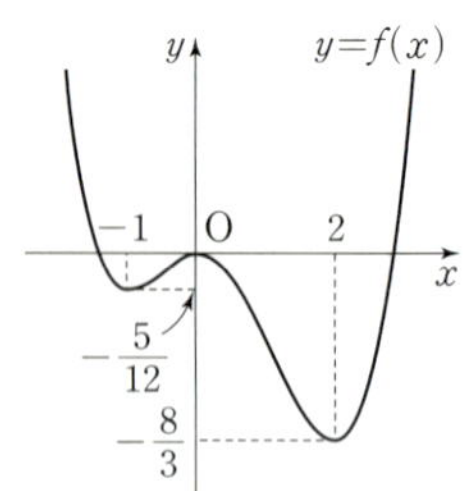

0610 답 2

$x^3-3x=-2$에서 $x^3-3x+2=0$
$f(x)=x^3-3x+2$라 하면
$f'(x)=3x^2-3=3(x+1)(x-1)$
$f'(x)=0$에서 $x=-1$ 또는 $x=1$
함수 $f(x)$의 증가와 감소를 표로 나타내면 다음과 같다.

x	$\cdots$	-1	$\cdots$	1	$\cdots$
$f'(x)$	$+$	0	$-$	0	$+$
$f(x)$	$\nearrow$	4	$\searrow$	0	$\nearrow$

오른쪽 그림과 같이 곡선 $y=f(x)$는
x축과 서로 다른 두 점에서 만나므로
주어진 방정식의 서로 다른 실근의 개
수는 2이다.

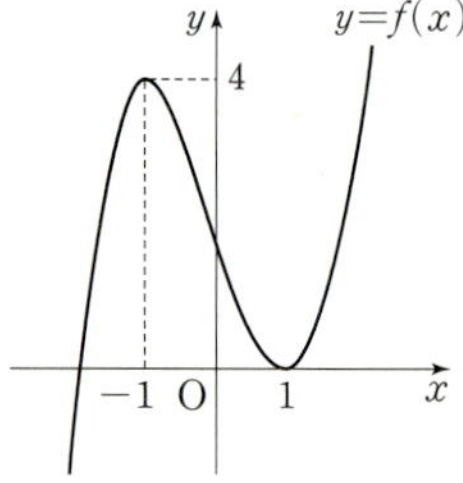

0611 답 2

$x^4-2x^2=1$에서 $x^4-2x^2-1=0$
$f(x)=x^4-2x^2-1$이라 하면
$f'(x)=4x^3-4x=4x(x+1)(x-1)$
$f'(x)=0$에서 $x=-1$ 또는 $x=0$ 또는 $x=1$
함수 $f(x)$의 증가와 감소를 표로 나타내면 다음과 같다.

x	$\cdots$	-1	$\cdots$	0	$\cdots$	1	$\cdots$
$f'(x)$	$-$	0	$+$	0	$-$	0	$+$
$f(x)$	$\searrow$	-2	$\nearrow$	-1	$\searrow$	-2	$\nearrow$

오른쪽 그림과 같이 곡선 $y=f(x)$는
x축과 서로 다른 두 점에서 만나므로
주어진 방정식의 서로 다른 실근의 개
수는 2이다.

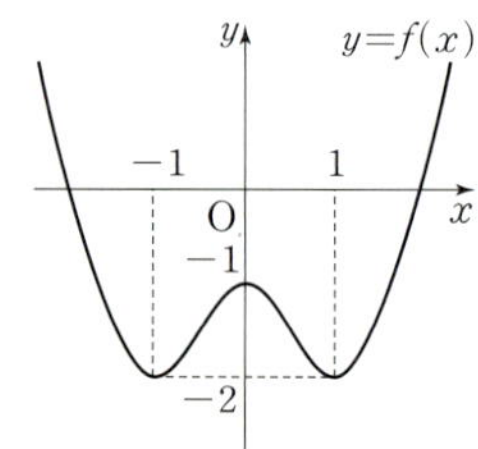

0612 답 1

$x^3-2=3x^2-3x$에서 $x^3-3x^2+3x-2=0$
$f(x)=x^3-3x^2+3x-2$라 하면
$f'(x)=3x^2-6x+3=3(x-1)^2$
$f'(x)=0$에서 $x=1$
함수 $f(x)$의 증가와 감소를 표로 나타내면 다음과 같다.

x	$\cdots$	1	$\cdots$
$f'(x)$	$+$	0	$+$
$f(x)$	$\nearrow$	-1	$\nearrow$

모든 실수 x에 대하여 $f'(x)\geq0$이므로
함수 $f(x)$는 실수 전체의 집합에서 증가
한다. 따라서 오른쪽 그림과 같이 곡선
$y=f(x)$는 x축과 오직 한 점에서 만나
므로 주어진 방정식의 실근의 개수는 1
이다.

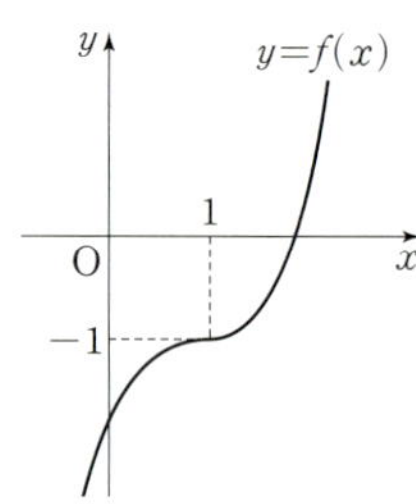

0613 답 4

$3x^4+5x^3-8x^2=x^3+4x^2-1$에서 $3x^4+4x^3-12x^2+1=0$
$f(x)=3x^4+4x^3-12x^2+1$이라 하면
$f'(x)=12x^3+12x^2-24x=12x(x+2)(x-1)$
$f'(x)=0$에서 $x=-2$ 또는 $x=0$ 또는 $x=1$
함수 $f(x)$의 증가와 감소를 표로 나타내면 다음과 같다.

x	$\cdots$	-2	$\cdots$	0	$\cdots$	1	$\cdots$
$f'(x)$	$-$	0	$+$	0	$-$	0	$+$
$f(x)$	$\searrow$	-31	$\nearrow$	1	$\searrow$	-4	$\nearrow$

오른쪽 그림과 같이 곡선 $y=f(x)$는 x축
과 서로 다른 네 점에서 만나므로 주어진
방정식의 서로 다른 실근의 개수는 4이다.

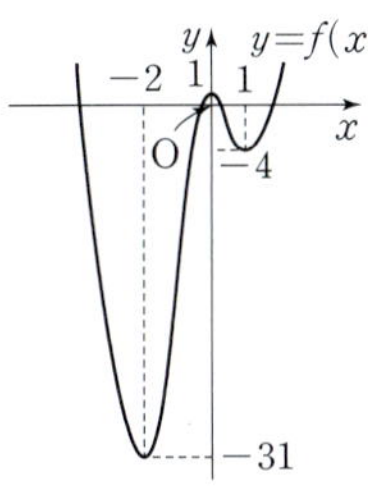

0614　답　$-27<a<5$

$f(x)=x^3+3x^2-9x+a$라 하면
$f'(x)=3x^2+6x-9=3(x+3)(x-1)$
$f'(x)=0$에서 $x=-3$ 또는 $x=1$
삼차방정식 $f(x)=0$이 서로 다른 세 실근을 가지려면
$f(-3)f(1)<0$이어야 하므로
$(a+27)(a-5)<0$　　$\therefore$　$-27<a<5$

0615　답　$a=-27$ 또는 $a=5$

삼차방정식 $f(x)=0$이 한 실근과 중근을 가지려면
$f(-3)f(1)=0$이어야 하므로
$(a+27)(a-5)=0$　　$\therefore$　$a=-27$ 또는 $a=5$

0616　답　$a<-27$ 또는 $a>5$

삼차방정식 $f(x)=0$이 한 실근과 두 허근을 가지려면
$f(-3)f(1)>0$이어야 하므로
$(a+27)(a-5)>0$　　$\therefore$　$a<-27$ 또는 $a>5$

0617　답　$k\geq4$

$f(x)=x^3-3x^2+k$라 하면
$f'(x)=3x^2-6x=3x(x-2)$
$f'(x)=0$에서 $x=0$ 또는 $x=2$
$x\geq0$에서 함수 $f(x)$의 증가와 감소를 표로 나타내면 다음과 같다.

x	0	$\cdots$	2	$\cdots$
$f'(x)$	0	$-$	0	$+$
$f(x)$	k	$\searrow$	$k-4$	$\nearrow$

함수 $f(x)$는 $x=2$에서 극소이면서 최소이므로 최솟값은 $k-4$
이다.
따라서 $x\geq0$일 때, 주어진 부등식이 성립하려면 $k-4\geq0$이어야
하므로
$k\geq4$

0618　답　$k\geq1$

$f(x)=3x^4-4x^3+k$라 하면
$f'(x)=12x^3-12x^2=12x^2(x-1)$
$f'(x)=0$에서 $x=0$ 또는 $x=1$
함수 $f(x)$의 증가와 감소를 표로 나타내면 다음과 같다.

x	$\cdots$	0	$\cdots$	1	$\cdots$
$f'(x)$	$-$	0	$-$	0	$+$
$f(x)$	$\searrow$	k	$\searrow$	$k-1$	$\nearrow$

함수 $f(x)$는 $x=1$에서 극소이면서 최소이므로 최솟값은 $k-1$
이다.

따라서 모든 실수 x에 대하여 주어진 부등식이 성립하려면
$k-1\geq0$이어야 하므로
$k\geq1$

0619　답　$v=1$, $a=2$

$v=\dfrac{dx}{dt}=2t-3$, $a=\dfrac{dv}{dt}=2$이므로 $t=2$에서의 점 P의 속도와
가속도는
$v=2\cdot2-3=1$, $a=2$

0620　답　$v=0$, $a=-4$

$v=\dfrac{dx}{dt}=-4t+8$, $a=\dfrac{dv}{dt}=-4$이므로 $t=2$에서의 점 P의 속
도와 가속도는
$v=-4\cdot2+8=0$, $a=-4$

0621　답　$v=17$, $a=16$

$v=\dfrac{dx}{dt}=3t^2+4t-3$, $a=\dfrac{dv}{dt}=6t+4$이므로 $t=2$에서의 점 P의
속도와 가속도는
$v=3\cdot2^2+4\cdot2-3=17$, $a=6\cdot2+4=16$

0622　답　14

$\dfrac{dl}{dt}=6t+2$이므로 $t=2$에서의 물체의 길이의 변화율은
$6\cdot2+2=14$

0623　답　40

$\dfrac{dS}{dt}=3t^2+4t+1$이므로 $t=3$에서의 도형의 넓이의 변화율은
$3\cdot3^2+4\cdot3+1=40$

0624　답　14

$\dfrac{dV}{dt}=(4t+1)(t+1)+(2t^2+t+1)=6t^2+6t+2$이므로
$t=1$에서의 도형의 부피의 변화율은
$6+6+2=14$

본문 111~126쪽

0625　답　③

0626　답　②

$2x^3-15x^2+24x+k=0$에서 $2x^3-15x^2+24x=-k$
즉, 방정식 $2x^3-15x^2+24x=-k$가 서로 다른 두 실근을 가지
려면 곡선 $y=2x^3-15x^2+24x$와 직선 $y=-k$가 서로 다른 두
점에서 만나야 한다.
$f(x)=2x^3-15x^2+24x$라 하면
$f'(x)=6x^2-30x+24=6(x-1)(x-4)$
$f'(x)=0$에서 $x=1$ 또는 $x=4$

함수 $f(x)$의 증가와 감소를 표로 나타내면 다음과 같다.

x	$\cdots$	1	$\cdots$	4	$\cdots$
$f'(x)$	$+$	0	$-$	0	$+$
$f(x)$	$\nearrow$	11	$\searrow$	-16	$\nearrow$

오른쪽 그림에서 곡선 $y=f(x)$와 직선
$y=-k$가 서로 다른 두 점에서 만나도록
하는 실수 k의 값은
$-k=11$ 또는 $-k=-16$
$\therefore k=-11$ 또는 $k=16$
따라서 모든 실수 k의 값의 합은
$-11+16=5$

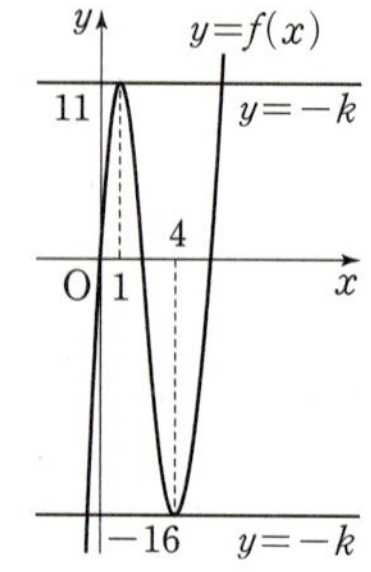

0627 답 3

$x^3-2x^2-3x=2x^2+k-2$에서 $x^3-4x^2-3x+2=k$
즉, 방정식 $x^3-4x^2-3x+2=k$가 오직 한 개의 실근을 가지려면
곡선 $y=x^3-4x^2-3x+2$와 직선 $y=k$가 오직 한 점에서 만나야
한다.
$f(x)=x^3-4x^2-3x+2$라 하면
$f'(x)=3x^2-8x-3=(3x+1)(x-3)$
$f'(x)=0$에서 $x=-\dfrac{1}{3}$ 또는 $x=3$
함수 $f(x)$의 증가와 감소를 표로 나타내면 다음과 같다.

x	$\cdots$	$-\dfrac{1}{3}$	$\cdots$	3	$\cdots$
$f'(x)$	$+$	0	$-$	0	$+$
$f(x)$	$\nearrow$	$\dfrac{68}{27}$	$\searrow$	-16	$\nearrow$

오른쪽 그림에서 곡선 $y=f(x)$와 직선
$y=k$가 오직 한 점에서 만나도록 하는
실수 k의 값의 범위는
$k<-16$ 또는 $k>\dfrac{68}{27}$
따라서 자연수 k의 최솟값은 3이다.

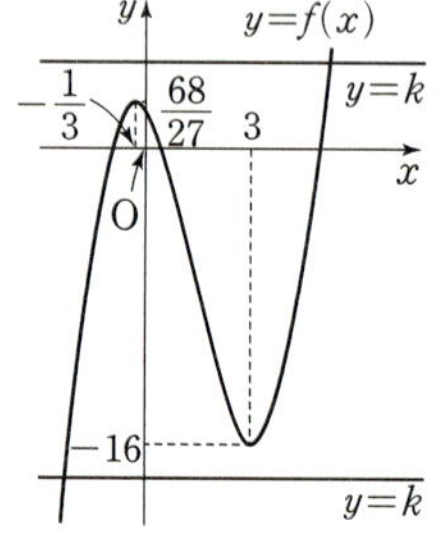

0628 답 ③

$3x^4+4x^3-12x^2+2-k=0$에서 $3x^4+4x^3-12x^2+2=k$
즉, 방정식 $3x^4+4x^3-12x^2+2=k$가 서로 다른 네 실근을 가지
려면 곡선 $y=3x^4+4x^3-12x^2+2$와 직선 $y=k$가 서로 다른 네
점에서 만나야 한다.
$f(x)=3x^4+4x^3-12x^2+2$라 하면
$f'(x)=12x^3+12x^2-24x=12x(x+2)(x-1)$
$f'(x)=0$에서 $x=-2$ 또는 $x=0$ 또는 $x=1$
함수 $f(x)$의 증가와 감소를 표로 나타내면 다음과 같다.

x	$\cdots$	-2	$\cdots$	0	$\cdots$	1	$\cdots$
$f'(x)$	$-$	0	$+$	0	$-$	0	$+$
$f(x)$	$\searrow$	-30	$\nearrow$	2	$\searrow$	-3	$\nearrow$

오른쪽 그림에서 곡선 $y=f(x)$와 직선
$y=k$가 서로 다른 네 점에서 만나도록
하는 실수 k의 값의 범위는
$-3<k<2$
따라서 $a=-3$, $b=2$이므로
$ab=(-3)\cdot2=-6$

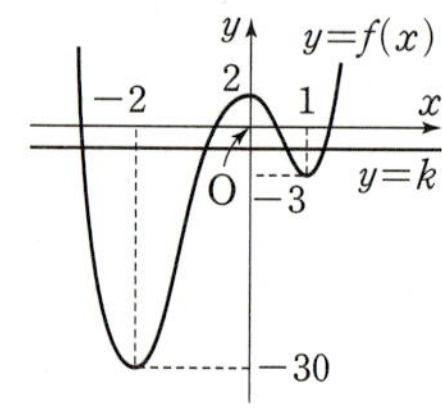

0629 답 90

$\dfrac{3}{4}x^4-2x^3-\dfrac{3}{2}x^2+6x-10+k=0$에서
$\dfrac{3}{4}x^4-2x^3-\dfrac{3}{2}x^2+6x-10=-k$
즉, 방정식 $\dfrac{3}{4}x^4-2x^3-\dfrac{3}{2}x^2+6x-10=-k$가 서로 다른 두 실
근을 가지려면 곡선 $y=\dfrac{3}{4}x^4-2x^3-\dfrac{3}{2}x^2+6x-10$과 직선
$y=-k$가 서로 다른 두 점에서 만나야 한다.
$f(x)=\dfrac{3}{4}x^4-2x^3-\dfrac{3}{2}x^2+6x-10$이라 하면
$f'(x)=3x^3-6x^2-3x+6=3(x+1)(x-1)(x-2)$
$f'(x)=0$에서 $x=-1$ 또는 $x=1$ 또는 $x=2$
함수 $f(x)$의 증가와 감소를 표로 나타내면 다음과 같다.

x	$\cdots$	-1	$\cdots$	1	$\cdots$	2	$\cdots$
$f'(x)$	$-$	0	$+$	0	$-$	0	$+$
$f(x)$	$\searrow$	$-\dfrac{59}{4}$	$\nearrow$	$-\dfrac{27}{4}$	$\searrow$	-8	$\nearrow$

오른쪽 그림에서 곡선 $y=f(x)$와 직선
$y=-k$가 서로 다른 두 점에서 만나도록
하는 실수 k의 값의 범위는
$-k>-\dfrac{27}{4}$ 또는 $-\dfrac{59}{4}<-k<-8$
$\therefore 0<k<\dfrac{27}{4}$ 또는

$\qquad 8<k<\dfrac{59}{4}\ (\because k>0)$

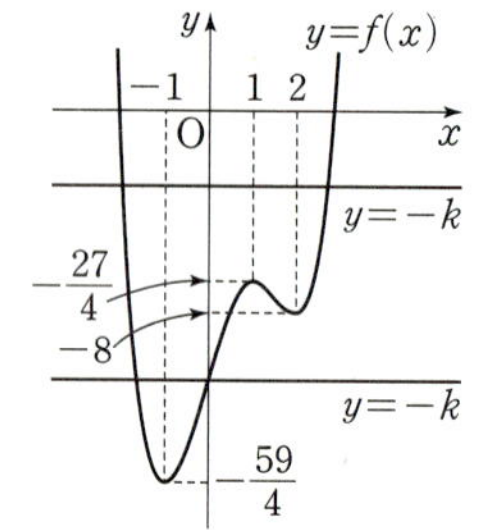

따라서 자연수 k는 1, 2, 3, $\cdots$, 6, 9, 10, 11, $\cdots$, 14이므로 모
든 자연수 k의 값의 합은
$\displaystyle\sum_{k=1}^{14}k-(7+8)=\dfrac{14\cdot15}{2}-(7+8)=105-15=90$

0630 답 ④

0631 답 ②

$\dfrac{4}{3}x^3+2x^2-3x+k=0$에서 $\dfrac{4}{3}x^3+2x^2-3x=-k$
즉, 방정식 $\dfrac{4}{3}x^3+2x^2-3x=-k$가 한 개의 양수인 근과 서로
다른 두 개의 음수인 근을 가지려면 곡선 $y=\dfrac{4}{3}x^3+2x^2-3x$와
직선 $y=-k$의 교점의 x좌표가 한 개는 양수이고 다른 두 개는
음수이어야 한다.
$f(x)=\dfrac{4}{3}x^3+2x^2-3x$라 하면
$f'(x)=4x^2+4x-3=(2x+3)(2x-1)$
$f'(x)=0$에서 $x=-\dfrac{3}{2}$ 또는 $x=\dfrac{1}{2}$

함수 $f(x)$의 증가와 감소를 표로 나타내면 다음과 같다.

x	$\cdots$	$-\dfrac{3}{2}$	$\cdots$	$\dfrac{1}{2}$	$\cdots$
$f'(x)$	$+$	0	$-$	0	$+$
$f(x)$	$\nearrow$	$\dfrac{9}{2}$	$\searrow$	$-\dfrac{5}{6}$	$\nearrow$

오른쪽 그림에서 곡선 $y=f(x)$와 직선 $y=-k$의 교점의 x좌표가 한 개는 양수, 다른 두 개는 음수가 되도록 하는 실수 k의 값의 범위는

$0<-k<\dfrac{9}{2}$ $\quad\therefore -\dfrac{9}{2}<k<0$

따라서 정수 k의 개수는 -4, -3, -2, -1의 4이다.

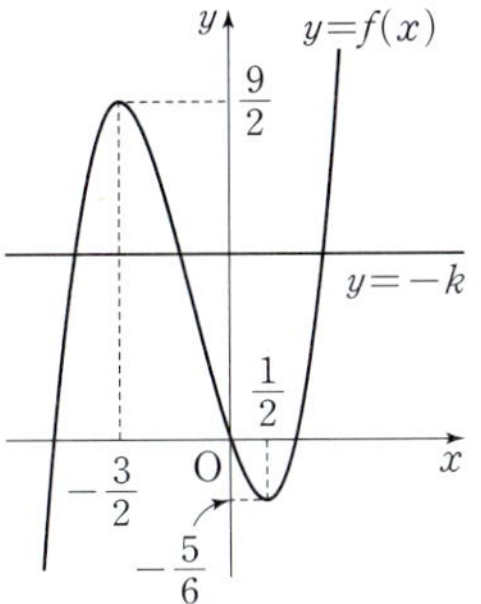

0632 답 ②

$x^3-2x^2-2x=\dfrac{1}{2}x^2+k$에서 $x^3-\dfrac{5}{2}x^2-2x=k$

즉, 방정식 $x^3-\dfrac{5}{2}x^2-2x=k$가 오직 한 개의 음수인 근을 가지려면 곡선 $y=x^3-\dfrac{5}{2}x^2-2x$와 직선 $y=k$의 교점이 1개이고 그 교점의 x좌표가 음수이어야 한다.

$f(x)=x^3-\dfrac{5}{2}x^2-2x$라 하면

$f'(x)=3x^2-5x-2=(3x+1)(x-2)$

$f'(x)=0$에서 $x=-\dfrac{1}{3}$ 또는 $x=2$

함수 $f(x)$의 증가와 감소를 표로 나타내면 다음과 같다.

x	$\cdots$	$-\dfrac{1}{3}$	$\cdots$	2	$\cdots$
$f'(x)$	$+$	0	$-$	0	$+$
$f(x)$	$\nearrow$	$\dfrac{19}{54}$	$\searrow$	-6	$\nearrow$

오른쪽 그림에서 곡선 $y=f(x)$와 직선 $y=k$의 교점이 1개이고 그 교점의 x좌표가 음수가 되도록 하는 실수 k의 값의 범위는

$k<-6$

따라서 정수 k의 최댓값은 -7이다.

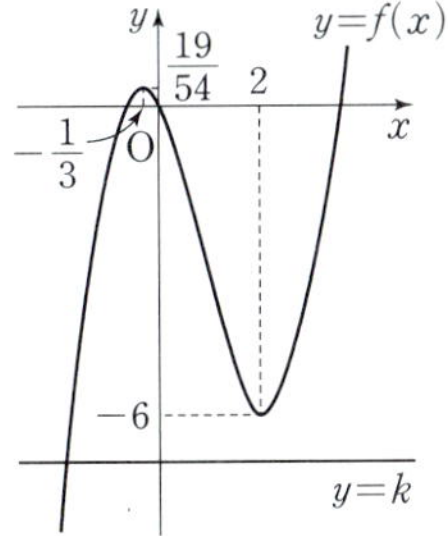

0633 답 124

$x^4+4x^3+20=2x^2+12x+k$에서 $x^4+4x^3-2x^2-12x+20=k$

즉, 방정식 $x^4+4x^3-2x^2-12x+20=k$가 서로 다른 두 개의 양수인 근과 서로 다른 두 개의 음수인 근을 가지려면 곡선 $y=x^4+4x^3-2x^2-12x+20$과 직선 $y=k$의 교점의 x좌표가 두 개는 양수이고 다른 두 개는 음수이어야 한다.

$f(x)=x^4+4x^3-2x^2-12x+20$이라 하면

$f'(x)=4x^3+12x^2-4x-12=4(x+3)(x+1)(x-1)$

$f'(x)=0$에서 $x=-3$ 또는 $x=-1$ 또는 $x=1$

함수 $f(x)$의 증가와 감소를 표로 나타내면 다음과 같다.

x	$\cdots$	-3	$\cdots$	-1	$\cdots$	1	$\cdots$
$f'(x)$	$-$	0	$+$	0	$-$	0	$+$
$f(x)$	$\searrow$	11	$\nearrow$	27	$\searrow$	11	$\nearrow$

오른쪽 그림에서 곡선 $y=f(x)$와 직선 $y=k$의 교점의 x좌표가 두 개는 양수, 다른 두 개는 음수가 되도록 하는 실수 k의 값의 범위는

$11<k<20$

따라서 모든 정수 k의 값의 합은

$12+13+14+\cdots+19=124$

$\displaystyle\sum_{n=1}^{8}(n+11)=\dfrac{8\cdot9}{2}+11\cdot8=124$

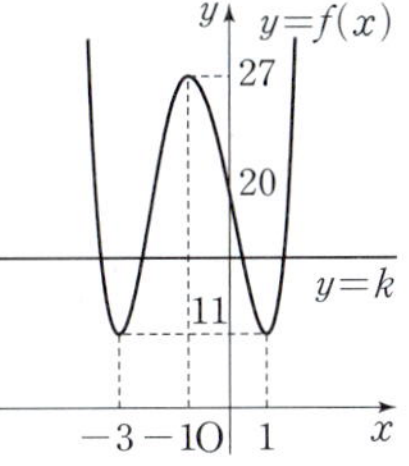

0634 답 ②

$f'(x)=a(x+1)^2(x-2)=0$에서 $x=-1$ 또는 $x=2$

함수 $f(x)$의 증가와 감소를 표로 나타내면 다음과 같다.

x	$\cdots$	-1	$\cdots$	2	$\cdots$
$f'(x)$	$-$	0	$-$	0	$+$
$f(x)$	$\searrow$	$k+8$	$\searrow$	$k-46$	$\nearrow$

오른쪽 그림에서 방정식 $f(x)=m$이 적어도 한 개의 음수인 근을 가지려면 곡선 $y=f(x)$와 직선 $y=m$의 교점의 x좌표가 음수인 점이 적어도 하나 존재해야 하므로 실수 m의 값의 범위는

$m>k+2$

이때 자연수 m의 최솟값이 10이므로

$10>k+2$

$\therefore k<8$

따라서 자연수 k의 최댓값은 7이다.

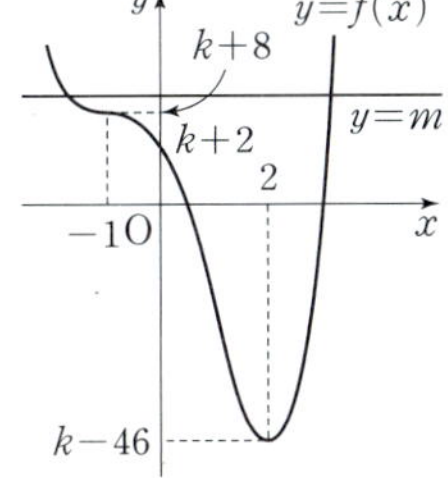

0635 답 ③

0636 답 ①

$f(x)=x^3+3ax^2+4$라 하면

$f'(x)=3x^2+6ax=3x(x+2a)$

$f'(x)=0$에서 $x=0$ 또는 $x=-2a$

삼차방정식 $f(x)=0$이 서로 다른 세 실근을 가지려면

$f(0)f(-2a)<0$이어야 하므로

$4(4a^3+4)<0$, $a^3+1<0$

$(a+1)(a^2-a+1)<0$

$a+1<0$ $(\because a^2-a+1>0)$

$\therefore a<-1$ $\qquad a^2-a+1=\left(a-\dfrac{1}{2}\right)^2+\dfrac{3}{4}>0$

0637 답 ⑤

함수 $y=g(x)$의 그래프는 함수 $f(x)=x^3-\dfrac{3}{2}x^2-18x+2$의 그래프를 y축의 방향으로 k만큼 평행이동시킨 것이므로

$g(x)=x^3-\dfrac{3}{2}x^2-18x+2+k$

$g'(x)=3x^2-3x-18=3(x+2)(x-3)$

$g'(x)=0$에서 $x=-2$ 또는 $x=3$

삼차방정식 $g(x)=0$이 서로 다른 두 실근, 즉 한 실근과 중근을 가지려면 $g(-2)g(3)=0$이어야 하므로
$$(k+24)\left(k-\frac{77}{2}\right)=0$$
$$\therefore k=-24 \text{ 또는 } k=\frac{77}{2}$$
따라서 모든 k의 값의 합은
$$-24+\frac{77}{2}=\frac{29}{2}$$

0638 답 ④

$f(x)=x^3-3ax+5a$에서
$$f'(x)=3x^2-3a=3(x^2-a)$$
함수 $f(x)$가 극값을 가지려면 방정식 $f'(x)=0$이 서로 다른 두 실근을 가져야 하므로
$$a>0 \qquad \cdots\cdots \text{㉠}$$
즉, $f'(x)=3(x+\sqrt{a})(x-\sqrt{a})=0$에서
$$x=-\sqrt{a} \text{ 또는 } x=\sqrt{a}$$
삼차방정식 $f(x)=0$이 오직 한 개의 실근을 가지려면
$$f(-\sqrt{a})f(\sqrt{a})>0$$이어야 하므로
$$(5a+2a\sqrt{a})(5a-2a\sqrt{a})>0$$
$$25a^2-4a^3>0$$
$$a^2(25-4a)>0$$
$$25-4a>0 \ (\because a^2>0)$$
$$\therefore a<\frac{25}{4} \qquad \cdots\cdots \text{㉡}$$
㉠, ㉡에서 $0<a<\frac{25}{4}$
따라서 정수 a의 개수는 $1, 2, 3, \cdots, 6$의 6이다.

0639 답 ③

$x^3+\frac{3}{2}x^2+2=\frac{3}{2}ax^2+3ax$에서
$$x^3+\frac{3}{2}(1-a)x^2-3ax+2=0$$
$f(x)=x^3+\frac{3}{2}(1-a)x^2-3ax+2$라 하면
$$f'(x)=3x^2+3(1-a)x-3a=3(x+1)(x-a)$$
$f'(x)=0$에서 $x=-1$ 또는 $x=a$

(i) $a=-1$일 때
　모든 실수 x에 대하여 $f'(x)=3(x+1)^2\geq0$이므로 함수 $f(x)$는 실수 전체의 집합에서 증가한다. →방정식 $f(x)=0$의 실근의 개수는 1이다.
　즉, 방정식 $f(x)=0$은 서로 다른 두 실근을 갖지 않는다.

(ii) $a\neq-1$일 때
　방정식 $f(x)=0$이 서로 다른 두 실근, 즉 한 실근과 중근을 가지려면 $f(-1)f(a)=0$이어야 하므로
$$\left(\frac{3}{2}a+\frac{5}{2}\right)\left(-\frac{1}{2}a^3-\frac{3}{2}a^2+2\right)=0$$
$$(3a+5)(a+2)^2(a-1)=0$$
$$\therefore a=-2 \text{ 또는 } a=-\frac{5}{3} \text{ 또는 } a=1$$

(i), (ii)에서 모든 실수 a의 값의 합은
$$(-2)+\left(-\frac{5}{3}\right)+1=-\frac{8}{3}$$

0640 답 ②

0641 답 ①

함수 $y=f'(x)$의 그래프가 x축과 만나는 점의 x좌표가 각각 α, β이므로 $f'(x)=0$에서
$$x=\alpha \text{ 또는 } x=\beta$$
함수 $f(x)$의 증가와 감소를 표로 나타내면 다음과 같다.

x	$\cdots$	α	$\cdots$	β	$\cdots$
$f'(x)$	$-$	0	$+$	0	$+$
$f(x)$	↘	극소	↗		↗

사차방정식 $f(x)=0$이 서로 다른 두 실근을 가지려면 함수 $y=f(x)$의 그래프와 x축이 서로 다른 두 점에서 만나야 하므로 함수 $y=f(x)$의 그래프의 개형은 다음 그림과 같다.

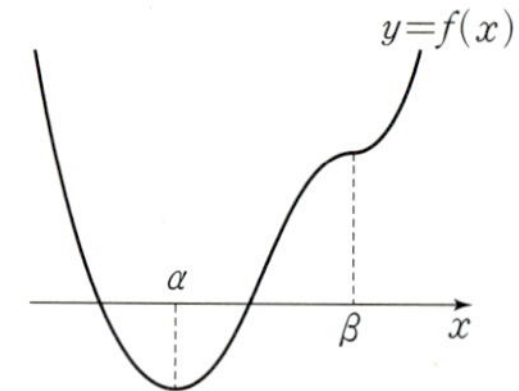

$$\therefore f(\alpha)<0$$

0642 답 ⑤

방정식 $f'(x)=0$의 서로 다른 세 실근이 각각 α, β, γ $(\alpha<\beta<\gamma)$이므로 최고차항의 계수가 1인 사차함수 $f(x)$의 도함수 $y=f'(x)$의 그래프의 개형은 다음 그림과 같다. →$f'(x)$는 최고차항의 계수가 1인 삼차함수이다.

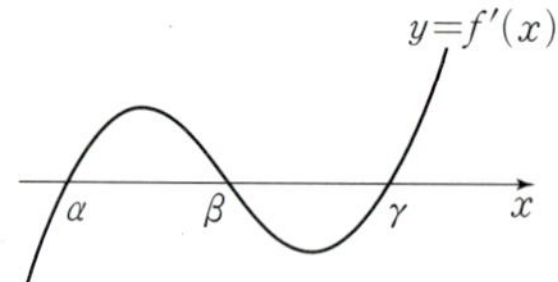

함수 $f(x)$의 증가와 감소를 표로 나타내면 다음과 같다.

x	$\cdots$	α	$\cdots$	β	$\cdots$	γ	$\cdots$
$f'(x)$	$-$	0	$+$	0	$-$	0	$+$
$f(x)$	↘	극소	↗	극대	↘	극소	↗

이때 $f(\alpha)f(\beta)<0$에서 $f(\alpha)<0<f(\beta)$이고, $f(\beta)\neq0$이므로 $f(\beta)f(\gamma)=0$에서 $f(\gamma)=0$이다.
즉, 함수 $y=f(x)$의 그래프의 개형은 다음 그림과 같다.

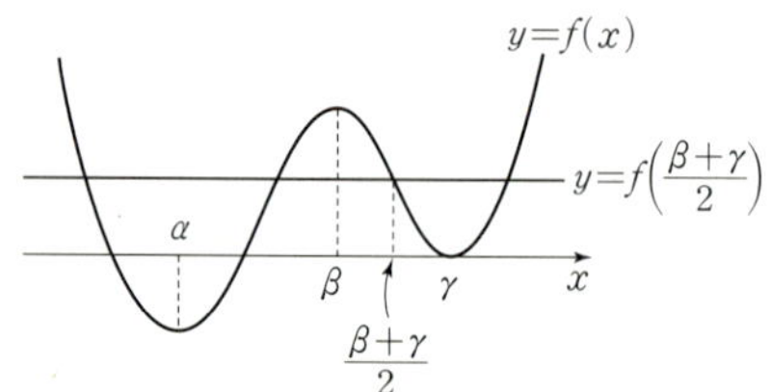

따라서 방정식 $f(x)=f\left(\frac{\beta+\gamma}{2}\right)$의 서로 다른 실근의 개수는 4이다. →함수 $y=f(x)$의 그래프와 직선 $y=f\left(\frac{\beta+\gamma}{2}\right)$의 교점의 개수

0643 답 ②

사차함수 $f(x)$가 모든 실수 x에 대하여 $f(x)=f(-x)$를 만족시키므로 함수 $y=f(x)$의 그래프는 y축에 대하여 대칭이다.
이때 방정식 $|f(x)|=9$의 서로 다른 실근의 개수가 4이려면 함수 $y=|f(x)|$의 그래프의 개형은 다음 그림과 같아야 한다.

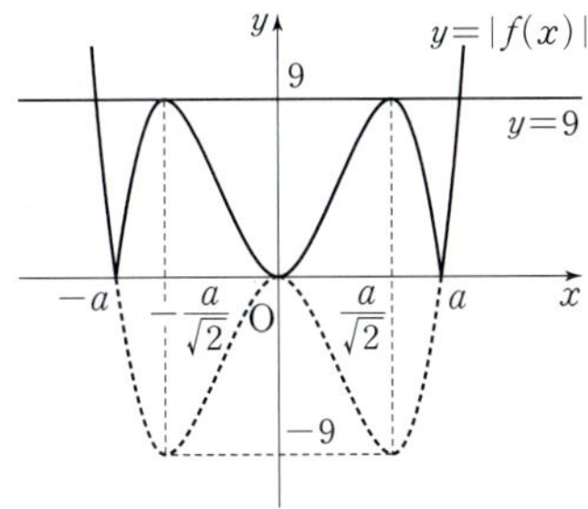

함수 $y=f(x)$의 그래프가 x축과 만나는 점 중에서 0이 아닌 x좌표를 각각 $-a$, a $(a>0)$라 하면
$f(x)=x^2(x+a)(x-a)=x^4-a^2x^2$
이므로
$f'(x)=4x^3-2a^2x=2x(2x^2-a^2)=2x(\sqrt{2}x+a)(\sqrt{2}x-a)$
$f'(x)=0$에서 $x=-\dfrac{a}{\sqrt{2}}$ 또는 $x=0$ 또는 $x=\dfrac{a}{\sqrt{2}}$

함수 $f(x)$는 $x=\dfrac{a}{\sqrt{2}}$에서 극솟값 -9를 가지므로
$f\left(\dfrac{a}{\sqrt{2}}\right)=\left(\dfrac{a}{\sqrt{2}}\right)^4-a^2\cdot\left(\dfrac{a}{\sqrt{2}}\right)^2=\dfrac{a^4}{4}-\dfrac{a^4}{2}=-\dfrac{a^4}{4}=-9$
에서 $a^4=36$ $\therefore a^2=6$
따라서 $f(x)=x^4-6x^2$이므로
$f(2)=2^4-6\cdot2^2=-8$

0644 답 ②

ㄱ. $p=q=r$이면 $f'(x)=(x-p)^3$
$f'(x)=0$에서 $x=p$
함수 $f(x)$의 증가와 감소를 표로 나타내면 다음과 같다.

x	$\cdots$	p	$\cdots$
$f'(x)$	$-$	0	$+$
$f(x)$	$\searrow$	극소	$\nearrow$

즉, 함수 $f(x)$는 $x=p$에서 극소이면서 최소이므로 최솟값은 $f(p)$이다.
이때 $f(p)>0$이면 방정식 $f(x)=0$은 실근을 갖지 않는다. (거짓)

ㄴ. $p=q<r$이면 $f'(x)=(x-p)^2(x-r)$
$f'(x)=0$에서 $x=p$ 또는 $x=r$
함수 $f(x)$의 증가와 감소를 표로 나타내면 다음과 같다.

x	$\cdots$	p	$\cdots$	r	$\cdots$
$f'(x)$	$-$	0	$-$	0	$+$
$f(x)$	$\searrow$		$\searrow$	극소	$\nearrow$

즉, 함수 $f(x)$는 $x=r$에서 극소이면서 최소이므로 최솟값은 $f(r)$이다.
이때 $f(r)<0$이므로 함수 $y=f(x)$의 그래프의 개형은 다음 그림과 같다.

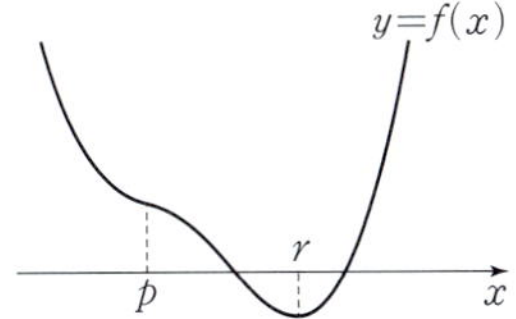

따라서 방정식 $f(x)=0$은 서로 다른 두 실근을 갖는다. (참)

ㄷ. $p<q<r$이면 $f'(x)=(x-p)(x-q)(x-r)$
$f'(x)=0$에서 $x=p$ 또는 $x=q$ 또는 $x=r$
함수 $f(x)$의 증가와 감소를 표로 나타내면 다음과 같다.

x	$\cdots$	p	$\cdots$	q	$\cdots$	r	$\cdots$
$f'(x)$	$-$	0	$+$	0	$-$	0	$+$
$f(x)$	$\searrow$	극소	$\nearrow$	극대	$\searrow$	극소	$\nearrow$

이때 $f(p)f(q)<0$이므로 $f(p)<0<f(q)$이다.
그런데 $f(r)>0$이면 함수 $y=f(x)$의 그래프의 개형은 다음 그림과 같으므로 방정식 $f(x)=0$은 서로 다른 두 실근을 갖는다. (거짓)

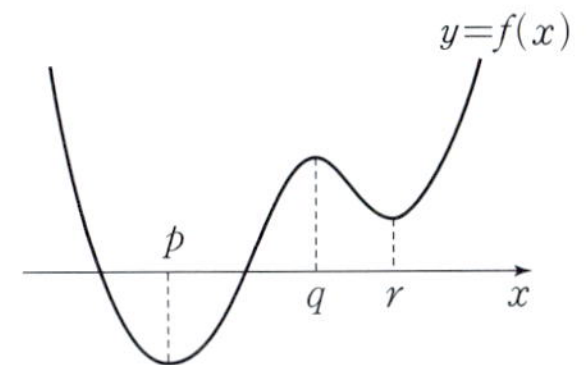

따라서 옳은 것은 ㄴ이다.

0645 답 ②

● 다른 풀이 ●

곡선 $y=x^3+x^2+x$와 직선 $y=2x+k$가 서로 다른 두 점에서 만나려면 방정식 $x^3+x^2+x=2x+k$, 즉 $x^3+x^2-x-k=0$이 서로 다른 두 실근을 가져야 한다.
$f(x)=x^3+x^2-x-k$라 하면
$f'(x)=3x^2+2x-1=(x+1)(3x-1)$
$f'(x)=0$에서 $x=-1$ 또는 $x=\dfrac{1}{3}$
삼차방정식 $f(x)=0$이 서로 다른 두 실근, 즉 한 실근과 중근을 가지려면 $f(-1)f\left(\dfrac{1}{3}\right)=0$이어야 하므로
$(1-k)\left(-\dfrac{5}{27}-k\right)=0$
$(k-1)\left(k+\dfrac{5}{27}\right)=0$
$\therefore k=-\dfrac{5}{27}$ 또는 $k=1$
따라서 모든 실수 k의 값의 합은
$\left(-\dfrac{5}{27}\right)+1=\dfrac{22}{27}$

0646 답 ⑤

곡선 $y=x^4+2x^3-3x^2$과 직선 $y=4x+k$가 서로 다른 세 점에서 만나려면 방정식 $x^4+2x^3-3x^2=4x+k$, 즉 $x^4+2x^3-3x^2-4x=k$가 서로 다른 세 실근을 가져야 한다.
$f(x)=x^4+2x^3-3x^2-4x$라 하면
$f'(x)=4x^3+6x^2-6x-4=2(x+2)(2x+1)(x-1)$
$f'(x)=0$에서 $x=-2$ 또는 $x=-\dfrac{1}{2}$ 또는 $x=1$
함수 $f(x)$의 증가와 감소를 표로 나타내면 다음과 같다.

x	$\cdots$	-2	$\cdots$	$-\dfrac{1}{2}$	$\cdots$	1	$\cdots$
$f'(x)$	$-$	0	$+$	0	$-$	0	$+$
$f(x)$	$\searrow$	-4	$\nearrow$	$\dfrac{17}{16}$	$\searrow$	-4	$\nearrow$

오른쪽 그림에서 곡선 $y=f(x)$와 직선
$y=k$가 서로 다른 세 점에서 만나도록
하는 실수 k의 값은
$$k=\frac{17}{16}$$

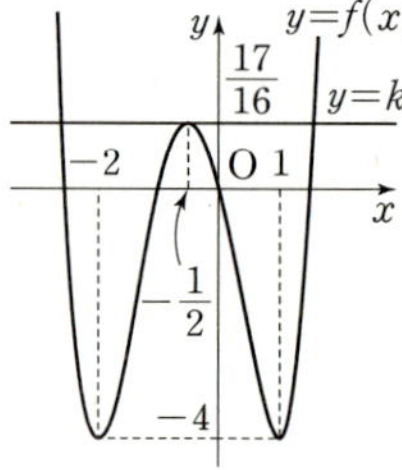

0647 답 ③

두 곡선 $y=x^4+15x^2+6$, $y=7x^3+13x+2$가 만나는 서로 다른
점의 개수는 방정식 $x^4+15x^2+6=7x^3+13x+2$, 즉
$x^4-7x^3+15x^2-13x+4=0$의 서로 다른 실근의 개수와 같다.
$f(x)=x^4-7x^3+15x^2-13x+4$라 하면
$f'(x)=4x^3-21x^2+30x-13=(x-1)^2(4x-13)$
$f'(x)=0$에서 $x=1$ 또는 $x=\dfrac{13}{4}$
함수 $f(x)$의 증가와 감소를 표로 나타내면 다음과 같다.

x	$\cdots$	1	$\cdots$	$\dfrac{13}{4}$	$\cdots$
$f'(x)$	$-$	0	$-$	0	$+$
$f(x)$	$\searrow$	0	$\searrow$	극소	$\nearrow$

오른쪽 그림에서 곡선 $y=f(x)$는 x축과 서
로 다른 두 점에서 만나므로 두 곡선
$y=x^4+15x^2+6$, $y=7x^3+13x+2$가 만나
는 서로 다른 점의 개수는 2이다.

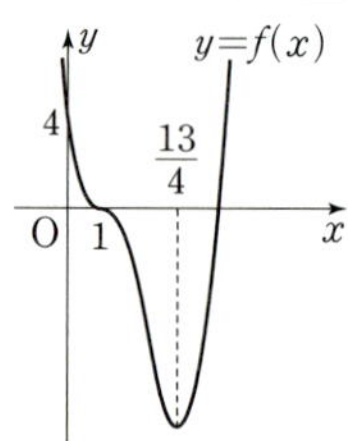

0648 답 ②

두 곡선 $y=-\dfrac{2}{3}x^3-\dfrac{1}{2}x^2+5$, $y=2x^2-3x+k$가 오직 한 점에
서 만나려면 방정식 $-\dfrac{2}{3}x^3-\dfrac{1}{2}x^2+5=2x^2-3x+k$, 즉
$-\dfrac{2}{3}x^3-\dfrac{5}{2}x^2+3x+5=k$가 오직 한 개의 실근을 가져야 한다.
$f(x)=-\dfrac{2}{3}x^3-\dfrac{5}{2}x^2+3x+5$라 하면
$f'(x)=-2x^2-5x+3=-(x+3)(2x-1)$
$f'(x)=0$에서 $x=-3$ 또는 $x=\dfrac{1}{2}$
함수 $f(x)$의 증가와 감소를 표로 나타내면 다음과 같다.

x	$\cdots$	-3	$\cdots$	$\dfrac{1}{2}$	$\cdots$
$f'(x)$	$-$	0	$+$	0	$-$
$f(x)$	$\searrow$	$-\dfrac{17}{2}$	$\nearrow$	$\dfrac{139}{24}$	$\searrow$

오른쪽 그림에서 곡선 $y=f(x)$와 직선
$y=k$가 오직 한 점에서 만나도록 하는
실수 k의 값의 범위는
$$k<-\frac{17}{2} \ \text{또는} \ k>\frac{139}{24}$$
따라서 자연수 k의 최솟값은 6이다.

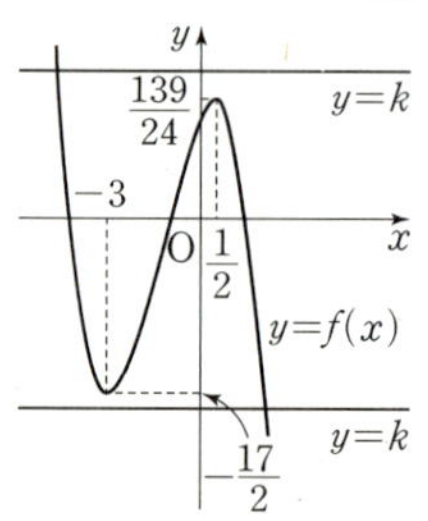

• 다른 풀이 •

두 곡선 $y=-\dfrac{2}{3}x^3-\dfrac{1}{2}x^2+5$, $y=2x^2-3x+k$가 오직 한 점에
서 만나려면 방정식 $-\dfrac{2}{3}x^3-\dfrac{1}{2}x^2+5=2x^2-3x+k$, 즉
$-\dfrac{2}{3}x^3-\dfrac{5}{2}x^2+3x+5-k=0$이 오직 한 개의 실근을 가져야 한다.
$f(x)=-\dfrac{2}{3}x^3-\dfrac{5}{2}x^2+3x+5-k$라 하면
$f'(x)=-2x^2-5x+3=-(x+3)(2x-1)$
$f'(x)=0$에서 $x=-3$ 또는 $x=\dfrac{1}{2}$
삼차방정식 $f(x)=0$이 오직 한 개의 실근을 가지려면
$f(-3)f\left(\dfrac{1}{2}\right)>0$이어야 하므로
$$\left(-\frac{17}{2}-k\right)\left(\frac{139}{24}-k\right)>0$$
$$\left(k+\frac{17}{2}\right)\left(k-\frac{139}{24}\right)>0$$
$$\therefore k<-\frac{17}{2} \ \text{또는} \ k>\frac{139}{24}$$
따라서 자연수 k의 최솟값은 6이다.

0649 답 75

두 점 $A(-2, -7)$, $B(2, -3)$을 지나는 직선 AB의 방정식은
$$y-(-3)=\frac{-3+7}{2+2}(x-2)$$
$\rightarrow$ 두 점 (x_1, y_1), (x_2, y_2)를 지나는 직선의 방정식은
$y-y_1=\dfrac{y_2-y_1}{x_2-x_1}(x-x_1)$ (단, $x_1\neq x_2$)
$$\therefore y=x-5$$
곡선 $y=\dfrac{3}{2}x^4+2x^3-6x^2+x-k$와 선분 AB가 서로 다른 세 점
에서 만나려면 $-2\leq x\leq 2$에서 방정식
$\dfrac{3}{2}x^4+2x^3-6x^2+x-k=x-5$, 즉 $\dfrac{3}{2}x^4+2x^3-6x^2+5=k$가
서로 다른 세 실근을 가져야 한다.
$f(x)=\dfrac{3}{2}x^4+2x^3-6x^2+5$라 하면
$f'(x)=6x^3+6x^2-12x$
$\quad\ =6x(x+2)(x-1)$
$f'(x)=0$에서 $x=-2$ 또는 $x=0$ 또는 $x=1$
$-2\leq x\leq 2$에서 함수 $f(x)$의 증가와 감소를 표로 나타내면 다음
과 같다.

x	-2	$\cdots$	0	$\cdots$	1	$\cdots$	2
$f'(x)$	0	$+$	0	$-$	0	$+$	
$f(x)$	-11	$\nearrow$	5	$\searrow$	$\dfrac{5}{2}$	$\nearrow$	21

오른쪽 그림에서 곡선 $y=f(x)$와 직
선 $y=k$가 서로 다른 세 점에서 만
나도록 하는 실수 k의 값의 범위는
$$\frac{5}{2}<k<5$$
따라서 $a=\dfrac{5}{2}$, $b=5$이므로
$$6ab=6\cdot\frac{5}{2}\cdot5=75$$

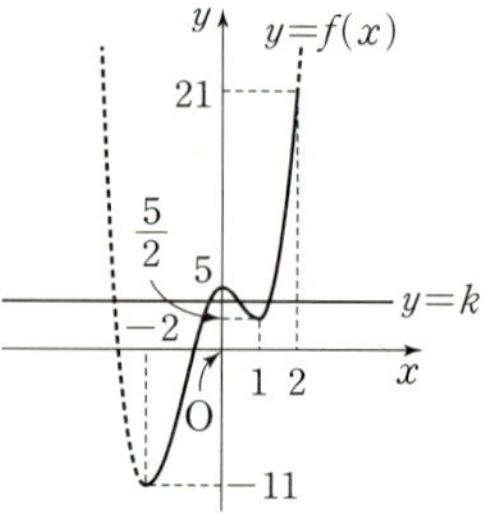

0650 답 ③

0651 답 ①

$x^3-3x^2<9x-a$에서 $x^3-3x^2-9x+a<0$

$f(x)=x^3-3x^2-9x+a$라 하면

$f'(x)=3x^2-6x-9=3(x+1)(x-3)$

$0<x<2$일 때, $f'(x)<0$이므로 함수 $f(x)$는 열린구간 $(0, 2)$에서 감소한다.

따라서 $0<x<2$에서 $f(x)<0$이 항상 성립하려면 $f(0)\leq0$이어야 하므로

$a\leq0$

0652 답 ①

$f(x)=x^3-3x+k$라 하면

$f'(x)=3x^2-3=3(x+1)(x-1)$

$x>2$일 때, $f'(x)>0$이므로 함수 $f(x)$는 구간 $(2, \infty)$에서 증가한다.

즉, $x>2$에서 $f(x)>0$이 항상 성립하려면 $f(2)\geq0$이어야 하므로

$2^3-3\cdot2+k\geq0$, $2+k\geq0$

$\therefore k\geq-2$

따라서 실수 k의 최솟값은 -2이다.

0653 답 9

열린구간 $(3, 5)$에서 함수 $y=f(x)$의 그래프가 함수 $y=g(x)$의 그래프보다 항상 위쪽에 있으려면 부등식 $f(x)>g(x)$, 즉

$f(x)-g(x)>0$이 성립해야 한다.

$h(x)=f(x)-g(x)$라 하면

$h(x)=(2x^3-x^2+k)-(2x^2+12x)$

$\qquad=2x^3-3x^2-12x+k$

$h'(x)=6x^2-6x-12=6(x+1)(x-2)$

$3<x<5$일 때, $h'(x)>0$이므로 함수 $h(x)$는 열린구간 $(3, 5)$에서 증가한다.

즉, $3<x<5$에서 $h(x)>0$이 항상 성립하려면 $h(3)\geq0$이어야 하므로

$2\cdot3^3-3\cdot3^2-12\cdot3+k\geq0$, $-9+k\geq0$

$\therefore k\geq9$

따라서 실수 k의 최솟값은 9이다.

0654 답 2

$\dfrac{1}{3}x^3+(1-a)x^2-4ax\geq\dfrac{1}{3}$에서

$\dfrac{1}{3}x^3+(1-a)x^2-4ax-\dfrac{1}{3}\geq0$

$f(x)=\dfrac{1}{3}x^3+(1-a)x^2-4ax-\dfrac{1}{3}$이라 하면

$f'(x)=x^2+2(1-a)x-4a=(x+2)(x-2a)$

$x\geq1$에서 $f(x)\geq0$이 항상 성립하려면 $f(1)\geq0$이어야 하므로

$f(1)=\dfrac{1}{3}+1-a-4a-\dfrac{1}{3}=-5a+1\geq0$

$x=1$일 때도 성립해야 하므로

$\therefore a\leq\dfrac{1}{5}$ $\qquad$ …… ㉠

한편, $f'(x)=0$에서 $x=-2$ 또는 $x=2a$

㉠에서 $2a\leq\dfrac{2}{5}$이므로 $x\geq1$에서 $f'(x)>0$이다.

즉, $x\geq1$에서 함수 $f(x)$는 증가하므로 $f(x)\geq0$이 항상 성립하려면 $f(1)\geq0$이어야 한다.

따라서 실수 a의 최댓값은 $\dfrac{1}{5}$이므로 $M=\dfrac{1}{5}$

$\therefore 10M=10\cdot\dfrac{1}{5}=2$

0655 답 ②

0656 답 ⑤

$x^4+6x^3-x^2+a\geq2x^3-5x^2+2$에서

$x^4+4x^3+4x^2+a-2\geq0$

$f(x)=x^4+4x^3+4x^2+a-2$라 하면

$f'(x)=4x^3+12x^2+8x$

$\qquad=4x(x+2)(x+1)$

$f'(x)=0$에서 $x=-2$ 또는 $x=-1$ 또는 $x=0$

$x\leq0$에서 함수 $f(x)$의 증가와 감소를 표로 나타내면 다음과 같다.

x	$\cdots$	-2	$\cdots$	-1	$\cdots$	0
$f'(x)$	$-$	0	$+$	0	$-$	0
$f(x)$	$\searrow$	$a-2$	$\nearrow$	$a-1$	$\searrow$	$a-2$

함수 $f(x)$는 $x=-2$ 또는 $x=0$에서 극소이면서 최소이므로 최솟값은 $a-2$이다.

따라서 $x\leq0$에서 $f(x)\geq0$이 항상 성립하려면 $a-2\geq0$이어야 하므로

$a\geq2$

0657 답 ②

$h(x)=f(x)-g(x)$라 하면

$h(x)=(x^3+2x^2-x)-\left(\dfrac{1}{2}x^2+5x+a\right)$

$\qquad=x^3+\dfrac{3}{2}x^2-6x-a$

$h'(x)=3x^2+3x-6=3(x+2)(x-1)$

$h'(x)=0$에서 $x=-2$ 또는 $x=1$

$-2\leq x\leq2$에서 함수 $h(x)$의 증가와 감소를 표로 나타내면 다음과 같다.

x	-2	$\cdots$	1	$\cdots$	2
$h'(x)$	0	$-$	0	$+$	
$h(x)$	$10-a$	$\searrow$	$-\dfrac{7}{2}-a$	$\nearrow$	$2-a$

함수 $h(x)$는 $x=1$에서 극소이면서 최소이므로 최솟값은 $-\dfrac{7}{2}-a$이다.

즉, $-2\leq x\leq2$에서 $h(x)>0$이 항상 성립하려면 $-\dfrac{7}{2}-a>0$이어야 하므로

$a<-\dfrac{7}{2}$

따라서 정수 a의 최댓값은 -4이다.

0658 답 10

$f(x)=4x^3-3kx^2+16$이라 하면

$f'(x)=12x^2-6kx$

$\qquad=6x(2x-k)$

$f'(x)=0$에서 $x=0$ 또는 $x=\dfrac{k}{2}$

$x \geq 0$에서 함수 $f(x)$의 증가와 감소를 표로 나타내면 다음과 같다.

x	0	$\cdots$	$\dfrac{k}{2}$	$\cdots$
$f'(x)$	0	$-$	0	$+$
$f(x)$	16	$\searrow$	$-\dfrac{1}{4}k^3+16$	$\nearrow$

함수 $f(x)$는 $x=\dfrac{k}{2}$에서 극소이면서 최소이므로 최솟값은 $-\dfrac{1}{4}k^3+16$이다.

즉, $x \geq 0$에서 $f(x) \geq 0$이 항상 성립하려면 $-\dfrac{1}{4}k^3+16 \geq 0$이어야 하므로

$k^3-64 \leq 0$, $(k-4)(k^2+4k+16) \leq 0$

$k-4 \leq 0$ $(\because k^2+4k+16>0)$

$\therefore k \leq 4$ $\quad \rightarrow k^2+4k+16=(k+2)^2+12>0$

따라서 모든 자연수 k의 값의 합은

$1+2+3+4=10$

0659 답 4

$x^{n+1}-n^2+30>(n+1)x$에서 $x^{n+1}-(n+1)x-n^2+30>0$

$f(x)=x^{n+1}-(n+1)x-n^2+30$이라 하면

$f'(x)=(n+1)x^n-(n+1)=(n+1)(x^n-1)$

$f'(x)=0$에서 $x=1$ $(\because x>0)$

$x>0$에서 함수 $f(x)$의 증가와 감소를 표로 나타내면 다음과 같다.

x	(0)	$\cdots$	1	$\cdots$
$f'(x)$		$-$	0	$+$
$f(x)$		$\searrow$	$-n^2-n+30$	$\nearrow$

함수 $f(x)$는 $x=1$에서 극소이면서 최소이므로 최솟값은 $-n^2-n+30$이다.

즉, $x>0$에서 $f(x)>0$이 항상 성립하려면 $-n^2-n+30>0$이어야 하므로

$n^2+n-30<0$, $(n+6)(n-5)<0$

$\therefore 0<n<5$ $(\because n>0)$

따라서 자연수 n의 개수는 1, 2, 3, 4의 4이다.

0660 답 ⑤

0661 답 ②

$f(x)=3x^4-4x^3-12x^2+k$라 하면

$f'(x)=12x^3-12x^2-24x=12x(x+1)(x-2)$

$f'(x)=0$에서 $x=-1$ 또는 $x=0$ 또는 $x=2$

함수 $f(x)$의 증가와 감소를 표로 나타내면 다음과 같다.

x	$\cdots$	-1	$\cdots$	0	$\cdots$	2	$\cdots$
$f'(x)$	$-$	0	$+$	0	$-$	0	$+$
$f(x)$	$\searrow$	$k-5$	$\nearrow$	k	$\searrow$	$k-32$	$\nearrow$

함수 $f(x)$는 $x=2$에서 극소이면서 최소이므로 최솟값은 $k-32$이다.

즉, 모든 실수 x에 대하여 $f(x) \geq 0$이 성립하려면 $k-32 \geq 0$이어야 하므로

$k \geq 32$

따라서 정수 k의 최솟값은 32이다.

0662 답 17

함수 $y=f(x)$의 그래프가 함수 $y=g(x)$의 그래프보다 항상 위쪽에 있으려면 모든 실수 x에 대하여 부등식 $f(x)>g(x)$, 즉 $f(x)-g(x)>0$이 성립해야 한다.

$h(x)=f(x)-g(x)$라 하면

$h(x)=(3x^4+5x^3+x+k)-(-3x^3+x)$

$\qquad =3x^4+8x^3+k$

$h'(x)=12x^3+24x^2=12x^2(x+2)$

$h'(x)=0$에서 $x=-2$ 또는 $x=0$

함수 $h(x)$의 증가와 감소를 표로 나타내면 다음과 같다.

x	$\cdots$	-2	$\cdots$	0	$\cdots$
$h'(x)$	$-$	0	$+$	0	$+$
$h(x)$	$\searrow$	$k-16$	$\nearrow$	k	$\nearrow$

함수 $h(x)$는 $x=-2$에서 극소이면서 최소이므로 최솟값은 $k-16$이다.

즉, 모든 실수 x에 대하여 $h(x)>0$이 성립하려면 $k-16>0$이어야 하므로

$k>16$

따라서 정수 k의 최솟값은 17이다.

0663 답 ①

$x<1$에서 $f'(x)=4x^3-8x=4x(x+\sqrt{2})(x-\sqrt{2})$

$f'(x)=0$에서 $x=-\sqrt{2}$ 또는 $x=0$ $(\because x<1)$

$x>1$에서 $f'(x)=x^2+x-6=(x+3)(x-2)$

$f'(x)=0$에서 $x=2$ $(\because x>1)$

함수 $f(x)$의 증가와 감소를 표로 나타내면 다음과 같다.

x	$\cdots$	$-\sqrt{2}$	$\cdots$	0	$\cdots$	1	$\cdots$	2	$\cdots$
$f'(x)$	$-$	0	$+$	0	$-$		$-$	0	$+$
$f(x)$	$\searrow$	-6	$\nearrow$	-2	$\searrow$	-5	$\searrow$	$-\dfrac{43}{6}$	$\nearrow$

함수 $f(x)$는 $x=2$에서 극소이면서 최소이므로 최솟값은 $-\dfrac{43}{6}$이다.

따라서 모든 실수 x에 대하여 $f(x) \geq k$가 성립하려면

$-\dfrac{43}{6} \geq k$

이어야 하므로 실수 k의 최댓값은 $-\dfrac{43}{6}$이다.

0664 답 28

$t=x^2+2x=(x+1)^2-1$이라 하면 모든 실수 x에 대하여

$t \geq -1$

$t^3-6t^2 \geq a-60$에서 $t^3-6t^2-a+60 \geq 0$

$f(t)=t^3-6t^2-a+60$이라 하면

$f'(t)=3t^2-12t=3t(t-4)$

$f'(t)=0$에서 $t=0$ 또는 $t=4$

$t \geq -1$에서 함수 $f(t)$의 증가와 감소를 표로 나타내면 다음과 같다.

t	-1	$\cdots$	0	$\cdots$	4	$\cdots$
$f'(t)$		$+$	0	$-$	0	$+$
$f(t)$	$-a+53$	$\nearrow$	$-a+60$	$\searrow$	$-a+28$	$\nearrow$

함수 $f(t)$는 $t=4$에서 극소이면서 최소이므로 최솟값은 $-a+28$이다.

즉, 모든 실수 x에 대하여 주어진 부등식이 성립하려면 $t \geq -1$에서 $f(t) \geq 0$이어야 하므로
$-a+28 \geq 0$ $\therefore a \leq 28$
따라서 자연수 a의 개수는 1, 2, 3, $\cdots$, 28의 28이다.

0665 답 ①

0666 답 ②

$h(x)=f(x)-g(x)=x^3-3x+2$라 하면
$h'(x)=3x^2-3=3(x+1)(x-1)$
$h'(x)=0$에서 $x=1$ ($\because 0 \leq x \leq 2$)
$0 \leq x \leq 2$에서 함수 $h(x)$의 증가와 감소를 표로 나타내면 다음과 같다.

x	0	$\cdots$	1	$\cdots$	2
$h'(x)$		$-$	0	$+$	
$h(x)$	2	$\searrow$	0	$\nearrow$	4

$0 \leq x \leq 2$일 때, 함수 $h(x)$는 $x=\boxed{1}$에서 극소이면서 최소이므로 최솟값은 $\boxed{0}$이다.
$\therefore h(x) \geq 0$
따라서 $0 \leq x \leq 2$일 때, 부등식 $f(x) \geq g(x)$가 성립한다.

0667 답 ②

$f(x)=x^n-nx+n$이라 하면
$f'(x)=nx^{n-1}-n=n(x^{n-1}-1)$
n은 2 이상의 자연수이고 $x>1$이므로
$x^{n-1}-1>0$ $\therefore \boxed{f'(x)>0}$
즉, $x>1$에서 함수 $f(x)$는 증가하므로 $f(x)>\boxed{f(1)}$
이때 $\boxed{f(1)}=1-n+n=1$이므로 $f(x)>0$ $f(x)>1>0$
따라서 2 이상의 자연수 n에 대하여 $x>1$일 때, 부등식 $x^n+n>nx$가 성립한다.

0668 답 ③

0669 답 ①

점 P의 시각 t에서의 속도를 v, 가속도를 a라 하면
$v=\dfrac{dx}{dt}=3t^2-6t-15,\ a=\dfrac{dv}{dt}=6t-6$
$3t^2-6t-15=30$에서
$3t^2-6t-45=0,\ 3(t+3)(t-5)=0$
$\therefore t=5$ ($\because t>0$)
따라서 $t=5$에서의 점 P의 가속도는
$6 \cdot 5-6=24$

0670 답 ④

$x=t^3-t^2+4t+5$에서 처음 출발할 때는 $t=0$이므로
$x_1=5$
점 P의 시각 t에서의 속도를 v, 가속도를 a라 하면
$v=\dfrac{dx}{dt}=3t^2-2t+4,\ a=\dfrac{dv}{dt}=6t-2$

$3t^2-2t+4=12$에서
$3t^2-2t-8=0,\ (3t+4)(t-2)=0$
$\therefore t=2$ ($\because t \geq 0$)
즉, $t=2$에서의 점 P의 위치 x_2는
$x_2=2^3-2^2+4 \cdot 2+5=17$
한편, $6t-2=16$에서 $t=3$이므로 $t=3$에서의 점 P의 위치 x_3은
$x_3=3^3-3^2+4 \cdot 3+5=35$
$\therefore x_1+x_2+x_3=5+17+35=57$

0671 답 ③

점 P의 시각 t에서의 속도를 v, 가속도를 a라 하면
$v=\dfrac{dx}{dt}=t^2-8t+17=(t-4)^2+1,\ a=\dfrac{dv}{dt}=2t-8$
따라서 $t=4$에서의 점 P의 속도가 최소이므로 이때의 가속도는
$2 \cdot 4-8=0$

0672 답 ⑤

$t^3-t^2+t=3t^2+t$에서 $t^3-4t^2=0$
$t^2(t-4)=0$
$\therefore t=4$ ($\because t>0$)
즉, 출발 후 두 점 P, Q의 위치가 같아지는 순간은 $t=4$일 때이다.
두 점 P, Q의 시각 t에서의 속도를 각각 v_P, v_Q라 하면
$v_P=\dfrac{dx_P}{dt}=3t^2-2t+1,\ v_Q=\dfrac{dx_Q}{dt}=6t+1$
따라서 $t=4$에서의 점 P의 속도는 $3 \cdot 4^2-2 \cdot 4+1=41$, 점 Q의 속도는 $6 \cdot 4+1=25$이므로 그 합은
$41+25=66$

0673 답 ②

0674 답 ⑤

점 P의 시각 t에서의 속도를 v라 하면
$v=\dfrac{dx}{dt}=3t^2-18t+15=3(t-1)(t-5)$
점 P가 운동 방향을 바꾸는 순간의 속도는 0이므로 $v=0$에서
$3(t-1)(t-5)=0$ $\therefore t=1$ 또는 $t=5$
$t=1$에서의 점 P의 위치는 $1-9+15=7$
$t=5$에서의 점 P의 위치는 $5^3-9 \cdot 5^2+15 \cdot 5=-25$
따라서 두 점 A, B 사이의 거리는
$7-(-25)=32$

0675 답 ②

점 P의 시각 t에서의 속도를 v라 하면
$v=\dfrac{dx}{dt}=t^3-6t^2+11t-6=(t-1)(t-2)(t-3)$
점 P가 운동 방향을 바꾸는 순간의 속도는 0이므로 $v=0$에서
$(t-1)(t-2)(t-3)=0$
$\therefore t=1$ 또는 $t=2$ 또는 $t=3$
즉, 점 P는 $t=1$에서 첫 번째로 운동 방향을 바꾸고, $t=2$에서 두 번째로 운동 방향을 바꾸고, $t=3$에서 세 번째로 운동 방향을 바꾼다.
점 P의 시각 t에서의 가속도를 a라 하면
$a=\dfrac{dv}{dt}=3t^2-12t+11$

따라서 $t=3$에서의 점 P의 가속도는
$$3\cdot3^2-12\cdot3+11=2$$

0676 답 ①

점 P의 시각 t에서의 속도를 v라 하면
$$v=\frac{dx}{dt}=-3t^2+2at+b$$
점 P가 $t=3$에서 운동 방향을 바꾸므로
$$-3\cdot3^2+2a\cdot3+b=0 \quad \text{운동 방향을 바꾸는 순간의 속도는 0이다.}$$
$$\therefore 6a+b=27 \quad\cdots\cdots \text{㉠}$$
또한, $t=3$에서의 점 P의 위치가 10이므로
$$-3^3+a\cdot3^2+b\cdot3+1=10$$
$$\therefore 3a+b=12 \quad\cdots\cdots \text{㉡}$$
㉠, ㉡을 연립하여 풀면
$$a=5,\ b=-3$$
따라서 $x=-t^3+5t^2-3t+1$이므로 $t=5$에서의 점 P의 위치는
$$-5^3+5\cdot5^2-3\cdot5+1=-14$$

0677 답 ③

두 점 P, Q의 시각 t에서의 속도를 각각 v_P, v_Q라 하면
$$v_P=\frac{dx_P}{dt}=2t-4,\quad v_Q=\frac{dx_Q}{dt}=2t-8$$
두 점 P, Q가 서로 반대 방향으로 움직이면 $v_Pv_Q<0$이므로
$$(2t-4)(2t-8)<0,\quad (t-2)(t-4)<0$$
$$\therefore 2<t<4$$
따라서 $\alpha=2$, $\beta=4$이므로
$$\alpha+\beta=2+4=6$$

0678 답 ②

0679 답 ②

자동차가 브레이크를 밟은 지 t초 후의 속도를 v라 하면
$$v=\frac{dx}{dt}=42-7t$$
자동차가 정지할 때의 속도는 0이므로 $v=0$에서
$$42-7t=0 \quad \therefore t=6$$
따라서 6초 동안 자동차가 움직인 거리는
$$42\times6-3.5\times6^2=126(\text{m})$$

0680 답 128 m

기차가 제동을 건 지 t초 후의 속도를 v라 하면
$$v=\frac{dx}{dt}=16-t$$
기차가 정지할 때의 속도는 0이므로 $v=0$에서
$$16-t=0 \quad \therefore t=16$$
이때 16초 동안 기차가 움직인 거리는
$$16\times16-0.5\times16^2=128(\text{m})$$
따라서 A역으로부터 전방 128 m의 지점에서 제동을 걸어야 한다.

0681 답 ④

물체의 t초 후의 속도를 v라 하면
$$v=\frac{dh}{dt}=30-10t$$

물체가 최고 지점에 도달했을 때의 속도는 0이므로 $v=0$에서
$$30-10t=0$$
$$\therefore t=3$$
따라서 3초 후의 이 물체의 지면으로부터의 높이는
$$30\cdot3-5\cdot3^2=45(\text{m})$$

0682 답 ⑤

공이 지면에 떨어지는 순간의 높이는 0이므로 $h=0$에서
$$30+5t-5t^2=0$$
$$t^2-t-6=0,\quad (t+2)(t-3)=0$$
$$\therefore t=3\ (\because t>0)$$
공의 t초 후의 속도를 v라 하면
$$v=\frac{dh}{dt}=5-10t$$
$t=3$에서의 공의 속도는
$$5-10\cdot3=-25(\text{m/s})$$
따라서 공이 지면에 떨어지는 순간의 속력은 $25\ \text{m/s}$이다.
$$|-25|=25$$

0683 답 ⑤

0684 답 ①
$v(a)>0,\ v(d)<0$

ㄱ. $v(a)v(d)<0$이므로 $t=a$일 때와 $t=d$일 때 점 P의 운동 방향은 서로 반대이다. (참)

ㄴ. 점 P의 시각 t에서의 가속도는 $v'(t)$이고 $v'(d)>0$이므로 $t=d$일 때 점 P의 가속도는 양의 값이다. (거짓)

ㄷ. $t=c$와 $t=f$의 좌우에서 $v(t)$의 부호가 바뀌므로 점 P는 운동 방향을 2번 바꾼다. (거짓)
$t=c$일 때, (양) → (음), $t=f$일 때, (음) → (양)

따라서 옳은 것은 ㄱ이다.

0685 답 ④

$x(t)$는 t에 대한 삼차식이고, $x(t)$의 그래프가 t축과 만나는 점의 t좌표가 각각 0, 1, 5이므로
$$x(t)=kt(t-1)(t-5)$$
$$=kt^3-6kt^2+5kt\ (k>0)$$
이때 점 P의 시각 t에서의 속도를 v, 가속도를 a라 하면
$$v=x'(t)=3kt^2-12kt+5k$$
$$a=\frac{dv}{dt}=6kt-12k$$
따라서 가속도가 0이 되는 시각은 $a=0$에서
$$6kt-12k=0,\quad 6k(t-2)=0$$
$$\therefore t=2$$

0686 답 ③

ㄱ. $t=d$일 때, $x(d)=0$이므로 점 P의 위치는 원점이다. (참)

ㄴ. 점 P의 시각 t에서의 속도는 $x'(t)$이고 $x'(a)=0$이므로 $t=a$일 때 점 P의 속도는 0이다. (참)

ㄷ. $t=b$의 좌우에서 $x'(t)$의 부호가 바뀌지 않으므로 점 P는 운동 방향을 바꾸지 않는다. (거짓)
$0<t<a$에서 $v'(t)<0$, $a<t<c$에서 $v'(t)>0$, $t>c$에서 $v'(t)<0$

따라서 옳은 것은 ㄱ, ㄴ이다.

0687 답 ③

ㄱ. 두 점 P, Q는 $t=a$일 때와 $t=e$일 때 모두 두 번 만난다. (참)

ㄴ. 점 Q의 시각 t에서의 속도는 $g'(t)$이고, $g'(a)g'(d)<0$이므로 $t=a$일 때와 $t=d$일 때 점 Q의 운동 방향은 서로 반대이다. (참)

ㄷ. $d\leq t\leq e$일 때, 점 P가 움직인 거리는 $f(e)-f(d)$, 점 Q가 움직인 거리는 $g(e)-g(d)$이고 주어진 그래프에서
$$g(e)-g(d)>f(e)-f(d)$$
즉, 점 Q가 움직인 거리가 점 P가 움직인 거리보다 길다.
(거짓)

따라서 옳은 것은 ㄱ, ㄴ이다.

0688 답 ④

0689 답 ③

t초 후의 점 P의 좌표는 $(0, 5+t)$이므로 두 점 P, Q를 지나는 직선의 방정식은
$$\frac{x}{5}+\frac{y}{5+t}=1 \quad\cdots\cdots\ \bigcirc$$

직선 $\bigcirc$과 직선 $x=1$의 교점 R의 y좌표는 $\frac{1}{5}+\frac{y}{5+t}=1$에서
$$\frac{y}{5+t}=\frac{4}{5} \qquad \therefore y=\frac{4}{5}(5+t)$$

선분 HR의 길이를 l이라 하면 l은 점 R의 y좌표와 같으므로
$$l=\frac{4}{5}(5+t)=\frac{4}{5}t+4$$
$$\therefore \frac{dl}{dt}=\frac{4}{5}$$

따라서 선분 HR의 길이의 변화율은 $\frac{4}{5}$이다.

> **해설 속 칠판**
> x절편이 a, y절편이 b인 직선의 방정식은
> $$\frac{x}{a}+\frac{y}{b}=1$$

0690 답 ②

t초 후의 직사각형의 가로와 세로의 길이는 각각 $(5+t)$ cm, $(5+2t)$ cm이므로 직사각형의 넓이를 S cm^{2}라 하면
$$S=(5+t)(5+2t)=25+15t+2t^2$$
$$\therefore \frac{dS}{dt}=15+4t$$

가로의 길이가 8 cm가 되는 시각은 $5+t=8$에서
$$t=3$$

따라서 $t=3$에서의 직사각형의 넓이의 변화율은
$$15+4\cdot3=27(\text{cm}^2/\text{s})$$

0691 답 ⑤

t초 후의 선분 AP와 선분 BP의 길이는 각각 t cm, $(8-t)$ cm $(0<t<8)$이므로 두 원 O_1, O_2의 넓이의 합을 S cm^{2}라 하면
$$S=\pi t^2+\pi(8-t)^2=\pi(2t^2-16t+64)$$
$$\therefore \frac{dS}{dt}=\pi(4t-16)$$

따라서 $t=5$에서의 두 원의 넓이의 합의 변화율은
$$\pi(4\cdot5-16)=4\pi(\text{cm}^2/\text{s})$$

0692 답 ③

---

t초 후의 수면의 반지름의 길이를 r cm, 수면의 높이를 h cm라 하면 오른쪽 그림에서
$$4:8=r:h \qquad \therefore r=\frac{1}{2}h$$

또한, t초 후의 수면의 높이는 $\frac{4}{3}t$ cm이므로
$$h=\frac{4}{3}t$$

즉, $r=\frac{1}{2}h=\frac{1}{2}\cdot\frac{4}{3}t=\frac{2}{3}t$이므로 물의 부피를 V cm^{3}라 하면
$$V=\frac{1}{3}\pi r^2 h=\frac{1}{3}\pi\cdot\left(\frac{2}{3}t\right)^2\cdot\frac{4}{3}t=\frac{16}{81}\pi t^3$$
$$\therefore \frac{dV}{dt}=\frac{16}{27}\pi t^2$$

수면의 높이가 3 cm가 되는 시각은 $3=\frac{4}{3}t$에서
$$t=\frac{9}{4}$$

따라서 $t=\frac{9}{4}$에서의 물의 부피의 변화율은
$$\frac{16}{27}\pi\cdot\left(\frac{9}{4}\right)^2=3\pi(\text{cm}^3/\text{s})$$

본문 127~129쪽

0693 답 ①

> **One Point Lesson**
> 지면과 수직으로 위로 던진 물체는 최고 지점에 도달하였다가 지면에 떨어진다.

물체의 t초 후의 속도를 v라 하면
$$v=\frac{dh}{dt}=20-10t$$

물체가 최고 지점에 도달했을 때의 속도는 0이므로 $v=0$에서
$$20-10t=0 \qquad \therefore t=2$$

$t=2$에서의 물체의 높이는
$$25+20\cdot2-5\cdot2^2=45(\text{m})$$

따라서 물체가 이동한 거리는
$$(45-25)+45=65(\text{m})$$

0694 답 ③

> **One Point Lesson**
> 방정식 $f(x)=f(p)$가 서로 다른 두 실근을 가질 조건을 생각해 본다.

삼차함수 $y=f(x)$의 그래프가 x축과 만나는 서로 다른 세 점의 좌표가 $(a, 0)$, $(b, 0)$, $(c, 0)$이므로
$f(x)=k(x-a)(x-b)(x-c)$ (k는 상수)라 하면
$$f'(x)=k(x-b)(x-c)+k(x-a)(x-c)+k(x-a)(x-b)$$
$$=k\{3x^2-2(a+b+c)x+ab+bc+ca\}$$

방정식 $f(x)=f(p)$가 서로 다른 두 실근을 가지려면 한 실근과 중근을 가져야 한다.

또한, $a<p<c$이므로 삼차함수 $y=f(x)$는 $x=p$에서 극값을 가져야 한다.

즉, $x=p$는 이차방정식 $f'(x)=0$의 근이다.

이차방정식 $f'(x)=0$의 두 근을 α, β라 하면 이차방정식의 근과 계수의 관계에 의하여
$$\alpha+\beta=\frac{2(a+b+c)}{3}=\frac{2\cdot12}{3}=8$$
따라서 방정식 $f(x)=f(p)$가 서로 다른 두 실근을 갖도록 하는 모든 실수 p의 값의 합은 8이다.

0695 답 ③

선분 PQ의 중점 M의 위치를 t에 대한 식으로 나타낸다.

선분 PQ의 중점 M의 시각 t에서의 위치를 x_M이라 하면
$$x_\text{M}=\frac{x_\text{P}+x_\text{Q}}{2}$$
$$=\frac{(2t^3+3at^2+6t)+(-at^2+2t)}{2}$$
$$=t^3+at^2+4t$$
점 M의 시각 t에서의 속도를 v_M이라 하면
$$v_\text{M}=\frac{dx_\text{M}}{dt}=3t^2+2at+4$$
$f(t)=3t^2+2at+4=3\left(t+\frac{a}{3}\right)^2-\frac{a^2}{3}+4$라 하자.

점 M이 운동 방향을 바꾸지 않으려면 $t\geq0$에서 $f(t)\geq0$이어야 한다. → $f(t)$의 부호가 바뀌지 않아야 한다. → 이차방정식 $f(t)=0$의 최고차항의 계수가 양수이므로

(i) $-\dfrac{a}{3}\geq0$, 즉 $a\leq0$일 때

오른쪽 그림에서

$-\dfrac{a^2}{3}+4\geq0,\ a^2-12\leq0$

$(a+2\sqrt3)(a-2\sqrt3)\leq0$

$\therefore\ -2\sqrt3\leq a\leq0\ (\because a\leq0)$

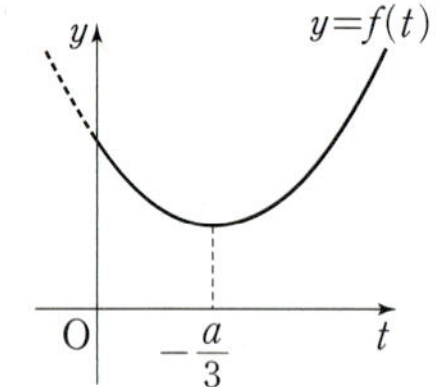

(ii) $-\dfrac{a}{3}<0$, 즉 $a>0$일 때

오른쪽 그림에서

$f(0)=4>0$

이므로 $t\geq0$에서

$f(t)\geq0\qquad\therefore\ a>0$

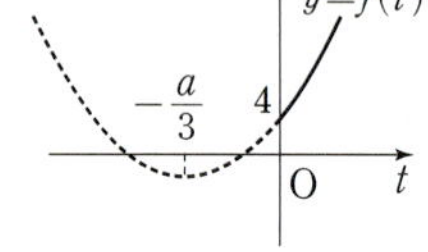

(i), (ii)에서 $a\geq-2\sqrt3$

따라서 정수 a의 최솟값은 -3이다.

0696 답 ④

방정식 $f(x)=k$의 서로 다른 모든 실근의 곱이 양수가 되려면 곡선 $y=f(x)$와 직선 $y=k$의 교점의 x좌표의 곱이 양수이어야 한다.

$x^4+a=6x^2+b$에서

$x^4-6x^2+a=b$

$f(x)=x^4-6x^2+a$라 하면

$f'(x)=4x^3-12x$

$\qquad=4x(x+\sqrt3)(x-\sqrt3)$

$f'(x)=0$에서 $x=-\sqrt3$ 또는 $x=0$ 또는 $x=\sqrt3$

함수 $f(x)$의 증가와 감소를 표로 나타내면 다음과 같다.

x	$\cdots$	$-\sqrt3$	$\cdots$	0	$\cdots$	$\sqrt3$	$\cdots$
$f'(x)$	$-$	0	$+$	0	$-$	0	$+$
$f(x)$	$\searrow$	$a-9$	$\nearrow$	a	$\searrow$	$a-9$	$\nearrow$

오른쪽 그림에서 방정식 $f(x)=b$의 서로 다른 모든 실근의 곱이 양수가 되려면 곡선 $y=f(x)$와 직선 $y=b$의 서로 다른 교점의 x좌표의 곱이 양수 이어야 하므로 → 교점의 x좌표가 음수인 점의 개수가 짝수개이어야 한다.

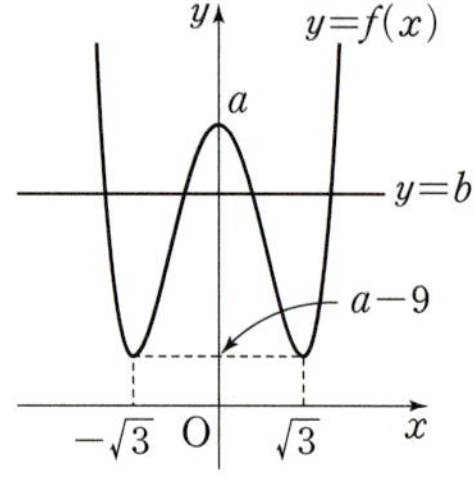

$a-9<b<a$

이때 정수 b의 최솟값이 2이므로

$1\leq a-9<2\qquad\therefore\ 10\leq a<11$

따라서 정수 a의 값은 10이다.

0697 답 128

t초 후의 구의 반지름의 길이를 t에 대한 식으로 나타낸다.

t초 후의 구의 반지름의 길이는 $(1+at)\,\text{cm}$이므로 구의 겉넓이를 $S\,\text{cm}^2$, 부피를 $V\,\text{cm}^3$라 하면
$$S=4\pi(1+at)^2,\ V=\frac{4}{3}\pi(1+at)^3$$
$$\therefore\ \frac{dS}{dt}=8a\pi(1+at),\ \frac{dV}{dt}=4a\pi(1+at)^2$$
반지름의 길이가 $8\,\text{cm}$가 되는 순간, 즉 $1+at=8$일 때의 구의 겉넓이의 변화율이 $32\pi\,\text{cm}^2/\text{s}$이므로
$$32\pi=8a\pi\cdot8\qquad\therefore\ a=\frac{1}{2}$$
따라서 반지름의 길이가 $8\,\text{cm}$가 되는 순간의 구의 부피의 변화율은
$$4\cdot\frac{1}{2}\pi\cdot8^2=128\pi\,(\text{cm}^3/\text{s})$$
$$\therefore\ k=128$$

> **해설 속 칠판** **구의 겉넓이와 부피**
>
> 반지름의 길이가 r인 구의 겉넓이를 S, 부피를 V라 하면
> $$S=4\pi r^2,\ V=\frac{4}{3}\pi r^3$$

0698 답 ④

부등식 $f(x_1)\geq g(x_2)$가 성립하려면 (함수 $f(x)$의 최솟값)$\geq$(함수 $g(x)$의 최댓값)이어야 한다.

닫힌구간 $[1,\ 3]$에 속하는 임의의 두 실수 x_1, x_2에 대하여 부등식 $f(x_1)\geq g(x_2)$가 성립하려면 함수 $f(x)$의 최솟값이 함수 $g(x)$의 최댓값보다 크거나 같아야 한다.

$f'(x)=-x^2+x+2=-(x+1)(x-2)$

$f'(x)=0$에서 $x=2\ (\because 1\leq x\leq3)$

$1\leq x\leq3$에서 함수 $f(x)$의 증가와 감소를 표로 나타내면 다음과 같다.

x	1	$\cdots$	2	$\cdots$	3
$f'(x)$		$+$	0	$-$	
$f(x)$	$\dfrac{13}{6}$	$\nearrow$	$\dfrac{10}{3}$	$\searrow$	$\dfrac{3}{2}$

함수 $f(x)$는 $x=3$에서 최솟값 $\dfrac{3}{2}$을 갖는다.

한편, 함수 $g(x)$는 $x=1$에서 최댓값 $m-1$을 갖는다. → 함수 $g(x)=-x^2+m$은 $1\leq x\leq3$에서 감소하므로 $x=1$에서 최댓값을 갖는다.

따라서 $\dfrac{3}{2}\geq m-1$에서 $m\leq\dfrac{5}{2}$이므로 실수 m의 최댓값은 $\dfrac{5}{2}$이다.

0699   답 246

방정식 $|f(x)|=n$의 서로 다른 실근의 개수는 곡선 $y=|f(x)|$와 직선 $y=n$의 교점의 개수와 같음을 이용한다.

$f(x)=2x^3-6x^2-18x$라 하면
$f'(x)=6x^2-12x-18$
$\quad\quad=6(x+1)(x-3)$
$f'(x)=0$에서 $x=-1$ 또는 $x=3$
함수 $f(x)$의 증가와 감소를 표로 나타내면 다음과 같다.

x	$\cdots$	-1	$\cdots$	3	$\cdots$
$f'(x)$	$+$	0	$-$	0	$+$
$f(x)$	↗	10	↘	-54	↗

즉, 곡선 $y=|f(x)|$는 오른쪽 그림과 같고 방정식 $|f(x)|=n$의 서로 다른 실근의 개수는 곡선 $y=|f(x)|$와 직선 $y=n$의 교점의 개수와 같다.

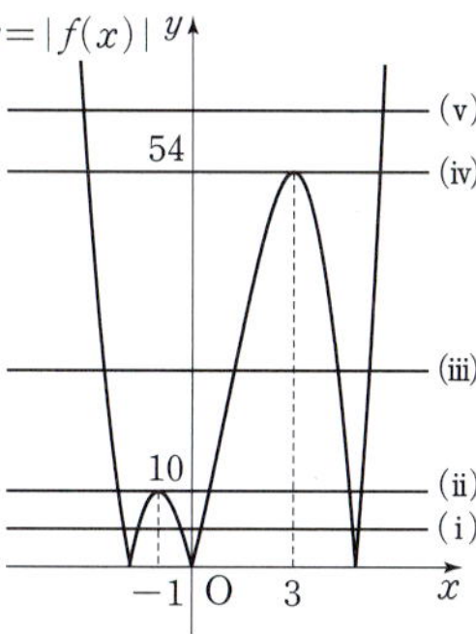

(ⅰ) $1\leq n\leq 9$일 때, $a_n=6$
(ⅱ) $n=10$일 때, $a_{10}=5$
(ⅲ) $11\leq n\leq 53$일 때, $a_n=4$
(ⅳ) $n=54$일 때, $a_{54}=3$
(ⅴ) $n\geq 55$일 때, $a_n=2$
(ⅰ)~(ⅴ)에서
$$\sum_{n=1}^{60}a_n=6\cdot 9+5\cdot 1+4\cdot 43+3\cdot 1+2\cdot 6=246$$

0700   답 ④

위치를 미분하면 속도, 속도를 미분하면 가속도임을 이용하여 ㄱ, ㄴ, ㄷ의 참, 거짓을 판별한다.

두 점 P, Q의 시각 t에서의 속도는 각각 $f'(t)$, $g'(t)$이다.
ㄱ. $h'(t)=f'(t)-g'(t)$이고, $0<t<a$일 때 $h'(t)>0$이므로
$\quad f'(t)>g'(t)$
$\quad$ 즉, $0<t<a$일 때 점 P의 속도가 점 Q의 속도보다 더 크다.
$\quad$ (참)
ㄴ. $0<t<b$일 때, $h'(t)>0$, 즉 $f'(t)>g'(t)$이므로 $t=b$일 때 두 점 P, Q는 만나지 않는다. (거짓)
ㄷ. $t=a$일 때와 $t=c$일 때의 함수 $y=h'(t)$의 그래프의 접선의 기울기가 0이므로 두 점 P, Q의 가속도가 같아지는 순간은 2번이다. (참)

> 두 점 P, Q의 시각 t에서의 속도 $f'(t)$, $g'(t)$의 그래프의 접선의 기울기가 같아지는 순간이다.

따라서 옳은 것은 ㄱ, ㄷ이다.

0701   답 ③

점 $(a, 1)$에서 곡선에 그은 접선의 접점의 x좌표를 t라 하고 접선의 방정식을 세운다.

$f(x)=x^3+3ax^2-3a^3$이라 하면
$f'(x)=3x^2+6ax$
점 $(a, 1)$에서 곡선 $y=f(x)$에 그은 접선의 접점의 좌표를 $(t,\ t^3+3at^2-3a^3)$이라 하면 이 점에서의 접선의 기울기는
$f'(t)=3t^2+6at$이므로 접선의 방정식은

$y-(t^3+3at^2-3a^3)=(3t^2+6at)(x-t)$
$\therefore\ y=(3t^2+6at)x-2t^3-3at^2-3a^3$
이 직선이 점 $(a, 1)$을 지나므로
$1=-2t^3+6a^2t-3a^3$
$\therefore\ 2t^3-6a^2t+3a^3+1=0 \quad \cdots\cdots\ ㉠$
점 $(a, 1)$에서 곡선 $y=f(x)$에 그은 접선이 두 개만 존재하려면 t에 대한 삼차방정식 ㉠이 서로 다른 두 실근, 즉 한 실근과 중근을 가져야 한다.
$g(t)=2t^3-6a^2t+3a^3+1$이라 하면
$g'(t)=6t^2-6a^2=6(t+a)(t-a)$
함수 $g(t)$는 $t=-a$, $t=a$에서 극값을 갖고 삼차방정식 ㉠이 서로 다른 두 실근을 가지려면 두 극값 중 하나가 0이어야 하므로 그래프의 개형은 다음 그림과 같이 2가지 경우가 있다.

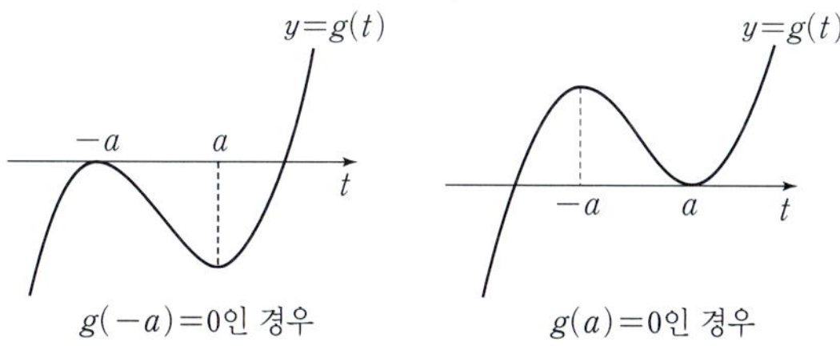

즉, $g(-a)g(a)=0$이어야 하므로
$(7a^3+1)(-a^3+1)=0$, $(7a^3+1)(a^3-1)=0$
$(7a^3+1)(a-1)(a^2+a+1)=0$
이때 $a>0$이므로
$a=1\ (\because\ 7a^3+1>0,\ a^2+a+1>0)$

0702   답 ②

주어진 조건을 이용하여 사차함수 $y=f(x)$의 그래프의 개형을 파악한다.

조건 (가)에서 $\dfrac{f(t)-f(-t)}{t-(-t)}=0$이므로
$f(t)=f(-t)$
즉, $f(x)=f(-x)$를 만족시키는 함수 $f(x)$는 그래프가 y축에 대하여 대칭이므로 차수가 홀수인 항이 존재하지 않는다.
또한, 사차함수 $f(x)$의 최고차항의 계수가 1이므로
$f(x)=x^4+ax^2+b\ (a, b$는 상수$)$
라 할 수 있다.
한편, 조건 (나)의 $\{f'(p)\}^2+\{f'(q)\}^2+\{f'(r)\}^2=0$에서
$f'(p)=f'(q)=f'(r)=0$
이므로 삼차방정식 $f'(x)=0$의 서로 다른 세 실근은 p, q, r이다.
$p<q<r$라 할 때, 함수 $f(x)$의 증가와 감소를 표로 나타내면 다음과 같다.

x	$\cdots$	p	$\cdots$	q	$\cdots$	r	$\cdots$
$f'(x)$	$-$	0	$+$	0	$-$	0	$+$
$f(x)$	↘	극소	↗	극대	↘	극소	↗

함수 $y=f(x)$의 그래프가 y축에 대하여 대칭이므로
$f(p)=f(r)$, $q=0$
이때 $f(0)=M$, $f(p)=f(r)=m$이라 하면 조건 (나)에서
$M+2m=-6$
$\therefore\ M=-2m-6 \quad \cdots\cdots\ ㉠$
$Mm^2=32 \quad \cdots\cdots\ ㉡$

⊙을 ⓒ에 대입하면
$(-2m-6)m^2=32$, $m^3+3m^2+16=0$
$(m+4)(m^2-m+4)=0$
$\therefore m=-4$ $(\because m^2-m+4>0)$
$m=-4$를 ⊙에 대입하면
$M=-2\cdot(-4)-6=2$
즉, 함수 $y=|f(x)|$의 그래프의 개형은 다음 그림과 같다.

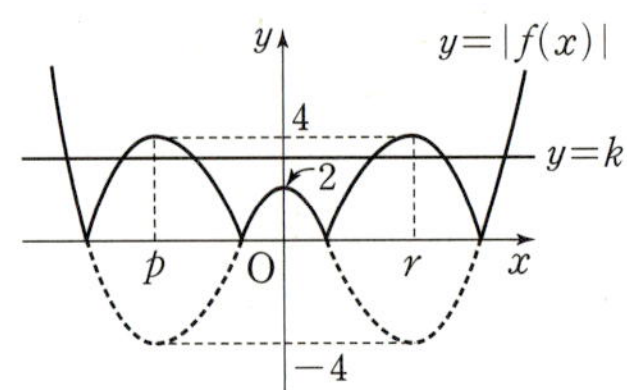

방정식 $|f(x)|=k$의 서로 다른 실근의 개수가 6이 되도록 하는
실수 k의 값의 범위는
$2<k<4$
따라서 자연수 k의 값은 3이다.

선생님 톡톡
> 최고차항의 계수가 1인 사차함수 $f(x)$를
> $\qquad f(x)=x^4+ax^3+bx^2+cx+d$ $(a, b, c, d$는 상수)
> 라 하면 $f(x)=f(-x)$를 만족시키므로
> $x^4+ax^3+bx^2+cx+d=(-x)^4+a\cdot(-x)^3+b\cdot(-x)^2+c\cdot(-x)+d$
> 에서
> $ax^3+cx=-ax^3-cx$ $\quad\therefore ax^3+cx=0$
> 위의 식이 모든 실수 x에 대하여 성립하므로
> $a=c=0$
> $\therefore f(x)=x^4+bx^2+d$

0703 답 18

One Point Lesson
> $f(x)=x^3+ax^2+bx+c$ $(a, b, c$는 상수)라 하고 주어진 조건을 이용하여 함수 $f(x)$를 구한다.

최고차항의 계수가 1인 삼차함수 $f(x)$가 극값을 갖지 않는다고 가정하면 함수 $f(x)$는 모든 실수 x에 대하여 $f'(x)\geq0$이므로 증가한다.
그런데 $f(0)>f(2)$이므로 함수 $f(x)$가 증가한다는 것에 모순이다.
따라서 함수 $f(x)$는 극값을 갖고 $f(-2)=0$이므로 함수
$y=|f(x)|$의 그래프의 개형은 다음 그림과 같이 3가지 경우가 있다.

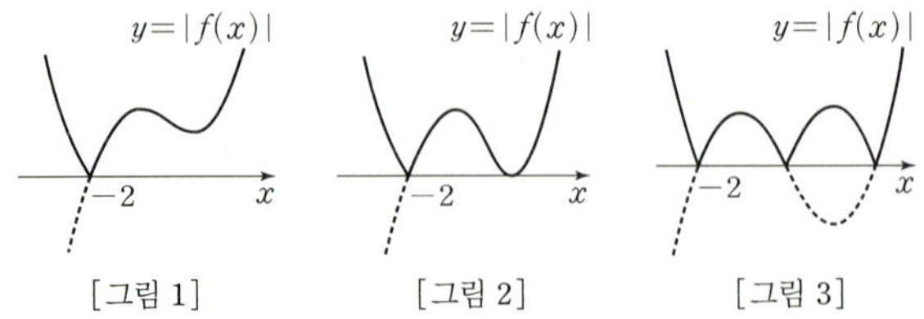

(i) [그림 1]과 같이 $g(-2)=1$인 경우
$\quad f(x)=x^3+ax^2+bx+c$ $(a, b, c$는 상수)라 하면
$\quad f'(x)=3x^2+2ax+b$
$\quad g(0)=g(2)=3$을 만족시키려면 함수 $f(x)$가 $x=0$에서 극 댓값, $x=2$에서 극솟값을 가져야 하므로
$\quad f'(0)=f'(2)=0$
$\quad$에서 $b=0$, $3\cdot2^2+2a\cdot2+b=0$
$\quad \therefore a=-3, b=0$

또한, $f(-2)=0$이므로
$\quad (-2)^3-3\cdot(-2)^2+c=0$ $\quad \therefore c=20$
$\quad \therefore f(x)=x^3-3x^2+20$
(ii) [그림 2]와 같이 $g(-2)=2$인 경우
$\quad g(0)=g(2)=6$을 만족시키는 k의 값이 존재하지 않는다.
(iii) [그림 3]과 같이 $g(-2)=3$인 경우
$\quad g(0)=g(2)=9$를 만족시키는 k의 값이 존재하지 않는다.
(i), (ii), (iii)에서 $f(x)=x^3-3x^2+20$
$\therefore f(1)=1-3+20=18$

0704 답 ②

One Point Lesson
> 함수 $g(t)$가 $t=1$에서 불연속일 조건을 이용하여 함수 $f(x)$를 구한다.

최고차항의 계수가 -1인 삼차함수 $y=f(x)$의 그래프의 개형은 [그림 1]과 같이 극값을 갖지 않는 경우 또는 [그림 2]와 같이 극값을 2개 갖는 경우가 있다.

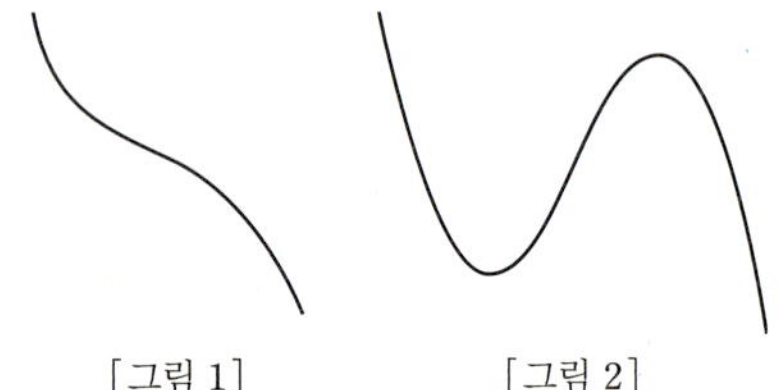

$f(x)$가 $x_1<x_2$인 임의의 두 실수 x_1, x_2에 대하여 $f(x_1)>f(x_2)$, 즉 함수 $y=f(x)$의 그래프의 개형이 [그림 1]과 같으면 함수 $g(t)$는 불연속인 점이 생기지 않으므로 함수 $y=f(x)$의 그래프의 개형은 [그림 2]와 같아야 한다.
함수 $g(t)$가 $t=1$에서 불연속인 경우를 생각해 보자.
오른쪽 그림과 같이 $t=1$일 때, 즉 직선 $y=1$이 함수 $y=f(x)$가 극댓값을 갖는 점에서 함수 $y=f(x)$의 그래프와 접하면

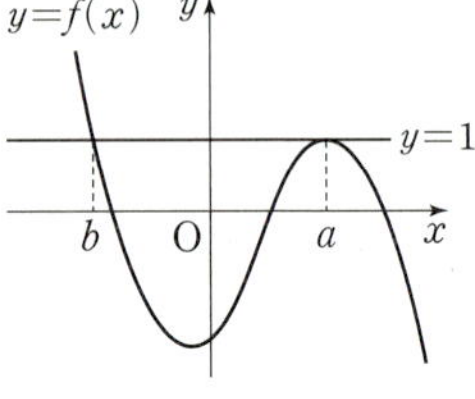

$\lim\limits_{t\to1+}g(t)=b$, $g(1)=a$
즉, 함수 $y=g(t)$의 그래프의 개형은 다음 그림과 같다.

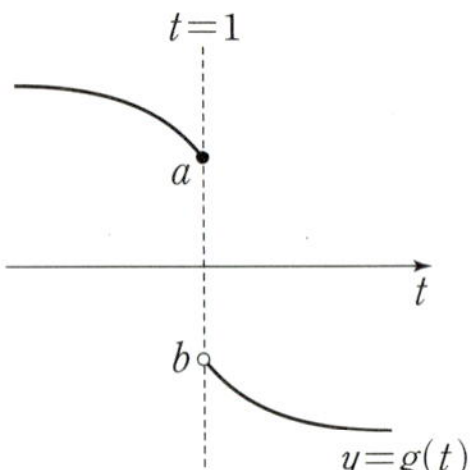

이때 함수 $y=|g(t)|$는 실수 전체의 집합에서 연속이므로
$b=-a$ $(a>0)$
즉, 방정식 $f(x)=1$이 $x=a$에서 중근, $x=-a$에서 실근을 갖는다.
$f(x)-1=-(x+a)(x-a)^2$ $(a>0)$에서
$f(x)=-(x+a)(x-a)^2+1$
$\therefore f(1)=-(1+a)(1-a)^2+1=-a^3+a^2+a$
이때 $h(a)=-a^3+a^2+a$라 하면
$h'(a)=-3a^2+2a+1=-(3a+1)(a-1)$
$h'(a)=0$에서 $a=1$ $(\because a>0)$

$a>0$에서 함수 $h(a)$의 증가와 감소를 표로 나타내면 다음과 같다.

a	(0)	$\cdots$	1	$\cdots$
$h'(a)$		$+$	0	$-$
$h(a)$		$\nearrow$	1	$\searrow$

함수 $h(a)$는 $a=1$에서 극대이면서 최대이므로 최댓값은 1이다.
따라서 $f(1)$의 최댓값은 1이다.

0705 답 10

점 P의 시각 t에서의 속도를 v라 하면
$$v=\frac{dx}{dt}=-3t^2+12t-10$$
$$=-3(t-2)^2+2$$

❶

$1\leq t\leq4$에서 $-10\leq v\leq2$이므로 $\quad$ (속력)$=|$(속도)$|$
$0\leq|v|\leq10$
따라서 점 P의 속력의 최댓값은 10이다.

❷

채점 기준	배점 비율
❶ 점 P의 시각 t에서의 속도 구하기	40%
❷ 점 P의 속력의 최댓값 구하기	60%

0706 답 해설 참조

$x^4-2x^2+4\geq-4x^3+12x-5$에서
$x^4+4x^3-2x^2-12x+9\geq0$
$f(x)=x^4+4x^3-2x^2-12x+9$라 하면
$f'(x)=4x^3+12x^2-4x-12$
$\qquad=4(x+3)(x+1)(x-1)$
$f'(x)=0$에서 $x=-3$ 또는 $x=-1$ 또는 $x=1$
함수 $f(x)$의 증가와 감소를 표로 나타내면 다음과 같다.

x	$\cdots$	-3	$\cdots$	-1	$\cdots$	1	$\cdots$
$f'(x)$	$-$	0	$+$	0	$-$	0	$+$
$f(x)$	$\searrow$	0	$\nearrow$	16	$\searrow$	0	$\nearrow$

함수 $f(x)$는 $x=-3$ 또는 $x=1$에서 극소이면서 최소이므로 최솟값은 0이다.

❶

$\therefore f(x)\geq0$
따라서 모든 실수 x에 대하여 부등식 $x^4+4x^3-2x^2-12x+9\geq0$,
즉 $x^4-2x^2+4\geq-4x^3+12x-5$가 성립한다.

❷

채점 기준	배점 비율
❶ $f(x)=x^4+4x^3-2x^2-12x+9$라 하고 $f(x)$의 최솟값 구하기	60%
❷ 주어진 부등식이 성립함을 보이기	40%

0707 답 16

점 P의 시각 t에서의 속도를 v라 하면
$$v=\frac{dx}{dt}=6t^2-20t+k$$
$\qquad v=0$

❶

점 P가 출발 후 운동 방향을 두 번 바꾸려면 이차방정식
$6t^2-20t+k=0$이 $t>0$에서 서로 다른 두 실근을 가져야 한다.
(ⅰ) 이차방정식 $6t^2-20t+k=0$의 판별식을 D라 하면
$$\frac{D}{4}=100-6k>0 \qquad \therefore k<\frac{50}{3}$$

(ⅱ) 이차방정식 $6t^2-20t+k=0$의 두 근의 합이 양수이므로
$$\frac{10}{3}>0 \qquad\qquad t>0$이므로$$

(ⅲ) 이차방정식 $6t^2-20t+k=0$의 두 근의 곱이 양수이므로
$$\frac{k}{6}>0 \qquad \therefore k>0$$

(ⅰ), (ⅱ), (ⅲ)에서 $0<k<\frac{50}{3}$

❷

따라서 정수 k의 개수는 1, 2, 3, $\cdots$, 16의 16이다.

❸

채점 기준	배점 비율
❶ 점 P의 시각 t에서의 속도 구하기	20%
❷ 이차방정식이 서로 다른 두 개의 양수인 근을 가질 조건을 이용하여 실수 k의 값의 범위 구하기	60%
❸ 정수 k의 개수 구하기	20%

0708 답 21

$f(x)=x^3-6x^2+9x+a$라 하면
$f'(x)=3x^2-12x+9$
$\qquad\quad=3(x-1)(x-3)$
$f'(x)=0$에서 $x=1$ 또는 $x=3$
$-1\leq x\leq3$에서 함수 $f(x)$의 증가와 감소를 표로 나타내면 다음과 같다.

x	-1	$\cdots$	1	$\cdots$	3
$f'(x)$		$+$	0	$-$	0
$f(x)$	$a-16$	$\nearrow$	$a+4$	$\searrow$	a

함수 $f(x)$는 $x=-1$에서 최솟값 $a-16$을 갖고, $x=1$에서 최댓값 $a+4$를 갖는다.

❶

$|f(x)|\leq20$, 즉 $-20\leq f(x)\leq20$이 항상 성립하려면
$a+4\leq20$, $a-16\geq-20$이어야 하므로
$-4\leq a\leq16$

❷

따라서 정수 a의 개수는 -4, -3, -2, $\cdots$, 16의 21이다.

❸

채점 기준	배점 비율
❶ $f(x)=x^3-6x^2+9x+a$라 하고 $-1\leq x\leq3$에서 함수 $f(x)$의 최댓값과 최솟값 구하기	40%
❷ 주어진 부등식을 만족시키는 실수 a의 값의 범위 구하기	40%
❸ 정수 a의 개수 구하기	20%

0709 답 6

방정식 $f(|x|)=t$의 실근의 개수는 함수 $y=f(|x|)$의 그래프와 직선 $y=t$의 교점의 개수와 같다.
$$f(|x|)=\begin{cases} f(x) & (x\geq0) \\ f(-x) & (x<0) \end{cases}$$
이므로 함수 $y=f(|x|)$의 그래프는 함수 $y=f(x)$의 그래프에서 $x\geq0$인 부분만 남기고, $x<0$인 부분은 $x\geq0$인 부분을 y축에 대하여 대칭이동시킨 것과 같다.
$f(x)=x^3-2x^2-4x+5$에서
$f'(x)=3x^2-4x-4$
$\qquad\quad=(3x+2)(x-2)$
$f'(x)=0$에서 $x=2$ $(\because x\geq0)$

$x\geq0$에서 함수 $f(x)$의 증가와 감소를 표로 나타내면 다음과 같다.

x	0	$\cdots$	2	$\cdots$
$f'(x)$		$-$	0	$+$
$f(x)$	5	$\searrow$	-3	$\nearrow$

즉, 함수 $y=f(|x|)$의 그래프는 다음 그림과 같다.

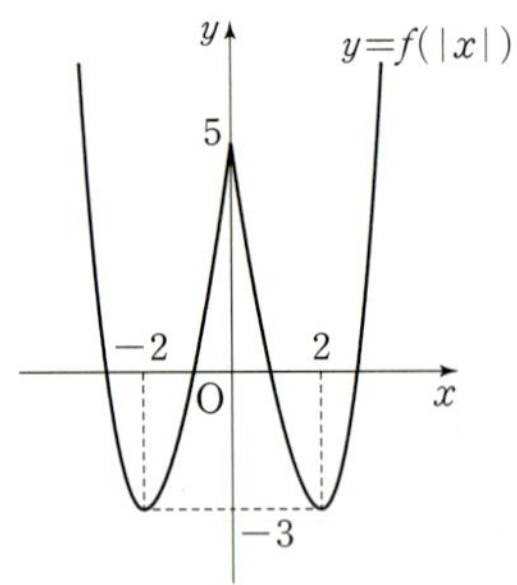

$\qquad\qquad\qquad\qquad\qquad\qquad\qquad\qquad\qquad$ ❶

따라서 함수 $y=g(t)$와 그 그래프는 다음과 같다.

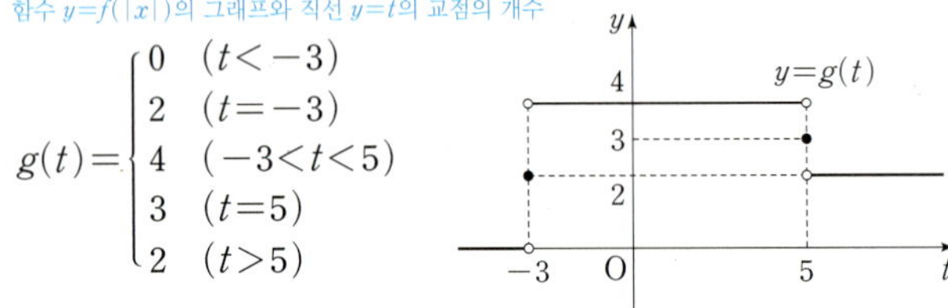

$$g(t)=\begin{cases} 0 & (t<-3) \\ 2 & (t=-3) \\ 4 & (-3<t<5) \\ 3 & (t=5) \\ 2 & (t>5) \end{cases}$$

$\qquad\qquad\qquad\qquad\qquad\qquad\qquad\qquad\qquad$ ❷

$\displaystyle\lim_{t\to-3+}g(t)=4$, $\displaystyle\lim_{t\to5-}\{g(t)-7\}=-3$이므로

$\displaystyle\lim_{t\to-3+}g(g(t))+\lim_{t\to5-}g(g(t)-7)=g(4)+g(-3)$

$\qquad\qquad\qquad\qquad\qquad\qquad\qquad =4+2=6$

$\qquad\qquad\qquad\qquad\qquad\qquad\qquad\qquad\qquad$ ❸

채점 기준	배점 비율
❶ 함수 $y=f(|x|)$의 그래프 그리기	50%
❷ 함수 $y=g(t)$의 그래프 그리기	30%
❸ 주어진 극한값 구하기	20%

해설 속 칠판 $y=f(|x|)$**의 그래프 그리기**

❶ 함수 $y=f(x)$의 그래프를 그린다.
❷ $x\geq0$인 부분만 남기고, $x<0$인 부분은 $x\geq0$인 부분을 y축에 대하여 대칭이동한다.

0710 📋 67

함수 $y=g(x)$의 그래프는 함수 $y=f(x)$의 그래프를 x축의 방향으로 a만큼 평행이동시킨 것이므로

$g(x)=f(x-a)$

$\qquad\qquad\qquad\qquad\qquad\qquad\qquad\qquad\qquad$ ❶

$g(x)\geq x-5$에서 $f(x-a)\geq x-5$

즉, $f(x)\geq x+a-5$이므로 $f(x)-x\geq a-5$에서 $\quad$〉양변에 x 대신 $x+a$ 대입

$\dfrac{1}{4}x^4-\dfrac{2}{3}x^3+x^2-x-a+5\geq0$

$h(x)=\dfrac{1}{4}x^4-\dfrac{2}{3}x^3+x^2-x-a+5$라 하면

$h'(x)=x^3-2x^2+2x-1$

$\qquad\quad =(x-1)(x^2-x+1)$

$h'(x)=0$에서 $x=1$ $(\because x^2-x+1>0)$

함수 $h(x)$의 증가와 감소를 표로 나타내면 다음과 같다.

x	$\cdots$	1	$\cdots$
$h'(x)$	$-$	0	$+$
$h(x)$	$\searrow$	$-a+\dfrac{55}{12}$	$\nearrow$

함수 $h(x)$는 $x=1$일 때 극소이면서 최소이므로 최솟값은 $-a+\dfrac{55}{12}$이다.

모든 실수 x에 대하여 부등식 $h(x)\geq0$이 성립하려면

$-a+\dfrac{55}{12}\geq0$이어야 하므로

$a\leq\dfrac{55}{12}$

즉, 실수 a의 최댓값은 $\dfrac{55}{12}$이다.

$\qquad\qquad\qquad\qquad\qquad\qquad\qquad\qquad\qquad$ ❷

따라서 $p=12$, $q=55$이므로

$p+q=12+55=67$

$\qquad\qquad\qquad\qquad\qquad\qquad\qquad\qquad\qquad$ ❸

채점 기준	배점 비율
❶ $g(x)=f(x-a)$임을 알기	30%
❷ 주어진 부등식을 만족시키는 실수 a의 최댓값 구하기	50%
❸ $p+q$의 값 구하기	20%

본문 132쪽

0711 답 $f(x)=2x-4$

x^2-4x+C는 $f(x)$의 부정적분이므로
$f(x)=(x^2-4x+C)'=2x-4$

0712 답 $f(x)=-x+5$

$-\dfrac{1}{2}x^2+5x+C$는 $f(x)$의 부정적분이므로

$f(x)=\left(-\dfrac{1}{2}x^2+5x+C\right)'=-x+5$

0713 답 $f(x)=6x^2+2x$

$2x^3+x^2+C$는 $f(x)$의 부정적분이므로
$f(x)=(2x^3+x^2+C)'=6x^2+2x$

0714 답 $f(x)=3x-6$

$xf(x)=(x^3-3x^2+C)'$
$=3x^2-6x$
$\therefore f(x)=3x-6$ → 함수 $f(x)$가 다항함수이므로 x가 소거된다.

0715 답 $f(x)=x^2+2x$

$(x+1)f(x)=\left(\dfrac{1}{4}x^4+x^3+x^2+C\right)'$
$=x^3+3x^2+2x$
$=x(x+1)(x+2)$
$\therefore f(x)=x(x+2)=x^2+2x$ → 함수 $f(x)$가 다항함수이므로 $x+1$이 소거된다.

0716 답 x^3+x

$\dfrac{d}{dx}\displaystyle\int f(x)\,dx=f(x)$이므로

$\dfrac{d}{dx}\displaystyle\int (x^3+x)\,dx=x^3+x$
그대로

0717 답 x^3+x+C

$\displaystyle\int\left\{\dfrac{d}{dx}f(x)\right\}dx=f(x)+C$이므로

$\displaystyle\int\left\{\dfrac{d}{dx}(x^3+x)\right\}dx=x^3+x+C$
적분상수가 생긴다.

0718 답 $2x+C$

$\displaystyle\int 2\,dx=2x+C$

0719 답 $\dfrac{1}{4}x^4+C$

$\displaystyle\int x^3\,dx=\dfrac{1}{3+1}x^{3+1}+C=\dfrac{1}{4}x^4+C$

0720 답 $\dfrac{1}{9}x^9+C$

$\displaystyle\int x^8\,dx=\dfrac{1}{8+1}x^{8+1}+C=\dfrac{1}{9}x^9+C$

0721 답 $\dfrac{1}{51}x^{51}+C$

$\displaystyle\int x^{50}\,dx=\dfrac{1}{50+1}x^{50+1}+C=\dfrac{1}{51}x^{51}+C$

0722 답 x^2+x+C

$\displaystyle\int (2x+1)\,dx=\int 2x\,dx+\int 1\,dx=2\int x\,dx+\int 1\,dx$
$=2\cdot\dfrac{1}{2}x^2+x+C=x^2+x+C$

0723 답 $\dfrac{1}{3}x^3-\dfrac{3}{2}x^2+4x+C$

$\displaystyle\int (x^2-3x+4)\,dx=\int x^2\,dx-\int 3x\,dx+\int 4\,dx$
$=\displaystyle\int x^2\,dx-3\int x\,dx+\int 4\,dx$
$=\dfrac{1}{3}x^3-3\cdot\dfrac{1}{2}x^2+4x+C$
$=\dfrac{1}{3}x^3-\dfrac{3}{2}x^2+4x+C$

0724 답 $\dfrac{1}{3}x^3+2x^2+4x+C$

$\displaystyle\int (x+2)^2\,dx=\int (x^2+4x+4)\,dx$
$=\displaystyle\int x^2\,dx+\int 4x\,dx+\int 4\,dx$
$=\displaystyle\int x^2\,dx+4\int x\,dx+\int 4\,dx$
$=\dfrac{1}{3}x^3+4\cdot\dfrac{1}{2}x^2+4x+C$
$=\dfrac{1}{3}x^3+2x^2+4x+C$

0725 답 $\dfrac{1}{5}x^5-x+C$

$\displaystyle\int (x-1)(x+1)(x^2+1)\,dx$
$=\displaystyle\int (x^2-1)(x^2+1)\,dx=\int (x^4-1)\,dx$
$=\displaystyle\int x^4\,dx-\int 1\,dx=\dfrac{1}{5}x^5-x+C$

0726 답 $\dfrac{2}{3}x^3+18x+C$

$\displaystyle\int (x-3)^2\,dx+\int (x+3)^2\,dx$
$=\displaystyle\int\{(x-3)^2+(x+3)^2\}\,dx$
$=\displaystyle\int\{(x^2-6x+9)+(x^2+6x+9)\}\,dx$
$=\displaystyle\int (2x^2+18)\,dx=\dfrac{2}{3}x^3+18x+C$

0727 답 $x^3+\dfrac{3}{2}x^2+C$

$$\int(x+1)^3\,dx-\int(x^3+1)\,dx$$
$$=\int\{(x+1)^3-(x^3+1)\}\,dx$$
$$=\int\{(x^3+3x^2+3x+1)-(x^3+1)\}\,dx$$
$$=\int(3x^2+3x)\,dx$$
$$=x^3+\dfrac{3}{2}x^2+C$$

0728 답 $\dfrac{1}{2}x^2+x+C$

$$\int\dfrac{x^2}{x-1}\,dx-\int\dfrac{1}{x-1}\,dx=\int\dfrac{x^2-1}{x-1}\,dx$$
$$=\int\dfrac{(x+1)(x-1)}{x-1}\,dx$$
$$=\int(x+1)\,dx$$
$$=\dfrac{1}{2}x^2+x+C$$

본문 133~142쪽

0729 답 ③

0730 답 ②

x^4+2x^2-8x+4는 $(x-1)f(x)$의 부정적분이므로
$$(x-1)f(x)=(x^4+2x^2-8x+4)'$$
$$=4x^3+4x-8$$
$$=4(x-1)(x^2+x+2)$$
$\therefore f(x)=4(x^2+x+2)=4x^2+4x+8$
$\therefore f(2)=4\cdot2^2+4\cdot2+8=32$

$x-1$을 인수로 가져야 하므로

1	4	0	4	-8
		4	4	8
	4	4	8	0

$\therefore (x-1)(4x^2+4x+8)$
$=4(x-1)(x^2+x+2)$

0731 답 ①

$\displaystyle\int f(x)\,dx=F(x)+C$이므로 $F(x)$는 $f(x)$의 부정적분이다.

$\therefore f(x)=F'(x)=x^3+ax$
$f(1)=4$에서
$1+a=4$ $\therefore a=3$
따라서 $f(x)=x^3+3x$이므로
$f(-1)=(-1)^3+3\cdot(-1)=-4$

0732 답 ④

$F'(x)=f(x)$이므로 $F(x)=x^4+ax^3+bx^2$에서
$f(x)=4x^3+3ax^2+2bx,\ f'(x)=12x^2+6ax+2b$
이때 $f(-1)=-4$이므로
$4\cdot(-1)^3+3a\cdot(-1)^2+2b\cdot(-1)=-4$
$\therefore 3a-2b=0$ ...... ㉠

또한, $f'(0)=6$이므로
$2b=6$ $\therefore b=3$
$b=3$을 ㉠에 대입하면
$3a-2\cdot3=0,\ 3a=6$ $\therefore a=2$
따라서 $F(x)=x^4+2x^3+3x^2$이므로
$F(1)=1+2+3=6$

0733 답 ⑤

$f(x)g(x)$는 $h(x)$의 부정적분이므로
$$h(x)=\{f(x)g(x)\}'$$
$$=f'(x)g(x)+f(x)g'(x)$$
$$=(2x^2+1)'(x^2-x+2)+(2x^2+1)(x^2-x+2)'$$
$$=4x(x^2-x+2)+(2x^2+1)(2x-1)$$
$$=(4x^3-4x^2+8x)+(4x^3-2x^2+2x-1)$$
$$=8x^3-6x^2+10x-1$$

함수의 곱의 미분법

즉, $h(x)$는 삼차함수이므로 $m=3$이고, 이차항의 계수는 -6이므로 $n=-6$이다.
$\therefore m-n=3-(-6)=9$

0734 답 ④

0735 답 ②

$\dfrac{d}{dx}\left\{\displaystyle\int(ax^2+3x-7)\,dx\right\}=2x^2+3x+b$에서
$ax^2+3x-7=2x^2+3x+b$
$\therefore a=2,\ b=-7$

양변의 계수를 비교한다.

$\therefore a+b=2+(-7)=-5$

0736 답 ②

$\dfrac{d}{dx}\left\{\displaystyle\int x^2f(x)\,dx\right\}=4x^5+2x^3+ax^2$에서
$x^2f(x)=4x^5+2x^3+ax^2$
$\therefore f(x)=4x^3+2x+a$
이때 $f(1)=3$이므로
$4+2+a=3,\ 6+a=3$ $\therefore a=-3$
따라서 $f(x)=4x^3+2x-3$이므로
$f(2)=4\cdot2^3+2\cdot2-3=33$

0737 답 ①

$$f(x)=\dfrac{d}{dx}\left\{\displaystyle\int(x^2+ax+5)\,dx\right\}$$
$$=x^2+ax+5$$
이므로
$f'(x)=2x+a$
이때 $f'(2)=-2$이므로
$2\cdot2+a=-2,\ 4+a=-2$ $\therefore a=-6$
$\therefore f(x)=x^2-6x+5=(x-3)^2-4$

함수 $f(x)$가 이차함수이므로 표준형으로 나타내어 함수 $f(x)$의 최솟값과 그때의 x의 값을 각각 구한다.

따라서 함수 $f(x)$는 $x=3$일 때, 최솟값 -4를 가지므로
$b=3,\ c=-4$
$\therefore a+b+c=(-6)+3+(-4)=-7$

0738 답 ②

$\dfrac{d}{dx}\left\{\displaystyle\int f(x+1)\,dx\right\}=x^2+2x-4$이므로

$f(x+1)=x^2+2x-4$

$\therefore f(x)=(x-1)^2+2(x-1)-4$ ← x 대신 $x-1$을 대입한다.

$\qquad\quad =x^2-5$

이때 $f(x+1)=2f(x)$에서

$x^2+2x-4=2(x^2-5)$

$\therefore x^2-2x-6=0$

위의 이차방정식의 판별식을 D라 하면

$\dfrac{D}{4}=1^2+6=7>0$

따라서 이차방정식 $x^2-2x-6=0$은 서로 다른 두 실근을 갖고,
근과 계수의 관계에 의하여 두 근의 합은

$-\dfrac{-2}{1}=2$

0739 답 ③

0740 답 ④

$\displaystyle\int\left\{\dfrac{d}{dx}(3x^2+ax+5)\right\}dx=bx^2+3x+4$에서

$3x^2+ax+5+C=bx^2+3x+4$

따라서 $a=3$, $b=3$이므로

$a+b=3+3=6$

0741 답 ⑤

$g(x)=\dfrac{d}{dx}\left\{\displaystyle\int f(x)\,dx\right\}$에서 $g(x)=f(x)$

$h(x)=\displaystyle\int\left\{\dfrac{d}{dx}f(x)\right\}dx$에서 $h(x)=f(x)+C$

이때 $g(1)-h(1)=3$이므로

$f(1)-\{f(1)+C\}=3 \qquad \therefore C=-3$

따라서 $h(x)=f(x)-3$이므로

$h(3)=f(3)-3=5-3=2$

0742 답 ①

$f(x)=\displaystyle\int\left\{\dfrac{d}{dx}(x^3-2x^2-8x+3)\right\}dx$에서

$f(x)=x^3-2x^2-8x+3+C$

이때 $f(0)=0$이므로

$3+C=0 \qquad \therefore C=-3$

$\therefore f(x)=x^3-2x^2-8x$

방정식 $f(x)=0$의 근은 $x^3-2x^2-8x=0$에서

$x(x^2-2x-8)=0$, $x(x+2)(x-4)=0$

$\therefore x=-2$ 또는 $x=0$ 또는 $x=4$ → 서로 다른 실근의 개수는 3

따라서 $a=3$, $b=(-2)+0+4=2$이므로

$a+b=3+2=5$

● 다른 풀이 ●

$x^3-2x^2-8x=0$의 모든 실근의 합은 삼차방정식의 근과 계수의
관계에 의하여

$-\dfrac{-2}{1}=2 \qquad \therefore b=2$

또한, $x^3-2x^2-8x=x(x^2-2x-8)=0$에서 이차방정식
$x^2-2x-8=0$의 판별식을 D라 하면

$\dfrac{D}{4}=(-1)^2-1\cdot(-8)=9>0$ ← 다른 한 근은 0이다.

이므로 이차방정식 $x^2-2x-8=0$은 서로 다른 두 실근을 갖는다.
즉, $x^3-2x^2-8x=0$은 서로 다른 세 실근을 가지므로 $a=3$이다.

0743 답 ②

← 함수의 곱의 미분법

$\{xf(x)\}'=f(x)+xf'(x)$이므로

$\displaystyle\int\{f(x)+xf'(x)\}dx=x^3-3x^2+2x$에서

$\displaystyle\int\left[\dfrac{d}{dx}\{xf(x)\}\right]dx=x^3-3x^2+2x$

$\therefore xf(x)+C=x^3-3x^2+2x$

위의 식의 양변에 $x=0$을 대입하면 → $x=0$을 대입해야 $xf(x)$의 값이 0이 되어 적분상수 C의 값을 구할 수 있다.

$C=0$

따라서 $xf(x)=x^3-3x^2+2x$이므로

$f(x)=x^2-3x+2$

$\therefore f(3)=3^2-3\cdot3+2=2$

0744 답 3

0745 답 ⑤

$f(x)=\displaystyle\int(2-\sqrt{x})^3\,dx+\int(2+\sqrt{x})^3\,dx$

$\quad =\displaystyle\int\{(2-\sqrt{x})^3+(2+\sqrt{x})^3\}\,dx$

$\quad =\displaystyle\int\{(8-12\sqrt{x}+6x-x\sqrt{x})+(8+12\sqrt{x}+6x+x\sqrt{x})\}\,dx$

$\quad =\displaystyle\int(16+12x)\,dx$

$\quad =6x^2+16x+C$

이때 $f(0)=-10$이므로 $C=-10$

따라서 $f(x)=6x^2+16x-10$이므로

$f(1)=6+16-10=12$

0746 답 ①

$F(x)=\displaystyle\int f(x)\,dx$

$\quad =\displaystyle\int(3x^2-2ax+4)\,dx$

$\quad =x^3-ax^2+4x+C$

$F(0)=3$에서 $C=3$

$F(1)=6$에서 $1-a+4+3=6 \qquad \therefore a=2$

따라서 $F(x)=x^3-2x^2+4x+3$이므로

$F(a)=F(2)=2^3-2\cdot2^2+4\cdot2+3=11$

0747 답 ①

$f(x)=\displaystyle\int\dfrac{x^2}{x-2}\,dx-\int\dfrac{4}{x-2}\,dx$

$\quad =\displaystyle\int\left(\dfrac{x^2}{x-2}-\dfrac{4}{x-2}\right)dx=\int\dfrac{x^2-4}{x-2}\,dx$

$\quad =\displaystyle\int\dfrac{(x+2)(x-2)}{x-2}\,dx=\int(x+2)\,dx$

$\quad =\dfrac{1}{2}x^2+2x+C$

이때 함수 $y=f(x)$의 그래프가 원점을 지나므로 $f(0)=0$이다.

즉, $C=0$

$$\therefore f(x)=\frac{1}{2}x^2+2x=\frac{1}{2}(x+2)^2-2$$

따라서 함수 $f(x)$는 $x=-2$일 때, 최솟값 -2를 가지므로

$a=-2$, $b=-2$

$\therefore a+b=-2+(-2)=-4$

0748 답 ③

$$F(x)=\int(1+2x+3x^2+\cdots+10x^9)\,dx$$
$$=x+x^2+x^3+\cdots+x^{10}+C$$

이때 $F(1)=11$이므로

$\underbrace{1+1+1+\cdots+1}_{10개}+C=11 \qquad \therefore C=1$

따라서 $F(x)=1+x+x^2+x^3+\cdots+x^{10}$이므로

$$F(2)=1+2+2^2+2^3+\cdots+2^{10}=\frac{1\cdot(2^{11}-1)}{2-1}=2^{11}-1$$

첫째항이 1, 공비가 2인 등비수열의 제1항부터 제11항까지의 합

해설 속 칠판 **등비수열의 합**

첫째항이 a, 공비가 r인 등비수열의 첫째항부터 제n항까지의 합을 S_n이라 하면

(1) $r\neq1$일 때, $S_n=\dfrac{a(1-r^n)}{1-r}=\dfrac{a(r^n-1)}{r-1}$

(2) $r=1$일 때, $S_n=na$

0749 답 ①

0750 답 ①

$$f(x)=\int f'(x)\,dx$$
$$=\int\frac{4x^2-1}{2x-1}\,dx$$
$$=\int\frac{(2x+1)(2x-1)}{2x-1}\,dx$$
$$=\int(2x+1)\,dx$$
$$=x^2+x+C$$

이때 $f(-2)=3$이므로

$(-2)^2+(-2)+C=3$, $2+C=3 \qquad \therefore C=1$

따라서 $f(x)=x^2+x+1$이므로

$f(3)=3^2+3+1=13$

0751 답 ④

$$f(x)=\int f'(x)\,dx$$
$$=\int(6x^2+2x+3a)\,dx$$
$$=2x^3+x^2+3ax+C$$

이때 $f(0)=-3$이므로 $C=-3$

또한, $f(1)=3$이므로

$2+1+3a-3=3$, $3a=3 \qquad \therefore a=1$

따라서 $f(x)=2x^3+x^2+3x-3$이므로

$f(-1)=2\cdot(-1)^3+(-1)^2+3\cdot(-1)-3=-7$

0752 답 ④

$$f(x)=\int f'(x)\,dx$$
$$=\int(6x+4)\,dx$$
$$=3x^2+4x+C_1$$

이때 $f(1)=3$이므로

$3+4+C_1=3 \qquad \therefore C_1=-4$

즉, $f(x)=3x^2+4x-4$이므로

$$F(x)=\int f(x)\,dx$$
$$=\int(3x^2+4x-4)\,dx$$
$$=x^3+2x^2-4x+C_2$$

이때 $F(1)=3$이므로

$1+2-4+C_2=3 \qquad \therefore C_2=4$

따라서 $F(x)=x^3+2x^2-4x+4$이므로

$F(0)=4$

0753 답 ④

$f'(x)=12x^2-6x$이므로

$$f(x)=\int f'(x)\,dx$$
$$=\int(12x^2-6x)\,dx$$
$$=4x^3-3x^2+C_1$$

이때 $f(1)=1$이므로

$4-3+C_1=1 \qquad \therefore C_1=0$

즉, $f(x)=4x^3-3x^2$이므로

$$F(x)=\int f(x)\,dx$$
$$=\int(4x^3-3x^2)\,dx$$
$$=x^4-x^3+C_2$$

이때 $F(0)=3$이므로 $C_2=3$

$\therefore F(x)=x^4-x^3+3$

따라서 $F(x)$를 $x-1$로 나눈 나머지는

$F(1)=1-1+3=3$

0754 답 ⑤

0755 답 ④

곡선 $y=f(x)$ 위의 점 (x, y)에서의 접선의 기울기가 $-3x^2+2x+1$이므로

$f'(x)=-3x^2+2x+1$

$$\therefore f(x)=\int f'(x)\,dx$$
$$=\int(-3x^2+2x+1)\,dx$$
$$=-x^3+x^2+x+C$$

이때 곡선 $y=f(x)$가 원점을 지나므로

$f(0)=0 \qquad \therefore C=0$

따라서 $f(x)=-x^3+x^2+x$이므로

$f(1)=-1+1+1=1$

0756 답 ③

$f(x)=\int(ax^2+2x-2)\,dx$에서

$\dfrac{d}{dx}f(x)=\dfrac{d}{dx}\left\{\int(ax^2+2x-2)\,dx\right\}$

$\therefore f'(x)=ax^2+2x-2$

이때 곡선 $y=f(x)$ 위의 점 $(-1,\ 4)$에서의 접선의 기울기가 -1이므로

$f'(-1)=-1$에서

$a\cdot(-1)^2+2\cdot(-1)-2=-1$

$a-4=-1$ $\therefore a=3$

$\therefore f'(x)=3x^2+2x-2$

$\therefore f(x)=\int f'(x)\,dx$

$\qquad =\int(3x^2+2x-2)\,dx$

$\qquad =x^3+x^2-2x+C$

이때 $f(-1)=4$이므로

$(-1)^3+(-1)^2-2\cdot(-1)+C=4$

$2+C=4$ $\therefore C=2$

따라서 $f(x)=x^3+x^2-2x+2$이므로

$f(1)=1+1-2+2=2$

0757 답 ①

곡선 $y=f(x)$ 위의 점 $(x,\ y)$에서의 접선의 기울기가 $4x+k$이므로

$f'(x)=4x+k$

$\therefore f(x)=\int f'(x)\,dx$

$\qquad =\int(4x+k)\,dx$

$\qquad =2x^2+kx+C$

이때 곡선 $y=f(x)$는 점 $(1,\ 0)$을 지나므로

$f(1)=0$

$2+k+C=0$ $\therefore C=-k-2$

$\therefore f(x)=2x^2+kx-k-2$

이때 방정식 $f(x)=0$이 중근을 가지므로 이차방정식 $f(x)=0$, 즉 $2x^2+kx-k-2=0$의 판별식을 D라 하면

$D=k^2-4\cdot2\cdot(-k-2)=0$

$k^2+8k+16=0,\ (k+4)^2=0$

$\therefore k=-4$

0758 답 ③

곡선 $y=f(x)$ 위의 임의의 점 $(x,\ f(x))$에서의 접선의 기울기가 ax^2-4이므로

$f'(x)=ax^2-4$

$\therefore f(x)=\int f'(x)\,dx$

$\qquad =\int(ax^2-4)\,dx$

$\qquad =\dfrac{a}{3}x^3-4x+C$

이때 곡선 $y=f(x)$는 두 점 $(-1,\ -2)$, $(1,\ -8)$을 지나므로

$f(-1)=-2,\ f(1)=-8$에서

$f(-1)=\dfrac{a}{3}\cdot(-1)^3-4\cdot(-1)+C=-2$

$-\dfrac{a}{3}+C=-6$ $\therefore a-3C=18$ $\qquad$ …… ㉠

$f(1)=\dfrac{a}{3}-4+C=-8$

$\dfrac{a}{3}+C=-4$ $\therefore a+3C=-12$ $\qquad$ …… ㉡

㉠, ㉡을 연립하여 풀면

$a=3,\ C=-5$

따라서 $f(x)=x^3-4x-5$이므로

$f(a)=f(3)=3^3-4\cdot3-5=10$

0759 답 ②

0760 답 ②

주어진 식의 양변을 x에 대하여 미분하면

$f(x)-\{f(x)+xf'(x)\}=6x^2+8x$

$xf'(x)=-6x^2-8x$

$\therefore f'(x)=-6x-8$

$\therefore f(x)=\int(-6x-8)\,dx$

$\qquad =-3x^2-8x+C$

이때 $f(0)=1$이므로 $C=1$

$\therefore f(x)=-3x^2-8x+1$

한편, 주어진 식의 양변에 $x=1$을 대입하면

$F(1)-f(1)=2+4$

이고, $f(1)=-3-8+1=-10$이므로

$F(1)=6+f(1)=6+(-10)=-4$

0761 답 ②

주어진 식의 양변을 x에 대하여 미분하면

$xf'(x)=f(x)+xf'(x)-4x+3$

$\therefore f(x)=4x-3$

$\therefore g(x)=\int(4x-3)\,dx$

$\qquad =2x^2-3x+C$

이때 $g(0)=0$이므로 $C=0$

따라서 $g(x)=2x^2-3x$이므로

$g(1)=2-3=-1$

0762 답 ②

주어진 식의 양변을 x에 대하여 미분하면

$2f(x)=f(x)+xf'(x)-x^2+2$

$\therefore f(x)=xf'(x)-x^2+2$ $\qquad$ …… ㉠

이때 $f(x)=ax^2+bx+c$ ($a,\ b,\ c$는 상수)라 하면

$f'(x)=2ax+b$이므로 ㉠에서

$ax^2+bx+c=x(2ax+b)-x^2+2$

$ax^2+c=(2a-1)x^2+2$

$\therefore a=1,\ c=2$

또한, $f(1)=-1$이므로

$1+b+2=-1$ $\therefore b=-4$

$\therefore f(x)=x^2-4x+2=(x-2)^2-2$

따라서 함수 $f(x)$의 최솟값은 $x=2$일 때 -2이다.

0763 답 ①

주어진 식의 양변을 x에 대하여 미분하면
$2f'(x)+xf(x)=2x^3+x^2+5x+2$ $\quad$ ...... ㉠
함수 $f(x)$의 차수를 n이라 하면 <u>좌변의 차수는 $n+1$이고</u> 우변의
차수는 3이므로 $\quad$ $f'(x)$의 차수는 $n-1$이고, $xf(x)$의 차수는 $n+1$이다.
$n+1=3$ $\quad \therefore n=2$
즉, 함수 $f(x)$는 이차함수이다.
이때 $f(x)=ax^2+bx+c$ (a, b, c는 상수)라 하면
$f'(x)=2ax+b$이므로 ㉠에서
$2(2ax+b)+x(ax^2+bx+c)=2x^3+x^2+5x+2$
$ax^3+bx^2+(4a+c)x+2b=2x^3+x^2+5x+2$ $\quad$ 양변의 계수를 비교하면 $a=2$, $b=1$, $8+c=5$에서 $c=-3$
$\therefore a=2$, $b=1$, $c=-3$
따라서 $f(x)=2x^2+x-3$이므로
$f(1)=2+1-3=0$

0764 답 5

0765 답 ②

$f'(x)=\begin{cases} 2x-2 & (x>0) \\ 3x^2+4x+2 & (x<0) \end{cases}$ 이므로

$f(x)=\begin{cases} x^2-2x+C_1 & (x>0) \\ x^3+2x^2+2x+C_2 & (x<0) \end{cases}$ $\quad$ $f'(x)$를 구간별로 각각 적분한다.

이때 $f(1)=-1$이므로
$1-2+C_1=-1$ $\quad \therefore C_1=0$
또한, 함수 $f(x)$는 $x=0$에서 연속이므로
$\lim\limits_{x\to 0+}f(x)=\lim\limits_{x\to 0-}f(x)$에서 $\quad$ 함수 $f(x)$는 연속이므로 $x=0$에서도 연속이다.
$\lim\limits_{x\to 0+}(x^2-2x)=\lim\limits_{x\to 0-}(x^3+2x^2+2x+C_2)$
$\therefore C_2=0$

따라서 $f(x)=\begin{cases} x^2-2x & (x\geq 0) \\ x^3+2x^2+2x & (x<0) \end{cases}$ 이므로

$f(-2)=(-2)^3+2\cdot(-2)^2+2\cdot(-2)=-4$

0766 답 ②

$f'(x)=\begin{cases} 4x-4 & (x>-1) \\ k & (x<-1) \end{cases}$ 이므로

$f(x)=\begin{cases} 2x^2-4x+C_1 & (x>-1) \\ kx+C_2 & (x<-1) \end{cases}$ $\quad$ $f'(x)$를 구간별로 각각 적분한다.

이때 $f(1)=3$이므로
$2-4+C_1=3$ $\quad \therefore C_1=5$
또한, $f(-2)=1$이므로
$-2k+C_2=1$ $\quad$ ...... ㉠
한편, 함수 $f(x)$는 $x=-1$에서 연속이므로
$\lim\limits_{x\to -1+}f(x)=\lim\limits_{x\to -1-}f(x)$에서 $\quad$ 함수 $f(x)$는 연속이므로 $x=-1$에서도 연속이다.
$\lim\limits_{x\to -1+}(2x^2-4x+5)=\lim\limits_{x\to -1-}(kx+C_2)$
$11=-k+C_2$ $\quad$ ...... ㉡
㉠, ㉡을 연립하여 풀면
$k=10$, $C_2=21$
따라서 $f(x)=\begin{cases} 2x^2-4x+5 & (x\geq -1) \\ 10x+21 & (x<-1) \end{cases}$ 이므로
$f(-3)=10\cdot(-3)+21=-9$

0767 답 ①

$f'(x)=x+|x+1|$에서
$f'(x)=\begin{cases} 2x+1 & (x\geq -1) \\ -1 & (x<-1) \end{cases}$ 이므로

$f(x)=\begin{cases} x^2+x+C_1 & (x\geq -1) \\ -x+C_2 & (x<-1) \end{cases}$ $\quad$ $f'(x)$를 구간별로 각각 적분한다.

이때 $f(0)=2$이므로 $C_1=2$
또한, 함수 $f(x)$는 $x=-1$에서 연속이므로
$\lim\limits_{x\to -1+}f(x)=\lim\limits_{x\to -1-}f(x)$에서 $\quad$ 함수 $f(x)$는 연속이므로 $x=-1$에서도 연속이다.
$\lim\limits_{x\to -1+}(x^2+x+2)=\lim\limits_{x\to -1-}(-x+C_2)$
$2=1+C_2$ $\quad \therefore C_2=1$

따라서 $f(x)=\begin{cases} x^2+x+2 & (x\geq -1) \\ -x+1 & (x<-1) \end{cases}$ 이므로

$f(2)=2^2+2+2=8$, $f(-2)=-(-2)+1=3$
$\therefore f(2)+f(-2)=8+3=11$

0768 답 ④

$f'(x)=\begin{cases} -2x+6 & (x>1) \\ 3x^2+k & (x<1) \end{cases}$ 이므로

$f(x)=\begin{cases} -x^2+6x+C_1 & (x>1) \\ x^3+kx+C_2 & (x<1) \end{cases}$ $\quad$ $f'(x)$를 구간별로 각각 적분한다.

이때 함수 $f(x)$는 $x=1$에서 연속이므로
$\lim\limits_{x\to 1+}f(x)=\lim\limits_{x\to 1-}f(x)=f(1)$에서 $\quad$ 함수 $f(x)$는 미분가능하므로 연속이다. 즉, $x=1$에서도 연속이다.
$\lim\limits_{x\to 1+}(-x^2+6x+C_1)=\lim\limits_{x\to 1-}(x^3+kx+C_2)=1$
$5+C_1=1+k+C_2=1$
$\therefore C_1=-4$, $C_2=-k$
또한, 함수 $f(x)$는 $x=1$에서 미분가능하므로
$\lim\limits_{x\to 1+}\dfrac{f(x)-f(1)}{x-1}=\lim\limits_{x\to 1-}\dfrac{f(x)-f(1)}{x-1}$에서 $\quad$ 함수 $f(x)$는 미분가능하므로 $x=1$에서도 미분가능하다.
$\lim\limits_{x\to 1+}\dfrac{-x^2+6x-4-1}{x-1}=\lim\limits_{x\to 1-}\dfrac{x^3+kx-k-1}{x-1}$
$\lim\limits_{x\to 1+}\dfrac{-(x-1)(x-5)}{x-1}=\lim\limits_{x\to 1-}\dfrac{(x-1)(x^2+x+k+1)}{x-1}$
$\lim\limits_{x\to 1+}(-x+5)=\lim\limits_{x\to 1-}(x^2+x+k+1)$
$4=3+k$ $\quad \therefore k=1$

따라서 $f(x)=\begin{cases} -x^2+6x-4 & (x\geq 1) \\ x^3+x-1 & (x<1) \end{cases}$ 이므로

$\therefore f(2k)=f(2)=-2^2+6\cdot 2-4=4$

0769 답 ②

0770 답 ①

$\lim\limits_{x\to 1}\dfrac{f(x)-f(1)}{2x-2}=\lim\limits_{x\to 1}\left\{\dfrac{f(x)-f(1)}{x-1}\cdot\dfrac{1}{2}\right\}$
$\qquad\qquad\qquad\qquad =\dfrac{1}{2}f'(1)$ $\quad$ ...... ㉠

이때 $f(x)=\displaystyle\int(4x^3-4x+2)\,dx$의 양변을 x에 대하여 미분하면
$f'(x)=4x^3-4x+2$ $\quad \therefore f'(1)=4-4+2=2$
따라서 구하는 식의 값은 ㉠에서
$\dfrac{1}{2}f'(1)=\dfrac{1}{2}\cdot 2=1$

0771 답 ③

$$\lim_{h \to 0} \frac{f(x+2h)-f(x-h)}{4h}$$

$$=\lim_{h \to 0}\left\{\frac{f(x+2h)-f(x)}{4h}-\frac{f(x-h)-f(x)}{4h}\right\}$$

$$=\lim_{h \to 0}\left\{\frac{f(x+2h)-f(x)}{2h}\cdot\frac{1}{2}\right\}+\lim_{h \to 0}\left\{\frac{f(x-h)-f(x)}{-h}\cdot\frac{1}{4}\right\}$$

$$=\frac{1}{2}f'(x)+\frac{1}{4}f'(x)=\frac{3}{4}f'(x)$$

$$=3x^3-\frac{9}{2}x^2-3x+6$$

에서 $f'(x)=4x^3-6x^2-4x+8$

$$\therefore f(x)=\int(4x^3-6x^2-4x+8)\,dx \quad \longrightarrow \int f'(x)\,dx$$
$$=x^4-2x^3-2x^2+8x+C$$

이때 $f'(0)=f(0)$이고, $f'(0)=8$이므로 $C=8$

$$\therefore f(x)=x^4-2x^3-2x^2+8x+8$$

따라서 $f(x)$를 $x-1$로 나눈 나머지는

$f(1)=1-2-2+8+8=13$ $\quad\longrightarrow f(1)$의 값과 같다.

0772 답 ①

$f(x+y)=f(x)+f(y)+xy$ ⋯⋯㉠ 의 양변에 $x=0$, $y=0$을 대입하면

$f(0+0)=f(0)+f(0)$ $\quad \therefore f(0)=0$

한편, $f'(0)=2$이므로 $\quad\longrightarrow$ ㉠에 $x=0$, $y=h$를 대입하면 $f(0+h)=f(0)+f(h)$

$$f'(0)=\lim_{h \to 0}\frac{f(0+h)-f(0)}{h}$$
$$=\lim_{h \to 0}\frac{f(0)+f(h)-f(0)}{h}$$
$$=\lim_{h \to 0}\frac{f(h)}{h}=2$$

이고 $\quad\longrightarrow$ ㉠에 $y=h$를 대입하면 $f(x+h)=f(x)+f(h)+xh$

$$f'(x)=\lim_{h \to 0}\frac{f(x+h)-f(x)}{h}$$
$$=\lim_{h \to 0}\frac{f(x)+f(h)+xh-f(x)}{h}$$
$$=\lim_{h \to 0}\frac{f(h)}{h}+x$$
$$=2+x$$

$$\therefore f(x)=\int(x+2)\,dx=\frac{1}{2}x^2+2x+C \quad \longrightarrow \int f'(x)\,dx$$

이때 $f(0)=0$에서 $C=0$

따라서 $f(x)=\frac{1}{2}x^2+2x$이므로

$$f(-1)=\frac{1}{2}\cdot(-1)^2+2\cdot(-1)=-\frac{3}{2}$$

0773 답 ②

$f(x+y)=f(x)+f(y)+axy$ ⋯⋯㉠ 의 양변에 $x=0$, $y=0$을 대입하면

$f(0+0)=f(0)+f(0)$ $\quad \therefore f(0)=0$

한편, $f'(1)=1$이므로 $\quad\longrightarrow$ ㉠에 $x=1$, $y=h$를 대입하면 $f(1+h)=f(1)+f(h)+ah$

$$f'(1)=\lim_{h \to 0}\frac{f(1+h)-f(1)}{h}$$
$$=\lim_{h \to 0}\frac{f(1)+f(h)+ah-f(1)}{h}$$
$$=\lim_{h \to 0}\frac{f(h)}{h}+a=1$$

$$\therefore \lim_{h \to 0}\frac{f(h)}{h}=1-a$$

$\quad\longrightarrow$ ㉠에 $y=h$를 대입하면 $f(x+h)=f(x)+f(h)+axh$

$$\therefore f'(x)=\lim_{h \to 0}\frac{f(x+h)-f(x)}{h}$$
$$=\lim_{h \to 0}\frac{f(x)+f(h)+axh-f(x)}{h}$$
$$=\lim_{h \to 0}\frac{f(h)}{h}+ax$$
$$=1-a+ax$$

$$\therefore f(x)=\int(ax+1-a)\,dx=\frac{a}{2}x^2+(1-a)x+C$$

이때 $f(0)=0$에서 $C=0$ $\quad\longrightarrow \int f'(x)\,dx$

또한, $f(1)=\frac{1}{2}$에서 $\frac{a}{2}+(1-a)=\frac{1}{2}$ $\quad\therefore a=1$

따라서 $f(x)=\frac{1}{2}x^2$이므로

$$f(4)=\frac{1}{2}\cdot 4^2=8$$

0774 답 ⑤

0775 답 8

$$f(x)=\int(-6x^2+6)\,dx=-2x^3+6x+C$$

$$\therefore f'(x)=-6x^2+6=-6(x+1)(x-1)$$

$f'(x)=0$에서 $x=-1$ 또는 $x=1$

이때 함수 $f(x)$의 증가와 감소를 표로 나타내면 다음과 같다.

x	$\cdots$	-1	$\cdots$	1	$\cdots$
$f'(x)$	$-$	0	$+$	0	$-$
$f(x)$	$\searrow$	극소	$\nearrow$	극대	$\searrow$

함수 $f(x)$의 극솟값이 0이므로

$f(-1)=-2\cdot(-1)^3+6\cdot(-1)+C=0$ $\quad\therefore C=4$

$$\therefore f(x)=-2x^3+6x+4$$

따라서 함수 $f(x)$의 극댓값은

$$f(1)=-2+6+4=8$$

0776 답 ④

$f(x)$는 삼차함수이므로 $f'(x)$는 이차함수이고, $f'(x)$는 $x=2$일 때 최솟값 -4를 가지므로 $f'(x)=a(x-2)^2-4$ $(a>0)$라 하자.

또한, 함수 $f(x)$는 $x=0$에서 극값을 가지므로 $f'(0)=0$이다. 즉,

$a\cdot(-2)^2-4=0$

$4a-4=0$ $\quad\therefore a=1$

$$\therefore f'(x)=(x-2)^2-4=x^2-4x=x(x-4)$$

$f'(x)=0$에서 $x=0$ 또는 $x=4$이고

$$f(x)=\int(x^2-4x)\,dx \quad \longrightarrow \int f'(x)\,dx$$
$$=\frac{1}{3}x^3-2x^2+C$$

이때 함수 $f(x)$의 증가와 감소를 표로 나타내면 다음과 같다.

x	$\cdots$	0	$\cdots$	4	$\cdots$
$f'(x)$	$+$	0	$-$	0	$+$
$f(x)$	$\nearrow$	C	$\searrow$	$-\frac{32}{3}+C$	$\nearrow$

따라서 극댓값과 극솟값의 차는
$$C-\left(-\frac{32}{3}+C\right)=\frac{32}{3}$$

0777 답 8

$f(x)$가 사차함수이므로 $f'(x)$는 삼차함수이고
$f'(0)=f'(1)=f'(2)=0$이므로
$$f'(x)=ax(x-1)(x-2)$$
$$=ax^3-3ax^2+2ax \ (a>0)$$
라 하면
$$f(x)=\int(ax^3-3ax^2+2ax)\,dx \rightarrow \int f'(x)\,dx$$
$$=\frac{a}{4}x^4-ax^3+ax^2+C$$

이때 함수 $f(x)$의 증가와 감소를 표로 나타내면 다음과 같다.

x	$\cdots$	0	$\cdots$	1	$\cdots$	2	$\cdots$
$f'(x)$	$-$	0	$+$	0	$-$	0	$+$
$f(x)$	$\searrow$	극소	$\nearrow$	극대	$\searrow$	극소	$\nearrow$

함수 $f(x)$의 극댓값이 5이므로
$$f(1)=\frac{a}{4}-a+a+C=5$$
$$\therefore \frac{a}{4}+C=5 \quad \cdots\cdots \ \text{㉠}$$
또한, $f(-1)=13$이므로
$$\frac{a}{4}\cdot(-1)^4-a\cdot(-1)^3+a\cdot(-1)^2+C=13$$
$$\therefore \frac{9}{4}a+C=13 \quad \cdots\cdots \ \text{㉡}$$

㉠, ㉡을 연립하여 풀면
$a=4, \ C=4$
$$\therefore f(x)=x^4-4x^3+4x^2+4$$
따라서 함수 $f(x)$의 모든 극솟값의 합은
$$f(0)+f(2)=4+(2^4-4\cdot2^3+4\cdot2^2+4)=8$$

0778 답 ⑤

함수 $f(x)$의 최고차항은 $\frac{1}{3}x^3$이므로 $f'(x)$의 최고차항은 x^2이다.

함수 $y=f'(x)$의 그래프와 직선 $y=x+3$의 교점의 x좌표가 -1, 3이고, $f'(x)$는 최고차항의 계수가 1인 이차함수이므로
$$f'(x)-(x+3)=(x+1)(x-3)$$
$$=x^2-2x-3$$
$$\therefore f'(x)=x^2-x=x(x-1)$$
$f'(x)=0$에서 $x=0$ 또는 $x=1$이고,
$$f(x)=\int(x^2-x)\,dx \rightarrow \int f'(x)\,dx$$
$$=\frac{1}{3}x^3-\frac{1}{2}x^2+C$$

이때 함수 $f(x)$의 증가와 감소를 표로 나타내면 다음과 같다.

x	$\cdots$	0	$\cdots$	1	$\cdots$
$f'(x)$	$+$	0	$-$	0	$+$
$f(x)$	$\nearrow$	극대	$\searrow$	극소	$\nearrow$

함수 $f(x)$의 극댓값이 2이므로
$$f(0)=C=2$$
$$\therefore f(x)=\frac{1}{3}x^3-\frac{1}{2}x^2+2$$

따라서 함수 $f(x)$의 극솟값은
$$f(1)=\frac{1}{3}-\frac{1}{2}+2=\frac{11}{6}$$

0779 답 ④

One Point Lesson
$F'(x)=f(x)$를 만족시키는 $F(x)$는 $f(x)$의 부정적분 중 하나이다.

ㄱ. $(3x)'=3$이므로 $\int 3\,dx=3x+C$ (참)
ㄴ. $(2x^2)'=4x$이므로 $4x$의 부정적분은 $2x^2+C$이다.
　　이때 항상 $C=0$이라 할 수 없다. (거짓)
ㄷ. $(x^2-x+2)'=2x-1$이므로 x^2-x+2는 $2x-1$의 부정적분 중 하나이다. (참)
따라서 옳은 것은 ㄱ, ㄷ이다.

0780 답 ④

One Point Lesson
$$\frac{d}{dx}\left\{\int(x-1)f'(x)\,dx\right\}=(x-1)f'(x)$$

주어진 식의 양변을 x에 대하여 미분하면
$$(x-1)f'(x)=-2x^2+6x-4$$
$$=-2(x-1)(x-2)$$
$$\therefore f'(x)=-2x+4$$
$$\therefore f(x)=\int(-2x+4)\,dx=-x^2+4x+C$$
이때 $f(1)=-3$이므로
$$-1+4+C=-3 \qquad \therefore C=-6$$
$$\therefore f(x)=-x^2+4x-6=-(x-2)^2-2$$
따라서 함수 $f(x)$의 최댓값은 $x=2$일 때 -2이다.

함수 $f(x)$가 이차함수이므로 표준형으로 나타내어 함수 $f(x)$의 최댓값을 구한다.

0781 답 ③

One Point Lesson
닫힌구간 $[0,\ 4]$에서 함수 $f(x)$의 증가와 감소를 표로 나타내어 본다.

곡선 $y=f(x)$ 위의 임의의 점 $(x,\ f(x))$에서의 접선의 기울기가 $3(x-1)(x-3)$이므로
$$f'(x)=3(x-1)(x-3)$$
$$\therefore f(x)=\int 3(x-1)(x-3)\,dx \rightarrow \int f'(x)\,dx$$
$$=\int(3x^2-12x+9)\,dx$$
$$=x^3-6x^2+9x+C$$
$f'(x)=3(x-1)(x-3)=0$에서 $x=1$ 또는 $x=3$
이때 닫힌구간 $[0,\ 4]$에서 함수 $f(x)$의 증가와 감소를 표로 나타내면 다음과 같다.

x	0	$\cdots$	1	$\cdots$	3	$\cdots$	4
$f'(x)$		$+$	0	$-$	0	$+$	
$f(x)$	C	$\nearrow$	$4+C$	$\searrow$	C	$\nearrow$	$4+C$

즉, 함수 $f(x)$는 $x=1$ 또는 $x=4$일 때 최댓값 $4+C$를 갖고, $x=0$ 또는 $x=3$일 때 최솟값 C를 갖는다.

함수 $f(x)$의 최댓값이 5이므로

$4+C=5$ $\therefore C=1$

따라서 함수 $f(x)$의 최솟값은 1이다.

0782 답 ①

One Point Lesson

두 조건 (가), (나)에서 $f'(2)$를 각각 구한 후 a의 값을 구한다.

조건 (나)에서 $x \to 2$일 때, (분모) $\to 0$이고 극한값이 존재하므로 (분자) $\to 0$이어야 한다.

즉, $\lim_{x \to 2}\{f(x)-1\}=0$이므로 $f(2)=1$

또한, $\lim_{x \to 2}\dfrac{f(x)-1}{x-2}=\lim_{x \to 2}\dfrac{f(x)-f(2)}{x-2}=f'(2)$이므로

$f'(2)=6-a$ ······ ㉠

$f'(x)=3x^2-2x+a$의 양변에 $x=2$를 대입하면

$f'(2)=3\cdot2^2-2\cdot2+a=8+a$ ······ ㉡

㉠$=$㉡에서

$6-a=8+a$, $2a=-2$ $\therefore a=-1$

$\therefore f(x)=\displaystyle\int(3x^2-2x-1)\,dx=x^3-x^2-x+C$

이때 $f(2)=1$이므로

$2^3-2^2-2+C=1$, $2+C=1$ $\therefore C=-1$

따라서 $f(x)=x^3-x^2-x-1$이므로

$f(1)=1-1-1-1=-2$

0783 답 ②

One Point Lesson

주어진 식을 적분하여 $f(x)+g(x)$, $f(x)g(x)$를 각각 구한 후 주어진 조건을 이용하여 $f(x)$, $g(x)$를 각각 구한다.

$\dfrac{d}{dx}\{f(x)+g(x)\}=5$에서

$\displaystyle\int\left[\dfrac{d}{dx}\{f(x)+g(x)\}\right]dx=\int 5\,dx$

$\therefore f(x)+g(x)=5x+C_1$

이때 $f(0)=-1$, $g(0)=2$이므로

$f(0)+g(0)=C_1$에서 $C_1=-1+2=1$

$\therefore f(x)+g(x)=5x+1$ ······ ㉠

또한, $\dfrac{d}{dx}\{f(x)g(x)\}=12x+1$에서

$\displaystyle\int\left[\dfrac{d}{dx}\{f(x)g(x)\}\right]dx=\int(12x+1)\,dx$

$\therefore f(x)g(x)=6x^2+x+C_2$

이때 $f(0)g(0)=C_2$에서 $C_2=(-1)\cdot2=-2$

$\therefore f(x)g(x)=6x^2+x-2=(3x+2)(2x-1)$ ······ ㉡

㉠, ㉡에서

$f(x)=2x-1$, $g(x)=3x+2$ ($\because f(0)=-1$, $g(0)=2$)

따라서 $f(1)=2-1=1$, $g(2)=3\cdot2+2=8$이므로

$f(1)+g(2)=1+8=9$

● 다른 풀이 ●

$\dfrac{d}{dx}\{f(x)+g(x)\}$는 상수이고, $\dfrac{d}{dx}\{f(x)g(x)\}$는 일차식이므로

$f(x)+g(x)$는 일차식, $f(x)g(x)$는 이차식이다.

즉, 두 함수 $f(x)$, $g(x)$는 모두 일차식이다.

$f(0)=-1$, $g(0)=2$이므로

$f(x)=ax-1$ (a는 상수), $g(x)=bx+2$ (b는 상수)라 하면

$\dfrac{d}{dx}\{f(x)+g(x)\}=\dfrac{d}{dx}(ax-1+bx+2)$

$\qquad\qquad\qquad\quad=a+b=5$ ······ ㉠

$\dfrac{d}{dx}\{f(x)g(x)\}=\dfrac{d}{dx}\{(ax-1)(bx+2)\}$

$\qquad\qquad\qquad=\dfrac{d}{dx}\{abx^2+(2a-b)x-2\}$

$\qquad\qquad\qquad=2abx+(2a-b)=12x+1$

$\therefore ab=6$, $2a-b=1$ ······ ㉡

㉠, ㉡을 연립하여 풀면

$a=2$, $b=3$

$\therefore f(x)=2x-1$, $g(x)=3x+2$

0784 답 ③

One Point Lesson

$f(-x)=-f(x)$이면 다항함수 $f(x)$는 홀수 차수의 항으로만 이루어져 있다.

$f'(x)$는 삼차 이하의 다항함수이고 $f'(0)=1$이므로

$f'(x)=ax^3+bx^2+cx+1$ (a, b, c는 상수)이라 하면

$f(x)=\displaystyle\int(ax^3+bx^2+cx+1)\,dx$

$\qquad=\dfrac{a}{4}x^4+\dfrac{b}{3}x^3+\dfrac{c}{2}x^2+x+C$

이때 $f(-x)=-f(x)$에서 다항함수 $f(x)$는 홀수 차수의 항으로만 이루어져 있으므로

$f(x)=\dfrac{b}{3}x^3+x$

$f(1)=3$이므로

$\dfrac{b}{3}+1=3$, $\dfrac{b}{3}=2$

$\therefore b=6$

따라서 $f(x)=2x^3+x$이므로

$f(2)=2\cdot2^3+2=18$

선생님 톡톡

다항함수 $f(x)$에 대하여 $f(-x)=-f(x)$ 또는 $f(-x)=f(x)$의 조건이 주어지면 함수 $f(x)$를 유추할 수 있는 방법이 있어.

(i) $f(-x)=-f(x)$, 즉 원점에 대하여 대칭인 함수(기함수)인 경우에는 함수 $f(x)$는 홀수 차수의 항, 즉 x, x^3, x^5, $\cdots$으로 이루어져 있어.

홀수 차수의 항은

$f(-x)=(-x)^{2n-1}=(-1)^{2n-1}x^{2n-1}=-x^{2n-1}=-f(x)$

(n은 자연수)를 만족시키거든.

(ii) $f(-x)=f(x)$, 즉 y축에 대하여 대칭인 함수(우함수)인 경우에는 함수 $f(x)$는 짝수 차수의 항, 즉 x^2, x^4, x^6, $\cdots$과 상수항으로 이루어져 있어.

짝수 차수의 항은

$f(-x)=(-x)^{2n}=(-1)^{2n}x^{2n}=1\cdot x^{2n}=x^{2n}=f(x)$

(n은 자연수)를 만족시키거든.

0785 답 ④

One Point Lesson

$F(x)$를 구하고 부분분수를 이용하여 $F(1)$을 n에 대한 식으로 나타내어 n의 최솟값을 구한다.

$$F(x)=\int f(x)\,dx$$
$$=\int\left(\sum_{k=1}^{n}\frac{x^k}{k}\right)dx$$
$$=\sum_{k=1}^{n}\left(\int\frac{x^k}{k}\,dx\right)$$
$$=\sum_{k=1}^{n}\frac{x^{k+1}}{k(k+1)}+C$$

이때 $F(0)=0$이므로 $C=0$

$$\therefore\ F(x)=\sum_{k=1}^{n}\frac{x^{k+1}}{k(k+1)}$$

$F(1)>0.99$이므로

$$F(1)=\sum_{k=1}^{n}\frac{1}{k(k+1)}$$
$$=\sum_{k=1}^{n}\left(\frac{1}{k}-\frac{1}{k+1}\right)$$
$$=\left(1-\frac{1}{2}\right)+\left(\frac{1}{2}-\frac{1}{3}\right)+\left(\frac{1}{3}-\frac{1}{4}\right)+\cdots+\left(\frac{1}{n}-\frac{1}{n+1}\right)$$
$$=1-\frac{1}{n+1}$$
$$>0.99$$

에서 $0.01>\dfrac{1}{n+1}$

$100<n+1 \qquad \therefore\ n>99$

따라서 구하는 자연수 n의 최솟값은 100이다.

> **해설 속 칠판** **부분분수로의 변형**
>
> (1) $\dfrac{1}{AB}=\dfrac{1}{B-A}\left(\dfrac{1}{A}-\dfrac{1}{B}\right)$ (단, $A\neq B$)
>
> (2) $\dfrac{1}{ABC}=\dfrac{1}{C-A}\left(\dfrac{1}{AB}-\dfrac{1}{BC}\right)$ (단, $A\neq C$)

0786 답 ①

> **One Point Lesson**
>
> 함수 $f(x)$의 차수가 n이면 함수 $g(x)$의 차수는 $n+1$이다.

$f(x)$를 n차 다항함수이면 $g(x)$는 $(n+1)$차 다항함수이다.
즉, $f(x)g(x)$는 $\{n+(n+1)\}$차 다항함수이므로
$n+(n+1)=3,\ 2n+1=3$
$\therefore\ n=1$ → $f(x)$는 일차함수, $g(x)$는 이차함수
$f(x)=ax+b\ (a,\ b$는 상수, $a>0)$라 하면
$g(x)=\int(ax+b)\,dx=\dfrac{a}{2}x^2+bx+C$이므로

$$f(x)g(x)=(ax+b)\left(\frac{a}{2}x^2+bx+C\right)$$
$$=\frac{a^2}{2}x^3+\frac{3}{2}abx^2+(aC+b^2)x+bC$$
$$=2x^3-3x^2-3x+2$$

양변의 계수를 비교한다.

에서 $\dfrac{a^2}{2}=2,\ \dfrac{3}{2}ab=-3,\ aC+b^2=-3,\ bC=2$

$\therefore\ a=2\ (\because\ a>0),\ b=-1,\ C=-2$
따라서 $f(x)=2x-1,\ g(x)=x^2-x-2$이므로
$f(2)=2\cdot2-1=3,\ g(2)=2^2-2-2=0$
$\therefore\ f(2)+g(2)=3+0=3$

● 다른 풀이 ●
$$f(x)g(x)=2x^3-3x^2-3x+2$$
$$=(x+1)(2x-1)(x-2)$$

(ⅰ) $f(x)=k(x+1)\ (k>0)$일 때
$$g(x)=\frac{1}{k}(2x-1)(x-2)=\frac{1}{k}(2x^2-5x+2)$$
$$g'(x)=f(x)$$이므로 $\dfrac{1}{k}(4x-5)=k(x+1)$
위의 식을 만족시키는 k의 값은 존재하지 않는다.

(ⅱ) $f(x)=k(2x-1)\ (k>0)$일 때
$$g(x)=\frac{1}{k}(x+1)(x-2)=\frac{1}{k}(x^2-x-2)$$
$$g'(x)=f(x)$$이므로 $\dfrac{1}{k}(2x-1)=k(2x-1)$
$$\therefore\ k=1$$
$$\therefore\ f(x)=2x-1,\ g(x)=(x+1)(x-2)$$

(ⅲ) $f(x)=k(x-2)\ (k>0)$일 때
$$g(x)=\frac{1}{k}(x+1)(2x-1)=\frac{1}{k}(2x^2+x-1)$$
$$g'(x)=f(x)$$이므로 $\dfrac{1}{k}(4x+1)=k(x-2)$
위의 식을 만족시키는 k의 값은 존재하지 않는다.

(ⅰ), (ⅱ), (ⅲ)에서 $f(x)=2x-1,\ g(x)=x^2-x-2$

0787 답 ④

> **One Point Lesson**
>
> 함수 $f(x)$의 역함수가 존재하므로 함수 $f(x)$는 증가하는 함수 또는 감소하는 함수이다.

조건 (가)에서 $f'(x)=3x^2+2ax+b$이므로
$$f(x)=\int(3x^2+2ax+b)\,dx=x^3+ax^2+bx+C$$

조건 (나)에서
$f(0)=0$이므로 $C=0$
$f(1)=7$이므로 $1+a+b=7$
$\therefore\ b=6-a$
$\therefore\ f(x)=x^3+ax^2+(6-a)x$
함수 $f(x)$는 역함수가 존재하므로 일대일대응이고, 최고차항의 계수가 양수이므로 증가하는 함수이다.
즉, 모든 실수 x에 대하여
$f'(x)=3x^2+2ax+6-a\geq0$이어야 한다.
이차방정식 $3x^2+2ax+6-a=0$의 판별식을 D라 하면
$$\frac{D}{4}=a^2-3(6-a)\leq0$$
$a^2+3a-18\leq0,\ (a+6)(a-3)\leq0$
$\therefore\ -6\leq a\leq3$
따라서
$f(2)=2^3+a\cdot2^2+(6-a)\cdot2=2a+20$
이므로 $f(2)$의 최댓값은 $a=3$일 때 26이다.
→ $-6\leq a\leq3$이므로 $8\leq2a+20\leq26$

0788 답 ④

> **One Point Lesson**
>
> 함수 $f(x)$가 연속임을 이용하여 함수 $f(x)$를 k에 대하여 나타낸다.

$$f'(x)=\begin{cases}2x & (|x|>2)\\-3x^2+kx & (|x|<2)\end{cases}$$에서

$$f'(x)=\begin{cases}2x & (x>2)\\-3x^2+kx & (-2<x<2)\\2x & (x<-2)\end{cases}$$

$$\therefore f(x)=\begin{cases} x^2+C_1 & (x>2) \\ -x^3+\dfrac{k}{2}x^2+C_2 & (-2<x<2) \\ x^2+C_3 & (x<-2) \end{cases} \quad \substack{\rightarrow\ f'(x)\text{를 구간별로 각각} \\ \text{적분한다.}}$$

이때 $f(0)=1$이므로 $C_2=1$

한편, 함수 $f(x)$가 $x=-2$에서 연속이므로 $\ \substack{\rightarrow\ \text{함수 } f(x)\text{는 연속이므로} \\ x=-2\text{에서도 연속이다.}}$

$\lim\limits_{x\to-2+}f(x)=\lim\limits_{x\to-2-}f(x)$에서

$\lim\limits_{x\to-2+}\left(-x^3+\dfrac{k}{2}x^2+1\right)=\lim\limits_{x\to-2-}(x^2+C_3)$

$8+2k+1=4+C_3 \quad \therefore C_3=2k+5$

또한, 함수 $f(x)$가 $x=2$에서 연속이므로 $\ \substack{\rightarrow\ \text{함수 } f(x)\text{는 연속이므로} \\ x=2\text{에서도 연속이다.}}$

$\lim\limits_{x\to2+}f(x)=\lim\limits_{x\to2-}f(x)$에서

$\lim\limits_{x\to2+}(x^2+C_1)=\lim\limits_{x\to2-}\left(-x^3+\dfrac{k}{2}x^2+1\right)$

$4+C_1=-8+2k+1 \quad \therefore C_1=2k-11$

$$\therefore f(x)=\begin{cases} x^2+2k-11 & (x\geq2) \\ -x^3+\dfrac{k}{2}x^2+1 & (-2<x<2) \\ x^2+2k+5 & (x\leq-2) \end{cases}$$

$f(-3)+f(3)=100$에서

$f(-3)+f(3)=\{(-3)^2+2k+5\}+(3^2+2k-11)$

$\qquad\qquad\qquad =4k+12=100$

에서 $4k=88 \quad \therefore k=22$

0789　답 ③

주어진 식의 양변을 xy로 나누어 정리하면

$\dfrac{f(x+y)}{x+y}=\dfrac{f(x)}{x}+\dfrac{f(y)}{y}+xy(x+y)$

이때 $g(x)=\dfrac{f(x)}{x}\ (x\neq0)$라 하면

$g(x+y)=g(x)+g(y)+xy(x+y)\quad \cdots\cdots\ \text{㉠}$

이고, $\lim\limits_{x\to0}\dfrac{f(x)}{x^2}=-3$에서 $\lim\limits_{x\to0}\dfrac{g(x)}{x}=-3$이므로

$g'(x)=\lim\limits_{h\to0}\dfrac{g(x+h)-g(x)}{h} \quad \substack{\rightarrow\ \lim\limits_{x\to0}\frac{f(x)}{x^2}=\lim\limits_{x\to0}\left\{\frac{f(x)}{x}\cdot\frac{1}{x}\right\}=\lim\limits_{x\to0}\frac{g(x)}{x}}$

$\qquad=\lim\limits_{h\to0}\dfrac{g(x)+g(h)+xh(x+h)-g(x)}{h} \quad \substack{\rightarrow\ \text{㉠에 } y=h\text{를 대입하면} \\ g(x+h)=g(x)+g(h) \\ +xh(x+h)}$

$\qquad=\lim\limits_{h\to0}\dfrac{g(h)}{h}+x^2=-3+x^2$

$\therefore g(x)=\displaystyle\int(x^2-3)\,dx=\dfrac{1}{3}x^3-3x+C\ (\text{단},\ x\neq0) \quad \substack{\rightarrow\ \int g'(x)\,dx}$

이때 $\lim\limits_{x\to0}\dfrac{g(x)}{x}=-3$에서 $x\to0$일 때, (분모) $\to 0$이고 극한값

이 존재하므로 (분자) $\to 0$이다. 즉,

$\lim\limits_{x\to0}g(x)=0$에서 $\lim\limits_{x\to0}\left(\dfrac{1}{3}x^3-x+C\right)=0 \quad \therefore C=0$

따라서 $g(x)=\dfrac{1}{3}x^3-3x$이고 $g(x)=\dfrac{f(x)}{x}$이므로

$f(x)=x\left(\dfrac{1}{3}x^3-3x\right)=\dfrac{1}{3}x^4-3x^2$

$\therefore f(3)=\dfrac{1}{3}\cdot3^4-3\cdot3^2=0$

0790　답 ②

$\lim\limits_{x\to a}\dfrac{g(x)-f(x)}{x-a}=\lim\limits_{x\to a}\dfrac{\{f(x)\}^2-f(x)}{x-a}$

$\qquad\qquad\qquad\quad=\lim\limits_{x\to a}\dfrac{f(x)\{f(x)-1\}}{x-a}$

$\qquad\qquad\qquad\quad=\lim\limits_{x\to a}f(x)\cdot\lim\limits_{x\to a}\dfrac{f(x)-1}{x-a}$

$\qquad\qquad\qquad\quad=f(a)\cdot\lim\limits_{x\to a}\dfrac{f(x)-1}{x-a}$

이때 $\lim\limits_{x\to a}\dfrac{f(x)-1}{x-a}$에서 $x\to a$일 때, (분모) $\to 0$이고 극한값이

존재하므로 (분자) $\to 0$이어야 한다. $\ \substack{\rightarrow\ f(a)\neq0\text{이므로 } \frac{2}{f(a)}\text{로 수렴한다.}}$

즉, $\lim\limits_{x\to a}\{f(x)-1\}=0$이므로 $f(a)=1$

$\therefore f(a)\cdot\lim\limits_{x\to a}\dfrac{f(x)-1}{x-a}=\lim\limits_{x\to a}\dfrac{f(x)-f(a)}{x-a}=f'(a)=2$

한편, $a\in A$, $B=\{1,\ b\}$이고, $A=B$이어야 하므로

$f(a)=1$에서 $f(1)=1$, $f(b)=1 \quad \cdots\cdots\ \text{㉠}$

$f'(a)=2$에서 $f'(1)=2$, $f'(b)=2 \quad \cdots\cdots\ \text{㉡}$

이때 삼차함수 $f(x)$의 최고차항의 계수가 1이므로 ㉡에서 $\ \substack{\rightarrow\ f'(x)\text{는 최고차항의 계수가 3인 이차함수이다.}}$

$f'(x)=3(x-1)(x-b)+2$

$\qquad=3x^2-3(1+b)x+3b+2$

$\therefore f(x)=\displaystyle\int\{3x^2-3(1+b)x+3b+2\}\,dx$

$\qquad\quad=x^3-\dfrac{3}{2}(1+b)x^2+(3b+2)x+C$

㉠에서

$f(1)=1-\dfrac{3}{2}(1+b)+(3b+2)+C=1$

$\therefore C=-\dfrac{3}{2}b-\dfrac{1}{2}$

$f(b)=b^3-\dfrac{3}{2}(1+b)b^2+(3b+2)b+C$

$\qquad=-\dfrac{1}{2}b^3+\dfrac{3}{2}b^2+2b+\left(-\dfrac{3}{2}b-\dfrac{1}{2}\right)$

$\qquad=-\dfrac{1}{2}b^3+\dfrac{3}{2}b^2+\dfrac{1}{2}b-\dfrac{1}{2}=1$

에서 $b^3-3b^2-b+3=0$

$(b+1)(b-1)(b-3)=0$

$\therefore b=-1$ 또는 $b=1$ 또는 $b=3$

이때 $n(A)=2$에서 $n(B)=2$이므로 $b\neq1$

$\therefore b=-1$ 또는 $b=3$

따라서 모든 실수 b의 값의 합은

$-1+3=2$

0791　답 $f(x)=x^3-5$

$f(x)=\displaystyle\int\left\{\dfrac{d}{dx}\left(\int3x^2\,dx\right)\right\}dx=\int3x^2\,dx=x^3+C$ ❶

이때 $f(2)=3$이므로

$f(2)=2^3+C=3 \quad \therefore C=-5$

$\therefore f(x)=x^3-5$ ❷

채점 기준	배점 비율
❶ 주어진 식을 간단히 하기	60%
❷ $f(x)$ 구하기	40%

0792 답 2

두 함수 $F(x)$, $G(x)$는 각각 $f(x)$의 부정적분 중 하나이므로

$$\int f(x)\,dx = F(x) + C_1$$
$$= G(x) + C_2$$
$$\therefore F(x) - G(x) = C_2 - C_1 \quad \rightarrow x\text{의 값에 영향을 받지 않는다.}$$

❶

이때 $F(1)=4$, $G(1)=2$에서
$F(1)-G(1)=4-2=2$이므로
$C_2-C_1=2$
$\therefore F(3)-G(3)=C_2-C_1=2$

❷

채점 기준	배점 비율
❶ $F(x)-G(x)$ 구하기	50%
❷ $F(3)-G(3)$의 값 구하기	50%

0793 답 3

함수 $g(x)$는 $x=0$에서 극값을 가지므로
$g'(0)=0$

❶

$g(x)=xF(x)$에서 　$\boxed{F'(x)=f(x)\text{이다.}}$
$g'(x)=F(x)+xF'(x)=F(x)+xf(x)$
이때 $g'(0)=0$에서 $F(0)=0$

$$F(x)=\int (3x^2+2x+1)\,dx = x^3+x^2+x+C$$
이고, $F(0)=0$이므로 $C=0$　$\rightarrow \int f(x)\,dx$
$\therefore F(x)=x^3+x^2+x$

❷

$\therefore F(1)=1+1+1=3$

❸

채점 기준	배점 비율
❶ $g'(0)$의 값 구하기	30%
❷ $F(x)$ 구하기	50%
❸ $F(1)$의 값 구하기	20%

0794 답 9

곡선 $y=f(x)$ 위의 점 $(t, f(t))$에서의 접선의 방정식이
$y=(4t+3)x+g(t)$이므로
$y=f'(t)(x-t)+f(t)$
$\quad =f'(t)x-tf'(t)+f(t)$
$\quad =(4t+3)x+g(t)$
$\therefore f'(t)=4t+3,\ g(t)=f(t)-tf'(t)$

❶

$\therefore f(x)=\int (4x+3)\,dx = 2x^2+3x+C$　$\rightarrow \int f'(x)\,dx$

이때 곡선 $y=f(x)$ 위의 점 $(0, f(0))$에서의 접선의 방정식은
$y=3x+3\ (\because g(0)=3)$이므로　$\rightarrow g(0)$의 값이 주어졌으므로 $t=0$일 때,
$f(0)=3$에서 $C=3$　　　즉 점 $(0, f(0))$에서의 접선의 방정식을
　　　　　　　　　　　이용한다.
$\therefore f(x)=2x^2+3x+3$　$\rightarrow f(x)$를 구할 때, 적분상수를 구하기 위함이다.
　　　　　　　　　　　$f(1)$, $f(2)$ 등 다른 함숫값을 구해도 되지만 계산
　　　　　　　　　　　하기 쉬운 함숫값을 이용한다.

$\therefore g(x)=f(x)-xf'(x)$
$\quad =2x^2+3x+3-x(4x+3)$
$\quad =-2x^2+3$

❷

따라서 $f(1)=2+3+3=8$, $g(1)=-2+3=1$이므로
$f(1)+g(1)=8+1=9$

❸

채점 기준	배점 비율
❶ $f'(t)$, $g(t)$ 각각 구하기	30%
❷ 두 함수 $f(x)$, $g(x)$ 각각 구하기	50%
❸ $f(1)+g(1)$의 값 구하기	20%

0795 답 5

$$f'(x)=\begin{cases} 1 & (x>1) \\ -x & (-1<x<1) \\ -1 & (x<-1) \end{cases} \text{이므로}$$

$$f(x)=\begin{cases} x+C_1 & (x>1) \\ -\dfrac{1}{2}x^2+C_2 & (-1<x<1) \\ -x+C_3 & (x<-1) \end{cases}$$
$\rightarrow f'(x)$를 구간별로 각각 적분한다.

한편, 주어진 그래프에서 $f'(0)=0$이고, $\lim\limits_{x\to -1-}f'(x)=-1$,
$\lim\limits_{x\to -1+}f'(x)=1$, $\lim\limits_{x\to 1-}f'(x)=-1$, $\lim\limits_{x\to 1+}f'(x)=1$이므로
함수 $f(x)$의 증가와 감소를 표로 나타내면 다음과 같다.

x	$\cdots$	-1	$\cdots$	0	$\cdots$	1	$\cdots$
$f'(x)$	$-$		$+$	0	$-$		$+$
$f(x)$	↘	극소	↗	극대	↘	극소	↗

즉, 함수 $f(x)$는 $x=0$일 때, 극댓값 3을 가지므로
$a=0$이고, $f(0)=3$에서 $C_2=3$　$\rightarrow f(0)=3$
또한, $x=-1$ 또는 $x=1$일 때, 극솟값을 가지므로
$b=-1$, $c=1\ (\because b<c)$

❶

이때 함수 $f(x)$는 $x=-1$에서 연속이므로　$\rightarrow$ 함수 $f(x)$는 연속이므로
$\lim\limits_{x\to -1+}f(x)=\lim\limits_{x\to -1-}f(x)$에서　　$x=-1$에서도 연속이다.

$$\lim_{x\to -1+}\left(-\frac{1}{2}x^2+3\right)=\lim_{x\to -1-}(-x+C_3)$$
$-\dfrac{1}{2}+3=1+C_3 \quad \therefore C_3=\dfrac{3}{2}$

또한, 함수 $f(x)$는 $x=1$에서 연속이므로　$\rightarrow$ 함수 $f(x)$는 연속이므로
$\lim\limits_{x\to 1+}f(x)=\lim\limits_{x\to 1-}f(x)$에서　　$x=1$에서도 연속이다.

$$\lim_{x\to 1+}(x+C_1)=\lim_{x\to 1-}\left(-\frac{1}{2}x^2+3\right)$$
$1+C_1=-\dfrac{1}{2}+3 \quad \therefore C_1=\dfrac{3}{2}$

$$\therefore f(x)=\begin{cases} x+\dfrac{3}{2} & (x>1) \\ -\dfrac{1}{2}x^2+3 & (-1<x\leq 1) \\ -x+\dfrac{3}{2} & (x\leq -1) \end{cases}$$

❷

$\therefore a+f(b)+f(c)=0+f(-1)+f(1)$
$$=\left\{-(-1)+\frac{3}{2}\right\}+\left(-\frac{1}{2}+3\right)=5$$

❸

채점 기준	배점 비율
❶ a, b, c의 값 각각 구하기	30 %
❷ 함수 $f(x)$ 구하기	50 %
❸ $a+f(b)+f(c)$의 값 구하기	20 %

0796 답 1

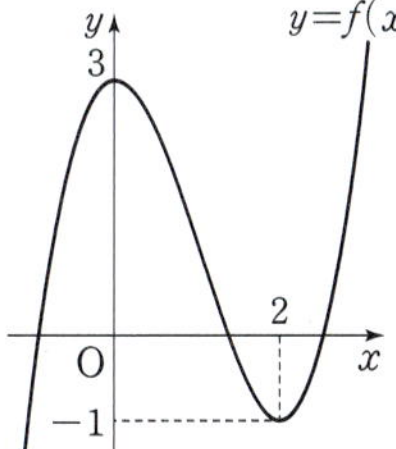

$f'(x)=ax(x-2)$ $(a>0)$라 하면

$f'(1)=-3$이므로 $-a=-3$ $\quad\therefore a=3$

$\therefore f'(x)=3x(x-2)=3x^2-6x$

$\therefore f(x)=\displaystyle\int (3x^2-6x)\,dx=x^3-3x^2+C$

이때 $f(1)=1$에서

$1-3+C=1$ $\quad\therefore C=3$

$\therefore f(x)=x^3-3x^2+3$ ❶

이때 함수 $f(x)$의 증가와 감소를 표로 나타내면 다음과 같다.

x	$\cdots$	0	$\cdots$	2	$\cdots$
$f'(x)$	$+$	0	$-$	0	$+$
$f(x)$	↗	극대	↘	극소	↗

즉, 함수 $y=f(x)$와 함수 $y=|f(x)|$의 그래프의 개형은 각각 다음 그림과 같다.

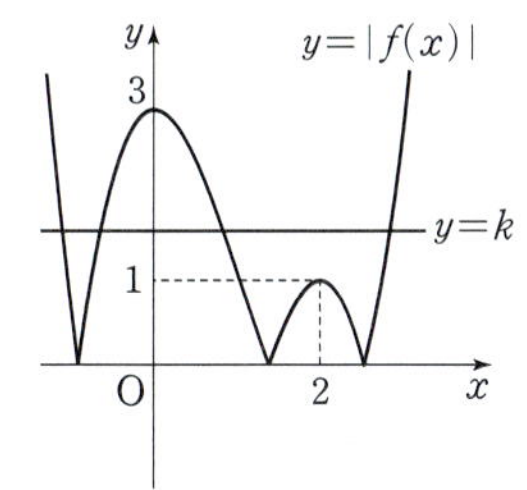

방정식 $|f(x)|=k$의 서로 다른 실근의 개수는 두 함수 $y=|f(x)|$, $y=k$의 그래프의 교점의 개수와 같다.

따라서 방정식 $|f(x)|=k$가 서로 다른 5개의 실근을 갖기 위한 k의 값은 1이다. ❸

채점 기준	배점 비율
❶ 함수 $f(x)$ 구하기	30 %
❷ 함수 $y=|f(x)|$의 그래프의 개형 그리기	50 %
❸ 실수 k의 값 구하기	20 %

본문 146~147쪽

0797 답 1

$$\int_0^1 1\,dx=\Big[\,x\,\Big]_0^1=1-0=1$$

0798 답 $\dfrac{7}{3}$

$$\int_1^2 x^2\,dx=\left[\frac{1}{3}x^3\right]_1^2=\frac{1}{3}\cdot 2^3-\frac{1}{3}=\frac{7}{3}$$

0799 답 8

$$\int_2^3 (4x-2)\,dx=\Big[2x^2-2x\Big]_2^3$$
$$=(2\cdot 3^2-2\cdot 3)-(2\cdot 2^2-2\cdot 2)$$
$$=8$$

0800 답 12

$$\int_{-1}^2 (x^2+6x)\,dx=\left[\frac{1}{3}x^3+3x^2\right]_{-1}^2$$
$$=\left(\frac{1}{3}\cdot 2^3+3\cdot 2^2\right)-\left\{\frac{1}{3}\cdot (-1)^3+3\cdot (-1)^2\right\}$$
$$=12$$

0801 답 0

$$\int_{-1}^1 (x+1)(3x-1)\,dx$$
$$=\int_{-1}^1 (3x^2+2x-1)\,dx$$
$$=\Big[x^3+x^2-x\Big]_{-1}^1$$
$$=(1+1-1)-\{(-1)^3+(-1)^2-(-1)\}=0$$

0802 답 15

$$\int_{-3}^0 (s^2+2)\,ds=\left[\frac{1}{3}s^3+2s\right]_{-3}^0$$
$$=0-\left\{\frac{1}{3}\cdot (-3)^3+2\cdot (-3)\right\}=15$$

0803 답 0

적분 구간의 위끝과 아래끝이 서로 같으므로

$$\int_1^1 (x^3-2x+3)\,dx=0$$

0804 답 0

$$\int_1^2 (x^3-1)\,dx+\int_2^1 (x^3-1)\,dx$$
$$=\int_1^2 (x^3-1)\,dx-\int_1^2 (x^3-1)\,dx$$
$$=0$$

0805 답 10

$$\int_1^2 4(x+1)\,dx = 4\int_1^2 (x+1)\,dx$$
$$= 4\left[\frac{1}{2}x^2+x\right]_1^2$$
$$= 4\left\{\left(\frac{1}{2}\cdot 2^2+2\right)-\left(\frac{1}{2}+1\right)\right\}$$
$$= 4\cdot\frac{5}{2}=10$$

0806 답 12

$$\int_0^2 6(x-1)(3x-1)\,dx = 6\int_0^2 (3x^2-4x+1)\,dx$$
$$= 6\left[x^3-2x^2+x\right]_0^2$$
$$= 6\{(2^3-2\cdot 2^2+2)-0\}=12$$

0807 답 9

$$\underline{\int_{-1}^2 (3x+1)\,dx+\int_{-1}^2 (3x-1)\,dx} \longrightarrow \text{적분 구간이 서로 같다.}$$
$$=\int_{-1}^2 \{(3x+1)+(3x-1)\}\,dx$$
$$=\int_{-1}^2 6x\,dx$$
$$=\left[3x^2\right]_{-1}^2$$
$$=3\cdot 2^2-3\cdot(-1)^2=9$$

0808 답 24

$$\underline{\int_0^3 (x^2+x+1)\,dx+\int_0^3 (x^2-x+1)\,dx} \longrightarrow \text{적분 구간이 서로 같다.}$$
$$=\int_0^3 \{(x^2+x+1)+(x^2-x+1)\}\,dx$$
$$=\int_0^3 (2x^2+2)\,dx$$
$$=\left[\frac{2}{3}x^3+2x\right]_0^3$$
$$=\left(\frac{2}{3}\cdot 3^3+2\cdot 3\right)-0=24$$

0809 답 1

$$\underline{\int_0^1 (6x-1)\,dx-\int_0^1 (4x-1)\,dx} \longrightarrow \text{적분 구간이 서로 같다.}$$
$$=\int_0^1 \{(6x-1)-(4x-1)\}\,dx$$
$$=\int_0^1 2x\,dx$$
$$=\left[x^2\right]_0^1$$
$$=1-0=1$$

0810 답 0

$$\underline{\int_0^1 (x-1)\,dx+\int_1^2 (x-1)\,dx} = \int_0^2 (x-1)\,dx$$
$$\qquad\qquad \uparrow \text{피적분함수가 서로 같다.}$$
$$=\left[\frac{1}{2}x^2-x\right]_0^2$$
$$=\left(\frac{1}{2}\cdot 2^2-2\right)-0=0$$

0811 답 6

$$\underline{\int_{-1}^0 (4x+3)\,dx+\int_0^1 (4x+3)\,dx} \longrightarrow \text{피적분함수가 서로 같다.}$$
$$=\int_{-1}^1 (4x+3)\,dx$$
$$=\left[2x^2+3x\right]_{-1}^1$$
$$=(2+3)-\{2\cdot(-1)^2+3\cdot(-1)\}$$
$$=6$$

0812 답 2

$$\underline{\int_0^5 (3x^2+1)\,dx+\int_5^1 (3x^2+1)\,dx} = \int_0^1 (3x^2+1)\,dx$$
$$\qquad \uparrow \text{피적분함수가 서로 같다.}$$
$$=\left[x^3+x\right]_0^1$$
$$=(1+1)-0=2$$

0813 답 −9

$$\int_0^1 (x^2-4x)\,dx-\int_3^1 (x^2-4x)\,dx$$
$$=\underline{\int_0^1 (x^2-4x)\,dx+\int_1^3 (x^2-4x)\,dx} \longrightarrow \text{피적분함수가 서로 같다.}$$
$$=\int_0^3 (x^2-4x)\,dx=\left[\frac{1}{3}x^3-2x^2\right]_0^3$$
$$=\left(\frac{1}{3}\cdot 3^3-2\cdot 3^2\right)-0=-9$$

0814 답 $\dfrac{52}{5}$

$$f(x)=x^4-3x^2+6 \text{이라 하면 } f(-x)=f(x)\text{이므로}$$
$$\int_{-1}^1 (x^4-3x^2+6)\,dx=2\int_0^1 (x^4-3x^2+6)\,dx$$
$$\qquad\qquad \begin{aligned}f(-x)&=(-x)^4-3\cdot(-x)^2+6\\&=x^4-3x^2+6\\&=f(x)\end{aligned}$$
$$=2\left[\frac{1}{5}x^5-x^3+6x\right]_0^1$$
$$=2\left\{\left(\frac{1}{5}-1+6\right)-0\right\}=\frac{52}{5}$$

0815 답 0

$$f(x)=x^5-4x^3-2x\text{라 하면 } f(-x)=-f(x)\text{이므로}$$
$$\int_{-2}^2 (x^5-4x^3-2x)\,dx=0$$
$$\qquad \begin{aligned}f(-x)&=(-x)^5-4\cdot(-x)^3-2\cdot(-x)\\&=-x^5+4x^3+2x\\&=-(x^5-4x^3-2x)\\&=-f(x)\end{aligned}$$

0816 답 24

$$\int_{-3}^3 (x^3+3x^2-4x-5)\,dx$$
$$=\int_{-3}^3 (x^3-4x)\,dx+\int_{-3}^3 (3x^2-5)\,dx$$
$$\qquad \uparrow f(-x)=-f(x)\text{를 만족시킨다.} \qquad \uparrow f(-x)=f(x)\text{를 만족시킨다.}$$
$$=0+2\int_0^3 (3x^2-5)\,dx$$
$$=2\left[x^3-5x\right]_0^3$$
$$=2\{(3^3-5\cdot 3)-0\}=24$$

0817 답 5

함수 $f(x)$의 주기가 3이므로
$$\int_0^2 f(x)\,dx=\int_{0+3}^{2+3} f(x)\,dx=\int_3^5 f(x)\,dx=5$$

0818 답 3

함수 $f(x)$가 실수 x에 대하여 $f(x+4)=f(x)$이므로
$$\int_{-2}^{2} f(x)\,dx=\int_{-2+4}^{2+4} f(x)\,dx=\int_{2}^{6} f(x)\,dx=3$$

0819 답 x^2+x

$$\frac{d}{dx}\int_{0}^{x}(t^2+t)\,dt=x^2+x$$

0820 답 $4-x^2$

$$\frac{d}{dx}\int_{-1}^{x}(4-t^2)\,dt=4-x^2$$

0821 답 $2+2x^2$

$$\int_{0}^{x}(1+s+s^2)\,ds+\int_{0}^{x}(1-t+t^2)\,dt$$
$$=\int_{0}^{x}(1+t+t^2)\,dt+\int_{0}^{x}(1-t+t^2)\,dt$$
$$=\int_{0}^{x}\{(1+t+t^2)+(1-t+t^2)\}\,dt$$
$$=\int_{0}^{x}(2+2t^2)\,dt$$
$$\therefore\ \frac{d}{dx}\int_{0}^{x}(2+2t^2)\,dt=2+2x^2$$

0822 답 $4x+2$

$$\int_{x}^{x+1}(s^2-s)\,ds+\int_{x}^{x+1}(t^2+t)\,dt$$
$$=\int_{x}^{x+1}(t^2-t)\,dt+\int_{x}^{x+1}(t^2+t)\,dt$$
$$=\int_{x}^{x+1}\{(t^2-t)+(t^2+t)\}\,dt$$
$$=\int_{x}^{x+1}2t^2\,dt$$
x의 계수가 1, 즉 $x+a$ 꼴에서만 성립한다.
$$\therefore\ \frac{d}{dx}\int_{x}^{x+1}2t^2\,dt=2(x+1)^2-2x^2=4x+2$$

0823 답 6

$$f'(x)=\frac{d}{dx}\int_{3}^{x}(t+5)\,dt=x+5$$
$$\therefore\ f'(1)=1+5=6$$

0824 답 -1

$$f'(x)=\frac{d}{dx}\int_{1}^{x}(2t^2-3)\,dt=2x^2-3$$
$$\therefore\ f'(1)=2-3=-1$$

0825 답 5

$$f'(x)=\frac{d}{dx}\int_{x}^{3}(s^2-3s-3)\,ds$$
$$=-\frac{d}{dx}\int_{3}^{x}(s^2-3s-3)\,ds$$
$$=-(x^2-3x-3)$$
$$=-x^2+3x+3$$
$$\therefore\ f'(1)=-1+3+3=5$$

0826 답 1

$$f'(x)=\frac{d}{dx}\int_{x}^{x+1}(s-1)^2\,ds$$
$$=\{(x+1)-1\}^2-(x-1)^2$$
$$=2x-1$$
$$\therefore\ f'(1)=2-1=1$$

0827 답 -2

$f(x)=x^3+3x-2$라 하고, 함수 $f(x)$의 한 부정적분을 $F(x)$라 하면
$$\lim_{x\to0}\frac{1}{x}\int_{0}^{x}(t^3+3t-2)\,dt=\lim_{x\to0}\frac{1}{x}\int_{0}^{x}f(t)\,dt$$
$$=\lim_{x\to0}\frac{1}{x}\{F(x)-F(0)\}$$
$$=\lim_{x\to0}\frac{F(x)-F(0)}{x}$$
$$=F'(0)=f(0)$$
$$=-2$$

0828 답 9

$f(x)=4x+5$라 하고, 함수 $f(x)$의 한 부정적분을 $F(x)$라 하면
$$\lim_{x\to0}\frac{1}{x}\int_{1}^{x+1}(4s+5)\,ds=\lim_{x\to0}\frac{1}{x}\int_{1}^{x+1}f(s)\,ds$$
$$=\lim_{x\to0}\frac{F(x+1)-F(1)}{(x+1)-1}$$
$$=F'(1)=f(1)$$
$$=4+5=9$$

0829 답 2

$f(x)=x^2+1$이라 하고, 함수 $f(x)$의 한 부정적분을 $F(x)$라 하면
$$\lim_{x\to1}\frac{1}{x-1}\int_{1}^{x}(t^2+1)\,dt=\lim_{x\to1}\frac{1}{x-1}\int_{1}^{x}f(t)\,dt$$
$$=\lim_{x\to1}\frac{F(x)-F(1)}{x-1}$$
$$=F'(1)=f(1)$$
$$=1+1=2$$

0830 답 6

$f(x)=5-x$라 하고, 함수 $f(x)$의 한 부정적분을 $F(x)$라 하면
$$\lim_{x\to-1}\frac{1}{x+1}\int_{-1}^{x}(5-s)\,ds=\lim_{x\to-1}\frac{1}{x+1}\int_{-1}^{x}f(s)\,ds$$
$$=\lim_{x\to-1}\frac{F(x)-F(-1)}{x-(-1)}$$
$$=F'(-1)=f(-1)$$
$$=5-(-1)=6$$

본문 148~161쪽

0831 답 ③

0832 탑 ⑤

$$\int_1^2 \left(\frac{2x^3+2x}{2x-1}-\frac{x^2+1}{2x-1}\right)dx=\int_1^2 \frac{2x^3+2x-(x^2+1)}{2x-1}\,dx$$
$$=\int_1^2 \frac{(x^2+1)(2x-1)}{2x-1}\,dx$$
$$=\int_1^2 (x^2+1)\,dx=\left[\frac{1}{3}x^3+x\right]_1^2$$
$$=\frac{14}{3}-\frac{4}{3}=\frac{10}{3}$$

0833 탑 ④

$$\int_1^a (3x^2-7x+1)\,dx=\left[x^3-\frac{7}{2}x^2+x\right]_1^a$$
$$=\left(a^3-\frac{7}{2}a^2+a\right)-\left(-\frac{3}{2}\right)$$
$$=a^3-\frac{7}{2}a^2+a+\frac{3}{2}$$
$$=0$$

에서 $2a^3-7a^2+2a+3=0$ → $a=1$일 때 식을 만족시키므로 조립제법을 이용하면
$(2a+1)(a-1)(a-3)=0$
$\therefore a=3\ (\because a>1)$

$$\begin{array}{r|rrr|r}
1 & 2 & -7 & 2 & 3\\
 & & 2 & -5 & -3\\ \hline
3 & 2 & -5 & -3 & 0\\
 & & 6 & 3 & \\ \hline
 & 2 & 1 & 0 &
\end{array}$$

$\therefore (2a+1)(a-1)(a-3)=0$

0834 탑 ①

$f(1)=3+2a$이므로 $\int_0^1 f(x)\,dx=f(1)$에서

$$\int_0^1 (3x^2+2ax)\,dx=\left[x^3+ax^2\right]_0^1$$
$$=(1+a)-0$$
$$=3+2a$$

$\therefore a=-2$

0835 탑 ③

$$\int_0^2 (3x^2-4nx+5)\,dx=\left[x^3-2nx^2+5x\right]_0^2$$
$$=(18-8n)-0$$
$$>0$$

에서 $8n<18$ $\therefore n<\frac{9}{4}$

따라서 부등식을 만족시키는 자연수 n의 값은 1, 2이므로 그 합은
$1+2=3$

0836 탑 ③

0837 탑 ④

→ 적분 구간이 서로 같다.

$$\underline{\int_1^2 \frac{x^4}{x^2+1}\,dx-\int_1^2 \frac{1}{x^2+1}\,dx}=\int_1^2 \left(\frac{x^4}{x^2+1}-\frac{1}{x^2+1}\right)dx$$
$$=\int_1^2 \frac{x^4-1}{x^2+1}\,dx$$
$$=\int_1^2 \frac{(x^2+1)(x^2-1)}{x^2+1}\,dx$$
$$=\int_1^2 (x^2-1)\,dx$$
$$=\left[\frac{1}{3}x^3-x\right]_1^2$$
$$=\frac{2}{3}-\left(-\frac{2}{3}\right)=\frac{4}{3}$$

0838 탑 ③

$$\int_{-1}^3 (x-1)(x^2+x+1)\,dx+\int_3^2 (x^3-1)\,dx$$
$$=\underline{\int_{-1}^3 (x^3-1)\,dx+\int_3^2 (x^3-1)\,dx}\quad →\text{피적분함수가 서로 같다.}$$
$$=\int_{-1}^2 (x^3-1)\,dx$$
$$=\left[\frac{1}{4}x^4-x\right]_{-1}^2$$
$$=2-\frac{5}{4}=\frac{3}{4}$$

0839 탑 ③

$$\int_{-1}^1 f(x)\,dx+\int_1^2 f(x)\,dx-\int_{-1}^0 f(x)\,dx$$
$$=\underline{\int_{-1}^1 f(x)\,dx+\int_1^2 f(x)\,dx}+\int_0^{-1} f(x)\,dx$$
$$=\underline{\int_{-1}^2 f(x)\,dx+\int_0^{-1} f(x)\,dx}\quad →\text{피적분함수가 서로 같다.}$$
$$=\int_0^2 f(x)\,dx$$
$$=\int_0^2 (x^2+2x-1)\,dx$$
$$=\left[\frac{1}{3}x^3+x^2-x\right]_0^2$$
$$=\frac{14}{3}-0=\frac{14}{3}$$

0840 탑 ③

$\int_0^1 3f(x)\,dx=6$에서 $\int_0^1 f(x)\,dx=2$ $\left(\because \int_0^1 3f(x)\,dx=3\int_0^1 f(x)\,dx\right)$

$\int_{-1}^1 2f(x)\,dx=6$에서 $\int_{-1}^1 f(x)\,dx=3$ $\left(\because \int_{-1}^1 2f(x)\,dx=2\int_{-1}^1 f(x)\,dx\right)$

$$\therefore \int_{-1}^3 f(x)\,dx=\int_{-1}^1 f(x)\,dx+\int_1^0 f(x)\,dx+\int_0^3 f(x)\,dx$$
$$=\int_{-1}^1 f(x)\,dx-\int_0^1 f(x)\,dx+\int_0^3 f(x)\,dx$$
$$=3-2+6=7$$

0841 탑 ③

0842 탑 ②

$$\int_0^3 f(x)\,dx=\underline{\int_0^1 f(x)\,dx+\int_1^3 f(x)\,dx}\quad →\ x=1을\ 기준으로\ 함수식이\ 다르다.$$
$$=\int_0^1 (4x+2)\,dx+\int_1^3 (-4x+10)\,dx$$
$$=\left[2x^2+2x\right]_0^1+\left[-2x^2+10x\right]_1^3$$
$$=(4-0)+(12-8)=8$$

0843 탑 ④

주어진 그래프에서

$$f(x)=\begin{cases}-2x+4 & (x\geq 1)\\ x+1 & (x\leq 1)\end{cases}$$
→ 두 점 $(1, 2)$, $(2, 0)$을 지나는 직선
→ 두 점 $(-1, 0)$, $(0, 1)$을 지나는 직선
이므로

$$xf(x)=\begin{cases}-2x^2+4x & (x\geq 1)\\ x^2+x & (x\leq 1)\end{cases}$$

$$\therefore \int_{-2}^{3} xf(x)\,dx = \int_{-2}^{1} xf(x)\,dx + \int_{1}^{3} xf(x)\,dx \longrightarrow \ x=1\text{을 기준으로}$$
$$\qquad\qquad\qquad\qquad\qquad\qquad\qquad\qquad\quad \text{함수식이 다르다.}$$
$$= \int_{-2}^{1} (x^2+x)\,dx + \int_{1}^{3} (-2x^2+4x)\,dx$$
$$= \left[\frac{1}{3}x^3 + \frac{1}{2}x^2\right]_{-2}^{1} + \left[-\frac{2}{3}x^3 + 2x^2\right]_{1}^{3}$$
$$= \left\{\frac{5}{6} - \left(-\frac{2}{3}\right)\right\} + \left(0 - \frac{4}{3}\right) = \frac{1}{6}$$

0844 답 ②

함수 $f(x)$가 실수 전체의 집합에서 연속이므로 $x=2$에서 연속이다. 즉,

$\lim\limits_{x\to 2+} f(x) = \lim\limits_{x\to 2-} f(x) = f(2)$에서

$\lim\limits_{x\to 2+} (x^2+ax+5) = \lim\limits_{x\to 2-} (2x+1) = 2^2+2a+5$

$2a+9=5 \qquad \therefore a=-2$

$$\therefore f(x) = \begin{cases} x^2-2x+5 & (x\geq 2) \\ 2x+1 & (x\leq 2) \end{cases}$$

$$\therefore \int_{-1}^{3} f(x)\,dx = \int_{-1}^{2} f(x)\,dx + \int_{2}^{3} f(x)\,dx \longrightarrow x=2\text{를 기준으로}$$
$$\qquad\qquad\qquad\qquad\qquad\qquad\qquad\qquad\quad \text{함수식이 다르다.}$$
$$= \int_{-1}^{2} (2x+1)\,dx + \int_{2}^{3} (x^2-2x+5)\,dx$$
$$= \left[x^2+x\right]_{-1}^{2} + \left[\frac{1}{3}x^3 - x^2 + 5x\right]_{2}^{3}$$
$$= (6-0) + \left(15 - \frac{26}{3}\right) = \frac{37}{3}$$

0845 답 ②

함수 $f(x)$가 실수 전체의 집합에서 연속이므로 $x=a$에서 연속이다. 즉,

$\lim\limits_{x\to a+} f(x) = \lim\limits_{x\to a-} f(x) = f(a)$에서

$\lim\limits_{x\to a+} k = \lim\limits_{x\to a-} 4x = k \qquad \therefore k=4a$

$$\therefore f(x) = \begin{cases} 4a & (x\geq a) \\ 4x & (x\leq a) \end{cases}$$

이때 $\displaystyle\int_{1}^{3} f(x)\,dx = \frac{23}{2}$에서

$$\int_{1}^{3} f(x)\,dx = \int_{1}^{a} f(x)\,dx + \int_{a}^{3} f(x)\,dx \longrightarrow 1<a<3\text{이므로 }x=a\text{를 기준으로}$$
$$\qquad\qquad\qquad\qquad\qquad\qquad\qquad\qquad\quad \text{함수식이 다르다.}$$
$$= \int_{1}^{a} 4x\,dx + \int_{a}^{3} 4a\,dx$$
$$= \left[2x^2\right]_{1}^{a} + \left[4ax\right]_{a}^{3}$$
$$= (2a^2-2) + (12a-4a^2)$$
$$= -2a^2 + 12a - 2 = \frac{23}{2}$$

이므로 $4a^2 - 24a + 27 = 0$

$(2a-3)(2a-9)=0$

$$\therefore a = \frac{3}{2} \ (\because 1<a<3)$$

0846 답 1

0847 답 ②

$$x^2+|x|+1 = \begin{cases} x^2+x+1 & (x\geq 0) \\ x^2-x+1 & (x\leq 0) \end{cases} \text{이므로}$$

$$\int_{-1}^{2} (x^2+|x|+1)\,dx$$
$$= \int_{-1}^{0} (x^2-x+1)\,dx + \int_{0}^{2} (x^2+x+1)\,dx \longrightarrow x=0\text{을 기준으로}$$
$$\qquad\qquad\qquad\qquad\qquad\qquad\qquad\qquad\quad \text{함수식이 다르다.}$$
$$= \left[\frac{1}{3}x^3 - \frac{1}{2}x^2 + x\right]_{-1}^{0} + \left[\frac{1}{3}x^3 + \frac{1}{2}x^2 + x\right]_{0}^{2}$$
$$= 0 - \left(-\frac{11}{6}\right) + \left(\frac{20}{3} - 0\right) = \frac{17}{2}$$

0848 답 ④

$$|x-a| = \begin{cases} x-a & (x\geq a) \\ -x+a & (x\leq a) \end{cases} \text{이므로}$$

$$\int_{0}^{4} |x-a|\,dx = \int_{0}^{a} (-x+a)\,dx + \int_{a}^{4} (x-a)\,dx \longrightarrow 0<a<4\text{이므로}$$
$$\qquad\qquad\qquad\qquad\qquad\qquad\qquad\qquad\quad x=a\text{를 기준으로}$$
$$\qquad\qquad\qquad\qquad\qquad\qquad\qquad\qquad\quad \text{함수식이 다르다.}$$
$$= \left[-\frac{1}{2}x^2 + ax\right]_{0}^{a} + \left[\frac{1}{2}x^2 - ax\right]_{a}^{4}$$
$$= \left(\frac{1}{2}a^2 - 0\right) + \left\{8 - 4a - \left(-\frac{1}{2}a^2\right)\right\}$$
$$= a^2 - 4a + 8 \longrightarrow a\text{에 대한 이차식이므로 표준형으로}$$
$$\qquad\qquad\qquad\qquad \text{나타내어 최솟값을 구한다.}$$
$$= (a-2)^2 + 4$$

따라서 $\displaystyle\int_{0}^{4} |x-a|\,dx$의 최솟값은 $a=2$일 때 4이다.

0849 답 ②

$$|x^2-x-2| = \begin{cases} x^2-x-2 & (x\leq -1 \text{ 또는 } x\geq 2) \\ -x^2+x+2 & (-1\leq x\leq 2) \end{cases} \text{이고,}$$

$\displaystyle\int_{0}^{k} |x^2-x-2|\,dx = 12$이므로

$$\int_{0}^{k} |x^2-x-2|\,dx$$
$$= \int_{0}^{2} (-x^2+x+2)\,dx + \int_{2}^{k} (x^2-x-2)\,dx \longrightarrow k>2\text{이므로 }x=2\text{를 기준으로}$$
$$\qquad\qquad\qquad\qquad\qquad\qquad\qquad\qquad\quad \text{함수식이 다르다.}$$
$$= \left[-\frac{1}{3}x^3 + \frac{1}{2}x^2 + 2x\right]_{0}^{2} + \left[\frac{1}{3}x^3 - \frac{1}{2}x^2 - 2x\right]_{2}^{k}$$
$$= \left(\frac{10}{3} - 0\right) + \left\{\left(\frac{1}{3}k^3 - \frac{1}{2}k^2 - 2k\right) - \left(-\frac{10}{3}\right)\right\}$$
$$= \frac{1}{3}k^3 - \frac{1}{2}k^2 - 2k + \frac{20}{3} = 12$$

에서 $2k^3 - 3k^2 - 12k - 32 = 0$

$(k-4)(2k^2+5k+8)=0 \qquad \therefore k=4 \ (\because k>2)$

0850 답 ⑤

정적분의 정의에 의하여

$$\int_{0}^{2} f'(x)\,dx = \left[f(x)\right]_{0}^{2} = f(2) - f(0)$$

이때 $f(0)=0$이고,

$$|x^3-1| = \begin{cases} -x^3+1 & (x\leq 1) \\ x^3-1 & (x\geq 1) \end{cases} \text{이므로}$$

$$f(2) = \int_{0}^{2} f'(x)\,dx = \int_{0}^{2} |x^3-1|\,dx$$
$$= \int_{0}^{1} (-x^3+1)\,dx + \int_{1}^{2} (x^3-1)\,dx \longrightarrow x=1\text{을 기준으로}$$
$$\qquad\qquad\qquad\qquad\qquad\qquad\qquad\qquad\quad \text{함수식이 다르다.}$$
$$= \left[-\frac{1}{4}x^4 + x\right]_{0}^{1} + \left[\frac{1}{4}x^4 - x\right]_{1}^{2}$$
$$= \left(\frac{3}{4} - 0\right) + \left\{2 - \left(-\frac{3}{4}\right)\right\} = \frac{7}{2}$$

(i) $x \geq 1$일 때

$$f(x) = \int f'(x)\,dx = \int (x^3 - 1)\,dx$$
$$= \frac{1}{4}x^4 - x + C_1$$

(ii) $x \leq 1$일 때

$$f(x) = \int f'(x)\,dx = \int (-x^3 + 1)\,dx$$
$$= -\frac{1}{4}x^4 + x + C_2$$

이때 $f(0) = 0$이므로 $C_2 = 0$

한편, 함수 $f(x)$는 $x = 1$에서 연속이므로 → 함수 $f(x)$는 실수 전체의 집합에서 미분가능하므로 실수 전체의 집합에서 연속이다. 즉, $x=1$에서도 연속이다.

$$\lim_{x \to 1+} \left(\frac{1}{4}x^4 - x + C_1 \right) = \lim_{x \to 1-} \left(-\frac{1}{4}x^4 + x \right) = \frac{3}{4}$$

$$-\frac{3}{4} + C_1 = \frac{3}{4} \qquad \therefore C_1 = \frac{3}{2}$$

$$\therefore f(x) = \begin{cases} \frac{1}{4}x^4 - x + \frac{3}{2} & (x \geq 1) \\ -\frac{1}{4}x^4 + x & (x \leq 1) \end{cases}$$

$$\therefore f(2) = \frac{1}{4} \cdot 2^4 - 2 + \frac{3}{2} = \frac{7}{2}$$

0851 답 ③

0852 답 ④

$$\int_{-2}^{1} f(x)\,dx + \int_{1}^{2} f(x)\,dx = \int_{-2}^{2} f(x)\,dx$$

→ 피적분함수가 서로 같다.

→ 피적분함수가 짝수 차수의 항 x^4, $-6x^2$과 상수항 5로 이루어져 있다.

$$= \int_{-2}^{2} (x^4 - 6x^2 + 5)\,dx$$
$$= 2\int_{0}^{2} (x^4 - 6x^2 + 5)\,dx$$
$$= 2\left[\frac{1}{5}x^5 - 2x^3 + 5x \right]_0^2$$
$$= 2\left(\frac{2}{5} - 0 \right) = \frac{4}{5}$$

0853 답 ②

→ 피적분함수가 짝수 차수의 항 $3x^2$과 상수항 -4로 이루어져 있다.

$$\int_{-a}^{a} (3x^2 - 4)\,dx = 2\int_{0}^{a} (3x^2 - 4)\,dx$$
$$= 2\left[x^3 - 4x \right]_0^a$$
$$= 2\{(a^3 - 4a) - 0\} = 0$$

에서 $a^3 - 4a = 0$

$$a(a+2)(a-2) = 0$$
$$\therefore a = 2 \ (\because a > 0)$$

0854 답 ④

조건 (나)에서 $f(-x) = f(x)$이므로
$$f(x) = ax^2 + b \ (a, b\text{는 상수})$$
라 하면 조건 (가)에서 → 함수 $f(x)$는 짝수 차수의 항과 상수항으로만 이루어져 있어야 한다.
$$f(1) = a + b = 5 \qquad \cdots\cdots \text{㉠}$$

또한, $\int_{-1}^{1} f(x)\,dx = 2$이므로

$$\int_{-1}^{1} f(x)\,dx = 2\int_{0}^{1} f(x)\,dx$$
$$= 2\int_{0}^{1} (ax^2 + b)\,dx$$
$$= 2\left[\frac{1}{3}ax^3 + bx \right]_0^1$$
$$= 2\left\{ \left(\frac{a}{3} + b \right) - 0 \right\} = 2$$

에서
$$\frac{a}{3} + b = 1 \qquad \cdots\cdots \text{㉡}$$

㉠, ㉡을 연립하여 풀면
$$a = 6, \ b = -1$$

따라서 $f(x) = 6x^2 - 1$이므로
$$f(2) = 6 \cdot 2^2 - 1 = 23$$

0855 답 ④

$f(-x) = f(x)$이므로 $\int_{-1}^{1} f(x)\,dx = 3$에서

$$2\int_{0}^{1} f(x)\,dx = 3 \qquad \therefore \int_{0}^{1} f(x)\,dx = \frac{3}{2}$$

이때 $\int_{-2}^{1} f(x)\,dx = 6$에서

$$\int_{-2}^{1} f(x)\,dx = \int_{-2}^{0} f(x)\,dx + \int_{0}^{1} f(x)\,dx$$
$$= \int_{-2}^{0} f(x)\,dx + \frac{3}{2} = 6$$

이므로 $\int_{-2}^{0} f(x)\,dx = \frac{9}{2}$

$$\int_{-2}^{2} f(x)\,dx = -\int_{2}^{-2} f(x)\,dx$$
$$= -2\int_{0}^{-2} f(x)\,dx$$
$$= 2\int_{-2}^{0} f(x)\,dx$$

$$\therefore \int_{-2}^{2} f(x)\,dx = 2\int_{-2}^{0} f(x)\,dx$$
$$= 2 \cdot \frac{9}{2} = 9$$

0856 답 ⑤

0857 답 ①

$$\int_{-2}^{3} x(x-1)(x+1)(x^2+2)\,dx$$
$$\qquad - \int_{2}^{3} x(x-1)(x+1)(x^2+2)\,dx$$

$$= \int_{-2}^{3} x(x-1)(x+1)(x^2+2)\,dx$$

→ 피적분함수가 서로 같다.

$$\qquad + \int_{3}^{2} x(x-1)(x+1)(x^2+2)\,dx$$

$$= \int_{-2}^{2} x(x-1)(x+1)(x^2+2)\,dx$$
$$= \int_{-2}^{2} (x^5 + x^3 - 2x)\,dx$$
$$= 0$$

→ 피적분함수가 홀수 차수의 항으로만 이루어져 있다.

0858 답 ①

$f(x) = ax + b \ (a, b\text{는 상수})$라 하면

$xf(x)=ax^2+bx$이므로 $\int_{-1}^{1}xf(x)\,dx=6$에서

$$\int_{-1}^{1}xf(x)\,dx=\int_{-1}^{1}(ax^2+bx)\,dx$$

피적분함수를 짝수 차수의 항 ax^2과 홀수 차수의 항 bx로 나누어 계산한다.

$$=\int_{-1}^{1}ax^2\,dx+\int_{-1}^{1}bx\,dx$$

$$=2\int_{0}^{1}ax^2\,dx+0$$

$$=2\left[\frac{1}{3}ax^3\right]_{0}^{1}$$

$$=2\left(\frac{a}{3}-0\right)=6$$

에서 $\dfrac{a}{3}=3$ $\therefore a=9$

또한, $x^2f(x)=ax^3+bx^2$이므로 $\int_{-1}^{1}x^2f(x)\,dx=2$에서

$$\int_{-1}^{1}x^2f(x)\,dx=\int_{-1}^{1}(ax^3+bx^2)\,dx$$

피적분함수를 홀수 차수의 항 ax^3과 짝수 차수의 항 bx^2으로 나누어 계산한다.

$$=\int_{-1}^{1}ax^3\,dx+\int_{-1}^{1}bx^2\,dx$$

$$=0+2\int_{0}^{1}bx^2\,dx$$

$$=2\left[\frac{1}{3}bx^3\right]_{0}^{1}$$

$$=2\left(\frac{b}{3}-0\right)=2$$

에서 $\dfrac{b}{3}=1$ $\therefore b=3$

따라서 $f(x)=9x+3$이므로

$f(1)=9+3=12$

0859 답 ⑤

$$f(x)=\sum_{k=1}^{n}\left\{(2k-1)x^{2(k-1)}+2kx^{2k-1}\right\}$$

나열해 보면 규칙을 쉽게 파악할 수 있다.

$$=(1+2x)+(3x^2+4x^3)+(5x^4+6x^5)+\cdots$$
$$+\{(2n-1)x^{2(n-1)}+2nx^{2n-1}\}$$

이므로 $\int_{-1}^{1}f(x)\,dx=50$에서

피적분함수를 상수항과 짝수 차수의 항, 홀수 차수의 항으로 나누어 계산한다.

$$\int_{-1}^{1}f(x)\,dx=\int_{-1}^{1}\{1+2x+3x^2+4x^3+5x^4+6x^5+\cdots$$
$$+(2n-1)x^{2(n-1)}+2nx^{2n-1}\}\,dx$$

$$=\int_{-1}^{1}\{1+3x^2+5x^4+\cdots+(2n-1)x^{2(n-1)}\}\,dx$$
$$+\int_{-1}^{1}\{2x+4x^3+6x^5+\cdots+2nx^{2n-1}\}\,dx$$

$$=2\int_{0}^{1}\{1+3x^2+5x^4+\cdots+(2n-1)x^{2(n-1)}\}\,dx+0$$

$$=2\left[x+x^3+x^5+\cdots+x^{2n-1}\right]_{0}^{1}$$

$$=2\{(\underbrace{1+1+1+\cdots+1}_{n개})-0\}$$

$$=2n=50$$

$\therefore n=25$

0860 답 ②

조건 (가)의 $\int_{-1}^{4}f(x)\,dx=15$에서

$$\int_{-1}^{4}f(x)\,dx=\int_{-1}^{2}f(x)\,dx+\int_{2}^{4}f(x)\,dx$$

$$=3+\int_{2}^{4}f(x)\,dx$$

$$=15$$

이므로 $\int_{2}^{4}f(x)\,dx=12$

$$\therefore \int_{-2}^{4}f(x)\,dx=\int_{-2}^{2}f(x)\,dx+\int_{2}^{4}f(x)\,dx=0+12=12$$

조건 (나)에서 $f(-x)=-f(x)$이므로

0861 답 24

0862 답 ④

$f(x+2)=f(x)$이므로

$\int_{0}^{2}f(x)\,dx=\int_{0+2n}^{2+2n}f(x)\,dx$

$$\cdots=\int_{0}^{2}f(x)\,dx=\int_{2}^{4}f(x)\,dx=\int_{4}^{6}f(x)\,dx=\cdots$$

이고,

$$\int_{1}^{7}f(x)\,dx=\int_{1}^{1+6}f(x)\,dx=\int_{0}^{0+6}f(x)\,dx=\int_{0}^{6}f(x)\,dx$$

$$\therefore \int_{1}^{7}f(x)\,dx=\int_{0}^{6}f(x)\,dx$$

$$=\int_{0}^{2}f(x)\,dx+\int_{2}^{4}f(x)\,dx+\int_{4}^{6}f(x)\,dx$$

$$=3\int_{0}^{2}f(x)\,dx$$

$$=3\int_{0}^{2}(2x-x^2)\,dx$$

$$=3\left[x^2-\frac{1}{3}x^3\right]_{0}^{2}$$

$$=3\left(\frac{4}{3}-0\right)=4$$

● 다른 풀이 ●

$\int_{0}^{1}f(x)\,dx=\int_{6}^{7}f(x)\,dx$이므로

$$\int_{1}^{7}f(x)\,dx=\int_{1}^{2}f(x)\,dx+\int_{2}^{4}f(x)\,dx$$
$$+\int_{4}^{6}f(x)\,dx+\int_{6}^{7}f(x)\,dx$$

$$=\int_{1}^{2}f(x)\,dx+\int_{0}^{2}f(x)\,dx$$
$$+\int_{0}^{2}f(x)\,dx+\int_{0}^{1}f(x)\,dx$$

$$=\int_{1}^{2}f(x)\,dx+\int_{0}^{1}f(x)\,dx+2\int_{0}^{2}f(x)\,dx$$

$$=3\int_{0}^{2}f(x)\,dx$$

0863 답 16

$\int_{-1}^{3}f(x)\,dx=6$에서 $\int_{5}^{9}f(x)\,dx=6$이고,

$$\int_{-1}^{3}f(x)\,dx=\int_{-2}^{2}f(x)\,dx$$

$\int_{-1}^{3}f(x)\,dx=\int_{-2}^{-2+2\cdot2}f(x)\,dx$

$$=\int_{-2}^{0}f(x)\,dx+\int_{0}^{2}f(x)\,dx$$

$$=2\int_{-2}^{0}f(x)\,dx=6$$

$$\therefore \int_{-2}^{0}f(x)\,dx=3$$

$$\therefore \int_{-2}^{9} f(x)\,dx = \int_{-2}^{0} f(x)\,dx + \int_{0}^{5} f(x)\,dx + \int_{5}^{9} f(x)\,dx$$
$$= 3 + 7 + 6 = 16$$

0864 답 ①

$$f(x) = \begin{cases} x^2 - 1 & (-2 \le x \le -1 \text{ 또는 } 1 \le x \le 2) \\ -x^2 + 1 & (-1 \le x \le 1) \end{cases} \text{이므로}$$

$$\int_{-1}^{5} f(x)\,dx = \underline{\int_{-1}^{3} f(x)\,dx} + \int_{3}^{5} f(x)\,dx \quad {\scriptstyle \int_{-1}^{-1+4} f(x)\,dx = \int_{-2}^{-2+4} f(x)\,dx}$$
$$= \underline{\int_{-2}^{2} f(x)\,dx} + \int_{-1}^{1} f(x)\,dx$$
$$= \left\{ \int_{-2}^{-1} f(x)\,dx + \int_{-1}^{1} f(x)\,dx + \int_{1}^{2} f(x)\,dx \right\}$$
$$\qquad\qquad\qquad + \int_{-1}^{1} f(x)\,dx$$
$$= \int_{-2}^{-1} f(x)\,dx + 2\int_{-1}^{1} f(x)\,dx + \int_{1}^{2} f(x)\,dx$$
$$= \int_{-2}^{-1} (x^2 - 1)\,dx + 2\int_{-1}^{1} (-x^2 + 1)\,dx$$
$$\qquad\qquad\qquad + \int_{1}^{2} (x^2 - 1)\,dx$$
$$= \left[\frac{1}{3}x^3 - x \right]_{-2}^{-1} + 2\left[-\frac{1}{3}x^3 + x \right]_{-1}^{1} + \left[\frac{1}{3}x^3 - x \right]_{1}^{2}$$
$$= \left\{ \frac{2}{3} - \left(-\frac{2}{3} \right) \right\} + 2\left\{ \frac{2}{3} - \left(-\frac{2}{3} \right) \right\}$$
$$\qquad\qquad\qquad + \left\{ \frac{2}{3} - \left(-\frac{2}{3} \right) \right\}$$
$$= \frac{4}{3} + \frac{8}{3} + \frac{4}{3} = \frac{16}{3}$$

0865 답 ⑤

$f(x+2) = f(x-1)$에서 $\quad {\scriptstyle x \text{ 대신 } x+1 \text{을 대입한다.}}$
$f(x+3) = f(x)$

$$\therefore \int_{0}^{7} f(x)\,dx$$
$$= \int_{0}^{3} f(x)\,dx + \int_{3}^{6} f(x)\,dx + \int_{6}^{7} f(x)\,dx$$
$$= 2\int_{0}^{3} f(x)\,dx + \int_{6}^{7} f(x)\,dx$$
$$= 2\int_{-1}^{2} f(x)\,dx + \int_{0}^{1} f(x)\,dx$$
$$= 2\int_{-1}^{1} f(x)\,dx + 2\int_{1}^{2} f(x)\,dx + \int_{0}^{1} f(x)\,dx$$
$$= 2\int_{-1}^{1} (x^2 - 2x + 1)\,dx + 2\int_{1}^{2} (4x - 4)\,dx$$
$$\qquad\qquad\qquad + \int_{0}^{1} (x^2 - 2x + 1)\,dx$$
$$= 2\left[\frac{1}{3}x^3 - x^2 + x \right]_{-1}^{1} + 2\left[2x^2 - 4x \right]_{1}^{2} + \left[\frac{1}{3}x^3 - x^2 + x \right]_{0}^{1}$$
$$= 2\left\{ \frac{1}{3} - \left(-\frac{7}{3} \right) \right\} + 2\{0 - (-2)\} + \left(\frac{1}{3} - 0 \right)$$
$$= \frac{16}{3} + 4 + \frac{1}{3} = \frac{29}{3}$$

0866 답 4

0867 답 ③

$\int_{1}^{2} f(t)\,dt = k$ (k는 상수)라 하면
$f(x) = 2x + xk = (2 + k)x$이므로

$$\int_{1}^{2} f(t)\,dt = \int_{1}^{2} (2 + k)t\,dt$$
$$= \left[\frac{2+k}{2} t^2 \right]_{1}^{2}$$
$$= (4 + 2k) - \frac{2+k}{2}$$
$$= \frac{6 + 3k}{2} = k$$

에서 $6 + 3k = 2k$
$\therefore k = -6$
따라서 $f(x) = -4x$이므로
$$\int_{-2}^{1} f(x)\,dx = \int_{-2}^{1} (-4x)\,dx = \left[-2x^2 \right]_{-2}^{1} = -2 - (-8) = 6$$

0868 답 ①

$\int_{0}^{2} f(t)\,dt = k$ (k는 상수)라 하면
$f(x) = \dfrac{9}{16} + 2kx + k^2$이므로

$$\int_{0}^{2} f(t)\,dt = \int_{0}^{2} \left(\frac{9}{16} + 2kt + k^2 \right) dt$$
$$= \left[\frac{9}{16} t + kt^2 + k^2 t \right]_{0}^{2}$$
$$= \left(\frac{9}{8} + 4k + 2k^2 \right) - 0 = k$$

에서 $2k^2 + 3k + \dfrac{9}{8} = 0$
$2\left(k + \dfrac{3}{4} \right)^2 = 0 \qquad \therefore k = -\dfrac{3}{4}$
따라서 $f(x) = -\dfrac{3}{2}x + \dfrac{9}{8}$이므로

$$\int_{0}^{4} f(x)\,dx = \int_{0}^{4} \left(-\frac{3}{2}x + \frac{9}{8} \right) dx$$
$$= \left[-\frac{3}{4}x^2 + \frac{9}{8}x \right]_{0}^{4}$$
$$= -\frac{15}{2} - 0 = -\frac{15}{2}$$

0869 답 ②

$$f(x) = 6x^2 + \underline{\int_{-1}^{2} (2x - 1) f(t)\,dt} \quad {\scriptstyle \text{적분 변수가 } t \text{이므로 피적분함수를}}$$
$$= 6x^2 + (2x - 1)\int_{-1}^{2} f(t)\,dt \quad {\scriptstyle t \text{에 대한 식으로 나타낸다.}}$$

이때 $\int_{-1}^{2} f(t)\,dt = k$ (k는 상수)라 하면
$f(x) = 6x^2 + (2x - 1)k = 6x^2 + 2kx - k$이므로

$$\int_{-1}^{2} f(t)\,dt = \int_{-1}^{2} (6t^2 + 2kt - k)\,dt$$
$$= \left[2t^3 + kt^2 - kt \right]_{-1}^{2}$$
$$= (2k + 16) - (2k - 2) = k$$

에서 $k = 18$
따라서 $f(x) = 6x^2 + 36x - 18$이므로
$f(1) = 6 + 36 - 18 = 24$

0870　답 ①

$\int_0^2 tf(t)\,dt=k$ (k는 상수)라 하면 $f(x)=3x+k$이므로

$$\int_0^2 tf(t)\,dt=\int_0^2 t(3t+k)\,dt$$
$$=\int_0^2 (3t^2+kt)\,dt$$
$$=\left[t^3+\frac{k}{2}t^2\right]_0^2$$
$$=(8+2k)-0=k$$

에서 $k=-8$

따라서 $f(x)=3x-8$이므로

$$\int_0^2 f(x)\,dx=\int_0^2 (3x-8)\,dx$$
$$=\left[\frac{3}{2}x^2-8x\right]_0^2$$
$$=(6-16)-0=-10$$

0871　답 4

0872　답 ④

주어진 식의 양변에 $x=a$를 대입하면 → 좌변이 0이 되므로

$0=a^3-2(a+1)a-3$

$(a-3)(a^2+a+1)=0$　　$\therefore a=3$ ($\because a$는 실수)

$$\therefore \int_3^x f(t)\,dt=x^3-8x-3$$

위의 식의 양변을 x에 대하여 미분하면

$f(x)=3x^2-8$

$\therefore f(2)=3\cdot 2^2-8=4$

0873　답 ⑤

주어진 식의 양변에 $x=a$를 대입하면 → 좌변이 0이 되므로

$0=a^2-2a-3$

$(a+1)(a-3)=0$　　$\therefore a=3$ ($\because a>0$)

$$\therefore \int_3^x f(t)\,dt=x^2-2x-3$$

위의 식의 양변을 x에 대하여 미분하면

$f(x)=2x-2$

$\therefore f(a)=f(3)=2\cdot 3-2=4$

선생님 톡톡

이 문제에서 $f(x)$만 구하려고 한다면 상수 a의 값을 구하지 않아도 돼.
주어진 식의 양변을 x에 대하여 미분하면 $f(x)=2x-2$임을 알 수 있어.

0874　답 ①

주어진 식의 양변에 $x=a$를 대입하면 → 좌변이 0이 되므로

$0=a^2+a^2-4a$

$a(a-2)=0$　　$\therefore a=2$ ($\because a>0$)

$$\therefore \int_2^x f(t)\,dt=x^2+2x-8$$

위의 식의 양변을 x에 대하여 미분하면

$f(x)=2x+2$

$$\therefore \int_{a-1}^{a+1} f(x)\,dx=\int_1^3 f(x)\,dx$$
$$=\int_1^3 (2x+2)\,dx$$
$$=\left[x^2+2x\right]_1^3$$
$$=15-3=12$$

0875　답 ⑤

주어진 식의 양변에 $x=1$을 대입하면 → 우변의 $\int_1^x f'(t)\,dt$의 값이 0이 되므로

$2f(1)=4-2+0$　　$\therefore f(1)=1$

주어진 식의 양변을 x에 대하여 미분하면

$2f'(x)=12x^2-2+f'(x)$

$\therefore f'(x)=12x^2-2$

$$\therefore f(x)=\int (12x^2-2)\,dx \ \to \int f'(x)\,dx$$
$$=4x^3-2x+C$$

이때 $f(1)=1$이므로

$4-2+C=1$　　$\therefore C=-1$

따라서 $f(x)=4x^3-2x-1$이므로

$$\int_0^2 f(x)\,dx=\int_0^2 (4x^3-2x-1)\,dx$$
$$=\left[x^4-x^2-x\right]_0^2$$
$$=10-0=10$$

0876　답 18

0877　답 6

주어진 식의 양변에 $x=2$를 대입하면 → 좌변이 0이 되므로

$0=a\cdot 2^3+(a-4)\cdot 2^2+4$

$12a-12=0$　　$\therefore a=1$

이때 $\int_2^x (x-t)f(t)\,dt=x^3-3x^2+4$에서

$$x\int_2^x f(t)\,dt-\int_2^x tf(t)\,dt=x^3-3x^2+4$$

위의 식의 양변을 x에 대하여 미분하면

$$\left\{\int_2^x f(t)\,dt+xf(x)\right\}-xf(x)=3x^2-6x$$

$$\therefore \int_2^x f(t)\,dt=3x^2-6x$$

위의 식의 양변을 x에 대하여 미분하면

$f(x)=6x-6$

$\therefore f(2)=6\cdot 2-6=6$

0878　답 ②

주어진 식의 양변에 $x=-1$을 대입하면 → 좌변이 0이 되므로

$0=a\cdot (-1)^2+b\cdot (-1)-4$

$0=a-b-4$　　$\therefore a-b=4$　　…… ㉠

이때 $\int_{-1}^x (x-t)f(t)\,dt=ax^2+bx-4$에서

$$x\int_{-1}^x f(t)\,dt-\int_{-1}^x tf(t)\,dt=ax^2+bx-4$$

위의 식의 양변을 x에 대하여 미분하면

$$\left\{\int_{-1}^{x} f(t)\,dt + xf(x)\right\} - xf(x) = 2ax + b$$

$$\therefore \int_{-1}^{x} f(t)\,dt = 2ax + b$$

위의 식의 양변에 $x=-1$을 대입하면 → 좌변이 0이 되므로

$$0 = 2a\cdot(-1) + b \qquad \therefore -2a + b = 0 \qquad \cdots\cdots ⓒ$$

㉠, ㉡을 연립하여 풀면

$$a = -4,\ b = -8$$

$$\therefore ab = -4\cdot(-8) = 32$$

0879 답 ③

주어진 식의 양변에 $x=a$를 대입하면 → 좌변이 0이 되므로

$$0 = a^3 - a\cdot a^2 - 2a\cdot a + 8$$

$$a^2 = 4 \qquad \therefore a = -2 \text{ 또는 } a = 2 \qquad \cdots\cdots ㉠$$

이때 $\int_{a}^{x}(x-t)f(t)\,dt = x^3 - ax^2 - 2ax + 8$에서

$$x\int_{a}^{x} f(t)\,dt - \int_{a}^{x} tf(t)\,dt = x^3 - ax^2 - 2ax + 8$$

적분 변수가 t이므로 피적분함수를 t에 대한 식으로 나타낸다.

위의 식의 양변을 x에 대하여 미분하면

$$\left\{\int_{a}^{x} f(t)\,dt + xf(x)\right\} - xf(x) = 3x^2 - 2ax - 2a$$

$$\therefore \int_{a}^{x} f(t)\,dt = 3x^2 - 2ax - 2a$$

위의 식의 양변에 $x=a$를 대입하면 → 좌변이 0이 되므로

$$0 = 3a^2 - 2a\cdot a - 2a$$

$$a(a-2) = 0 \qquad \therefore a = 0 \text{ 또는 } a = 2 \qquad \cdots\cdots ㉡$$

㉠, ㉡에서 $a = 2$

$$\therefore \int_{2}^{x} f(t)\,dt = 3x^2 - 4x - 4$$

위의 식의 양변을 x에 대하여 미분하면

$$f(x) = 6x - 4$$

$$\therefore f(a) = f(2) = 6\cdot 2 - 4 = 8$$

0880 답 ⑤

주어진 식의 양변에 $x=1$을 대입하면 → 좌변이 0이 되므로

$$0 = 1 + a + 1 \qquad \therefore a = -2$$

이때 $\int_{1}^{x}(x-t)f'(t)\,dt = x^4 - 2x^2 + 1$에서

$$x\int_{1}^{x} f'(t)\,dt - \int_{1}^{x} tf'(t)\,dt = x^4 - 2x^2 + 1$$

적분 변수가 t이므로 피적분함수를 t에 대한 식으로 나타낸다.

위의 식의 양변을 x에 대하여 미분하면

$$\left\{\int_{1}^{x} f'(t)\,dt + xf'(x)\right\} - xf'(x) = 4x^3 - 4x$$

$$\therefore \int_{1}^{x} f'(t)\,dt = 4x^3 - 4x \qquad \cdots\cdots ㉠$$

이때 정적분의 정의에 의하여

$$\int_{1}^{x} f'(t)\,dt = \left[f(t)\right]_{1}^{x} = f(x) - f(1)$$

이므로 ㉠에서

$$f(x) - f(1) = 4x^3 - 4x$$

$$\therefore f(x) = 4x^3 - 4x + f(1) = 4x^3 - 4x + 1$$

$$\therefore f(2) = 4\cdot 2^3 - 4\cdot 2 + 1 = 25$$

0881 답 32

0882 답 6

$f(x) = \int_{a}^{x}(3t^2 - 3)\,dt$에서

$$f'(x) = 3x^2 - 3 = 3(x+1)(x-1)$$

양변을 x에 대하여 미분한다.

$$f'(x) = 0 \text{ 에서 } x = -1 \text{ 또는 } x = 1$$

이때 함수 $f(x)$의 증가와 감소를 표로 나타내면 다음과 같다.

x	$\cdots$	-1	$\cdots$	1	$\cdots$
$f'(x)$	$+$	0	$-$	0	$+$
$f(x)$	↗	극대	↘	극소	↗

함수 $f(x)$의 극솟값이 0이므로

$$f(1) = \int_{a}^{1}(3t^2 - 3)\,dt$$

$$= \left[t^3 - 3t\right]_{a}^{1}$$

$$= -2 - (a^3 - 3a) = 0$$

에서 $a^3 - 3a + 2 = 0$

$$(a+2)(a-1)^2 = 0 \qquad \therefore a = -2 \ (\because a \neq 1)$$

즉, 함수 $f(x)$의 극댓값은

$$f(-1) = \int_{-2}^{-1}(3t^2 - 3)\,dt$$

$$= \left[t^3 - 3t\right]_{-2}^{-1}$$

$$= 2 - (-2) = 4$$

$$\therefore M = 4$$

$$\therefore M - a = 4 - (-2) = 6$$

0883 답 ③

$f(x) = \int_{-1}^{x}(-t^2 - t + a)\,dt$에서

$$f'(x) = -x^2 - x + a \qquad \cdots\cdots ㉠$$

양변을 x에 대하여 미분한다.

한편, 함수 $f(x)$가 $x=-3$에서 극솟값을 가지므로 → $f'(-3)=0$

$$-(-3)^2 - (-3) + a = 0$$

$$a - 6 = 0 \qquad \therefore a = 6$$

즉, $f'(x) = -x^2 - x + 6 = -(x+3)(x-2)$이므로

$$f'(x) = 0 \text{ 에서 } x = -3 \text{ 또는 } x = 2$$

이때 함수 $f(x)$의 증가와 감소를 표로 나타내면 다음과 같다.

x	$\cdots$	-3	$\cdots$	2	$\cdots$
$f'(x)$	$-$	0	$+$	0	$-$
$f(x)$	↘	극소	↗	극대	↘

따라서 함수 $f(x)$의 극댓값은

$$f(2) = \int_{-1}^{2}(-t^2 - t + 6)\,dt$$

$$= \left[-\frac{1}{3}t^3 - \frac{1}{2}t^2 + 6t\right]_{-1}^{2}$$

$$= \frac{22}{3} - \left(-\frac{37}{6}\right) = \frac{27}{2}$$

$$\therefore M = \frac{27}{2}$$

$$\therefore 2M + a = 2\cdot\frac{27}{2} + 6 = 33$$

0884 답 ⑤

$f(x) = \int_{1}^{x}\{t^2 - (a-1)t - a\}\,dt$에서

$$f'(x) = x^2 - (a-1)x - a = (x+1)(x-a)$$

양변을 x에 대하여 미분한다.

$f'(x)=0$에서 $x=-1$ 또는 $x=a$

한편, 함수 $f(x)$는 $x=-1$에서 극댓값 $\dfrac{10}{3}$을 가지므로

$$\int_1^{-1} \{t^2-(a-1)t-a\}\,dt=2\int_0^{-1} (t^2-a)\,dt$$

$$=2\left[\frac{1}{3}t^3-at\right]_0^{-1}$$

$$=2\left\{\left(-\frac{1}{3}+a\right)-0\right\}=\frac{10}{3}$$

에서 $2a=4$

$\therefore a=2$

이때 함수 $f(x)$의 증가와 감소를 표로 나타내면 다음과 같다.

x	$\cdots$	-1	$\cdots$	2	$\cdots$
$f'(x)$	$+$	0	$-$	0	$+$
$f(x)$	$\nearrow$	극대	$\searrow$	극소	$\nearrow$

따라서 함수 $f(x)$의 극솟값은

$$f(2)=\int_1^2 (t^2-t-2)\,dt$$

$$=\left[\frac{1}{3}t^3-\frac{1}{2}t^2-2t\right]_1^2$$

$$=\left\{-\frac{10}{3}-\left(-\frac{13}{6}\right)\right\}=-\frac{7}{6}$$

0885 답 121

$f(x)=\displaystyle\int_0^x (-3t^2+2at+b)\,dt$에서

$f'(x)=-3x^2+2ax+b$

한편, 함수 $f(x)$는 $x=-1$에서 극솟값 -8을 가지므로

$f(-1)=-8$에서

$$\int_0^{-1} (-3t^2+2at+b)\,dt=\left[-t^3+at^2+bt\right]_0^{-1}$$

$$=(1+a-b)-0=-8$$

$\therefore a-b=-9$ $\cdots\cdots$ ㉠

또한, $f'(-1)=0$에서

$-3-2a+b=0$

$\therefore 2a-b=-3$ $\cdots\cdots$ ㉡

㉠, ㉡을 연립하여 풀면

$a=6$, $b=15$

$\therefore f'(x)=-3x^2+12x+15=-3(x+1)(x-5)$

$f'(x)=0$에서 $x=-1$ 또는 $x=5$

이때 함수 $f(x)$의 증가와 감소를 표로 나타내면 다음과 같다.

x	$\cdots$	-1	$\cdots$	5	$\cdots$
$f'(x)$	$-$	0	$+$	0	$-$
$f(x)$	$\searrow$	극소	$\nearrow$	극대	$\searrow$

따라서 함수 $f(x)$의 극댓값은

$$f(5)=\int_0^5 (-3t^2+12t+15)\,dt$$

$$=\left[-t^3+6t^2+15t\right]_0^5$$

$$=100-0=100$$

$\therefore M=100$

$\therefore M+a+b=100+6+15=121$

0886 답 ②

0887 답 ①

주어진 식의 양변을 x에 대하여 미분하면

$f'(x)=\{(x+1)^3-7(x+1)\}-(x^3-7x)$

$\quad\;\;=3x^2+3x-6$

$\quad\;\;=3(x+2)(x-1)$

$f'(x)=0$에서 $x=1$ $(\because 0\le x\le 2)$

$0\le x\le 2$에서 함수 $f(x)$의 증가와 감소를 표로 나타내면 다음과 같다.

x	0	$\cdots$	1	$\cdots$	2
$f'(x)$		$-$	0	$+$	
$f(x)$	$f(0)$	$\searrow$	$f(1)$	$\nearrow$	$f(2)$

$$\therefore f(0)=\int_0^1 (t^3-7t)\,dt=\left[\frac{1}{4}t^4-\frac{7}{2}t^2\right]_0^1$$

$$=-\frac{13}{4}-0=-\frac{13}{4}$$

$$f(1)=\int_1^2 (t^3-7t)\,dt=\left[\frac{1}{4}t^4-\frac{7}{2}t^2\right]_1^2$$

$$=-10-\left(-\frac{13}{4}\right)=-\frac{27}{4}$$

$$f(2)=\int_2^3 (t^3-7t)\,dt=\left[\frac{1}{4}t^4-\frac{7}{2}t^2\right]_2^3$$

$$=-\frac{45}{4}-(-10)=-\frac{5}{4}$$

따라서 $0\le x\le 2$에서 함수 $f(x)$는 $x=2$일 때 최댓값 $-\dfrac{5}{4}$를 가

지고, $x=1$일 때 최솟값은 $-\dfrac{27}{4}$을 가지므로 최댓값과 최솟값의

합은

$$-\frac{5}{4}+\left(-\frac{27}{4}\right)=-8$$

0888 답 ④

$f(x)=a(x-1)(x-3)\ (a>0)$라 하면

이때 함수 $y=f(x)$의 그래프가 점 $(0,\,6)$을 지나므로

$f(0)=6$에서

$a\cdot(-1)\cdot(-3)=6$ $\therefore a=2$

$\therefore f(x)=2(x-1)(x-3)=2x^2-8x+6$

한편, $g(x)=\displaystyle\int_x^1 f(t)\,dt$에서 $g(x)=-\displaystyle\int_1^x f(t)\,dt$

위의 식의 양변을 x에 대하여 미분하면

$g'(x)=-f(x)$

$g'(x)=0$에서 $x=1$ 또는 $x=3$

$1\le x\le 4$에서 함수 $g(x)$의 증가와 감소를 표로 나타내면 다음과 같다.

x	1	$\cdots$	3	$\cdots$	4
$g'(x)$	0	$+$	0	$-$	
$g(x)$	$g(1)$	$\nearrow$	$g(3)$	$\searrow$	$g(4)$

따라서 함수 $g(x)$는 $x=3$에서 극대이면서 최대이므로 최댓값은

$$g(3)=\int_3^1 (2t^2-8t+6)\,dt$$

$$=\left[\frac{2}{3}t^3-4t^2+6t\right]_3^1$$

$$=\frac{8}{3}-0=\frac{8}{3}$$

0889　답 ②

$\displaystyle\int_0^x (t-x)f(t)\,dt=-x^4+8x^3-3x^2$에서

$\displaystyle\int_0^x tf(t)\,dt-x\int_0^x f(t)\,dt=-x^4+8x^3-3x^2$

위의 식의 양변을 x에 대하여 미분하면

$xf(x)-\left\{\displaystyle\int_0^x f(t)\,dt+xf(x)\right\}=-4x^3+24x^2-6x$

$\therefore \displaystyle\int_0^x f(t)\,dt=4x^3-24x^2+6x$

위의 식의 양변을 x에 대하여 미분하면

$f(x)=12x^2-48x+6$

$\qquad =12(x-2)^2-42$ → $f(x)$가 이차함수이므로 표준형으로 나타내어 최솟값을 구한다.

따라서 함수 $f(x)$의 최솟값은 $x=2$일 때 -42이다.

0890　답 ④

$g(x)=\displaystyle\int_0^x (x-t)f'(t)\,dt$의 양변에 $x=0$을 대입하면

$g(0)=0$

또한, $g(x)=x\displaystyle\int_0^x f'(t)\,dt-\int_0^x tf'(t)\,dt$이므로

양변을 x에 대하여 미분하면

$g'(x)=\left\{\displaystyle\int_0^x f'(t)\,dt+xf'(x)\right\}-xf'(x)$

$\qquad =\displaystyle\int_0^x f'(t)\,dt=f(x)-f(0)$ → 정적분의 정의

$\qquad =(-x^2+2x+3)-3$

$\qquad =-x^2+2x=-x(x-2)$

$g'(x)=0$에서 $x=0$ 또는 $x=2$

$x\geq 0$에서 함수 $g(x)$의 증가와 감소를 표로 나타내면 다음과 같다.

x	0	$\cdots$	2	$\cdots$
$g'(x)$	0	$+$	0	$-$
$g(x)$	$g(0)$	↗	$g(2)$	↘

$\therefore g(x)=\displaystyle\int g'(x)\,dx$

$\qquad =\displaystyle\int (-x^2+2x)\,dx$

$\qquad =-\dfrac{1}{3}x^3+x^2+C$

이때 $g(0)=0$이므로 $C=0$

따라서 $g(x)=-\dfrac{1}{3}x^3+x^2$이고, 함수 $g(x)$는 $x=2$에서 극대이면서 최대이므로 최댓값은

$g(2)=-\dfrac{1}{3}\cdot 2^3+2^2=\dfrac{4}{3}$

0891　답 $\dfrac{3}{2}$

0892　답 -1

→ 함수 $y=F(x)$의 그래프는 x축과 세 점 $(0, 0)$, $(1, 0)$, $(2, 0)$에서 만나는 삼차함수의 그래프이다.

$F(x)=ax(x-1)(x-2)=ax^3-3ax^2+2ax\ (a>0)$라 하면

$ax^3-3ax^2+2ax=\displaystyle\int_1^x f(t)\,dt$

위의 식의 양변을 x에 대하여 미분하면

$f(x)=3ax^2-6ax+2a$

이때 함수 $y=f(x)$의 그래프가 점 $(0, 2)$를 지나므로 → $f(0)=2$

$2a=2$ $\quad\therefore a=1$

$\therefore f(x)=3x^2-6x+2=3(x-1)^2-1$ → 함수 $f(x)$가 이차함수이므로 표준형으로 나타내어 최솟값을 구한다.

따라서 함수 $f(x)$의 최솟값은 $x=1$일 때 -1이다.

0893　답 ③

$F(-1)=0$이므로 → $\displaystyle\int_{-1}^{-1} f(t)\,dt=0$
함수 $y=F(x)$의 그래프는 두 점 $(1, 0)$, $(3, 0)$을 지난다.

$F(x)=a(x+1)(x-1)(x-3)$

$\qquad =ax^3-3ax^2-ax+3a\ (a<0)$

라 하면

$ax^3-3ax^2-ax+3a=\displaystyle\int_{-1}^x f(t)\,dt$

위의 식의 양변을 x에 대하여 미분하면

$f(x)=3ax^2-6ax-a=3a(x-1)^2-4a$

이때 함수 $f(x)$의 최댓값이 $\dfrac{4}{3}$이므로

$-4a=\dfrac{4}{3}$ $\quad\therefore a=-\dfrac{1}{3}$

따라서 $f(x)=-x^2+2x+\dfrac{1}{3}$이므로

$f(3)=-3^2+2\cdot 3+\dfrac{1}{3}=-\dfrac{8}{3}$

0894　답 ④

함수 $f(x)$는 일차함수이므로 $F(x)$는 이차함수이다.

즉, $F(x)=k(x-1)^2\ (k>0)$이라 하면 함수 $y=F(x)$의 그래프가 점 $(0, 1)$을 지나므로 → 함수 $y=F(x)$의 그래프는 점 $(1, 0)$에서 x축에 접하고 아래로 볼록인 이차함수의 그래프이다.

$1=k\cdot(-1)^2$ $\quad\therefore k=1$

$\therefore F(x)=(x-1)^2=x^2-2x+1$

또한, $F(a)=\displaystyle\int_a^a f(t)\,dt=0$이고, 주어진 그래프에서 $F(x)=0$의 해는 $x=1$뿐이므로

$a=1$

한편, $x^2-2x+1=\displaystyle\int_1^x f(t)\,dt$의 양변을 x에 대하여 미분하면

$f(x)=2x-2$

$\therefore f(5)=2\cdot 5-2=8$

$\therefore a+f(5)=1+8=9$

0895　답 ③

$F(0)=\displaystyle\int_0^0 f(t)\,dt=0$이고, 두 함수 $y=f(x)$, $y=F(x)$의 그래프가 점 $(2, 0)$을 지나므로

$f(2)=0$, $F(2)=0$

즉, 함수 $F(x)$는 $(x-2)^2$을 인수로 갖는다. → $F'(x)=f(x)$

$F(x)=ax(x-2)^2=ax^3-4ax^2+4ax\ (a$는 상수$)$라 하면

$ax^3-4ax^2+4ax=\displaystyle\int_0^x f(t)\,dt$

위의 식의 양변을 x에 대하여 미분하면

$f(x)=3ax^2-8ax+4a$

이때 함수 $f(x)$의 이차항의 계수가 3이므로

$3a=3$ $\quad\therefore a=1$

$\therefore F(x)=x^3-4x^2+4x,\ f(x)=3x^2-8x+4=(3x-2)(x-2)$

$f(x)=0$에서 $x=\dfrac{2}{3}$ 또는 $x=2$

함수 $F(x)$의 증가와 감소를 표로 나타내면 다음과 같다.

x	$\cdots$	$\dfrac{2}{3}$	$\cdots$	2	$\cdots$
$f(x)$	$+$	0	$-$	0	$+$
$F(x)$	↗	극대	↘	극소	↗

따라서 함수 $F(x)$의 극댓값은
$$F\left(\frac{2}{3}\right)=\left(\frac{2}{3}\right)^3-4\cdot\left(\frac{2}{3}\right)^2+4\cdot\frac{2}{3}=\frac{32}{27}$$

0896 답 ②

0897 답 ⑤

$f(x)=x^2-3x-3$에서
$f'(x)=2x-3$
$$\begin{aligned}
\therefore \lim_{x\to 2}\frac{1}{x-2}\int_4^{x^2} f'(t)\,dt &=\lim_{x\to 2}\frac{f(x^2)-f(4)}{x-2}\\
&=\lim_{x\to 2}\left\{\frac{f(x^2)-f(4)}{(x-2)(x+2)}\cdot(x+2)\right\}\\
&=\lim_{x\to 2}\left\{\frac{f(x^2)-f(4)}{x^2-4}\cdot(x+2)\right\}\\
&=4f'(4)\\
&=4(2\cdot 4-3)=20
\end{aligned}$$

0898 답 ⑤

$F'(x)=f(x)$라 하면
$$\begin{aligned}
\lim_{x\to 1}\frac{1}{x^3-1}\int_x^1 f(t)\,dt &=\lim_{x\to 1}\frac{F(1)-F(x)}{(x-1)(x^2+x+1)}\\
&=-\lim_{x\to 1}\left\{\frac{F(x)-F(1)}{x-1}\cdot\frac{1}{x^2+x+1}\right\}\\
&=-\frac{1}{3}F'(1)=-\frac{1}{3}f(1)\\
&=1
\end{aligned}$$
에서 $f(1)=-3$
이때 $f(x)=x^3-8x^2+2x+a$이므로
$1-8+2+a=-3$
$\therefore a=2$

0899 답 ②

$f(x)=x^2+ax$, $F'(x)=f(x)$라 하면
$$\begin{aligned}
\lim_{h\to 0}\frac{1}{h}\int_{a-h}^{a+h}(x^2+ax)\,dx &\\
=\lim_{h\to 0}\frac{F(a+h)-F(a-h)}{h} &\\
=\lim_{h\to 0}\frac{F(a+h)-F(a)-F(a-h)+F(a)}{h} &\\
=\lim_{h\to 0}\frac{F(a+h)-F(a)}{h}+\lim_{h\to 0}\frac{F(a-h)-F(a)}{-h} &\\
=f(a)+f(a)=2f(a) &\\
=2(a^2+a\cdot a)=4a^2 &\\
=a &
\end{aligned}$$
에서 $4a^2-a=0$
$a(4a-1)=0$　$\therefore a=\dfrac{1}{4}$ $(\because a\neq 0)$

0900 답 ⑤

$g(x)=(x+2)f(x)$, $G'(x)=g(x)$라 하면
$$\lim_{x\to -1}\frac{1}{x+1}\int_0^{x+1}(t+2)f(t)\,dt=\lim_{x\to -1}\frac{G(x+1)-G(0)}{x+1}$$
이때 $x+1=s$라 하면 $x\to -1$일 때 $s\to 0$이므로
$$\begin{aligned}
\lim_{x\to -1}\frac{G(x+1)-G(0)}{x+1} &=\lim_{s\to 0}\frac{G(s)-G(0)}{s}\\
&=G'(0)\\
&=g(0)\\
&=2f(0)\\
&=2\cdot 2=4
\end{aligned}$$

본문 162~165쪽

0901 답 ②

One Point Lesson
먼저 주어진 조건을 이용하여 미정계수를 구한다.

$\displaystyle\int_0^1 f(x)\,dx=0$에서
$$\begin{aligned}
\int_0^1(3x^2+ax)\,dx &=\left[x^3+\frac{a}{2}x^2\right]_0^1\\
&=1+\frac{a}{2}=0
\end{aligned}$$
이므로 $2+a=0$　$\therefore a=-2$
$$\begin{aligned}
\therefore \int_0^1\{f(x)\}^2\,dx &=\int_0^1(3x^2-2x)^2\,dx\\
&=\int_0^1(9x^4-12x^3+4x^2)\,dx\\
&=\left[\frac{9}{5}x^5-3x^4+\frac{4}{3}x^3\right]_0^1\\
&=\frac{2}{15}-0=\frac{2}{15}
\end{aligned}$$

0902 답 ④

One Point Lesson
주어진 식을 k에 대한 식으로 나타낸다.

$$\begin{aligned}
\int_{-1}^k(6-2x)\,dx &=\left[6x-x^2\right]_{-1}^k\\
&=(6k-k^2)-(-7)\\
&=-(k-3)^2+16
\end{aligned}$$
이차식이므로 표준형으로 나타내어 최댓값을 구한다.
이므로 $\displaystyle\int_{-1}^k(6-2x)\,dx$는 $k=3$일 때, 최댓값 16을 갖는다.
따라서 $a=3$, $b=16$이므로
$a+b=3+16=19$

0903 답 ②

One Point Lesson
$$\int_a^x f'(t)\,dt=f(x)-f(a)$$

$$\frac{d}{dx}\left\{\int_1^x f(t)\,dt\right\}-\int_1^x \left\{\frac{d}{dt}f(t)\right\}dt=f(x)-\int_1^x f'(t)\,dt$$
$$=f(x)-\Big[f(t)\Big]_1^x$$
$$=f(x)-\{f(x)-f(1)\}$$
$$=f(1)$$

이때 $f(x)=3x^2-6x+5$이므로
$$f(1)=3-6+5=2$$

0904 답 ②

정적분의 성질을 이용하여 $\int_0^1 f(x)\,dx$의 값을 구한다.

$$\int_1^2 f(x)\,dx=\int_0^2 f(x)\,dx\text{에서}$$
$\int_1^2 f(x)\,dx=\int_0^1 f(x)\,dx+\int_1^2 f(x)\,dx$이므로 $\int_0^1 f(x)\,dx=0$
$$\therefore \int_0^1 f(x)\,dx=\int_1^2 f(x)\,dx=\int_0^2 f(x)\,dx=0$$
이때 $f(x)=x^2+ax+b$ ($a,\ b$는 상수)라 하면
$\int_0^1 f(x)\,dx=0$에서
$$\int_0^1 f(x)\,dx=\left[\frac{1}{3}x^3+\frac{a}{2}x^2+bx\right]_0^1=\left(\frac{1}{3}+\frac{a}{2}+b\right)-0=0$$
$$\therefore 3a+6b+2=0 \quad\cdots\cdots\ \text{㉠}$$
또한, $\int_0^2 f(x)\,dx=0$에서
$$\int_0^2 f(x)\,dx=\left[\frac{1}{3}x^3+\frac{a}{2}x^2+bx\right]_0^2=\left(\frac{8}{3}+2a+2b\right)-0=0$$
$$\therefore 3a+3b+4=0 \quad\cdots\cdots\ \text{㉡}$$
㉠, ㉡을 연립하여 풀면
$$a=-2,\ b=\frac{2}{3}$$
따라서 $f(x)=x^2-2x+\frac{2}{3}$이므로
$$f(1)=1-2+\frac{2}{3}=-\frac{1}{3}$$

● 다른 풀이 ●

$f(x)=x^2+ax+b$ ($a,\ b$는 상수)라 하면
$$\int_0^1 f(x)\,dx=\int_0^1 (x^2+ax+b)\,dx$$
$$=\left[\frac{1}{3}x^3+\frac{a}{2}x^2+bx\right]_0^1=\frac{1}{3}+\frac{a}{2}+b$$
$$\int_1^2 f(x)\,dx=\int_1^2 (x^2+ax+b)\,dx$$
$$=\left[\frac{1}{3}x^3+\frac{a}{2}x^2+bx\right]_1^2=\frac{7}{3}+\frac{3}{2}a+b$$
$$\int_0^2 f(x)\,dx=\int_0^2 (x^2+ax+b)\,dx$$
$$=\left[\frac{1}{3}x^3+\frac{a}{2}x^2+bx\right]_0^2=\frac{8}{3}+2a+2b$$
이고, $\int_0^1 f(x)\,dx=\int_1^2 f(x)\,dx=\int_0^2 f(x)\,dx$에서
$$\frac{1}{3}+\frac{a}{2}+b=\frac{7}{3}+\frac{3}{2}a+b=\frac{8}{3}+2a+2b$$
위의 연립방정식을 풀면
$$a=-2,\ b=\frac{2}{3} \qquad \therefore f(x)=x^2-2x+\frac{2}{3}$$

0905 답 ②

$$\frac{d}{dx}\{x^2 f(x)\}=2xf(x)+x^2 f'(x)$$

$\int_0^2 x^2 f'(x)\,dx+2\int_0^2 xf(x)\,dx=16$에서
$$\int_0^2 x^2 f'(x)\,dx+\int_0^2 2xf(x)\,dx=\int_0^2 \{x^2 f'(x)+2xf(x)\}\,dx$$
$$=\Big[x^2 f(x)\Big]_0^2$$
$$=4f(2)-0=16$$
$$\therefore f(2)=4$$

0906 답 ②

함수 $y=f(x)$의 그래프가 점 $(a,\ b)$를 지나면 $f(a)=b$

함수 $y=f(x)$의 그래프가 점 $(2,\ 0)$을 지나므로
$f(2)=0$에서
$$3\cdot 2^2+a\cdot 2+b=0$$
$$\therefore 12+2a+b=0 \quad\cdots\cdots\ \text{㉠}$$
또한, 함수 $y=g(x)$의 그래프가 점 $(2,\ 0)$을 지나므로
$g(2)=0$에서
$$\int_{-2}^2 f(t)\,dt=\int_{-2}^2 (3t^2+at+b)\,dt$$
$$=\int_{-2}^2 (3t^2+b)\,dt$$
$$=2\int_0^2 (3t^2+b)\,dt$$
$$=2\Big[t^3+bt\Big]_0^2$$
$$=2\{(8+2b)-0\}=0$$
이므로 $8+2b=0$
$$\therefore b=-4$$
$b=-4$를 ㉠에 대입하면
$$12+2a-4=0$$
$$\therefore a=-4$$
$$\therefore a+b=-4+(-4)=-8$$

0907 답 ⑤

적분 구간의 위끝과 아래끝이 같으므로 $f(x)=(2|x|-1)^3$이라 할 때, $y=f(x)$의 그래프가 원점에 대하여 대칭인지 y축에 대하여 대칭인지 확인하여 간단히 한다.

$f(x)=(2|x|-1)^3$이라 하면
$f(-x)=(2|-x|-1)^3=(2|x|-1)^3=f(x)$이므로
$$\int_{-2}^2 (2|x|-1)^3\,dx=2\int_0^2 (2|x|-1)^3\,dx$$
$$=2\int_0^2 (2x-1)^3\,dx$$
$$=2\int_0^2 (8x^3-12x^2+6x-1)\,dx$$
$$=2\Big[2x^4-4x^3+3x^2-x\Big]_0^2$$
$$=2(10-0)=20$$

$$\int_{-2}^{2} (2|x|-1)^3 \, dx$$

$$= \int_{-2}^{0} (-2x-1)^3 \, dx + \int_{0}^{2} (2x-1)^3 \, dx$$

$$= \int_{-2}^{0} (-8x^3-12x^2-6x-1) \, dx + \int_{0}^{2} (8x^3-12x^2+6x-1) \, dx$$

$$= \left[-2x^4-4x^3-3x^2-x \right]_{-2}^{0} + \left[2x^4-4x^3+3x^2-x \right]_{0}^{2}$$

$$= \{0-(-10)\} + (10-0) = 20$$

0908 답 ③

One Point Lesson

그래프를 이용하여 함수 $f(x)$를 구하여 해결하는 것보다 정적분의 정의를 이용하여 해결하는 것이 간편하다.

→주어진 그래프에서 알 수 있다.

$f(2)=6$, $f(-1)=-3$, $f(0)=-\dfrac{2}{3}$이므로

$$\int_{0}^{2} f'(x) \, dx - \int_{-1}^{0} f'(x) \, dx = \left[f(x) \right]_{0}^{2} - \left[f(x) \right]_{-1}^{0}$$

$$= \{f(2)-f(0)\} - \{f(0)-f(-1)\}$$

$$= f(2)+f(-1)-2f(0)$$

$$= 6+(-3)-2 \cdot \left(-\frac{2}{3} \right) = \frac{13}{3}$$

선생님 톡톡

주어진 그래프를 이용하여 함수 $f(x)$를 구하여 풀 수도 있지만 그 과정이 복잡해. 구하는 식의 적분 구간에서 위끝과 아래끝의 함숫값을 그래프에서 알 수 있지? 이런 경우에는 함수 $f(x)$를 구하지 않고도 점의 좌표를 이용하여 쉽게 해결할 수 있어.
참고로 그래프를 이용하여 함수 $f(x)$와 도함수 $f'(x)$를 구하면 다음과 같아.

$$f(x)=-\frac{2}{3}x^3+x^2+4x-\frac{2}{3}, \quad f'(x)=-2(x+1)(x-2)$$

0909 답 ①

One Point Lesson

주어진 식의 양변을 x에 대하여 미분하여 $f(x)$를 구한다.

$$f(x)=3x^2-\int_{0}^{2} xf(t) \, dt = 3x^2-x\int_{0}^{2} f(t) \, dt$$

이때 $\int_{0}^{2} f(t) \, dt = k$ (k는 상수)라 하면

적분 변수가 t이므로 피적분함수를 t에 대한 식으로 나타낸다.

$f(x)=3x^2-kx$이므로

$$\int_{0}^{2} f(t) \, dt = \int_{0}^{2} (3t^2-kt) \, dt$$

$$= \left[t^3-\frac{k}{2}t^2 \right]_{0}^{2}$$

$$= 8-2k = k$$

에서 $3k=8$ $\quad \therefore k=\dfrac{8}{3}$

$$\therefore f(x)=3x^2-\frac{8}{3}x = 3\left(x-\frac{4}{9} \right)^2 - \frac{16}{27}$$

→함수 $f(x)$는 이차함수이므로 표준형으로 나타내어 최솟값을 구한다.

따라서 함수 $f(x)$의 최솟값은 $x=\dfrac{4}{9}$일 때 $-\dfrac{16}{27}$이다.

0910 답 9

One Point Lesson

함수 $y=f(x)$의 그래프는 y축에 대하여 대칭이고, 함수 $y=g(x)$의 그래프는 원점에 대하여 대칭이다.

$$\int_{-1}^{3} \{f(x)+g(x)\} \, dx$$

$$= \int_{-1}^{3} f(x) \, dx + \int_{-1}^{3} g(x) \, dx$$

$$= \int_{-1}^{1} f(x) \, dx + \int_{1}^{3} f(x) \, dx + \int_{-1}^{1} g(x) \, dx + \int_{1}^{3} g(x) \, dx$$

$$= 2\int_{-1}^{0} f(x) \, dx + 3 + 0 + \left\{ \int_{0}^{3} g(x) \, dx - \int_{0}^{1} g(x) \, dx \right\}$$

$$= 2 \cdot 2 + 3 + (6-4) = 9$$

0911 답 14

One Point Lesson

$\int_{0}^{1} \{f(t)+g(t)\} \, dt = a$, $\int_{0}^{1} \{f(t)-g(t)\} \, dt = b$라 하고 a, b의 값을 각각 구한다.

$$\int_{0}^{1} \{f(t)+g(t)\} \, dt = a \ (a는 상수) \qquad \cdots\cdots ㉠$$

$$\int_{0}^{1} \{f(t)-g(t)\} \, dt = b \ (b는 상수) \qquad \cdots\cdots ㉡$$

이라 하면 $f(x)=2x+1+a$, $g(x)=3x^2-2+b$이므로

㉠에서

$$\int_{0}^{1} \{f(t)+g(t)\} \, dt = \int_{0}^{1} \{(2t+1+a)+(3t^2-2+b)\} \, dt$$

$$= \int_{0}^{1} (3t^2+2t+a+b-1) \, dt$$

$$= \left[t^3+t^2+(a+b-1)t \right]_{0}^{1}$$

$$= (a+b+1)-0 = a$$

$\therefore b=-1$

또한, ㉡에서

$$\int_{0}^{1} \{f(t)-g(t)\} \, dt = \int_{0}^{1} \{(2t+1+a)-(3t^2-2+b)\} \, dt$$

$$= \int_{0}^{1} (-3t^2+2t+a-b+3) \, dt$$

$$= \left[-t^3+t^2+(a-b+3)t \right]_{0}^{1}$$

$$= (a-b+3)-0 = b$$

$\therefore a=2b-3=2 \cdot (-1)-3=-5$

따라서 $f(x)=2x-4$, $g(x)=3x^2-3$이므로

$g(2)=3 \cdot 2^2-3=9$

$\therefore (f \circ g)(2)=f(g(2))=f(9)=2 \cdot 9-4=14$

0912 답 ⑤

One Point Lesson

$\int_{\alpha}^{\alpha} f(x) \, dx = 0$임을 이용하여 a, b의 값을 각각 구한다.

주어진 식의 양변에 $x=-1$을 대입하면 →좌변이 0이 되므로

$0=(-1)^4+a \cdot (-1)^3+b \cdot (-1)^2+2$

$0=1-a+b+2$ $\quad \therefore a-b=3 \qquad \cdots\cdots ㉠$

또한, $\int_{-1}^{x} (x+t)(x-t)f(t) \, dt = x^4+ax^3+bx^2+2$에서

$$\int_{-1}^{x} (x^2-t^2)f(t) \, dt = x^4+ax^3+bx^2+2$$

$$x^2\int_{-1}^{x} f(t) \, dt - \int_{-1}^{x} t^2 f(t) \, dt = x^4+ax^3+bx^2+2$$

위의 식의 양변을 x에 대하여 미분하면

$$\left\{2x\int_{-1}^{x}f(t)\,dt+x^2f(x)\right\}-x^2f(x)=4x^3+3ax^2+2bx$$

$$2x\int_{-1}^{x}f(t)\,dt=4x^3+3ax^2+2bx$$

$$\therefore \int_{-1}^{x}f(t)\,dt=2x^2+\frac{3a}{2}x+b$$

위의 식의 양변에 $x=-1$을 대입하면 → 좌변이 0이 되므로

$$0=2\cdot(-1)^2+\frac{3a}{2}\cdot(-1)+b$$

$$\therefore 3a-2b=4 \qquad\qquad \cdots\cdots \text{ⓒ}$$

㉠, ㉡을 연립하여 풀면

$$a=-2,\ b=-5$$

$$\therefore \int_{-1}^{x}f(t)\,dt=2x^2-3x-5$$

위의 식의 양변을 x에 대하여 미분하면

$$f(x)=4x-3$$
$$\therefore f(2)=4\cdot2-3=5$$

0913 답 ①

> **One Point Lesson**
>
> $\int_{0}^{1}f(t)\,dt=a$, $\int_{0}^{1}tf(t)\,dt=b$라 하고 a, b의 값을 각각 구한다.

$$f(x)=12x^2+\int_{0}^{1}6(x-t)f(t)\,dt$$
$$=12x^2+\left\{6x\int_{0}^{1}f(t)\,dt-6\int_{0}^{1}tf(t)\,dt\right\}$$

치환할 수 있게 상수 부분을 분리한다.

이때

$$\int_{0}^{1}f(t)\,dt=a\ (a\text{는 상수}) \qquad\cdots\cdots \text{㉠}$$

$$\int_{0}^{1}tf(t)\,dt=b\ (b\text{는 상수}) \qquad\cdots\cdots \text{㉡}$$

이라 하면 $f(x)=12x^2+6ax-6b$이므로 ㉠에서

$$\int_{0}^{1}f(t)\,dt=\int_{0}^{1}(12t^2+6at-6b)\,dt$$
$$=\left[4t^3+3at^2-6bt\right]_{0}^{1}$$
$$=(4+3a-6b)-0=a$$

$$\therefore a-3b+2=0 \qquad\qquad \cdots\cdots \text{㉢}$$

㉡에서

$$\int_{0}^{1}tf(t)\,dt=\int_{0}^{1}t(12t^2+6at-6b)\,dt$$
$$=\int_{0}^{1}(12t^3+6at^2-6bt)\,dt$$
$$=\left[3t^4+2at^3-3bt^2\right]_{0}^{1}$$
$$=(3+2a-3b)-0=b$$

$$\therefore 2a-4b+3=0 \qquad\qquad \cdots\cdots \text{㉣}$$

㉢, ㉣을 연립하여 풀면

$$a=-\frac{1}{2},\ b=\frac{1}{2}$$

따라서 $f(x)=12x^2-3x-3$이므로

$$f(1)=12-3-3=6$$

0914 답 4

> **One Point Lesson**
>
> 주어진 그래프에서 a의 값으로 가능한 값을 구한다.

$$F(x)=\int_{a}^{x}f(t)\,dt\text{에서}$$
→ 양변을 x에 대하여 미분한다.
$$F'(x)=f(x)$$

이때 함수 $F(x)$가 삼차함수이므로 함수 $f(x)$는 이차함수이고, 함수 $y=F(x)$의 그래프는 $x=-1$, $x=3$에서 각각 극솟값과 극댓값을 가지므로

$$f(-1)=0,\ f(3)=0$$
$$\therefore f(x)=k(x+1)(x-3)\ (k\neq0)$$
$$=k(x^2-2x-3)$$
$$=k(x-1)^2-4k$$

함수 $f(x)$가 이차함수이므로 표준형으로 나타내어 극값을 구한다.

즉, 함수 $f(x)$는 $x=1$에서 극값 $-4k$를 가지므로

$$-4k=\frac{3}{2}\text{에서 }k=-\frac{3}{8}$$

$$\therefore f(x)=-\frac{3}{8}(x^2-2x-3)$$

한편, $F(-1)=0$이고, $F(a)=\int_{a}^{a}f(t)\,dt=0$

이므로 상수 a의 값으로 $a=-1$이 가능하다.

이때 함수 $F(x)$는 $x=3$에서 극댓값을 가지므로 함수 $F(x)$의 극댓값은

$$F(3)=\int_{-1}^{3}f(t)\,dt$$
$$=\int_{-1}^{3}\left\{-\frac{3}{8}(t^2-2t-3)\right\}dt$$
$$=-\frac{1}{8}\left[t^3-3t^2-9t\right]_{-1}^{3}$$
$$=-\frac{1}{8}\{(-27)-5\}=4$$

0915 답 6

> **One Point Lesson**
>
> $g(x)=|f(x)|$라 하면 조건 (다)에서
> $g(-x)=|f(-x)|=|-f(x)|=|f(x)|=g(x)$

조건 (가)의 $\int_{-2}^{3}f(x)\,dx=4$에서

$$\int_{-2}^{3}f(x)\,dx=\int_{-2}^{2}f(x)\,dx+\int_{2}^{3}f(x)\,dx$$
$$=0+\int_{2}^{3}f(x)\,dx=4$$

조건 (다)에서 함수 $f(x)$는 $f(-x)=-f(x)$이므로 $\int_{-2}^{2}f(x)=0$을 이용한다.

$$\therefore \int_{2}^{3}f(x)\,dx=4$$

또한, 조건 (가)의 $\int_{1}^{3}f(x)\,dx=6$에서

$$\int_{1}^{3}f(x)\,dx=\int_{1}^{2}f(x)\,dx+\int_{2}^{3}f(x)\,dx$$
$$=\int_{1}^{2}f(x)\,dx+4=6$$

$$\therefore \int_{1}^{2}f(x)\,dx=2$$

한편, $g(x)=|f(x)|$라 하면 조건 (다)에서
$$g(-x)=|f(-x)|=|-f(x)|=|f(x)|=g(x)$$

이므로 조건 (나)의 $\int_{-2}^{2}|f(x)|\,dx=10$에서

$$\int_{-2}^{2}|f(x)|\,dx=2\int_{0}^{2}|f(x)|\,dx=2\int_{0}^{2}f(x)\,dx=10$$

→ $x\geq0$에서 $f(x)\geq0$이므로

$$\therefore \int_{0}^{2}f(x)\,dx=5$$

$$\therefore \int_{-1}^{1} |f(x)|\,dx = 2\int_{0}^{1} |f(x)|\,dx = 2\int_{0}^{1} f(x)\,dx$$
$$= 2\left\{ \int_{0}^{2} f(x)\,dx + \int_{2}^{1} f(x)\,dx \right\}$$
$$= 2\left\{ \int_{0}^{2} f(x)\,dx - \int_{1}^{2} f(x)\,dx \right\}$$
$$= 2(5-2) = 6$$

0916 <답> ⑤

주어진 식의 양변을 x에 대하여 미분하면

$f'(x) = 3 - 2|x|$

$f'(x) = 0$에서 $x = \dfrac{3}{2}$ $(\because 0 \leq x \leq 4)$

$0 \leq x \leq 4$에서 함수 $f(x)$의 증가와 감소를 표로 나타내면 다음과 같다.

x	0	$\cdots$	$\dfrac{3}{2}$	$\cdots$	4
$f'(x)$		$+$	0	$-$	
$f(x)$	$f(0)$	↗	$f\left(\dfrac{3}{2}\right)$	↘	$f(4)$

이때

$$f(0) - f(4) = \int_{a}^{0} (3-2|t|)\,dt - \int_{a}^{4} (3-2|t|)\,dt$$
$$= \int_{a}^{0} (3-2|t|)\,dt + \int_{4}^{a} (3-2|t|)\,dt \quad \text{→ 피적분함수가 같다.}$$
$$= \int_{4}^{0} (3-2|t|)\,dt$$
$$= \int_{4}^{0} (3-2t)\,dt \quad \text{적분 구간이 } t \geq 0\text{이므로 } |t|=t$$
$$= \Big[3t - t^2 \Big]_{4}^{0}$$
$$= 0 - (-4) = 4$$
$$> 0$$

에서 $f(4) < f(0)$이므로 함수 $f(x)$는 $x=4$일 때 최솟값을 갖는다.

또한, 함수 $f(x)$는 $x=\dfrac{3}{2}$일 때 극대이면서 최대이므로

$$M - m = f\left(\dfrac{3}{2}\right) - f(4)$$
$$= \int_{a}^{\frac{3}{2}} (3-2|t|)\,dt - \int_{a}^{4} (3-2|t|)\,dt$$
$$= \int_{a}^{\frac{3}{2}} (3-2|t|)\,dt + \int_{4}^{a} (3-2|t|)\,dt \quad \text{→ 피적분함수가 같다.}$$
$$= \int_{4}^{\frac{3}{2}} (3-2|t|)\,dt$$
$$= \int_{4}^{\frac{3}{2}} (3-2t)\,dt \quad \text{적분 구간이 } t \geq \dfrac{3}{2}\text{이므로 } |t|=t$$
$$= \Big[3t - t^2 \Big]_{4}^{\frac{3}{2}}$$
$$= \dfrac{9}{4} - (-4) = \dfrac{25}{4}$$

0917 <답> ②

조건 (가)에서 $0 \leq x \leq 1$일 때

$f(x) = x(2-x) = -x^2 + 2x = -(x-1)^2 + 1$

이고, 조건 (나)에서 함수 $y=f(x)$의 그래프는 y축에 대하여 대칭이므로 $-1 < x < 1$에서 함수 $y=f(x)$의 그래프는 오른쪽 그림과 같다.

이때 조건 (다)에 의하여 함수 $f(x)$는 주기가 2인 주기함수이므로

$f(x) = x(2-x)$ $(0 \leq x < 2)$

또한, 조건 (나)에 의하여 $\displaystyle\int_{-1}^{0} f(x)\,dx = \int_{0}^{1} f(x)\,dx$이므로

$$\int_{1}^{5} f(x)\,dx = \int_{1}^{3} f(x)\,dx + \int_{3}^{5} f(x)\,dx$$
$$= 2\int_{-1}^{1} f(x)\,dx = 4\int_{0}^{1} f(x)\,dx$$
$$= 4\int_{0}^{1} (-x^2 + 2x)\,dx$$
$$= 4\Big[-\dfrac{1}{3}x^3 + x^2 \Big]_{0}^{1}$$
$$= 4\left(\dfrac{2}{3} - 0 \right) = \dfrac{8}{3}$$

0918 <답> 11

$g(x) = \displaystyle\int_{a}^{x} t f(t)\,dt$에서 $\quad$ 양변을 x에 대하여 미분한다.

$g'(x) = x f(x) = x(x^2 - x - 2) = x(x+1)(x-2)$

$g'(x) = 0$에서 $x=-1$ 또는 $x=0$ 또는 $x=2$

함수 $g(x)$의 증가와 감소를 표로 나타내면 다음과 같다.

x	$\cdots$	-1	$\cdots$	0	$\cdots$	2	$\cdots$
$g'(x)$	$-$	0	$+$	0	$-$	0	$+$
$g(x)$	↘	극소	↗	극대	↘	극소	↗

$$g(-1) - g(2) = \int_{a}^{-1} t f(t)\,dt - \int_{a}^{2} t f(t)\,dt$$
$$= \int_{a}^{-1} t f(t)\,dt + \int_{2}^{a} t f(t)\,dt$$
$$= \int_{2}^{-1} t f(t)\,dt$$
$$= \int_{2}^{-1} t(t^2 - t - 2)\,dt$$
$$= \int_{2}^{-1} (t^3 - t^2 - 2t)\,dt$$
$$= \Big[\dfrac{1}{4}t^4 - \dfrac{1}{3}t^3 - t^2 \Big]_{2}^{-1}$$
$$= \left(-\dfrac{5}{12} \right) - \left(-\dfrac{8}{3} \right) = \dfrac{9}{4}$$
$$> 0$$

에서 $g(-1) > g(2)$이므로 함수 $g(x)$는 $x=2$에서 최솟값 0을 갖는다.

즉, $g(2) = 0$이고, 함수 $y=g(x)$의 그래프는 x축과 오직 한 점 $(2, 0)$에서만 만나므로 $\quad$ 함수 $g(x)$의 최솟값이 0이므로 $g(a) < 0$을 만족시키는 a의 값은 존재하지 않는다.

$g(2) = \displaystyle\int_{a}^{2} t f(t)\,dt = 0$에서 $a=2$

또한, 함수 $g(x)$는 $x=0$에서 극댓값을 가지므로
$$g(0)=\int_2^0 tf(t)\,dt$$
$$=\int_2^0 t(t^2-t-2)\,dt$$
$$=\int_2^0 (t^3-t^2-2t)\,dt$$
$$=\left[\frac{1}{4}t^4-\frac{1}{3}t^3-t^2\right]_2^0$$
$$=0-\left(-\frac{8}{3}\right)=\frac{8}{3}$$

따라서 $p=3$, $q=8$이므로
$$p+q=3+8=11$$

0919 답 49

$$\int_0^1\left(x+\frac{x^2}{2}+\frac{x^3}{3}+\cdots+\frac{x^n}{n}\right)dx$$
$$=\left[\frac{1}{2}x^2+\frac{1}{2\cdot3}x^3+\frac{1}{3\cdot4}x^4+\cdots+\frac{1}{n(n+1)}x^{n+1}\right]_0^1$$
$$=\frac{1}{1\cdot2}+\frac{1}{2\cdot3}+\frac{1}{3\cdot4}+\cdots+\frac{1}{n(n+1)}$$ ❶
$$=\left(1-\frac{1}{2}\right)+\left(\frac{1}{2}-\frac{1}{3}\right)+\left(\frac{1}{3}-\frac{1}{4}\right)+\cdots+\left(\frac{1}{n}-\frac{1}{n+1}\right)$$
$$=1-\frac{1}{n+1}=\frac{49}{50}$$

에서 $\dfrac{1}{n+1}=\dfrac{1}{50}$
$$n+1=50 \qquad \therefore n=49$$ ❷

채점 기준	배점 비율
❶ 정적분의 정의를 이용하여 식으로 나타내기	50%
❷ 부분분수로 변형하여 n의 값 구하기	50%

0920 답 $\dfrac{19}{6}$

$f(x)=ax^2+bx+c$ (a, b, c는 상수)라 하면
$\int_{-1}^1 f(x)\,dx=2$에서
$$\int_{-1}^1 f(x)\,dx=\int_{-1}^1 (ax^2+bx+c)\,dx \;\longrightarrow \int_{-1}^1 bx\,dx=0$$
$$=\int_{-1}^1 (ax^2+c)\,dx=2\int_0^1 (ax^2+c)\,dx$$
$$=2\left[\frac{a}{3}x^3+cx\right]_0^1$$
$$=2\left\{\left(\frac{a}{3}+c\right)-0\right\}=2$$

이므로 $\dfrac{a}{3}+c=1$ $\qquad$ …… ㉠ ❶

또한, $\int_{-2}^2 xf(x)\,dx=8$에서
$$\int_{-2}^2 xf(x)\,dx=\int_{-2}^2 (ax^3+bx^2+cx)\,dx \;\longrightarrow \int_{-2}^2 (ax^3+cx)\,dx=0$$
$$=\int_{-2}^2 bx^2\,dx=2\int_0^2 bx^2\,dx$$
$$=2\left[\frac{b}{3}x^3\right]_0^2=2\left(\frac{8}{3}b-0\right)=8$$

이므로 $\dfrac{8}{3}b=4$ $\qquad \therefore b=\dfrac{3}{2}$ ❷

$f(-1)=\dfrac{1}{6}$에서
$$a\cdot(-1)^2+\frac{3}{2}\cdot(-1)+c=\frac{1}{6}$$
$$\therefore a+c=\frac{5}{3} \qquad …… ㉡$$

㉠, ㉡을 연립하여 풀면
$$a=1,\ c=\frac{2}{3}$$ ❸

따라서 $f(x)=x^2+\dfrac{3}{2}x+\dfrac{2}{3}$이므로
$$f(1)=1+\frac{3}{2}+\frac{2}{3}=\frac{19}{6}$$ ❹

채점 기준	배점 비율
❶ $\int_{-1}^1 f(x)\,dx=2$임을 이용하여 함수 $f(x)$의 각 항의 계수 사이의 관계식 구하기	30%
❷ $\int_{-2}^2 xf(x)=8$임을 이용하여 함수 $f(x)$의 일차항의 계수 구하기	30%
❸ $f(-1)=\frac{1}{6}$임을 이용하여 각 항의 계수 사이의 관계식을 구하고, ❶에서 구한 식과 연립하여 풀기	20%
❹ $f(1)$의 값 구하기	20%

0921 답 8

함수 $g(x)$가 $x=1$, $x=3$에서 각각 극값을 가지므로
$g'(x)=f(x)=a(x-1)(x-3)$ (a는 상수)이라 하자. ❶

$g(1)=4$에서
$$g(1)=\int_0^1 f(t)\,dt$$
$$=\int_0^1 a(t-1)(t-3)\,dt$$
$$=a\int_0^1 (t^2-4t+3)\,dt$$
$$=a\left[\frac{1}{3}t^3-2t^2+3t\right]_0^1$$
$$=a\left(\frac{4}{3}-0\right)=4$$

이므로
$$a=3$$
$$\therefore f(x)=3(x-1)(x-3)=3x^2-12x+9$$ ❷

따라서
$$|f(x)|=\begin{cases} 3x^2-12x+9 & (x\leq1 \text{ 또는 } x\geq3) \\ -3x^2+12x-9 & (1\leq x\leq3) \end{cases}$$

이므로
$$\int_0^3 |f(x)|\,dx$$
$$=\int_0^1 (3x^2-12x+9)\,dx+\int_1^3 (-3x^2+12x-9)\,dx$$
$$=\left[x^3-6x^2+9x\right]_0^1+\left[-x^3+6x^2-9x\right]_1^3$$
$$=(4-0)+\{0-(-4)\}=8$$ ❸

채점 기준	배점 비율
❶ $f(x)=a(x-1)(x-3)$ (a는 상수) 꼴임을 알기	20%
❷ 함수 $f(x)$ 구하기	40%
❸ $\int_0^3 |f(x)|\,dx$의 값 구하기	40%

0922 답 $\dfrac{17}{6}$

$f'(x)=\begin{cases} 2 & (x>1) \\ 2x-1 & (x<1) \end{cases}$ 에서

$f(x)=\begin{cases} 2x+C_1 & (x>1) \\ x^2-x+C_2 & (x<1) \end{cases}$

         ❶

이때 $f(0)=1$이므로 $C_2=1$
또한, 함수 $f(x)$가 실수 전체의 집합에서 연속이므로 $x=1$에서 연속이다. 즉,
$\lim\limits_{x\to 1+} f(x)=\lim\limits_{x\to 1-} f(x)$
$2+C_1=1-1+1$ $\therefore C_1=-1$

$\therefore f(x)=\begin{cases} 2x-1 & (x\geq 1) \\ x^2-x+1 & (x\leq 1) \end{cases}$

        ❷

$\begin{aligned} \therefore \int_0^2 f(x)\,dx &=\int_0^1 f(x)\,dx+\int_1^2 f(x)\,dx \\ &=\int_0^1 (x^2-x+1)\,dx+\int_1^2 (2x-1)\,dx \\ &=\left[\frac{1}{3}x^3-\frac{1}{2}x^2+x\right]_0^1+\left[x^2-x\right]_1^2 \\ &=\left(\frac{5}{6}-0\right)+(2-0)=\frac{17}{6} \end{aligned}$

        ❸

채점 기준	배점 비율
❶ 도함수 $f'(x)$를 구간별로 부정적분하기	30%
❷ 함수 $f(x)$ 구하기	30%
❸ $\int_0^2 f(x)\,dx$의 값 구하기	40%

0923 답 24

$\lim\limits_{x\to 2} \dfrac{1}{x^2-2x}\int_2^x (x+t)f(t)\,dt$

$=\lim\limits_{x\to 2} \dfrac{1}{x(x-2)}\left\{ x\int_2^x f(t)\,dt+\int_2^x tf(t)\,dt \right\}$

이때 $F'(x)=f(x)$, $G'(x)=xf(x)$라 하면

$\lim\limits_{x\to 2} \dfrac{x\{F(x)-F(2)\}+\{G(x)-G(2)\}}{x(x-2)}$

$=\lim\limits_{x\to 2} \dfrac{F(x)-F(2)}{x-2}+\lim\limits_{x\to 2}\left\{ \dfrac{G(x)-G(2)}{x-2}\cdot\dfrac{1}{x} \right\}$

$=F'(2)+\dfrac{1}{2}G'(2)$

        ❶

$=f(2)+\dfrac{1}{2}\cdot 2f(2)=2f(2)$

$=2(2^2+4\cdot 2)=24$

        ❷

채점 기준	배점 비율
❶ 구하는 식을 미분계수를 이용하여 나타내기	60%
❷ 극한값 구하기	40%

0924 답 9

$\int_{-2}^x (4t-3x+2)f(t)\,dt=0$에서

$\int_{-2}^x (4t+2)f(t)\,dt-\int_{-2}^x 3xf(t)\,dt=0$

$\therefore \int_{-2}^x (4t+2)f(t)\,dt=3x\int_{-2}^x f(t)\,dt$

위의 등식의 양변을 x에 대하여 미분하면

$(4x+2)f(x)=3\int_{-2}^x f(t)\,dt+3xf(x)$

$\therefore (x+2)f(x)=3\int_{-2}^x f(t)\,dt$

위의 등식의 양변을 x에 대하여 미분하면

$f(x)+(x+2)f'(x)=3f(x)$

$\therefore (x+2)f'(x)=2f(x)$ ⋯⋯ ㉠   계수가 1이므로

        ❶

이때 다항함수 $f(x)$의 최고차항을 x^n (n은 자연수)이라 하면 $f'(x)$의 최고차항은 nx^{n-1}이므로 ㉠의 양변의 최고차항을 비교하면

$nx^n=2x^n$ $\therefore n=2$

        ❷

즉, 함수 $f(x)$는 이차함수이므로
$f(x)=x^2+ax+b$ (a, b는 상수)라 하면
$f'(x)=2x+a$
㉠에서
$(x+2)(2x+a)=2(x^2+ax+b)$
$2x^2+(a+4)x+2a=2x^2+2ax+2b$ 양변의 계수를 비교한다.
$a+4=2a$, $2a=2b$
$\therefore a=4$, $b=4$
따라서 $f(x)=x^2+4x+4$이므로
$f(1)=1+4+4=9$

        ❸

채점 기준	배점 비율
❶ 함수 $f(x)$와 도함수 $f'(x)$ 사이의 관계식 구하기	50%
❷ 함수 $f(x)$의 차수 구하기	20%
❸ $f(1)$의 값 구하기	30%

09 정적분의 활용

본문 166~167쪽

0925 답 $\dfrac{4}{3}$

곡선 $y=x(2-x)$와 x축의 교점의 x좌표가 $x=0$, $x=2$이므로

$$\int_0^2 |x(2-x)|\,dx = \int_0^2 x(2-x)\,dx \longrightarrow \text{닫힌구간 } [0,\,2]\text{에서}$$
$$y=x(2-x)\geq 0\text{이므로}$$
$$= \int_0^2 (2x-x^2)\,dx$$
$$= \left[x^2 - \frac{1}{3}x^3 \right]_0^2$$
$$= \frac{4}{3} - 0 = \frac{4}{3}$$

0926 답 $\dfrac{32}{3}$

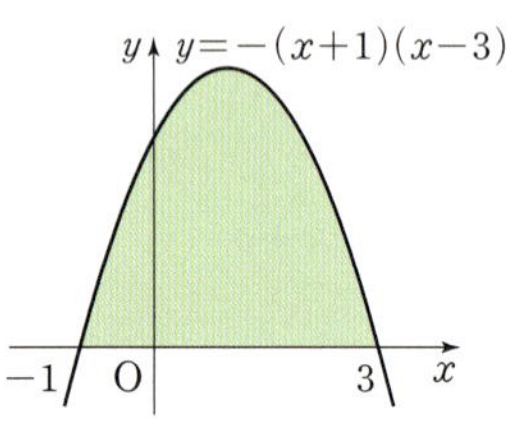

곡선 $y=-(x+1)(x-3)$과 x축의 교점의 x좌표는

$-(x+1)(x-3)=0$에서

$x=-1$ 또는 $x=3$

따라서 구하는 도형의 넓이는

$$\int_{-1}^3 |-(x+1)(x-3)|\,dx$$
$$= \int_{-1}^3 \{-(x+1)(x-3)\}\,dx$$

(닫힌구간 $[-1,\,3]$에서 $y=-(x+1)(x-3)\geq 0$이므로)

$$= \int_{-1}^3 (-x^2+2x+3)\,dx$$
$$= \left[-\frac{1}{3}x^3 + x^2 + 3x \right]_{-1}^3$$
$$= 9 - \left(-\frac{5}{3} \right) = \frac{32}{3}$$

0927 답 $\dfrac{9}{2}$

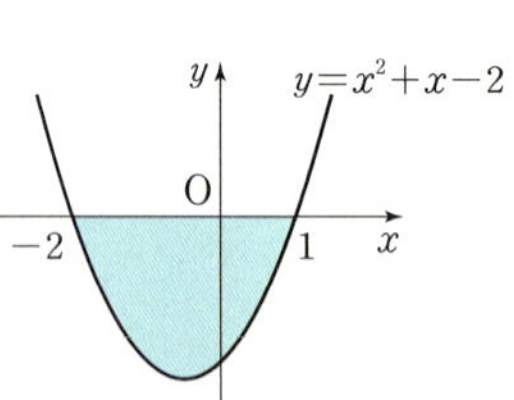

곡선 $y=x^2+x-2$와 x축의 교점의 x좌표는

$x^2+x-2=0$에서

$(x+2)(x-1)=0$

$\therefore x=-2$ 또는 $x=1$

따라서 구하는 도형의 넓이는

$$\int_{-2}^1 |x^2+x-2|\,dx = \int_{-2}^1 \{-(x^2+x-2)\}\,dx$$

(닫힌구간 $[-2,\,1]$에서 $y=x^2+x-2\leq 0$이므로)

$$= \int_{-2}^1 (-x^2-x+2)\,dx$$
$$= \left[-\frac{1}{3}x^3 - \frac{1}{2}x^2 + 2x \right]_{-2}^1$$
$$= \frac{7}{6} - \left(-\frac{10}{3} \right) = \frac{9}{2}$$

0928 답 4

곡선 $y=3x^3-6x^2$과 x축의 교점의 x좌표는 $3x^3-6x^2=0$에서

$3x^2(x-2)=0$

$\therefore x=0$ 또는 $x=2$

따라서 구하는 도형의 넓이는

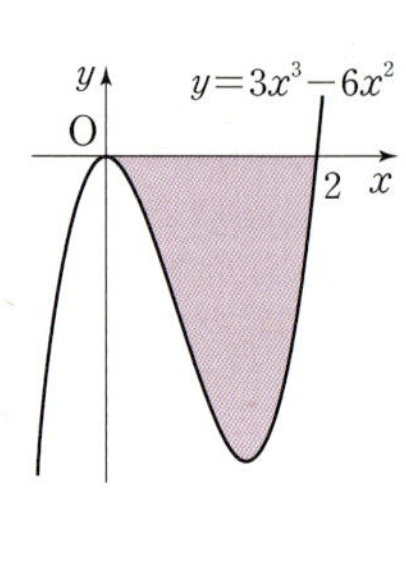

$$\int_0^2 |3x^3-6x^2|\,dx$$
$$= \int_0^2 \{-(3x^3-6x^2)\}\,dx$$

(닫힌구간 $[0,\,2]$에서 $y=3x^3-6x^2\leq 0$이므로)

$$= \int_0^2 (-3x^3+6x^2)\,dx$$
$$= \left[-\frac{3}{4}x^4 + 2x^3 \right]_0^2$$
$$= 4 - 0 = 4$$

0929 답 $\dfrac{7}{3}$

$$\int_0^1 |(x+1)^2|\,dx = \int_0^1 (x+1)^2\,dx \longrightarrow \text{닫힌구간 } [0,\,1]\text{에서}$$
$$y=(x+1)^2\geq 0\text{이므로}$$
$$= \int_0^1 (x^2+2x+1)\,dx$$
$$= \left[\frac{1}{3}x^3 + x^2 + x \right]_0^1$$
$$= \frac{7}{3} - 0 = \frac{7}{3}$$

0930 답 $\dfrac{7}{3}$

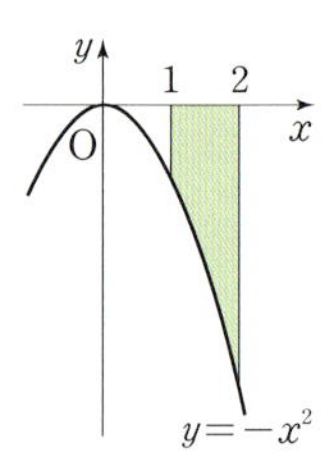

$$\int_1^2 |-x^2|\,dx = \int_1^2 \{-(-x^2)\}\,dx$$

(닫힌구간 $[1,\,2]$에서 $y=-x^2\leq 0$이므로)

$$= \int_1^2 x^2\,dx$$
$$= \left[\frac{1}{3}x^3 \right]_1^2$$
$$= \frac{8}{3} - \frac{1}{3} = \frac{7}{3}$$

0931 답 4

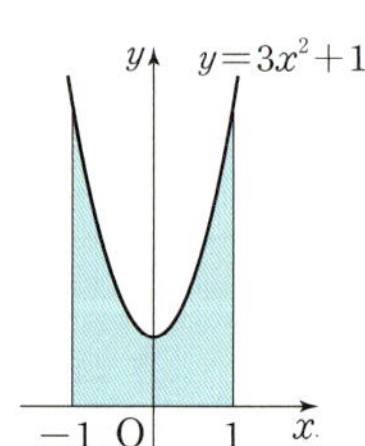

$$\int_{-1}^1 |3x^2+1|\,dx = \int_{-1}^1 (3x^2+1)\,dx$$

(닫힌구간 $[-1,\,1]$에서 $y=3x^2+1\geq 0$이므로)

$$= \left[x^3 + x \right]_{-1}^1$$
$$= 2 - (-2) = 4$$

선생님 톡톡

함수 $y=3x^2+1$의 그래프가 y축에 대하여 대칭인 것이 보이니? 이런 경우 $\int_{-1}^1 (3x^2+1)\,dx = 2\int_0^1 (3x^2+1)\,dx$로 쉽게 계산할 수 있어. 8강의 **유형 05**에서 $f(-x)=f(x)$를 만족시키는 함수의 정적분에서 배운 것과 같은 원리야.

0932 답 $\dfrac{116}{9}$

(닫힌구간 $[1,\,3]$에서 $y=-\dfrac{1}{3}x^2-2x-1\leq 0$이므로)

$$\int_1^3 \left| -\frac{1}{3}x^2-2x-1 \right|\,dx$$
$$= \int_1^3 \left\{ -\left(-\frac{1}{3}x^2-2x-1 \right) \right\}\,dx$$
$$= \int_1^3 \left(\frac{1}{3}x^2+2x+1 \right)\,dx$$
$$= \left[\frac{1}{9}x^3 + x^2 + x \right]_1^3$$
$$= 15 - \frac{19}{9} = \frac{116}{9}$$

0933 답 $\dfrac{4}{3}$

곡선 $y=-x^2+3x$와 직선 $y=x$의 교점의 x좌표가 $x=0$, $x=2$
이므로

$$\int_0^2 \{(-x^2+3x)-x\}\,dx=\int_0^2 (-x^2+2x)\,dx$$

$$=\left[-\frac{1}{3}x^3+x^2\right]_0^2=\frac{4}{3}-0=\frac{4}{3}$$

0934 답 $\dfrac{32}{3}$

곡선 $y=x^2$과 직선 $y=4$의 교점의 x좌
표는
$x^2=4$에서
$x^2-4=0$, $(x+2)(x-2)=0$
$\therefore x=-2$ 또는 $x=2$
따라서 구하는 도형의 넓이는

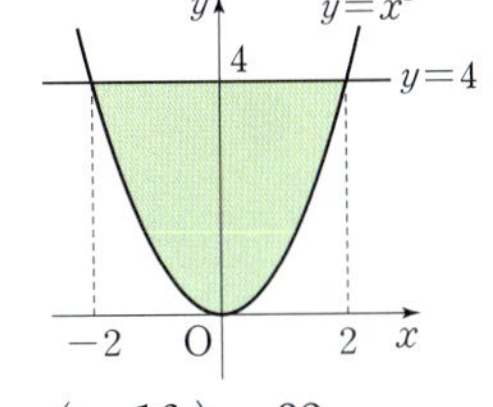

$$\int_{-2}^2 (4-x^2)\,dx=\left[4x-\frac{1}{3}x^3\right]_{-2}^2=\frac{16}{3}-\left(-\frac{16}{3}\right)=\frac{32}{3}$$

0935 답 $\dfrac{32}{3}$

곡선 $y=x^2-3$과 직선 $y=-2x$의 교점의
x좌표는
$x^2-3=-2x$에서
$x^2+2x-3=0$
$(x+3)(x-1)=0$
$\therefore x=-3$ 또는 $x=1$
따라서 구하는 도형의 넓이는

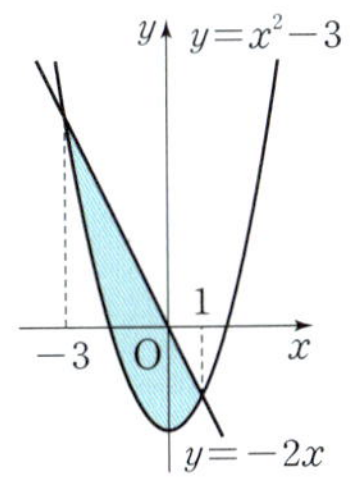

$$\int_{-3}^1 \{(-2x)-(x^2-3)\}\,dx=\int_{-3}^1 (-x^2-2x+3)\,dx$$

$$=\left[-\frac{1}{3}x^3-x^2+3x\right]_{-3}^1$$
$$=\frac{5}{3}-(-9)=\frac{32}{3}$$

0936 답 $\dfrac{4}{3}$

곡선 $y=-x^2+2x+2$와 직선
$y=2x+1$의 교점의 x좌표는
$-x^2+2x+2=2x+1$에서
$x^2-1=0$
$(x+1)(x-1)=0$
$\therefore x=-1$ 또는 $x=1$
따라서 구하는 도형의 넓이는

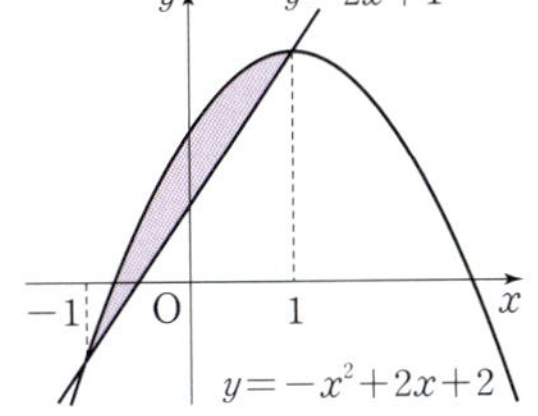

$$\int_{-1}^1 \{(-x^2+2x+2)-(2x+1)\}\,dx=\int_{-1}^1 (-x^2+1)\,dx$$

$$=\left[-\frac{1}{3}x^3+x\right]_{-1}^1$$
$$=\frac{2}{3}-\left(-\frac{2}{3}\right)=\frac{4}{3}$$

0937 답 $\dfrac{64}{3}$

두 곡선 $y=-x^2+4$, $y=x^2-4$의 교점의 x좌표가 $x=-2$, $x=2$
이므로

$$\int_{-2}^2 \{(-x^2+4)-(x^2-4)\}\,dx=\int_{-2}^2 (-2x^2+8)\,dx$$

$$=\left[-\frac{2}{3}x^3+8x\right]_{-2}^2$$
$$=\frac{32}{3}-\left(-\frac{32}{3}\right)=\frac{64}{3}$$

0938 답 $\dfrac{8}{3}$

두 곡선 $y=x^2+1$, $y=-x^2+3$의 교점
의 x좌표는
$x^2+1=-x^2+3$에서
$2x^2-2=0$
$2(x+1)(x-1)=0$
$\therefore x=-1$ 또는 $x=1$
따라서 구하는 도형의 넓이는

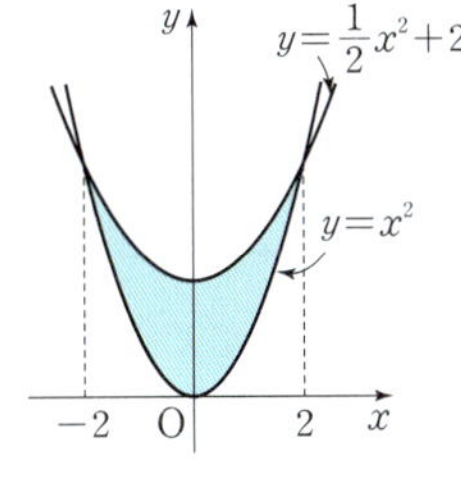

$$\int_{-1}^1 \{(-x^2+3)-(x^2+1)\}\,dx=\int_{-1}^1 (-2x^2+2)\,dx$$

$$=\left[-\frac{2}{3}x^3+2x\right]_{-1}^1$$
$$=\frac{4}{3}-\left(-\frac{4}{3}\right)=\frac{8}{3}$$

0939 답 $\dfrac{16}{3}$

두 곡선 $y=\dfrac{1}{2}x^2+2$, $y=x^2$의 교점의
x좌표는
$\dfrac{1}{2}x^2+2=x^2$에서
$x^2-4=0$
$(x+2)(x-2)=0$
$\therefore x=-2$ 또는 $x=2$
따라서 구하는 도형의 넓이는

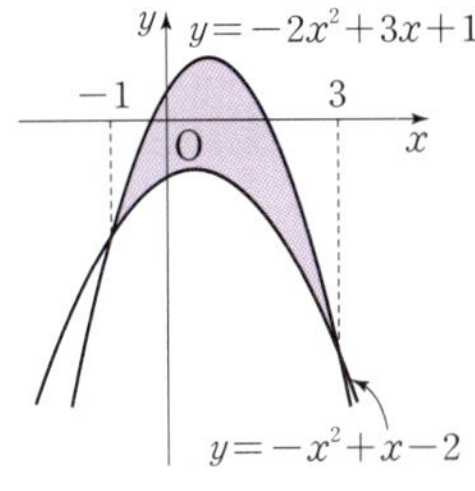

$$\int_{-2}^2 \left\{\left(\frac{1}{2}x^2+2\right)-x^2\right\}\,dx=\int_{-2}^2 \left(-\frac{1}{2}x^2+2\right)\,dx$$

$$=\left[-\frac{1}{6}x^3+2x\right]_{-2}^2$$
$$=\frac{8}{3}-\left(-\frac{8}{3}\right)=\frac{16}{3}$$

0940 답 $\dfrac{32}{3}$

두 곡선 $y=-2x^2+3x+1$,
$y=-x^2+x-2$의 교점의 x좌표는
$-2x^2+3x+1=-x^2+x-2$에서
$x^2-2x-3=0$
$(x+1)(x-3)=0$
$\therefore x=-1$ 또는 $x=3$
따라서 구하는 도형의 넓이는

$$\int_{-1}^3 \{(-2x^2+3x+1)-(-x^2+x-2)\}\,dx$$

$$=\int_{-1}^3 (-x^2+2x+3)\,dx$$
$$=\left[-\frac{1}{3}x^3+x^2+3x\right]_{-1}^3$$
$$=9-\left(-\frac{5}{3}\right)=\frac{32}{3}$$

0941 답 $\dfrac{7}{3}$

$$\int_1^2 \{2x^2-(x^2+2x-3)\}\,dx=\int_1^2 (x^2-2x+3)\,dx$$

닫힌구간 $[1,\ 2]$에서 곡선 $y=2x^2$이 곡선 $y=x^2+2x-3$ 보다 위에 있다.

$$=\left[\frac{1}{3}x^3-x^2+3x\right]_1^2$$
$$=\frac{14}{3}-\frac{7}{3}=\frac{7}{3}$$

0942 답 $\dfrac{22}{3}$

닫힌구간 $[-2,\ -1]$에서 곡선 $y=-x^2-2x+8$이 곡선 $y=x^2+2x+2$보다 위에 있다.

$$\int_{-2}^{-1}\{(-x^2-2x+8)-(x^2+2x+2)\}\,dx$$
$$=\int_{-2}^{-1}(-2x^2-4x+6)\,dx$$
$$=\left[-\frac{2}{3}x^3-2x^2+6x\right]_{-2}^{-1}$$
$$=\left(-\frac{22}{3}\right)-\left(-\frac{44}{3}\right)$$
$$=\frac{22}{3}$$

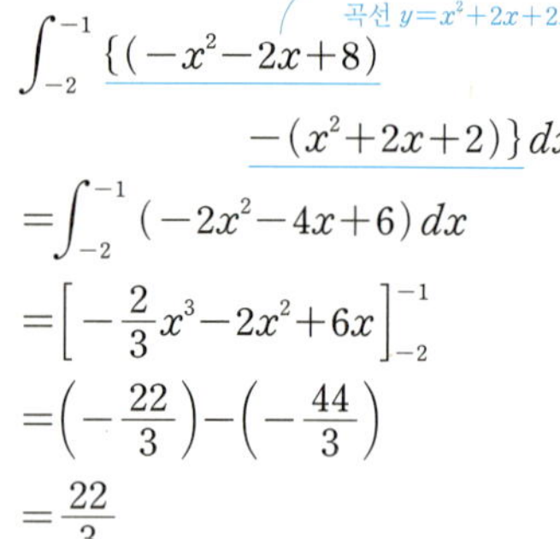
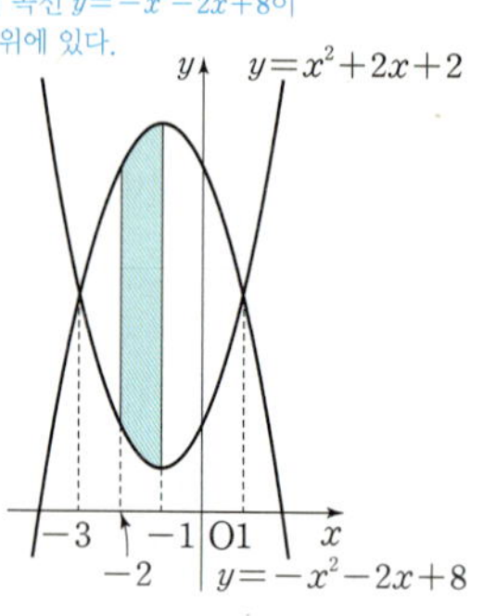

0943 답 $\dfrac{7}{2}$

$$\int_1^2\left(2x^2-\frac{1}{2}x^2\right)dx=\int_1^2\frac{3}{2}x^2\,dx$$

닫힌구간 $[1,\ 2]$에서 곡선 $y=2x^2$이 곡선 $y=\frac{1}{2}x^2$보다 위에 있다.

$$=\left[\frac{1}{2}x^3\right]_1^2$$
$$=4-\frac{1}{2}=\frac{7}{2}$$

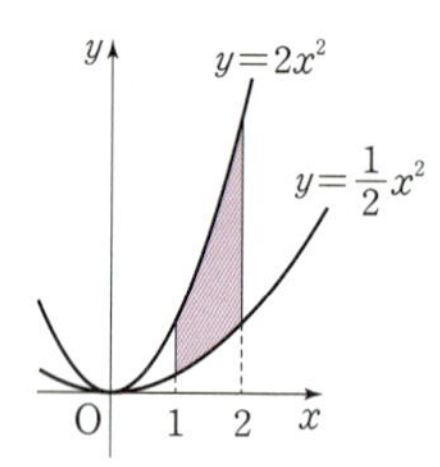

0944 답 $\dfrac{7}{2}$

$$\int_0^1\{x^2-(x^2+x-4)\}\,dx$$

닫힌구간 $[0,\ 1]$에서 곡선 $y=x^2$이 곡선 $y=x^2+x-4$ 보다 위에 있다.

$$=\int_0^1(-x+4)\,dx$$
$$=\left[-\frac{1}{2}x^2+4x\right]_0^1$$
$$=\frac{7}{2}-0=\frac{7}{2}$$

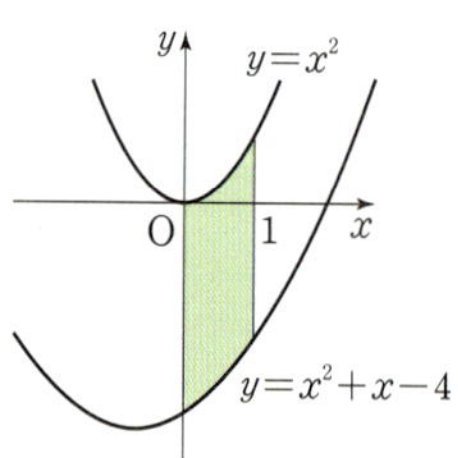

0945 답 16

$$0+\int_0^4(3t^2-6t)\,dt=\left[t^3-3t^2\right]_0^4=16-0=16$$

$t=0$에서의 점 P의 위치가 0이므로

0946 답 2

$$\int_1^3(3t^2-6t)\,dt=\left[t^3-3t^2\right]_1^3=0-(-2)=2$$

0947 답 6

$v(t)=0$에서 $3t^2-6t=0$
$3t(t-2)=0$
$\therefore\ t=0$ 또는 $t=2$

즉, $t=2$에서 속도의 부호가 바뀌므로 점 P가 움직인 거리는

$$\int_1^3|3t^2-6t|\,dt=\int_1^2(-3t^2+6t)\,dt+\int_2^3(3t^2-6t)\,dt$$
$$=\left[-t^3+3t^2\right]_1^2+\left[t^3-3t^2\right]_2^3$$
$$=(4-2)+\{0-(-4)\}$$
$$=6$$

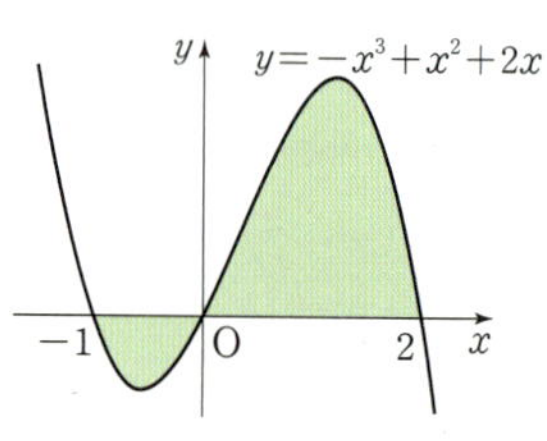

선생님 톡톡

0946번과 0947번의 차이점을 알겠니? 0946번은 점 P의 처음 위치와 나중 위치의 차이를 구하는 문제인 반면, 0947번은 점 P가 실제로 움직인 거리를 구하는 문제야. 0949번과 0950번에서 한 번 더 연습해 보자.

0948 답 -5

$$3+\int_0^2(2t-6)\,dt=3+\left[t^2-6t\right]_0^2=3+(-8-0)=-5$$

$t=0$에서의 점 P의 위치가 3이므로

0949 답 0

$$\int_2^4(2t-6)\,dt=\left[t^2-6t\right]_2^4=-8-(-8)=0$$

0950 답 2

$v(t)=0$에서 $2t-6=0$
$2t=6$ $\quad\therefore\ t=3$
즉, $t=3$에서 속도의 부호가 바뀌므로 점 P가 움직인 거리는

$$\int_2^4|2t-6|\,dt=\int_2^3(-2t+6)\,dt+\int_3^4(2t-6)\,dt$$
$$=\left[-t^2+6t\right]_2^3+\left[t^2-6t\right]_3^4$$
$$=(9-8)+\{-8-(-9)\}$$
$$=2$$

유형 마스터 Pattern

본문 168~179쪽

0951 답 ①

0952 답 ③

곡선 $y=-x^3+x^2+2x$와 x축의 교점의 x좌표는
$-x^3+x^2+2x=0$에서
$x^3-x^2-2x=0$
$x(x+1)(x-2)=0$
$\therefore\ x=-1$ 또는 $x=0$ 또는 $x=2$
따라서 구하는 도형의 넓이는

$$\int_{-1}^0(x^3-x^2-2x)\,dx+\int_0^2(-x^3+x^2+2x)\,dx$$

닫힌구간 $[-1,\ 0]$에서 $y=-x^3+x^2+2x\leq0$이고, 닫힌구간 $[0,\ 2]$에서 $y=-x^3+x^2+2x\geq0$이므로

$$=\left[\frac{1}{4}x^4-\frac{1}{3}x^3-x^2\right]_{-1}^0+\left[-\frac{1}{4}x^4+\frac{1}{3}x^3+x^2\right]_0^2$$
$$=\left\{0-\left(-\frac{5}{12}\right)\right\}+\left(\frac{8}{3}-0\right)=\frac{37}{12}$$

0953 답 ②

곡선 $y=ax-x^2$과 x축의 교점의 x좌표는
$ax-x^2=0$에서
$x(a-x)=0$ $\therefore x=0$ 또는 $x=a$
이때 색칠된 도형의 넓이가 36이므로

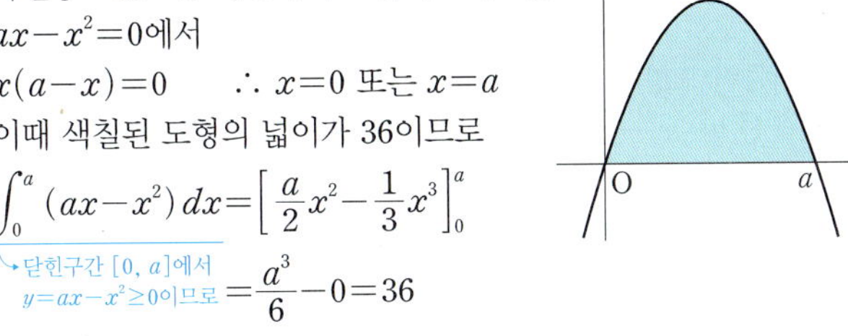

$\int_0^a (ax-x^2)\,dx=\left[\dfrac{a}{2}x^2-\dfrac{1}{3}x^3\right]_0^a$

$=\dfrac{a^3}{6}-0=36$

에서 $a^3=216$
$\therefore a=6\ (\because a>0)$

0954 답 ④

$f(x)=3x^2+ax+b\ (a,\ b$는 상수$)$라 하자.
이때 이차방정식 $f(x)=0$, 즉 $3x^2+ax+b=0$의 두 근의 합이 2,
두 근의 곱이 -3이므로 이차방정식의 근과 계수의 관계에 의하여
$-\dfrac{a}{3}=2,\ \dfrac{b}{3}=-3$
$\therefore a=-6,\ b=-9$
즉, $f(x)=3x^2-6x-9$이므로 곡선
$y=f(x)$와 x축의 교점의 x좌표는
$3x^2-6x-9=0$에서
$3(x+1)(x-3)=0$
$\therefore x=-1$ 또는 $x=3$
따라서 구하는 도형의 넓이는

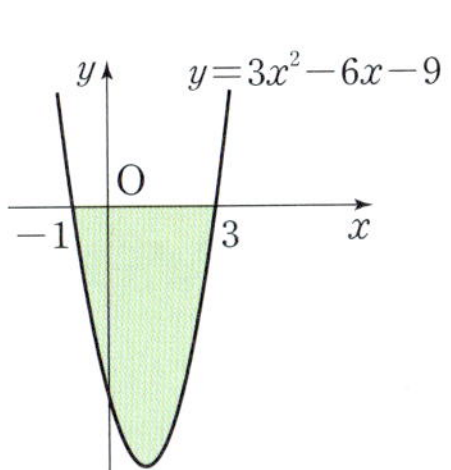

$\int_{-1}^3 (-3x^2+6x+9)\,dx$

$=\left[-x^3+3x^2+9x\right]_{-1}^3$
$=27-(-5)=32$

0955 답 ⑤

$f(x)=ax^2(x-2)\ (a>0)$라 하자.

이때 색칠된 도형의 넓이가 $\dfrac{8}{3}$이므로

$\int_0^2 \{-ax^2(x-2)\}\,dx=\int_0^2 (-ax^3+2ax^2)\,dx$

$=\left[-\dfrac{a}{4}x^4+\dfrac{2}{3}ax^3\right]_0^2$
$=\dfrac{4}{3}a-0=\dfrac{8}{3}$

에서 $a=2$
따라서 $f(x)=2x^2(x-2)$이므로
$f(3)=2\cdot3^2\cdot(3-2)=18$

0956 답 ②

0957 답 ④

곡선 $y=\dfrac{1}{2}x^3-4$와 x축의 교점의 x좌표는

$\dfrac{1}{2}x^3-4=0$에서

$x^3-8=0$

$(x-2)(x^2+2x+4)=0$

$\therefore x=2\ (\because x^2+2x+4>0)$

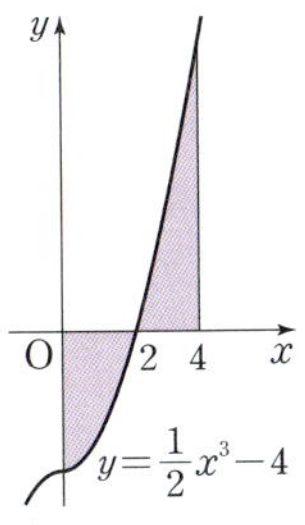

따라서 구하는 도형의 넓이는

$\int_0^2 \left\{-\left(\dfrac{1}{2}x^3-4\right)\right\}dx+\int_2^4 \left(\dfrac{1}{2}x^3-4\right)dx$

$=\int_0^2 \left(-\dfrac{1}{2}x^3+4\right)dx+\int_2^4 \left(\dfrac{1}{2}x^3-4\right)dx$

$=\left[-\dfrac{1}{8}x^4+4x\right]_0^2+\left[\dfrac{1}{8}x^4-4x\right]_2^4$
$=(6-0)+\{16-(-6)\}=28$

0958 답 ④

곡선 $y=x^3$과 x축의 교점의 x좌표는
$x=0$
이때 색칠된 도형의 넓이가 5이므로

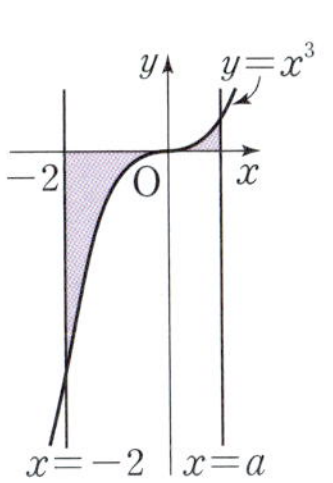

$\int_{-2}^0 (-x^3)\,dx+\int_0^a x^3\,dx$

$=\left[-\dfrac{1}{4}x^4\right]_{-2}^0+\left[\dfrac{1}{4}x^4\right]_0^a$
$=\{0-(-4)\}+\left(\dfrac{1}{4}a^4-0\right)$
$=4+\dfrac{1}{4}a^4$
$=5$
에서 $a^4=4$
$\therefore a=\sqrt{2}\ (\because a>0)$

0959 답 ②

$f(x)=ax(x-1)^2\ (a<0)$라 하자.
이때 색칠된 도형의 넓이는

$\int_{-1}^0 ax(x-1)^2\,dx+\int_0^1 \{-ax(x-1)^2\}\,dx$

$=\int_{-1}^0 (ax^3-2ax^2+ax)\,dx+\int_0^1 (-ax^3+2ax^2-ax)\,dx$

$=\left[\dfrac{a}{4}x^4-\dfrac{2}{3}ax^3+\dfrac{a}{2}x^2\right]_{-1}^0+\left[-\dfrac{a}{4}x^4+\dfrac{2}{3}ax^3-\dfrac{a}{2}x^2\right]_0^1$

$=\left(0-\dfrac{17}{12}a\right)+\left(-\dfrac{1}{12}a-0\right)$

$=-\dfrac{3}{2}a$

이므로 도형의 넓이가 자연수가 되도록 하는 정수 a의 최댓값은
-2이다.

0960 답 ③

곡선 $y=\dfrac{1}{n}x^{n+1}$과 x축의 교점의 x좌표는 $\dfrac{1}{n}x^{n+1}=0$에서 $x=0$

이때 n이 홀수일 때와 n이 짝수일 때의 함수 $y=\dfrac{1}{n}x^{n+1}$의 그래프
의 개형은 다음 그림과 같다.

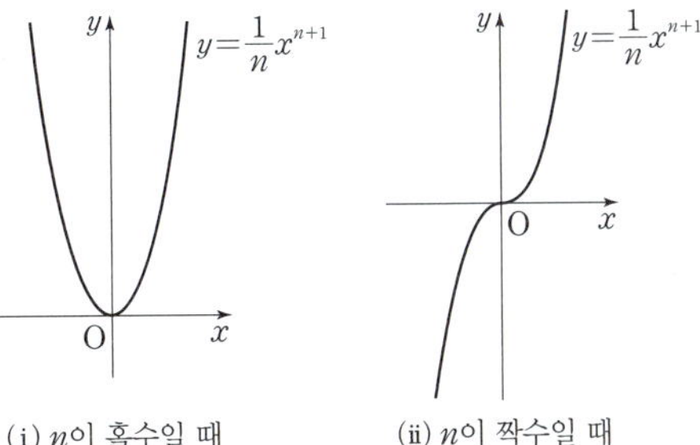

(i) n이 홀수일 때   (ii) n이 짝수일 때

(i) n이 홀수일 때   ← 닫힌구간 $[-1, 0]$에서 $y=\dfrac{1}{n}x^{n+1}\geq0$이므로

$$S_n=\int_{-1}^{0}\frac{1}{n}x^{n+1}\,dx=\left[\frac{1}{n(n+2)}x^{n+2}\right]_{-1}^{0}$$
$$=0-\frac{1}{n(n+2)}\cdot(-1)^{n+2}=\frac{1}{n(n+2)}$$

← n이 홀수일 때, $(-1)^{n+2}=-1$

(ii) n이 짝수일 때   ← 닫힌구간 $[-1, 0]$에서 $y=\dfrac{1}{n}x^{n+1}\leq0$이므로

$$S_n=\int_{-1}^{0}\left(-\frac{1}{n}x^{n+1}\right)dx=\left[-\frac{1}{n(n+2)}x^{n+2}\right]_{-1}^{0}$$
$$=0-\left\{-\frac{1}{n(n+2)}\cdot(-1)^{n+2}\right\}=\frac{1}{n(n+2)}$$

← n이 짝수일 때, $(-1)^{n+2}=1$

(i), (ii)에서 $S_n=\dfrac{1}{n(n+2)}$ ← 부분분수로의 변형

$$\therefore \sum_{n=1}^{6}S_n=\sum_{n=1}^{6}\frac{1}{n(n+2)}=\frac{1}{2}\sum_{n=1}^{6}\left(\frac{1}{n}-\frac{1}{n+2}\right)$$
$$=\frac{1}{2}\left\{\left(1-\frac{1}{3}\right)+\left(\frac{1}{2}-\frac{1}{4}\right)+\left(\frac{1}{3}-\frac{1}{5}\right)+\left(\frac{1}{4}-\frac{1}{6}\right)\right.$$
$$\left.+\left(\frac{1}{5}-\frac{1}{7}\right)+\left(\frac{1}{6}-\frac{1}{8}\right)\right\}$$
$$=\frac{1}{2}\left(1+\frac{1}{2}-\frac{1}{7}-\frac{1}{8}\right)=\frac{69}{112}$$

0961 답 ④

0962 답 ④

곡선 $y=x^3-3x$와 직선 $y=x$의 교점의 x좌표는

$x^3-3x=x$에서

$x^3-4x=0$

$x(x+2)(x-2)=0$

$\therefore x=-2$ 또는 $x=0$ 또는 $x=2$

따라서 구하는 도형의 넓이는

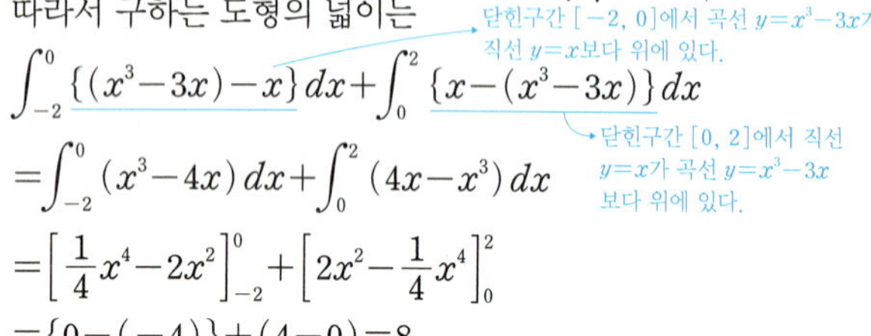

← 닫힌구간 $[-2, 0]$에서 곡선 $y=x^3-3x$가 직선 $y=x$보다 위에 있다.

← 닫힌구간 $[0, 2]$에서 직선 $y=x$가 곡선 $y=x^3-3x$보다 위에 있다.

$$\int_{-2}^{0}\{(x^3-3x)-x\}\,dx+\int_{0}^{2}\{x-(x^3-3x)\}\,dx$$
$$=\int_{-2}^{0}(x^3-4x)\,dx+\int_{0}^{2}(4x-x^3)\,dx$$
$$=\left[\frac{1}{4}x^4-2x^2\right]_{-2}^{0}+\left[2x^2-\frac{1}{4}x^4\right]_{0}^{2}$$
$$=\{0-(-4)\}+(4-0)=8$$

0963 답 ②

곡선 $y=x^2-x$와 직선 $y=ax$의 교점의 x좌표는

$x^2-x=ax$에서

$x^2-(a+1)x=0$

$x\{x-(a+1)\}=0$

$\therefore x=0$ 또는 $x=a+1$

이때 색칠된 도형의 넓이가 36이므로

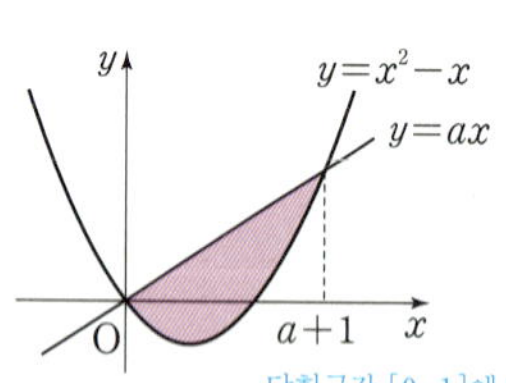

← 닫힌구간 $[0, a+1]$에서 직선 $y=ax$가 곡선 $y=x^2-x$보다 위에 있다.

$$\int_{0}^{a+1}\{ax-(x^2-x)\}\,dx=\int_{0}^{a+1}\{(a+1)x-x^2\}\,dx$$
$$=\left[\frac{a+1}{2}x^2-\frac{1}{3}x^3\right]_{0}^{a+1}$$
$$=\frac{(a+1)^3}{6}-0=36$$

에서 $(a+1)^3=216$

$a+1=6$

$\therefore a=5$

0964 답 ②

구하는 도형의 넓이는 곡선 $y=x^2-2x-1$과 직선 $y=-x+5$로 둘러싸인 도형의 넓이에서 곡선 $y=x^2-2x-1$과 직선 $y=-x+1$로 둘러싸인 도형의 넓이를 뺀 값과 같다.

이때 곡선 $y=x^2-2x-1$과 직선 $y=-x+5$의 교점의 x좌표는

$x^2-2x-1=-x+5$에서

$x^2-x-6=0$

$(x+2)(x-3)=0$

$\therefore x=-2$ 또는 $x=3$

즉, 곡선 $y=x^2-2x-1$과 직선 $y=-x+5$로 둘러싸인 도형의 넓이는

$$\int_{-2}^{3}\{(-x+5)-(x^2-2x-1)\}\,dx=\int_{-2}^{3}(-x^2+x+6)\,dx$$

← 닫힌구간 $[-2, 3]$에서 직선 $y=-x+5$가 곡선 $y=x^2-2x-1$보다 위에 있다.

$$=\left[-\frac{1}{3}x^3+\frac{1}{2}x^2+6x\right]_{-2}^{3}$$
$$=\frac{27}{2}-\left(-\frac{22}{3}\right)=\frac{125}{6}$$

또한, 곡선 $y=x^2-2x-1$과 직선 $y=-x+1$의 교점의 x좌표는

$x^2-2x-1=-x+1$에서

$x^2-x-2=0$

$(x+1)(x-2)=0$

$\therefore x=-1$ 또는 $x=2$

즉, 곡선 $y=x^2-2x-1$과 직선 $y=-x+1$로 둘러싸인 도형의 넓이는

$$\int_{-1}^{2}\{(-x+1)-(x^2-2x-1)\}\,dx=\int_{-1}^{2}(-x^2+x+2)\,dx$$

← 닫힌구간 $[-1, 2]$에서 직선 $y=-x+1$이 곡선 $y=x^2-2x-1$보다 위에 있다.

$$=\left[-\frac{1}{3}x^3+\frac{1}{2}x^2+2x\right]_{-1}^{2}$$
$$=\frac{10}{3}-\left(-\frac{7}{6}\right)=\frac{9}{2}$$

따라서 구하는 도형의 넓이는

$$\frac{125}{6}-\frac{9}{2}=\frac{49}{3}$$

0965 답 ①

주어진 그래프에서 두 함수 $y=f(x)$, $y=g(x)$의 그래프의 교점의 x좌표가 0, 1, 2이므로

$f(0)-g(0)=0$, $f(1)-g(1)=0$, $f(2)-g(2)=0$

이때 $f(x)-g(x)=ax(x-1)(x-2)$ $(a\neq0)$라 하면 곡선 $y=f(x)$와 직선 $y=g(x)$로 둘러싸인 도형의 넓이가 2이므로

$$\int_{0}^{1}ax(x-1)(x-2)\,dx+\int_{1}^{2}\{-ax(x-1)(x-2)\}\,dx$$

← 닫힌구간 $[1, 2]$에서 $f(x)\leq g(x)$, 즉 $ax(x-1)(x-2)\leq0$이므로

← 닫힌구간 $[0, 1]$에서 $f(x)\geq g(x)$, 즉 $ax(x-1)(x-2)\geq0$이므로

$$=a\int_{0}^{1}(x^3-3x^2+2x)\,dx+a\int_{1}^{2}(-x^3+3x^2-2x)\,dx$$
$$=a\left[\frac{1}{4}x^4-x^3+x^2\right]_{0}^{1}+a\left[-\frac{1}{4}x^4+x^3-x^2\right]_{1}^{2}$$
$$=a\left(\frac{1}{4}-0\right)+a\left\{0-\left(-\frac{1}{4}\right)\right\}=\frac{1}{2}a$$
$$=2$$

에서 $a=4$

$\therefore f(x)-g(x)=4x(x-1)(x-2)$

$$\therefore f(3)-g(3)=4\cdot3\cdot(3-1)\cdot(3-2)$$
$$=24$$

0966 답 ②

0967 답 ④

두 곡선 $y=x^3$, $y=x^2+2x$의 교점의 x좌표는

$x^3=x^2+2x$에서

$x^3-x^2-2x=0$

$x(x+1)(x-2)=0$

$\therefore x=-1$ 또는 $x=0$ 또는 $x=2$

이때

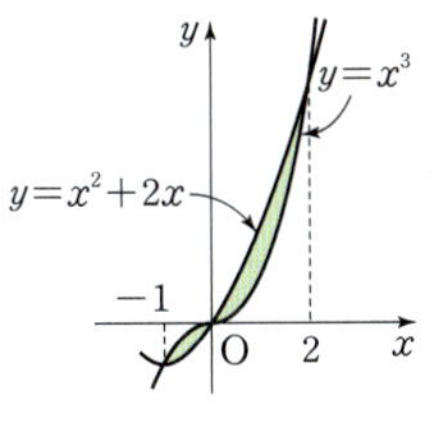

$$\int_{-1}^{0}\{x^3-(x^2+2x)\}\,dx=\int_{-1}^{0}(x^3-x^2-2x)\,dx$$

닫힌구간 $[-1,\,0]$에서 곡선 $y=x^3$이 곡선 $y=x^2+2x$보다 위에 있다.

$$=\left[\frac{1}{4}x^4-\frac{1}{3}x^3-x^2\right]_{-1}^{0}$$

$$=\left\{0-\left(-\frac{5}{12}\right)\right\}=\frac{5}{12}$$

$$\int_{0}^{2}\{(x^2+2x)-x^3\}\,dx=\int_{0}^{2}(-x^3+x^2+2x)\,dx$$

닫힌구간 $[0,\,2]$에서 곡선 $y=x^2+2x$가 곡선 $y=x^3$보다 위에 있다.

$$=\left[-\frac{1}{4}x^4+\frac{1}{3}x^3+x^2\right]_{0}^{2}$$

$$=\frac{8}{3}-0=\frac{8}{3}$$

이므로 $S_1=\dfrac{5}{12}$, $S_2=\dfrac{8}{3}$ $(\because S_1<S_2)$

$\therefore S_2-S_1=\dfrac{8}{3}-\dfrac{5}{12}=\dfrac{9}{4}$

0968 답 ①

두 곡선 $y=-x^2+4x+2$, $y=x^2+2ax+2-4a$의 교점의 x좌표는

$-x^2+4x+2=x^2+2ax+2-4a$에서

$x^2+(a-2)x-2a=0$

$(x+a)(x-2)=0$

$\therefore x=-a$ 또는 $x=2$

이때 $a>0$이므로 $-a<2$이고, 색칠된 도형의 넓이가 9이므로

$$\int_{-a}^{2}\{(-x^2+4x+2)-(x^2+2ax+2-4a)\}\,dx$$

닫힌구간 $[-a,\,2]$에서 곡선 $y=-x^2+4x+2$가 곡선 $y=x^2+2ax+2-4a$보다 위에 있다.

$$=\int_{-a}^{2}\{-2x^2+(4-2a)x+4a\}\,dx$$

$$=\left[-\frac{2}{3}x^3+(2-a)x^2+4ax\right]_{-a}^{2}$$

$$=\left(4a+\frac{8}{3}\right)-\left(-\frac{1}{3}a^3-2a^2\right)$$

$$=\frac{(a+2)^3}{3}$$

$$=9$$

에서 $(a+2)^3=27$

$a+2=3$ $(\because a+2>0)$

$\therefore a=1$

0969 답 ⑤

곡선 $y=x^2$을 x축에 대하여 대칭이동한 곡선은

$y=-x^2$

이 곡선을 x축의 방향으로 3만큼, y축의 방향으로 17만큼 평행이동한 곡선은

$y=-(x-3)^2+17=-x^2+6x+8$

이때 두 곡선 $y=x^2$, $y=-x^2+6x+8$의 교점의 x좌표는

$x^2=-x^2+6x+8$에서

$2x^2-6x-8=0$

$2(x+1)(x-4)=0$

$\therefore x=-1$ 또는 $x=4$

따라서 구하는 도형의 넓이는

$$\int_{-1}^{4}\{(-x^2+6x+8)-x^2\}\,dx=\int_{-1}^{4}(-2x^2+6x+8)\,dx$$

닫힌구간 $[-1,\,4]$에서 곡선 $y=-x^2+6x+8$이 곡선 $y=x^2$보다 위에 있다.

$$=\left[-\frac{2}{3}x^3+3x^2+8x\right]_{-1}^{4}$$

$$=\frac{112}{3}-\left(-\frac{13}{3}\right)=\frac{125}{3}$$

0970 답 ④

$f(x)=x^3-ax^2$, $g(x)=x^2-bx$라 하면 두 곡선 $y=f(x)$, $y=g(x)$가 $x=2$에서 접하므로

$f(2)=g(2)$, $f'(2)=g'(2)$

한 점에서 만나고 그 점에서의 접선의 기울기가 같다.

$f(2)=g(2)$에서

$2^3-a\cdot 2^2=2^2-b\cdot 2$, $8-4a=4-2b$

$\therefore 2a-b=2$ ······ ㉠

또한, $f'(x)=3x^2-2ax$, $g'(x)=2x-b$이므로

$f'(2)=g'(2)$에서

$3\cdot 2^2-2a\cdot 2=2\cdot 2-b$, $12-4a=4-b$

$\therefore 4a-b=8$ ······ ㉡

㉠, ㉡을 연립하여 풀면 $a=3$, $b=4$

$\therefore f(x)=x^3-3x^2$, $g(x)=x^2-4x$

이때 두 곡선 $y=f(x)$, $y=g(x)$의 교점의 x좌표는

$x^3-3x^2=x^2-4x$에서

$x^3-4x^2+4x=0$

$x(x-2)^2=0$

$\therefore x=0$ 또는 $x=2$

따라서 구하는 도형의 넓이는

$$\int_{0}^{2}\{(x^3-3x^2)-(x^2-4x)\}\,dx=\int_{0}^{2}(x^3-4x^2+4x)\,dx$$

닫힌구간 $[0,\,2]$에서 곡선 $y=x^3-3x^2$이 곡선 $y=x^2-4x$보다 위에 있다.

$$=\left[\frac{1}{4}x^4-\frac{4}{3}x^3+2x^2\right]_{0}^{2}$$

$$=\frac{4}{3}-0=\frac{4}{3}$$

0971 답 ③

0972 답 ④

$y=x^3+1$에서 $y'=3x^2$이므로 곡선 $y=x^3+1$ 위의 점 $(1,\,2)$에서의 접선의 기울기는 3이고, 접선의 방정식은

$y-2=3(x-1)$ $\therefore y=3x-1$

$x=1$에서의 미분계수와 같다.

곡선 $y=x^3+1$과 직선 $y=3x-1$의 교점의 x좌표는

$x^3+1=3x-1$에서

$x^3-3x+2=0$

$x=1$에서 접하므로 $(x-1)^2$을 인수로 가져야 한다.

$(x+2)(x-1)^2=0$

$\therefore x=-2$ 또는 $x=1$

따라서 구하는 도형의 넓이는
$$\int_{-2}^{1}\{(x^3+1)-(3x-1)\}\,dx=\int_{-2}^{1}(x^3-3x+2)\,dx$$

$$=\left[\frac{1}{4}x^4-\frac{3}{2}x^2+2x\right]_{-2}^{1}$$
$$=\frac{3}{4}-(-6)=\frac{27}{4}$$

0973 답 ⑤

$y=ax^2+1$에서 $y'=2ax$이므로 곡선 $y=ax^2+1$ 위의 점
$\mathrm{P}(2,\,4a+1)$에서의 접선의 기울기는 $4a$이고, 접선의 방정식은
$y-(4a+1)=4a(x-2)$ $\quad\therefore\ y=4ax-4a+1$

이때 색칠한 도형의 넓이가 16이므로
$$\int_{0}^{2}\{(ax^2+1)-(4ax-4a+1)\}\,dx=\int_{0}^{2}(ax^2-4ax+4a)\,dx$$

$$=\left[\frac{a}{3}x^3-2ax^2+4ax\right]_{0}^{2}$$
$$=\frac{8}{3}a-0=16$$

에서 $8a=48$
$\therefore\ a=6$

0974 답 ①

$y=\dfrac{1}{2}x^2$에서 $y'=x$

이때 접점의 좌표를 $\left(t,\ \dfrac{1}{2}t^2\right)$이라 하면 이 점에서의 접선의 기울

기는 t이므로 접선의 방정식은

$$y-\frac{1}{2}t^2=t(x-t)$$
$$\therefore\ y=tx-\frac{1}{2}t^2\quad\cdots\cdots\ \text{㉠}$$

직선 ㉠이 점 $(1,\,-4)$를 지나므로
$$-4=t-\frac{1}{2}t^2,\ t^2-2t-8=0$$
$$(t+2)(t-4)=0\quad\therefore\ t=-2\ \text{또는}\ t=4$$

(ⅰ) $t=-2$일 때, ㉠에서 $y=-2x-2$
(ⅱ) $t=4$일 때, ㉠에서 $y=4x-8$
따라서 구하는 도형의 넓이는

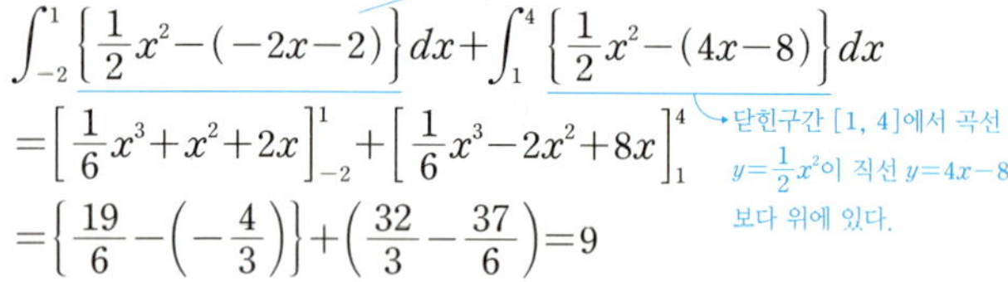

$$\int_{-2}^{1}\left\{\frac{1}{2}x^2-(-2x-2)\right\}dx+\int_{1}^{4}\left\{\frac{1}{2}x^2-(4x-8)\right\}dx$$
$$=\left[\frac{1}{6}x^3+x^2+2x\right]_{-2}^{1}+\left[\frac{1}{6}x^3-2x^2+8x\right]_{1}^{4}$$

$$=\left\{\frac{19}{6}-\left(-\frac{4}{3}\right)\right\}+\left(\frac{32}{3}-\frac{37}{6}\right)=9$$

● 다른 풀이 ●
점 $(1,\,-4)$를 지나는 직선의 방정식을
$$y=a(x-1)-4\ (a\text{는 상수})$$
라 하자.
이 직선이 곡선 $y=\dfrac{1}{2}x^2$과 접하므로 이차방정식
$\dfrac{1}{2}x^2=ax-a-4$, 즉 $x^2-2ax+2a+8=0$이 중근을 가져야 한다.

이차방정식 $x^2-2ax+2a+8=0$의 판별식을 D라 하면
$$\frac{D}{4}=a^2-(2a+8)=0$$
$$a^2-2a-8=0,\ (a+2)(a-4)=0$$
$$\therefore\ a=-2\ \text{또는}\ a=4$$

0975 답 ②

$y=4-x^2$에서 $y'=-2x$이므로 곡선 $y=4-x^2$ 위의 점
$\mathrm{P}(t,\,4-t^2)$에서의 접선의 기울기는 $-2t$이고, 접선의 방정식은
$y-(4-t^2)=-2t(x-t)$

$\therefore\ y=-2tx+t^2+4$
즉, 색칠한 도형의 넓이는
$$\int_{0}^{2}\{(-2tx+t^2+4)-(4-x^2)\}\,dx=\int_{0}^{2}(x^2-2tx+t^2)\,dx$$

$$=\left[\frac{1}{3}x^3-tx^2+t^2x\right]_{0}^{2}$$
$$=\left(\frac{8}{3}-4t+2t^2\right)-0$$
$$=2(t-1)^2+\frac{2}{3}$$

따라서 구하는 도형의 넓이는 $t=1$일 때 최소이고 최솟값은 $\dfrac{2}{3}$이다.

0976 답 ⑤

0977 답 ①

$y=|x^3+3x^2+2x|$에서
$$y=\begin{cases} x^3+3x^2+2x & (-2\le x\le-1\ \text{또는}\ x\ge0) \\ -x^3-3x^2-2x & (x\le-2\ \text{또는}\ -1\le x\le0) \end{cases}$$

따라서 구하는 도형의 넓이는
$$\int_{-2}^{-1}(x^3+3x^2+2x)\,dx$$
$$+\int_{-1}^{0}(-x^3-3x^2-2x)\,dx$$
$$=\left[\frac{1}{4}x^4+x^3+x^2\right]_{-2}^{-1}+\left[-\frac{1}{4}x^4-x^3-x^2\right]_{-1}^{0}$$
$$=\left(\frac{1}{4}-0\right)+\left\{0-\left(-\frac{1}{4}\right)\right\}=\frac{1}{2}$$

0978 답 ③

$y=|x^2-a|$에서
$$y=\begin{cases} x^2-a & (x\le-\sqrt{a}\ \text{또는}\ x\ge\sqrt{a}) \\ -x^2+a & (-\sqrt{a}\le x\le\sqrt{a}) \end{cases}$$

이때 색칠된 도형의 넓이가 36이므로
$$\int_{-\sqrt{a}}^{\sqrt{a}}(-x^2+a)\,dx$$
$$=\left[-\frac{1}{3}x^3+ax\right]_{-\sqrt{a}}^{\sqrt{a}}$$
$$=\frac{2}{3}a\sqrt{a}-\left(-\frac{2}{3}a\sqrt{a}\right)$$
$$=\frac{4}{3}a\sqrt{a}$$
$$=36$$

에서 $a\sqrt{a}=27$
$$a^{\frac{3}{2}}=27$$
$$\therefore\ a=9$$

0979 답 ③

$y=x|x|+x$에서
$$y=\begin{cases} x^2+x & (x\geq 0) \\ -x^2+x & (x\leq 0) \end{cases}$$
따라서 구하는 도형의 넓이는
$$\int_{-1}^{0}\{-(-x^2+x)\}dx+\int_{0}^{1}(x^2+x)\,dx$$
$$=\int_{-1}^{0}(x^2-x)\,dx+\int_{0}^{1}(x^2+x)\,dx$$
$$=\left[\frac{1}{3}x^3-\frac{1}{2}x^2\right]_{-1}^{0}+\left[\frac{1}{3}x^3+\frac{1}{2}x^2\right]_{0}^{1}$$
$$=\left\{0-\left(-\frac{5}{6}\right)\right\}+\left(\frac{5}{6}-0\right)=\frac{5}{3}$$

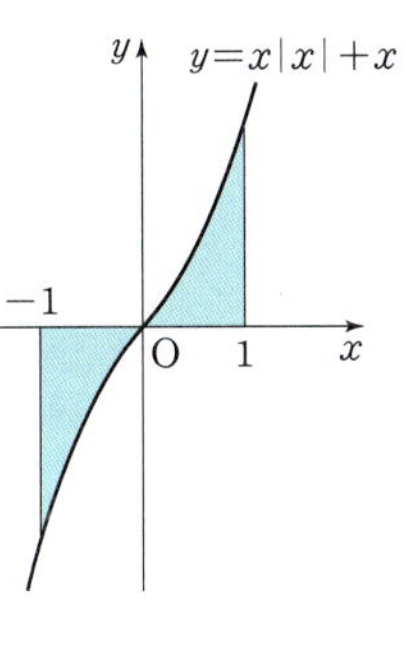

선생님 톡톡

함수 $y=x|x|+x$의 그래프가 원점에 대하여 대칭인 것이 보이니? 이런 경우 $\int_{-1}^{1}|x|x|+x|\,dx=2\int_{0}^{1}(x|x|+x)\,dx$로 쉽게 계산할 수 있어.

0980 답 ⑤

$y=|x^2-4x|$에서
$$y=\begin{cases} x^2-4x & (x\leq 0 \text{ 또는 } x\geq 4) \\ -x^2+4x & (0\leq x\leq 4) \end{cases}$$

$x^2-4x=0$에서 $x(x-4)=0$
$\therefore x=0$ 또는 $x=4$

$x\leq 0$ 또는 $x\geq 4$에서 곡선 $y=x^2-4x$와 직선 $y=3x-6$의 교점의 x좌표는 $x^2-4x=3x-6$에서
$x^2-7x+6=0$
$(x-1)(x-6)=0$
$\therefore x=6\ (\because x\leq 0 \text{ 또는 } x\geq 4)$
또한, $0\leq x\leq 4$에서 곡선 $y=-x^2+4x$와 직선 $y=3x-6$의 교점의 x좌표는 $-x^2+4x=3x-6$에서
$x^2-x-6=0$
$(x+2)(x-3)=0$
$\therefore x=3\ (\because 0\leq x\leq 4)$
따라서 구하는 도형의 넓이는

닫힌구간 $[3, 4]$에서 직선 $y=3x-6$이 곡선 $y=-x^2+4x$보다 위에 있다.

$$\int_{3}^{4}\{(3x-6)-(-x^2+4x)\}dx+\int_{4}^{6}\{(3x-6)-(x^2-4x)\}dx$$

닫힌구간 $[4, 6]$에서 직선 $y=3x-6$이 곡선 $y=x^2-4x$보다 위에 있다.

$$=\int_{3}^{4}(x^2-x-6)\,dx+\int_{4}^{6}(-x^2+7x-6)\,dx$$
$$=\left[\frac{1}{3}x^3-\frac{1}{2}x^2-6x\right]_{3}^{4}+\left[-\frac{1}{3}x^3+\frac{7}{2}x^2-6x\right]_{4}^{6}$$
$$=\left\{-\frac{32}{3}-\left(-\frac{27}{2}\right)\right\}+\left(18-\frac{32}{3}\right)=\frac{61}{6}$$

0981 답 3

0982 답 4

$S_1=S_2$이므로 $\int_{0}^{2}(3x^2-a)\,dx=0$이다. 즉,
$$\int_{0}^{2}(3x^2-a)\,dx=\left[x^3-ax\right]_{0}^{2}$$
$$=(8-2a)-0=0$$
에서 $2a=8$
$\therefore a=4$

0983 답 ④

곡선 $y=x^3-(a+1)x^2+ax$와 x축의 교점의 x좌표는
$x^3-(a+1)x^2+ax=0$에서
$x(x-1)(x-a)=0$
$\therefore x=0$ 또는 $x=1$ 또는 $x=a$
오른쪽 그림에서 곡선과 x축으로 둘러싸인 두 도형의 넓이가 서로 같으므로
$$\int_{0}^{a}\{x^3-(a+1)x^2+ax\}dx=0$$
이다. 즉,
$$\int_{0}^{a}\{x^3-(a+1)x^2+ax\}dx=\left[\frac{1}{4}x^4-\frac{a+1}{3}x^3+\frac{a}{2}x^2\right]_{0}^{a}$$
$$=\frac{1}{12}a^3(2-a)-0=0$$
에서 $\frac{1}{12}a^3(2-a)=0$
$\therefore a=2\ (\because a>1)$

$a>1$이므로 1보다 오른쪽에 있어야 한다.

0984 답 ①

주어진 두 곡선으로 둘러싸인 두 도형의 넓이가 서로 같으므로
$\int_{0}^{2}\{ax(x-2)^2-x(2-x)\}dx=0$이다. 즉,
$$\int_{0}^{2}\{ax(x-2)^2-x(2-x)\}dx$$
$$=\int_{0}^{2}\{ax^3-(4a-1)x^2+(4a-2)x\}dx$$
$$=\left[\frac{a}{4}x^4-\frac{4a-1}{3}x^3+(2a-1)x^2\right]_{0}^{2}$$
$$=\left(\frac{4}{3}a-\frac{4}{3}\right)-0=0$$
에서 $\frac{4}{3}a=\frac{4}{3}$
$\therefore a=1$

0985 답 ③

이차방정식 $-x^2+4x+k=0$의 서로 다른 두 실근 중 큰 값을 $\alpha\ (\alpha>0)$라 하면
$-\alpha^2+4\alpha+k=0$
$\therefore k=\alpha^2-4\alpha$

주어진 그래프에서 두 근 모두 양수임을 알 수 있다.

$\int_{0}^{\alpha}(-x^2+4x+k)=0$을 이용해야 하므로 서로 다른 두 실근 중 작은 값은 구하지 않아도 된다.

이때 $S_1=S_2$이므로 $\int_{0}^{\alpha}(-x^2+4x+k)\,dx=0$이다. 즉,
$$\int_{0}^{\alpha}(-x^2+4x+k)\,dx=\left[-\frac{1}{3}x^3+2x^2+kx\right]_{0}^{\alpha}$$
$$=\left(-\frac{1}{3}\alpha^3+2\alpha^2+k\alpha\right)-0=0$$
$\therefore \frac{1}{3}\alpha^3-2\alpha^2-k\alpha=0$

위의 식에 $k=\alpha^2-4\alpha$를 대입하면
$\frac{1}{3}\alpha^3-2\alpha^2-\alpha(\alpha^2-4\alpha)=0$
$\frac{2}{3}\alpha^3-2\alpha^2=0$, $\frac{2}{3}\alpha^2(\alpha-3)=0$
$\therefore \alpha=3\ (\because \alpha>0)$
$\therefore k=3^2-4\cdot 3=-3$

0986 답 ④

0987 답 27

곡선 $y=x^2-3x$와 직선 $y=mx$의 교점의 x좌표는
$x^2-3x=mx$에서
$x^2-(3+m)x=0$
$x\{x-(3+m)\}=0$
$\therefore x=0$ 또는 $x=3+m$
즉, 곡선 $y=x^2-3x$와 직선 $y=mx$로 둘러싸인 도형의 넓이는
$$\int_0^{3+m}\{mx-(x^2-3x)\}dx$$

닫힌구간 $[0,3]$에서 직선 $y=mx$가 곡선 $y=x^2-3x$보다 위에 있다.

$$=\int_0^{3+m}\{-x^2+(3+m)x\}dx$$
$$=\left[-\frac{1}{3}x^3+\frac{3+m}{2}x^2\right]_0^{3+m}$$
$$=\frac{(3+m)^3}{6}-0$$
$$=\frac{(3+m)^3}{6}$$

한편, 곡선 $y=x^2-3x$와 x축의 교점의 x좌표는
$x^2-3x=0$에서
$x(x-3)=0$
$\therefore x=0$ 또는 $x=3$
즉, 곡선 $y=x^2-3x$와 x축으로 둘러싸인 도형의 넓이는
$$\int_0^3\{-(x^2-3x)\}dx=\int_0^3(-x^2+3x)dx$$

닫힌구간 $[0,3]$에서 $y=x^2-3x\leq0$이므로

$$=\left[-\frac{1}{3}x^3+\frac{3}{2}x^2\right]_0^3$$
$$=\frac{9}{2}-0=\frac{9}{2}$$

이므로
$$\frac{(3+m)^3}{6}=2\cdot\frac{9}{2}$$
$(3+m)^3=54$ → S_1은 S_2의 2배이다.
$m^3+9m^2+27m+27=54$
$\therefore m^3+9m^2+27m=27$

0988 답 288

두 곡선 $y=-x^2+4x+5$, $y=x^2+ax+5$의 교점의 x좌표는
$-x^2+4x+5=x^2+ax+5$에서
$2x^2-(4-a)x=0$
$2x\left(x-\frac{4-a}{2}\right)=0$
$\therefore x=0$ 또는 $x=\frac{4-a}{2}$
즉, 두 곡선 $y=-x^2+4x+5$, $y=x^2+ax+5$로 둘러싸인 도형의 넓이는
$$\int_0^{\frac{4-a}{2}}\{(-x^2+4x+5)-(x^2+ax+5)\}dx$$

닫힌구간 $\left[0,\frac{4-a}{2}\right]$에서 곡선 $y=-x^2+4x+5$가 곡선 $y=x^2+ax+5$보다 위에 있다.

$$=\int_0^{\frac{4-a}{2}}\{-2x^2+(4-a)x\}dx$$
$$=\left[-\frac{2}{3}x^3+\frac{4-a}{2}x^2\right]_0^{\frac{4-a}{2}}$$
$$=\frac{(4-a)^3}{24}-0=\frac{(4-a)^3}{24}$$

한편, 곡선 $y=-x^2+4x+5$와 x축의 교점의 x좌표는
$-x^2+4x+5=0$에서
$(x+1)(x-5)=0$
$\therefore x=-1$ 또는 $x=5$
즉, 곡선 $y=-x^2+4x+5$와 x축으로 둘러싸인 도형의 넓이는
$$\int_{-1}^5(-x^2+4x+5)dx=\left[-\frac{1}{3}x^3+2x^2+5x\right]_{-1}^5$$

닫힌구간 $[-1,5]$에서 $y=-x^2+4x+5\geq0$이므로

$$=\frac{100}{3}-\left(-\frac{8}{3}\right)=36$$

이므로
$$36=3\cdot\frac{(4-a)^3}{24}$$ → S_2는 S_1의 3배이다.
$\therefore (4-a)^3=288$

0989 답 ②

두 곡선 $y=-x^3+x^2$, $y=mx^2$의 교점의 x좌표는

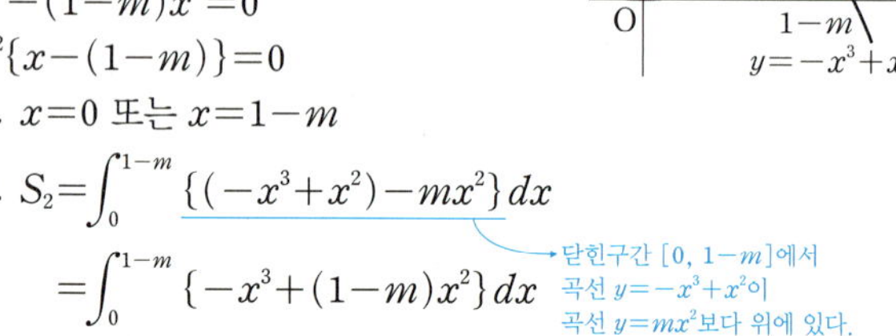

$-x^3+x^2=mx^2$에서
$x^3-(1-m)x^2=0$
$x^2\{x-(1-m)\}=0$
$\therefore x=0$ 또는 $x=1-m$
$$\therefore S_2=\int_0^{1-m}\{(-x^3+x^2)-mx^2\}dx$$

닫힌구간 $[0,1-m]$에서 곡선 $y=-x^3+x^2$이 곡선 $y=mx^2$보다 위에 있다.

$$=\int_0^{1-m}\{-x^3+(1-m)x^2\}dx$$
$$=\left[-\frac{1}{4}x^4+\frac{1-m}{3}x^3\right]_0^{1-m}$$
$$=\frac{(1-m)^4}{12}-0=\frac{(1-m)^4}{12}$$

한편, 곡선 $y=-x^3+x^2$과 x축의 교점의 x좌표는
$-x^3+x^2=0$에서
$x^2(x-1)=0$
$\therefore x=0$ 또는 $x=1$
$$\therefore S_1=\int_0^1(-x^3+x^2)dx$$

닫힌구간 $[0,1]$에서 $y=-x^3+x^2\geq0$이므로

$$=\left[-\frac{1}{4}x^4+\frac{1}{3}x^3\right]_0^1$$
$$=\frac{1}{12}-0=\frac{1}{12}$$

$S_1=2S_2$이므로
$$\frac{1}{12}=2\cdot\frac{(1-m)^4}{12}$$
$(1-m)^4=2^{-1}$
$1-m=2^{-\frac{1}{4}}$ $(\because 0<m<1)$
$\therefore m=1-2^{-\frac{1}{4}}$

0990 답 15

점 Q의 좌표를 (a, a^2) $(a>0)$이라 하면 사다리꼴 POHQ의 넓이는
$$\frac{1}{2}\cdot(1+a^2)\cdot a=\frac{a(a^2+1)}{2}$$
또한,
$$S_2=\int_0^a x^2\,dx=\left[\frac{1}{3}x^3\right]_0^a=\frac{1}{3}a^3-0=\frac{1}{3}a^3$$이므로
$$S_1=\frac{a(a^2+1)}{2}-S_2=\frac{a(a^2+1)}{2}-\frac{1}{3}a^3=\frac{a^3+3a}{6}$$

이때 $S_1 : S_2 = 2 : 3$이므로

$\dfrac{a^3+3a}{6} : \dfrac{1}{3}a^3 = 2 : 3$

$\dfrac{2}{3}a^3 = 3 \cdot \dfrac{a^3+3a}{6}$

$4a^3 = 3a^3 + 9a$

$a^3 - 9a = 0,\ a(a^2-9) = 0$

$a(a+3)(a-3) = 0$

$\therefore a = 3\ (\because a > 0)$

따라서 사다리꼴 POHQ의 넓이는

$\dfrac{3 \cdot (3^2+1)}{2} = 15$

0991 답 1

0992 답 9

오른쪽 그림과 같이 두 함수 $y=f(x)$, $y=g(x)$의 그래프는 직선 $y=x$에 대하여 대칭이다.

이때 두 곡선 $y=f(x)$, $y=g(x)$로 둘러싸인 도형의 넓이는 곡선 $y=g(x)$와 직선 $y=x$로 둘러싸인 도형의 넓이의 2배와 같고 그 넓이가 3이므로

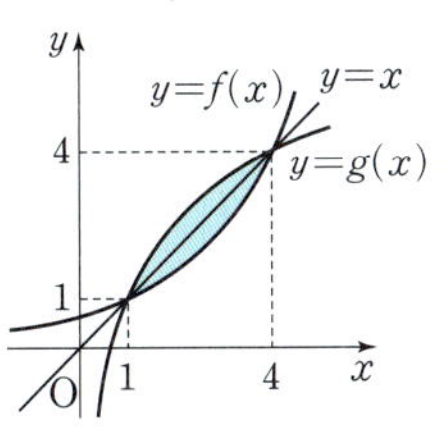

$\begin{aligned} 2\int_1^4 \{g(x)-x\}\,dx &= 2\int_1^4 g(x)\,dx - 2\int_1^4 x\,dx \\ &= 2\int_1^4 g(x)\,dx - 2\left[\frac{1}{2}x^2\right]_1^4 \\ &= 2\int_1^4 g(x)\,dx - 2 \cdot \frac{15}{2} \\ &= 2\int_1^4 g(x)\,dx - 15 \\ &= 3 \end{aligned}$

윗변의 길이가 1, 아랫변의 길이가 4, 높이가 3인 사다리꼴의 넓이로 구할 수도 있다.

즉, $\frac{1}{2} \cdot (1+4) \cdot 3 = \frac{15}{2}$

에서 $\displaystyle\int_1^4 g(x)\,dx = 9$

0993 답 ①

오른쪽 그림과 같이 두 곡선 $y=f(x)$, $y=g(x)$는 직선 $y=x$에 대하여 대칭이므로 두 곡선 $y=f(x)$, $y=g(x)$의 교점의 x좌표는 곡선 $y=f(x)$와 직선 $y=x$의 교점의 x좌표와 같다.

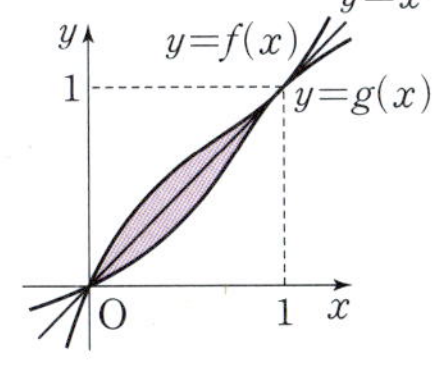

즉, $x^3 - 2x^2 + 2x = x$에서

$x^3 - 2x^2 + x = 0$

$x(x-1)^2 = 0$

$\therefore x = 0$ 또는 $x = 1$

이때 두 곡선 $y=f(x)$, $y=g(x)$로 둘러싸인 도형의 넓이는 곡선 $y=f(x)$와 직선 $y=x$로 둘러싸인 도형의 넓이의 2배와 같으므로 구하는 도형의 넓이는

$\begin{aligned} 2\int_0^1 \{(x^3-2x^2+2x)-x\}\,dx &= 2\int_0^1 (x^3-2x^2+x)\,dx \\ &= 2\left[\frac{1}{4}x^4 - \frac{2}{3}x^3 + \frac{1}{2}x^2\right]_0^1 \\ &= 2 \cdot \left(\frac{1}{12} - 0\right) = \frac{1}{6} \end{aligned}$

0994 답 ③

오른쪽 그림과 같이 함수 $y=f(x)$의 그래프와 함수 $y=g(x)$의 그래프는 직선 $y=x$에 대하여 대칭이다.

이때 색칠한 부분의 넓이를 S_1, 빗금친 부분의 넓이를 S_2라 하면

$S_1 = S_2$

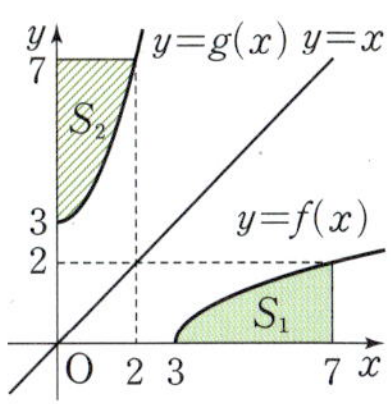

$\begin{aligned} \therefore \int_3^7 f(x)\,dx + \int_0^2 g(x)\,dx &= S_1 + \int_0^2 g(x)\,dx \\ &= S_2 + \int_0^2 g(x)\,dx \\ &= 14 \end{aligned}$

가로의 길이가 2, 세로의 길이가 7인 직사각형의 넓이로 구할 수도 있다. 즉, $2 \cdot 7 = 14$

0995 답 ⑤

오른쪽 그림과 같이 함수 $y=f(x)$의 그래프와 함수 $y=g(x)$의 그래프는 직선 $y=x$에 대하여 대칭이다.

이때 색칠한 부분의 넓이를 S_1, 빗금친 부분의 넓이를 S_2라 하면

$S_1 = S_2$

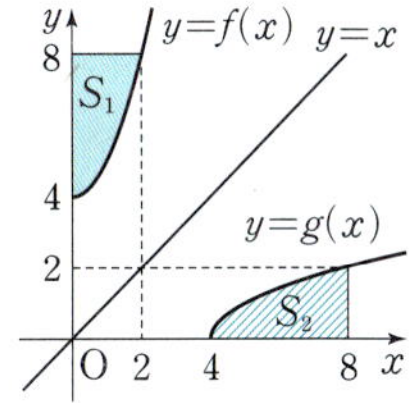

이때 $\displaystyle\int_0^2 f(x)\,dx + S_1 = 16$이고

가로의 길이가 2, 세로의 길이가 8인 직사각형의 넓이로 구할 수도 있다. 즉, $2 \cdot 8 = 16$

$\begin{aligned} \int_0^2 f(x)\,dx &= \int_0^2 \left(\frac{1}{2}x^2 + x + 4\right)dx \\ &= \left[\frac{1}{6}x^3 + \frac{1}{2}x^2 + 4x\right]_0^2 \\ &= \frac{34}{3} - 0 = \frac{34}{3} \end{aligned}$

이므로

$S_1 = 16 - \dfrac{34}{3} = \dfrac{14}{3}$

$\therefore \displaystyle\int_4^8 g(x)\,dx = S_2 = S_1 = \dfrac{14}{3}$

0996 답 ②

0997 답 ④

$v(t) = 6t - t^2 = 0$일 때 점 P가 정지하므로

$t(6-t) = 0$

$\therefore t = 6\ (\because t > 0)$

따라서 $t=6$에서의 점 P의 위치는

$2 + \int_0^6 (6t - t^2)\,dt = 2 + \left[3t^2 - \frac{1}{3}t^3\right]_0^6$

$t=0$에서의 점 P의 위치가 2이므로

$= 2 + (36 - 0) = 38$

0998 답 ②

$t=0$에서의 점 P의 위치를 x_0이라 하면 $t=3$에서의 점 P의 위치가 20이므로

$\begin{aligned} x_0 + \int_0^3 (4+2t)\,dt &= x_0 + \left[4t + t^2\right]_0^3 \\ &= x_0 + (21 - 0) \\ &= 20 \end{aligned}$

에서 $x_0 = -1$

따라서 $t=0$에서의 점 P의 위치는 -1이다.

0999　답 ①

$$0+\int_0^3 v(t)\,dt=\int_0^1 (t^2-2t)\,dt+\int_1^3 (-t^2+2t-2)\,dt$$

$t=0$에서의 점 P의 위치가 0이므로

$$=\left[\frac{1}{3}t^3-t^2\right]_0^1+\left[-\frac{1}{3}t^3+t^2-2t\right]_1^3$$

$$=\left(-\frac{2}{3}-0\right)+\left\{-6-\left(-\frac{4}{3}\right)\right\}=-\frac{16}{3}$$

1000　답 ③

B가 P 지점을 지나 t초 동안 움직인 거리를 x_B m라 하면

$$x_B=\int_0^t (t^2+2t)\,dt=\left[\frac{1}{3}t^3+t^2\right]_0^t$$

$$=\left(\frac{1}{3}t^3+t^2\right)-0$$

$$=\frac{1}{3}t^3+t^2$$

또한, A가 P 지점을 지나 $(3+t)$초 동안 움직인 거리를 x_A m라 하면

B보다 3초 먼저 P 지점을 지나갔으므로

$$x_A=\int_0^{3+t} 3\,dt=\left[3t\right]_0^{3+t}$$

$$=(9+3t)-0$$

$$=9+3t$$

(거리)=(속력)×(시간)으로 구할 수도 있다. 즉, $3(3+t)=9+3t$

이때 A와 B가 만나려면 $x_A=x_B$이어야 하므로

$$9+3t=\frac{1}{3}t^3+t^2$$

$$t^3+3t^2-9t-27=0$$

$$(t+3)^2(t-3)=0$$

$$\therefore t=3 \ (\because t>0)$$

1001　답 ②

1002　답 ①

$t=0$에서의 점 P의 속력은 $|v(0)|=30$

$t=a$에서의 점 P의 속력이 30이므로

$|v(a)|=30$에서 $|30-10a|=30$에서

(ⅰ) $30-10a=30$일 때

$\quad 10a=0 \qquad \therefore a=0$

(ⅱ) $30-10a=-30$일 때

$\quad 10a=60 \qquad \therefore a=6$

(ⅰ), (ⅱ)에서 $a=6 \ (\because a>0)$

한편, $v(t)=30-10t=0$에서 $t=3$

즉, $t=3$에서 운동 방향이 바뀌므로 $0\leq t\leq 3$에서 $v(t)\geq 0$이고, $3\leq t\leq 6$에서 $v(t)\leq 0$이다.

따라서 구하는 거리는

$$\int_0^6 |30-10t|\,dt=\int_0^3 (30-10t)\,dt+\int_3^6 (-30+10t)\,dt$$

$$=\left[30t-5t^2\right]_0^3+\left[-30t+5t^2\right]_3^6$$

$$=(45-0)+\{0-(-45)\}$$

$$=90$$

1003　답 ⑤

점 P가 다시 원점으로 되돌아올 때의 시각을 $t=a\ (a>0)$라 하면 출발한 지 a초 후의 점 P의 위치의 변화량은 0이므로

$$\int_0^a (8-2t)\,dt=\left[8t-t^2\right]_0^a$$

$$=(8a-a^2)-0=0$$

에서 $a(8-a)=0$

$$\therefore a=8 \ (\because a>0)$$

한편, $v(t)=8-2t=0$에서 $t=4$

즉, $t=4$에서 운동 방향이 바뀌므로 $0\leq t\leq 4$에서 $v(t)\geq 0$이고, $4\leq t\leq 8$에서 $v(t)\leq 0$이다.

따라서 구하는 거리는

$$\int_0^8 |8-2t|\,dt=\int_0^4 (8-2t)\,dt+\int_4^8 (-8+2t)\,dt$$

$$=\left[8t-t^2\right]_0^4+\left[-8t+t^2\right]_4^8$$

$$=(16-0)+\{0-(-16)\}=32$$

1004　답 ④

$$v(t)=\frac{3}{4}t^2-6t=0에서 \frac{3}{4}t(t-8)=0$$

$$\therefore t=0 \text{ 또는 } t=8$$

속도가 0일 때 정지하거나 운동 방향을 바꾼다.

또한, $v(10)=\frac{3}{4}\cdot 10^2-6\cdot 10=15$이므로

$$|v(t)|=\begin{cases} -\dfrac{3}{4}t^2+6t & (0\leq t\leq 8) \\[2mm] \dfrac{3}{4}t^2-6t & (8\leq t\leq 10) \\[2mm] 15 & (t\geq 10) \end{cases}$$

따라서 구하는 거리는

$$\int_0^{30} |v(t)|\,dt$$

$$=\int_0^8 \left(-\frac{3}{4}t^2+6t\right)dt+\int_8^{10}\left(\frac{3}{4}t^2-6t\right)dt+\int_{10}^{30} 15\,dt$$

$$=\left[-\frac{1}{4}t^3+3t^2\right]_0^8+\left[\frac{1}{4}t^3-3t^2\right]_8^{10}+\left[15t\right]_{10}^{30}$$

$$=(64-0)+\{-50-(-64)\}+(450-150)$$

$$=378\,(\text{m})$$

1005　답 ③

공이 최고 지점에 도달했을 때의 공의 속도는 0이므로

$$v(t)=20-10t=0 \qquad \therefore t=2$$

공이 최고 지점에 도달했을 때의 높이는

$$25+\int_0^2 (20-10t)\,dt=25+\left[20t-5t^2\right]_0^2$$

처음 공의 위치

$$=25+(20-0)=45\,(\text{m})$$

한편, 공이 지면에 떨어졌을 때의 시각을 $t=a\ (a>0)$라 하면

$$\int_2^a |20-10t|\,dt=\int_2^a (-20+10t)\,dt=\left[-20t+5t^2\right]_2^a$$

최고 지점에서 지면에 떨어질 때까지 움직인 거리

$$=(5a^2-20a)-(-20)$$

$$=5a^2-20a+20$$

이때 $5a^2-20a+20=45$이어야 하므로

공이 최고 지점에 도달했을 때의 높이

$$5a^2-20a-25=0에서$$

$$5(a+1)(a-5)=0$$

$$\therefore a=5 \ (\because a>0)$$

따라서 공이 지면에 떨어질 때까지 걸린 시간은 5초이다.

1006　답 $\dfrac{7}{2}$

1007 답 ⑤

$t=6$에서의 점 P의 위치는

$$3+\int_0^6 v(t)\,dt=3+\left(-\frac{1}{2}\cdot1\cdot2+\frac{1}{2}\cdot4\cdot4-\frac{1}{2}\cdot1\cdot2\right)=9$$

1008 답 ③

점 P가 출발 후 다시 원점을 지나는 시각을 $t=a$ $(a>0)$라 하면

$$\int_0^a v(t)\,dt=0$$

이때

$$\int_0^3 v(t)\,dt=\frac{1}{2}\cdot(1+3)\cdot1=2,$$

$$\int_3^5 v(t)\,dt=-\frac{1}{2}\cdot2\cdot2=-2,$$

$$\int_5^7 v(t)\,dt=-\frac{1}{2}\cdot2\cdot2=-2$$

에서

$$\int_0^5 v(t)\,dt=\int_0^3 v(t)\,dt+\int_3^5 v(t)\,dt$$
$$=2+(-2)=0$$

$$\therefore a=5$$

따라서 점 P가 출발 후 다시 원점을 지나는 시각은 $t=5$이다.

1009 답 16

$t=1$에서 $t=2$까지 점 P가 움직인 거리는 닫힌구간 $[1,\,2]$에서 함수 $y=v(t)$의 그래프와 t축으로 둘러싸인 도형의 넓이와 같고 그 거리가 4이므로

$$\int_1^2 |v(t)|\,dt=\frac{1}{2}\cdot1\cdot a=\frac{1}{2}a=4$$

에서 $a=8$

따라서 구하는 거리는 닫힌구간 $[0,\,4]$에서 함수 $y=v(t)$의 그래프와 t축으로 둘러싸인 도형의 넓이와 같으므로

$$\int_0^4 |v(t)|\,dt=\frac{1}{2}\cdot2\cdot8+\frac{1}{2}\cdot\frac{3}{2}\cdot8+\frac{1}{2}\cdot\frac{1}{2}\cdot8=16$$

1010 답 ①

$t=0$에서의 점 P의 위치를 t_0이라 하면 $t=2$에서의 점 P의 위치가 9이므로

$$t_0+\int_0^2 v(t)\,dt=t_0+\frac{1}{2}\cdot\frac{4}{3}\cdot2a-\frac{1}{2}\cdot\frac{2}{3}\cdot a$$
$$=t_0+a=9 \quad\cdots\cdots\ \text{㉠}$$

또한, $t=5$에서의 점 P의 위치가 5이므로

$$t_0+\int_0^5 v(t)\,dt=t_0+\int_0^2 v(t)\,dt+\int_2^5 v(t)\,dt$$
$$=9-1\cdot a-\frac{1}{2}\cdot1\cdot a+\frac{1}{2}\cdot1\cdot a$$
$$=9-a=5$$

에서 $a=4$

$a=4$를 ㉠에 대입하면

$$t_0=5$$

점 P가 정지할 때의 속도가 0이므로 $v(t)=0$에서

$$t=\frac{4}{3}\ \text{또는}\ t=4\ \text{또는}\ t=8$$

즉, $t=8$에서 점 P가 세 번째로 정지한다.

따라서 $t=8$에서의 점 P의 위치는

$$5+\int_0^8 v(t)\,dt=5+\int_0^5 v(t)\,dt+\int_5^8 v(t)\,dt$$
$$=5+1\cdot4+\frac{1}{2}\cdot2\cdot4=13$$

1011 답 ②

One Point Lesson

정적분으로 정의된 함수의 양변을 x에 대하여 미분하여 $f(x)$를 구한다.

$xf(x)=\int_0^x tf'(t)\,dt+\dfrac{x^3}{3}-\dfrac{x^2}{2}-2x$의 양변을 x에 대하여 미분하면

$$f(x)+xf'(x)=xf'(x)+x^2-x-2$$
$$\therefore f(x)=x^2-x-2$$

곡선 $y=f(x)$와 x축의 교점의 x좌표는 $x^2-x-2=0$에서

$$(x+1)(x-2)=0$$
$$\therefore x=-1\ \text{또는}\ x=2$$

따라서 구하는 도형의 넓이는

$$\int_{-1}^2 \{-(x^2-x-2)\}\,dx=\int_{-1}^2 (-x^2+x+2)\,dx$$
$$=\left[-\frac{1}{3}x^3+\frac{1}{2}x^2+2x\right]_{-1}^2$$
$$=\frac{10}{3}-\left(-\frac{7}{6}\right)=\frac{9}{2}$$

1012 답 ②

One Point Lesson

함수 $v(t)$의 그래프의 개형을 통해 점 P가 음의 방향으로 가장 멀리 떨어져 있을 때의 상황을 생각해 본다.

$v(t)=3t^2-6t-9=0$에서

$$3(t+1)(t-3)=0$$
$$\therefore t=3\ (\because\ t>0)$$

$t>0$에서 함수 $y=v(t)$의 그래프는 오른쪽 그림과 같고 $t=3$일 때 점 P가 음의 방향으로 움직인 거리가 최대이므로 점 P가 음의 방향으로 가장 멀리 떨어져 있을 때의 시각은 $t=3$이다.

$$\therefore a=3$$

따라서 $t=3$에서의 점 P의 위치는

$$0+\int_0^3 (3t^2-6t-9)\,dt=\int_0^3 (3t^2-6t-9)\,dt$$
$$=\left[t^3-3t^2-9t\right]_0^3$$
$$=-27-0=-27$$

1013 답 ⑤

One Point Lesson

극한의 성질을 이용하여 $a,\,b$의 값을 각각 구한다.

$y=3x|x|$에서

$$y=\begin{cases} 3x^2 & (x\geq 0) \\ -3x^2 & (x\leq 0) \end{cases}$$

(ⅰ) $t\geq 0$일 때

$$f(t)=-\int_{-2}^{0}(-3x^2)\,dx+\int_{0}^{t}3x^2\,dx$$
$$=-\Big[-x^3\Big]_{-2}^{0}+\Big[x^3\Big]_{0}^{t}$$
$$=-(0-8)+(t^3-0)$$
$$=t^3+8$$

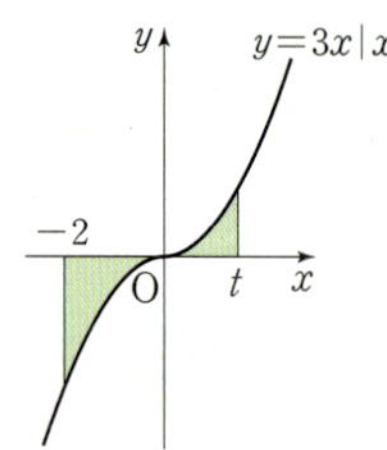

(ⅱ) $-2<t<0$일 때

$$f(t)=-\int_{-2}^{t}(-3x^2)\,dx$$
$$=-\Big[-x^3\Big]_{-2}^{t}$$
$$=-(-t^3-8)$$
$$=t^3+8$$

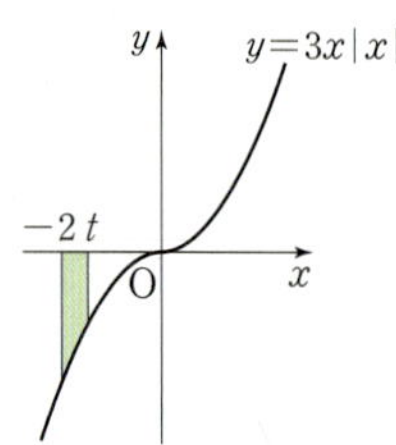

(ⅰ), (ⅱ)에서
$$f(t)=t^3+8$$

한편, $\displaystyle\lim_{t\to 0}\frac{f(t)-a}{t^3}=b$에서 $t\to 0$일 때 (분모) $\to 0$이고 극한값
이 존재하므로 (분자) $\to 0$이어야 한다.

즉, $\displaystyle\lim_{t\to 0}\{f(t)-a\}=0$에서 $f(0)=a$

$\therefore a=8$

따라서 $\displaystyle\lim_{t\to 0}\frac{f(t)-8}{t^3}=\lim_{t\to 0}\frac{t^3+8-8}{t^3}=1$이므로

$b=1$

$\therefore a+b=8+1=9$

1014 답 ⑤

One Point Lesson

$\displaystyle\int_{0}^{2}|f(x)|\,dx=\int_{0}^{2}f(x)\,dx$이면 닫힌구간 $[0,\,2]$에서 $f(x)\geq 0$이다.

$S=\displaystyle\int_{0}^{2}|f(x)|\,dx=\int_{0}^{2}f(x)\,dx$이므로 닫힌구간 $[0,\,2]$에서

$f(x)\geq 0$이다.

$f(x)=2x^3+3x^2-12x+k$에서

$f'(x)=6x^2+6x-12$
$\qquad=6(x+2)(x-1)$

$f'(x)=0$에서 $x=1$ $(\because 0\leq x\leq 2)$

닫힌구간 $[0,\,2]$에서 함수 $f(x)$의 증가와 감소를 표로 나타내면
다음과 같다.

x	0	$\cdots$	1	$\cdots$	2
$f'(x)$		$-$	0	$+$	
$f(x)$	k	$\searrow$	$k-7$	$\nearrow$	$k+4$

즉, 함수 $f(x)$는 $x=1$에서 극소이면서 최소이다.

이때 $f(x)\geq 0$이어야 하므로 $k-7\geq 0$

$\therefore k\geq 7$ (함수 $f(x)$의 최솟값) ≥ 0

따라서 상수 k의 최솟값은 7이다.

1015 답 ④

One Point Lesson

S_2, S_3을 각각 S_1과 공차에 대한 식으로 나타낸다.

$$S_1=\int_{-1}^{0}(-x^2+2x+3)\,dx \quad\text{→ 닫힌구간 } [-1,\,0]\text{에서}$$
$$\qquad\qquad\qquad\qquad\qquad y=-x^2+2x+3\geq 0\text{이므로}$$
$$=\Big[-\frac{1}{3}x^3+x^2+3x\Big]_{-1}^{0}$$
$$=0-\Big(-\frac{5}{3}\Big)=\frac{5}{3}$$

$$S_2+S_3=\int_{0}^{3}(-x^2+2x+3)\,dx \quad\text{→ 닫힌구간 } [0,\,3]\text{에서}$$
$$\qquad\qquad\qquad\qquad\qquad\qquad y=-x^2+2x+3\geq 0\text{이므로}$$
$$=\Big[-\frac{1}{3}x^3+x^2+3x\Big]_{0}^{3}$$
$$=9-0=9$$

이때 S_1, S_2, S_3이 이 순서대로 등차수열을 이루므로 이 등차수열의
공차를 d라 하면

$$S_2=S_1+d,\ S_3=S_1+2d$$

즉,

$$S_2+S_3=S_1+d+S_1+2d=2S_1+3d$$
$$=2\cdot\frac{5}{3}+3d=9$$

에서 $3d=\dfrac{17}{3}$

$\therefore d=\dfrac{17}{9}$

따라서 구하는 공차는 $\dfrac{17}{9}$이다.

해설 속 칠판

첫째항이 a이고 공차가 d인 등차수열 $\{a_n\}$에 대하여
$$a_{n+k}=a_n+kd \ (\text{단, } n+k>0,\ k\text{는 정수})$$

1016 답 ①

One Point Lesson

함수 $v(t)$가 연속임을 이용하여 a, b의 값을 각각 구한다.

함수 $v(t)$가 $t=10$에서 연속이므로

$$\lim_{t\to 10+}v(t)=\lim_{t\to 10-}v(t)$$에서

$$\lim_{t\to 10+}a=\lim_{t\to 10-}2t$$ 함수 $v(t)$는 속도에 대한 함수이므로 $t\geq 0$에서 연속이어야 한다.

$\therefore a=2\cdot 10=20$

또한, 함수 $v(t)$가 $t=20$에서 연속이므로

$$\lim_{t\to 20+}v(t)=\lim_{t\to 20-}v(t)$$에서

$$\lim_{t\to 20+}(b-4t)=\lim_{t\to 20}20$$

$b-4\cdot 20=20$

$\therefore b=100$

$$\therefore v(t)=\begin{cases} 2t & (0\leq t\leq 10) \\ 20 & (10\leq t\leq 20) \\ 100-4t & (t\geq 20) \end{cases}$$

  $0\leq t<20$에서 $v(t)=0$을 만족시키는 t의 값은 존재하지 않는다.

한편, 점 P가 운동 방향을 바꿀 때의 속도는 0이므로 $t\geq 20$에서
$v(t)=100-4t=0$, 즉 $t=25$일 때 점 P가 운동 방향을 바꾼다.

따라서 구하는 거리는

$$\int_{0}^{25}|v(t)|\,dt=\int_{0}^{10}2t\,dt+\int_{10}^{20}20\,dt+\int_{20}^{25}(100-4t)\,dt$$
$$=\Big[t^2\Big]_{0}^{10}+\Big[20t\Big]_{10}^{20}+\Big[100t-2t^2\Big]_{20}^{25}$$
$$=(100-0)+(400-200)+(1250-1200)$$
$$=350$$

1017 답 $\dfrac{1}{3}$

두 곡선 $y=x^2-kx$,

$y=-x^2+\dfrac{1}{k}x$의 교점의 x좌표는

$x^2-kx=-x^2+\dfrac{1}{k}x$에서

$2x^2-\left(k+\dfrac{1}{k}\right)x=0$

$x\left\{2x-\left(k+\dfrac{1}{k}\right)\right\}=0$

$\therefore\ x=0$ 또는 $x=\dfrac{1}{2}\left(k+\dfrac{1}{k}\right)$

$\dfrac{1}{2}\left(k+\dfrac{1}{k}\right)=t$라 하면 $k>0$, $\dfrac{1}{k}>0$이므로 산술평균과 기하평균
의 관계에 의하여

$t=\dfrac{1}{2}\left(k+\dfrac{1}{k}\right)\geq\sqrt{k\cdot\dfrac{1}{k}}=1$

$\left(\text{단, 등호는 } k=\dfrac{1}{k}, \text{ 즉 } k=1 \text{일 때 성립}\right)$

즉, 색칠한 도형의 넓이는

$\displaystyle\int_0^t\left\{\left(-x^2+\dfrac{1}{k}x\right)-(x^2-kx)\right\}dx=\int_0^t\left\{-2x^2+\left(k+\dfrac{1}{k}\right)x\right\}dx$

$\displaystyle=\int_0^t(-2x^2+2tx)\,dx$

$=\left[-\dfrac{2}{3}x^3+tx^2\right]_0^t$

$=\dfrac{t^3}{3}-0=\dfrac{t^3}{3}\geq\dfrac{1}{3}$

따라서 구하는 도형의 넓이의 최솟값은 $\dfrac{1}{3}$이다.

1018 답 ④

곡선 $y=-x^2-2x$와 x축의 교점의 x좌표는
$-x^2-2x=0$에서 $x(x+2)=0$
$\therefore\ x=-2$ 또는 $x=0$

$\therefore\ S_1=\displaystyle\int_{-2}^0(-x^2-2x)\,dx$

$=\left[-\dfrac{1}{3}x^3-x^2\right]_{-2}^0$

$=0-\left(-\dfrac{4}{3}\right)=\dfrac{4}{3}$

한편, $y=-x^2-2x$에서 $y'=-2x-2$이므로 곡선 위의 점
$\mathrm{P}(t,\ -t^2-2t)$에서의 접선의 기울기는 $-2t-2$이고, 접선의 방
정식은

$y-(-t^2-2t)=(-2t-2)(x-t)$

$\therefore\ y=(-2t-2)x+t^2$

$\therefore\ S_2=\displaystyle\int_t^0\left\{(-2t-2)x+t^2-(-x^2-2x)\right\}dx$

$=\displaystyle\int_t^0(x^2-2tx+t^2)\,dx=\left[\dfrac{1}{3}x^3-tx^2+t^2x\right]_t^0$

$=0-\dfrac{t^3}{3}=-\dfrac{t^3}{3}$

이때 $S_1=S_2$이므로

$\dfrac{4}{3}=-\dfrac{t^3}{3},\ t^3=-4$

$\therefore\ t=-2^{\frac{2}{3}}\ (\because\ t<0)$

1019 답 ③

ㄱ. 점 P는 시각 $t=a$, $t=c$에서 $v(t)=0$이고 각 점의 좌우에서
$v(t)$의 부호가 바뀌므로 점 P는 운동 방향을 2번 바꾼다. (참)

ㄴ. $t=b$일 때, 점 P의 위치는 $\displaystyle\int_0^b v(t)\,dt$이다.

이때 $\displaystyle\int_b^c v(t)>0$이므로 $\displaystyle\int_0^b v(t)\,dt<\int_0^c v(t)\,dt$이다.

즉, $t=b$일 때 점 P는 원점에서 가장 멀리 떨어져 있지 않다.
(거짓)

ㄷ. $\displaystyle\int_0^e v(t)\,dt=\int_0^a v(t)\,dt+\int_a^c v(t)\,dt+\int_c^e v(t)\,dt,$

$\displaystyle\int_a^f v(t)\,dt=\int_a^c v(t)\,dt+\int_c^e v(t)\,dt+\int_e^f v(t)\,dt$

이고, $\displaystyle\int_0^e v(t)\,dt=\int_a^f v(t)\,dt$이므로

$\displaystyle\int_0^a v(t)\,dt=\int_e^f v(t)\,dt$

또한,

$\displaystyle\int_a^c v(t)\,dt=\int_c^f |v(t)|\,dt=-\int_c^e v(t)\,dt-\int_e^f v(t)\,dt$

$\therefore\ \displaystyle\int_0^e v(t)\,dt$

$=\displaystyle\int_0^a v(t)\,dt+\int_a^c v(t)\,dt+\int_c^e v(t)\,dt$

$=\displaystyle\int_e^f v(t)\,dt-\int_c^e v(t)\,dt-\int_e^f v(t)\,dt+\int_c^e v(t)\,dt$

$=0$

즉, $t=e$일 때 점 P는 원점을 지난다. (참)
따라서 옳은 것은 ㄱ, ㄷ이다.

1020 답 ③

두 곡선 $y=x^3-x^2$, $y=mx^2-mx$의 교점의 x좌표는
$x^3-x^2=mx^2-mx$에서
$x^3-(m+1)x^2+mx=0$
$x(x-1)(x-m)=0$
$\therefore\ x=0$ 또는 $x=1$ 또는 $x=m$
이때 $m(m-1)\neq0$에서 $m\neq0$, $m\neq1$이므로
(ⅰ) $m<0$일 때

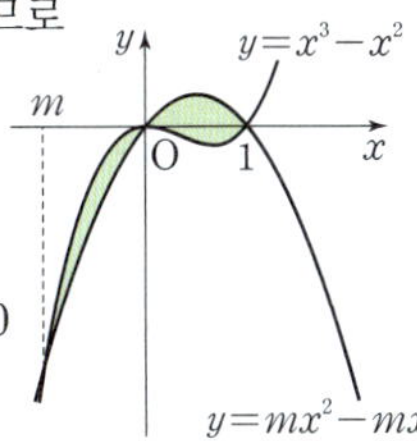

오른쪽 그림에서 색칠한 두 도형의
넓이가 서로 같으므로

$\displaystyle\int_m^1\left\{(x^3-x^2)-(mx^2-mx)\right\}dx=0$

이다. 즉,

$$\int_m^1 \{(x^3-x^2)-(mx^2-mx)\}\,dx$$

$$=\int_m^1 \{x^3-(m+1)x^2+mx\}\,dx$$

$$=\left[\frac{1}{4}x^4-\frac{m+1}{3}x^3+\frac{m}{2}x^2\right]_m^1$$

$$=\frac{2m-1}{12}-\left(\frac{-m^4+2m^3}{12}\right)$$

$$=\frac{1}{12}(m^4-2m^3+2m-1)$$

$$=\frac{1}{12}(m+1)(m-1)^3=0$$

$$\therefore m=-1 \ (\because m<0)$$

(ii) $0<m<1$일 때

오른쪽 그림에서 색칠한 두 도형의 넓이가 서로 같으므로

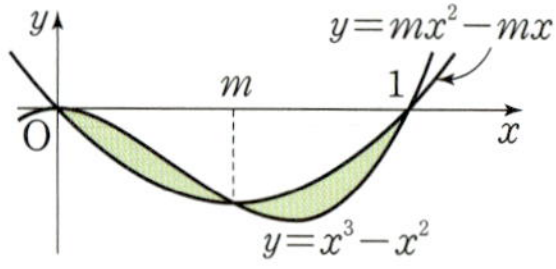

$$\int_0^1 \{(x^3-x^2)-(mx^2-mx)\}\,dx=0$$

이다. 즉,

$$\int_0^1 \{(x^3-x^2)-(mx^2-mx)\}\,dx$$

$$=\int_0^1 \{x^3-(m+1)x^2+mx\}\,dx$$

$$=\left[\frac{1}{4}x^4-\frac{m+1}{3}x^3+\frac{m}{2}x^2\right]_0^1$$

$$=\frac{2m-1}{12}-0=0$$

$$\therefore m=\frac{1}{2}$$

(iii) $m>1$일 때

오른쪽 그림에서 색칠한 두 도형의 넓이가 서로 같으므로

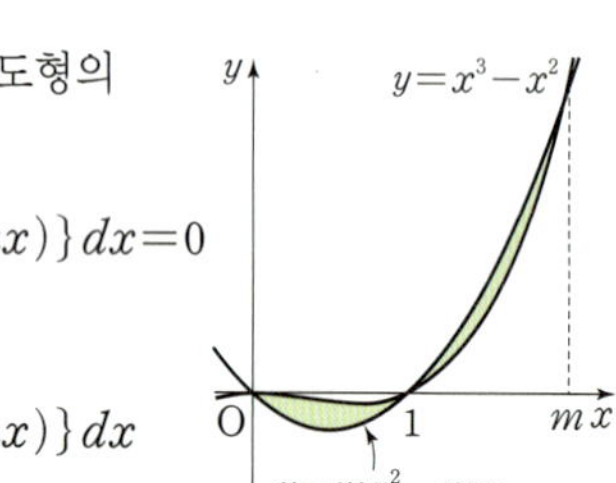

$$\int_0^m \{(x^3-x^2)-(mx^2-mx)\}\,dx=0$$

이다. 즉,

$$\int_0^m \{(x^3-x^2)-(mx^2-mx)\}\,dx$$

$$=\int_0^m \{x^3-(m+1)x^2+mx\}\,dx$$

$$=\left[\frac{1}{4}x^4-\frac{m+1}{3}x^3+\frac{m}{2}x^2\right]_0^m$$

$$=\frac{-m^4+2m^3}{12}-0=\frac{1}{12}m^3(2-m)$$

$$=0$$

$$\therefore m=2 \ (\because m>1)$$

(i), (ii), (iii)에서 모든 실수 m의 값의 합은

$$-1+\frac{1}{2}+2=\frac{3}{2}$$

1021 답 ⑤

One Point Lesson

곡선 $y=|f(x)|$의 개형을 알고 직선 $y=b$와 서로 다른 네 점에서 만날 조건을 생각해 본다.

$f(x)=x^3-12x+a$에서

$f'(x)=3x^2-12=3(x+2)(x-2)$

$f'(x)=0$에서 $x=-2$ 또는 $x=2$

함수 $f(x)$의 증가와 감소를 표로 나타내면 다음과 같다.

x	$\cdots$	-2	$\cdots$	2	$\cdots$
$f'(x)$	$+$	0	$-$	0	$+$
$f(x)$	↗	$a+16$	↘	$a-16$	↗

함수 $f(x)$는 $x=-2$에서 극댓값 $a+16$을 갖고, $x=2$에서 극솟값 $a-16$을 갖는다.

조건 (가)에서 직선 $y=b$는 곡선 $y=|f(x)|$의 접선이고 기울기가 0이므로 $f'(x)=0$인 점, 즉 극값을 갖는 점에서 접한다.

또한, 조건 (나)에서 곡선 $y=|f(x)|$와 직선 $y=b$가 서로 다른 네 점에서 만나려면 함수 $y=|f(x)|$의 그래프는 다음 그림과 같이 $x=-2$일 때와 $x=2$일 때의 y좌표의 값이 같아야 한다.

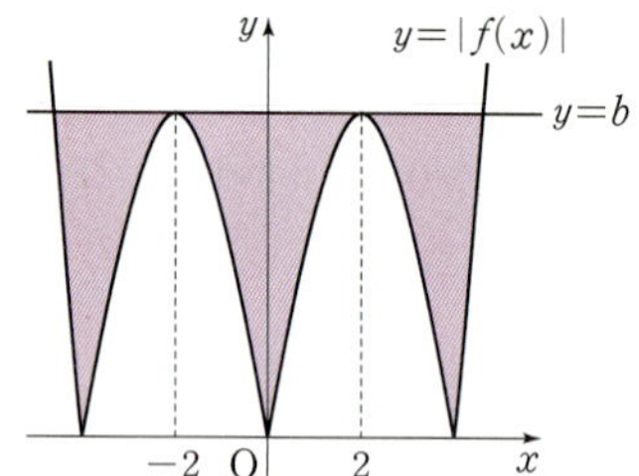

즉, $|a+16|=|a-16|=b$이어야 한다.

$|a+16|=|a-16|$에서

(i) $a+16=a-16$일 때, a의 값은 존재하지 않는다.

(ii) $a+16=-a+16$일 때, $2a=0$ $\therefore a=0$

$\therefore a=0$, $b=16$

한편, 곡선 $y=x^3-12x$와 직선 $y=16$의 교점의 x좌표는

$x^3-12x=16$에서

$x^3-12x-16=0$

$(x+2)^2(x-4)=0$

$\therefore x=-2$ 또는 $x=4$

또한, 곡선 $y=x^3-12x$와 x축의 교점의 x좌표는

$x^3-12x=0$에서

$x(x^2-12)=0$

$x(x+2\sqrt{3})(x-2\sqrt{3})=0$

$\therefore x=-2\sqrt{3}$ 또는 $x=0$ 또는 $x=2\sqrt{3}$

이때

$$|f(-x)|=|(-x)^3-12\cdot(-x)|$$
$$=|-x^3+12x|=|x^3-12x|$$
$$=|f(x)|$$

이므로 함수 $y=|f(x)|$의 그래프는 y축에 대하여 대칭이다.

따라서 구하는 도형의 넓이는 $x\geq 0$에서 곡선 $y=|f(x)|$와 y축 및 직선 $y=16$으로 둘러싸인 도형의 넓이의 2배와 같으므로

$$\int_{-4}^4 |16-|f(x)||\,dx$$

$$=2\int_0^4 |16-|f(x)||\,dx$$

$$=2\left[\int_0^{2\sqrt{3}}\{16+f(x)\}\,dx+\int_{2\sqrt{3}}^4\{16-f(x)\}\,dx\right]$$

$$=2\left\{\int_0^{2\sqrt{3}}(x^3-12x+16)\,dx+\int_{2\sqrt{3}}^4(-x^3+12x+16)\,dx\right\}$$

$$=2\left(\left[\frac{1}{4}x^4-6x^2+16x\right]_0^{2\sqrt{3}}+\left[-\frac{1}{4}x^4+6x^2+16x\right]_{2\sqrt{3}}^4\right)$$

$$=2[\{(32\sqrt{3}-36)-0\}+\{96-(32\sqrt{3}+36)\}]$$

$$=48$$

1022 답 153

두 점 A, B를 지나는 직선의 기울기가 1이므로 직선의 방정식은 $y=x+k$ (k는 상수)라 할 수 있다.

조건 (가)에서 두 점 $A(a, f(a))$, $B(b, f(b))$를 지나는 직선의 기울기가 1이므로 직선의 방정식을 $y=x+k$ (k는 상수)라 하자.
조건 (나)에서
$$f(a)+f(b)=a+k+b+k=a+b+6$$
$$\therefore k=3$$

또한, $f(a)>0$이고 $\int_a^b f(x)\,dx=0$
이므로 함수 $y=f(x)$의 그래프의
개형은 오른쪽 그림과 같다.
이때 직선 $y=x+3$과 곡선
$y=f(x)$로 둘러싸인 도형의 넓이가
27이므로

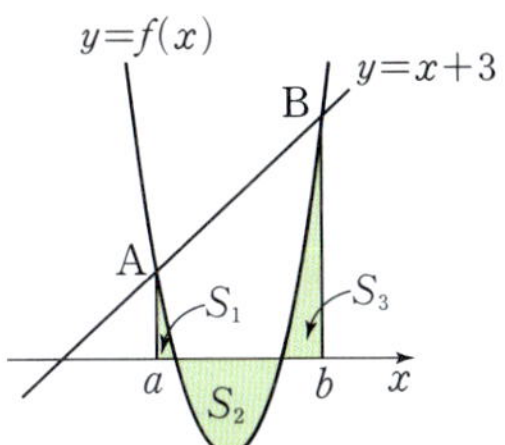

$$\int_a^b \{x+3-f(x)\}\,dx=27$$
$g(x)=x+3-f(x)$라 하면
$$g(x)=m(x-a)(x-b)\ (m\neq0)$$
직선 $y=x+3$과 곡선 $y=f(x)$의 교점의 x좌표가 a, b이므로

이므로 $\int_a^b g(x)\,dx$의 값은 곡선 $y=g(x)$와 x축으로 둘러싸인 도형의 넓이와 같다.
이때 이 도형의 넓이가 직선 $x=6$에 의하여 이등분되므로 직선 $x=6$은 곡선 $y=g(x)$의 대칭축이다.
즉, $6=\dfrac{a+b}{2}$에서 $a+b=12$ ……⊙

한편, 곡선 $y=f(x)$와 x축 및 직선 $x=a$로 둘러싸인 도형의 넓이를 S_1, 곡선 $y=f(x)$와 x축으로 둘러싸인 도형의 넓이를 S_2, 곡선 $y=f(x)$와 x축 및 직선 $x=b$로 둘러싸인 도형의 넓이를 S_3
이라 하면 조건 (다)에서 $\int_a^b f(x)\,dx=0$이므로
$$S_1+S_3=S_2$$
따라서 두 점 $A(a, f(a))$, $B(b, f(b))$를 지나는 직선과 곡선 $y=f(x)$로 둘러싸인 도형의 넓이는 직선 $y=x+3$과 x축 및 두 직선 $x=a$, $x=b$로 둘러싸인 사다리꼴의 넓이와 같고, 그 넓이가 27이므로
$$\frac{1}{2}\{(a+3)+(b+3)\}(b-a)=27$$
$$\therefore b-a=3\ (\because ⊙)\qquad ……ⓛ$$

⊙, ⓛ을 연립하여 풀면 $a=\dfrac{9}{2}$, $b=\dfrac{15}{2}$
$$\therefore 2(a^2+b^2)=2\left\{\left(\frac{9}{2}\right)^2+\left(\frac{15}{2}\right)^2\right\}=2\cdot\frac{306}{4}=153$$

● 다른 풀이 ●

조건 (나)에서 $\int_a^b f(x)\,dx=0$이므로
$$\int_a^b \{x+3-f(x)\}\,dx=\int_a^b (x+3)\,dx=\left[\frac{1}{2}x^2+3x\right]_a^b$$
$$=\left(\frac{1}{2}b^2+3b\right)-\left(\frac{1}{2}a^2+3a\right)$$
$$=\frac{1}{2}(b^2-a^2)+3(b-a)=27$$

에서 $(b-a)\left\{\dfrac{1}{2}(b+a)+3\right\}=27$
$$\therefore b-a=3\ (\because ⊙)$$

1023 답 3

곡선 $y=x^2$과 직선 $y=a^2$의 교점의 x좌
표는
$x^2=a^2$에서
$x^2-a^2=0$
$(x+a)(x-a)=0$
$\therefore x=-a$ 또는 $x=a$

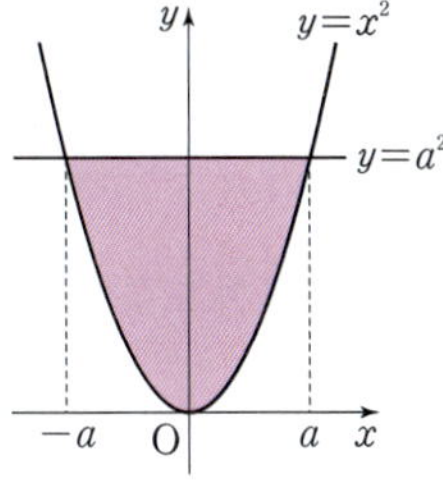

이때 색칠된 도형의 넓이가 36이므로
$$\int_{-a}^a (a^2-x^2)\,dx=\left[a^2x-\frac{1}{3}x^3\right]_{-a}^a$$
닫힌구간 $[-a, a]$에서 직선 $y=a^2$이 곡선 $y=x^2$보다 위에 있다.
$$=\frac{2}{3}a^3-\left(-\frac{2}{3}a^3\right)$$
$$=\frac{4}{3}a^3=36$$
에서 $a^3=27$
$$\therefore a=3\ (\because a>0)$$

채점 기준	배점 비율
❶ 곡선 $y=x^2$과 직선 $y=a^2$의 교점의 x좌표 구하기	50%
❷ a의 값 구하기	50%

1024 답 1

$x>1$에서 $f(x)>0$이므로 $f(x)$의 한 부정적분을 $F(x)$라 하면
$$F'(x)=f(x)$$
$$\therefore S(t)=\int_1^t f(t)\,dt=F(t)-F(1)$$

$$\therefore \lim_{h\to0+}\frac{S(1+h)}{2h}=\lim_{h\to0+}\frac{F(1+h)-F(1)}{2h}$$
$$=\lim_{h\to0+}\frac{F(1+h)-F(1)}{h}\cdot\frac{1}{2}$$
$$=\frac{1}{2}f(1)=\frac{1}{2}\cdot2=1$$

채점 기준	배점 비율
❶ $f(x)$의 한 부정적분을 $F(x)$라 하고 $S(t)$를 $F(t)$에 대한 식으로 나타내기	40%
❷ $\lim\limits_{h\to0+}\dfrac{S(1+h)}{2h}$의 값 구하기	60%

1025 답 8

함수 $f(x)$는 연속함수이고 조건 (가)에서
$f(1)=1$, $f(5)=5$이므로 함수 $y=f(x)$의
그래프의 개형은 오른쪽 그림과 같다.

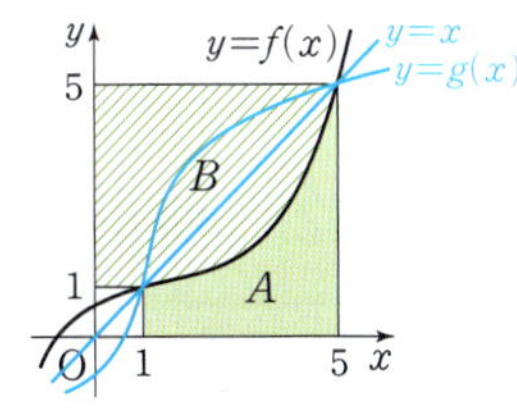

$\int_1^5 f(x)\,dx=A$, $\int_1^5 g(x)\,dx=B$라 하면
함수 $f(x)$의 역함수는 $g(x)$이고 직선 $y=x$에 대하여 대칭이므로 빗금친 도형의 넓이가 B와 같다.

즉, 조건 (나)에서
$$2\int_1^5 f(x)\,dx=\int_1^5 g(x)\,dx$$
$$\therefore 2A=B$$

.... ❷

따라서
$$A+(빗금친\ 도형의\ 넓이)=A+B=A+2A=3A$$
$$=5^2-1^2=24$$

에서 $3A=24$ $\therefore A=8$ = (한 변의 길이가 5인 정사각형의 넓이)
   − (한 변의 길이가 1인 정사각형의 넓이)

$$\therefore \int_1^5 f(x)\,dx=8$$

.... ❸

채점 기준	배점 비율
❶ 함수 $y=f(x)$의 그래프의 개형 그리기	20%
❷ $\int_1^5 f(x)\,dx=A,\ \int_1^5 g(x)\,dx=B$라 하고 A, B 사이의 관계식 찾기	50%
❸ A, B 사이의 관계식을 이용하여 $\int_1^5 f(x)\,dx$의 값 구하기	30%

1026 답 $\dfrac{8}{3}$

$y=x^2-4x+k=(x-2)^2+k-4$
이므로 곡선 $y=x^2-4x+k$가 직선
$x=2$에 대하여 대칭이고, 오른쪽
그림과 같이 빗금친 도형의 넓이는
$\dfrac{1}{2}B=A$이다.

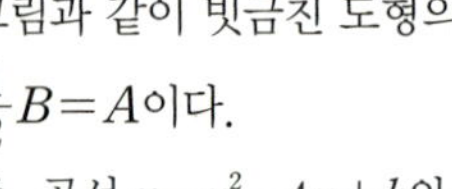

즉, 곡선 $y=x^2-4x+k$와 x축, y축
및 직선 $x=2$로 둘러싸인 두 도형의
넓이가 같으므로
$$\int_0^2 (x^2-4x+k)\,dx=0$$

.... ❶

$$\int_0^2 (x^2-4x+k)\,dx=\left[\frac{1}{3}x^3-2x^2+kx\right]_0^2$$
$$=\left(2k-\frac{16}{3}\right)-0=0$$

에서 $2k=\dfrac{16}{3}$
$$\therefore k=\frac{8}{3}$$

.... ❷

채점 기준	배점 비율
❶ 곡선 $y=x^2-4x+k$의 축의 방정식을 이용하여 $\int_0^2 (x^2-4x+k)\,dx=0$임을 알기	60%
❷ k의 값 구하기	40%

1027 답 $\dfrac{565}{9}$

A, B가 출발하여 k초 동안 이동한 거리는 각각
$$\int_0^k |v_{\mathrm{A}}(t)|\,dt,\ \int_0^k |v_{\mathrm{B}}(t)|\,dt$$이다.

A와 B가 움직인 거리의 합이 1000일 때 만나므로
$$\int_0^k |v_{\mathrm{A}}(t)|\,dt+\int_0^k |v_{\mathrm{B}}(t)|\,dt=1000$$

.... ❶

이때 $k\geq 20$이므로
$$\int_0^k |v_{\mathrm{A}}(t)|\,dt+\int_0^k |v_{\mathrm{B}}(t)|\,dt$$
$$=\int_0^{20}\frac{1}{2}t\,dt+\int_{20}^k 10\,dt+\int_0^6 \frac{1}{6}t(t+2)\,dt+\int_6^k 8\,dt$$
$$=\left[\frac{1}{4}t^2\right]_0^{20}+\left[10t\right]_{20}^k+\left[\frac{1}{18}t^3+\frac{1}{6}t^2\right]_0^6+\left[8t\right]_6^k$$
$$=(100-0)+(10k-200)+(18-0)+(8k-48)$$
$$=18k-130$$
$$=1000$$

에서 $18k=1130$ $\therefore k=\dfrac{565}{9}$

.... ❷

채점 기준	배점 비율
❶ A와 B가 움직인 거리의 합이 1000임을 이용하여 관계식 구하기	40%
❷ A와 B가 만나는 시각인 k의 값 구하기	60%

1028 답 $\dfrac{27}{2}$

모든 실수 x에 대하여 $f'(x)>0$이므로 함수
$f(x)$는 증가하고, $f(1)=0$이므로 곡선
$y=f(x)$와 x축의 교점은 $x=1$뿐이다.
즉, 함수 $y=f(x)$의 그래프의 개형은 오
른쪽 그림과 같다.

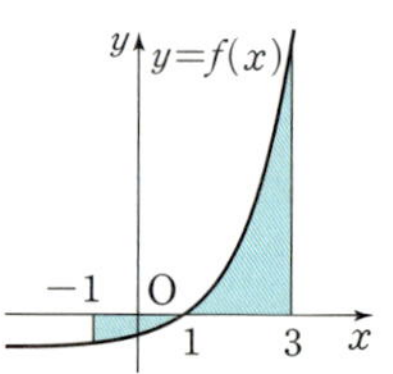

.... ❶

한편, $\int_1^2 f(x)\,dx=\dfrac{7}{2}$이므로

조건 (나)의 $\int_{-1}^1 f(x)\,dx+\int_{-1}^2 f(x)\,dx=0$에서

$$\int_{-1}^1 f(x)\,dx+\int_{-1}^1 f(x)\,dx+\int_1^2 f(x)\,dx=0$$
$$2\int_{-1}^1 f(x)\,dx+\frac{7}{2}=0$$
$$\therefore \int_{-1}^1 f(x)\,dx=-\frac{7}{4}$$

.... ❷

또한, 조건 (가)의 $\int_{-1}^3 f(x)\,dx=10$에서

$$\int_{-1}^3 f(x)\,dx=\int_{-1}^1 f(x)\,dx+\int_1^3 f(x)\,dx$$
$$=-\frac{7}{4}+\int_1^3 f(x)\,dx=10$$
$$\therefore \int_1^3 f(x)\,dx=\frac{47}{4}$$

.... ❸

따라서 구하는 도형의 넓이는
$$\int_{-1}^3 |f(x)|\,dx=\int_{-1}^1 \{-f(x)\}\,dx+\int_1^3 f(x)\,dx$$
$$=\frac{7}{4}+\frac{47}{4}=\frac{27}{2}$$

.... ❹

채점 기준	배점 비율
❶ 함수 $y=f(x)$의 그래프의 개형 그리기	20%
❷ $\int_{-1}^1 f(x)\,dx$의 값 구하기	30%
❸ $\int_1^3 f(x)\,dx$의 값 구하기	30%
❹ 조건을 만족시키는 도형의 넓이 구하기	20%

메가스터디 문제기본서
CPR
수학 II

메가스터디 문제기본서

CPR

수학 II

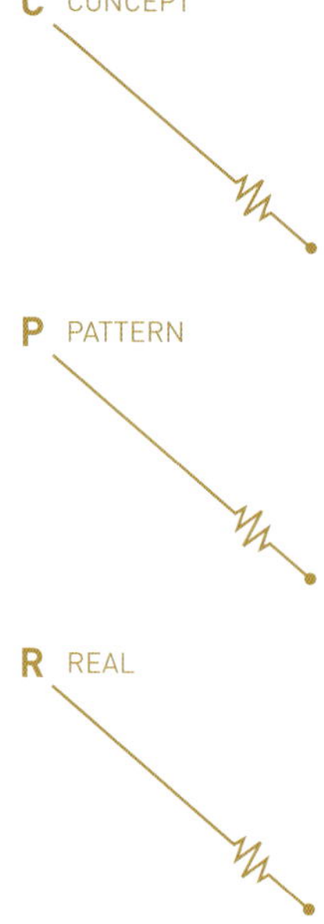

C CONCEPT

P PATTERN

R REAL

www.megastudybooks.com

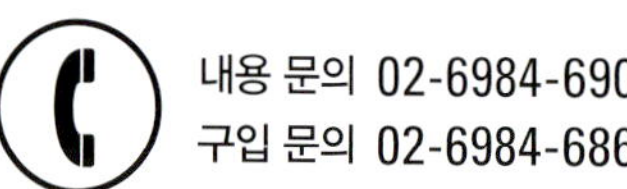
내용 문의 02-6984-6901
구입 문의 02-6984-6868,9

인쇄일 2022년 1월 14일
펴낸날 2018년 8월 1일
펴낸곳 메가스터디(주)
펴낸이 손은진
개발 책임 배경윤
개발 김민, 오성한, 신상희, 정지윤, 유미현
디자인 이정숙, 유보경
제작 이성재, 장병미
주소 서울시 서초구 효령로 304(서초동) 국제전자센터 24층
대표전화 1661-5431 (내용 문의 02-6984-6901 / 구입 문의 02-6984-6868,9)
홈페이지 http://www.megastudybooks.com
출판사 신고 번호 제 2015-000159호

이 책의 저작권은 메가스터디 주식회사에 있으므로 무단으로 복사, 복제할 수 없습니다. 잘못된 책은 바꿔 드립니다.

메가스터디BOOKS

'메가스터디북스'는 메가스터디㈜의 출판 전문 브랜드입니다.
유아/초등 학습서, 중고등 수능/내신 참고서는 물론, 지식, 교양, 인문 분야에서 다양한 도서를 출간하고 있습니다.